Mathematik im Wandel

Anregungen zu einem
fächerübergreifenden
Mathematikunterricht
Band 1

Mathematikgeschichte und Unterricht
I

Michael Toepell (Hrsg.)

Mathematik im Wandel

Anregungen zu einem
fächerübergreifenden
Mathematikunterricht
Band 1

Die Deutsche Bibliothek - CIP-Einheitsaufnahme

Mathematik im Wandel : Anregungen zum fächer-
übergreifenden Mathematikunterricht /
Michael Toepell (Hrsg.). - Hildesheim ; Berlin
: Verl. Franzbecker
1 (1998)
(Mathematikgeschichte und Unterricht ; Bd. 1)
ISBN 3-88120-302-8

ISBN 3-88120-302-8

© 1998 by Verlag Franzbecker, Hildesheim, Berlin

Inhalt

Einführung

Fragt man nach den Fundamenten der Mathematik, so wird deutlich: Die grundlegenden Inhalte der heutigen Schul- und Hochschulmathematik sind Ergebnisse von meist längere Zeiträume übergreifenden Entwicklungsprozessen, die von Menschen gestaltet wurden. Mathematik befand sich - und befindet sich auch noch heute - in einem steten Wandel.

Es liegt in der Natur der Mathematik, daß ihre Inhalte gegenüber ihren Anwendungen - etwa in der Physik - weniger unmittelbar sichtbar hervortreten. Durch den Blick auf die Anwendungen gerät die Bedeutung der Mathematik für Kultur und Technik bewußtseinsmäßig sogar vielfach in den Hintergrund. Das gilt in besonderem Maße für die historische Bedeutung der Mathematik. Um dieser verbreiteten Haltung entgegenzutreten, hat bereits FERDINAND LINDEMANN 1904 in seiner Rektoratsantrittsrede gefordert:

> "Die Mathematik ist stets ein großer Faktor im Kulturleben der Menschheit gewesen; als solcher ist sie dem Schüler in historischem Zusammenhange vorzuführen".[1]

LINDEMANN war vor allem durch den Transzendenzbeweis von π bekannt geworden, wodurch er 1882 das jahrtausendealte Problem der Quadratur des Kreises im negativen Sinne gelöst hatte. LINDEMANNs Haltung war keine Einzelerscheinung. Die Mathematikgeschichte besaß in den Jahrzehnten um die letzte Jahrhundertwende bis etwa 1914 einen hohen Stellenwert - einen Stellenwert, den sie erst in der Gegenwart wieder zu erlangen scheint.

Ein neuer Impuls geht gegenwärtig insbesondere von den Ergebnissen der 1997/98 veröffentlichten TIMSS-Studien aus. Die sich daran entzündete Diskussion um eine Erneuerung der Aufgaben und Schwerpunkte des Mathematikunterrichts ließ neben den beiden bisher dominierenden Aspekten der Mathematik einen dritten Aspekt in den Vordergrund treten:

Während man sich in den letzten Jahrzehnten in der Schulmathematik vorwiegend orientiert hat

---

[1] Lindemann, Ferdinand: *Lehren und Lernen in der Mathematik.* Universität München 1904, S.10.

- an Mathematik als einer nützlichen und brauchbaren Wissenschaft und
- an Mathematik als einer formalen Strukturwissenschaft,

fndet inzwischen die Bedeutung von

- "Mathematik als einer historisch gewachsenen und kulturell eingebetteten und auf Kreativität beruhenden Wissenschaft"

als ein gleichwertig zu fordernder Aspekt breite Anerkennung. In der Erklärung *Mathematische und naturwissenschaftliche Bildung an der Schwelle zu einem neuen Jahrhundert*[2] von zehn mathematisch-naturwissenschaftlichen Gesellschaften, Vereinigungen und Verbänden heißt es dazu:

> "Mathematische Begriffe und Methoden entwickelten sich historisch an Fragestellungen und Problemen, die auch an gesellschaftliche und praktische Bedingungen gebunden sind. Mathematik ist also kein abgeschlossener Wissenskanon. Sie ist lebendiges und phantasievolles Handeln, das auf menschlicher Kreativität beruht. Dieses greift zurück auf den Wunsch nach ästhetischer Darstellung, auf das freie Spiel, aber auch auf den Willen zu Diskurs und Begründung.
>
> Im Unterricht müssen diese [drei oben genannten] Aspekte ausgewogen zur Geltung kommen ..."[3]

Die Bände dieser neuen Buchreihe *Mathematikgeschichte und Unterricht* sollen dem Rechnung tragen und an verschiedensten Beiträgen zeigen, daß der Aspekt von Mathematik als einer historisch gewachsenen und kulturell eingebetteten Wissenschaft Wesentliches zur Belebung, Bereicherung und zum Verständnis dieses Faches an Schulen und Hochschulen beitragen kann. Die Buchreihe unterstreicht damit zugleich die bildungspolitische Bedeutung der Mathematikgeschichte.

1990 war auf der DMV-Jahrestagung in Bremen die Fachsektion *Geschichte der Mathematik* als erste Fachgruppe der Deutschen Mathematiker-Vereinigung gegründet worden. Es wurde beschlossen, alle zwei Jahre eine eigenständige Fachsektionstagung "Geschichte der Mathematik" zu veranstalten. Die ersten fanden 1991 in Berlin-Gosen (Leitung: Hannelore Bernhardt) und 1993 Wuppertal (Leitung: Erhard Scholz) statt.

---

[2] Bonn, Mai 1998
[3] Abs. 2.1; z. B. in: *Mitteilungen der Gesellschaft für Didaktik der Mathematik* Nr. 66 (Mai 1998), S.30f.

Die auf diesen Tagungen nicht zu übersehende Tendenz vieler Vorträge, die Mathematikgeschichte zugleich für den Unterricht an Schule und Hochschule zu erschließen, führte ab 1995 zur Gründung des Arbeitskreises *Mathematikgeschichte und Unterricht* innerhalb der Gesellschaft für Didaktik der Mathematik. Die Tagungen werden seitdem von Fachsektion und Arbeitskreis gemeinsam veranstaltet.

Auf der dritten Tagung 1995 in Nürnberg-Rummelsberg (Leitung: Michael Toepell) entstand damit auch der Wunsch, die Beiträge in einem Vortragsband zu veröffentlichen und damit nicht nur den Tagungsteilnehmern, sondern auch interessierten Mathematikern, Lehrern, Didaktikern und Historikern zugänglich zu machen.

Nachdem die Ausarbeitung und Transkription der Manuskripte abgeschlossen ist, liegt nun hiermit der erste Band vor.

Die hierin enthaltenen, entsprechend der Tagung chronologisch angeordneten 32 Beiträge umfassen ein breites Spektrum im Bereich der Mathematikgeschichte. Von besonderer Bedeutung sind die zahlreichen *biographischen* Untersuchungen. Darüberhinaus lassen sich innerhalb dieser Breite *zwei Schwerpunkte* erkennen, die jeweils etwa ein Drittel der Vorträge ausmachen:

- die Mathematik der Renaissance und
- die Mathematik der letzten 150 Jahre.

Ein weiteres Kennzeichen des Bandes stellen die zahlreichen *fachübergreifenden Bezüge* der einzelnen Beiträge dar. Sie bieten sowohl dem Mathematiklehrer als auch dem Lehrer anderer Fächer eine Reihe von Anregungen und bereichernden Ergänzungen seines Unterrichts. Exemplarisch werden dabei auch bemerkenswerte Zusammenhänge mit anderen Fächern vermittelt.

Über die während der Tagung eingerichtete Sonderausstellung *Geometrische Modelle '95* im Schulmuseum der Universität Erlangen-Nürnberg berichtet ALBRECHT BEUTELSPACHER in seinem Beitrag "Geometrische Modelle - Mathematik zum Anfassen". Untersuchungen zur *Regionalgeschichte* des Raumes Nürnberg enthalten die Beiträge von GÜNTER LÖFFLADT, HANS ALDEBERT, EBERHARD SCHRÖDER und MICHAEL TOEPELL. Eine Auswahl der im Rahmen eines abendlichen Diavortrags von KLAUS SCHILLINGER präsentierten mathematischen und astronomischen Instrumente des *Mathema-tisch-Physikalischen Salons Dresden* enthalten die Seiten 368 bis 379.

Mathematikgeschichte beschränkt sich nicht allein auf *eine* Dimension. Ne-ben der zeitlichen Dimension gehört zur Mathematikgeschichte natürlich auch die sachbezogene Dimension.

Unmittelbar auf diese Einführung folgt daher ein Sachverzeichnis (S. 5f.), das in drei Übersichten mögliche *Fachbezüge* der einzelnen Beiträge er-schließt. Die erste Übersicht kann dem Leser - und insbesondere dem Ma-thematiklehrer - das Auffinden von Beiträgen zu bestimmten Gebieten der *Schulmathematik* erleichtern. Ergänzend wurden hier auch die biographi-schen Untersuchungen aufgenommen.

Da alle Beiträge natürlich Bezüge zur *Geschichte* besitzen, wurden in der zweiten Übersicht die außerhalb der genannten Schwerpunkte liegenden hi-storischen Bereiche erfaßt.

Schließlich macht die dritte Übersicht nicht nur Mathematiklehrer, sondern auch die Lehrerinnen und Lehrer anderer Schulfächer, die fachübergreifende Bezüge zur Mathematik suchen, auf mit *anderen Fächern* zusammenhän-gende Beiträge aufmerksam.

Ein alphabetisches Verzeichnis der Autoren mit Seitenangaben ihrer Beiträ-ge schließt den Band ab.

Schließlich möchte ich allen Autoren für die sorgfältige Ausarbeitung ihrer Manuskripte, Frau Monika Löffladt und Herrn OStR Günter Löffladt (Nürn-berg) für die Mitarbeit bei der Durchführung der Tagung, Herrn Prof. Dr. Wolfgang Eccarius (Erfurt) für die Bearbeitung der in "LaTex" gesetzten Beiträge, meiner Sekretärin Frau Mona Kittel (Leipzig) für die Transkription mehrerer Ausarbeitungen, Frau Dr. Friederike Boockmann (München) für die Unterstützung bei der Durchsicht der Beiträge und Herrn Dr. Walter Franzbecker (Hildesheim) und seinen Söhnen für die bereitwillige Aufnahme dieser Buchreihe in das Programm des Verlages Franzbecker KG herzlich danken.

München, im Sommer 1998   Michael Toepell

Verzeichnis der Fachbezüge

Mathematik

Geschichte

Weitere Fächer

Nürnberg als Kultur- und Wissenschaftszentrum[1]

Kurzfassung eines Aspekts Nürnberger Geschichte

Günter Löffladt

Faszinierend und bedrückend zugleich ist es, wenn man sich mit der Geschichte des "Schatzkästleins der deutschen Nation", der ehemaligen freien Reichsstadt Nürnberg beschäftigt. Faszination und Bewunderung löst zweifellos die Tatsache aus, daß Nürnberg in relativ kurzer Zeit eine machtvolle Bedeutung im Reich auf vielen Gebieten, besonders im wirtschaftlichen und wissenschaftlichen Bereich, einnehmen und sich gleichzeitig in der Konkurrenz mit den umliegenden bedeutenden Städten behaupten konnte. Bedrückung und Wehmut umfängt einen, wenn man den schnellen wirtschaftlichen Niedergang und den Zerfall wichtiger Monopole der einst mächtigen europäischen Handelsmetropole betrachtet.

Wollte man schlaglichtartig und damit zwangsläufig oberflächlich die Geschichte Nürnbergs in fünf Zeitabschnitte einteilen, so könnte man die Zeit von 1050-1400 als Gründungs- und Aufbauphase bezeichnen, an die sich die Zeit der Hochblüte von 1400-1690 anschließt.

Von 1690-1806 folgt der stete wirtschaftliche und kulturelle Niedergang, der durch die Eingliederung in das Königreich Bayern 1806 verlangsamt und bis zu einem gewissen Grade gebremst wurde. Längere Zeit konnte man sogar wieder von einem Aufschwung - in diesem Fall als Industriemetropole - sprechen, bis ein gewisser Nullpunkt in mancherlei Hinsicht 1945 erreicht wurde. Die folgende Phase ab 1945 ist nicht leicht zu beschreiben, denn im Anschluß an die enorme Aufbauphase im Rahmen des deutschen Wirtschaftswunders kam spätestens zu Beginn der achtziger Jahre ein herber Abschwung, der Nürnberg aufgrund seiner Randlage und Wirtschaftsstruktur besonders hart traf. Dabei darf nicht übersehen werden, daß verstärkend für diese Lage noch die Polarisierung innerhalb Bayerns auf die Landeshauptstadt München wirkte, besonders deren nahezu uneingeschränkte Förderung in kultureller und wissenschaftlicher Hinsicht. Für den Aufbau einer zweiten bayerischen Metropole mit ähnlichen Möglichkeiten, war die Zeit einfach noch nicht reif. Allerdings ist in den vergangenen Jahren eine leichte Um-

---

[1] Modifizierte Fassung des Referates vom 14. Juni 1995

orientierung bemerkbar, so daß man die derzeitige fünfte Phase durchaus als Orientierungsphase für Nürnberg bezeichnen könnte.

Im Laufe der Jahrhunderte wurden Nürnberg auf unterschiedliche Art und Weise Gunstbezeugungen zuteil, wie etwa "das Auge und Ohr Deutschlands" (MARTIN LUTHER), "Fluchtburg der deutschen Seele" (THEODOR HEUSS), die "deutscheste aller deutschen Städte", aber auch "Bratwurst- und Lebkuchenstadt" zu sein. Manche dieser zunächst positiv gemeinten Bezeugungen führten jedoch zu einem negativen Image, unter dem die Frankenmetropole heute zu leiden hat. Besonders die zuletzt genannte Bezeichnung wird häufig mit altmodisch und rückständig in Verbindung gebracht. Forscht man jedoch ein wenig tiefer, dann stellt man fest, daß diese ehemalige freie Reichsstadt eine Stadt mit unzähligen modernen Gesichtern ist und eine Vielfalt von Facetten besitzt. Über Nürnberg umfassend und gleichzeitg detailliert zu berichten erfordert viel Zeit und Raum. Im folgenden muß deshalb der Rahmen in mehrfacher Weise eng gefaßt werden, zum einen zeitlich, so wird nur aus dem 15. bis 17. Jahrhundert berichtet, zum zweiten inhaltlich, nur abrißartig werden die Bereiche Mathematik und Astronomie behandelt und zum dritten formal, denn nur personenbezogene Aspekte werden betrachtet.

Klein fing es 1050 an, als "Norenberc" erstmals urkundlich erwähnt wurde. Ab 1093 wird mit dem Burgbau begonnen und im Laufe der Jahrzehnte entstand eine mächtige Wehranlage. Innerhalb des zinnenumwehrten Bereiches blühte das Leben bald in ungeahnter Weise auf.

Im Jahr 1219 wurde Nürnberg Reichsstadt. Der politische, wirtschaftliche und kulturelle Aufschwung begann. Nürnbergs Aufstieg zu einem europäischen Zentrum von Handel, Handwerk, Wissenschaft, Kultur und Kunst war unaufhaltbar. Namen wie LIENHART II. HIRSCHVOGEL (1440-1525), der große Kaufmann und Handelsherr, ANTON KOBERGER (1440-1513), der bekannte Drucker und Großverleger, VEIT STOß (1450-1533), der begnadete Bildschnitzer, PETER VISCHER D.Ä. (1460-1529), der berühmte Erzgießer, REGIOMONTANUS (1436-1476), der geniale Mathematiker, WILLIBALD PIRCKHEIMER (1470-1530), der bedeutende Universalgelehrte, HANS SACHS (1494-1576), der Schuhmacher und volkstümliche Poet, ALBRECHT DÜRER (1471-1528), der größte deutsche Maler, und viele andere sind Zeugen dieser Hochblüte.

Die große Zeit Nürnbergs datiert Pfeiffer in seinem umfangreichen Werk "Nürnberg - Geschichte einer Europäischen Stadt" von 1438-1555. Vielleicht darf man noch 150 Jahre hinzufügen, in denen man sagen kann, daß Nürnberg zu den führenden europäischen Kultur- und Wissenschaftszentren gehörte, denn mit der nürnbergischen Universität in Altdorf war noch eine herausragende Bildungsinstitution im 17. Jahrhundert, die viele Gelehrte anzog, gegeben. In den dreißiger Jahren des 18. Jahrhunderts setzte dann der kulturelle Niedergang der zwischenzeitlich immer mehr verarmenden deutschen Großstadt ein. Umso bedauerlicher war für die Stadt dieser kulturelle Einbruch, je mehr die anderen Städte im nahen und weiteren Umkreis an kultureller und wissenschaftlicher Bedeutung, die besonders durch die Gründung von Universitäten und Akademien zum Ausdruck kam, zunahmen.

Hatte doch alles einmal so überaus hoffnungsvoll begonnen, als im Jahre 1471 ein Mann namens JOHANNES MÜLLER (1436-1476) aus dem nahen Königsberg in Nürnberg seine Zelte aufschlug. Dieser MÜLLER genannt auch REGIOMONTANUS war zweifellos der größte Mathematiker und Astronom dieser Zeit, aber auch ein geschickter Handwerker und Geschäftsmann. Er verfaßte bedeutende Beiträge zur Trigonometrie, berechnete Planetenbahnen und fertigte umfangreiche astronomische Tabellen. Zusammen mit dem Mathematiker BERNHARD WALTHER (1430-1504) errichtete er eine astronomische Beobachtungsstation im heutigen Dürerhaus und eröffnete außerdem eine Druckerei, in der er mathematische und astronomische Werke druckte, sowie eine mechanische Werkstätte für die Herstellung wissenschaftlicher Instrumente. WALTHER führte die von REGIOMONTANUS begonnenen wissenschaftlichen Arbeiten fort und erwarb dessen wissenschaftliche Bibliothek. Für Nürnberg, das damals schon Handelsmetropole war, sind die Aktivitäten von REGIOMONTANUS und WALTHER von unschätzbarem Wert gewesen, denn dadurch entstand ein kulturelles Klima, das einheimische Gelehrte beflügelte und fremde Forscher anzog. In dem Nürnberger Mathematiker JOHANNES WERNER (1468-1522), der ein abgeschlossenes Theologiestudium besaß, fanden die Arbeiten von REGIOMONTANUS und WALTHER ihre würdige Fortsetzung. In seiner Schrift von 1522 "De triangulis sphaericis" gibt WERNER ein von ihm entdecktes Verfahren an, wie die Multiplikation und Division von Zahlen auf Addition und Subtraktion tabulierter trigonometrischer Funktionen zurückgeführt werden kann. Zwischenzeitlich wurde 1492/93 ein weiterer Meilenstein von dem Kosmographen MARTIN BEHAIM (1459-1507) durch den Bau des ersten Erdglobus gesetzt. Es war nicht überraschend, daß gerade in Nürnberg dieser "Erdapfel" gebaut wurde, denn die Handwerker der freien Reichsstadt waren führend in der Herstellung von mechanischen Geräten und wissenschaftlichen Instrumenten. Sie trugen ganz wesentlich zum guten Ruf und der wirtschaftlichen Hochblüte Nürnbergs an der Wende des 15. zum 16. Jahrhundert bei. Namentlich sind da noch PETER HENLEIN (1485-1542), der 1511 die Uhr in Kleinformat, das Nürnberger Ei, schuf und ERHARD ETZLAUB (1455-1532), der große Kartograph und Sonnenuhrmacher, zu nennen. Überragende Bedeutung wurde durch ihre hervorragenden Fertigkeiten auch den Buchdruckern zuteil. Eine Meisterleistung gelang der Druckerei von KOBERGER im Jahr 1493 mit der Herstellung des "Liber chronicarum", für die der Arzt HARTMANN SCHEDEL (1440-1514) verantwortlich zeichnete. Diese "Schedelsche Weltchronik" wurde bald "weltberühmt".

Aber auch andere epochale wissenschaftliche Werke wurden in den Werkstätten von Nürnberg gedruckt, wie etwa 1543 das Werk des bedeutenden Astronomen NICOLAUS KOPERNIKUS (1473-1543). Auch die berühmten "Ephemeriden von 1475 bis 1506" des REGIOMONTANUS - die KOLUMBUS und VESPUCCI die Neue Welt finden ließen - wurden in Nürnberg herausgebracht.

Auch der Rechenmeister und Mathematiker ADAM RIES (1492-1552) ließ in Nürnberg drucken. In diesem Zusammenhang darf nicht unerwähnt bleiben, daß auch in Nürnberg bedeutende Rechenmeister wirkten. Einer von ihnen war ULRICH WAGNER (2. Hälfte 15. Jahrhundert), der das erste uns bekannte deutsche Rechenbuch 1482 veröffentlichte. Auch das berühmte Bamberger Rechenbuch, das ohne Verfassernamen 1483 erschienen ist, wird WAGNER zugeschrieben. Ein weiterer bekannter Rechen- und Schreibmeister war JOHANN NEUDÖRFER D.Ä. (1497-1563). Er sah in der Beherrschung der "Arithmetica" und der "Geometrica" die wichtigsten Schlüssel zum Verständnis der Welt. CASPAR SCHLEUPNER, ein Schüler Neudörfers, gab auf der Grundlage des Manuskripts seines Lehrers 1598 ein "Rechenbüchlein" heraus.

Im ganzen 16. Jahrhundert war Nürnberg auch führend auf den Gebieten der Feldmeßkunst und Kartographie. HANS BIEN (1591-1632) schuf ein eindrucksvolles kartographisches Werk, und ALBRECHT DÜRER, der Maler und Mathematiker, schuf mit seiner "Unterweisung der Messung mit dem Zirkel und Richtscheit" ein grundlegendes Werk.

Eine weitere Bereicherung für die Wissenschaftsmetropole erfolgte im Jahr 1526 mit der Übersiedlung des Mathematikers und Astronomen JOHANNES SCHÖNER (1477-1547) nach Nürnberg. Er wurde Professor für Mathematik an dem neugegründeten Gymnasium bei St.Egidien. Das besondere Verdienst Schöners, der zunächst Pfarrer in Bamberg und dann dienstverpflichtet in Kirchehrenbach war, liegt in seiner Herausgebertätigkeit. Er veröffentlichte zahlreiche Arbeiten von REGIOMONTANUS und von arabischen Astronomen. Außerdem stellte er besonders eindrucksvolle Erd- und Himmelsgloben her. Ebenfalls war es die Herstellung von Globen, die den Mechaniker und Mathematiker GEORG HARTMANN (1489-1564) berühmt machten. Dieser Geistliche aus Eggolsheim, der 1523 nach Nürnberg kam, stellte außerdem Astrolabien und Sonnenuhren, sowie bemerkenswerte astronomische Tafeln her. Auch JOHANNES PRAETORIUS (1537-1616), der Mathematiker und Instrumentenbauer war, zog es in das Zentrum Nürnberg. Er kam 1562 in die freie Reichsstadt und baute hier zunächst wissenschaftliche Instrumente von ganz besonderer Präzision, ehe er 1576 der erste Professor für Mathematik an der neugegründeten nürnbergischen Universität in Altdorf wurde. Auf ihn geht zurück, daß in den für den Rat der Stadt Nürnberg hergestellten Kalendern keine Astrologie mehr berücksichtigt wurde.

Die nürnbergische Universität in Altdorf ging aus dem von PHILIPP MELANCHTHON (1497-1560) im Jahr 1526 in Nürnberg gegründeten Gymnasium *Aegidianum*, das 1575 nach Altdorf verlegt wurde, hervor. Zunächst wurde die Schule 1578 in eine Akademie mit beschränkten akademischen Rechten umgewandelt, ehe sie dann 1622 durch kaiserliches Privileg zu einer Universität erhoben wurde. Für das geistige und gelehrte Leben in Nürnberg war diese Universität von nicht zu unterschätzender Ausstrahlung. Viele bedeutende Gelehrte aus unterschiedlichen Gebieten, wie Mathematik, Naturwissenschaften, Medizin, Rechtswissenschaften und Theologie wurden an diese Universität berufen. Einer von ihnen war auch der Mathematiker und Naturwissenschaftler JOHANN CHRISTOPH STURM (1635-1703), der als erster in Deutschland in seinem "Collequium curiosum et experimentale" das Experiment als Bestandteil im akademischen naturwissenschaftlichen Unterricht einführte.

Eine Vielzahl weiterer Professoren hätten es verdient genannt zu werden, aber das würde diesen kurzen Überblick sprengen. Nicht unerwähnt jedoch sollen zwei Personen bleiben, nämlich der Feldherr WALLENSTEIN (1583-1634) und der große Mathematiker und Philosoph GOTTFRIED WILHELM LEIBNIZ (1646-1716), die beide Studenten in Altdorf waren. Leibniz promovierte 1666 an der juristischen Fakultät der Universität.

Innerhalb weniger Jahre war erfreulicherweise die nürnbergische Universität zu einer renommierten Bildungseinrichtung herangewachsen. Über 5000 Söhne Nürnberger Bürger haben hier studiert.

Leider fehlte jedoch bald der finanzschwach gewordenen Reichsstadt das nötige Kapital, um die Universität ordnungsgemäß weiter auszustatten und die Professoren ihrer Bedeutung gemäß zu honorieren. Die Folge war, daß alle hervorragenden Leute, Professoren wie Studenten, bereits im ersten Drittel des 18. Jahrhunderts an die umliegenden besser ausgestatteten Fürstenuniversitäten, wie etwa Erlangen, abwanderten. Langsam sank das wissenschaftliche Niveau derart ab, daß Altdorf kaum mehr studentischen Zuspruch erfuhr.

Einer der letzten bedeutenden Mathematiker, der in dem betrachteten Zeitraum in Nürnberg wirkte, war JOHANN GABRIEL DOPPELMAYR (1677-1750). Er gab Übersetzungen und Bearbeitungen ausländischer mathematischer Werke heraus, außerdem stellte er astronomische Karten und Himmelsgloben her.

Die Zeiten eines REGIOMONTANUS, eines DÜRER und eines MELANCHTHON waren nun endgültig vorbei. Nürnbergs Bedeutung als Wissenschaftszentrum nahm von Jahrzehnt zu Jahrzehnt immer weiter ab. Erst im 19. Jahrhundert wurde der weitere Niedergang abgefangen. Die Industrialisierung begann und damit auch ein gewisser Aufschwung für die ehemalige freie Reichsstadt. Heute ist Nürnberg wieder dabei im Zusammenwirken mit den eng beieinanderliegenden Städten Erlangen und Fürth einen wichtigen Platz - wenn auch nicht vergleichbar mit der Blütezeit - im europäischen Kultur- und Wissenschaftsbetrieb zu finden.

Vielleicht ist es gelungen mit diesen wenigen Ausführungen Interesse für eine weitere, tiefere und detailliertere Beschäftigung mit der Kultur- und Wissenschaftsgeschichte von Nürnberg zu wecken.

Literatur:

[1] DOPPELMAYR, J.G.: Historische Nachrichten von den Nürnbergischen Mathematici und Künstlern, Nürnberg 1730, Hildesheim - New York 1972 (Nachdruck).

[2] EICHHORN, E., SCHULTHEISS, W.: Nürnberg, Dürerstadt - Florenz des Nordens, Nürnberg 1971.

[3] VON IMHOFF, CHR. (Hrsg.): Berühmte Nürnberger aus neun Jahrhunderten, Nürnberg 1984.

[4] KLEMM, H.G.: Wissenschaftsgeschichte im regionalen Umfeld von Schulen. Zum Beispiel: Der humanistische Mathematiker und Ingenieur Georg Hartmann aus Eggolsheim (1489-1564), Erlangen 1993.

[5] PFEIFFER, G. (Hrsg.): Nürnberg - Geschichte einer europäischen Stadt, München 1971.

[6] PILZ, K.: 600 Jahre Astronomie in Nürnberg, Nürnberg 1977.

[7] SCHULTHEISS, W.: Naturwissenschaft, Medizin und Technik in Nürnberg, Ausstellungskatalog der Stadtbibliothek Nürnberg, Nürnberg 1967.

[8] SPORHAN-KREMPEL, LORE: Nürnberg als Nachrichtenzentrum zwischen 1400 und 1700, Nürnberg 1968.

[9] WILLERS, J.: Schätze der Astronomie. Arabische und deutsche Instrumente aus dem Germanischen Nationalmuseum, Nürnberg 1983.

OStR Günter Löffladt, Wielandstraße 13, D-90419 Nürnberg

Mathematikunterricht an den Rummelsberger Anstalten

Hans Aldebert

Als Lehrer für Mathematik und Physik 40 Jahre an Nürnberger Gymnasien tätig, wurde ich - m. E. viel zu früh - mit 64 Jahren in den Ruhestand verabschiedet. Meinen Wechsel nach Rummelsberg habe ich in der Kurzfassung meiner „Memoiren" so dargestellt:

> „Als ich so richtig war in Schwung,
> da kam auch schon die Kündigung.
> Schlimm ist es für Artisten stets,
> ist „aus" die Nummer am Trapez.
> Laut jammert ich in meiner Not:
> „Wo krieg ich jetzt mein Gnadenbrot?"
> Als Bettler mußt ich ziehn durchs Land,
> bis ich ein warmes Plätzchen fand.
> Bei Brüdern und bei frommen Schwestern
> erhielt Asyl ich jetzt seit „gestern".
> In Rummelsberg, weit drauß' im Walde,
> dort braucht man noch so „junge Alte!"

Der Chef des Altdorfer Leibniz-Gymnasiums (früher Kollege am Nürnberger Melanchthon-Gymnasium und damals im Aufsichtsrat der Rummelsberger Anstalten) machte mir vor acht Jahren das Angebot, an der orthopädischen Klinik Wichernhaus als Krankenhaus-Lehrer anzutreten.

Die überaus sinnvolle Tätigkeit einer Krankenhaus-Schule existiert seit ca. 13 Jahren an verschiedenen Kinderkliniken im ganzen Bundesgebiet. Lassen Sie mich kurz über unser „Institut" berichten:

Unser Equipe ist eine Abordnung der Altdorfer „Schule für Körperbehinderte" und besteht z. Zt. aus vier Sonderschul- und drei Gymnasiallehrern (M/PH, E/F, D/L), die vorwiegend am Krankenbett tätig sind.

Sofort nach Einlieferung der jungen Patienten nehmen die Lehrer mit diesen Kontakt auf, orientieren sich über den Lehrstoff und nehmen ggfs. Verbindung mit der „Heimat"-Schule auf, auch um etwa fällige schriftliche Prüfungen vorzubereiten (oder abzunehmen). So kann der Patient in den wichtigsten Fächern leicht den Anschluß, ja oft sogar einen Vorsprung gewinnen. Hat der Schüler keine Fragen zum laufenden Stoff, hat der Lehrer die Möglichkeit, übergeordnete Aspekte oder auch geschichtliche Bezüge anzusprechen.

(So z. B. wußte ein Schüler des Haßfurter Regiomontanus-Gymnasiums über seinen „Schul-Patron" noch nicht Bescheid und ließ sich zu einem diesbezüglichen Referat animieren.) Nicht selten bleibt eine lose briefliche Verbindung mit ehemaligen Patienten einige Zeit erhalten.

Die Lehrer sind sich dessen bewußt, daß (abgesehen von der Stoffvermittlung) das geistige Training an sich eine wichtige Forderung darstellt. So werden meist auch (Kranken-)"Haus-Aufgaben" gestellt. Im intensiven „Partner-Gespräch" offenbart sich oft eine- vom Heimat-Lehrer leider nicht erkannte oder geförderte - geistige Beweglichkeit bzw. Begabung, die über die genannten Schulnoten („ausreichend", „mangelhaft") nur staunen läßt.

Bei der „Dezenniums-Feier" unserer Krankenhaus-Schule kam diese Situation in humorvoller Übertreibung wie folgt zum Ausdruck:

„Kommt der Patient nach Haus',
fragt der Lehrer ihn gleich aus,
fragt nicht: „Die Schrauben sind entfernt?"
Er fragt: „Hast Du dort was gelernt?"
Der Schüler stünd' mit roten Ohren
wär das Gehirn ihm eingefroren.
Die Klasse könnt er nicht bezwingen!
Jetzt darf er eine überspringen!

Die Atmosphäre in der Rummelsberger Klinik Wichernhaus ist sehr gut. Natürlich räumen die Lehrer den Ärzten und Pflegern Priorität ein. In ihrer Arbeit müssen sie da sehr flexibel sein. Ihre Tätigkeit enthält auch eine „seelsorgerische" Komponente. So manchem Patienten hilft der Unterricht bzw. die Zuwendung des Lehrers über Ängste (vor der Operation) und Schmerzen ein bißchen hinweg.

Die orthopädische Klinik „Wichernhaus", die weit über den fränkisch-oberpfälzischen Raum hinaus (bis hinauf nach Hamburg und hinab zur Lombardei) bekannt ist, ist speziell auf dem Gebiet der Arm- und Bein-Verlängerungen führend und hat deshalb relativ viele jugendliche Patienten. Sie wurde vor ca. 60 Jahren in Altdorf von Prof. Dr. BECKER gegründet. Er und sein Oberarzt und Nachfolger Prof. Dr. WAGNER berichteten bei der jüngsten Verabschiedung Prof. WAGNERs in Januar 1995, welch atemberaubende Fortschritte die Orthopädie in den letzten 60 Jahren gemacht hat.

Trotzdem die neue Klinik in Rummelsberg 1972 gebaut wurde, ist sie noch heute eine der modernsten orthopädischen Kliniken in Deutschland.

Sie hören hier öfters den Namen „Wichern". JOHANN HEINRICH WICHERN ist wohl allgemein als der Begründer des „Rauhen Hauses" in Hamburg (1833) bekannt. Was hat dieser mit Bayern zu tun?

Die evangelische Kirche in Deutschland hat sich im vorigen Jahrhundert mit der Diakonie anfangs schwer getan. Wichern war ein unermüdlicher Mahner. Im Revolutionsjahr 1848 hielt er auf dem 1. deutschen Kirchentag in Wittenberg seine berühmte flammende Rede, in der er die „Innere Mission" als verpflichtende Aufgabe der ganzen Kirche darstellte.

WICHERN reiste dann 1849 durch Süddeutschland und brachte mehrere Projekte auf den Weg. Letztlich waren es überall einzelne dynamische Persönlichkeiten, die die Sache der Inneren Mission vorwärts getrieben haben, wie FLIEDNER (1836) in Kaiserswerth, LÖHE (1846) in Neuendettelsau, BODELSCHWINGH (1872) in Bethel, und noch vor ihnen A. H. FRANKE (1695), OBERLIN (1779), AMALIE SIEVEKING (1832) und andere. Die Bayerische Diakonie ging vom „Landesverein für Innere Mission" aus, gegründet 1886 in Nürnberg.

Die Rummelsberger Brüderschaft wurde in Nürnberg (ca. 1890) gegründet. Ein Hauptfeld war lange Zeit der Dienst im Nürnberger Klinikum. Erst 1905 zog man nach Rummelsberg um. In einem alten Bauernhaus fing man an. Heute befinden sich auf dem Areal neben den Kliniken ein Brüderhaus mit Diakonen-Schule, dieses Tagungszentrum, in dem Sie sich hoffentlich recht wohl fühlen werden, ein Jugendhilfezentrum, ein großes Berufs-Bildungswerk, einige Heime und, im Zentrum, die Philippus-Kirche, benannt nach einem der ersten Diakone der Urgemeinde.

Die Geschichte Rummelsbergs ist ausführlich beschrieben in dem Buch „Gutes tun und nicht müde werden", das zum 100-jährigen Jubiläum der Bruderschaft 1990 erschienen ist.

Die Arbeit der Rummelsberger wurde jetzt wieder am 28. Juli 1994 gewürdigt, als der neugewählte Bundespräsident HERZOG, begleitet vom Bayerischen Ministerpräsidenten STOIBER, seinen „Antrittsbesuch" in Rummelsberg machte, um der Arbeit der Bayerischen Diakonie seine Reverenz zu erweisen.

Hans Aldebert, Studiendirektor i. R., Schillerstraße 13, 90491 Nürnberg

Geometrische Modelle - Mathematik zum Anfassen

Albrecht Beutelspacher

Wie alles anfing

Seit einigen Jahren veranstalte ich mehr oder weniger regelmäßig ein Proseminar über das Thema „Geometrische Modelle". Diese Veranstaltung richtet sich an Studierende des zweiten und dritten Semesters. Meine Anforderungen an die Teilnehmer dieses Proseminars halte ich bewußt gering: Jede Gruppe von 2 bis 3 Teilnehmern muß ein mathematisches Modell basteln, irgend etwas von der dahinterstehenden Mathematik erklären und das Ergebnis den anderen Teilnehmern vorstellen.

Dabei erleben die Studierenden regelmäßig einen Schock: Nach einigen Wochen kommen sie desorientiert in meine Sprechstunde, berichten, daß sie beim Basteln keine Schwierigkeiten hatten, daß sie aber „keine Mathematik rein" brächten. Die Studierenden erleben zum ersten Mal (?!) bewußt zwei Welten: Die eine Welt ist die der Mathematik, die ihnen in den ersten Semestern präsentiert wurde, die Welt der Induktion, der Integrale; die andere Welt ist die, in der sie leben, in der man Gegenstände sehen, anfassen und fühlen kann. Den Studierenden wird bewußt, daß diese Welten einander fremd sind, daß sie anscheinend unabhängig voneinander existieren.

Es bedarf fast immer eines intensiven Gesprächs, in dem ich ihnen zunächst zu vermitteln versuche, daß ihre Aufgabe nicht darin besteht, in das Modell „Mathematik reinzubringen", sondern daß die Mathematik bereits in ihm enthalten ist und daß sie diese nur erkennen und beschreiben müssen.

Wenn die Studierenden diesen Schock überwunden haben, dann wachsen sie oft über sich hinaus und erzielen unglaubliche Leistungen.

Nach einiger Zeit fanden wir es schade, daß die Modelle und die gewonnene Einsicht nach einer Stunde wieder in der Versenkung verschwinden. Irgendwann schlug ich vor, eine Ausstellung zu veranstalten. Nachdem ich dies mehrfach angesprochen hatte, hatten acht Studentinnen (kleines i) den Mut, sich auf dieses Abenteuer einzulassen.

Nach einigen Treffen im Sommersemester 1993 beschlossen wir (Susanne Hunsdorfer, Anike Kraft, Amrey Krause, Meike Krause, Irina Reh,

Katja Roth, Meike Stamer, Andrea Stühler), im Februar 1994 eine zweiwö-
chige Ausstellung zu machen. Im Herbst zogen wir uns für zwei Tage in den
Vogelsberg zurück. Nach meiner Erinnerung war dies das entscheidende
Treffen. Dort wurden die grundlegenden Ideen geboren; dort wurde der
Traum zum ersten Mal konkret.

Was wir wollten

Die Ausstellung wurde nach folgenden Grundsätzen gestaltet, die uns
allerdings erst im Laufe der Arbeit klar wurden:

• Die Besucher sollen möglichst anschaulich mathematische Strukturen
erleben. Das bedeutet, daß Experimente an modernen Exponaten gezeigt
werden sollen, die selber erfahrbar oder steuerbar sind. Dies implizierte
auch die Entscheidung, keine „Computershow" zu machen.

• Die Exponate sollen substantielle („wichtige") Mathematik vermitteln.
Das bedeutet, daß wir vor allem klassische Themen zeigen.

• Die Exponate sollen für Schülerinnen und Schüler ab 10 Jahren verständlich sein. Das bedeutet insbesondere, daß wir an den Exponaten ohne
Formeln auskommen müssen.

Was daraus wurde

Am 21.2.1994 wurde die erste Ausstellung in Gießen in den Räumen des
Instituts für Didaktik der Mathematik eröffnet; sie blieb zwei Wochen lang
geöffnet und wurde von weit über 1000 Besuchern besucht; häufig kamen
ganze Schulklassen in die Ausstellung.

Auf Initiative von Herrn G. Löffladt konnten wir die Ausstellung auch im
Jahre 1995 zeigen. Sie wurde im Rahmen der 86. Hauptversammlung der
MNU am 9. April 1995 in der Mathematikabteilung des Schulmuseums in
Nürnberg eröffnet und blieb bis zur (vorläufigen) Schließung des Schulmu-
seums am 30. Juni 1995 für die Öffentlichkeit zugänglich.

Beide Ausstellungen wurden mit einer Preisverleihung an Schülerinnen
und Schüler abgeschlossen.

In beiden Ausstellungen konnte man die folgenden Exponate erleben. (Ich gebe hier nur Stichworte an; eine ausführliche Beschreibung findet man im Katalog.)

1. Platonische Körper

Zunächst sah man große Modelle der fünf platonischen Körper, die eindrücklich mit den ihnen entsprechenden antiken Elementen (Feuer, Erde, Luft, Wasser und Äther) bemalt waren. Ferner waren Bilder vom Vorkommen platonischer Körper in der Natur (Kristalle) und Kunst zu sehen.

Daran schloß sich ein *Experiment* an. Mit der Frage „(Wie) paßt das Tetraeder in den Würfel?" wurde man aufgefordert, ein großes Tetraeder in einen oben offenen Plexiglaswürfel einzupassen. Wenn man das geschafft hatte, konnte man sich noch überlegen, welcher Teil des Rauminhalts des Würfels wohl von dem Tetraeder eingenommen wird.

2. Archimedische Körper

Die Besucher konnten in einer Vitrine Modelle aller archimedischen (halbregulären) Körper sehen, auf die zum Teil „Eckkappen" aufgesetzt waren, so daß man erkennen konnte, wie diese durch Abschneiden von Ecken (und Kanten) aus platonischen Körpern entstehen.

Daneben hing ein Fußball in einem Netz. Besonderen Anklang bei den Jüngeren fand ein Bild, in dem man unter der Überschrift „Archimedes - ein Fußballprofi?" einen alten Griechen nach einem Fußball treten sah.

3. Regelmäßige Vielecke

Der Blickfang dieses Exponats waren Verkehrszeichen in Form regelmäßiger Vielecke (Stopschild, Vorfahrt achten, ...). Das Auftreten regelmäßiger Vielecke in der Natur (regelmäßiges Fünfeck bei Pflanzen: Apfel, Rose, ...) und in der Architektur (Pentagon, Castel del Monte) wurde durch Fotografien belegt.

In einem Experiment konnte man reguläre Vielecke durch Falten eines Papierstreifens erhalten (nach Hilton-Pederson). Das Interessante dabei ist u. a., daß man so auch viele derjenigen regulären Vielecke erhält, die nicht mit Zirkel und Lineal konstruierbar sind (z. B. reguläre Sieben- oder Neunecke).

4. Kaleidoskop

Als *Experiment* wurde ein großes Kaleidoskop aus zwei senkrecht stehenden Spiegeln gezeigt, von denen einer an einem senkrechten Scharnier drehbar war. Dieser konnte bei den Winkeln 90°, 72°, 60°, 45°, 30°, 22,5° arretiert werden, aber auch in jedem anderen Winkel eingestellt werden. Zwischen den Spiegeln stand eine kleine Figur, deren Spiegelbilder man zählen sollte. Genauer wurde gefragt: Wie viele stehen „richtig" und wie viele „verkehrt herum"?

5. Parkette

Hier sah man als erstes ein großes Arrangement aus Fliesen. Wenn man näher kam, erkannte man auch Bienenwaben und Spielbretter (Schach, Halma, ...).

Auf einem kleinen Tisch darunter lagen bunte reguläre Vielecke gleicher Kantenlänge, die zum Legen von Parketten („Mustern") einluden.

6. Penrose-Parkette

Diese modernen "aperiodischen" Parkette wurden durch drei Experimente veranschaulicht:

Experiment 1: Wie bei den „normalen" Parketten lagen Steine bereit, bei denen die Legeregeln durch suggestive Bemalung unmittelbar klar waren.

Experiment 2: Ein Computer produzierte laufend Penrose-Parkette.

Experiment 3: Um die Aperiodizität deutlich zu machen, war ein Ausschnitt eines Penrose-Parketts an der Wand zu sehen; ein kleiner Teil dieses Ausschnitts (der wie ein Fisch aussah) war auf eine Plexiglasscheibe aufgemalt. Aufgabe: Wo ist der Fisch versteckt? Das ist ein sehr schönes Experiment, da kleine Kinder die gleiche Chance haben wie berühmte Mathematikprofessoren.

7. Nur Geraden - trotzdem rund

Unter dieser Überschrift konnte man zwei Exponate sehen, die Tangenten einer Parabel und ein Hyperboloid.

Experiment 1: An zwei Holzstäben befinden sich im gleichen Abstand viele Ösen, durch die ein Gummifaden hin und her läuft. Wenn man die Stäbe in die Hände nimmt und die Fäden spannt, ergibt sich eine Schar von Geraden. Wenn man die Stäbe windschief („schräg") hält und dann in eine Ebene bringt, ergibt sich zunächst ein Paraboloid und dann die Tangenten einer Parabel. Dies konnte man an einer großen Holzparabel kontrollieren.

Experiment 2: Um eine Achse kann sich eine windschiefe Gerade (Schnur) drehen. Auf Knopfdruck setzt sich die Apparatur in Bewegung, und man sieht, wie die gerade Schnur ein Hyperboloid bestreicht.

8. Überall gleich dick, und doch kein Kreis

Hier wurden Kurven gleicher Dicke vorgeführt.

Experiment: Ein Auto (Fischertechnik), dessen Antriebsräder „Gleichdicks" sind, fährt auf einer Bahn hin und her. Auf den Hinterrädern liegt eine Plattform, und auf dieser befindet sich ein Blinklicht. Dieses bleibt immer auf gleicher Höhe - obwohl die Räder sehr zu wackeln scheinen.

9. Eine einseitige Sache: Das Möbiusband

Experiment: Ein großes Möbiusband aus blauem Stahlblech (Länge 6 m) hängt an der Decke. Auf dem Band fährt ein Auto, das an jede Stelle kommt.

Dies war ein technisch sehr aufwendiges Experiment: Das Auto mußte mit Magneten gehalten werden. Aber auch wenn das Auto nicht fuhr, war es ein Erlebnis, die Augen das Möbiusband entlangwandern zu lassen.

Die Ausstellung wurde durch zwei weitere Komponenten ergänzt.

(a) Arbeit mit Schülerinnen und Schülern

Wenige Wochen vor der Ausstellungseröffnung in Gießen hatte ich die Befürchtung, daß zwar am ersten Tag viele Besucher kommen würden, wir aber die restlichen Tage alleine und verlassen herumsitzen würden. Daher kamen wir auf die Idee, interessierte Schülerinnen und Schüler einzuladen und mit ihnen ein Modell zu erarbeiten. Das wurde ein überwältigender Erfolg. Wir hatten bald mehr Anmeldungen, als wir verkraften konnten.

(b) Fragebogen

Die zweite Komponente entstand aus der Befürchtung, daß die jugendlichen Besucher nur durch die Ausstellung stürmen würden, jedes Exponat eines kurzen Blickes würdigen würden und nach zwei Minuten fertig wären. Daher haben wir einen Fragebogen entwickelt, der zu jedem Exponat eine einfache Frage enthielt.

Zum Beispiel: Wie viele Fünfecke hat der Fußball? Wie viele Seiten hat das Möbiusband?

Dies hat sich außerordentlich bewährt. Die Jugendlichen verbrachten jeweils etwa eine Dreiviertelstunde in der Ausstellung. (Natürlich trug zur Attraktivität des Fragebogens bei, daß richtige Lösungen an der Verlosung schöner Preise teilnahmen.)

Am Ende des Fragebogens konnten die Schülerinnen und Schüler ihre Eindrücke schildern. Diese waren fast durchweg sehr positiv. Auf die Frage „Was hat dir in der Ausstellung gut oder nicht so gut gefallen?" erhielten wir u. a. folgende Antworten (die Rechtschreibung wurde übernommen):

• Mir hat alles gefallen, ich habe viel dabei kapiert und gelernt. Ich hätte nicht gewußt, daß Geometrie so schön sein kann. BRAVO! (7. Schuljahr)

• Ich fand alles verdammt genieal und habe auf der Ausstellung viel gelernt. (6. Schuljahr)

• Das ist nicht so was Langweiliges wie Ausstellungen oder Museumsbesuche. Das ist was zum anfassen. Echt super! (8. Schuljahr)

• Die Preise! (9. Schuljahr)

• Die Ausstellung war sehr interessant. Die selbstgebauten Modelle waren echt supercool. Archimedes hätte beim F. C. Bayern München anfangen sollen. Das basteln war echt geil. (10. Schuljahr)

•Es hat mir gefallen, daß viele Wissenschaftler, von denen ich schon gehört hatte, durch ihre Entdeckungen vorgestellt wurden. Und dieser Test hat mir gefallen, das man durch diesen Test aufmerksam alles betrachtet. (9. Schuljahr)

• Es war alles sehr informativ. Man konnte mal Körper sehen, die man eigentlich täglich sehen kann (Parkett) sich aber dann nicht solche Gedanken drüber macht wie das eigentlich ist. (8. Schuljahr)

• In meinem mathematischen Brett vor'm Kopf öffnete sich ein Astloch.
(10. Schuljahr)

Was haben wir gelernt?

Die herausragende und beglückende Erfahrung aus unseren beiden Ausstellungsprojekten ist die, daß substantielle Mathematik direkt erlebt werden kann. Dabei heißt „direkt", daß weder auf mathematisches Vorwissen zurückgegriffen wird, noch mathematische Sprache zur Erklärung notwendig ist. Tatsächlich kam in der gesamten Ausstellung keine einzige Formel vor. „Erleben" heißt, daß man Exponate anfassen konnte, ja sollte, und daß man Experimente selbst ausführen durfte. Die übereinstimmende Erfahrung aller Besucher war, daß mit derartiger Vermittlung ein Fenster zur Mathematik aufgemacht wurde, das bei vielen die Liebe zur Mathematik geweckt oder neu belebt hat.

Für die Studierenden war sicherlich die Erfahrung, in einem Team an einem langen und herausfordernden Projekt wesentlich mitzuarbeiten, prägend. Eine problematische Komponente des Mathematikstudiums ist ja, daß Studenten „immer nur kleine Dinge machen dürfen" (Übungsaufgaben lösen, Klausuren schreiben, Seminarvortrag halten), die der Professor grundsätzlich besser kann.

Hier war es anders. Die Studierenden hatten nicht nur in vielen Angelegenheiten viel bessere Ideen als ich, es war auch zu Beginn nicht klar, ob das Ganze überhaupt etwas wird. Denn der Erfolg des Projekts wurde ja gerade nicht innermathematisch gemessen, sondern die Arbeit des gesamten Teams wurde von einer kritischen Öffentlichkeit bewertet.

Einen Punkt möchte ich besonders hervorheben. Zu Beginn der Arbeit hatten die Studierenden Mühe, nicht zu schnell in die ganz konkrete Realisierung umzuschwenken. Ich mußte immer wieder darum werben, sich das ideale Exponat, das utopische Modell möglichst konkret vorzustellen, um erst dann praktische Kompromisse einzugehen: Erst muß man seine Wünsche genau kennen, dann erst kann man entscheiden, welche realisierbar sind und welche utopisch bleiben müssen.

Was soll noch werden?

Die Arbeit geht weiter. Im großen wie im kleinen.

Zum einen versuche ich, die Erfahrungen in Lehrveranstaltungen („Praktikum Geometrie") und in Lehrerfortbildungsveranstaltungen weiter zu vermitteln.

Zum anderen sind bereits weitere Ausstellungen geplant: Gießen 1996, Nürnberg 1997; in größerem Rahmen wird voraussichtlich eine Ausstellung anläßlich des International Congress of Mathematicians 1998 in Berlin stattfinden.

Dazu werden laufend neue Exponate entwickelt. Etwa „Raumfüller", d. h. Körper, mit denen man den ganzen Raum ausfüllen kann. Es werden auch nicht-geometrische Exponate dazukommen, etwa die Darstellung großer Zahlen und exponentiellen Wachstums. Aber all das ist noch Zukunftsmusik.

Literatur

A. BEUTELSPACHER u. a.: *Geometrische Modelle - Mathematik zum Anfassen.* Katalog zur Ausstellung

H. M. CUNDY, A. P. ROLLETT: *Mathematical Models.* Tarquin Publications, reprinted by Oxford University Press 1981

P. HILTON J. PEDERSON: *Build your own polyhedra.* Addison-Wesley Publishing Company, Menlo Park, California 1988

D. SCHATTSCHNEIDER, W. WALLACE: *M. C. Escher Kaleidozyklen.* Benedikt Taschen Verlag, Köln 1992

Prof. Dr. Albrecht Beutelspacher, Mathematisches Institut, Arndtstraße 2, D-35392 Gießen; E-mail: albrecht.beutelspacher@math.uni-giessen.de

Mathematik in der Bibel[1]

DIETER BAUKE
Wiesestraße 113
D-07548 Gera

Die Bibel als Quelle der Geschichtsschreibung ist unbestritten, auch die Einschränkungen dieser Position. Geschichte wird dargeboten, wie sie sich den Israeliten darstellte, soweit es ihre Geschichte betrifft, wie sie politisch und weltanschaulich nützlich ist. Die Schriftsteller der Bibel vollbrachten eine sehr große Leistung: aus Texten und Textfragmenten wurde ein Opus gestaltet, das über Jahrtausende die Menschheitsentwicklung bis heute beeinflußt. Andererseits sind es eben „Schriftsteller", die bei der Bearbeitung der Texte Auswahl treffen und „künstlerisch" gestalten. Dabei werden Schwerpunkte gesetzt, ideologisch begründete Linien gezogen, Widersprüche geglättet usw.

Schwächen der benachbarten Großreiche im Zweistromland und in Ägypten ausnutzend, gelang es Saul und David, ein eigenes Königreich aufzubauen, welches unter Salomo in höchster Blüte stand.[2] Neben Politik und Kultur der Großreiche flossen auch deren Naturwissenschaften und Mathematik in die Lebensgestaltung Israel und damit in die Bibel ein. So könnte man erwarten, daß es in Israel zu einem Erblühen der mathematischen Wissenschaften kam. Dies war jedoch nicht so:

- Die Übernahme von Wissen geschah vor und während der Seßhaftwerdung der Stämme. So war es „technisch unbequem" und auch nicht nötig, umfangreiches mathematisches Wissen zu erhalten und zu vergrößern.

- Benötigtes mathematisches Wissen war im Volk (Priester, Leviten, Schreiber) vorhanden und wurde genutzt.

- Die inhaltliche Gestaltung der Bibel war auf andere Schwerpunkte orientiert.

- In der Zusammenarbeit mit anderen Stämmen und Völkern nutzte man auch deren mathematisches Wissen.

Auf Grund der Geschichte Israel und der Entstehung der Bibel kann man ansetzen, daß in ihr mathematisches Wissen ab 1000 v. d. Z. dargestellt ist.[3] Die

---

[1] Aus Platzmangel sind hier nur kurze Erläuterungen und Thesen möglich, keine zusammenhängende Darstellung. Auch die Analyse der Methoden und des Mathematikverständnisses kann nur kurz angerissen werden und soll späteren Arbeiten vorbehalten bleiben. Die angegebenen Zitate erheben keinen Anspruch auf Vollständigkeit.

[2] Zur Geschichte Israels und der Bibel vgl. die Literatur.

[3] [34] S. 105.

Textfragmente entstanden ab dieser Zeit (Großreich David/Salomo) von verschiedenen Schreiber-Autoren. Nach dem Zusammenbruch des Großreiches wurden sie zusammengefügt.[1]

Zahlensysteme

Die von den Völkern benutzten Zahlensysteme (und insbesondere ihre Geschichte) lassen sich deutlich an ihren Rechnungen, an den verwendeten Maß- und Gewichtssystemen u. a. erkennen. Die umfangreiche Literatur zu diesem Thema soll hier nicht zitiert werden.[2] Deutlich belegt sind sowohl der babylonische wie der ägyptische Einfluß[3] und damit die gemischte Verwendung des 10er- wie des 12er/60er-Systems mit deutlicher Vorrangstellung des dekadischen Systems. Das in der Geschichte Israels ältere 12er/60er-System spielt in religiösen Lebensfragen die bedeutendere Rolle, das 10er-System im Alltagsleben. Neben den verschiedenen Basen der Zahlensysteme sind auch verschiedene Zählgrenzen erkennbar. Einzelne konkrete Zahlenangaben müssen mit Vorsicht genossen werden, viele sind nicht nachprüfbar, einige auch bewußt (literarisch) gestaltet. Einige Bemerkungen zu den Zahlensystemen und Zählgrenzen:

- Reste eines 5er-Systems (kretisches System [Philister], aber auch als Zählgrenze und bei vielen Baumaßen) sind in den ältesten Teilen der Bibel enthalten.[4]

- Das 60er-System wird selten „rein" verwendet, praktikabler war es als 12er-System gestaltet. Insbesondere in den ältesten Textteilen spielt es eine hervorragende Rolle. Die 12 und damit auch 6, 4 und 3 waren die Zahlen für die Kalenderrechnung, Gesetzesreihen, Verwaltung u. a. m. und erhalten auch damit ihre religiöse Bedeutung.[5]

- Da ja 2, 3, 4, 5, 6 „klassische" Zahlen des praktischen Rechnens sind, kommt die 7 nun „mystisch" daher.

- Das Dezimalsystem ist jedoch das am meisten verwendete Zahlensystem, es wurde bei den Nachbarn und im täglichen Leben verwendet. Damit treten die Zahlen und Vielfache Zehn[6] und Hundert[7] oft auf. Eine besondere Häufung der Zahl Tausend in den älteren Texten und ihre Verwendung zur

---

[1] Die Quellenanalyse der Geschichtsbücher ergibt u. a., daß der Psalmist offenbar Interesse an Altersangaben, Daten und Maßen hatte ([11] S. 79).
    Die Priester/Schreiber legten die Textteile vor, Priester und Schreiber (wie Esra und Baruch) schufen eigene Bibeltexte wie das Gesamtwerk, das bedeutet: wir haben im Wesentlichen „Schreiber"-Literatur vor uns ([11] S. 268 ff.).
[2] [28] S. 568-571; [21] S. 189 ff.
[3] vgl. u. a. [8] und [17], der auch eine eigene israelitische Zahlschrift findet (S.271).
[4] 1. Mo 18.24 u. 28; 3. Mo 26.8; 4. Mo 11.19 f.; 1. Sm 6.4; 2. Kö 1.9-15; 2. Kö 2.16 f.
[5] 60er-System: 2. Mo 14.7; 4. Mo 11.21; 4. Mo 25.9; 12er-System: 2. Mo 24.4; 4. Mo 11.24 ff.; 4. Mo 35.6 f.; 1. Kö 4.7; 1. Chr 24.1-18; 1. Chr 25.7-31
[6] 1. Mo 24.60; 1. Mo 31.7; 3. Mo 26.26; 4. Mo 14.22; 5. Mo 1.15; 5. Mo 4.13; Ri 20.10; Hi 19.3; Ps 33.2; Jes 5.10; Dan 1.20; Dan 7.7
[7] 1. Mo 26.12; 3. Mo 26.8; Pred 6.3; Sir 18.8

„Steigerung" verweist auf eine frühe Zählgrenze![1] Vielfache von tausend werden deutlich weniger gebildet (10000,[2] 100000,[3] die „Million" als Zahl jedoch gar nicht (aktuelle Zählgrenze in der Bibel, wie auch in Ägypten). Ihre Überwindung geschieht nur gelegentlich und konstruktiv.

Volkszählungen[4]

Die Volkszählungen[5] dienten wie auch in anderen Ländern zumeist rein praktischen Zwecken: der militärischen Einberufung, der Besteuerung, zur Landverteilung u. a. Dieses Zählen (Umgang mit großen Zahlen) ist als eigenständige rechnerische Leistung anzusehen. In den Texten (in der Bewertung der Leistung wie der Resultate) erscheint diese Leistung widersprüchlich: Einerseits wird die Zählleistung bewundert, andererseits aber die „Weisheit" gefürchtet, denn diese kommt (in den älteren Texten) nur Gott zu! Da aber Gottes Segnungen nicht gezählt werden durften, riefen sie auch Widerspruch hervor.[6]

Große Zahlen, Unendlich

Die alte Zählgrenze 1000 wurde schon bald überwunden, die neue Zählgrenze Million jedoch begrifflich nicht. Die größten in der Bibel genannten Zahlen liegen in den Hunderttausendern, ansonsten wird die Million additiv bzw. multiplikativ gelegentlich erreicht und überschritten.[7] Eine Ahnung des Unendlichkeitsbegriffs kann dem Volk Israel nicht abgestritten werden, im Gegenteil.

Um über „sehr große" Zahlen (nach israelitischem Verständnis) zu sprechen, wurden bildhafte Vergleiche gewählt. Damit ist auch lineares Denken, also Proportionsrechnung/Dreisatzrechnung impliziert. Standardbeispiele sind u. a.: Sand,[8]

---

[1](Vgl. die Abschnitte „Induktion" und „Multiplikation".) 1. Mo 20.16; 1. Mo 24.60; 2. Mo 20.16; 2. Mo 34.7; 4. Mo 10.4; 4. Mo 10.36; 4. Mo 31.4 f.; 4. Mo 31.48; 5. Mo 5.10; Jos 22.21; Jos 22.30; 1. Sam 18.7 f.; 1. Kö 3.4; 1. Chr 16.15-17; 2. Chr 1.6; 2. Chr 14.8; Hi 9.3; Ps 3.7; Ps 50.10; Ps 68.18; Ps 84.11; Ps 90.4; Ps 91.7; Ps 119.72; Pred 6.6; Hohel 5.10; Jer 32.18; Dan 7.10; Mi 6.7
[2]3. Mo 26.8; 5. Mo 32.30; Ri 1.4; Ri 3.29; Ri 4.6, 10 u. 14; Ri 7.3; 1. Sam 18.7 f.; 1. Chr 23.3 f.; Est 3.9; Ps 91.7; Dan 7.10
[3]4. Mo 3.4; 1. Chr 22.14
[4][28] S. 141 f. Die Geschlechtsregister werden hier nicht berücksichtigt, da sie nach 1. Tim 1.4 und Tit 3.9 nicht real sind.
[5]1. Mo 10 f.; 2. Mo 30.11 ff.; 4. Mo 1.2 f.; 4. Mo 1.17-2.34; 4. Mo 4.2-48; 4. Mo 26.2 ff.; 2. Sam 24.1 ff.; 1. Chr 21.1 ff.; 1. Chr 27.24; 2. Chr 2.16; Esr 2.2-69; Neh 7.7-66; Neh 11.1 ff. u. a.
[6]Bewunderte Zählleistungen: 5. Mo 1.10; Ri 7.4; 2. Sm 24.1 ff.; Dan 5.26; Widerspruch: 1. Chr 21.1-5; 2. Sm 24
[7]1000 Geschlechter = Ewiger Bund: 1. Chr 16.15-17; 100000: 2. Kö 3.4; 500000: 2. Chr 13.17; 600000: 2. Mo 12.37; 4. Mo 11.21 u. 31 f.; Sir 16.11; Sir 46.10; 601730: 4. Mo 26.51; 603550: 2. Mo 38.26; 4. Mo 1.1 ff.; 4. Mo 1.46; 4. Mo 2.32; von 100000 auf 1000x1000: 1. Chr 22.14; 1000 Tausendschaften: 4. Mo 31.4 f. u. 48; 1000x1000: 2. Chr 14.8; 800000 Israel + 500000 Juda: 2. Sam 24.9; 11x100000 Israel + 470000 Juda: 1. Chr 21.5; 1000x1000xn zu 10000x10000xn: Dan 7.10; nx1000x1000: Ps 68.18
[8]1. Mo 22.17; 1. Mo 32.13; 1. Mo 41.49; Ri 7.12; 1. Kö 4.20; 1. Kö 5.9 f.; Hi 6.3; Hi 29.18; Ps 28.27; Ps 139.18; Jes 10.22; Jes 40.15; Jes 48.19; Hos 2.1; Jer 33.22; Sir 1.9; Sir 18.8; Hab 1.9

Staub,[1] Himmel und Sterne,[2] aber auch andere Dinge werden herangezogen.[3] Oder man stellt fest, daß die Dinge nicht zu zählen bzw. ohne Zahl,[4] über alle Maßen,[5] also „nicht meßbar"[6] oder „nicht zu wiegen",[7] eine Menge,[8] nicht zählbar oder berechenbar,[9] eben unermeßlich, unendlich, unerschöpflich, ewig, ... sind.[10]

Somit werden drei Strategien der Bildung großer Zahlen verfolgt:

- Vergleichen mit vorhandenen Mengen,

- Konstruktion von Unendlich,

- die Nichtkonstruierbarkeit von Größen wird aufgezeigt.

Dieses konstruktive Vorgehen des Beschreibens sehr großer Zahlen deutet an, daß Unendlich als potentielles Unendlich begriffen wird. Daneben gibt es, und das ist doch sehr erstaunlich, Beispiele des Denkens von „aktualem Unendlich"! Dies ist mit dem Gottesbegriff verbunden. Die Widerspruchsfreiheit dieser Gedanken liegt wieder im Dualismus Mensch-Gott bei den Israeliten begründet. Beispiele sind:

- Die Sterne sind unzählbar, aber Gott zählt sie! (1. Mo 15.5; Ps 147.4)

- Der Haare sind sehr viele (Ps 40.13), aber Gott zählt sie.

  (Mt 10.30, hier ausnahmsweise aus dem Neuen Testament.)

- Sollte dem Herrn etwas unmöglich sein? (1. Mo 18.14)

  Es ist kein Ding vor dir unmöglich! (Jer 32.17)

- Der Himmel und aller Himmel Himmel ... (5. Mo 10.14; 1. Kö 8.27)

  (Potenzmenge/Hüllenabschluß?)

- Man kann die Werke Gottes weder vermindern noch vermehren.

  (Pred 3.14; Jes 40.13 ; Sir 18.5 ; Sir 42.22)

---

[1] 1. Mo 13.16; 1. Mo 28.14; 4. Mo 23.10; Hi 27.16; Jes 40.12 u. 15; Wsh 11.22; Sir 44.22

[2] 1. Mo 11.4; 1. Mo 15.5; 1. Mo 22.17; 1. Mo 26.4; 5. Mo 1.10 f.; 5. Mo 10.14 u. 22; 1. Chr 27.33; 1. Kö 8.27; Hi 22.12; Ps 36.6; Ps 40.12; Ps 103.11; Ps 147.4; Nah 3.16; Sir 44.22

[3] Tage: Sir 1.2; Regen: Sir 1.2; Steine und Maulbeerbäume: 2. Chr 9.27; Lehm: Hi 27.16; Haare: Ps 40.13; Wasser: Jes 40.12 u. 15; Heuschrecken: Ri 6.5; Jer 46.23; Nah 3.15 f.; Jud 2.11; Käfer: Nah 3.15 f.; Kamele Ri 6.5; Jes 60.6; Sünden: Jer 13.22; Öl: Mi 6.7; Tautropfen: Wsh 11.22; Tropfen im Meer: Sir 18.8; Schätze: Hi 36.26; Jes 2.7; Gras: Hi 5.26

[4] 1. Mo 16.10; Ri 7.12; 1. Kö 3.8; 1. Chr 22.4 ,14 u. 16; 2. Chr 12.3; Hi 25.3; Ps 40.6 u. 13; Jer 33.22; Jer 46.23; Jud 2.8; Sir 18.2

[5] 1. Mo 17.2 u. 20; 1. Mo 41.49; Ps 40.13; Jud 2.10; Wsh 7.11

[6] Jes 40.12; Jer 31.37; Jer 33.22; Hos 2.1; Sir 1.3

[7] 1. Chr 22.3 u. 14; 2. Chr 4.18; Jes 40.12

[8] 1. Mo 16.10; 1. Mo 48.19; Jes 60.6; Ps 42.5; Ps 68.12; Hes 37.10

[9] 1. Mo 16.10; 2. Mo 1.7; 1. Kö 3.8; 1. Kö 8.5; 2. Chr 5.6; Ps 139.17; Jer 46.23; Hos 2.1; Mi 6.7; Jud 5.8; Wsh 18.12

[10] Hi 11.8; Hi 36.26; Hi 42.3; Ps 103.11; Ps 139.6; Ps 145.3; Spr 24.7; Jes 40.28; Jer 52.20; Sir 18.2-5

• Versuche, die Werke Gottes zu zählen, kannst du sie zählen?
  (1. Mo 13.16 ; 15.5, siehe auch bei „unzählbar" u. a.)

    Hier liegt Verständnis für logisch exaktes Unendlich vor. Gott ist unzählbar,
zählt aber alles, Gott kann alles, weiß alles, ist alles,[1] ... Gott ist allmächtig,
Menschen machen Fehler, Gott ist aktual unendlich, Menschen nur potentiell,
können sich ihm nur „konstruktiv" nähern, ...
    Neben dem „Unendlichgroßen" tritt auch gelegentlich das „Unendlichkleine"
auf.[2] Der Übergang zur Null wird dabei konstruktiv genauso gehandhabt wie der
Übergang zum Unendlich: Proportionenrechnung/Dreisatz. Interessant ist hier
auch, daß diese Überlegungen in den älteren Texten (Geschichtsbüchern) fehlen
und erst bei den Propheten auftauchen.

Unvollständige Induktion

    Mit dem Übergang zu höheren Einheiten wird die Induktion angedeutet, so
z. B. durch „hundertfältig, reich und reicher" (1. Mo 26.12 f.) „zahlreicher machen" (5. Mo 30.5 u. a.) Von stereotypen Aufzählungen sondert sich eine Gruppe
literarisch ab, die mit konkreten Zahlen arbeitet, insbesondere Steigerungen verwendet. Dieser „Vollständigkeitsnachweis", insbesondere beim Schritt von n auf
n+1 , aber auch in anderen Formen, beinhaltet aber nicht nur „Literatur", sondern verweist auch, weil er so gehäuft auftritt und stets mit einem bestimmtem
Ziel benutzt wird, auf einen logisch-mathematischen Hintergrund![3]

---

[1] Zählen: Ps 56.9; Ps 71.15; Hi 5.9; Hi 9.10; Hi 38.37; „allmächtig": 1. Mo 1.16; 1. Mo 18.14;
5. Mo 1.10 f.; Ps 115.3; Wsh 11.23; Sir 23.29; Sir 43.29

[2] Staub sein: Ps 103.4; Tropfen am Eimer: Jes 40.15; Sandkorn auf der Waage: Jes 40.15;
Stäublein: Jes 40.15; wie Nichts: Hag 2.3; Stäublein an der Waage: Wsh 11.22; Tropfen Morgen-
tau: Wsh 11.22; Tröpflein Wasser im Meer: Sir 18.8; Körnlein Sand: Sir 18.8; Jahre im Vergleich
mit der Ewigkeit: Sir 18.8

[3] 1-2: 2. Mo 21.21; 2. Mo 22.3, 7 u. 8; 5. Mo 32.30; Ri 5.30; 2.Kö 6.10; Hi 33.14; Hi 40.5; Ps
62.12; Jer 3.14
1-2-3: Pred 4.12; Sir 23.33
1-2-5-10-20(-30): 4. Mo 11.19 f.
1-3: 5. Mo 23.9
1-4: 2. Mo 21.37
1-5: 2. Mo 21.37
1-6-7: Jos 6.3 f.
1-7: (Tage-Woche,...) 1. Mo 1.5-2.3; 5. Mo 28.7 u. 25
1-8-16: 2. Chr 29.17
1-n: 2. Mo 23.30
2-3: 1. Mo 32.20; 5. Mo 17.6; 5. Mo 19.15; 2. Kö 9.32; Hi 33.29; Hes 21.19; Am 4.8; Sir 13.8;
Sir 23.21; Sir 26.25; Sir 50.27
2-3-4: Spr 30.15
2-3-4-5: Jes 17.6
3-4: 2. Mo 20.5; 2. Mo 34.7; 4. Mo 14.18; 5. Mo 5.9; Esr 8.32 f.; Spr 30.18, 21 u. 29; Jer 36.23;
Am 1.3, 6, 9, 11 u. 13; Am 2.1, 4 u. 6; Sir 26.5
3-4-5: 3. Mo 19.23-25
3-5-6: 2. Kö 13.18 f.
3-30: 1. Chr 11.15
4-5: 1. Mo 14.9; Neh 6.4 f.
5-6-7: 1. Kö 6.6

Einige Bemerkungen dazu:

- Diese logische Form wird nicht nur mathematisch, sondern auch historisch verwendet (von Saul auf David, ...).

- Damit soll Vollständigkeit unterstrichen werden, nicht die Betonung des konkreten Zahlenwertes.

- Es handelt sich um unvollständige Induktion, die aber damals offensichtlich ausreichte. Der Abschluß wird gelegentlich durch Wiederholung besonders betont.

- Daß diese Denkform beherrscht wird, zeigt sich auch in der Verwendung als Rückschritt![1]

5-100: 3. Mo 26.8

6-7: (Abschluß der Woche!) 2. Mo 20.9f; 2. Mo 20.11; 2. Mo 21.2; 2. Mo 23.10 f.; 2. Mo 23.12; 2. Mo 24.16; 2. Mo 31.15 u. 17; 2. Mo 34.21; 2. Mo 35.2; 3. Mo 23.3; 3. Mo 25.3 f.; 2. Kö 11.3 f.; Hi 5.19; Spr 6.16; Jer 34.14

6-8-9: 3. Mo 25.21 f.

7-8: (Überwindung der 7!) 3. Mo 12.2 f.; 3. Mo 22.27; 3. Mo 23.36; 1. Kö 8.65 f.; 2. Chr 7.8 f.; Neh 8.18; Pred 11.2; Mi 5.4

7-77: 1. Mo 4.24

9-10: Sir 25.9; Sir 26.5-19

12-13-14: 1. Mo 14.4 f.

14-15: 3. Mo 23.5 f.

30-50: 4. Mo 4.3, 23, 30, 35, 39, 43 u. 47

70-80: Ps 90.10 (-100: Sir 18.8)

100-200: 1. Sam 18.25 u. 27

2000-2000: Jos 7.3

Dezimal:

1-10: 5. Mo 23.3 f.

1-1000: 5. Mo 32.20; Jos 23.10; Jes 60.22

1-10000: 2. Sam 18.3

2-10000: 5. Mo 32.30

10-100-1000: Sir 41.6

10-1000: Jos 22.14; 2. Sam 18.11 f.

100-1000: 2. Sam 18.4

100-10000: 3. Mo 16.8

1000-10000: 1. Sam 18.7 f.; 1. Sam 21.12; 1. Sam 29.25; Dan 7.10

„Tausende" multiplikativ: 2. Mo 20.6; 5. Mo 5.10

1000e-10000e: Ps 68.18; Ps 144.13; Dan 7.10

100000-1000x1000: 1. Chr 22.14

[1] 2-1: 4. Mo 28.19 zu 29.2; 1. Kö 18.23

2 u. 3-1: Amos 4.8

7-1: Jes 4.1

10-9: Neh 11.1

20-10: Hag 2.16

50-20: Hag 2.16

50-45-30-20-10: 1. Mo 18.24-32

13-12-11-10-9-8-7: 4. Mo 29.13-32

Dezimal:

10-1: 3. Mo 26.26; Ri 20.11; Jes 5.10

100-10: Amos 5.3

1000-100: 4. Mo 31.14, 48 u. 52; Amos 5.3

Die noch häufigere Anwendung im Neuen Testament zeigt die Entwicklung dieser Methode auf.

Rechnen

Das Lösen von Rechenaufgaben tritt ganz natürlich in den Texten auf. Dies führt über das Zählen und das Konstruieren großer Zahlen hinaus. Auch die Alltagssprache enthält oft solche Formulierungen wie hinzurechnen, hinzutun, anrechnen,... (vgl. auch oben bei Unendlich). Zu den einfachen Rechenverfahren, relativ häufig angewandt, zählt das Verdoppeln und Halbieren.[1] Einfache Rechenaufgaben werden gelöst,[2] dabei wird multipliziert[3] und gelegentlich dividiert,[4] dies jedoch zumeist als Bruchrechnungsaufgabe mit ägyptischen Stammbrüchen gelöst.[5] Daß Divisionsaufgaben Probleme bereiteten, wird z. B. in 2. Kö 4.42-44 dargestellt: Ein Diener schafft die Division 20:100 nicht, der Herr löst die Aufgabe „praktisch"!

Die Dreisatzrechnung (Proportionenrechnung) als mathematische Form des Analogieschlusses ist in der Bibel stark ausgeprägt! Das Verfahren wird z. B. in

1000-100-50-10: 2. Mo 18.25; 5. Mo 1.15
1000-1: Hi 9.3; Pred 7.28; Sir 6.6; Sir 16.3
10000-1000-100-10: Ri 20.10
all-1: Jud 6.2
[1] 1. Mo 15.10; 1. Mo 43.15; 2. Mo 16.5; 1. Kö 10.7; Neh 4.10 ; Hi 42.10; Ps 55.24; Ps 102.25; Jes 40.2; Jes 44.16; Jes 61.7
[2] 2. Mo 26.1-3.7 ff.; 2. Mo 36.7; 2. Mo 38.24-29; 3. Mo 23.15 f.; 3. Mo 25.8 u. 50 ff.; 3. Mo 27.16-24; 1. Kö 18.4 u. 13; 1. Kö 22.7
[3] mal 4: 1. Mo 15.13 u. 16; 1. Mo 23.15; 2. Mo 21.37; 2. Sm 12.6; 2. Sm 21.20; 1. Chr 20.6
mal 5: 1. Mo 7.11; 1. Mo 8.4
mal 7: 1. Mo 4.15 u. 21; 3. Mo 25.8; 3. Mo 26.18, 24 u. 28; 4. Mo 19.4; Spr 24.16
mal 10: 1. Mo 30.7; 1. Mo 31.41; 4. Mo 14.22; Hi 19.3 (Vgl. auch Zehnerpotenzen)
mal 11: 1. Mo 4.24
mal 12: 4. Mo 7.84 ff.; 1. Chr 25.7 (vgl. auch 12-System)
mal 100: 2. Sam 24.3; 1. Chr 21.3
675 mal 500 = 337500 usw.: 4. Mo 31.32-46
[4] Division durch 3: 1. Sam 11.11; Ri 7.16;
„Teilen" u. a.: Jos 11.23; Ps 22.19; Ps 104.19
[5] 1/2: 2. Mo 30.13; 1. Mo 30.23; 4. Mo 31.27; 1. Kö 3.25; 1. Kö 7.35; 1. Kö 10.7; 1. Kö 13.8; 1. Kö 16.21; 2. Chr 9.6; Est 5.3 u. 6; Est 7.2
1/3,2/3: 1. Sam 13.21; 2. Sam 18.2; 2. Kö 11.5 f.; 2. Chr 23.4 f.; Neh 10.33; Hes 5.2 u. 12; Sach 13.8 f.
1/4: 2. Mo 29.40; 3. Mo 23.13; 4. Mo 15.4; 4. Mo 23.10; 1. Sam 9.8
1/5: 1. Mo 41.34; 1. Mo 47.24; 3. Mo 5.16 u. 24; 3. Mo 22.14; 3. Mo 27.19,27 u. 31; 5. Mo 14.22-27
1/6: Hes 4.11; Hes 45.13; Hes 46.14
1/7: Jos 18.5, 6 u. 9
1/10:(außer „Zehnt") 1. Mo 18.28; 2. Mo 16.33 u. 36; 3. Mo 6.13; 3. Mo 23.13 u. 17; 3. Mo 24.5; 3. Mo 27.30-33; 4. Mo 5.15; 4. Mo 28.20 f. u. 28 f.; 4. Mo 29.3 f., 9 f. u. 14 f; Hes 45.11 u. 14
Rezept mit 1/2,1/3,1/4,1/10,2/10: 4. Mo 15.4-10
1/12: Landverteilung, Hes 47.21
1/24: 4. Mo 15.19 u. 21; Neh 10.37 f.
1/50: 4. Mo 31.30 u. 47
1/100: 4. Mo 18.26
1/500: 4. Mo 31.28

3. Mo 25.16 f. bezüglich des Landkaufs unter Berücksichtigung des Erlaßjahres (wenn der Acker an den Alteigentümer zurückgeht) erläutert:

> „Sind es noch viele Jahre, so darfst du den Kaufpreis steigern, sind es noch wenige Jahre, sollst du den Kaufpreis verringern, denn die Zahl der Ernten verkauft er dir ...".

Die Dreisatzrechnung wird vielfältig angewandt, so als Zins- und Verteilungsrechnung.

Zinsrechnung

Die Zinsrechnung entwickelt sich mit den Abgaben und Steuern und der Entwicklung des Geldverkehrs, in der Literatur wird sie umfangreich gewürdigt, deshalb hier nur einige rechnerisch interessante Argumente:

- Die Schriftform (Schuldscheine u. ä.) war bekannt.[1]

- Sirach faßt u. a. das damalige Geldwesen/Finanzwesen zusammen. So warnt er auch vor Bürgschaften (8.16) und Geizhälsen (11.17) wie vor Reichen und Mächtigen (Kap.13) , er bespricht Darlehen (Kap.29) und die Gefahren des Reichtums (Kap.31).

- Die vielen Bestimmungen zur Zinsnahme und ihre Ausnahmeregelungen lassen keine exakte Feststellung des Zinssatzes zu, er lag wohl zwischen 5 %[2] und 20 %,[3] (jedoch nicht als Jahreszins, sondern für die Leihzeit).

- Gewinne und Verluste wurden gelegentlich schon kalkuliert:

    - Ps 49.9: „denn es kostet zuviel, ihr Leben auszulösen",

    - Ps 144.14: „unsere Rinder, daß sie tragen ohne ... Verlust",

    - 2. Kö 12.16: „brauche nicht Rechnung zu legen".
    (Im Neuen Testament werden diese Möglichkeiten weiterentwickelt.)

Verteilungsrechnen

Verteilt wurde nach verschiedensten Regeln und Sonderbestimmungen insbesondere Erbe,[4] Brot und Speisen,[5] Beute[6] und Land.[7]

---

[1] Jes 50.1; Jer 5.25; Jer 32.10; Hes 18.7; Tob 1.17 u.ö.

[2] [14] S. 357

[3] [19] S. 322

[4] 1. Mo 15.3; 4. Mo 18.20; 4. Mo 27.1-8; 5. Mo 10.9; 5. Mo 12.10; 5. Mo 15.4; 5. Mo 21.15-17; 2. Kö 2.9; Ps 16.5; Ps 37.22; Ps 37.29; Ps 47.5; Ps 78.55; Ps 105.11; Jer 10.16; Jes 51.19

[5] 1. Mo 47.12; 2. Mo 6.4 ff.; 3. Mo 36.31; 4. Mo 11.21 f.; Hi 36.31; Ps 78.25; Ps 105.16; Ps 132.15; Jes 3.1; Jes 55.2; Hes 4.16

[6] 1. Mo 49.27; Jos 22.8; 1. Sam 30.24f; 2. Chr 20.25; Ps 119.162; Jes 8.4; Jes 9.2; Jes 53.12

[7] 1. Mo 15.7-13; 4. Mo 26-35 (Zählung aller Männer ab 20 Jahre; 4. Mo 26.1; vgl. 4. Mo 33.54 und 34.13-15 ; Flächenaufteilung 4. Mo 35.5; Städteaufteilung 4. Mo 35.8; vgl. Jos 13.7-21.45); Jos 1-21 (Aufteilung des gelobten Landes); Ri 1; Hes 45-48 (Landvermessung und -verteilung bei Wiedereinrichtung des Landes)

Auf die Landverteilung soll an dieser Stelle etwas näher eingegangen werden. Die Landnahme fand bekanntlich in 4 Etappen statt. In der literarischen Gestaltung der Texte werden die Prozesse (über 300 Jahre, mehr als 12 Stämme, ...) verkürzt dargestellt. Damit lese ich die „Landnahme/Landverteilung" als „Rechenaufgabe in künstlerischer Überhöhung der Darstellung des Geschichtsprozesses", in der Verschlingung ältester Erinnerungen und idealer Vorstellungen. Der Verheißung des „gelobten Landes"[1] folgt die Landverteilung unter Josua über „Zumessung", „Verlosung" oder einer Kombination beider Methoden. Die Landverteilung wurde als gerecht angesehen.[2]

Bei fünf Verteilungsaufgaben möchte ich den Text kurz nennen, da hier praktisches Rechnen deutlich beschrieben ist:

1. „Und er versorgte seinen Vater und seine Brüder und das ganze Haus seines Vaters mit Brot, einen jeden nach der Zahl seiner Kinder." (1. Mo 47.12)

2. „Das ist's aber, was der Herr geboten hat: Ein jeder sammle, so viel er zum Essen braucht, einen Krug voll für jeden nach der Zahl der Leute in seinem Zelte. Und die Kinder Israels taten's und sammelten, einer viel, der andere wenig. Aber als man's nachmaß, hatte der nicht darüber, der viel gesammelt hatte, und der nicht darunter, der wenig gesammelt, soviel er zu Essen brauchte." (2. Mo 16.16-18)

3. „...und euer Brot soll man euch nach Gewicht zuteilen, und wenn ihr eßt, sollt ihr nicht satt werden." (3. Mo 26.26 ; vgl. Hes 4.16)

4. „Das ist die Summe der Kinder Israel, 601730. Und der Herr redete mit Mose und sprach: Diesen sollst du das Land austeilen zum Erbe nach der Zahl der Namen. Dem Geschlecht, das groß ist an Zahl, sollst du viel zum Erbe geben, und dem Geschlecht, das gering ist an Zahl, wenig; einem jeden soll man geben nach seiner Zahl." (4. Mo 26.51-54)

5. „Als der Höchste den Völkern Land zuteilte und der Menschen Kinder voneinander schied, da setzte er die Grenzen der Völker nach der Zahl der Kinder Israel" (5. Mo 32.8, bezug auf 1. Mo 11.8)

Hof und Verwaltung

Mit dem Aufstieg Israels zum Königtum war auch der Ausbau eines entsprechenden Hofstaates (einschließlich Verwaltung nach ägyptischem Vorbild) verbunden.[3] In Ägypten hatte man schon an einer derartigen Verwaltung mitgearbeitet (Mose, Joseph), auch später in der babylonischen Gefangenschaft (Daniel). In die Verwaltung und den Hofstaat wurden auch die Kanaaniter, Philister, Phönizier usw. einbezogen,[4] andere Nachbarn zahlten Zölle oder Tribute. Für all dies waren Beamte und Büros nötig. David lernte von den Philistern die Kriegskunst,

---

[1] 1. Mo 12.1-7; 1. Mo 15.7-13; Jos 1.6
[2] Ri 12.6; Jos 11.23; Am 7.17
[3] [23] S. 121 f.
[4] [23] S. 261-267

von den Ägyptern die Staatsverwaltung, von Kanaan die Sitten und Gebräuche am Königshof.[1] Salomo hatte schon hunderte Beamte, er ließ große Bauten errichten und hielt einen großen Hofstaat.[2] Der Verwaltungsapparat wuchs an, viele Hofämter wurden vergeben.[3] Salomo war ein großer Mäzen der Kunst und Wissenschaft, er holte aus den Nachbarländern Künstler und Gelehrte, förderte Weisheitsstudien und Schulen.[4] Seine Sprichwörtersammlungen, Liedersammlungen und Prophetenworte sind eine erste Enzyklopädie (1.Kö 5.9-14).[5] Besondere Beachtung genießt die Darstellung des Schreiber-Berufs. Tätig in der Staatsverwaltung und beim Militär, als Schriftgelehrter und Lehrer erscheint er oft in der Bibel.[6] Aus dem Schreiber entwickelte sich der Schriftgelehrte,[7] der Weise. Auch das „Arbeitszeug" des Schreibers genoß hohe Aufmerksamkeit.[8]

Steuern und Abgaben

Umfangreiche Textteile setzen sich mit der Besteuerung der Israeliten, den Abgaben der Nachbarstämme usw. auseinander. Die zahlreiche Literatur dazu soll hier ebenfalls nicht zitiert, sondern nur einige bemerkenswerte Punkte angesprochen werden. Steuern (als Kopfsteuer) zahlt jeder, der gezählt ist (2. Mo 30.13 .f). Damit wird die Finanzierung der nichtproduzierenden Bereiche (Verwaltung, Leviten, Priester) gesichert. Die mannigfaltigsten Einzelvorschriften, Ergänzungen und Sonderbedingungen führten zu vielfältigsten Rechnungen. Insbesondere galt u. a. :

- Der Zehnt betrug tatsächlich 1/10.

- Naturalabgaben konnten mit 1/5 Aufschlag auch gegen Geld abgelöst werden (3. Mo 27.31 ; 5. Mo 14.22-27)

- Die Kuchenhebe, eine Teigmasse für Priester (4. Mo 15.19 u. 21 ; Neh 10.37 f.), betrug 1/24, dieser Bruch weist also auf älteste Texte.

- Priester erhielten u. a. den Zehnt von den Leviten, also Zehnt vom Zehnt (4. Mo 18.25-27 ; Neh 10.39).

- Ebenso wurde der Gewinn der Kaufleute mit Zehnt belegt (1. Kö 10.15, 2.Chro 9.13). Es handelt sich dabei also um eine Einkommenssteuer.

- Tobias berichtet von einem vorbildlichen Steuerzahler.

[1] [23] S. 109; [28] S. 170-172; [20] S. 148
[2] [23] S. 269; [19] S. 224
[3] 1. Mo 40.1; 1. Mo 40.9; 1. Sam 18.5; 1. Kö 4.7, 81 u. 12; 2. Kö 10.22; 1. Chr 26.24; Neh 1.11; Jes 22.15; Jer 38.11
[4] [23] S. 286 f.
[5] [23] S. 110 f.; [28] S. 756-758
[6] [20] S. 214-217
[7] Ri 8.14; 2. Sam 8.17; 1. Kö 4.3; 2. Kö 12.11; 2. Kö 18.18; 2. Kö 22.3 u. 9; 2. Kö 25.19; 1. Chr 2.55; 1. Chr 24.6; 2. Chr 24.11; 2. Chr 26.11; 2. Chr 34.13; Es 4.8 u. 17; Neh 13.13; Est 3.12; Est 8.9; Ps 45.2; Jes 10.19; Jes 33.18; Jes 36.3; Jer 8.8; Jer 36.4, 26 u. 32; Jer 37.15; Jer 52.25; Hes 9.2, 3 u. 11; [19] S. 260 f.; [20] S. 160 f.
[8] Hi 19.24; Ps 45.2; Jes 8.1; Jes 34.11; Jes 44.13; Jer 17.1; Jer 36.23; Hes 9.2 ff.; Hes 20.34; Hes 37.16 ff.; Am 7.7-9; [20] S. 162

Handel und Schiffahrt

Das Volk Israel war ein Nomaden- und Bauernvolk. Mit der Eroberung des „gelobten Landes" lernten sie auch einen blühenden Handel kennen, der ihnen dem Wesen nach fremd war. Die Kanaaniter, Phönizier u. a. übernahmen auch den Handel in Israel.[1] Dadurch entstand die Situation, daß der Handel einerseits notwendig war, andererseits einen niedrigen gesellschaftlichen Stellenwert besaß. Der Seehandel wurde über die Phönizier und Philister abgewickelt.[2] Damit sind die wesentlichen Handelsleistungen den Phöniziern zuzurechnen. Sie waren ja die erste große Handelsnation der Weltgeschichte;[3] ihre Leistungen werden auch in der Bibel dargestellt. Mit dem Großreich werden (mit phönizischer Hilfe) neue Handelswege erschlossen, Häfen eingerichtet, Schiffe gebaut usw.[4] Salomo ließ Seefahrer und Schiffbauer kommen. Diese „phönizischen Gastarbeiter" bauten die Schiffahrt Israels auf, mit der Salomo so große Erfolge bei seinen Zeitgenossen feierte.[5] Dies gipfelt (zur Ehre der Phönizier und Philister) in dem Spruch, daß die Schiffahrt erfunden worden sei, um Handel zu treiben! (Weish. 14.2)

Der Privathandel wird gelegentlich angesprochen, kaufen und verkaufen gehört zum „täglichen Geschäft", auch Schacher, Wucher, Preistreiberei. Tauschmaterial waren Naturalien, Silber, Gold.

Maße und Gewichte

Das Maß- und Gewichtssystem belegt den Einfluß der Babylonier und Ägypter, aber auch der anderen Nachbarvölker (und natürlich die historische Entwicklung). Israels Maße lagen zwischen denen der Nachbarvölker, sie suchten den Ausgleich, die Vermittlung zwischen den Kulturkreisen, vielleicht auch einen zusätzlichen Kursgewinn. Viele Hinweise gibt es auch zum Gebrauch falscher Maße und Gewichte zu betrügerischen Zwecken. Wie zum Handel hat das Volk Israel auch eine zwiespältige Stellung zu Maß und Gewicht: es ist nicht ihr „Metier", denn Messen ist im übertragenen Sinne ein Bild für das Handeln Gottes (wie auch Zählen).[6] Viele Geräte (Schnur, Waage, Gewicht,...) werden für den praktischen Gebrauch erwähnt, aber nicht für die Geometrie.[7]

---

[1] 1. Mo 34.12; [17] Kap. 18; [20] S. 171 f.; [23] S. 46
[2] [19] S. 172 ff.; [20] S. 148 ff.
[3] [5] S. 120-122
[4] Handel allg.: 1. Mo 42.2 ff.; 1. Mo 50.13; 2. Sam 24.24; 1. Kö 10.28 f.; 2. Kö 6.25; 2. Kö 7.1;
2. Chr 9.14; Neh 13.15ff; Hi 6.19; Hiob 40.30; Spr 31.24; Jes 21.13; Jes 23.8; Jes 24.2; Jes 60.6;
Jer 32.7 ff.; Am 8.5 f.
Kaufbrief/Schuldschein: Jes 50.1; Jer 32.11 ff.; Tob 1.17
Handelsreise: Spr 7.19
Handelsstraßen: 1. Mo 16.7; 4. Mo 20.17; 4. Mo 21.22
königliche Kaufleute: 1. Kö 10.26 f.; 2. Chr 1.16; 2. Chr 9.13 f.
Gesetze für Privathandel : 5. Mo 25.13-16
Menschenhandel: 1. Mo 17.12 ff.; 1. Mo 25.31 ff.; 1. Mo 37.27 u. 36; 2. Mo 32.30; 5. Mo 32.30;
Ri 2.14; Ps 44.13; Jes 50.1; Jes 52.3
[5] 1. Kö 9.26-28; 1. Kö 10.11 f.; 1. Kö 10.22; 2. Chr 8.17 f; 2. Chr 9.10 f. u. 21; 2. Chr 20.36 f.;
Ps 104.26; Ps 107.23; Hes 27.1-9 u. 12; Wsh 14.1-4; [20] S. 174-184
[6] 2. Kö 21.13; Hi 38.5; Jes 28.17; Jes 34.11; Jes 40.12; Jes 46.5; Klgl 2.8
[7] 1. Mo 23.16; 3. Mo 19.35 f.; 5. Mo 25.13-16; 2. Sam 8,2; 2. Sam 14.26; 2. K 21.13; Esr 8.34;

Bauwesen und Geometrie

Für die großen Bauten ließ Salomo Bauleute und Material aus Phönizien kommen, damit ist das in der Bibel vorgestellte Bauwesen eigentlich phönizisch. Dies wird des öfteren bestätigt und findet seinen Niederschlag auch im Baustil.[1] Andere Baunachrichten (Maßverhältnisse, rechter Winkel, Landvermessung, Dammbau, ...) runden dieses Bild ab.[2] Die Wasserversorgungen der Städte (Arad, Gezer, Megiddo, ...)[3] wurden von den Kanaanitern angelegt und von den Israeliten übernommen, erweitert und vollendet. Insbesondere der Siloahkanal in Jerusalem (520 m lang, Baubeginn von zwei Seiten) stellt eine bedeutende technische Leistung der Israeliten dar, auch wenn auf kanaanitische Vorleistungen zurückgegriffen werden konnte.[4]

An weiteren Elementen der Geometrie werden in der Bibel gefunden:

- Vierecke; sie kommen oft vor, besonders im Bauwesen. Von den Vierecken werden schon durch ihre Bezeichnungen das Quadrat (Geviert) und als räumliches Analogon der Quader (Kubus) herausgehoben.[5]

- Das Begriffspaar gerade/ungerade wird als Gleichnis, aber auch geometrisch gebraucht.[6]

- Die Arbeit mit der Meßschnur wird oft beschrieben. Sie kann neben der Absteckung von Geraden auch zur Konstruktion von rechten Winkeln, Kreisen und Ellipsen verwendet worden sein. (Jes. 44.13: „Der Zimmermann spannt die Schnur und zeichnet mit dem Stift ...") Weiterhin wurde sie auch zur Vermessung und Flächenaufteilung benutzt.[7]

Hi 28.25 f.; Hi 31.6; Hi 38.5; Spr 11.1; Spr 16.11; Spr 20.10 u. 23; Jes 28.17; Jes 34.11 u. 17; Jes 40.12; Jes 44.13; Jer 31.39; Klgl 2.8; Hes 5.1; Hes 40.3 u. 5; Hes 42.16; Hes 45.10; Hes 47.3; Hes 48.8; Dan 5.27; Hos 12.8; Am 7.17; Am 8.5; Micha 6.10f; Sach 1.16; Sach 2.5; Wsh 11.21, vgl. auch „Schreibgeräte"

[1] Ri 3.3; 2. Sam 5.9-11; 1. Kö 5.15-32; 1.Kö 6 u. 7; 1.Kö 9.10-23; 1. Chr 22.5 f.; 2. Chr 2.1-16; 2. Chr 3; Hes 40-47; [20] S. 184-190; [23] S. 244-251

[2] Dan 3.1; 2. Mo 25, 27 u. 36-39
Baupläne: 2. Mo 35.35; 1. Chr28.11 ff.
Bauzeichnung: 2. Kö 16.10 f.
Winkeleisen: 1. Kö 7.9 u. 11; Hes 9.4
Bleilot: Jes 34.11; Am 7.7 f.
Nägel und Klammern: 1. Chr 22.3; 2. Chr 34.11
Fachwerk: Sir 22.19
Dammbau: 1. Chr 14.11; Hi 38.10; Spr 17.14

[3] 1. Mo 7.11; 4. Mo 21.18; 5. Mo 6.11; 5. Mo 8.7; 2. Kö 18.170; Ps 46.5; Jes 7.3; Jes 51.1; Jer 6.7; [23] S. 91

[4] [19] S. 284 ff.; [9] S. 68 f.;
alter Kanal: 2. Sam 5.8; 1. Chr 11.6
Kanalbau: 2. Kö 25.4; Neh 2.14 f.; Neh 3.15 ff.; Jes 8.6; Jes 22.11
Neueinrichtung: 2. Kö 20.20; 2. Chr 32.3-4; 2. Chro 32.30; [23] S. 233-237; [19] S. 284 ff.; [11] S. 250-267

[5] Quadrat: Hes 40.47; Hes 42.20; Hes 43.16f; Hes 45.2; Hes 48.20; Jud 1.4 Quader: Jes 9.9; Klgl 3.9; Am 5.11; Jud 1.2; 1.Ma 10.11

[6] Ps 125.5; Pred 1.15; Jes 40.4; Mi 3.9

[7] Stadtmaß: 4. Mo 35.5; Jos 3.4; Sach 2.6

Daß $\pi = 3$ (1. Kö 7.23 ; 2. Chro 4.2) aus älteren Quellen übernommen wurde, stellte schon Cantor ausführlich dar. Die Erwähnung anderer „Meere" und „Säulen"[1] bringt keinen weiteren Aufschluß.

• Die Astronomie der Juden soll hier nicht diskutiert werden,[2] auch nicht die darauf beruhende Kalenderrechnung (auf Sonnen- und Mondbasis). Gelegentlich spricht man sich gegen den Gestirnskult aus (5. Mo 4.19; 5. Mo 17.3; 2. Kö 23.5; Jer 8.2), wohl, um die Allmacht Gottes nicht anzutasten.

Mathematik wird nicht betrieben

Das Zusammenfließen der mathematischen Vorleistungen der Ägypter (Geometrie,...), Babylonier/Mesopotamier (Arithmetik/Algebra,...) und Phönizier (praktisches Rechnen,...) fand nicht in Israel, sondern in Griechenland mit der Ausbildung der Mathematik zu der Zeit statt, als die Bibel entstand. Die Vorleistungen dazu sind alle in der Bibel zu finden, der Zusammenbruch des Königreiches, Besetzungen, Verschleppungen und Diaspora verhinderten diese Entwicklung. Auch dieses Beispiel zeigt, daß alle materiellen, geistigen und sozialen Bedingungen vorhanden sein müssen, damit Schöpfertum wirken kann und Neues entsteht. Daß die Stämme Israel die Fähigkeit dazu hatten, steht außer Frage.

Lehre

Der „Unterricht" fand mit dem Ziel der Unterweisung im Glauben und der Verherrlichung Gottes und seiner Werke statt.[3] Bei der Ausbildung von Schreibern, Priestern und bei den Leviten („Weise" als Lehrer: Sir 8.10) war organisierter Schreib- und Rechenunterricht erforderlich.[4] Ziel der Ausbildung war „Weisheit", denn „die Weisheit mehrte den Ertrag seiner Arbeit" (Sal 10.10).

Forschung

Auch bezüglich der Forschung ist die Lage der Israeliten zwiespältig: Gott hat alles geschaffen und geordnet, ihm soll nicht nachgeforscht werden. Trotzdem ist Zukunftswissen als Machtfaktor (politisch) und Sicherheitsfaktor (psychologisch) von Vorteil, also erstrebenswert.[5] Diese Ambivalenz gilt für die Natur- wie für die Geschichtsforschung,[6] und so auch für die „Wissenschaftler" (Zeichendeuter, Seher,...).[7] Dasselbe gilt für die Resultate: Klugheit/Weisheit wird angestrebt,

---

Land-/Erdmessung: 1. Mo 13.17; Hi 38.4-18; Hi 34.13
Erdkreis: Hi 1.7; Ps 24.1; Ps 50.12; Ps 89.12; Ps 93.1
Acker: Am 7.17 ; Hes 40.3

[1] 1. Kö 7.15 f., 19, 22, 41; 2. Kö 25.16 f.; 2. Chr 3.15; Jer 52.20 f.

[2] 1. Mo 1.14-19; Jos 10.12-14; Hi 9.6-9; Hi 28.24-28; Hi 38.4-38; Ps 74.16; Ps 104.19-24; Ps 136.7-9; Ps 147.4; Pred 1.5; Jes 40.12; Dan 4.19; Wsh 7.17-21; Am 5.8; Sir 43.1-13; Sir 46.5

[3] 1. Mo 18.19; 2. Mo 10.2; 2. Mo 12.26; 2. Mo 13.8 u. 14; 5. Mo 4.9f; 5. Mo 6.20-25; 5. Mo 11.1-4; Spr 23.23; Hes 40.4

[4] [28] S. 17; [29] S. 52-57

[5] [21] S. 139

[6] 5. Mo 4.32; Hi 8.8; Jes 40.14; Ps 73.25; Ps 77.7; Ps 78.2; Jer 6.16; Jer 30.6

[7] 5. Mo 18.11-14; 5. Mo 25.13-16; 2. Kö 21.6; 2. Chr 33.6; Hi 28.24-28; Hi 36.26-27.13; Hi 38.4-39

wobei die Ägypter den Maßstab bilden, aber nicht „Gottähnlichkeit".[1] Höhepunkt der naturforschenden Positionen ist die Feststellung, daß Gott alles nach „Maß, Zahl und Gewicht" (Weish. 21.20) geordnet hat: „Er hat die Weisheit geschaffen durch seinen heiligen Geist; er hat sie gesehen, gezählt und gemessen." (Sir 1.9) Damit werden in der nachexilischen Gemeinde quantitative Positionen eines „naiven" Materialismus als erkenntnistheoretische Positionen des Naturwissenschaftlers proklamiert.

Hier ist nicht der Ort, die Genese des Begriffs und Inhalts von „Naturwissenschaft" zu verfolgen. Die Ambivalenz der Positionen Seher-Prediger-Prophet zum Klugen und „Weisen" über die Jahrhunderte, der Übergang von der göttlichen Vorsehung über das „Sehen" zur Erkenntnis durch Menschen wie ihre gesellschaftliche Anerkennung bzw. Ächtung lassen sich gut verfolgen, auch das sich ändernde Weisheits-Verständnis (von Frömmigkeit zum Wissen). Die Erkenntniskreise in der Bibel könnten etwa sein:

1. „Naturmystik": älteste Zeit, Geschichtsbücher

2. „Naturbeschreibung": Hiob

3. „Naturphilosophie": Großreich Salomo

4. „Naturerkenntnis": Sirach

Beweise (Schlußweisen)

Der „exakte Beweis" nach heutigem Verständnis wird erst im Neuen Testament angesprochen, unter griechischem Einfluß stehend. (Bsp.: Rö 3.9) Im Alten Testament „beweist" der Herr durch Ereignisse.[2] Die alttestamentarischen Schlußweisen auf mathematischem Gebiet sind:

- der Analogieschluß,

- Linearisierungen (Dreisatz,Rechnen),

- vollständige Aufzählung (z. B. Hiob) und

- unvollständige Induktion.

Wie die einzelnen Denkformen aufeinander aufbauen - so entwickelt sich z. B. die Induktion aus dem Analogieschluß - und sich entwickeln, bedürfte einer eigenen Untersuchung.[3]

---

[1] 1. Kö 5.10; Hi 28.12-22.28; Hi 34.2-4; Hi 38.3-6; Hi 18 und 36 u. a.; Ps 49.11; Ps 77.7; Ps 94.8; Ps 111.4, 7 u. 10; Ps 119.37; Spr 1.7-22; Spr 3.13-18; Spr 3.35; Spr 7.4-5; Spr 8.11 f.; Spr 9.1-6, 9, 10 u. 12; Spr 10.3-11; Spr 13.11-16; Spr 14.1 u. 6-8; Spr 16.16; Spr 21.22; Spr 23.23; Spr 24.5 u. 14; Spr 26.4 f.; Pred 1.17 f.; Pred 2.12-16, 19 u. 21; Pred 6.8; Wsh 3.11; Wsh 6.18 ff.; Wsh 7.17 ff.; Wsh 8.13; Wsh 10.8 f. u. 13; Wsh 11.21; Wsh 13.11-16; Wsh 15.7; Sir ab 24 bis 43
[2] Ps 17.7; Ps 40.6; Ps 77.15; Jes 12.5; Jes 26.15; Jes 48.14; Jer 10.6
[3] [3] S. 13, 19

Die Lügnerantinomie

Die „Lügnerantinomie" im Neuen Testament (Paulus an Titus 1.12 f.) wurde nicht als widersprüchlich empfunden, sondern diese Wortkonstruktion als „Steigerung" zur Betonung benutzt (vgl. den Abschnitt unvollständige Induktion). Ausgangspunkt dafür ist, daß Gott stets die Wahrheit sagt, Menschen aber lügen. Damit ist Gott gewissermaßen die abgeschlossene Hülle aller wahren Aussagen.

Vorläufer des Problems gibt es im Alten Tetament (sogar in den eben zitierten Kreisen auftretend!), verschiedene Varianten davon werden im Neuen Testament verwendet.[1]

Mathematik in statu nascendi

Kann man erwarten, daß mit der Entwicklung der Schlußweisen und Logik, des Unendlichkeitsbegriffes oder des Wissenschaftsverständnisses ein Begriff (Inhalt wie Form) von „Mathematik" ausgeprägt wird?

1. Kreis: keine Hinweise

2. Kreis: Höhepunkte der Naturbeschreibung als der Werke Gottes sind u. a. bei Hiob und in den Psalmen (Davidszeit) zu finden. Naturforschung heißt hier Gott erforschen:

> „Wer gibt die Weisheit in das Verborgene? Wer gibt verständige Gedanken? Wer ist so weise, daß er die Wolken zählen könnte?" (Hiob 38.36 f.)

> „Herr, wie sind deine Werke so groß und viel! Du hast sie alle weise geordnet, und die Erde ist voll deiner Güter." (Ps 104.24)

3. Kreis: In den Sprüchen Salomo und im Prediger Salomo wird das Weisheits-Verständnis herausgearbeitet als anstrebenswertes Ideal der Forschung und Lehre.

4. Kreis: In den späteren Schriften Weisheit Salomo und Sirach werden neue Wissenschaftskonzepte vorgestellt, so auch hier interessierende:

> „Denn da ist Anfang der Weisheit, wo einer aufrichtig nach Unterweisung verlangt; wer aber nach Unterweisung trachtet, der hat die Weisheit lieb. Was aber die Weisheit ist und wie sie entstand, will ich verkündigen und euch ihre Geheimnisse nicht verbergen, sondern nach ihr forschen von Anfang der Schöpfung an. Denn er gab mir sichere Erkenntnis dessen, was ist, so daß ich den Bau der Welt begreife und das Wirken der Elemente. So erkannte ich alles,

---

[1] Die Vorgabe: Hi 33.12-14; Ps 51.6-8; Ps 116.11
gestalteter Widerspruch: SprSal 26.4 f; Jer 8.8; Jer 20.9
Die Wendung Naturforschung: Sir 34.4
(Dann im NT zusätzlich: Joh 5.31; Joh 8.44; Rö 3.4; Hebr 6.18)

was verborgen und was sichtbar ist; denn die Weisheit, die alles kunstvoll gebildet hat, lehrte mich's. Begehrt aber jemand Erfahrung und Wissen - so ist es die Weisheit, die das Vergangene kennt und das Zukünftige errät. Sie versteht sich auf gewandte Rede und weiß Rätsel zu lösen. Zeichen und Wunder erkennt sie im voraus und was Stunden und Zeiten bringen werden." (Weish. 6.18; 6.24; 7.17; 7.21; 8.8)

„Alle Weisheit kommt von Gott dem Herrn und ist bei ihm in Ewigkeit. Wer kann sagen, wieviel Sand das Meer, wieviel Tropfen der Regen und wieviel Tage die Welt hat? Wer kann erforschen, wie hoch der Himmel, wie breit die Erde, wie tief das Meer ist? Wer kann Gottes Weisheit ergründen, die doch allem voraufgeht? Denn seine Weisheit ist vor allem geschaffen; sein Verstand und seine Einsicht sind von Ewigkeit her. Er hat die Weisheit geschaffen durch seinen heiligen Geist; er hat sie gesehen, gezählt und gemessen und hat sie ausgeschüttet über alle seine Werke und über alle Menschen nach seinem Gefallen und gibt sie denen, die ihn lieben.

Wer sich aber vorgenommen hat, über das Gesetz des Höchsten nachzusinnen, der muß die Weisheit der Alten erforschen und in den Propheten studieren. Er muß die Geschichte berühmter Leute kennen und über die Sprüche nachdenken, was sie bedeuten und lehren. Er muß den verborgenen Sinn der Gleichnisse erforschen und mit Rätselsprüchen vertraut sein." (Sir 1.1-4; 1.9 f; 18.2-6; 39.1-3)

Zusammenfassung

- Die Israeliten, insbesondere ihre Schreiber, waren im Rechnen geübt, im Umgang mit Zahlen gewandt.

- Die Israeliten benutzten Mathematik für eine glaubhafte Darstellung ihrer Geschichte (Volkszählung, Landverteilung, ...).

- Exakte Zahlenangaben usw. demonstrieren und „beweisen" damit die Exaktheit der gesamten Darstellung der Bibel.

- Israel verschmilzt in der Bibel babylonisches, ägyptisches und phönizisches Rechnen im Zahlensystem, in Maßen und Gewichten, in der Lösung von Aufgaben, ...

- Die Bibelschriftsteller sind vielfach „Schreiber" und damit auch Naturwissenschaftler-Mathematiker, so ist die Fülle des mathematischen Materials erklärbar wie auch die Zielstellungen als Autoren der Bibel.

- Die unvollständige Induktion als Schlußverfahren ist Allgemeingut, mathematisches Methodenwissen. Die „Logik" der Bibel ist eine eigene Untersuchung wert, ebenso die Entwicklung der Wissenschaften und ihrer Theorie.

- Die Grundrechenarten (einschließlich der Bruchrechnung) und die Dreisatzrechnung (einschließlich der Zinsrechnung und des Verteilungsrechnens) sind ausgebildet und werden beherrscht.

- Mit der Anwendung des ägyptischen Rechnens und Zahlsystems wird auch die überwundene Zählgrenze Tausend und die aktuelle Zählgrenze Million präsent.

- Umfangreiche Rechenpraxis wird nicht nur von der Verwaltung (Schreiber, Priester, Leviten), sondern auch von den Händlern geübt, sie ist in weiten Teilen phönizisch.

- Bauwesen und Schiffahrt in der Bibel sind phönizisch. Die Geometrie wird übernommen, nicht weiterentwickelt.

- Der Schreiber-Beruf war weit verbreitet und mit umfangreichen praktischen Rechenmethoden ausgerüstet. Rechenfertigkeiten fließen in die Lehre (Schulen) und in die Forschung ein.

- Die ambivalenten Positionen der Israeliten zur Wissenschaft rühren aus ihrer Weltanschauung (Gottesbegriff) her: der Befürwortung der praktischen Nutzung steht die teilweise Ablehnung theoretischer Forschung gegenüber. Das hindert sie u. a. an der „Erfindung" der Mathematik, die bei den Griechen zu dieser Zeit vollzogen wird. Mathematik in der Bibel ist demonstrierende, nicht beweisende Wissenschaft.

- Das Theorieverständnis wie auch das Mathematikverständnis erfahren in den 500 Jahren seit Salomo verschiedene Wendungen (Klassifikation des Wissens, Aufgabe der Forschung, ...) und ermöglichen (mit einem fast schon spinozistischem Gottesbegriff) letztlich theoretisches Arbeiten (Forschung).

- In der Bibel sind „zwei Mathematiken" präsent:

  - „Gottesmathematik": 12er bzw. 60er-System, Aktual-Unendliches, dem nicht nachgeforscht werden kann und soll, ...

  - „Menschenmathematik": dekadisches System, Potentiell-Unendliches, praktisches und konstruktives Rechnen.

Mit den Wandlungen des Gottesbegriffs wird immer mehr die Zusammenfügung beider Mathematiken ermöglicht.

Literaturverzeichnis

[1] Die **Apokryphen**, Evangelische Haupt-Bibelgesellschaft, Berlin 1972

[2] **Autorenkollektiv**: Das Alte Testament und seine Botschaft, Evangelische Verlagsanstalt, Berlin 1981

[3] **Becker, O.**: Grundlagen der Mathematik in geschichtlicher Entwicklung, Freiburg/München 1954

[4] **Beltz, W.**: Gott und die Götter, Berlin/Weimar 1977

[5] **Bernal, J. D.**: Die Wissenschaft in der Geschichte, Berlin 1961

[6] Die **Bibel**; Evangelische Haupt-Bibelgesellschaft, Berlin 1965

[7] **Burkhardt, H.** (Hrsg.): Das große Bibellexikon, Wuppertal/Gießen/Zürich 1989

[8] **Cantor, M.**: Vorlesungen über Geschichte der Mathematik, 1. Band, Leipzig 1880

[9] **Ceram, C. W.**: Götter, Gräber und Gelehrte, Berlin 1987

[10] **Drehsen, V.** (Hrsg.): Wörterbuch des Christentums, Gütersloh 1988

[11] **Friedmann, R. E.**: Wer schrieb die Bibel? Wien/Darmstadt 1989

[12] **Fuhrmann, H.**: Der schnöde Gewinn. Über das Zinsverbot im Mittelalter, in: Blick in die Wiss. Nr. 5, 1994, S. 52-59

[13] **Geitmann, R.**: Bibel, Kirchen, Zinswirtschaft, in: Zeitschr. f. Sozialök., 80. Folge, März 1989, S. 17-24

[14] **Gesell, S.**: Die natürliche Wirtschaftsordnung, Lauf 1949, S. 356 ff.

[15] **Haag, H.**: Bibel-Lexikon, Leipzig 1970

[16] **Herrmann, S.**: Geschichte Israels in alttestamentalischer Zeit, Berlin 1973

[17] **Ifrah, G.**: Universalgeschichte der Zahlen, Frankfurt/M. 1989

[18] **Jenssen, H. H.** und **H. Trebs**: Theologisches Lexikon, Berlin 1978

[19] **Keller, W.**: Und die Bibel hat doch recht, Hamburg 1964

[20] **Keller, W.**: Und die Bibel hat doch recht. In Bildern, Wien/Düsseldorf 1963

[21] **Klix, F.**: Erwachendes Denken, Berlin 1980

[22] **Knaur's** Großer Bibelführer, München 1990

[23] **Kolb, E.**: David - Geschichte und Bedeutung, Freiburg i. Br. 1986

[24] Große **Konkordanz** zur Luther-Bibel, Evangelische Haupt-Bibelgesellschaft, Berlin/Altenburg 1981

[25] **Metzger, M.**: Grundriß der Geschichte Israels, Berlin 1977

[26] **Noth, M.**: Geschichte Israels, Berlin 1968

[27] **Rienecker, F.**: Lexikon zur Bibel, Wuppertal 1988

[28] **Rogerson, J.**: Weltatlas der alten Kulturen - Land der Bibel, 1985

[29] **Scharbert, J.**: Sachbuch zum Alten Testament, Aschaffenburg 1981

[30] **Schmidt, W. H.** und **G. Dolling**: Wörterbuch zur Bibel, Berlin 1972

[31] **Scholz, E.** (Hrsg): Geschichte der Algebra, Mannheim/Wien 1990

[32] **Struik, D. J.**: Abriß der Geschichte der Mathematik, Berlin 1972

[33] **Tropfke, J.**: Geschichte der Elementarmathematik, Band I/II, Leipzig 1902/1903

[34] **Waerden, B. L. v. d.**: Erwachende Wissenschaft, Basel/Stuttgart 1966

[35] **Wußing, H.**: Vorlesungen zu Geschichte der Mathematik, Berlin 1979

Theodorus und Theaitetos

Harald Boehme

Universität Bremen, Fachbereich Mathematik/Informatik,
Postfach 330440, D-28334 Bremen

I.

In Erinnerung an den Toten schreibt *Platon* seinen Dialog „*Theaitetos*". *Theaitetos* wurde bei der Schlacht von Korinth (369 v. Chr.) verwundet und erkrankte danach an Ruhr. Dies wird zu Anfang des Dialogs von *Eukleides* (v. Megara) erzählt; er erinnert sich dabei an *Sokrates*, der kurz vor seinem Tode (399 v. Chr.) einen Dialog mit dem jungen *Theaitetos* geführt hat, den er, *Eukleides*, in einer Schrift aufbewahrt hat. Darin spricht *Sokrates* zunächst mit *Theodoros* aus Kyrene, lobt ihn wegen seiner geometrischen Fähigkeiten und fragt ihn nach jungen Leuten, die in der Geometrie wohl tüchtig werden. Dieser nennt *Theaitetos*, er kommt hinzu und wird von *Sokrates* gefragt: Was ist deiner Meinung nach Wissen *(epistéme)*? (146c)

Theaitetos: Was man von *Theodoros* lernen kann, Geometrie und was du aufgezählt hast (Astronomie, Harmonie und Arithmetik), ferner die Schusterei und die übrigen Handwerkskünste. (146d)

Sokrates: Gefragt war nicht, worauf sich das Wissen bezieht und wieviele Arten es gibt. Wir wollen nicht Wissensarten aufzählen, sondern einsehen, was Wissen selbst ist. (146e)

Theaitetos: Die Art deiner Frage scheint dieselbe zu sein, auf die wir neulich selbst in unserer Diskussion kamen . (147c)

Über *dynámeon* zeigte uns *Theodoros* mit einer Zeichnung, daß die dreifüßige und fünffüßige der Länge nach nicht kommensurabel mit der einfüßigen ist, dabei nahm er jede einzeln bis zur siebzehnfüßigen, dann hörte er irgendwie auf. Da kam uns folgender Einfall, weil es offenbar unendlich viele *dynámeis* gibt, wollten wir sie als Eines zusammenfassen, wodurch wir alle *dynámeis* bezeichnen könnten. (147d) Die Zahlen, die ein Produkt von zwei gleichen Zahlen darstellen, verglichen wir in ihrer Figur mit dem Quadrat und nannten sie quadratisch und gleichseitig. Die Zahlen, die kein Produkt aus zwei gleichen Zahlen darstellen, verglichen wir mit einem Rechteck, und nannten sie rechteckige *(proméke)* Zahlen. Alle Strecken, welche eine Fläche bilden, die eine gleichseitige und quadratische Zahl darstellt, nannten wir Längen. Die Strecken, die als Fläche eine rechteckige Zahl darstellen, nannten wir *dynámeis*, da sie mit jenen nicht kommensurabel der Länge nach sind, wohl aber mit den Flächen, die aus ihnen gebildet werden können. Und über Körper ist es ganz genauso. (148c)

Zunächst geht es um den Begriff der *dýnamis*, der von *Theaitetos* definiert wird.[1] Das Verb *dýnasthai* wird dabei im Sinne von „fähig sein" gebraucht; eine Strecke hat *dynámei* die Eigenschaft X, wenn sie fähig ist, ein Quadrat zu erzeugen, welches die Eigenschaft X hat. Dies stimmt mit *Euklid* X, Def. 2 überein, wonach Strecken *dynámei* kommensurabel sind, wenn sie Quadrate erzeugen, die kommensurabel sind. Ebenso heißt es bei *Hippokrates* v. Chios, daß die Durchmesser *dynámei* dasselbe Verhältnis haben wie die Kreise,[2] d. h. daß die Durchmesser Quadrate erzeugen, die dasselbe Verhältnis haben wie ihre zugehörigen Kreise. Weiter konstruiert *Hippokrates* Strecken, von denen die eine *dynámei* dreimal so groß ist, wie die andere. Seien A und B Strecken und seien A^2 und B^2 die von ihnen erzeugten Quadrate, dann gilt also $A^2 = 3B^2$. Im Falle, daß B die Einheit von einem Fuß ist, ist A genau eine dreifüßige *dynamis* gemäß der Definition des *Theaitetos*. Entsprechend ist A eine n-füßige *dýnamis*, falls $A^2 = nB^2$, wobei n eine Zahl, aber keine Quadratzahl ist; *Theaitetos* bezeichnet also damit eine Strecke, die fähig ist, ein n-füßiges Quadrat zu erzeugen, wobei diese Fähigkeit (Potenz) der Strecke selbst zukommt.

Zum Begriff der *dynámeis* gehört, daß diese mit der Einheit der Länge nach inkommensurabel sind, hingegen *dynámei* damit kommensurabel. (148b) Das letztere sind sie per Definition als Strecken, deren Quadrat eine Zahl darstellt; das erstere, ihre Inkommensurabilität zur Einheit, ist jedoch eine Eigenschaft, die erst bewiesen werden muß. *Theodoros* zeigt *(apophaínon)* die Inkommensurabilität der *dynámeis* einzeln für 3, 5, ..., 17 und hört dann auf. Dabei zeigte *(ephaínonto)* sich eine unendliche Menge von *dynámeis*, was nur heißen kann, daß alle diese Eigenschaft haben;[3] eine Folgerung, die *Theaitetos* unmittelbar aus dem Vortrag des *Theodoros* zieht. Daraus ergibt sich für diesen Vortrag einmal, daß *Theodoros* die *dynámeis* nicht nur aufzeigt, sondern auch deren Inkommensurabilität in jedem Einzelfalle beweist. Zum anderen repräsentieren die einzelnen Demontrationen aber die allgemeine Deduktion; *Theodoros* gibt mit den Zahlen 3, 5, ..., 17 Beispiele dafür, wie für eine beliebige Zahl, die keine Quadratzahl ist, der Beweis zu führen ist. D. h. er beweist den Satz, daß jede *dýnamis* inkommensurabel zur Einheit ist, aber er beweist dies nicht allgemein, sondern an Einzelbeispielen, bis der allgemeine Beweis erkennbar ist. *Theodoros* gibt also das Paradigma des Beweises, welches gleichwertig einem allgemeinen Beweis ist.

Dieser Schluß wird durch *Platon* bestätigt, wenn er *Theodoros* oder sonst einen Geometer im Gegensatz zu denen erwähnt, die keinen zwingenden Beweis *(apódeixis)* bringen und sich an Scheinbares halten. (162e) Wenn *Theodoros* hier als beweisender Geometer zitiert wird, dann sollte dies auch für jene Stelle gelten, wo er tatsächlich etwas beweist. Darüberhinaus sind beispielhafte Demonstrationen typisch für die griechische Mathematik zur Zeit des *Theodoros*. Dies gilt für die Pythagoreer, welche mit Rechensteinen *(psêphoi)* einzelne Figuren legen und dabei allgemeine arithmetische Sätze zeigen.[4] Auf ebensolche Figuren bezieht sich

---

[1] Vgl. [14]. Bei [23] wird *dýnamis* als „Quadratwert" festgelegt, siehe dagegen [4].
[2] [22], S. 48.
[3] Vgl. [7], S. 513.
[4] Vgl. [13].

Theaitetos bei seiner Erklärung der Quadratzahlen und Rechteckzahlen, wobei er zusätzlich die allgemeine Definition dieser Zahlen ausspricht. Weiter zeigt *Hippokrates* bei der Quadratur der Möndchen für jeden Fall (äußerer Bogen gleich, größer oder kleiner als ein Halbkreis) ein Möndchen, welches sich quadrieren läßt. Dabei läßt sich jedes dieser quadrierbaren Möndchen verallgemeinern, ohne aber alle Möndchen derart quadrieren zu können.[1]

II.

Die Frage nach dem Beweis des *Theodoros* bedeutet nicht nur eine Interpretation des Textes von *Platon*, vielmehr wird dieser Text zur Quelle für diesen Beweis.[1] *Platons* Absicht ist jedoch nicht die Geschichte, sondern die Geometrie dient ihm als Beispiel dafür, wie Wissen zu definieren ist. Dieses Beispiel ist allerdings nicht zufällig, denn es handelt von der Inkommensurabilität, welche zum Leitmotiv des ganzen Dialogs wird. Nachdem *Theaitetos* das Wesen der Definition erfaßt hat, kann er sagen, was Wissen ist. „Wissen ist nichts anderes als Wahrnehmung." (151e) Dem hält *Sokrates* entgegen, daß Wissen nicht in der Wahrnehmung, sondern in der Seele ist. (187a) Indem aber Wissen in der Seele, die Wahrnehmung in den Sinnesorganen ist, zeigt *Platon*, daß beide nicht vergleichbar sind, also die Inkommensurabilität von Wissen und Wahrnehmung.[2] Letztlich deutet dies auf die Inkommensurabilität von Idee und Materie, dem Prinzip des Dualismus.

Der Beweis des *Theodoros* ist für *Platon* also höchst bedeutsam, insofern er seine eigene Lehre untermauert. Da für *Platon* jedoch nur die Methode und das Resultat von Interesse ist, der Beweis selbst aber nicht ausgeführt ist, dürfte eine Rekonstruktion des Beweises einerseits unerläßlich sein. Andererseits läßt sich diese als müßig abtun, da kein Fragment des *Theodoros* vorliegt, an dem diese zu überprüfen wäre. Insofern kann es nur darum gehen, die Möglichkeit eines solchen Beweises zu zeigen, aber erst wenn ein Beweis des *Theodoros* rekonstruiert ist, läßt sich annehmen, daß ein solcher auch existiert hat.

Eine Rekonstruktion des Beweises von *Theodoros* ist auch notwendig dafür, daß von ihm als Geometer überhaupt gesprochen werden kann. Denn alle Quellen zu *Theodoros* lassen sich auf diese Stelle im „*Theaitetos*" zurückführen. Außer *Platon* gibt es bei *Diels-Kranz* [8] lediglich noch vier Stellen, die sich auf ihn beziehen. Er wird in *Xenophons* „Erinnerungen" als tüchtiger Geometer genannt, aber *Xenophon* schrieb dies wahrscheinlich nach *Platon*. (43A5) *Eudemos* nennt *Theodoros* v. Kyrene hervorragend in Geometrie, aber auch für ihn ist außer *Platon* keine Quelle bekannt. (43A2) *Diogenes Laertius* berichtet, daß *Platon* zum Mathematiker *Theodoros* nach Kyrene reiste, aber dies kann ebenso aus dem Text *Platons* herausgesponnen sein. (43A3) *Iamblichus* schließlich nennt *Theodoros* als Pythagoreer, (43A1) was sogar *Platon* widerspricht, bei dem er Schüler des *Protagoras* ist.[3] (164e)

---

[1] Vgl. [13].

[2] Vgl. [3].

[3] *Proklos* erwähnt noch *Theodoros* den Mathematiker, der aber nicht *Theodoros* aus Kyrene ist. [16], S. 75.

Mit dieser Überlieferung läßt sich *Theodoros* keineswegs für *Platon* voraussetzen, denn er ist allein durch *Platon* gesetzt. Wir können nicht so tun, als würden
wir ihn als Geometer schon kennen, wenn er bei *Platon* genannt wird. Sondern wir
sprechen von *Theodoros*, weil er bei *Platon* genannt wird, und wir kennen ihn als
Geometer allein auf Grund des Beweises, den er in *Platons* Dialog dem *Theaitetos*
gezeigt hat. Aber erst mit einer effektiven Rekonstruktion dieses Beweises können
wir von *Theodoros* als Geometer sprechen, indem wir sagen, daß er diesen (oder
einen ähnlichen) Beweis tatsächlich geführt hat, und dabei annehmen, daß er nicht
nur eine abstrakte Dialogfigur ist, die bei *Platon* die Geometrie vertritt, sondern
ein konkreter Geometer in der Geschichte.

III.

Eine Übersicht über die bisherigen Rekonstruktionsversuche gibt *W. R. Knorr*
[15]; er, sowie *D. H. Fowler* [11] und *B. Artmann* [2] legten darüberhinaus weitere
Rekonstruktionen vor. Es ist hier nicht der Platz, auf all diese einzugehen, jedoch
kann gesagt werden, daß sie alle nicht den durch *Platon* gegebenen Bedingungen an
eine solche Rekonstruktion genügen. Diese lassen sich wie folgt zusammenfassen
(s. o. Abschnitt I):

1. Der Beweis ist für jede *dýnamis* einzeln zu führen, weil sich jeweils ein anderer
   Beweis ergibt (nicht im Prinzip, aber in der Durchführung).

2. Die Einzelbeweise sind Beispiele für den allgemeinen Beweis, d. h. die einzelnen Demonstrationen zeigen zugleich die allgemeine Deduktion.

3. Auf Grund der allgemeinen Definition der *dýnamis* läßt sich der Beweis auch
   allgemein führen.

Im Folgenden sollen zwei wesentliche Rekonstruktionen zum Beweis des *Theodoros* vorgestellt und kritisiert werden, dazu einige Vorbemerkungen: Zwei Strecken
A und B sind kommensurabel, wenn es eine gemeinsame Maßstrecke E gibt und
Zahlen p, q so, daß $A = pE$ und $B = qE$; es gilt dann die Proportion $A : B = p : q$.
Vier Strecken A, B, C und D sind proportional, $A : B = C : D$, falls die entsprechenden Rechtecke gleich sind, $A \times D = B \times C$. Ferner lassen sich Strecken in
gleicher Richtung zusammensetzen, dabei bleibt ihre Proportion erhalten, denn es
ist $A : B = C : D$ genau dann, wenn $(A+B) : B = (C+D) : D$ (zusammengesetzte
Proportion).

Arithmetischer Beweis. Von *Boethius* ist ein Beweis des *Archytas* überliefert,
daß zwischen zwei Zahlen, die ein überteiltes Verhältnis haben (d. h. $(n+1) : n$),
keine Zahl mittlere Proportionale sein kann.[1] Analog dazu läßt sich der Satz des
Theodoros beweisen, daß jede *dýnamis* inkommensurabel zur Einheit ist. Sei n eine

---

[1] [8] 47A19. Vgl. [13].

Rechteckzahl, A die n-te *dýnamis* und B die Einheit, dann gilt $A^2 = nB^2$. Seien A und B kommensurabel, mit $A : B = p : q$, wobei p und q die kleinsten Zahlen in diesem Verhältnis sind. Dann sind p, q teilerfremd, nach Euklid VII,22. Es ist dann $A^2 : B^2 = p^2 : q^2$ nach Euklid X,9; wobei p^2 und q^2 teilerfremd sind nach Euklid VII,27. Nach Voraussetzung ist $p^2 : q^2 = n : 1$, also $p^2 = nq^2$. Damit ist q^2 ein gemeinsamer Teiler, also $q^2 = 1$. Es folgt $p^2 = n$, also ist n eine Quadratzahl, welches der Annahme widerspricht, daß n eine Rechteckzahl ist. A und B können nicht kommensurabel sein, sind also inkommensurabel.

Die hier verwendeten Sätze von *Euklid* haben verschiedene Bedeutung. VII,22 wird bereits bei *Archytas* zitert und ist nebenbei trivial, denn wären die Zahlen nicht teilerfremd, ließen sich durch Kürzen kleinere Zahlen erhalten.[1] X,9 wird in einem Scholium *Theaitetos* zugeschrieben;[2] dies kann aber aus *Platons* Dialog geschlossen sein, wenn man *Theaitetos* den arithmetischen Beweis zuschreibt. Hingegen wurde nach *Pappos*[3] X,9 von *Euklid* gefunden, und zwar in Differenz zu *Theaitetos*, denn jener betrachtet kommensurable Strecken, deren Quadrate sich wie $p^2 : q^2$ verhalten, während dieser inkommensurable Strecken betrachtet, deren Quadrate sich wie $n : 1$ verhalten. Theorem VII,27 hingegen beschließt die Zahlentheorie von Buch VII, worauf wiederum Buch VIII beruht, welches *Archytas* verwendet.[4] Mit dieser Theorie hätte *Theodoros* also arithmetisch die Irrationalität aller *dynámeis* zugleich beweisen können. Dies widerspricht jedoch der 1. Bedingung, wonach der Beweis für jede *dýnamis* einzeln zu führen ist, insofern kann dies nicht der Beweis des *Theodoros* sein. Daraus folgt aber, daß er die Zahlentheorie von Buch VII noch nicht kannte, so daß diese Theorie erst nach *Theodoros* entstanden ist; da sie von *Archytas* überliefert ist, ist anzunehmen, daß sie von ihm entwickelt wurde.

IV.

Archytas verwendet implizit die Wechselwegnahme *(anthyphaíresis)* zur Konstruktion der kleinsten Zahlen eines Verhältnisse, gemäß Euklid VII,2 und VII,33. Daher scheint es möglich, daß *Theodoros* explizit die Wechselwegnahme, und zwar von Strecken, bei seinem Beweis benutzt hat. Ein solcher Beweis soll nun rekonstruiert werden, dazu weitere Vorbemerkungen: Für zwei Strecken A, B mit $A > B$ läßt sich die Wechselwegnahme wie folgt beschreiben:

$$A = q_o B + R_1 \text{ mit } B > R_1, q_o \geq 1$$
$$B = q_1 R_1 + R_2 \text{ mit } R_1 > R_2, q_1 \geq 1$$
$$R_1 = q_2 R_2 + R_3 \text{ mit } R_2 > R_3, \ldots$$

---

[1] *Van der Waerden* schließt aus dem Zitat des *Archytas*, daß er das ganze Buch VII fertig vorfand; dazu genügt jedoch keine Trivialität. ([24], S. 187)

[2] Scholium 62 ad [9], Elemente X. Opera omnia, Bd. 5.

[3] [18], S. 21.

[4] [24], S. 185.

Das Verfahren bricht ab, falls für ein $i = 0$, $R_{i+1} = 0$; es ist dann $R_{i-1} = q_i R_i$ ($R_{-1} = A, R_o = B$). Dieser Fall tritt genau dann ein, wenn A und B kommensurabel sind mit dem gemeinsamen Maß R_i. Andernfalls ist die Wechselwegnahme unendlich und damit sind die Strecken A und B inkommensurabel, vgl. Euklid X,2. Ferner gilt, daß für gleiche Verhältnisse $A : B = A' : B'$ die Wechselwegnahme gleich ist (zusammengesetzte Proportion), d. h. es gilt für alle $i = 0$, $R_i : R_{i+1} = R_i' : R_{i+1}'$ und damit für die Koeffizentenfolgen $[q_o; q_1, q_2, \ldots] = [q_o'; q_1', q_2', \ldots]$. Also ist jedes Verhältnis durch genau eine Koeffizentenfolge bestimmt, so daß wir schreiben können $A : B = [q_o; q_1, q_2, \ldots]$. Damit sind zwei Strecken A und B genau dann inkommensurabel, wenn die zugehörige Koeffizentenfolge unendlich ist. Dies gilt insbesondere dann, wenn die Wechselwegnahme periodisch ist, d. h. wenn es Zahlen i, k, $i \neq k$ gibt, so daß für die Reste gilt $R_i : R_{i+1} = R_k : R_{k+1}$.

Beweis durch Wechselwegnahme:

1. Sei A eine dreifüßige *dynamis*, B die Einheit, es gilt also $A^2 = 3B^2$ mit $B < A < 2B$. Entsprechend Fig. 1 seien die Quadrate gelegt und die Figur ergänzt, vgl. Euklid II,6.

Fig. 1

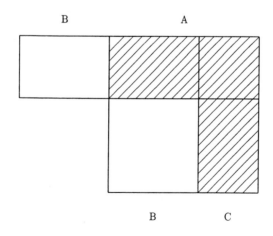

Es gilt

$$(1) \quad A = B + C, \quad C < B;$$

ferner gilt

$$(2) \quad (A + B) \times C = 2B^2,$$

denn das Rechteck $(A + B) \times C$ ist gleich dem Gnomon G (schraffiert), da $B^2 + G = A^2$ folgt $G = 2B^2$.

Die Wechselwegnahme ergibt sich dann wie folgt:

o) Aus (1) folgt $A = B + C$, also $q_o = 1$.

i) Aus (2) folgt $B : C = (A + B) : 2B$, damit läßt sich die Wechselwegnahme mit $A + B$ und $2B$ fortsetzen. Aus (1) folgt $A + B = 2B + C$, also $q_1 = 1$.

ii) Aus (2) folgt $2B : C = (A + B) : B$, weitere Wechselwegnahme ergibt $A + B = 2B + C$, also $q_2 = 2$.

iii) Die Ausgangsgrößen sind nunmehr B und C, ebenso wie in i). Die Wechslwegnahme ist also periodisch, es folgt, daß A und B inkommensurabel sind mit $A : B = [1; \overline{1, 2}, \ldots]$.

2. Sei $A^2 = 5B^2$, dann erhalten wir mit einer zu Fig. 1 analogen Figur

$$(1) \quad A = 2B + C, \quad C < B \quad \text{und}$$

$$(2.1) \quad (A + 2B) \times C = B^2.$$

Das analoge Verfahren ergibt $A : B = [2; \overline{4}, \ldots]$.

3. Sei $A^2 = 6B^2$, dann gilt

$$(2.2) \quad (A + 2B) \times C = 2B^2$$

und es ergibt sich $A : B = [2; \overline{2, 4}, \ldots]$.

4. Sei $A^2 = 7B^2$, dann gilt

$$(2.3) \quad (A + 2B) \times C = 3B^2;$$

außerdem benötigen wir die Beziehung

$$(2.4) \quad (A + B) \times (B + C) = 6B^2,$$

die mit Hilfe des Gnomons ebenso gezeigt werden kann. Es ergibt sich $A : B = [2; \overline{1, 1, 1, 4}, \ldots]$.

Auf Grund der geometrischen Beziehungen kann die Wechselwegnahme für die Zahlen $3, 5, \ldots, 17$ jeweils durchgeführt werden. Bei 7 und 14 treten dabei Perioden der Länge 4 auf, bei 13 der Länge 5. Bei 19 ist die Länge erstmals 6; daraus wurde erklärt, daß *Theodoros* bei 17 aufhört[1] (wobei $18 = 2 \cdot 3^2$ besonders einfach ist); aber dies kann kein entscheidender Grund sein, da das Verfahren über 17 hinaus ebenso durchführbar ist.

---

[1] [24], S. 240.

Bemerkenswert ist, daß *Theodoros* die 2-füßige *dýnamis* nicht erwähnt, dafür gilt $A^2 = 2B^2$, d. h. A ist Diagonale im Quadrat mit Seite B. Deren Inkommensurabilität wird also vorausgesetzt; diese kann gleichfalls mittels Wechselwegnahme gezeigt werden, dabei ergibt sich $A : B = [1; \overline{2}, \ldots]$.

Auch die stetige Teilung konnte so als inkommensurabel erkannt werden. Sei A eine stetig geteilte Strecke, d. h. $A = B + C$ mit $B > C$ und $A : B = B : C$. Die Wechselwegnahme für A und B führt wiederum auf die Beziehung $A = B + C$, also $q_o = 1$. Nach Voraussetzung stehen die Teile B und C aber im gleichen Verhältnis wie die Ausgangsgrößen A und B. Also ist die Wechselwegnahme periodisch, A und B sind inkommensurabel und es gilt $A : B = [1; \overline{1}, \ldots]$.

Während in den Einzelfällen „Diagonale im Quadrat" und „stetige Teilung" das Verfahren der Wechselwegnahme durchaus im 5. Jhd. v. Chr. möglich war, bleibt die Frage, ob dies auch das Verfahren des *Theodoros* war. Indem er die Inkommensurabilität der *dynámeis* von $3, 5, \ldots, 17$ zeigt, zeigt sich die Inkommensurabilität für alle *dynámeis*, d. h. die Einzelbeweise sind Beispiele für den allgemeinen Beweis. Dies ist die 2. Bedingung für die Rekonstruktion des Beweises; aber diese ist beim Verfahren der Wechselwegnahme nicht erfüllt. Zwar läßt sich die Wechselwegnahme für jede *dýnamis* einzeln durchführen und sie erweist sich jeweils als periodisch, doch ist nicht erkennbar, warum eine Periode auftritt. Insofern läßt dieses Verfahren nur die induktive Verallgemeinerung zu, daß eine Periode wohl in jedem Falle auftritt, aber ohne daß dafür ein allgemeiner Beweis gefunden wird. *Theaitetos* könnte so nur die Hypothese aussprechen, daß alle *dynámeis* inkommensurabel zur Einheit sind, aber nicht das ausdrückliche Theorem, wie er es getan hat. (148c) Es sei denn, man spekuliert, daß *Theaitetos* eine Theorie hatte, woraus die Periodizität der Wechselwegnahme für alle *dynámeis* folgt. Eine solche Theorie gab es jedoch nicht in der griechischen Mathematik, und der folgende Zusatz zeigt, daß es eine solche auch nicht geben konnte.

Zusatz: Wir können Strecken mit reellen Zahlen identifizieren; sei $A = a_o$, $B = 1$, $a_o > 1$, dann geht die Wechselwegnahme über in die Kettenbruchentwicklung

$$a_o = q_o + r_1, \text{ mit } 1 > r_1 \geq 0, \, q_o \geq 1$$
$$a_1 = 1/r_1 = q_1 + r_2 \text{ falls } r_1 > O, \text{ mit } 1 > r_2 \geq 0, \, q_1 \geq 1$$
$$a_2 = 1/r_2 = q_2 + r_3 \text{ falls } r_2 > 0, \ldots$$

Also

$$a_o = q_o + 1/a_1 = q_o + 1/(q_1 + 1/a_2) = \ldots$$

Analog für Strecken gilt, daß eine reelle Zahl genau dann irrational ist, wenn ihr Kettenbruch unendlich ist. Ein Kettenbruch ist periodisch, falls für Zahlen i, k, $i \neq k$, gilt $a_i = a_k$, er ist dann auch unendlich. Damit läßt sich die Irrationalität von $\sqrt{n}$ zeigen, wenn n keine Quadratzahl ist, das Verfahren ist analog dem für *dynámeis*. Wir geben dafür nur ein Beispiel:

$$a_o = \sqrt{3} = 1 + (\sqrt{3} - 1), \text{ mit } 1 > \sqrt{3} - 1 > 0$$
$$a_1 = 1/(\sqrt{3} - 1) = (\sqrt{3} + 1)/2 = 1 + (\sqrt{3} - 1)/2$$

$$a_2 = 2/(\sqrt{3} - 1) = (\sqrt{3} + 1)/1 = 2 + (\sqrt{3} - 1)$$
$$a_3 = 1/(\sqrt{3} - 1) = a_1$$

Die Entwicklung ist periodisch, $\sqrt{3}$ ist also irrational mit

$$\sqrt{3} = 1 + 1/(1 + 1/(2 + 1/\cdots$$

Die Periodizität von $\sqrt{n}$ erscheint zunächst rein zufällig, noch Euler prüfte dies empirisch für $2 \leq n \leq 120$.[1]

Satz (*Lagrange*, 1770): Der Kettenbruch einer Quadratwurzel ist periodisch.[2]

Zum Beweis werden sowohl die Größen $a_i = (\sqrt{n} + u_i)/v_i$ als auch ihre konjugierten $b_i = (-\sqrt{n} + u_i)/v_i$ betrachtet. Zwar betrachtet *Euklid* gleichfalls konjugierte Größen als zwei positive Lösungen der elliptischen Flächenanlegung, jedoch nicht, wenn die konjugierte Größe negativ ist, wie bei der hyperbolischen Flächenanlegung.[3] Der Grund besteht darin, daß es sich bei ihm nicht um algebraische, sondern um geometrische Probleme handelt, so daß quadratische Irrationalitäten nicht als Lösungen von Gleichungen, sondern als Flächenkonstruktionen auftreten. Und bei geometrischen Problemen sind die Lösungen geometrische Größen, welches nur gegenständlich seiende, also positive Größen sein können. Insofern fehlte der griechischen Mathematik, wie sie von *Euklid* dargestellt wird, zum Beweis von *Lagrange* nicht nur der symbolische Kalkül, sondern ihre geometrische Betrachtungsweise schließt bereits negative Größen aus, deren Verwendung für diesen Beweis aber wesentlich ist.

V.

Der Beweis des *Theodoros*, so wie er von *Platon* überliefert ist, konnte weder durch einen arithmetischen Beweis, noch durch einen Beweis durch Wechselwegnahme rekonstruiert werden, weil beide nicht den Bedingungen genügten, die an eine solche Rekonstruktion zu stellen waren. So ist die Frage weiter offen, ob *Theodoros* überhaupt einen entsprechenden Beweis geben konnte. Die genannten Beweise schieden aus, weil sie letztlich keinen elementaren Beweis für die allgemeine Behauptung der Inkommensurabilität der *dynámeis* lieferten, sondern dazu weitergehende Theorien benutzten. Für die Arithmetik konnte diese Theorie erst bei *Archytas* nachgewiesen werden, für die Wechselwegnahme war sie für die griechische Mathematik unerreichbar. Jedoch lassen sich beide Theorien vermeiden, wenn die Beweismethoden nur kombiniert werden.

Elementarer Beweis.

1. Sei A eine dreifüßige *dýnamis*, B die Einheit, also $A^2 = 3B^2$ mit $B < A < 2B$. Seien A und B kommensurabel; sei $A : B = p : q$ und p, q seien die kleinsten Zahlen in diesem Verhältnis.

---

[1] Siehe [11].
[2] [19], S. 66.
[3] [12], S.129.

Es gilt dann

(1) $A = B + C$, $C < B$ und $p = q + r, 1exr < q$, mit $B : C = q : r$;

denn gleiche Verhältnisse haben gleiche Wegnahme. Ferner gilt

(2) $(A + B) \times C = 2B^2$ gemäß Fig. 1, also $(A + B) : B = 2B : C$.

Und es gilt die zusammengesetzte Proportion

(3) $(A + B) : B = (p + q) : q$.

Daraus folgt insgesamt

$$(p + q) : q = (A + B) : B = 2B : C = 2q : r.$$

Mit $2q = s + r$ gilt also $(p + q) : q = (s + r) : r$, Trennung der Proportion ergibt $p : q = s : r$. Da $r < q$ (und damit $s < p$) sind s, r kleinere Zahlen im gleichen Verhältnis wie p, q. Dies widerspricht der Voraussetzung, daß dies die kleinsten Zahlen im Verhältnis von A und B sind; also gibt es keine Zahlen in diesem Verhältnis, und damit sind A und B inkommensurabel.

2. Sei $A^2 = nB^2$, $n = 5, \ldots, 8$, mit $2B < A < 3B$. Seien A und B kommensurabel, $A : B = p : q$, wobei p, q die kleinsten Zahlen in diesem Verhältnis sind. Es gilt dann

(1) $A = 2B + C, C < B$ und $p = 2q + r, r < q$, mit $B : C = q : r$;

(2) $(A + 2B) \times C = kB^2$, mit $2^2 + k = n, k = 1, \ldots, 4$, also
        $(A + 2B) : B = kB : C$;

(3) $(A + 2B) : B = (p + 2q) : q$.

Daraus folgt insgesamt $(p + 2q) : q = kq : r$, da $p + 2q > 2q$ ist $kq > 2r$; mit $kq = s + 2r$ ergibt sich $(p + 2q) : q = (s + 2r) : r$ und daraus folgt $p : q = s : r$. Da $r < q$, widerspricht dies der Voraussetzung, also sind A und B inkommensurabel.

3. Sei $A^2 = nB^2, n = 10, \ldots, 15$, mit $3B < A < 4B$. Es gilt dann

(1) $A = 3B + C, C < B$, und

(2) $(A + 3B) \times C = kB^2$ mit $32 + k = n$, $k = 1, \ldots, 6$.

Der Beweis ist dann analog 2.

4. Für $n = 17, \ldots$ ist $4^2 + k = n, k = 1, \ldots$; usw.

Die Idee dieses elementaren Beweises konnte gleichfalls bei der stetigen Teilung erkannt werden. Sei dazu A eine stetig geteilte Strecke, $A = B + C, B > C$, mit $A : B = B : C$. Sei $A : B = p : q$, wobei p, q die kleinsten Zahlen in diesem Verhältnis sind. Es ist dann $p = q + r$ und $B : C = q : r$, und daraus folgt $p : q = A : B = B : C = q : r$. Da $q < p$ und $r < q$ wurden also kleinere Zahlen im gleichen Verhältnis gefunden, dies ist ein Widerspruch, also gibt es keine Zahlen in diesem Verhältnis, A und B sind also inkommensurabel.

VI.

Der elementare Beweis erfüllt die Bedingungen, die an den Beweis des *Theodoros* zu stellen waren. Insbesondere zeigt er beispielhaft an den *dýnameis* von $3, 5, \ldots, 17$, wie der Beweis für jede beliebige *dýnamis* zu führen ist. Und *Theaitetos* konnte daraus zweierlei ableiten: die allgemeine Definition der *dýnamis* und den allgemeinen Beweis für deren Inkommensurabilität mit der Einheit. Die erstere steht bei *Platon*, zum letzteren bedurfte es nur der folgenden Definition: Sei n eine Rechteckzahl, dann sei m die größte Quadratzahl kleiner als n. Mit $m = l^2$ ist dann $l^2 < n < (l+1)^2$, und aus $m + k = n$ folgt $1 < k < 2l$; diese Beziehungen ergeben sich unmittelbar aus der Rechenstein-Arithmetik der Pythagoreer.

Allgemeiner Beweis. Sei A eine n-te *dýnamis*, B die Einheit, also $A^2 = nB^2$ mit $\overline{lB} < A < \overline{(l+1)B}$. Sei $A : B = p : q$, wobei p, q die kleinsten Zahlen in diesem Verhältnis sind. Es gilt

(1) $A = lB + C, C < B$ und $p = lq + r, r < q$ mit $B : C = q : r$.

Weiter gilt

(2) $(A + lB) \times C = kB^2$

gemäß der verallgemeinerten Fig. 1, also $(A + lB) : B = kB : C$. Daraus folgt

$$(p + lq) : q = (A + lB) : B = kB : C = kq : r.$$

Da $p + lq > lq$ ist $kq > lr$, also $kq = s + lr$ und $(p + lq) : q = (s + lr) : r$, und daraus folgt $p : q = s : r$. Da $r < q$ ist dies ein Widerspruch, und damit sind A und B inkommensurabel.

Das Problem, warum *Theodoros* seinen elementaren Beweis bis 17 vorführt, und dann „irgendwie" aufhört, läßt sich nun erklären. Er führt seinen Beweis so lange vor, bis *Theaitetos* darin das Paradigma für den allgemeinen Beweis erkennen kann. *Theaitetos* muß dabei nicht nur die Definitionen von Quadratzahl und Rechteckzahl erkennen, sondern auch die größte Quadratzahl m kleiner als die Rechteckzahl n. Es ist dann $m = l^2$, und l gibt die jeweilige Stufe des Beweises an. Für die Rechteckzahlen $n = 3, 5, \ldots, 17$ ist $l = 1, \ldots, 4$; *Theodoros* hört bei 17 auf, weil damit die 4. Stufe beginnt, und weil damit die Verallgemeinerung offensichtlich ist. Heute brechen wir etwa beim 3. oder 4. Glied ab, wenn die Fortsetzung einer Folge offensichtlich ist; die Pythagoreer gaben der Zahl 4 noch eine entsprechende mythische Bedeutung. In Form der Tetraktys stellt sie die Zahl 10 dar, welche vollkommen ist, und die „Natur der Zahlen" bedeutet.[1]

Insgesamt ist es gelungen, einen Beweis zu rekonstruieren, wie ihn möglicherweise *Theodoros* vorgeführt und *Theaitetos* verallgemeinert hat. Insofern ist es durchaus möglich, daß *Platon* im „*Theaitetos*" einen konkreten, historischen Zusammmmenhang beschreibt, was jedoch nicht heißt, daß der Dialog zwischen *Sokrates*, *Theodoros* und *Theaitetos* tatsächlich so statt gefunden hat. Das heißt ebensowenig, daß die Begegnung des *Theodoros* mit *Theaitetos* überhaupt stattgefunden hat, sondern *Platon* charakterisiert damit nur das Verhältnis der beiden Mathematiker. Und es heißt auch nicht, daß unsere neue Rekonstruktion nun der tatsächliche Beweis des *Theodoros* ist, sie kann es aber sein im Gegensatz zu den vorhergehenden Rekonstruktionen.

Mit *Theodoros* und *Theaitetos* charakterisiert *Platon* nicht nur zwei Mathematiker, sondern auch zwei Arten der Mathematik. Mit den zwei Generationen, die sich hier gegenüberstehen, der des *Sokrates* und der des *Platon*, stehen sich auch zwei Denkweisen gegenüber, *Theodoros*' beispielhafte Demonstrationen, sowie *Theaitetos*' allgemeine Definitionen und daraus abgeleitete Deduktionen.[2] Diese Wende in der Geschichte der Mathematik wird bereits in einem Text des *Philodem* festgestellt. Nach *W. Burkerts* Lesart waren es Maßverhältnis *(metrologían)* und Definitionen *(horismoùs problémata)* wonach „*Eudoxos* und seine Schule die von *Hippokrates* herkommende altertümliche Art umgestaltet hatten."[3] Nach *Platon* geht die Wende zu den Definitionen bereits auf *Theaitetos* zurück, dieser hat jedoch nicht nur Längen und *dynámeis* definiert, sondern nach *Pappos*, der sich dabei auf *Eudemos* beruft, auch höhere Irrationalitäten unterschieden (Mediale, Binomiale und Apotome).[4] Dies kann nur heißen, daß er die Theorie dieser Irrationalitäten aufgestellt hat, welches mit *Platon* insofern übereinstimmt, wonach *Theaitetos* das Allgemeine in die Mathematik eingeführt hat.

---

[1] [1] 986a9. Vgl. [5], S. 467.

[2] Nach [17] sind für *Platon* die Definitionen die einzigen Hypothesen in der Mathematik, er beruft sich dabei auf „Staat" 510c-d, aber auch durch *Theaitetos* wird dies bestätigt.

[3] [6], S. 93.

[4] [18], S. 13. Diese Irrationalitäten treten bereits im Beweis des *Theodoros* auf, siehe Fig. 1. $A \times B$ ist eine mediale Fläche, $A + B$ ist eine Binomiale und C eine Apotome, vgl. [10] X.

Literaturverzeichnis

[1] **Aristoteles**: Metaphysik. Griech./Deutsch, Hrsg. **H. Seidel**. Hamburg 1978.

[2] **Artmann, B.**: A proof for Theodorus' Theorem by drawing diagrams, in: Journal of Geometry **49**(1994), S. 3-35.

[3] **Brumbaugh, R. S.**: Platos' Mathematical Imagination. New York 1968.

[4] **Burkert, W.**: Rezension zu [23], in: Erasmus **23**(1971).

[5] **Burkert, W.**: Lore and Science in Ancient Pythagoreanism. Harvard/ Cambridge 1972.

[6] **Burkert, W.**: Philodems Arbeitstext zur Geschichte der Akademie, in: Zeitschrift für Papyrologie und Epigraphik, **97**(1993).

[7] **Burnyeat, M. F.**: The Philosophical Sense of Theaetetus' Mathematics, in: Isis **69**(1978), S. 489-513.

[8] **Diels, H.** und **W. Kranz**: Die Fragmente der Vorsokratiker. Berlin 1972.

[9] **Euclid**: Opera omnia. Hrsg. **J. L. Heiberg, H. Menge**. Leipzig 1883 -.

[10] **Euklid**: Die Elemente, Buch I-XIII. Übers. **C. Thaer**. Darmstadt 1973.

[11] **Fowler, D. H.**: The Mathamatics of Plato's Academy. A new Reconstruction. Oxford 1987.

[12] **Gericke, H.**: Mathematik in Antike und Orient. Heidelberg 1984.

[13] **Heath, Th.**: A History of Greek Mathematics. Bd. 1-2. Oxford 1921.

[14] **Høyrup, J.**: Dynamis, the Babylonions, and Theaetetus, in: Historia Mathematica **17**(1990), S. 201-222.

[15] **Knorr, W. R.**: The Evolution of the Euclidean Elements. Dordrecht 1975.

[16] **Morrow, G. R.**: Proclus. A Commentary on the first book of Euclid's Elements. Princeton 1970.

[17] **Mueller, J.**: On the Notation of a Mathematical Starting Point in Plato, Sristotle ans Euclid, in: **A. C. Bowen** (Hrsg.): Science and Philosophy in Classical Greece. New York 1991, S. 59-97.

[18] **Pappos**: Kommentar zum X. Buch des Euklides. Deutsch von **H. Suter**, in: Abh. zur Gesch. der Naturwiss. Heft 4(1922), S. 9-78.

[19] **Perron, O.**: Die Lehre von den Kettenbrüchen. Darmstadt 1977.

[20] **Platon**: Theätet. Griech./Deutsch. Hrsg. **E. Mertens**. Stuttgart 1981.

[21] **Proclus Diadochus**: Procli Diadochi in primum Euclidis Elementorum librum Commentarii. Hrsg. G. Friedlein. Leipzig 1873.

[22] **Rudio, F.**: Der Bericht des Simplicius über die Quadraturen des Antiphon und des Hippokrates. Leipzig 1907.

[23] **Szabó, A.**: Anfänge der griechischen Mathematik. Wien 1969.

[24] **Van der Waerden, B. L.**: Erwachende Wissenschaft. Basel 1966.

[25] **Vogt, H.**: Die Entdeckungsgeschichte des Irrationalen nach Plato und anderen Quellen des 4. Jahrhunderts, in: Bibliotheca Mathematica, 3. Folge, 10. Band, Leipzig 1909-1910.

DIE ENTWICKLUNG DES BRUCHBEGRIFFS UND DIE KONSEQUENZEN FÜR DIE DIDAKTIK

WALTER POPP

Gertrud-von-le-Fort-Gymnasium,
Rubistraße 8, D-87561 Oberstdorf

1. Die Behandlung der Brüche im Mathematikunterricht der Gymnasien

Bereits in der 6. Jahrgangsstufe werden die Brüche als abstrakte Objekte behandelt. Aufgaben wie

$$\frac{\left(\frac{1}{2}\cdot 2\right):\frac{35}{27}-\frac{1}{5}\cdot\frac{3}{2}\frac{3}{2}+\frac{12}{5}}{\left(\frac{4}{5}+\frac{1}{5}\right):\left(\frac{5}{3}+\frac{3}{2}\right)+\frac{1}{5}}$$

aus einem Lehrbuch für die 6. Klasse sind der übliche Standard. Diese Aufgaben werden von den Elfjährigen ohne größere Schwierigkeiten gelöst. Die Schüler akzeptieren die Verknüpfungsgesetze für Brüche und wenden sie als formale Regeln an. Die Inhaltslosigkeit der dabei erworbenen Fertigkeiten zeigt sich aber spätestens bei den Problemen, die sich bei der Übertragung der Regeln des Bruchrechnens auf algebraische Terme in der Mittelstufe ergeben. Der Aufbau der Schulmathematik ist deshalb zumindest in diesem Punkt reformbedürftig. Die Betrachtung der historischen Entwicklung des Bruchbegriffs könnte Anhaltspunkte für eine Neugestaltung des Unterrchts in diesem Gebiet ergeben.

2. Die Entwicklung des Bruchbegriffs

Allgemein geht man davon aus, daß der Bruchbegriff zum erstenmal im 3. Jahrtausend v. Chr. in der ägyptischen und babylonischen Mathematik aufgetreten ist, d. h. in einer sehr frühen Phase der Mathematikgeschichte. Interessant ist, von welcher Art der Bruchbegriff der damaligen Zeit ist, wie er entstanden ist und insbesondere, ob es sich bei den Vorstellungen der Ägypter und Babylonier um Brüche im heutigen Sinn handelt.

2. 1 Die ägyptischen Stammbrüche

Die ägyptischen Brüche sind wohl durch fortgesetztes Halbieren, analog dem Verdoppeln bei der Multiplikation entstanden. Dabei gab es stets einen engen Zusammenhang mit konkreten, meßbaren Größen. Als Beispiel seien die Zeichen für die Teile eines Scheffels Getreide aus der Mitte des 3. Jahrtausend v. Chr. genannt.

Merkwürdig ist, daß sich diese Zeichen zur Figur des „Horusauges"zusammensetzen lassen:

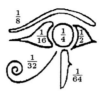

In späterer Zeit wurde der Bruchbegriff verallgemeinert. Dabei wurden aber immer Brüche mit dem Zähler 1, d. h. also Stammbrüche verwendet. Stammbrüche der Fom $1/n$ können als Abkürzung für die Division durch n interpretiert werden. Die Frage ist, ob es sich bei den ägyptischen Stammbrüchen um Zahlen gehandelt hat oder nur um Notationen für Divisionen. Zur Klärung dieser Frage ist zu untersuchen, wie mit den ägyptischenn Stammbrüchen gerechnet wurde.

Als Beispiel dient die 37. Aufgabe des Papyrus Rhind aus der Hyksoszeit (-1788 bis -1580), nach älteren Vorbildern vom Schreiber *Ahmes* verfaßt. In dieser Aufgabe wird der Inhalt eines Schöpfgefäßes gesucht, das $(3 + \frac{1}{3} + \frac{1}{3} \cdot \frac{1}{3} + \frac{1}{9})$ mal in einen Scheffel hineingeht. Es soll also die Division $1 : (3 + \frac{1}{3} + \frac{1}{3} \cdot \frac{1}{3} + \frac{1}{9})$ durchgeführt werden. Dabei handelt es sich offensichtlich um eine reine Übungsaufgabe, nicht um ein in der Praxis vorkommendes Problem. Festzuhalten ist, daß es sich, wie in der ägyptischen Mathematik üblich, um Bruchteile einer meßbaren Größe handelt.

Die Lösung der Aufgabe läßt sich in fünf Abschnitte einteilen:

(1) Laß es hören:

		1	1
		2	2
		$\frac{1}{3}$	$\frac{1}{3}$
$\frac{1}{3}$ von		$\frac{1}{3}$	$\frac{1}{9}$
sein		$\frac{1}{9}$	$\frac{1}{9}$
zusammen	$3 \frac{1}{2} \frac{1}{18}$		

Es handelt sich also hier nur um die Umrechnung von $(3 + \frac{1}{3} + \frac{1}{3} \cdot \frac{1}{3} + \frac{1}{9})$ in die Stammbruchdarstellung $3 \frac{1}{2} \frac{1}{18}$ durch Addition der rechten Spalte. Dabei wurde offensichtlich $\frac{2}{9}$ in $\frac{1}{6} + \frac{1}{18}$ nach der $2 : n$-Tabelle des Papyrus Rhind umgeformt. $\frac{1}{6} + \frac{1}{3} = \frac{1}{2}$ kam immer wieder vor und wurde wohl auswendig gewußt.

(2) Dividiere 1 durch $3\frac{1}{2}\frac{1}{18}$

1	$3\frac{1}{2}\frac{1}{18}$
$\frac{1}{2}$	$1\frac{1}{2}\frac{1}{4}\frac{1}{36}$
$\vert\frac{1}{4}$	$\frac{1}{2}\frac{1}{4}\frac{1}{8}\frac{1}{72}$
$\frac{1}{8}$	$\frac{1}{4}\frac{1}{8}\frac{1}{16}\frac{1}{144}$
$\frac{1}{16}$	$\frac{1}{8}\frac{1}{16}\frac{1}{32}\frac{1}{288}$
$\vert\frac{1}{32}$	$\frac{1}{16}\frac{1}{32}\frac{1}{64}\frac{1}{576}$

zusammen   1

Ergänzung: $\frac{1}{2}$ $\frac{1}{4}$ $\frac{1}{8}$ $\frac{1}{72}$ $\frac{1}{16}$ $\frac{1}{32}$ $\frac{1}{64}$ $\frac{1}{576}$;   zusammen $\frac{1}{8}$

      (8)   (36)   (18)   (9)   (1)   (72)

(die eingekreisten Zahlen sind im Text rot geschrieben)

Es handelt sich also hier um die Rechnung:

$$\left(\frac{1}{4} + \frac{1}{32}\right) \cdot 3\frac{1}{2}\frac{1}{18} = \frac{1}{4} \cdot 3\frac{1}{2}\frac{1}{18} + \frac{1}{32} \cdot 3\frac{1}{2}\frac{1}{18} =$$

$$\frac{1}{2} + \frac{1}{4} + \frac{1}{8} + \frac{1}{72} + \frac{1}{16} + \frac{1}{32} + \frac{1}{64} + \frac{1}{576} = 1$$

oder:

$$1 : 3\frac{1}{2}\frac{1}{18} = \frac{1}{4} + \frac{1}{32}$$

Bemerkenswert ist die Addition $\frac{1}{72} + \frac{1}{16} + \frac{1}{32} + \frac{1}{64} + \frac{1}{576} = \frac{1}{8}$.

Die roten Hilfszahlen dienen zur Umrechnung auf 576. Teile. Der Rest der Rechnung $\left(\frac{1}{2} + \frac{1}{4} + \frac{1}{8} + \frac{1}{8} = 1\right)$ wurde dann wieder im Kopf gerechnet.

(3) Probe

1	$\frac{1}{4}$	$\frac{1}{32}$
2	$\frac{1}{2}$	$\frac{1}{16}$
$\frac{1}{3}$ davon	$\frac{1}{12}$	$\frac{1}{96}$
$\frac{1}{3}$ von seinem $\frac{1}{3}$	$\frac{1}{36}$	$\frac{1}{288}$
$\frac{1}{9}$ davon	$\frac{1}{36}$	$\frac{1}{288}$
zusammen	1	

Ergänzung: $\frac{1}{2}$ $\quad\frac{1}{4}$ $\quad\frac{1}{32}$ $\quad\frac{1}{16}$ $\quad\frac{1}{12}$ $\quad\frac{1}{96}$ $\quad\frac{1}{36}$ $\quad\frac{1}{288}$; zusammen $\frac{1}{4}$

(9) (18) (24) (3) (8) (1)   (72)

Als Probe wird also hier die Multiplikation

$$\left(\frac{1}{4} + \frac{1}{32}\right) \cdot \left(3 + \frac{1}{3} + \frac{1}{3} \cdot \frac{1}{3} + \frac{1}{9}\right) = 1$$

vorgerechnet.

Bemerkenswert sind die 4. und 5. Zeilen. Aus ihnen folgt, daß $\frac{1}{3} \cdot \frac{1}{3}$ von a nicht als $\frac{1}{9}$ von a, sondern als $\frac{1}{3}$ von $\frac{1}{3}$ von a gerechnet wurde.

(4)

Zusammen	320
$\frac{1}{2}$	160
$|\frac{1}{4}$	80
$\frac{1}{8}$	40
$\frac{1}{16}$	20
$|\frac{1}{32}$	10
zusammen	90

Das Ergebnis der Division $\frac{1}{4} + \frac{1}{32}$ Scheffel wird in Ro umgerechnet ($1Ro = \frac{1}{320}$ Scheffel). Es ergibt sich ein ganzzahliges Ergebnis ($90Ro$). Das ist ein deutlicher Hinweis darauf, daß die Ägypter Brüche nicht als Ergebnis akzeptierten, sondern sie nur als Zwischenresultat zuließen.

(5)

Probe		Betrag in Getreide	
$|1$	90	$|1\frac{1}{4}\frac{1}{32}$ Scheffel	
$|2$	180	$|2\frac{1}{2}\frac{1}{16}$ Scheffel	
$|\frac{1}{3}$	30	$|\frac{1}{3}\frac{1}{16}\frac{1}{32}$ Scheffel	
$|\frac{1}{3}$ von $\frac{1}{3}$	10	$|\frac{1}{3}$ von $\frac{1}{3}\frac{1}{32}$ Scheffel	
$|\frac{1}{9}$ davon	10	$|\frac{1}{9}$ davon $\frac{1}{32}$ Scheffel	
zusammen	320	zusammen $\frac{1}{2}\frac{1}{8}\frac{1}{4}\frac{1}{8}$ Scheffel	

Interessant an dieser Rechnung ist, daß die Ägypter bei der Addition

$$\frac{1}{4} + \frac{1}{32} + \frac{1}{2} + \frac{1}{16} + \frac{1}{16} + \frac{1}{32} + \frac{1}{32} + \frac{1}{32}$$

offensichtlich aus $\frac{2}{16}$ sofort $\frac{1}{8}$ und aus $\frac{4}{32}$ ebenfalls $\frac{1}{8}$ gebildet haben. Es handelt sich also um „Kürzen" durch 2 bzw. durch 4.

2.2 Der Bruchbegriff bei den Babyloniern

Auch bei den Babyloniern findet man als erste Brüche Stammbrüche, wie z. B. in Texten in der Schicht IVb von Uruk (um −3200). Dabei handelt es sich immer um Bruchteile meßbarer Größen. Auch die berühmten Sexagesimalbrüche der späteren Zeit (3. Jahrtausend v. Chr.) sind als Darstellung von konkreten Größen entstanden und zwar wahrscheinlich im Zusammenhang mit dem sexagesimal aufgebautem altsumerischen Gewichtssystem. In ihm galt:

$$1\,g\acute{u} = 60\,mana = 60^2\,gin = 60^3\,gin-tur.$$

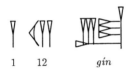

1   12   gín

bedeutet also $1\,mana\,12\,gín$, wobei $mana$ nicht geschrieben wurde. Läßt man auch noch $gín$ weg, kann man

auf vielfältige Weise deuten, z. B. als

$$1 \cdot 60 + 12\,(gín) \quad \text{oder} \quad 1 + \frac{12}{60}\,(mana) \quad \text{oder} \quad \frac{1}{60} + \frac{12}{60^2}\,(g\acute{u}) \quad \text{usw.}$$

Gerechnet wurde mit den Brüchen wie mit ganzen Zahlen. Dabei läßt sich oft gar nicht feststellen, ob es sich bei babylonischen Zahlenangaben um natürliche Zahlen oder Brüche handelt. So lautet die 13. Zeile der Tafel 322 der Plimpton Library, New York:

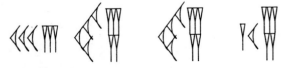

Dies ist eines von 15 pythagoreischen Zahlentriplen, die auf dieser Tafel festgehalten sind. Dabei steht an der 1. Stelle $\frac{b^2}{a^2}$, an der 2. Stelle b und an der 3. Stelle c, wenn man die Katheten eines rechtwinkligen Dreiecks mit a und b und die Hypotenuse mit c bezeichnet.

Die Zahl an der 1. Stelle ist wohl als

$$\frac{33}{60} + \frac{45}{60^2} = \frac{9}{16}$$

zu lesen, für das Verhältnis der Katheten $\frac{b}{a}$ ergibt sich also $\frac{3}{4}$. Die beiden anderen Zahlen können als ganze Zahlen gelesen werden (z. B. 45 und $1 \cdot 60 + 15 = 75$), aber auch als Brüche (z. B. $\frac{45}{60} = \frac{3}{4}$ und $1 + \frac{15}{60} = \frac{5}{4}$).

Für die Umrechnung der Stammbrüche in Sexagesimalbrüche besaßen die Babylonier Reziprokentabellen wie die folgende, die zugleich als Multiplikationstabelle für den Faktor 70 diente:

			1	1	$1 \cdot 60 + 10 = 70$
			2	$\frac{30}{60} = \frac{1}{2}$	35
			3	$\frac{20}{60} = \frac{1}{3}$	$23 + \frac{20}{60} = 23\frac{1}{3}$

Bemerkenswert ist, daß Berechnungen der Form $\frac{1}{a} \cdot \frac{1}{b} \cdot n$ als $\frac{1}{a} \cdot (\frac{1}{b} \cdot n)$ und nicht, was viel schneller ginge, als $\frac{1}{a \cdot b} \cdot n$ durchgeführt wurden. Stammbrüche waren also keine abstrakten Objekte, mit denen wie mit Zahlen gerechnet wurde, sondern nur Notationen für Divisionen.

2.3 Brüche in der griechischen Mathematik

In der griechischen Mathematik wurden bis zur Zeit des Archimedes keine Brüche verwendet. Der Bruchbegriff widerspricht der grundsätzlichen Denkweise der griechischen Mathematik in der voralexandrinischen Zeit. So schreibt *Platon* im „Staat", daß es die fachkundigen Mathematiker nicht zulassen, daß die Einheit geteilt werde. Sichtbare Dinge, also konkrete Gegenstände, sind teilbar, abstrakte Gebilde wie mathematische Einheiten aber nicht.

Die Zahl (ἀριθμός) war in der wissenschaftlichen Arithmetik nur die natürliche Zahl. Im praktischen Rechnen, der sogenannten Logistik, wurden dagegen Brüche nach ägyptischen und babylonischen Vorbildern verwendet. Bis zum Ende des 3. Jahrh. v. Chr. umschrieben die griechischen Mathematiker einen Bruch mit Worten.

Hier einige Beispiele aus dem 3. Jahrh. v. Chr.:

Eratosthenes (nach *Ptolemäus*):

> *Der Meridian zwischen den beiden Wendekreisen beträgt 11 solcher Teile, wie der ganze Meridian ihrer 83 beträgt.*

Archimedes (Kreismessung):

> *Der Umfang eines ganzen Kreises ist das Dreifache des Kreisdurchmessers und er übertrifft ihn noch ein wenig, nämlich um weniger als ein Siebtel des Durchmessers, aber um mehr als zehn Einundsiebzigstel.*

An die Stelle von Brüchen traten in der wissenschaftlichen Mathematik die „Proportionen", deren Theorie wahrscheinlich von *Eudoxos von Knidos* (um −350) stammt und die im 5. Buch der Elemente des *Euklid* (um −300) dargestellt ist. Erst bei *Diophant* (3. Jahrhundert n. Chr.) ist erkennbar, daß auch Brüche als Zahlen gesehen werden. *Diophant* beginnt seine Aufgaben mit den Worten „ἑυρεῖν ἀριθμόν ..." („die Zahl zu finden ...") oder „ἑυρεῖν ἀριθμοῦς ..." („die Zahlen zu finden ...") und erhält gelegentlich auch Brüche als Lösungen.

Im praktischen Rechnen wurde mit ägyptischen Stammbrüchen und insbesondere in der Astronomie mit babylonischen Sexagesimalbrüchen gerechnet. Erste Anzeichen für die Darstellung allgemeiner Brüche findet man im 1. Jahrhundert n. Chr. bei *Heron*. Dort wird z. B. das Ergebnis der Division 25 : 13 zuerst in Stammbrüchen als $1\frac{1}{2}\frac{1}{3}\frac{1}{13}\frac{1}{78}$ angegeben und dann als „μονὰς μία καὶ λεπτὰ ιγ″ ιγ″ ιβ" ausgedrückt. Der Bruch $\frac{12}{13}$ wird also in der Form $\frac{1}{13}\frac{1}{13}$ 12 geschrieben, an anderen Stellen auch als

$$\begin{matrix} -\iota\gamma' \\ \iota\beta \end{matrix} \quad \begin{pmatrix} \frac{1}{13} \\ 12 \end{pmatrix} \quad \text{oder als} \quad \begin{matrix} \iota\gamma \\ \iota\beta \end{matrix} \quad \begin{pmatrix} 13 \\ 12 \end{pmatrix}$$

Interessant ist die Frage, wie zur Zeit *Herons* mit Brüchen gerechnet wurde. Als Beispiel diene die Multitplikation $6\frac{1}{2} \cdot 12\frac{12}{13}$. Sie wurde in folgender Form durchgeführt:

$$6 \cdot 12 = 72$$
$$6 \cdot \tfrac{12}{13} = \tfrac{12}{13}$$
$$12\tfrac{12}{13} \cdot \tfrac{1}{2} = 6\tfrac{6}{13}$$

zusammen: $78\frac{78}{13} = 84$

Neben der schon den Ägyptern vertrauten Halbierung von Brüchen wurde also nur die Regel für die Multiplikation eines Bruches mit einer natürlichen Zahl verwendet. Es gab offensichtlich keine Regel für die Multiplikation zweier Brüche, wie man an einer weiteren Rechnung *Herons* sieht, bei der $\frac{63}{64}$ mit $\frac{2}{64}$ multipliziert werden soll. Dies geschieht nämlich in der Form $\frac{126}{64} : 64$.

Zusammenfassend kann man sagen, daß das griechische Bruchrechnen lediglich eine Verbesserung des ägyptischen Verfahrens darstellt.

2.4 Die weitere Entwicklung des Bruchrechnens

Die Araber übernahmen von den Griechen weitgehend das ägyptische Stammbruchrechnen und, vor allem in der Astronomie, die Verwendung von Sexagesimalbrüchen. Dabei spielte in zunehmenden Maße die indische Zahlenschreibweise eine Rolle. Da die Inder im Gegensatz zu *Heron* den Zähler über den Nenner setzten und in Ziffern schrieben, ist ihre Bruchdarstellung unserer heutigen Schreibweise ziemlich ähnlich. Auch die Inder kannten zuerst nur Stammbrüche, die sie in folgender Form darstellten:

1	1	1	1
4	3	6	12

$: \frac{1}{4} + \frac{1}{3} + \frac{1}{6} + \frac{1}{12}$

1 1	1 1 1	1 1 1 1
1 2	1 2 3	1 2 3 5

$: 1 \cdot \frac{1}{2} + 1 \cdot \frac{1}{2} \cdot \frac{1}{3} + 1 \cdot \frac{1}{2} \cdot \frac{1}{3} \cdot \frac{1}{5}$

Später ging man zu allgemeinen Brüchen über, die man z. B. in der Form

$$\begin{matrix} 2 \\ 4 \\ 5 \end{matrix} \quad \left(2\frac{4}{5}\right)$$

schrieb.

Die indische Schreibweise kam über die Araber in das Abendland. Die ersten im Abendland geschriebenen Rechenbücher lehren im wesentlichen das ägyptische Stammbruchrechnen. In einigen dieser Bücher sind aber kleine Fortschritte erkennbar. So wird im Liber Abaci (1228) des *Leonardo von Pisa* bei der Addition zweier Brüche der Hauptnenner nicht mehr durch einfache Produktbildung der Einzelnenner gebildet, sondern es wird das kleinste gemeinsame Vielfache („minimum mensuratum") der Nenner gesucht.

Die Multiplikation wurde im Liber abaci noch nach dem griechischen Verfahren durchgeführt. Erst ab *Jordanus Nemorarius* (13. Jahrh.) verfuhr man nach den heutigen Regeln. Die Division dagegen erfolgte bei *Jordanus Nemorarius*, indem man Zähler durch Zähler und Nenner durch Nenner dividierte, also analog zur Multiplikation. Da man dazu meist vorher Zähler und Nenner mit dem Produkt aus Zähler und Nenner des Divisors erweitern mußte, ergab sich folgendes Verfahren:

$$\frac{a}{b} : \frac{c}{d} = \frac{a \cdot c \cdot d}{b \cdot c \cdot d} : \frac{c}{d} = \frac{a \cdot d}{b \cdot c} \, .$$

Daraus folgt die heute übliche Regel, die zum erstenmal explizit im Bamberger Rechenbuch 1483 (ohne Beweis) zu finden ist.

Im Liber abacci geht *Leonardo von Pisa*, wie auch schon *Johannes von Sevilla* im 12. Jahrhundert einen etwas anderen Weg. In Anlehnung an die Regeln bei der

Addition und der Subtraktion werden zuerst die Brüche gleichnamig gemacht und dann die Zähler dividiert:

$$\frac{a}{b} : \frac{c}{d} = \frac{a \cdot d}{b \cdot d} : \frac{b \cdot c}{b \cdot d} = \frac{a \cdot d}{b \cdot c} \ .$$

Im späten 15. und im 16. Jahrhundert war dann die Entwicklung weitgehend abgeschlossen. Die heutige Form des Bruchrechnens hatte sich herausgebildet.

2.5 Überblick über die Entwicklung

Die ersten Brüche treten im 3. Jahrtausend v. Chr. auf und zwar in der Form von Stammbrüchen in Ägypten und als Sexagesimalbrüche bei den Babyloniern. Die ägyptischen Brüche sind in erster Linie eine übersichtliche Notation für die Lösung von Problemen, bei denen Divisionen auftreten. Die Sexagesimalbrüche stehen in engem Zusammenhang mit den Maßsystemen. Sie können als Darstellung natürlicher Zahlen in einem Positionssystem gesehen werden, wenn man die kleinste für die Aufgabe benötigte Einheit zu Grunde legt. Es gibt keinen Grund für die Annahme, daß die Ägypter oder die Babylonier einen echten Bruchbegriff im Sinne von Brüchen als Zahlen besessen haben.

Die Griechen haben für das praktische Rechnen die Methoden der Ägypter und Babylonier übernommen. In der wissenschaftlichen Mathematik haben sie als Ersatz für Brüche den Proportionenbegriff entwickelt. Obwohl sie von den theoretischen Grundlagen her in der Lage gewesen wären, mit den Proportionen wie mit Brüchen zu rechnen, ist dies offensichtlich nicht geschehen. Erst in der griechischen Spätzeit und vor allem bei den Indern und Arabern wurden die Brüche zu Objekten des Rechnens entwickelt. Diese Kenntnisse kamen in das Abendland, wo sich nach Vorarbeiten ab dem 13. Jahrhundert im 15. und 16. Jahrhundert unser Bruchbegriff entwickelte.

3. Folgerungen für die Didaktik

Die Behandlung der Brüche als abstrakte Objekte in der 6. Jahrgangsstufe kommt für die individuelle Entwicklung des mathematischen Denkens viel zu früh. Es wird dabei ja versucht, Inhalte zu vermitteln, die in der Mathematik relativ spät entwickelt wurden. Die meist als schwieriger eingestuften und deshalb erst in späteren Jahrgangsstufen behandelten Bereiche wie z. B. das Beweisen in der Geometrie oder infinitesimale Verfahren bei der Berechnung von Flächen sind viel älter als die Gesetze des Bruchrechnens. Vom Standpunkt der Entwicklung aus wäre es also sinnvoller, den Anfangsunterricht neben dem Rechnen mit natürlichen Zahlen auf die Geometrie zu beschränken und die Erweiterung des Zahlbereichs auf spätere Jahrgangsstufen zu verschieben.

Wenn man aber bei dem üblichen Aufbau der Schulmathematik bleiben will, muß der Bruchbegriff im Sinne der ägyptischen und babylonischen Mathematik behandelt werden. Das bedeutet:

1. Brüche werden nur im Zusammenhang mit meßbaren Größen (insbesondere mit Strecken) eingeführt.

2. Mit den Bruchteilen meßbarer Größen werden folgende Operationen durchgeführt:

  - Addition und Subtraktion,

  - Multiplikation und Division mit natürlichen Zahlen,

  - Multiplikation zweier Brüche mit gleichen Längeneinheiten bzw. mit Längen- und Flächeneinheiten (über die Flächen- bzw. Volumenberechnung),

  - Division zweier Brüche als Umkehrung der Flächen- bzw. Volumenberechnung.

3. „Brüche" ohne Benennung werden nicht als Zahlen behandelt, sondern als Notationen für Operationen mit meßbaren Größen.

$$\text{Beispiele:} \quad \frac{1}{3} \text{ von } (\frac{1}{4} \text{ von } 1m) = \frac{1}{3} \cdot \frac{1}{4} \text{ von } 1m,$$

$$\frac{1}{3} \text{ von } 1m + \frac{1}{4} \text{ von } 1m = (\frac{1}{3} + \frac{1}{4}) \text{ von } 1m.$$

4. Dezimalbrüche werden durch Umrechnung auf geeignete kleinere Maßeinheiten durch natürliche Zahlen ersetzt. Das Ergebnis wird in der ursprünglichen Einheit dargestellt.

Literaturverzeichnis

[1] **Archimedes**: Werke: Kreismessung, ed. **F. Rudio**. Darmstadt 1963.

[2] **Diophant**: Diophanti Alexandrini Opera omnia cum Graecis Commentariis, ed. **P.Tannery**. Leipzig 1893, 1895.

[3] **Eukild**: Die Elemente, ed. **C. Thaer**. Darmstadt 1980.

[4] **Heron**: Stereometria, ed. **Fr. Hultsch**. Berlin 1864.

[5] **Jordanus Nemorarius**: De elementis arismetice artis, ed. **G. Eneström**, in: Bibliotheca Mathematica **14**(1914).

[6] **Leonardo v. Pisa**: Liber abaci, ed. **B. Boncompagni**. Rom 1857.

[7] **Neugebauer, O.**: Zur Entstehung des Sexagesimalsystems. Berlin 1927

[8] **Peet, T. E.**: The Rhind Mathematical Papyrus. London 1923.

[9] **Ptolemäus, K.**: Syntaxis mathematica, ed. **J. L. Heiberg**. Leipzig 1893, 1903.

[10] **Schmidt, O.**: On Plimton 322. Pythagorean Numbers in Babylonian Mathematics, in: Centaurus **24**(1980).

[11] **Tropfke, J.**: Geschichte der Elementar-Mathematik, Bd. 1 (3. Aufl.). Berlin, Leipzig 1930

[12] **Vogel, K.**: Vorgriechische Mathematik, Bd. I, II. Hannover/Paderborn 1958, 1959.

Mathematik bei den Römern

PETER MÄDER
Staatliches Seminar für Schulpädagogik (Gymnasien)
Kunzenweg 21
D-79117 Freiburg

Über anregende Aufgaben erleben Schülerinnen und Schüler
exemplarische Einblicke in eine Epoche der Mathematikgeschichte.

Ein Römer stirbt. Er hat seiner schwangeren Witwe ein Testament zur Aufteilung seines Vermögens hinterlassen : Wird das erwartete Kind ein Junge, so soll dieser zwei Drittel des Vermögens erben, die Mutter den Rest; wird es aber ein Mädchen, so soll dieses ein Drittel des Vermögens erben, das Übrige die Mutter. Nun werden aber Zwillinge unterschiedlichen Geschlechts geboren. Wie ist das Erbe aufzuteilen?

Dieses Problem ist durch den Juristen *S. Julianus*, der unter den Kaisern *Hadrian* und *Antoninus Pius* im 2. Jahrhundert n. Chr. wirkte, überliefert worden.

Unser Beispiel ist ein kennzeichnender Beleg für den Umgang der Römer mit der Mathematik: sie waren vor allem an deren Nutzbarmachung in der praktischen Anwendung interessiert.

Die Zeit der Römer gehört nicht zu den großen Epochen der Mathematik. Wohl kein Historiker hat ihr innerhalb einer allgemeinen Mathematikgeschichte eine so breite Darstellung gewidmet wie *Moritz Cantor* in seinem 1907 erschienenen ersten Band der „Vorlesungen über Geschichte der Mathematik." [3] Aber auch *Cantor* betont, daß „die ganze geistige Anlage des römischen Volkes nach anderen Gebieten gerichtet war als der Mathematik",[1] und er schließt sich dabei dem Urteil *Ciceros* an:

> „Die Geometrie stand bei den Griechen in höchsten Ehren, weshalb nichts glänzender ist als ihre Mathematiker, bei den Römern aber ist das Maß jener Kunst durch den Nutzen des Rechnens und Ausmessens begrenzt."[2]

Unter den Mathematikhistorikern unserer Tage ist es *H. Gericke*, der sehr ausführlich auf die Epoche der Römer eingeht.[9]

---

[1] [3], S. 539.
[2] [5], Buch I, § 5.

Unsere Frage nach der Aufteilung einer Erbschaft hat - auch unabhängig von einer konkreten Anwendung - einen ganz eigentümlichen mathematischen Reiz. Hier in diesem Beitrag geht es um Möglichkeiten, wie von der Mathematik her für Schülerinnen und Schüler Zugänge zum Leben und Denken der Römer eröffnet werden können und damit zugleich auch der mathematische Unterricht bereichert wird. Sicher geschieht dies in einer besonders einprägsamen Weise über Aufgaben: so wird die damalige Umwelt lebendig, und in der tätigen Erfahrung mit Mathematik erschließt sich ein Zugang zu dieser Epoche. Dies zeigt sich etwa in den Büchern von *J. Lehmann.*[1]

In sechs Themenkreisen soll nun die Rede davon sein, wie über die ganz konkrete Arbeit an einigen mathematischen Problemen exemplarische Einblicke in die Mathematik zur Zeit der Römer ermöglicht werden.

1. Römische Zahlzeichen

Die Ursprünge der römischen Ziffern (Markierungszeichen, etwa auf einem Kerbholz) liegen wohl in der uralten (schon lange vor Etruskern und Römern) benutzten Technik des Einkerbens, die auch bei Zählungen anderer Völker angewandt wurde. Sehr reichhaltige Informationen zu den Zahlzeichen vieler Völker aus ganz unterschiedlichen Epochen finden wir vor allem in den bekannten Standardwerken von *Ifrah* [10], *Menninger* [14] und *Tropfke* [17].

Schüler müssen keine Experten im Schreiben mit römischen Zahlzeichen werden. Aber neben dem kulturhistorischen Einblick steht die mathematische Einsicht: Zahlen sind hier in keinem Stellenwertsystem geschrieben, und aus dieser Erkenntnis erwächst ein tieferes Verstehen unserer dezimalen Positionsschreibweise und deren Vorzüge. In diesem Zusammenhang lernen die Schüler ja auch die babylonischen, ägyptischen, griechischen u. a. Zahlzeichen kennen.

Zum schriftlichen Rechnen wurden die römischen Ziffern gar nicht benötigt. Dafür gab es das Rechenbrett, den Abakus. Heute können Schüler an einem nach Möglichkeit von ihnen selber erstellten Abakus ihre Rechenfertigkeit üben und zu einem besseren Verständnis der Mechanismen unseres Stellenwertsystems gelangen. Und so ergibt sich in ganz natürlicher Weise eine fächerübergreifende Sachkunde, bei der das eigene Erleben und Tun entscheidend sind.

Brüche entstanden ursprünglich dadurch, daß ein *as* (eine Kupfermünze) in Zwölftel unterteilt wurde. Diese Unterteilungen hießen *minutiae*:

$$\frac{1}{12}, \frac{2}{12}, \frac{3}{12}, \ldots, \frac{11}{12}.$$

Dazu kamen dann noch

$$\frac{1}{24}, \frac{1}{36}, \frac{1}{48}, \frac{1}{72}, \frac{1}{96}, \frac{1}{144}, \frac{1}{288}$$

und andere Unterteilungen.

Das Zwölftel hieß *uncia*, $\frac{11}{12}$ nannte man *deunx* (aus *de uncia*, d. h. eine *uncia* weniger als ein *as*), *semuncia* war eine halbe *uncia*, nämlich $\frac{1}{24}$, usw.

---

[1] Siehe [12] und [13]. Zu diesen beiden Bänden sind noch vier Nachfolger geplant.

Andere Brüche wurden durch nächstliegende Unzialbrüche (oder durch Summen aus anderen Stammbrüchen) ersetzt oder vernachlässigt. *Plinius* schätzte die Größe Europas auf etwas mehr als ein Drittel plus ein Achtel der ganzen Erde, die Größe Asiens auf ein Viertel plus ein Vierzehntel, die Afrikas auf ein Fünftel und ein Sechzigstel der Erde. Für heutige Schüler ergeben sich nun reizvolle Aufgaben über die Frage, wie gegebene Brüche möglichst gut durch Unzialbrüche angenähert werden können.

2. Aus der Geometrie der römischen Feldmesser

Wer nach der Mathematik der Römer sucht, wird dabei doch auf eine eigenständige Gruppe aufmerksam. Hervorzuheben sind die römischen Feldmesser oder Agrimensoren - zunächst unabhängig von der Frage, inwieweit sie nur übernommene Methoden und Ergebnisse verwendet haben. Die Tätigkeiten der Feldmesser bezogen sich auf Vermessungen aller Art. Ein vielfach benutztes Gerät war die Groma, ein Metallkreuz, über das visiert wurde.[1]

Die ältesten Texte römischer Mathematik sind, falls sie tatsächlich von *Varro* verfaßt sind, die sog. *Varro*-Fragmente. *Marcus T. Varro* (116 - 27 v. Chr.) beschreibt Verfahren zur Flächenberechnung bei Kreisen, Dreiecken, Trapezen und Polygonen mit höherer Eckenzahl. In *Vitruvs* „De architectura libri decem" aus dem ersten vorchristlichen Jahrhundert finden wir die Beschreibung eines Nivelliergeräts und eine Methode zur Bestimmung der Himmelsrichtungen. *Columella* (1. Jhdt. n. Chr.) verfaßte die „De re rustica libri duodecim" und ging dabei auch auf die Flächenberechnung bei Dreiecken und Kreissegmenten ein. Daß stets nur die Vorschrift und dann ein Zahlenbeispiel genannt wird, ist durchaus typisch für den damals üblichen Umgang der Römer mit der Mathematik.

Die von *Balbus* um 100 n. Chr. geschriebene „Expositio et ratio omnium formarum" bringt in ihren geometrischen Definitionen vielfach eine wörtliche Übersetzung *Euklids*.

Natürlich müssen sich unsere Schülerinnen und Schüler diese Namen nicht merken. Aber wir können hier doch einige ausgewählte Beispiele nennen, die zu einer Bereicherung unseres Geometrieunterrichts werden.

1. *Marcus J. Nipsius* gibt in seiner Schrift „Fluminis varatio" an, wie die Breite eines Flusses zu bestimmen ist. Parallel zur Flußrichtung wird eine Strecke AD abgesteckt. Ein am jenseitigen Ufer liegender Punkt C wird angepeilt. Er liegt so, daß der Winkel CAD ein rechter Winkel ist (festgelegt durch die Groma). B ist die Mitte der von A nach D führenden Strecke. Nun läßt sich durch das Verlängern der Strecke CB am diesseitigen Flußufer ein zum Dreieck ABC kongruentes Dreieck konstruieren. Daß hier mit einer Schulklasse ganz unmittelbar praktisch gearbeitet werden kann, ist augenfällig.

---

[1] Als Standardliteratur zu den römischen Feldmessern können [2] und [6] gelten. *H. Gericke* stellt in [9] die römische Feldmeßkunst im mathematikgeschichtlichen Zusammenhang dar. Der zweite Teil seines zweibändigen Werks trägt ja auch den Titel „Mathematik im Abendland. Von den römischen Feldmessern bis zu Descartes".

2. Als Kreiszahl galt weithin der Archimedische Wert $3\frac{1}{7}$ (so etwa in den *Varro*-Fragmenten). Bei *Vitruv* finden wir $3\frac{1}{8}$: der Umfang eines Rades von 4 Fuß Durchmesser wird mit $12\frac{1}{2}$ Fuß angegeben.[1]

3. *Columella* nennt für den Flächeninhalt des gleichseitigen Dreiecks die Vorschrift

$$F = s^2 \left(\frac{1}{3} + \frac{1}{10} \right).$$

Wir haben hier wieder das Konzept der Stammbrüche.

In den *Varro*-Fragmenten wird eine Anweisung zur Berechnung der Fläche eines regelmäßigen Achtecks gegeben:

> „Eine Seite mit sich [multipliziert]; davon die Hälfte; vom Ergebnis die Seite [gemeint ist die Quadratwurzel]. Dazu addieren wir die Hälfte einer Seite: das ist die Höhe des [Teil-] Dreiecks."[2]

4. Das bereits den Ägyptern bekannte Verfahren, über die Seitenlängen a, b, c und d eines Vierecks zu dessen (vermeintlichem) Flächeninhalt zu kommen, findet sich auch bei den römischen Feldmessern. Sie haben damit eine Zerlegung des Vierecks und komplizierte Rechnungen vermieden. Wird die Länge einer Seite Null gesetzt, erhalten wir ein Dreieck und die entsprechend reduzierte Formel.

5. Für den Flächeninhalt eines Kreissegments, das kleiner als ein Halbkreis ist, verwendet *Columella* die Vorschrift

$$F = \frac{s+h}{2} \cdot h + \frac{\left(\frac{s}{2}\right)^2}{14},$$

s ist die Länge der Sehne, h die größte Breite des Segments.

Diese Formel nennt den genauen Wert für das zu einem Viertelkreis gehörende Kreissegment, falls wir mit der Kreiszahl $3\frac{1}{7}$ arbeiten.

Schülerinnen und Schüler sollen nun diese formelartigen Anweisungen beurteilen: Welche dieser Formeln sind absolut richtig? Welche liegen ganz daneben? Wie gut sind die Näherungen?

Die römischen Feldmesser hatten diese Formeln nicht selbst gefunden, sondern nur übernommen. Dabei griffen sie vor allem auf die Schriften *Herons von Alexandria* (um 62 n. Chr.) zurück. Fehler in entstellten, dem *Heron* zugeschriebenen Sammlungen fielen ihnen zumeist nicht auf.

Eine mathematisch sehr ergiebige Stelle finden wir noch bei *Marcus F. Quintilianus* (35 - 95), der in Rom eine staatlich bezahlte Professor für Rhetorik innehatte

---

[1] Vgl. *Albrecht Dürer* in [7], Zweites Buch, Nr. 34.
[2] [18], S. 505-506 [Fragment 3.3].

und wahrscheinlich *Tacitus* zu seinen Schülern zählte. Im ersten Buch seiner zwölf-teiligen „Institutiones oratoriae" geht er auf die Frage ein, ob aus dem Umfang einer Figur auf deren Flächeninhalt geschlossen werden könne:

> „Wer wird einem Redner nicht vertrauen, wenn er vorbringt, der Raum, der innerhalb gewisser Linien enthalten sei, müsse der gleiche sein, sofern jene Umfangslinien dasselbe Maß besitzen? Doch ist dieses falsch, denn es kommt sehr viel darauf an, von welcher Gestalt jene Umfassung ist ... " [er nennt dann Beispiele].[1]

Für den Unterricht ergeben sich dazu Übungen, die jetzt wieder im Wechselspiel zwischen mathematischem Tun und den Einblicken in die Geschichte stehen.[2]

3. Mathematik in der Bildenden Kunst

Ein bekanntes Bild *Leonardo da Vincis* (1452 - 1519) zeigt ein Proportions-schema des menschlichen Körpers. Ein erklärender Text betont:

> „Natürlicherweise ist der Mittelpunkt des Körpers der Nabel. Liegt nämlich ein Mensch mit gespreizten Armen und Beinen auf dem Rücken und setzt man die Zirkelspitze an der Stelle des Nabels ein und schlägt einen Kreis, dann werden von dem Kreis die Fingerspitzen beider Hände und die Zehenspitzen berührt.
> Ebenso wie sich am Körper ein Kreis ergibt, wird sich auch die Figur des Quadrats an ihm finden. Wenn man nämlich von den Fußsohlen bis zum Scheitel Maß nimmt und dieses Maß auf die ausgestreckten Hände anwendet, so wird sich die gleiche Breite und Höhe ergeben".[3]

Dieser Text ist mehr als 1500 Jahre vor *Leonardo* entstanden! Er ist der Schrift „De architectura" des *Vitruv* entnommen. Andere Zahlenverhältnisse des mensch-lichen Körpers hat *Vitruv* - nach griechischen Vorbildern - auf die Architektur von Tempeln und Theaterbauten übertragen.

4. Die Fachsprache der Arithmetik

Die Sprache der Arithmetik ist eine reiche Fundgrube für mathematische Fach-begriffe, die aus dem Lateinischen stammen.[4]

Mit *addere, adicere* (hineinwerfen), *in unum colligere* (vereinigen), *superponere* (darauflegen) u. a. wurde der Vorgang des Zusammenzählens beschrieben. Als Kurzworte für die additive Verknüpfung waren bei den Römern *ad, cum, et* und *plus* gebräuchlich. Die *summa* als das Höchste wurde oft in der oberen Reihe einer Rechnung hingeschrieben und meinte lange nicht unbedingt nur das Ergebnis einer Addition.

---

[1] [15], I, 10, 39-45.
[2] Weitere Beispiele für die Einbeziehung der römischen Feldmeßkunst in den Unterricht findet man in [16].
[3] [19], Buch III, Kapitel 1,3.
[4] Die hier angeführten Belege sind größtenteils den Zusammenstellungen in [17] entnommen.

Subtrahere (unten heimlich, leise fortziehen) tritt in unserem mathematischen Sinne erst bei *Frontinus* (1. Jhdt. n. Chr.) auf, andere Bezeichnungen sind *deducere* (schon 367 v. Chr. bezeugt), *minuere, auferre, detrahere* u. a.

In den Schriften der römischen Feldmesser wird das Multiplizieren häufig durch *facere* beschrieben, *Columella* spricht allerdings auch schon von *multiplicare* und *multiplicatio*, er bezeichnet das Produkt auch als *summa ex multiplicatione.*

Dividere ist das allgemeine Wort für Teilen und Einteilen. Bei den römischen Feldmessern wird die Division (z. B. durch 20) zuweilen auch mit *huius sumo partem XX (vicesimam)* beschrieben.

Anstelle des Gleichheitszeichens (erst 1557 vom Engländer R. Recorde eingeführt: „nichts ist gleicher als ein Paar paralleler Linien") gebrauchte *Balbus* schon um 100 n. Chr. die Wendung *facit*, d. h. „es macht".

5. Stochastik

Es gibt sicher kein deutsches Schulbuch, das so umfassend (und dabei äußerst anregend) auf die Geschichte der Stochastik eingeht wie das Lehrwerk [1]. Schülerinnen und Schüler erfahren dabei, daß die römische Antike sehr wohl auch schon mit Wahrscheinlichkeiten zu tun hatte.

Hervorragend aufbereitete Sachinformationen finden wir auch in den Untersuchungen von *R. Ineichen* [11]. Er verweist dabei u .a. auf eine Stelle bei *Cicero*:

„Vier geworfene Astragali mögen durch Zufall einen Venuswurf bewirken. Glaubst du etwa, daß auch hundert Venuswürfe durch Zufall entstehen, wenn du vierhundert Astragali wirfst ?"[1]

Im Rom der Kaiserzeit war das Würfelspiel mit den sogenanten Astragali weit verbreitet. Das waren Knöchelchen aus der Fußwurzel des Schafes oder der Ziege. Vier von ihnen bildeten einen vollständigen Satz. Der Venuswurf galt als bester Wurf: jedes der vier Knöchelchen zeigte eine andere Seite. Wir haben keine sichere Kunde davon, ob ein ungünstiger Wurf - ein „canis" (Hundewurf) - einer war, bei dem alle vier Knöchelchen den niedrigsten Zahlenwert 1 (die Seiten waren numeriert) zeigten oder einer, bei dem alle vier die gleiche Seite zeigten.

Der Astragalus ist ein sehr geeignetes Experimentiermaterial für den Stochastikunterricht, weil es hier eben keine naheliegende Vermutung über die Wahrscheinlichkeiten gibt. Erst über relative Häufigkeiten und deren Einpendeln sind weitere Aussagen möglich. Über eine genügend große Anzahl von Würfen lassen sich Schätzwerte für die Wahrscheinlichkeiten gewinnen. Aus ihnen wird die Wahrscheinlichkeit für einen Venuswurf mit etwa $0,038$ berechnet, die für einen Hundewurf (jetzt als viermaliges Auftreten der Seite 1 definiert) mit etwa $0,0001$.

Die von *Cicero* gestellte Frage, was aus 100 Venuswürfen bei 400 geworfenen Astragali gefolgert werden könne, führt mitten hinein in einen heutigen Stochastikunterricht. Sie hat mit Hypothesenbildung und Entscheidungen zu tun.

Das Altertum hat aber dann diese Beobachtungen und Aussagen nicht numerisch gefaßt und somit auch keine Wahrscheinlichkeitsrechnung betrieben. Unter-

---

[1] [4], I, 23.

schiedliche Gründe mögen diesen Schritt verhindert haben. In unserem Unterricht sollten wir vor allem die wohl auch damals schon bestehenden erkenntnistheoretischen Fragen ansprechen: wie kann das Zufällige und Unvorhersehbare zum Gegenstand der Mathematik werden, deren Aussagen sich doch gerade durch beweisbare Eindeutigkeit und exakte Genauigkeit auszeichnen?

6. Verteilungsaufgaben

Abschließend kommen wir noch einmal zu der eingangs gestellten Aufgabe zurück, bei der es um die Aufteilung eines testamentarisch vermachten Vermögens geht zurück. Wir begegnen ihr in geänderter Fassung in den „propositiones ad acuendos iuvenes" [8], die dem aus England stammenden Mönch *Alkuin* (753 bis 804) zugeschrieben werden, der dann Berater *Karls des Großen* wurde und in Aachen eine Palastschule einrichtete.

In den „Propositiones" wird gefordert, daß der Sohn 9/12 und die Mutter 3/12 des Vermögens erhalten sollen (bzw. die Mutter 5/12 und die Tochter 7/12).

Bei der alten (von *Julianus* überlieferten) Aufgabe wird als Lösung vorgeschlagen, das Vermögen in sieben gleiche Teile aufzuteilen und davon dann dem Sohn vier Teile, der Mutter zwei Teile und der Tochter einen Teil zu überlassen. Damit sei der Wille des Erblassers erfüllt.

In den „Propositiones" sind es nicht nur andere Zahlen. Der Verfasser schlägt in seiner beigefügten „solutio" auch eine andere Art der Aufteilung vor:

„Wenn ein Sohn oder eine Tochter geboren worden wäre, so wäre das Vermögen in 12 Teile zu teilen gewesen. Jetzt teilen wir das Vermögen in 24 gleichgroße Teile. Der Sohn erhält 9 Teile, die Mutter 3 + 5 Teile, die Tochter 7 Teile."[1]

Mit Schülern lassen sich nun etwa folgende Fragen besprechen: Wie wäre bei *Julianus* aufgeteilt worden, wenn er das in den „Propositiones" vorgeschlagene Verfahren gewählt hätte, und wie bei der Aufgabe aus den „Propositiones", wenn wie bei *Julianus* vorgegangen würde? Welches Verfahren ist gerechter, und was meint hier „gerecht" im Sinne der vom Vater formulierten Absicht?

So reicht ein mathematisches Problem der römischen Tradition zusammen mit der Aufgabensammlung *Alkuins* bis in unseren heutigen Mathematikunterricht hinein.

---

[1] [8], S. 341.

Literaturverzeichnis

[1] **Barth, F.** und **R. Haller**: Leistungskurs Stochastik. (2. Aufl.) München 1984.

[2] **Cantor, M.**: Die römischen Agrimensoren. Leipzig 1875. (Reprographischer Nachdruck Wiesbaden 1968).

[3] **Cantor, M.**: Vorlesungen über Geschichte der Mathematik. Bd. 1, Leipzig 1907.

[4] **Cicero, M. T.**: De divinatione, hrsg. von **A. S. Pease**. Darmstadt 1977.

[5] **Cicero, M. T.**: Gespräche in Tusculum. Tusculanae Disputationes. Lateinisch-Deutsch, hrsg. von **O. Gigon**. (4. Aufl.) München 1979.

[6] **Dilke, O. A. W.**: The Roman Land Surveyors. Newton Abbot 1971.

[7] **Dürer, A.**: Underweysung der messung mit dem zirckel und richtscheyt ... Nürnberg 1525 (von **A. Jaeggli** besorgter Faksimiledruck). Dietikon-Zürich 1966.

[8] **Folkerts, M.** und **H. Gericke**: Die Alkuin zugeschriebenen Propositiones ad acuendos iuvenes (Aufgaben zur Schärfung des Geistes der Jugend), in: Science in Western and Eastern Civilization in Carolingian Times, hrsg. v. **P. L. Butzer** und **D. Lohrmann**, S. 283-362. Basel 1993.

[9] **Gericke, H.**: Mathematik in Antike und Orient. Mathematik im Abendland. Beide Teile in einem Band. Wiesbaden 1992.

[10] **Ifrah, G.**: Universalgeschichte der Zahlen. Frankfurt M. 1986.

[11] **Ineichen, R.**: „Die Wahrscheinlichkeit ist nämlich ein Grad der Gewißheit ...". Rückblicke auf die Vorgeschichte der Wahrscheinlichkeitsrechnung, in: Beitr. d. Freiburger Naturforsch. Gesellsch./Freiburg i. d. Schweiz **75**(1986)1/2, S. 59-93.

[12] **Lehmann, J.**: So rechneten Griechen und Römer. Leipzig/Jena/Berlin 1994.

[13] **Lehmann, J.**: So rechneten Ägypter und Babylonier. Leipzig/Jena/Berlin 1994.

[14] **Menninger, K.**: Zahlwort und Ziffer. Eine Kulturgeschichte der Zahl. Zusammenfassung der beiden Bände. (3. Aufl.) Göttingen 1979.

[15] **Quintilianus, M. F.**: Institutiones oratoriae, hrsg. von **W. Winterbottom**. Oxford 1970.

[16] **Röttel, K.**: Aus der Arbeit der römischen Feldmesser, in: Praxis der Mathematik **23**(1981)H. 7, S. 210-215.

[17] **Tropfke, J.**: Geschichte der Elementarmathematik. Bd. 1: Arithmetik und Algebra. Vollständig neubearbeitet von **K. Vogel, K. Reich** und **H. Gericke**. Berlin/New York 1980.

[18] **Varro, M. T.**: Die Varro-Fragmente finden sich bei **N. Bubnov**, Geberti Opera Mathematica, Appendix VII. Berlin 1899 (Nachdruck Hildesheim 1963.)

[19] **Vitruv**: De architectura. Zehn Bücher über Architektur. Lateinisch-deutsche Ausgabe von **C. Fensterbusch**. Darmstadt 1964.

Theologie und Mathematik.
Ein Beitrag zur Geschichte ihrer Beziehung

Wolfgang Breidert

*Universität Karlsruhe, Institut für Philosophie,
Postfach 6980, D-76128 Karlsruhe*

Manchem fällt beim Thema „Mathematik und Theologie" vielleicht nur das Stichwort „Unendlichkeit" ein, obwohl man aufgrund des berühmten *Kronecker*-Wortes, daß die ganzen Zahlen vom lieben Gott geschaffen seien, aber alles andere in der Mathematik Menschenwerk sei, im Index von *Hasses* „Zahlentheorie" unter berühmten Mathematiker-Namen auch „lieber Gott" finden kann.[1]

Die Beziehungen zwischen Mathematik und Theologie sind vielfältig, wie sich im folgenden herausstellen soll. Eine solche Beziehung zeigt sich z. B. in einem 1990 erschienenen Buch von *Konrad Jacobs*, wo es unter der Frage „Was ist Mathematik?" heißt:

> „Man hebt die Mathematik gern auch dadurch von anderen Wissenschaften ab, daß man sagt
>
> *die Dinge, mit denen sich die Mathematik befaßt, sind nicht von dieser Welt,*
>
> womit man die Mathematik ein bißchen in die Nähe der Theologie rückt."[2]

Im selben Buch wird - wenigstens aus didaktischen Gründen der Illustration - bei der Behandlung der semantischen und syntaktischen Deduzierbarkeit (Wahrheit und Beweisbarkeit) ebenfalls Gott bemüht,[3] weil „eigentlich nur der liebe Gott weiß", welche wohlgeformten Formeln aus einer Menge wohlgeformter Formeln beweisbar sind, denn - so heißt es da -

> „meist ist die einzige Methode, semantische Deduzierbarkeit auf unsere Menschenerde herunterzuholen, das Beweisen, d. h. der Übergang zur syntaktischen Deduktion. Es ist ein bißchen wie bei einem Strafprozeß: was wirklich passiert ist und wer wirklich schuld ist, das weiß nur der liebe Gott ..."

---

[1] Bei *Philip J. Davis* und *Reuben Hersh* [10] gibt es einen ganzen Paragraphen über „Abstraktion und scholastische Theologie", weswegen man zwar „Theologie, scholastische" im Register findet, aber Gott selbst kommt nur im Text vor.

[2] [14] Bd. 2, S. 169.

[3] Ebenda, S. 19.

Auch beim Begriff der Entscheidbarkeit zieht *Jacobs* Gott heran. Er geht von einem Prädikat aus und führt zwei Teilmengen einer Menge X ein, nämlich die Menge aller Elemente, auf die das Prädikat zutrifft, und die Menge aller Elemente, auf die das Prädikat nicht zutrifft. Dann heißt es:

„Man mag sich vorstellen, daß dann ‚der liebe Gott diese beiden Mengen mit einem Blick überschaut'. Ein *Entscheidungsverfahren* ist dazu da, dieses ‚Wissen Gottes', dies ‚objektiv Gegebene' auf die Ebene unseres schrittweise vorgehenden menschlichen Feststellens herunterzuholen."[1]

Demnach hätte ein Entscheidungsverfahren große Ähnlichkeit mit einem Engel oder Götterboten, so daß sich wenigstens die theologische Metapher in der Mathematik anbietet.[2]

Ein Randgebiet: Begeisterung für Ternare

Man trifft in der Theologie auf Erscheinungen, die ich an den äußersten Rand meines Themas verweisen möchte. Da ist z. B. der - offensichtlich aus der Dreieinigkeitslehre geborene - Systemzwang, theologische, philosophische oder wissenschaftliche Systeme in Ternaren aufzubauen, wie man es vor allem aus *Hegels* Philosophie kennt, und wie es auch noch in unserem Jahrhundert z. B. der evangelische Theologe *Wolfgang Philipp* in seinen Büchern getan hat.[3] Mit mehr oder weniger Gewaltsamkeit findet er überall Spuren der Trinität und erinnert damit an zahlenmystische Versuche, wie sie der Italiener *Petrus Bongus* schon im 16. Jahrhundert in seinem allegorischen Zahlenlexikon gesammelt hat.[4] Der Theologe *Philipp* beginnt beim Ternar „Du, Es, Ich" und bildet daraus auf angeblich einsichtige Weise einen Ternar der Schöpfung („Geschichte, Humanum, Natur") der sich dann untergliedert in „Geist, Seele, Leib" bzw. „Kairos, Chronos, Epoche" (oder „Zukunft, Gegenwart, Vergangenheit") bzw. „Final-Kausalität, Spontan-Kausalität, Effekt-Kausalität". Da wird alle „geistige Programmatik" differenziert in „Mitte, Linke, Rechte" und die Philosophie in „Pluralismus, Pantheismus, Existenzphilosophie". *Bongus* hätte, wenn er so lange gelebt hätte, auch noch in unserem Jahrhundert Material für sein Buch gefunden.

Neben solcher eher abstrusen Zahlenmystik gibt es andere Verbindungen zwischen Mathematik und Religion, die für den Mathematikhistoriker von größerem Interesse sein können, denn außer der eher spekulativen oder mystischen Behandlung einzelner Zahlen in der Theologie wurde zu religiösen Zwecken von frühsten Zeiten an in verschiedenen Religionen immer wieder Astronomie für Horoskope oder Kalenderrechnung (z. B. Osterrechnung) betrieben. Im 17./18. Jahrhundert entwickelten christliche Mathematiker darüber hinaus die sogenannte „biblische Mathematik", in der sie versuchten, alle in der Bibel vorkommenden auf Quantitäten bezogene Aussagen mathematisch zu behandeln.[5]

---

[1] [14], S. 30.

[2] Zur historischen Verbindung zwischen Naturwissenschaft und Engelslehre siehe [7].

[3] Vgl. [22], S. 5 ff. und S. 199 sowie [23].

[4] Siehe [5].

[5] So findet man z. B. in den Büchern von *Johann Bernhard Wiedeburg* [31] Bemerkungen über

Göttliche Freude am Ungeraden

Die erwähnte Begeisterung für Ternare führt zurück in die Dichtung des Liebeszaubers.[1] In *Vergils* „Bucolica" finden wir einen Versuch, den Liebesgott *Amor* und die Göttin *Venus* zu veranlassen, den Geliebten herbeizuholen.[2] *Venus* soll dadurch gerührt werden, daß ihr Bild mit drei Knoten in drei Farben gefesselt wird, und *Amor* auf analoge Weise dadurch, daß sein Bild mit drei Bändern geschmückt wird, die dreifach gefärbt sind, und dieses so geschmückte Götterbild dreimal um den Altar herumgetragen wird, denn *numero deus impari gaudet*. Der Liebesgott freut sich deswegen über die ungerade Zahl, weil sie nach pythagoreischem Verständnis für das Männliche steht. Daß man sich im Liebeszauber auf die Zahl Drei und nicht auf irgendeine ungerade Zahl bezieht, beruht wohl auf Bequemlichkeit: Man nimmt einfach die kleinste ungerade Zahl, und das ist - solange die Eins nicht als Zahl, sondern nur als Prinzip oder Quelle der Zahlen aufgefaßt wird - die Drei.

Das erwähnte Verhältnis zwischen der Eins und der Drei wurde im abendländischen Christentum durch den Begriff von Gottes Dreieinigkeit immer wieder akut. Daher hat sich z. B. *Nikolaus von Kues* intensiv mit der Dreieinigkeit auseinandergesetzt, die - wie er sagt - weder Singularität noch Pluralität bedeute. In seiner Schrift „De Visione Dei" behandelt *Cusanus* ein Problem, das die Schwaben durch jenen naiven Zeitgenossen darstellen, der die Kirchturmuhr drei Uhr schlagen hört und bei jedem der drei Schläge sagt: „Alleweil hat es eins geschlage." Bei *Nikolaus von Kues* heißt es dementsprechend:

„Wer sagt: ‚eins, eins, eins', sagt dreimal ‚eins', sagt aber nicht ‚drei', sondern ‚eins' und das dreimal. Er kann aber nicht ‚eins' dreimal sagen ohne Drei, wenn er auch nicht ‚drei' sagt. Denn wenn er dreimal ‚eins' sagt, so wiederholt er dasselbe und zählt nicht. Zählen bedeutet, eines zum anderen machen; ein und dasselbe dreimal wiederholen ist aber ein Vervielfachen ohne Zahl."[3]

Zählen erfordert eine geistige Synthese, deswegen kann *Nikolaus von Kues* sagen:

---

die *Archimedische* Sandrechnung und die Sternkataloge von *Hipparch* bis in die Neuzeit, um mit Bezug auf Ps. 147,4 Gottes Größe zu erweisen, aber auch Betrachtungen zu den Maßen der Arche Noah oder über die Höhe der Wolken und des Himmels. Siehe dazu [8], S. 523 f. mit Hinweisen auf [26] und [27].

[1] Die Geschichte der Beziehung zwischen Erotik und Mathematik ist wohl noch nicht geschrieben.

[2] [30], S. 68 (VIII, 73 ff.)

[3] [16], S. 170: De Visione Dei, XVII, Quasi quis dicat unum, unum, unum, dicit ter unum, non dicit tria, sed unum et hoc unum ter. Non potest autem dicere unum ter sine tribus, licet non dicit triam. Nam cum dicit unum ter, replicat idem et non numerat. Numerare enim est unum alterare, sed unum et idem triniter replicare est plurificare sine numero (Vgl. auch: Idiota de Mente, VI, S. 525).

„Die Zahl kommt nur aus dem Geist. Wer nämlich keinen Geist hat, kann nicht zählen."[1]

Daher spricht *Cusanus* den Tieren die Fähigkeit zu zählen ab. Ich will auf die Schwierigkeiten im Dreieinigkeitsbegriff nicht näher eingehen, sondern noch einmal die von *Vergil* besungene Freude von Gott *Amor* an der ungeraden Zahl aufgreifen. Offenbar muß der dreieinige Gott alleine aufgrund seines Wesens eine gewisse Freude an der Eins und der Drei haben. Und auf ihn bezieht sich wohl Leibniz, wenn er in der arithmetischen Kreisquadratur für $\pi/4$ die unendliche Reihe

$$1 - \frac{1}{3} + \frac{1}{5} - \frac{1}{7} + - \ldots$$

findet und dazuschreibt „numero deus impari gaudet"![2] Einen Grund dafür, daß der christliche Gott das Ungerade liebt, ist bei *Leibniz* vermutlich nicht zu finden. Allzu streng wird man bei ihm auch nicht danach suchen dürfen, denn an anderer Stelle läßt er ja die Welt den Binärzahlen entsprechen und diese sind aus genau *zwei* Symbolen zusammengesetzt. Konsequenterweise hätte *Leibniz* dann den Schluß ziehen müssen, daß Gott die Welt nicht mag oder daß er sowohl die gerade als auch die ungerade Zahl liebt. Jedenfalls ist der *Leibniz*sche Gott ein Gott, der Mathematik treibt, und zwar insbesondere Arithmetik.

Welche Mathematik betreibt Gott?

Bei *Platon* war das noch anders, denn nach einem berühmten Wort desselben, das durch *Plutarch* überliefert ist, treibt Gott immer Geometrie.[3] Im Humanismus der Neuzeit war dieser Topos bekannt. Man war sich nur nicht klar darüber, wie man diesen Spruch *Platons* zu interpretieren habe. *Philipp Melanchthon* hat dieses Wort wiederholt zitiert und auf verschiedene Weise interpretiert. Einmal deutet er es dahin gehend, daß Gott immer mit dem Verstehen der Natur beschäftigt sei;[4] etwa zwei Jahrzehnte später interpretiert er den Ausspruch so, daß Gott die gesamte Natur, insbesondere die himmlischen Bahnen, nach sicheren Gesetzen lenke und regiere, so daß Gott die Geometrie nicht nur während der Schöpfung beachtet habe, sondern auch bei der Erhaltung der Welt anwende.[5] Dementsprechend redet z. B. auch *Joseph Raphson* am Ende des 17. Jahrhunderts vom ständig im Universum Geometrie treibenden Gott, dessen Fähigkeiten weit über denen des Menschen liegen, denn der Mensch könne mit seiner Wissenschaft ja nicht einmal die kleinste Fliege oder einfachste Pflanze theoretisch oder praktisch zusammensetzen, geschweige denn das gesamte Universum.[6]

---

[1] [20], S. 678: Complementum theologicum, IX, Numerus autem non nisi ex mente est. Qui enim mente caret numerare nequit.

[2] [20], S. 14. Ich will die Frage übergehen, wie dieses ursprünglich auf *Amor* bezogene Wort in die Schriften von Leibniz kommt.

[3] *Plutarch*: Convivalium disputationum, lib. VIII, 2; zitiert nach [1], S. 377.

[4] So in der Rede über die artes liberales von 1517, siehe [19].

[5] Aufgrund der Gottebenbildlichkeit ist dann auch der menschliche Geist selbst „geometrica". So in [18], Nr. 994, vgl. Nr. 118.

[6] [25], S. 95 (cap. VI): Minimam quidem muscam, vel vegetabilium simplicissimam, theoretice

Durch *Leibniz* ist die Verknüpfung der Schöpfung mit dem Rechnen Gottes bekannt geworden: *Cum DEUS calculat et cogitationem exercet, fit mundus.*[1] Und *Heinrich Scholz* hat das *Leibniz*-Wort vom rechnenden Schöpfer auf die Gültigkeit von Extremalprinzipien in der Physik bzw. in unserer Welt bezogen.[2] Für *Leibniz* beruht die Mathematik auf einer theologischen Bedingung. In der „Theodizee" sagt er dazu (§184):

> „Zwar könnte auch ein Atheist Geometer [d. h. Mathematiker] sein, aber wenn es keinen Gott gäbe, so gäbe es nicht nur nichts Existierendes, sondern auch nichts Mögliches."[3]

Demnach hätte Gott selbst erst die Möglichkeit für die mathematische Betätigung geschaffen, während *André Pierre Le Guay de Prémontval* in einem Artikel von 1754 über die *Leibniz*schen Prinzipien vom zureichenden Grunde und über das Kontinuitätsgesetz sagt, daß der ewige Geometer nur das berechne, was berechnet werden kann,[4] und das heißt, die Rechenmöglichkeiten lägen unabhängig von Gott fest.

Im Laufe der Geschichte wurde aus dem Geometrie treibenden Gott ein Arithmetik treibender. Daher machte *Gauß* im Anschluß an *Leibniz* aus Gott einen Mathematiker der Arithmetik. Doch mit *Dedekind* und dem Philosophen *Edmund Husserl* verwandelt sich die Arithmetik aus einer göttlichen in eine typisch menschliche Tätigkeit,[5] denn ein Gott, der beliebig viele Einzeldinge direkt erfassen kann, braucht keine Arithmetik, die nur dazu dient, vieles in eine Einheit zusammenzufassen, und Zahl ist ja nach der klassischen Definition eine Zusammenfassung von Einheiten.

Wie sehr auch noch den Grundlagentheoretikern des 19. Jahrhunderts die Schöpfungstheologie anhängt, zeigen z. B. die Diskussionen über die sogenannten „schöpferischen Definitionen".[6] Die Schöpfermacht der Mathematiker wird dabei beachtenswerterweise durch das gleiche Prinzip eingeschränkt, durch das schon die mittelalterlichen Scholastiker die Schöpfermacht des sonst allmächtigen Gottes eingeschränkt hatten, nämlich durch das Prinzip vom ausgeschlossenen Widerspruch. Das wird vielleicht am deutlichsten in *Korselts* Besprechung von *Freges* „Grundgesetzen der Arithmetik", worin es heißt:

> „Die Schöpfermacht der Mathematiker wird durch den Zusatz eingeschränkt, daß die Eigenschaften, die man dem neuen Dinge beilegt, einander nicht widersprechen dürfen."[7]

---

componere humana Philosophia nescit, aeque ac practice potentia nequit; multo minus totum (Geometrica „akribeia") componere Universum, Problemata sunt, Primordiali Sapientia, et Potentia, rerum productrice, digna, et Cognitionis ulteriorem progressionem in aeternum usq; nobis suppeditent, tam ipsarum Rerum, quam perpetuo Geometrizantis in universi DEI.

[1] [17] Bd. VII, S. 191 (Dialogus, August 1677).

[2] [28], S. 138.

[3] „Il est vray qu'un Athée peut être Geometre. Mais s'il n'y avoit point de Dieu, il n'y auroit point d'objet de la Geometrie. Et sans Dieu, non seulement il n'y auroit rien d'existant, mais il n'y auroit rien de possible." [17] Bd. VI, S. 226 f.

[4] „L'éternel géometre ne calcule que ce qui peut être calculé..." [24], S. 431.

[5] [13], S. 192 Anm. 1.

[6] [11], S. 140-149.

[7] [15], S. 386.

Und dazu heißt es dann:

> „Auch ein Allmächtiger kann neben der Wahrheit $2 \cdot 2 = 4$ nicht
> auch die Wahrheit $2 \cdot 2 = 5$ schaffen, auch er ist in seinem Schaffen
> ‚beschränkt'."

Allerdings ist der menschliche Mathematiker als Schöpfer ebenso frei wie Gott,
aber aufgrund seines - wie man heute sagen würde - begrenzten Speichers, wird er
sich selbst Beschränkungen auferlegen:

> „Der Mathematiker wird mit seiner Schaffensmacht wirtschaftlich
> umgehen, nämlich nicht Begriffe schaffen, die sich voraussichtlich mit
> andern nicht in Zusammenhang bringen lassen. In keinem Falle wird
> der Schaden groß sein, denn unfruchtbare Begriffe sterben von selbst
> ab."[1]

Gott und das Unendliche

Durch die pythagoreische Lehre vom mathematischen Wesen der Dinge und
Platons Lehre vom mathematisch die Welt konstruierenden Demiurgen, war in
der platonistischen Tradition unter den Christen die Überzeugung lebendig, daß
der Schöpfer auch ein Mathematiker gewesen sein müsse. Der locus classicus für
diese Überzeugung ist das seit der Patristik viel zitierte Wort aus dem platonistisch
geprägten biblischen Buch der Weisheit[2], das besagt, daß Gott alles nach Zahl,
Maß und Gewicht geschaffen habe. Man könnte versucht sein, die Bedeutung
dieses Spruchs darauf zu reduzieren, daß man alle Dinge dieser Welt irgendwie
zählen, messen oder wiegen kann. Wie sich aber bei *Augustinus* zeigt, führte der
Gedanke vom mathematisierenden Gott auf Fragen, die darüber hinausgehen. So
verteidigt *Augustinus* in seiner Schrift vom Gottesstaat[3] die Allwissenheit Gottes auch bezüglich der unendlichen Menge der natürlichen Zahlen. Obwohl der
Mensch nicht alle natürliche Zahlen abzählen kann, kann Gott sie auf eine „un-
beschreibliche" Weise erfassen. Das für den Menschen Unendliche ist für Gott
auf irgendeine Weise endlich. Damit rettet *Augustinus* zwar die Endlichkeit allen
Zählens und Rechnens, aber um den Preis, daß sich in der *Augustinus*-Tradition
die Mathematik in eine göttliche und eine menschliche aufspaltet.
Man könnte hier einwenden, daß diese Aufspaltung der Mathematik wissen-
schaftsgeschichtlich nicht relevant sei, weil wir von der göttlichen Mathematik
ohnehin nur unter menschlichen Aspekten etwas wissen können, doch damit haben sich die Scholastiker nicht zufrieden gegeben. Man hat immer wieder Versuche
unternommen, einen Blick hinter den Vorhang zu werfen. Sie haben z. B. die Frage gestellt, ob Gott eine endliche Strecke in alle ihre Teile zerlegen könne. Und
wenn er es täte, dann gäbe es ein aktual existierendes Unendlich, was es aber nach
der Lehre des *Aristoteles* nicht geben konnte. Die Lehre vom alles vermögenden

---

[1] Ebenda, S. 387.
[2] [2] XI, 21, S. 56
[3] [3] XII, 19, S. 90 ff.

christlichen Gott kam vor allem im Bereich der Physik und der Mathematik in Konflikt mit der Ablehnung aktual unendlicher Gesamtheiten.

Kontinuum und Abendmahl

Die Frage, was die Mathematik mit dem Abendmahl zu tun habe, beantwortet sich vielleicht am besten durch einen Blick in den umfangreichen Traktat „De sacramento altaris" des *Wilhelm von Ockham*.[1] Der beginnt nämlich folgendermaßen:

„Tractatus quam gloriosus de sacramento altaris, et in primis de puncti, lineae, superficiei, corporis, quantitatis".

Und dementsprechend lautet die erste Quaestio:

„Utrum punctus sit res absoluta distincta realiter a quantitate".

Diese Frage interessierte damals deswegen, weil Gott einen solchen Punkt - z. B. den Endpunkt einer Strecke - von der Linie abtrennen könnte, und dann gäbe es eine Strecke ohne Endpunkt. Nun würden wir sagen: „Ein offenes Intervall ist ja nicht weiter problematisch." Doch für einen scholastischen Denker, der von der aristotelischen Kontinuumsvorstellung her dachte, war dies ein höchst problematischer Gedanke.

Insbesondere war der Vorgang der Teilung einer Strecke in zwei Teile problematisch. Die Frage war, ob die Endpunkte der beiden Teile schon vor der Teilung in der Linie vorhanden seien. Die Antwort ist: Nein, denn sonst gäbe es in der Strecke unmittelbar aufeinanderfolgende Punkte. Wenn sie aber erst durch die Teilung entstehen, würden durch bloße Teilung neue selbständige Punkte entstehen, was dem Scholastiker absurd erscheint. - Da der aristotelische Mathematiker Punkt und Linie für Objekte von verschiedener Art hielt, galt ihm der Punkt auch nicht als quantitativer Teil der Linie. Gott könnte demnach, wie es in einem Argument bei *Wilhelm von Ockham* heißt, auch eine Linie ohne Endpunkte erschaffen. Aber wäre eine solche Linie endlich oder unendlich? Da ihr die Endpunkte fehlen, wäre sie nicht endlich („finita"). Da aber die Wegnahme eines Punktes eine Strecke nicht kleiner macht und man so sukzessive jeden Punkt wegnehmen könnte, kann die ‚Linie ohne Punkte' nicht kleiner sein als die ‚Linie mit Punkten'.

Als moderner Leser meint man, zu spüren, wie hier die Diskussion auf eine Begriffsklärung von „begrenzt" und „endlich" drängt. Auch die Begriffe des offenen und des abgeschlossenen Intervalls scheinen „in der Luft zu liegen", aber *Wilhelm von Ockham* interessiert sich für etwas ganz anderes, nämlich für die Frage, ob es bei der sakramentalen Wandlung von Brot in den Leib Christi einen letzten Augenblick gibt, in dem das sich wandelnde Subjekt noch Brot ist, und einen ersten Augenblick, in dem es schon Leib Christi ist. Dazu stellt er all jene Überlegungen an, von denen ich hier nur einen knappen Eindruck vermitteln kann.

Zum Schluß möchte ich noch auf zwei Punkte aufmerksam machen, nämlich auf den „Gott *Einsteins*" und auf die Mathematik als Symbol in der Theologie.

---

[1] [21], S. 148 f.

Aufgrund einer kosmologischen Diskussion entstand bei der Mathematikerin und Philosophin *Cornelia Liesenfeld* vor einigen Jahren der Plan, Gottesvorstellungen von Physikern des 20. Jahrhunderts zu untersuchen. Das Ergebnis ist inzwischen in einem Buch erschienen, das 1992 in Würzburg unter dem Titel „Philosophische Weltbilder des 20. Jahrhunderts" herauskam. Darin werden vor allem die theologischen Bemerkungen von *Planck, Einstein* und *Heisenberg* analysiert, doch zeigt sich, daß hierbei die Beziehung zwischen Theologie bzw. Philosophie und Mathematik in der Überzeugung besteht, daß der Schöpfer eine Welt geschaffen habe, die im Kern oder auf der „Ebene des Elementaren" nur mathematisch zu verstehen sei. Demnach gibt es für *Einstein* kaum einen Unterschied zwischen dem religiösen Denken und der Erkenntnis der physikalischen Grundstruktur der Welt in ihrer mathematischen Schönheit. Mit einer gewissen Nonchalance verknüpft *Einstein* sein Plädoyer für eine kosmische Religiosität, die den Glauben an einen anthropomorphen, lohnenden und strafenden Gott ablehnt und sich auf die Bewunderung der streng deterministischen, mathematisch beschreibbaren Harmonie allen Seins stützt, mit ganz anthropomorphen Bildern von einem Gott, der unsere Schwierigkeiten beim Integrieren nicht hat, weil er nämlich „empirisch integriert", also ohne durch den Grenzwert definierte Differentiale - wobei man sich allerdings fragen mag, was „Empirie" für Gott bedeuten soll -, und der außerdem ein Gott ist, der „nicht würfelt".

Während sowohl bei dem Physiker *Albert Einstein* als auch bei dem oben erwähnten Theologen *Wolfgang Philipp* mathematische Strukturen in den jeweils behandelten Gegenstandsbereichen angeblich entdeckt werden, ist es seit dem Altertum immer wieder vorgekommen, daß man in anderen Wissenschaften, insbesondere auch in der Theologie, mathematische Vorstellungen und Begriffe als Beispiele oder zum Vergleich benutzt hat. So hat z. B. *Nikolaus von Kues* Mathematik zum Zweck der Theologie betrieben.[1] Ausgehend von endlichen mathematischen Gebilden (z. B. Kreis, Dreieck), bei denen er gewisse Parameter ins Unendliche gehen läßt, versucht er, diese unendlichen Gebilde als Symbole für Gott zu deuten. Es gibt auch weniger spezifisch theologische Vergleiche z. B. bei dem evangelischen Theologen *Paul Tillich*, der sich mit Problemen der Sprache der Offenbarung auseinandersetzt.[2] Er unterscheidet dabei zwischen zwei Vermögen der Sprache, nämlich ihrer Ausdruckskraft, mit deren Hilfe personale Zustände mitgeteilt werden, und ihrer Bezeichnungsfähigkeit, durch die allgemeine Sinninhalte vermittelt werden. Als Erläuterung zu diesem Unterschied heißt es:

> „Eine algebraische Gleichung hat einen fast ausschließlich bezeichnenden Charakter, ein Aufschrei hat einen fast ausschließlich expressiven Charakter. Aber selbst im Falle der mathematischen Gleichung kann die Befriedigung über die Evidenz des Resultats und die Angemessenheit der Methode zum Ausdruck kommen, und selbst im Falle des Aufschreis wird ein bestimmter Gefühlsinhalt bezeichnet. Fast alles Reden bewegt sich zwischen diesen beiden Polen."

---

[1] Siehe [6].
[2] [29], S. 148 f.

Tillich behandelt ein spezifisch theologisches Problem. Die Mathematik wird darin nur für ein sprachphilosophisches Problem benutzt, weil dem Theologen offenbar die Sprache der Algebra als ein Muster einer völlig emotions- und expressionslosen, aber sinnvollen, Sinn vermittelnden Sprache angesehen wird.

Zum Schluß sei noch auf zwei Denker wenigstens hingewiesen, die in der Geschichte des Verhältnisses der Mathematik zur Theologie erwähnt werden müssen. Da ist die interessante Kritik von *George Berkeley* an der Infinitesimalmathematik des 18. Jahrhunderts zu nennen, die eine Verteidigung der Religion gegen die Expansion der Mathematik leisten sollte,[1] und die besondere Affinität *Georg Cantors* zur Theologie,[2] der beide Bereiche bewußt verknüpfen wollte und von dem *Hilbert* in geradezu göttlichen Attributen spricht, wenn er sagt, daß die Mathematiker sich aus dem von *Cantor* geschaffenen Paradies nicht vertreiben lassen wollten. Man mag versucht sein zu fragen, ob in diesem Paradies nicht derselbe Gott herrscht, der nach *Kronecker* die ganzen Zahlen geschaffen hat.

---

[1] Vgl. [4].
[2] Siehe [9].

Literaturverzeichnis

[1] **Ahrens, W.**: Scherz und Ernst in der Mathematik. Leipzig 1904.

[2] Die **Apokryphen** nach der deutschen Übersetzung **Martin Luthers**, revidierter Text 1970. Witten/Stuttgart.

[3] **Aurelius Augustinus**: Vom Gottesstaat (De civitate dei), Buch 11 bis 22, übertr. von **W. Thimme**. München 1955.

[4] **Berkeley, G.**: Schriften über die Grundlagen der Mathematik und Physik, hrsg. von **W. Breidert**. Frankfurt a. M. 1985.

[5] **Petrus Bongus**: Numerorum mysteria. Bergamo 1583; viele Ausg.; Nachdruck d. Ausg. 1599, Hildesheim 1982.

[6] **Breidert, W.**: Mathematik und symbolische Erkenntnis bei Nikolaus von Kues, in: Mitteilungen und Forschungsbeiträge der Cusanus-Gesellschaft **12**(1977), S. 116-126.

[7] **Breidert, W.**: Naturphilosophische Argumente in der Engelslehre, in: Miscellaney Mediaevalia **21**(1991)1, S. 468-477.

[8] **Cantor, M.**: Vorlesungen über Geschichte der Mathematik, Bd. II,2. (Aufl. 1901), Nachdruck Stuttgart 1965.

[9] **Dauben, J. W.**: Georg Cantor: His Mathematics and Philosophy of the Infinite. Cambridge (Mass.)/London 1979.

[10] **Davis, Ph. J.** und **R. Hersh**: Erfahrung Mathematik. Basel/Boston/Stuttgart 1986.

[11] **Frege, G.**: Grundgesetze der Arithmetik, Bd. 2. Jena 1903, Nachdruck Darmstadt 1962.

[12] **Hasse, H.**: Zahlentheorie. Berlin 1963.

[13] **Husserl, E.**: Philosophie der Arithmetik. Den Haag 1970 (=Husserliana Bd. XII).

[14] **Jacobs, K.**: Resultate - Ideen und Entwicklungen in der Mathematik. 2 Bde. Braunschweig/Wiesbaden 1987/1990.

[15] **Korselt, A.**: Über die Grundlagen der Mathematik, in: Jahresber. DMV 14(1905), S. 365-389.

[16] **Nikolaus von Kues**: Philosophisch-theologische Schriften, hrsg. v. **D. u. W. Dupré**. Bd. III, Wien 1967.

[17] **Leibniz, G. W.**: Die philosophischen Schriften, hrsg. v. **C. I. Gerhardt**. Berlin 1875-1890. Nachdruck Hildesheim 1962.

[18] **Leuneschloß, J. von**: Mille de quantitate paradoxa. Heidelberg 1658.

[19] **Melanchthon, P.**: De artibus liberalibus oratio. Hagenau o. J. (1517), nicht paginiert (20 S.)

[20] **Meschkowski, H.**: Grundlagen der modernen Mathematik. Darmstadt 1972.

[21] **Wilhelm von Ockham**: De sacramento altaris, hrsg. v. **T. B. Birch**. Burlinton, Ia. 1930.

[22] **Philipp, W.**: Irenische Dogmatik, hrsg. v. **G. Brinkmann**. Hildesheim 1983.

[23] **Philipp, W.**: Trinität unser Sein. Hildesheim 1983.

[24] **Le Guay de Prémontval, A. P.**: Deux pieces en forme d'essais, concernant, l'une le principe de la raison suffisante et l'autre la loi de continuité, in: Histoire de l'Academie Royales des Sciences et Belles Lettres, Année 1754, Berlin 1756, S. 418-439.

[25] **Raphson, J.**: De spatio reali seu ente infinito. London 1697.

[26] **Reyher, S.**: Mathesis mosaica sive Loca Pentateuchi mathematice explicata. 1679

[27] **Schmidt, J.**: Biblischer Mathematicus oder Erläuterung der Heiligen Schrift aus den Mathematischen Wissenschaften. 1736.

[28] **Scholz, H.**: Leibniz (Vortrag von 1942), in: **H. Scholz**: Mathesis universalis, hrsg. v. **H. Hermes, F. Kambartel, J. Ritter**. Basel/Stuttgart 1961.

[29] **Tillich, P.**: Systematische Theologie, Bd. 1, 2. Aufl. Stuttgart 1956.

[30] **Vergil Maro, Publius**: Landleben - Catalepton, Bucolica, Georgica, hrsg. von **J. und M. Götte**, Lateinisch und deutsch, 5. Aufl. München 1987.

[31] **Wiedeburg, J. B.**: Mathesis biblica septem speciminibus comprehensa. Jena 1730.

Geschichte des harmonischen Maßes - von Regiomontan zu R. Nevanlinna

Michael von Renteln

1. Einleitung

Wer den Namen *harmonisches Maß* zum ersten Mal hört, könnte der Ansicht sein, es handele sich hierbei um eine antike oder mittelalterliche Maßbestimmung in der Geometrie oder Architektur, dort wo z.b. der goldene Schnitt oder die harmonische Teilung bzw. das harmonische Mittel eine Rolle spielt. Dem ist jedoch nicht so. Das harmonische Maß ist ein relativ junger Begriff, der in der geometrischen Funktionentheorie eine wichtige Rolle spielt. Das harmonische Maß gestattet verstreute Einzelergebnisse, die oft scheinbar wenig miteinander zu tun haben, unter einem einheitlichen Gesichtspunkt zusammenzufassen. Darüberhinaus erlaubt es Verschärfungen wichtiger funktionentheoretischer Sätze, wie z.b. des Maximumprinzips, des Schwarzschen Lemmas und einiger Sätze vom Phragmén-Lindelöf-Typ.

Die Bezeichnung *harmonisches Maß* stammt von ROLF NEVANLINNA, der diese zum ersten Mal in seinem Vortrag *Das harmonische Maß von Punktmengen und seine Anwendung in der Funktionentheorie* im Jahre 1934 auf dem 8. Skandinavischen Mathematikerkongreß in Stockholm verwandt hat ([18], S. 166). In seiner Monographie *Eindeutige analytische Funktionen* ([19]) entwickelt er die grundlegende Theorie des harmonischen Maßes.

Wie jedoch schon AHLFORS in seinem Buch *Conformal Invariants* bemerkt ([1], p. 48), ist es schwierig, die Ursprünge des harmonischen Maßes zurückzuverfolgen. Die Methode wurde nämlich schon früher von anderen Forschern bei speziellen Problemen benutzt, bevor eine Bezeichnung dafür eingeführt wurde. In diesem Zusammenhang erwähnt er die Namen von LINDELÖF, CARLEMAN und OSTROWSKI.

Der Zweck unserer Untersuchungen ist es, die Ursprünge des harmonischen Maßes ausfindig zu machen. Dabei wird sich herausstellen, daß die Wurzeln noch erheblich früher liegen als bei AHLFORS angedeutet.

2. Definition des harmonischen Maßes und Beispiele

Das harmonische Maß ist, grob gesprochen, eine in einem Gebiet G der Ebene harmonische Funktion mit gewissen Randeigenschaften. Dabei heißt eine Funktion u in einem Gebiet G harmonisch, falls u reellwertig und $\Delta u(z) = 0$ in jedem Punkt $z \in G$ erfüllt ist, wobei Δ den Laplace-Operator bezeichnet. Bekanntlich sind Real- und Imaginärteil einer in G analytischen Funktion harmonische Funktionen.

Definition: Sei G ein Gebiet der komplexen Zahlenebene und I eine Teilmenge des Randes von G. Das harmonische Maß $\omega = \omega_I(z) = \omega\,(z,I,G)$ von I im Punkte z bezüglich des Gebietes G ist diejenige in G beschränkte harmonische Funktion, deren Randwerte in jedem inneren Punkt von I den Wert I und jedem inneren Punkt des Komplementes $\partial G \setminus I$ den Wert Null besitzen.

Damit die Existenz und Eindeutigkeit des harmonischen Maßes gesichert ist, muß man gewisse Voraussetzungen an das Gebiet G und die Randmenge I machen. Für unsere Zwecke reicht es, Gebiete zu betrachten, die von einer stückweise glatten Jordankurve (in der erweiterten komplexen Zahlenebene) berandet sind. I sei ein Teilbogen von ∂G.

1. Beispiel: Das Gebiet G sei ein Kreis und I ein Teilbogen des Randes. O.B.d.A. sei G = **D** der Einheitskreis und

$$I = \{e^{it} \colon \alpha \le t \le \beta\}, \text{ wobei } 0 < \alpha < \beta < 2\pi\,.$$

Das harmonische Maß $\omega_I(z)$ des Bogens I im Punkt $z = re^{i\Theta}$ von **D** kann als Poissonintegral dargestellt werden, d.h. es gilt

$$\omega_I(z) = \frac{1}{2\pi} \int\limits_{\alpha}^{\beta} \frac{1 - r^2}{1 - 2r\cos(\Theta - t) + r^2}\, dt\,.$$

Setzen wir speziell für $z = 0$, so erhalten wir das harmonische Maß von I im Nullpunkt als

$$\omega_I(0) = \frac{1}{2\pi} \int\limits_{\alpha}^{\beta} 1\, dt = \frac{1}{2\pi}(\beta - \alpha) = \frac{\varphi}{2\pi}$$

Dabei ist φ derjenige Winkel unter dem der Bogen I vom Nullpunkt aus erscheint (Sehwinkel). Daher hieß das harmonische Maß anfangs auch Winkelmaß (vgl. [17]).

2. Beispiel: Das Gebiet G sei die rechte Halbebene $\{z : \operatorname{Re} z > 0\}$ und I ein Teilintervall der imaginären Achse, etwa $I = [a, b]$ mit $0 < a < b$. Das harmonische Maß von I im Punkt z der rechten Halbebene ist dann

$$\omega_I(z) = \frac{\varphi}{\pi} = \frac{1}{\pi}\arg\left(\frac{z-a}{z-b}\right) ,$$

wobei $\varphi = \varphi\,(z)$ der Sehwinkel ist, unter dem die Strecke I im Punkt z erscheint.

Wir wollen kurz demonstrieren, daß $\omega_I(z)$ die in der Definition des harmonischen Maßes geforderten Eigenschaften besitzt. $\omega_I(z)$ ist zunächst beschränkt, und zwar durch 1, denn offensichtlich liegt der Sehwinkel $\varphi = \varphi\,(z)$ für jeden Punkt z aus der rechten Halbebene zwischen 0 und π. Rückt der Punkt z gegen einen inneren Punkt des Intervalls I, so nimmt der Sehwinkel φ zu und erreicht schließlich in der Grenze $\varphi = \pi$, d.h. $\lim \omega\,(z) = 1$.

Rückt z gegen einen inneren Punkt des Komplements von I, etwa gegen den Nullpunkt, so sieht man, daß der Sehwinkel φ kleiner und kleiner wird und schließlich in der Grenze Null wird, d.h. $\lim \omega\,(z) = 0$.

Schließlich ist die Funktion $\omega_I(z)$ harmonisch, da sie Imaginärteil einer analytischen Funktion ist, denn in der rechten Halbebene gilt

$$\log\frac{z-a}{z-b} = \log\left|\frac{z-a}{z-b}\right| + i\arg\left(\frac{z-a}{z-b}\right) .$$

3. Eigenschaften des harmonischen Maßes und Anwendungen

Das harmonische Maß spielt in der geometrischen Funktionentheorie eine wichtige Rolle. Die Haupteigenschaft ist die konforme Invarianz, d.h. das harmonische Maß verhält sich gegenüber konformer Abbildung invariant. Wir formulieren das in folgendem Satz.

Satz 1 (Konforme Invarianz): Sei f eine konforme Abbildung des Gebietes G auf das Gebiet G^*, die den Randbogen I von ∂G^* auf den Randbogen I^* von ∂G^* abbildet, und ist z^* der Bildpunkt von z unter f, so ist das harmonische Maß des Bogens I im Punkt z (bezüglich G) gleich dem harmonischen Maß des Bildbogens I^* im Bildpunkt z^* (bezüglich des Bildgebietes G^*, d.h. es gilt $\omega\,(z,I,G) = \omega\,(z^*, I^*, G^*)$.

Dieser Satz hat neben seinem theoretischen Interesse auch praktische Bedeutung, denn er erlaubt in vielen Fällen die explizite Berechnung des harmonischen Maßes, indem man das Gebiet auf ein Standardgebiet (z.B. den Einheitskreis oder die rechte Halbebene) konform abbildet, von dem das harmonische Maß bekannt ist (siehe Beispiele 1 und 2 aus dem vorigen Abschnitt).

Es gibt weitere wichtige Eigenschaften des harmonischen Maßes, von denen wir hier nur die Additivität (im Spezialfall) und das Prinzip der Gebietserweiterung formulieren wollen.

Satz 2 (Additivität): Ist ω *(z,I,G)* das harmonische Maß des Bogens *I* und ω *(z, I^c,G)* das harmonische Maß des Komplementärbogens $I^c := \partial G \setminus I$ (jeweils im Punkte *z* bezüglich *G*), so ergänzen sich beide zu 1, d.h. für alle *z* aus *G* gilt:

$$\omega \, (z, I, G) + \omega \, (z, I^c, G) = 1 \, .$$

Satz 3 (Prinzip der Gebietserweiterung): Das harmonische Maß ω *(z, I, G)* vergrößert sich, wenn man das Gebiet *G* über den zu *I* komplementären Teilmengen $I^c := \partial G \setminus I$ zu einem Gebiet *G′* erweitert, d.h. es gilt für alle *z* aus *G* die Ungleichung $\omega \, (z, I, G) \leq \omega \, (z, I, G')$.

Die Bedeutung dieses Prinzips beruht darauf, daß es gestattet, komplizierte Konfigurationen *(z, I, G)* durch einfachere *(z, I, G′)* zu ersetzen, bei welchen man das harmonische Maß ausrechnen kann, so daß man das ursprüngliche harmonische Maß nach oben (und nach dem gleichen Prinzip auch nach unten!) abschätzen kann.

Das harmonische Maß hat mannigfache Anwendungen in der Funktionentheorie und liefert in vielen speziellen Fällen bekannte Sätze. Oft genannte Beispiele hierzu sind der Hadamardsche Dreikreisesatz ([11], S. 410; [19], S. 43) und der Zweikonstantensatz bzw. *n*-Konstantensatz ([11], S. 409; [19], S. 42), sowie Sätze vom Phragmén-Lindelöf-Typ ([19], S. 44).

4. Die Ursprünge des harmonischen Maßes

Untersuchungen zur Geschichte des harmonischen Maßes sind uns nicht bekannt. Die Frage, auf wen das harmonische Maß zurückgeht, ist nicht leicht zu beantworten. Charakteristisch für die Situation ist, was AHLFORS in seinem Buch *Conformal Invariants* im Anschluß an den Abschnitt über das harmonische Maß sagt: *"It is difficult to trace the origins of harmonic measure, for the method was used much earlier than the name"* ([1], S. 48). Die Bezeichnung, d.h. das Wort *"harmonisches Maß"* stammt von ROLF NEVANLINNA, darin herrscht Einigkeit, man vergleiche etwa die einschlägigen Bücher von AHLFORS ([1], S. 48) und GOLUSIN ([10], S. 273). Daß AHLFORS 20 Jahre später in anderem Zusammenhang sagt: *"The notion of harmonic measure had only recently been introduced by Carleman"* ([3], S. 26) ist sicher ein Versehen. ROLF NEVANLINNA hat das *"harmonische Maß"* als solches in seinem Vortrag auf dem 8. Skandinavischen Mathematikerkongreß 1934 in Stockholm eingeführt. In der entsprechenden Publikation sagt ROLF NEVANLINNA ([18], S. 117): *"Diese Funktion ω nenne ich das harmonische Maß der Punktmenge α im Punkte z, ..."* In seiner 1936 erschienenen Monographie *"Eindeutige analytische Funktionen"* [19] entwikkelt er die grundlegende Theorie des harmonischen Maßes.

Andererseits ist auch klar, und AHLFORS deutet das in seinem obigen Ausspruch an, daß die Methode schon vorher benutzt wurde. AHLFORS erwähnt, daß sich bei (ERNST) LINDELÖF in einem Spezialfall verwandte Überlegungen finden und weist auf drei Arbeiten von CARLEMAN [6], OSTROWSKI [21] und der Gebrüder NEVANLINNA [15] aus den Jahren 1921 bis 1923 hin, wo die Methode unabhängig voneinander benutzt wird. CARLEMAN verwendet in seiner Arbeit im wesentlichen schon das Prinzip der Gebietserweiterung (siehe Abschnitt 3, Satz 3). Bezüglich der beiden letzten Arbeiten muß aber auf zwei andere relevante Arbeiten von OSTROWSKI [20] und ROLF NEVANLINNA [16] hingewiesen werden, die zeitlich den obigen kurz vorausgingen.

Unsere Recherchen haben folgendes ergeben:

1. Anfang Juli 1922 hält ROLF NEVANLINNA auf dem 5. Skandinavischen Mathematikerkongreß in Helsingfors (Helsinki) einen Vortrag mit dem Thema *"Über die Anwendung des Poisson'schen Integrals zur Untersuchung der Singularitäten analytischer Funktionen".* In diesem Vortrag präsentiert er den Zweikonstantensatz für den Fall einer Halbebene. Das belegt die entsprechende Publikation des Vortrages ([16], S. 282 f). Er sagt dazu: *"Dieser Satz, der in der obigen genauen Fassung unseres Wissens nicht früher bekannt ist, hat viele wichtige Anwendungen."* Dann folgt eine Verallgemeinerung, nämlich der n-Konstantensatz für die rechte Halbebene ([16], S. 283 f). Dort treten interessanterweise schon die harmonischen Maße $\omega_v(x)$ von Segmenten (it_{v-1}, it_v) der imaginären Achse im Punkt x der rechten Halbebene auf (mit dieser Bezeichnung, aber ohne daß das Wort harmonisches Maß fällt) und es wird gesagt *"wo* $\pi\,\omega_\nu\,(x)$ *die Größe desjenigen Winkels ist, unter dem das Segment (it$_{\nu-1}$, it$_\nu$) der imaginären Achse von dem Punkt x erscheint"*. Das ist genau die gleiche Interpretation wie in unserem Beispiel 2 aus Abschnitt 2.

2. Auf der im Rahmen der Naturforscherversammlung vom 18. -24. September 1922 in Leipzig stattfindenden Tagung der Deutschen-- Mathematiker-Vereinigung hält OSTROWSKI einen Vortrag unter dem Titel *"Konvergenz von Folgen analytischer Funktionen"*, dessen erweiterte Form (eingereicht im Dezember 1922) im Folgejahr publiziert wurde. Hier findet sich zum erstenmal der Zweikonstantensatz für Jordangebiete ([20], S. 86).

Die Vorgeschichte zum harmonischen Maß geht auf funktionentheoretischer Seite allerdings noch weiter zurück, und zwar bis auf zwei Arbeiten aus dem Jahre 1871, die eine von F. PRYM [22] und die andere von H.A. SCHWARZ (siehe [23], insbes. S. 7).

Schon dort kommt das harmonische Maß eines Kreisbogens (ohne als solches bezeichnet zu werden) vor, wenn man im Poissonintegral die (unstetige!) Randfunktion geeignet wählt, und zwar gleich 1 auf den Randbogen und 0 auf dem Rest des Randes (zwei Sprungstellen). Dann ist das Poissonintegral u das harmonische Maß dieses Bogens ([19], S. 7; vgl. Abschnitt 2, 1. Beispiel). Dabei verdient die Schwarzsche Darstellung den Vorzug, da in seinem Beweis Elemente vorkommen (die Arcustangensfunktion), die auch beim harmonischen Maß eine Rolle spielen. In seinen Gesammelten Werken fügt H.A. SCHWARZ 1890 noch eine wichtige geometrische Interpretation zum Poissonintegral hinzu ([23], S. 360 f.), die eine direkte geometrische Interpretation des harmonischen Maßes eines Kreisbogens erlaubt (siehe dazu [19], S. 6 f.).

Während R. NEVANLINNA bei der Theorie des harmonischen Maßes in seiner Monographie [19] H.A. SCHWARZ erwähnt, und zwar gerade den Zusatz ([23], S. 360-361), fällt der Name F. PRYM nicht, obwohl NEVANLINNA eine Formel bezüglich des Randverhaltens des Poissonintegrals an den Sprungstellen der Randfunktion angibt ([19], S. 23, letzte Zeile), die von PRYM stammt ([22], S. 351, Formel 15).

Aus unseren obigen Ausführungen kann man den Einfluß der Schwarzschen Überlegungen bei der Entwicklung des Begriffes '"harmonisches Maß"' erkennen. Daher ist man auch nicht verwundert, wenn man im Mathematischen Wörterbuch [13] von NAAS und SCHMIDT unter dem Stichwort *"harmonisches Maß"* folgendes findet: *"Diese Funktion (gemeint ist ω (z, α, G) wird nach H.A. Schwarz harmonisches Maß} des Bogens α bezüglich z (und G) genannt, ... "*. Die Bezeichnung *"harmonisches Maß"* kommt jedoch in den erwähnten einschlägigen Arbeiten von H.A. SCHWARZ nirgends vor.

Wir konnten bisher die Geschichte bzw. Vorgeschichte des harmonischen Maßes bis auf H.A. SCHWARZ zurückverfolgen. Hier scheint auch der Anfang der Geschichte zu liegen. Um so erstaunter waren wir, daß man auf der Spurensuche noch erheblich weiter ins 19. Jahrhundert zurückgehen kann.

5. Eine explizite Formel für das harmonische Maß in einem Spezialfall bei Fourier

Beim Studium von FOURIERS berühmten Buch *"Théorie Analytique de la Chaleur"* (Paris, 1822) haben wir eine Stelle gefunden, wo eine explizite Formel für das harmonische Maß in einer speziellen Konfiguration steht. Das zugrundeliegende Gebiet G ist ein Streifengebiet der Form

$$G := \{(x,y) : -\frac{\pi}{2} < x < \frac{\pi}{2} , y > 0\} ,$$

d.h. ein unendlich langes Rechteck ([9], Art. 165). Der Bogen l ist das reelle Intervall $(-\frac{\pi}{2}, +\frac{\pi}{2})$. Die Randwertaufgabe ist bei FOURIER so gestellt ([9], Art. 166), daß die Temperaturverteilung $v\,(x,y)$ gerade das harmonische Maß $\omega = \omega\,(z, l, G)$ ist, dabei ist $z = x + iy$.

FOURIER bestimmt zunächst v bzw. ω als Fourierreihe. Die dabei einfließenden Betrachtungen, so z.B. über die Entwickelbarkeit einer Funktion in seine Fourierreihe, sind ein Charakteristikum seines Buches und machen den mathematikgeschichtlichen Wert aus und werden daher immer zitiert. Daran anschließend erfolgt eine Umrechnung, die er technisch brilliant handhabt, der man jedoch sonst keine Bedeutung beimaß und in der Literatur zur Historie der Fourierreihen (zu recht) unerwähnt bleibt. Dies ist aber genau der Punkt, der uns an dieser Stelle interessiert. Denn er gelangt schließlich ([9], Art. 205, letzte Zeile) zu der Formel

$$\frac{1}{2}\pi v = Arc\tan(\frac{2\cos y}{e^x - e^{-x}})$$

Löst man nach v auf, so ist dies genau die Formel für das harmonische Maß $\omega = \omega\ (z,\ l,\ G)$ des Intervalls $l = (-\frac{\pi}{2}, +\frac{\pi}{2})$ bezüglich des Streifengebietes G im Punkt (x,y) von G.

In gewisser Weise ist es nicht verwunderlich, daß wir bei unseren Untersuchungen zu den Ursprüngen des harmonischen Maßes schließlich zu FOURIER gelangten, denn schon die Definition des harmonischen Maßes (siehe Abschnitt 2) zeigt die Verbindung zu Randwertaufgaben bei Partiellen Differentialgleichungen, in einem Fall (Randwertaufgaben der Funktionentheorie) sind wir auf H.A. SCHWARZ und F. PRYM gestoßen und im anderen (Randwertaufgaben der mathematischen Physik) auf FOURIER.

Neben der analytischen Seite hat das harmonische Maß auch eine starke Verbindung zur Geometrie, welche schon an den Beispielen in Abschnitt 2 klar zu Tage tritt. Möglicherweise gibt es auf dieser Seite noch frühere Verbindungen. Bei der Spurensuche sind wir auf eine eigentümliche Maximumaufgabe des REGIOMONTAN gestoßen, die eine ganz natürliche Verbindung zum harmonischen Maß erlaubt und mittels diesem auch sofort gelöst werden kann. Wegen der unmittelbaren Nähe des Ortes dieser Tagung zu der letzten Wirkungsstätte von REGIOMONTAN, nämlich Nürnberg, sei vorab ein kurzer Abriß seines Lebens und Wirkens gegeben.

6. Regiomontan: Abriß seines Lebens und Wirkens

Der bedeutendste Mathematiker des 15. Jahrhunderts war JOHANNES MÜLLER, später nach seiner Heimatstadt, REGIOMONTAN, genannt. Er wurde am 6. Juni 1436 in Königsberg in Unterfranken als Sohn eines wohlhabenden Geschäftsmannes (möglicherweise Mühlenbesitzer) und Ratsherren geboren. Das Geburtshaus (teilweise um- bzw. wiederaufgebaut) liegt am Salzmarkt und kann (von außen) besichtigt werden (vgl. [25], Tafel 1). REGIOMONTAN erhielt zunächst Privatunterricht und seine außerordentliche Begabung zeigte sich schon sehr früh. Er berichtet von sich später, daß ihm derartig die Gedanken zuflossen, daß er kaum darüber Herr wurde. Das erinnert an GAUß.

REGIOMONTAN wird mit 11 Jahren an der Artistenfakultät der Universität Leipzig immatrikuliert und beginnt insbesondere die mathematischen und astronomischen Wissenschaften zu studieren. Er verfaßt ein (in Latein handgeschriebenes) astronomisches Jahrbuch für das Jahr 1448, in dem die Berechnungen der Planetenörter genauer sind als in dem von GUTENBERG gedruckten astronomischen Kalender auf das gleiche Jahr. 1451 setzte er sein Studium an der Universität Wien fort, die zu jener Zeit führend auf dem Gebiet der Astronomie war. Er wurde Schüler, später Mitarbeiter und Freund des großen GEORG PEURBACH, der ihn stark beeinflußte. REGIOMONTAN verfaßte ein weiteres astronomisches Jahrbuch, diesmal auf das Jahr 1451, das ihn weit über die Fachwelt hinaus berühmt machte. Selbst der Kaiser, FRIEDRICH III., wurde auf ihn aufmerksam und beauftragte ihn, das Horoskop für seine zukünftige Frau, LEONORE VON PORTUGAL, zu stellen. 1452 erlangte REGIOMONTAN das Bakkalaureat und 1457 wurde er schließlich Magister und lehrte und forschte fortan an der Universität Wien.

In dieser Zeit trifft er mit dem päpstlichen Gesandten Kardinal BESSARION in Wien zusammen. Diese Begegnung wird für seinen weiteren Lebensweg entscheidend. Es folgt ein mehrjähriger Italienaufenthalt (von 1461 - 1467) im Dienste des Kardinals. Er lernt italienische Gelehrte in Rom, Venedig und Padua kennen. Wissenschaftliches Hauptergebnis dieser Zeit ist REGIOMONTANs Kommentar zum *Almagest*, dem berühmten astronomischen Werk des PTOLEMÄOS. Diesen Kommentar kann man als ein neues Handbuch der Astronomie bezeichnen, aus dem Generationen von Forschern gelernt haben, darunter KOPERNIKUS und GALILEI.

Nachdem REGIOMONTAN der Wirkungskreis in Rom nicht mehr genügt, geht er 1467 nach Ungarn und kommt 1468 als wissenschaftlicher Berater nach Ofen an den Hof des ungarischen Königs MATTHIAS CORVINUS. Dieser war, unterstützt durch seine kunstliebende Gattin BEATRICE VON ARAGON, ein großartiger Förderer der Wissenschaften und Künste. Er ließ Handschriften antiker Schriftsteller in großem Maßstab sammeln und abschreiben und durch italienische Künstler ausschmücken. So entstand seine berühmte Bibliothek, die *Corvina (Bibliotheca Corviniana)*. Regiomontans Ziel war es, die Astronomie durch Berechnungen und Messungen zu erneuern, und zu diesem Zweck ließ er auch die entsprechenden Instrumente bauen.

Er konnte jedoch in Ofen wegen Mangels an geeigneten Helfern seine Ideen nicht so verwirklichen und ging daher im Jahre 1471 im Einvernehmen und im Auftrag des Königs nach Nürnberg. Diese Stadt machte damals eine wirtschaftliche und kulturelle Blütezeit durch. REGIOMONTAN richtete in Nürnberg eine Sternwarte ein, die erforderlichen Instrumente ließ er in einer eigenen Werkstätte bauen und gründete eine Druckerei, da ihm der fehlerfreie Druck der mathematischen Formeln und astronomischen Zeichen anderswo nicht gewährleistet erschien. In dieser Druckerei erschienen im Jahre 1474 seine astronomischen Jahrbücher (Ephemeriden), in denen für jeden Tag der Jahre 1475 - 1506 die Stände von Sonne, Mond und Planeten mit ihren wechselseitigen Aspekten angegeben waren. Diese Ephemeriden wurden von Seefahrern und Entdeckungsreisenden benutzt (u.a. von KOLUMBUS, AMERIGO VESPUCCI und VASCO DA GAMA) und gaben wertvolle nautische Hilfen. Aber sie verhalfen auch einmal KOLUMBUS einer bedrohlichen Situation zu entweichen. Verbürgt ist folgende Geschichte ([12], S. 29):

> *Als Columbus 1503 auf Jamaica strandete und dort Monate verbringen mußte, stellten die Indios eines Tages die Lebensmittellieferungen ein. Columbus griff zu einer List. Für den 29. Februar 1504 sagten die Ephemeriden des Regiomontanus eine Mondfinsternis voraus. Er erklärte daher den Häuptlingen, Gott sei sehr böse und würde zur Strafe den Mond auslöschen. Ihre höhnische Zurückweisung verging, als sich der Mond tatsächlich verfinsterte. Als genügend Lebensmittel auf den Schiffen verladen waren, kam der Mond wieder. Die Eingeborenen dankten dem großen Gott!*

REGIOMONTAN führte seine astronomischen Beobachtungen und Geschäfte in Nürnberg bis zum Sommer 1475 durch. Da rief ihn Papst SIXTUS IV. nach Rom, zur Mitarbeit an der beabsichtigten Kalenderreform. Dieses Vorhaben gelang allerdings nicht mehr, da REGIOMONTAN schon im Sommer des Folgejahres in Rom verstarb, möglicherweise an den Folgen einer pestartigen Seuche. Seine Schüler, unter ihnen BERNHARD WALTER, führten in Nürnberg das Lebenswerk REGIOMONTANs weiter. Sein aus heutiger Sicht berühmtestes Buch *"De triangulis omnimodis libri quinque"* (es handelt von ebener und sphärischer Trigonometrie) erschien 1533 in Nürnberg, lange nach seinem Tod.

7. Regiomontans Maximumaufgabe

In seiner Nürnberger Zeit nahm REGIOMONTAN Verbindung zu zahlreichen Gelehrten auf. So auch zu CHRISTIAN RODER, Professor der Mathematik an der zum Erzbistum Mainz gehörigen Universität Erfurt, die zu dieser Zeit eine Führungsrolle im geistigen Leben Deutschlands besaß ([4], S. 121). In einem Brief vom 4. Juli 1471 an RODER (veröffentlicht in [7], S.

324 - 336), der heute mitsamt anderen Briefen in einem Quartheft der Stadtbibliothek Nürnberg (Signatur Msc. Cent. V, No. 56c) aufbewahrt wird,
stellt er eine später berühmt gewordene Maximumaufgabe ([7], S. 333, Aufgabe α).

Diese Aufgabe erschien später in zahlreichen Schulbüchern für den
Analysisunterricht, teilweise leicht verkleidet. (Siehe z.B. LAMBACHER/
SCHWEIZER *"Analysis"*, 11. Aufl. (Klett Verlag) o.J. [ca. 1962], S. 113,
Aufg. 20; REINHARDT/ZEISBERG *"'Analysis'"*, 7. Aufl. (Verlag Moritz Die-
sterweg) 1965, S. 127, Aufg. 26; KUYPERS/LAUTER "Mathematik Sekun-
darstufe II. Analysis Leistungskurse", 1. Aufl. (Cornelsen Verlag) 1989, S.
182, Aufg. 39). In einer gängigen Version lautet die Aufgabe folgendermaßen:

Maximumaufgabe des Regiomontan: Bei einer Turmuhr liegt der untere bzw. obere Rand des Zifferblattes a bzw. b Meter über dem Boden. Von
welchem Punkte des Kirchplatzes aus, wenn man sich auf einer Geraden
zum Turm bewegt, erscheint der senkrechte Durchmesser am größten?

Bezeichnet man mit x die Entfernung des Betrachters vom Fußpunkt 0
des Turmes und mit $\varphi = \varphi(x)$ den Winkel (Sehwinkel) unter dem die verti-
kale Achse der Uhr (durch die Ziffern 6 und 12) dem Beobachter erscheint.
Sehr nahe am Turm (x klein) und sehr weit weg (x groß) ist der Sehwinkel
$\varphi = \varphi(x)$ klein und es gilt $\lim_{x \to 0} \varphi(x) = \lim_{x \to \infty} \varphi(x) = 0$. Gesucht ist derjenige
Punkt $x = x_0$ bzw. diejenigen Punkte (daß es genau einen gibt, stellt sich
später heraus bzw. lehren Monotoniebetrachtungen) für den bzw. die der
Winkel $\varphi(x)$ ein Maximum annimmt. Der Einfachheit halber legen wir das
Auge des Beobachters auf den Boden des Kirchplatzes oder wir bezeichnen
mit a und b die obigen Größen jeweils vermindert um die Augenhöhe des
Beobachters.

Von der Aufgabe gibt es verschiedene Lösungswege.

1. Lösungsmethode (mittels Differentialrechnung, übliche Methode):

Dazu führt man 2 weitere Winkel α bzw. β zum unteren bzw. oberen
Randpunkt des Zifferblatts ein (siehe Abb. 1).

Der Sehwinkel φ ist dann die Differenz der Winkel β und α, d.h. $\varphi = \beta - \alpha$.

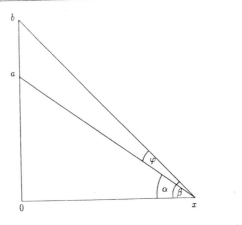

(Abb. 1)

Wegen der Rechtwinkeligkeit der Dreiecke mit den Katheten x und a bzw. x und b gilt $\tan \alpha = \dfrac{a}{x}$ bzw. $\tan \beta = \dfrac{b}{x}$. Die entscheidende Idee an dieser Stelle ist, statt φ den Tangens von φ zu betrachten und zu bemerken, daß für $0 < \varphi < \dfrac{\pi}{2}$ (was hier der Fall ist) gilt: φ ist maximal, genau dann, wenn $\tan \varphi$ maximal ist; da die Tangensfunktion in dem betrachteten Intervall streng monoton wächst. Dadurch wird die Aufgabe vereinfacht, denn für den Tangens der Differenz (bzw. Summe) zweier Winkel besteht ein einfaches Additionstheorem, welches wir nun benutzen. Es ergibt sich:

$$\tan \varphi = \tan (\beta - \alpha) = \frac{\tan \beta - \tan \alpha}{1 + \tan \alpha \tan \beta} = \frac{b - a}{x + \dfrac{ab}{x}} \ .$$

Da x nur im Nenner auftritt, kann man hier die Aufgabe abkürzen, denn der Bruch hat ein Maximum genau dort, wo der Nenner $f(x) := x + \dfrac{ab}{x}$ ein Minimum hat. Dort muß die Ableitung Null sein, d.h.

$$\frac{d}{dx}(x + \frac{ab}{x}) = 1 - \frac{ab}{x^2} = 0 \ ,$$

woraus sich die Lösung $x = x_0 := \sqrt{ab}$ ergibt.

Damit ist gezeigt, daß wenn $\varphi(x)$ ein Maximum besitzt, dieses notwendigerweise an der Stelle $x = x_0 = \sqrt{ab}$ liegt. Daß $\varphi(x)$ an dieser Stelle tatsächlich ein Maximum besitzt, folgt nach bekannten Methoden, etwa in dem man die 2. Ableitung bildet und zeigt $f'(x_0) > 0$.

2. Lösungsmethode (über arithmetisches und geometrisches Mittel):

Diese Lösung (siehe etwa [14], S. 20 f.) folgt der obigen bis zu der Stelle, an welcher der Differentialkalkül eingesetzt wird. Die Aufgabe, die Maximalstelle des Sehwinkels φ zu finden, ist äquivalent zur Aufgabe, das Minimum der Funktion $f(x) = x + \dfrac{ab}{x}$ im Intervall $(0, \infty)$ zu finden. Der Satz über das arithmetisch-geometrische Mittel besagt, daß für zwei positive Größen x und y das geometrische Mittel immer kleiner gleich dem arithmetischen Mittel dieser Größen ist, d.h. $\sqrt{xy} \leq \dfrac{1}{2}(x + y)$, und Gleichheit nur im Fall x = y auftritt (dann wird die rechte Seite minimal). Wir setzen y = $\dfrac{ab}{x}$.

Die Ungleichung liefert $\sqrt{ab} \leq \dfrac{1}{2}(a + \dfrac{ab}{x}) = \dfrac{1}{2}f(x)$ und die rechte Seite wird minimal, falls x = y d.h. x = $\dfrac{ab}{x}$ d.h. x = $\sqrt{ab}$ ist.

3. Lösungsmethode (mittels Differentialrechnung, direkte Methode):

Man geht nicht den Umweg über tan φ, sondern betrachtet $\varphi = \varphi\,(x)$ selbst und differenziert. Es gilt $\varphi = \beta - \alpha$ = Arctan (b/x) - Arctan (a/x).

$$\varphi'(x) = \frac{-b}{x^2 + b^2} - \frac{-a}{x^2 + a^2} \overset{!}{=} 0$$

ergibt $a(x^2 + b^2) = b(x^2 + a^2)$ bzw. $ab^2 - ba^2 = (b - a)ab = (b - a)x^2$ und damit $x = x_0 = \sqrt{ab}$ wie gehabt.

4. Lösungsmethode (über das harmonische Maß):

Die geometrische Grundidee dieser Methode ist bekannt ([5], S. 283; [8], S. 368 f.). Wir kleiden sie in ein funktionentheoretisches Gewand, in dem wir die positive Größe x zur komplexen Größe z = x + iy erweitern. Mit Hilfe des harmonischen Maßes kann man die Aufgabe ganz einfach lösen. Dazu sei das Gebiet G die rechte Halbebene und I das Intervall [a,b] auf der imaginären Achse. Nach dem 2. Beispiel aus Abschnitt 2 ist das harmonische Maß $\omega_I(z)$ bis auf eine Konstante gleich dem Winkel φ im Punkt z unter dem die Strecke I erscheint (siehe Abb. 2).

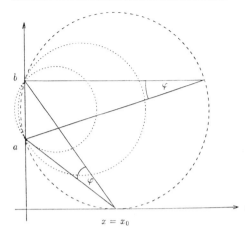

(Abb. 2)

Die Aufgabe lautet nun:
Für welches $z = z_0$ ist das
harmonische Maß $\omega_l(z)$
maximal unter der Neben-
bedingung
$y = 0$, d.h. Im $z = 0$.
Die Lösung macht nur von
den folgenden beiden el-
ementaren Eigenschaften
Gebrauch:

(1) $\omega_l(z) =$ Const. auf Kreisen C_r (mit Radius r) die durch a und b gehen
(Satz vom Peripheriewinkel).

(2) $\omega_l(z)$ fällt monoton für $z \in C_r$, wenn r wächst.

Aus (1) und (2) folgt, daß z_0 der Berührpunkt desjenigen Kreises C_r ist,
der die Gerade Im $z = 0$ berührt.

Der Sehnentangentensatz der Elementargeometrie besagt, daß das Produkt der Sehnenabschnitte a und b gleich dem Quadrat des Tangentenab-
schnittes x_0 ist, d.h. $x_0{}^2 = ab$ und damit $x_0 = \sqrt{ab}$.

8. Bewertung der Lösungsmethoden

Zur 1. Lösungsmethode: Sie ist diejenige, die in den genannten Schulbüchern für den Analysisunterricht der Oberstufe propagiert wird. Das wird
besonders deutlich, wenn man sich die im Schulbuch von KUYPERS und
LAUTER gegebene Anleitung zu dieser Aufgabe ansieht (Additionstheorem
für die Tangensfunktion). Der Vorteil dieser Methode liegt darin, daß sie mit
der Differentation einer einfachen rationalen Funktion, nämlich von $f(x) =$
$x + \dfrac{ab}{x}$ bzw. von $\dfrac{1}{f(x)}$, auskommt. Dazu muß man jedoch die Idee haben,
statt des Winkels φ den Tangens von φ zu betrachten und zu bemerken, daß
φ genau dann maximal wird, wenn *tan* φ maximal wird ($0 < \varphi < \pi/2$). Als

weiteres Hilfsmittel benötigt man schließlich das Additionstheorem für den Tangens.

Zur 2. Lösungsmethode: Die Grundidee ist die gleiche wie bei der 1. Lösungsmethode, ebenso das anfängliche Vorgehen. Erst ganz am Ende unterscheidet sie sich, indem das Minimum von f (x) bzw. das Maximum von $\frac{1}{f(x)}$ durch direkte Methoden und ohne Differentialrechnung gefunden wird. Daß dieses so schön funktioniert, liegt im wesentlichen in der einfachen Gestalt von f (x) begründet.

Zur 3. Lösungsmethode: Dies ist die schnellste Methode mittels Differentialrechnung. Sie verlangt keine besondere Idee, erfordert allerdings die Differentation einer transzendenten Funktion (Arcustangens) und wird wohl deshalb in Schulbüchern nicht propagiert. Jedoch kann man sich die Formel für die Ableitung der Arcustangensfunktion einfach herleiten über die entsprechenden Formeln für die Tangensfunktion und die Umkehrfunktion.

Zur 4. Lösungsmethode: Diese Methode erlaubt eine wunderbare Einsicht in die Struktur der Lösung. Es wird klar, warum das geometrische Mittel $x_0 = \sqrt{ab}$ die Lösung darstellt (und nicht etwa das arithmetische Mittel $x_0 = \frac{1}{2}(a+b)$ oder das harmonische Mittel $x_0 = \frac{2ab}{a+b}$. Das alles ist bei den ersten drei Lösungsmethoden nicht der Fall.

Fazit: Die Methode der Lösung von Regiomontans Maximumaufgabe über das harmonische Maß bzw. die geometrische Methode ist den anderen an Durchsichtigkeit und Eleganz bei weitem überlegen. Dieser Vorteil fällt noch erheblich stärker ins Gewicht, wenn man die Aufgabe verallgemeinert (für ein Beispiel siehe [8], S. 369 f.). Wir nehmen an, daß der Punkt x nicht auf einer Geraden in der Ebene, sondern auf einer komplizierteren, etwa ansteigenden Kurve y = g(x) variiert. Um die Methoden zu vergleichen, sei y = g(x) explizit als Formelausdruck gegeben und als stetig differenzierbar vorausgesetzt. Ein Lösungsweg mittels Differentialrechnung wird jetzt schnell unübersichtlich, wenn nicht gar aussichtslos (wegen der sich ergebenden Formelmassen). Die Lösung mittels des harmonischen Maßes läßt sich aber auch in diesem Fall in einfacher Weise durchführen, denn diejenigen Punkte auf der Kurve y = g(x), für die der Sehwinkel maximal wird, sind dadurch charakterisiert, daß der Kreis C, durch die Punkte a und b die Kurve y = g(x) in diesen Punkten berührt (gleiche Tangente).

Literatur

[1] L. Ahlfors: Conformal Invariants: Topics in Geometric Function Theory, New York (Mc Graw-Hill) 1973.

[2] L. AHLFORS: Das mathematische Schaffen Rolf Nevanlinnas. Ann. Acad. Sci. Fenn. **2** (1976), 1-15.

[3] L. AHLFORS: The Story of a Friendship: Recollections of Arne Beurling. Math. Intelligencer **15** (1993), Nr. **3**, 25-27.

[4] L. BOEHM und R.A. MÜLLER (Hrsg.): Hermes Handlexikon: Universitäten und Hochschulen. Düsseldorf (Econ Verlag) 1983.

[5] M. CANTOR: Vorlesungen über Geschichte der Mathematik, Band 2. 2. Aufl. Leipzig (Teubner) 1900. Nachdruck New York/Stuttgart (Johnson/Teubner) 1965.

[6] T. CARLEMAN: Sur les fonctions inverses des fonctions entières. Ark. Mat. Astr. Fys. **15** (1921), Nr. 10.

[7] M. CURTZE (Hrsg.): Urkunden zur Geschichte der Mathematik im Mittelalter und der Renaissance, 1. Theil. Leipzig (Teubner-Verlag) 1902. Nachdruck: Johnson Reprint Corporation 1968.

[8] H. DÖRRIE: Triumph der Mathematik. Hundert berühmte Probleme aus zwei Jahrtausenden mathematischer Kultur. 5. Aufl. Würzburg (Physica Verlag) 1958.

[9] J. FOURIER: Théorie analytique de la chaleur. Paris 1822. Nouvelle édition, Breslau (Koebner) 1883.

[10] G.M. GOLUSIN: Geometrische Funktionentheorie. Berlin (DVW) 1957.

[11] E. HILLE: Analytic Function Theory, Volume II. 2nd ed. New York (Chelsea Publ. Comp.) 1973.

[12] R. METT: Von Königsberg nach Rom - der Weg des Johannes Müller genannt Regiomontanus aus Königsberg in Franken, hrsg. von der Stadt Königsberg in Bayern, 1. Aufl. 1976, 2. Aufl. 1983 (44 S.).

[13] J. NAAS und H.L. SCHMID: Mathematisches Wörterbuch, Bd. I und II, Berlin/Stuttgart (Akademie-/Teubner-Verlag) 1961. 3. ber. Aufl. 1965.

[14] I.P. NATANSON: Einfachste Maxima- und Minima-Aufgaben. Berlin (DVW) 1955.

[15] F. und R. NEVANLINNA: über die Eigenschaften einer analytischen Funktion in der Umgebung einer singulären Stelle oder Linie. Acta Soc. Sci. Fenn. **50** (1922), Nr. **5**, 46 S.

[16] R. NEVANLINNA: über die Anwendung des Poisson'schen Integrals zur Untersuchung der Singularitäten analytischer Funktionen. Verh. 5. Skand. Math.-Kongr. (1922), 273-289.

[17] R. NEVANLINNA: über eine Minimumaufgabe in der Theorie der konformen Abbildung. Nachr. Ges. Wiss. Göttingen, Math.-physikal. Kl. (1933), 103-115.

[18] R. NEVANLINNA: Das harmonische Maß von Punktmengen und seine Anwendung in der Funktionentheorie. 8. Congr. Math. Scand. Stockholm 1934.

[19] R. NEVANLINNA: Eindeutige analytische Funktionen, Berlin (Springer) 1936, 2. verb. Aufl. 1953; engl. Übers. 1970.

[20] A. OSTROWSKI: über die Bedeutung der Jensenschen Formel für einige Fragen der komplexen Funktionentheorie. Acta Sci. Math. (Szeged) **1** (1922-23), 80-87.

[21] A. OSTROWSKI: über allgemeine Konvergenzsätze der komplexen Funktionentheorie. Jahresber. Deutsche Math.-Ver. **32** (1923), 185-194.

[22] F. PRYM: Zur Integration der Differentialgleichung $\dfrac{\partial^2 u}{\partial x^2} + \dfrac{\partial^2 u}{\partial y^2} = 0$, J. Reine Angew. Math. **73** (1871), 340-364.

[23] H.A. SCHWARZ: Gesammelte Mathematische Abhandlungen, 2. Band, Berlin 1890.

[24] J. TROPFKE: Geschichte der Elementar-Mathematik, Band 6. 2. Aufl. Berlin (de Gruyter) 1924.

[25] E. ZINNER: Leben und Wirken des Johannes Müller von Königsberg, genannt Regiomontanus. München (C.H. Beck) 1938. 2. Aufl. (Osnabrück) 1968.

Prof. Dr. Michael von Renteln, Mathematisches Institut I,
Universität Karlsruhe, Englerstraße 2, D-76128 Karlsruhe

Dürer - Kunst und Geometrie

Eberhard Schröder

An Hand einer Serie von Kleinbild-Dias wird erläutert, welchen hervorragenden Stellenwert die konstruktiv-geometrische Denk- und Arbeitsweise in DÜRERs künstlerischem Schaffen einnahm. Belege für sein konstruktives Vorgehen in einer Reihe von Bildwerken sind glaubhaft nachweisbar mittels seiner "Underweysung" von 1525 und besonders mit der Zweitauflage von 1538 sowie mit einer Reihe von Skizzenblättern aus den Sammlungen von London und Dresden.

Zunächst bezeugen DÜRERs schriftlicher Nachlaß (Briefwechsel und Manuskripte) sein allgemeinwissenschaftliches Interesse. Er pflegte persönliche Kontakte zu namhaften Gelehrten seiner Zeit, wie PIRKHEIMER, STABIUS, JOHANNES WERNER, HEINFOGEL, TSCHERTE.

So arbeitete er - nicht allein in Erfüllung eines küstlerischen Anliegens - bei der Darstellung der Erde in Parallelprojektion als Globus (STABIUS-DÜRER-Karten von 1515) und beim Entwurf von Himmelskarten in stereographischer Projektion (Himmelskarten nach HEINFOGEL-DÜRER) mit, sondern er bot Näherungskonstruktionen für Kreisquadratur und Kreisrektifikation in der Zweitauflage seiner "Underweysung" *(Abbildung 1;* Abbn.: s.S. 116ff.*)*.

Im Drang nach solider theoretischer Fundierung seiner Arbeit als Maler und Graphiker behandelte DÜRER in konstruktiv sehr eleganter Weise die drei nichtsingulären Fälle von Kegelschnitten: Ellipse, Parabel, Hyperbel. Anregung zu diesem Exkurs in die Geometrie mag der Nürnberger Mathematiker und Astronom JOHANNES WERNER (1468 - 1522) gegeben haben, der 1522 eine Kurzfassung der Kegelschnittlehre in lateinischer Sprache (ohne Figuren) publiziert hatte. Nicht übersehen sollte man DÜRERs einleitenden Hinweis auf EUKLIDs Elemente mit den Worten: "Die alten haben angezeigt/das man dreierley Schnitt durch ein Kegel mag tun." *(Abbildung 2)*. Sein Versuch, die Bezeichnungen für Ellipse, Parabel und Hyperbel einzudeutschen, blieben in der Folgezeit unbeachtet. Darüber hinaus sprach aus der Wortschöpfung "Eierlini" für Ellipse ein fehlerhaftes Verständnis für diese Schnittkurve. DÜRER meinte, diesem Kegelschnitt nur eine Symmetrielinie zuordnen zu können und ging von der Annahme aus, daß diese Kurve im oberen Scheitelpunkt (näher zur Spitze gelegen) stärker gekrümmt sei als im unteren. Hierdurch blieb dem Meister verborgen, daß seine auf einen Halbkreis angewandte perspektiv-affine Transformation gleichfalls auf eine Ellipse führt. So schreibt DÜRER unmittelbar vor Konstruktion des affinen Bildes des Halbkreisbogens: "Vonnöten ist den Steinmetzen zu wissen, wie sie einen halben Zirckelriß oder Bogenlini in die Länge sollen ziehen, daß sie der ersten in der Höh und sonst in allen Dingen gemäß bleiben."*(Abbildung 3)*. Das Wort "Ellipse" nennt DÜRER in diesem Zusammenhang nicht. Sicher war er sich klar darüber, daß eine Anwendung dieser affinen Transformation auf einen Kreis eine geschlossene Kurve mit zwei Symmetrieachsen ergeben müsse, was nach DÜRERS Vorstellungen keine Ellipse sein konnte. Spätere Geometriebücher übernahmen diese fehlerhafte Auffassung. Erst der Schweizer Mathematiker PAUL GULDIN (1577 - 1643) gab hierzu eine Berichtigung in seinem Buch von 1640.

Zwei weitere Zugänge zur Ellipse finden sich in zwei Londoner Skizzenblättern. Auf einem wird eine Kugel durch Grund- und Aufriß dargestellt und mit einer zweitprojizierenden Ebene geschnitten. Im Grundriß wird durch diesen Schnitt eine Ellipse sichtbar, deren orthogonales Achsenpaar miteingezeichnet ist. Ferner findet sich auf einem vermutlich angeschnittenen Blatt das Bild einer Ellipse, die durch perspektivische Konstruktion aus einem Kreis entstanden ist. Jedenfalls läßt ein Raster von Trapezen, das wohl aus einem quadratischen Raster hervorgegangen ist, eine perspektivkollineare Punkttransformation vermuten, wobei dem Raster eine Stützfunktion bei der Übertragung der Kreispunkte in das vorliegende Bild zukam. Die darin enthaltene Diagonalprobe spricht für diese Funktion. Auch dieses Blatt enthält keinen Hinweis auf die Ellipse. DÜRER war - wie jeder andere Künstler auch - oftmals mit dem Problem konfrontiert, das zentralperspektive Bild eines Kreises zu zeichnen, dessen Ebene nicht parallel zur Bildebene liegt (Tor- und Fensterbögen, Teller, Brunnenränder, Wagenräder, Mühlsteine, Fässer u.a.m.).

Zur Parabel findet sich in einem späteren Buchabschnitt ein zweiter Zugang, wobei Dürer der Zusammenhang mit diesem Kegelschnitt auch verborgen blieb *(Abbildung 4)*. Bei Erzeugung einer Muschellinie (rationale Kurve 4.Ordnung) umhüllt der auf zwei ähnlichen Punktreihen (im Sinne einer Verbindungsgeraden) geführte Stab bei Ablauf der Bewegung eine Parabel. Abgesehen von der dualen Auffassung ebener Kurven (einmal als Folge von Punkten, andererseits als Hüllgebilde einer einparametrigen Geradenschar) ist die Erzeugungsweise verschiedener ebener Kurven auch aus kinematischer Sicht von Interesse. Als Beispiel sei hier nur die Spinnlinie genannt.

Drei Dresdner Skizzenblätter verdeutlichen, wie DÜRER bei Kopfstudien und bei Darstellung des menschlichen Körpers über Vorskizzen zu den vollendeten bildlichen Wiedergaben des menschlichen Kopfes und entblößten Körpers gelangte *(Abbildung 5)*. An den bei Kopfstudien eingefügten ebenen Schnitten meint man Ellipsen mit Paaren von konjugierten Durchmessern zu erkennen. Das Londoner Skizzenblatt - einen weiblichen Akt mit Ellipse darstellend - führt vor Augen, wie eine Ellipse auch als schmückendes Beiwerk einsetzbar ist. Parabel und Hyperbel sind in DÜRERs Bildwerken nicht explizit enthalten.

Mit Blick auf DÜRERs künstlerisches Gesamtwerk ist seine Beschäftigung mit den Platonischen Körpern Tetraeder, Hexaeder, Oktaeder, Pentagondodekaeder und Ikosaeder *(Abbildung 6)* sowie mit neun der dreizehn möglichen halbregulären konvexen Polyeder - auch Archimedische Körper genannt - von lebhaftem Interesse *(Abbildung 7)*. Die Darstellung der Körper durch Grund- und Aufriß erfordert die Vertrautheit mit der Fünfeck- und Zehneckkonstruktion.

Trägt man im regelmäßigen Fünfeck die Fünfeckseite auf der Diagonalen dieses Polygons ab, so wird die Diagonale nach dem Teilungsprinzip des Goldenen Schnittes geteilt. Der kleine Streckenabschnitt verhält sich zum größeren, wie der größere zur Gesamtlänge der Diagonalen.

Beim regelmäßigen Zehneck, das ja beim Grundriß von Ikosaeder und Pentagondodekaeder zu fordern ist, tritt das gleiche Teilungsprinzip zwischen Zehneckseite und Radius des Umkreises auf.

DÜRER, der sich Zeit seines Lebens auf der Suche nach dem ästhetisch Schönen und Vollkommenen befand, hat in Zusammenhang mit den Vieleckkonstruktionen leider nicht diese so nahe liegenden Proportionsstudien betrieben. Man muß es als gegeben hinnehmen, daß bei DÜRER weder in seiner Proportionslehre von 1528 noch in seiner "Underweysung" von 1525 und 1538 ein Hinweis auf diese theoretisch und konstruktiv so leicht beherrschbare Teilungsregel zu finden ist. Ein nachträgliches Hineindeuten des Goldenen Schnittes in irgendwelche Bildwerke von DÜRER geht an den Tatsachen vorbei. DÜRER hätte diese Teilungsvorschrift dann bestimmt in einem seiner Werke beschrieben.

Sein Zeitgenosse, der italienische Mathematiker LUCA PACIOLO (1445 - 1517) verfaßte zu diesem Gegenstand eine Schrift mit dem Titel "De divina proportione" im Jahre 1509. Auch EUKLIDs Elemente enthalten die Aufgabenstellung, eine Strecke $\overline{AB}$ der Länge a innerlich durch einen Punkt X so zu teilen, daß für a und die Längen x bzw. a - x der Teilstrecken $\overline{AX}$ bzw. $\overline{XB}$ die Gleichung $x^2 = a\,(a - x)$ erfüllt ist.

Die Renaissance, an deren Schwelle sich DÜRER befand, wandte die Teilungsvorschrift $u : v = (\sqrt{5} - 1) : 2$ in vielfältigster Weise an *(Abb. 8)*. Es erscheint höchst unwahrscheinlich, daß DÜRER bei seinen vielfältigen kunsttheoretischen Studien niemals mit dem Teilungsverfahren nach dem Goldenen Schnitt konfrontiert worden ist. Man kann fast mit Sicherheit annehmen, daß er wenigstens von einem der zeitgenössischen Gelehrten auf diese Möglichkeit der ästhetischen Bildgestaltung hingewiesen worden ist. Dies ist nur damit erklärbar, daß der Meister noch zu sehr in einer pythagoreischen Denkweise befangen war, nach der das ästhetisch Schöne in seinen Maßen zueinander stets durch ganzzahlige einfache Proportionen erfaßbar sei. Die Musiktheorie lieferte hierfür überzeugende Beispiele.

Beim Aufbau der pythagoreischen sowie der diatonischen Tonleiter bediente man sich natürlicher Zahlen. Diese reflektierten sich dann auch im Instrumentenbau etwa in den Längen der Orgelpfeifen. Harmonische Zusammenklänge von Tönen lagen vor, wenn sich deren Schwingungszahlen durch Proportionen kleiner natürlicher Zahlen beschreiben ließen.

Entsprechend diesem Vorbild setzte DÜRER in seiner Proportionslehre nur natürliche Zahlen in Beziehung zueinander. Es lag ihm völlig fern, eine Strecke innerlich nach dem Verhältnis $2 : (\sqrt{5} + 1)$ zu teilen, um damit sein auf Harmonie abzielendes Stilempfinden zu befriedigen.

Erst nach Einführung des temperierten Stimmungsprinzips in der Musiktheorie durch MARIN MERSENNE (1588 - 1648) mit seinem Werk "Harmonie universelle" 1636 hielt mit der Zahl $\sqrt[12]{2}$ das Irrationale Einzug in die Harmoniebetrachtungen.

Trotz dieser Einschränkungen ist DÜRERs wissenschaftlicher Beitrag, die fünf regulären (Platonischen) Körper durch Grund- und Aufriß dargestellt und zusätzlich ihre Netzabwicklungen geboten zu haben, ganz bedeutend. Äußerst verdienstvoll war auch die Netzdarstellung von neun der dreizehn möglichen halbregulären konvexen (Archimedischen) Polyeder. Erst JOHANNES KEPLER (1571 - 1630) ging 100 Jahre später - auf einem in lateinischer

Übersetzung vorliegenden Bericht von PAPPOS fußend - in seiner "Harmonice mundi" 1619 über DÜRER hinaus. Allerdings bot er keine Netzabwicklungen der Körper.

Am Ende des vierten Buches der "Underweysung" gibt DÜRER einige Erläuterungen zur Herstellung zentralperspektivischer Bilder. Die Umsetzung der visuellen Wahrnehmung eines räumlichen Objektes in einem ebenen Bild wird ganz im Sinne Euklids interpretiert. Dieser erklärt die bildhaft darzustellenden Umrißlinien eines körperlichen Gebildes als Spurkurven jener Sehstrahlkegel in der Zeichenebene, die vom Auge des Betrachters ausgehend das räumliche Objekt berühren.

Um dies konstruktiv zu beherrschen, führt DÜRER zum Aufriß einen Seitenriß ein, in dem sich die Bildebene in projizierender Lage befindet und der Augpunkt unter Berücksichtigung der Augdistanz entsprechend in den Seitenriß zu überführen ist. Auch der darzustellende Körper wäre gleichfalls in den Seitenriß zu überführen. Dies erspart sich DÜRER, indem er seine Darstellungen auf Quadrate und Würfel bei frontaler Lage beschränkt.

Horizont und Hauptpunkt (Fluchtpunkt von Tiefenlinien des Bildes) sind in den meisten Bildern von DÜRER rekonstruierbar. Vielfach bietet sich auch ein Zugang zur Augdistanz und damit zur ersten Orientierung des Bildes. Damit sprengt DÜRER noch nicht die Grenzen, innerhalb derer sich bereits FILIPPO BRUNELLESCHI (1377 - 1446) mit seinem künstlerischen Schaffen bewegt hatte. Bezüglich des Hauptpunktes war DÜRER noch in fehlerhaften Vorstellungen befangen. Er stellte den Hauptpunkt in seinen Skizzen stets als stilisiertes Auge dar und schrieb in seinen belehrenden Texten mehrfach: "Habt acht aufs Aug!". Das in einen Seitenriß übergeführte Auge nannte er in seinen Erläuterungen "das ferne Auge" *(Abbildung 9)*.

Da DÜRER den Seitenriß der Bildebene sehr dicht benachbart neben eine der Tiefenlinien des von ihm dargestellten Quadrates legte, erlag er auch der Versuchung, die Seitenrißkonstruktion mit der Distanzpunktkonstruktion zu vermengen. Abbildung 61 aus der "Underweysung" und der zugehörige Text bezeugen eindeutig diese begriffliche Verwirrung.

Bei dem Florentiner Architekten und Maler LEON BATTISTA ALBERTI (1404 - 1472) ist erstmals die Verwendung von Distanzpunkten *(punto della veduta)* z.B. bei Rasterkonstruktionen in horizontaler Ebene nachweisbar.

Ein Dresdner Skizzenblatt aus DÜRERs Hand belegt, daß der Meister mindestens eine Begegnung mit derartigen Konstruktionen gehabt hat. Eine

Umsetzung in die künstlerische Praxis fand offensichtlich nicht statt *(Abbildungen 10a und 10b).*

Die Erkenntnis, daß es sich bei den auf dem Horizont symmetrisch zum Hauptpunkt liegenden Distanzpunkten um die Fluchtpunkte der gegen die Bildebene unter 45° geneigten horizontalen Geradenbündel handelt, setzte sich nur sehr langsam durch. Erst der italienische Mathematiker GUIDO UBALDO MONTE gab in seinen sechs Büchern zur Zentralperspektive (Bologna 1600) eine begrifflich klare Darstellung des allgemein gefaßten Fluchtpunktsatzes.

Die in der "Underweysung" vorgeführten instrumentellen Methoden zur Konstruktion zentralperspektiver Bilder bieten aus geometrischer Sicht nichts Neues in dieser Zeit. Immerhin verdeutlichen sie, den Hauptpunkt H eines Bildes als Lotfußpunkt vom Auge O auf die Bildebene zu interpretieren. Die Abbildung "Mann eine Kanne durchzeichnend" zeigt ein instrumentelles Verfahren, wie man die Augdistanz für ein Bild sehr groß manipulieren kann. Vor allem die italienischen Meister der Renaissance warnten stets davor, die Augdistanz zu klein zu wählen. Eine zu geringe Augdistanz hat im Bild unschöne Randverzerrungen zur Folge. Insgesamt nehmen sich DÜRERS Ausführungen zur Zentralperspektive in der "Underweysung" von 1525 zwar gewissenhaft aber nicht umwälzend neu aus.

Hingegen lassen die Kupferstiche "Hieronymus im Gehäus" und "Melancholie" aus dem Jahre 1514 *(Abbildung 11)* vermuten, daß DÜRER bereits zu dieser Zeit etwas in der Hinterhand hatte, was er in der Erstauflage von 1525 noch zurückhielt. Diese Vermutung bestätigt sich bei genauerer Durchsicht der nach DÜRERS Tod im Jahre 1538 von sachkundiger Hand besorgten Zweitauflage der "Underweysung" unter Hinzunahme einiger Londoner Skizzenblätter *(Abbildung 12).*

Gemäß einer fast beiläufig angegebenen Punkttransformation gibt man zunächst den Grundriß des darzustellenden Objektes vor. Dieses Bild, etwa ein im Grundriß liegendes Dreieck, wird in ein Quadrat eingefaßt, das gleichfalls in der Grundrißebene liegt und frontal ausgerichtet ist. Außerdem wird in das Quadrat eine Diagonale eingezeichnet.

Nun fügt man an das Quadrat ein Trapez derart, daß eine der Parallelseiten des Trapezes mit der oberen Quadratseite identisch ist. Die zugehörige Gerade soll im folgenden "Standlinie" heißen. Die nichtparallelen Seiten des Trapezes schneiden sich in einem Punkt O oberhalb der Standlinie. Ferner zeichnet man in das Trapez noch jene Diagonale ein, die mit der Diagonalen des Quadrates auf der Standlinie keinen gemeinsamen Punkt besitzt. Die beiden Diagonalen spielen bei der von DÜRER vorgeführten Punkttransformation eine wichtige Rolle. So sollen bei der folgenden Erklärung auch die vom Meister in seiner Zeichnung verwendeten Punktbenennungen übernommen werden.

Zunächst wird der vorgegebene Punkt e mit einer Tiefenlinie angegittert. Dies ergibt auf der Standlinie den Punkt h. Der Tiefenlinie entspricht im Bild die Verbindungsgerade (hO). Der von DÜRER mit O bezeichnete Schnittpunkt der nichtparallelen Seiten des Trapezes ist im Bild als Fluchtpunkt der Tiefenlinien zu interpretieren. O ist also Hauptpunkt des zu konstruierenden Bildes. Das Angittern von e mit einer Breitenlinie liefert auf der Diagonalen den Punkt j. Die Tiefenlinie durch j führt in der Standlinie auf k. Die Verbindung (kO) liefert den Punkt l auf der Trapezdiagonalen. Endlich gelangt man mittels der Breitenlinie durch l auf den Bildpunkt n von e.

Da die Diagonale im Trapez das Bild einer Gehrungslinie (Diagonale im Quadrat) ist, kann aus dem Bild auf die Augdistanz und damit auf die erste Orientierung des entstehenden Bildes geschlossen werden.

Die Waagerechte durch O (Hauptpunkt H!) ist identisch mit dem Bildhorizont. Im Schnittpunkt von h mit der verlängerten Diagonalen des Trapezes liegt ein Distanzpunkt. Folglich ist durch die Vorgabe des Quadrates mit geeignet angefügtem Trapez (der Schnittpunkt O der nichtparallelen Trapezseiten muß oberhalb des Quadrates liegen) der Rahmen für die eindeutige Konstruktion des Zentralrisses einer im Grundriß gegebenen ebenen Figur gesichert. DÜRER schreibt zu dieser Abbildung 51 in seinem Buch: "Wen du jn einem abgestolnen blanum ein puncten finden wilt, der dir jn einer rechten fierung fürgegeben würdet, denn mustu also than.... "

Wie ein Schulbeispiel wirkt heute ein Dresdner Skizzenblatt auf uns, wo ein unregelmäßiges Dreieck und ein beliebiges achteckiges Polygon in der oben beschriebenen Weise bei entsprechenden Vorgaben von Quadrat und Trapez in ihre Zentralrisse übergeführt werden *(Abbildung 13)*.

Bei der zweidimensionalen Umsetzung dieser Punkttransformation ist DÜRER nicht stehengeblieben. Er fährt in seinen Erläuterungen fort: "Vund zu gleycher weyß ist ein yetlicher für gegebener punckt in einem cubo zu finden, so man den cubum for mit zweyen blanen durch den für gegebnen puncten aufrecht und zwerchs zerschneydet. Dise zwen schnit geben jm aufreissen zwo linien. So du aber den cubum in das abgestolen bringest, so findet sich der punckt jm zwerchen Schnit durch die weyß wie oben angezeygt ist."

Ist also ein Punkt P im Raum vorgegeben, so ist dieser in einen Würfel einzupassen und dann in seiner Lage durch Grund-, Auf- und Seitenriß zu fixieren. An die in der Zeichenebene liegenden Risse (Grund- und Seitenriß) ist nach Löschung des Aufrisses je ein Trapez derart anzuheften, daß die beiden Trapeze je eine ihrer nichtparallelen Seiten gemeinsam haben. Ferner sind die Maße der Trapeze so festzulegen, daß sich für beide Transformationen (Transformation von Grundriß und Seitenriß) die gleiche Augdistanz ergibt. Andernfalls würden sich für den Zentralriß etwa eines Polyeders Verzerrungen ergeben, die auf ein widersprüchliches Bild führen.

Mit der Frage nach der Urheberschaft des Diagonalverfahrens stößt man auf PIERO DELLA FRANCESCO (ca. 1420 - 1492), der in seinem Malerbuch "De prospectiva pingendi" eine fast äquivalente Konstruktion geboten hat. Im Unterschied zu DÜRER geht PIERO von einem an einer waagerechten Geraden gespiegelten Grundriß aus und transformiert diesen Normalriß mittels zweier sich auf der Standlinie schneidender Diagonalen (von Trapez und Quadrat) in den lagemäßig richtigen Zentralriß *(Abbildung 14)*.

Diese Konstruktion läßt sich mit der geometrischen Verwandtschaft einer perspektiven Kollineation überdecken. Dabei ist das über den Horizont nach oben umgelegte Auge 0^c das Kollineationszentrum, die Standlinie die Kollineationsachse und der Horizont die Gegenachse *(Abbildung 15)*. Schleifende Schnitte und wacklige Verbindungen werden bei den Diagonalverfahren nach PIERO und DÜRER weitgehend ausgeschaltet. Dies sichert eine hohe Zeichengenauigkeit.

Nach diesem Einblick in DÜRERS theoretisches Reservoir auf dem Gebiet der konstruktiven Geometrie erhebt sich die Frage, ob und wann er in seiner künstlerischen Praxis mit so hohem theoretischen Einsatz gearbeitet hat. Eine Antwort darauf findet man möglicherweise mittels der Wasserzeichen im Papier. Sie erlauben vielfach, für die Entstehungszeiten der Skizzen zeitliche Schranken zu setzen.

In der Tat lassen die im Britischen Museum befindlichen Skizzenblätter zur Demonstration des Diagonalverfahrens auf Grund der im Papier erkennbaren Wasserzeichen eine Nutzungszeit für die Jahre 1513 bis 1524 offen. Es wäre kaum verständlich, wenn der Meister das von ihm empfohlene und beschriebene Verfahren nirgends einmal selbst erprobt hätte. Aus seinem seit 1513 überlieferten künstlerischen Gesamtwerk kommen auf Grund der Rekonstruktionsanalysen nur zwei Graphiken in Betracht. Dies sind die Kupferstiche "Hieronymus im Gehäus" und "Melancholie" aus dem Jahre 1514. In diesen beiden Graphiken sind Maßhaltigkeit und Proportionalität in einem so hohen Grade gewahrt, daß ein konstruktives Vorgehen des Meisters beim Entwurf der Bilder als sicher anzusehen ist.

Richten wir unser Augenmerk auf das in der Melancholie dargestellte achtflächige konvexe Polyeder. Auf Grund der an diesem Körper vorauszusetzenden Regularitäten (Deckfläche und Basisfläche sind gleichseitige Dreiecke) kann man den Hauptpunkt, den Horizont und die Augdistanz ermitteln. Somit verfügt man über die erste Orientierung des Bildes.

Nach einer bekannten Konstruktion ergibt sich für die Augdistanz bei Bezugnahme auf die Originalgröße des Bildes (24,3 x 18,7 cm) die Länge von 20,4 cm *(Abbildung 16)*. Die Einbettung des Polyeders in das Gesamtbild ist DÜRER ausgezeichnet gelungen, denn für den in vertikaler Lage zur Bildebene aufgestellte Mühlstein resultiert eine Augdistanz von 21 cm.

Ein Dresdner Skizzenblatt zeigt das Spiegelbild des in der "Melancholie" wiedergegebenen Polyeders. Sicher basieren beide Darstellungen auf der gleichen Grundkonstruktion, deren Ergebnis man mittels Durchstechen mit einer Nadel beliebig oft übertragen konnte. Dies führte jedoch auch zu kleinen Ungenauigkeiten, die nicht übersehen, aber auch nicht überbewertet werden sollen *(Abbildung 17)*.

Ausgehend von Grund-, Auf- und Seitenriß des Polyeders mag nun der Zentralriß - entsprechend dem Kupferstich von 1514 - nach dem von DÜRER erläuterten Diagonalverfahren konstruiert werden. Dabei sollen die aus der "Melancholie" gewonnene Augdistanz und der in der Skizze vorgegebene Hauptpunkt in die Rekonstruktion einbezogen werden.

In Übereinstimmung mit dem vorliegenden Endprodukt der Konstruktion mit der daraus ableitbaren ersten Orientierung des Bildes gelangt man zwangsläufig zu folgendem Ansatz für die Bildanalyse *(Abbildung 18a)*:

Im Seitenriß stehen die Kanten für zwei Kantenpaare scheinbar zueinander normal. Dies erleichtert die Eckpunkttransformation nach dem Diagonalverfahren. Im Grundriß bietet sich der Umriß des Körpers als regelmäßiges Sechseck. Deck- und Basisfläche bilden zwei konzentrische, um 60° gegeneinander verdrehte gleichseitige Dreiecke. Bei einem äquivalenten, aber nicht abgestumpften Rhomboeder stehen die Diagonalen in den rhombischen Seitenflächen im Verhältnis $2:\sqrt{3}$.

Nach Wegnahme des Aufrisses werden die durch Hauptpunkt und Augdistanz eindeutig bestimmbaren Trapeze samt ihren Diagonalen an die Quadrate angeknüpft. Anschließend erfolgt die Transformation der 12 Eckpunkte je einmal in den Zentralriß des Grundrisses und in den Zentralriß des Seitenrisses unter Verwendung von DÜRERS Diagonalverfahren *(Abb. 18b)*. Nach dem Vorliegen der beiden transformierten Risse bedarf es nur noch, senkrechte und waagerechte Ordnungslinien einzuzeichnen und die sich entsprechenden Geraden miteinander zum Schnitt zu bringen. Dies gibt die Zentralrisse von 12 Eckpunkten im Raum, die noch in Einklang mit der Vorgabe zu verbinden sind *(Abbildung 18c)*.

Sicher verfolgte DÜRER mit dem Kupferstich "Melancholie" das Ziel, der Mit- und Nachwelt eine geometrische Glanzleistung zu bieten. Der von der Hand der allegorischen Frauengestalt geführte Zirkel, der durch das Meer vorgegebene natürliche Horizont, das im Schoß liegende Buch - vielleicht eine Anspielung auf EUKLIDs Elemente - bringen zum Ausdruck, daß sich der Meister seines Könnens, aber auch seiner Grenzen bezüglich der Zentralperspektive bewußt war. DÜRER hat niemals wieder eine Graphik oder ein Bild unter so hohem konstruktiv-geometrischem Einsatz gefertigt. Für das Warum seiner Konstruktion war er noch nicht zu einer ihn befriedigenden Antwort gekommen.

Festzuhalten bleibt, daß DÜRER mit seinem Zentralriß eines Polyeders zu seiner Zeit nicht allein stand. Bekannt ist aus dieser Zeit (1510) der Zentralriß eines Ikosidodekaeders von LEONARDO DA VINCI. Der italienische Meister hatte diesen halbregulären Archimedischen Körper bestehend aus 12 regelmäßigen Fünfecken und zwanzig regelmäßigen Dreiecken auf Anregung des Mathematikers LUCA PACIOLO bei seinem Mailänder Aufenthalt zu Papier gebracht. Es mag sein, daß DÜRERS Ehrgeiz durch diese geometrische Leistung eines Künstlerkollegen gefordert worden war. Eine solche Vermutung liegt nahe.

DÜRERS Glanzleistungen der folgenen Jahre liegen - abgesehen von seinen literarischen Werken - in einer anderen Richtung, die hier nicht Gegenstand der Betrachtung ist.

Im Vortrag konnte nur angedeutet werden, welche Verehrung DÜRER nicht allein auf Grund seines künstlerischen Lebenswerkes als Maler und

Graphiker gebührt, sondern mit welcher Akribie er sein Schaffen auch durch theoretische Studien zu fundieren suchte. Dies führte ihn zwangsläufig auf konstruktiv - geometrische und mathematische Fragestellungen, die er mit Hilfe seines wissenschaftlich gut orientierten Umfeldes auf seine Weise selbständig zu verarbeiten und zu lösen verstand.

Dr. habil. Eberhard Schröder, Büttemerweg 26, D-69493 Hirschberg

Abbildungen

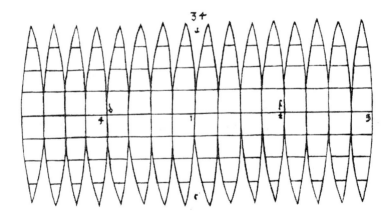

Abb. 1: Kugelabwicklung

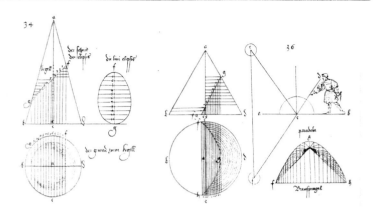

Abb. 2: Kegelschnitte - Ellipse und Parabel

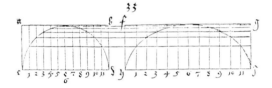

Abb. 3: Affine Transformation - Halbkreis und Halbellipse

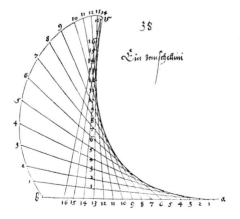

Abb. 4: Muschellinie und Parabel (Vergr.: Seite 330)

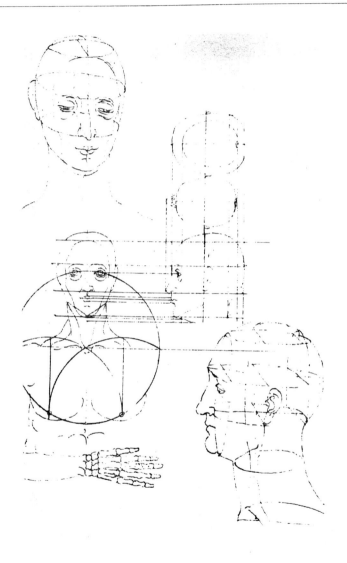

Abb. 5: Kopfstudie - Dresdner Skizzenblatt

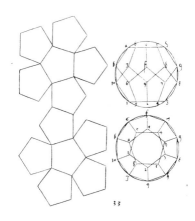

Abb. 6: Pentagondodekaeder, Grundriß, Aufriß und Netzdarstellung

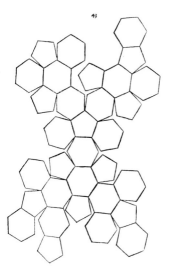

Abb. 7: Netzdarstellung des Ikosaedron truncum

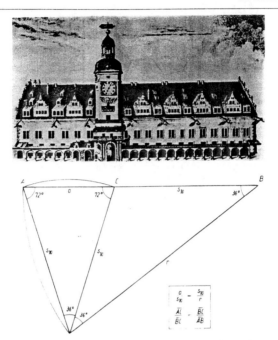

Abb. 8: Goldener Schnitt - stetige Teilung an einem Bauwerk
(Altes Rathaus zu Leipzig)

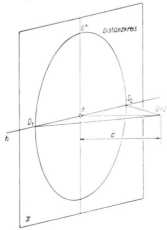

Abb. 9: Aug-, Hauptpkt., Augdistanz, Horizont, Distanzpunkt, -kreis

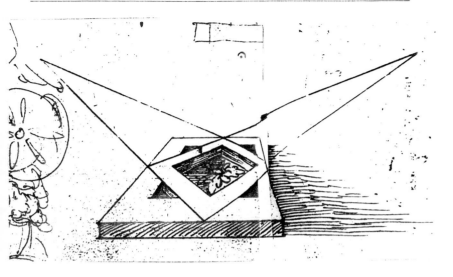

Abb. 10 a: Distanzpunktkonstruktion - Dresdner Skizzenblatt

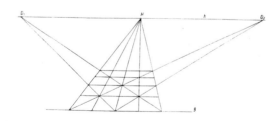

Abb. 10 b: Konstruktive Anwendung der Distanzpunkte

Abb. 11: Dürers "Melancholie" von 1514

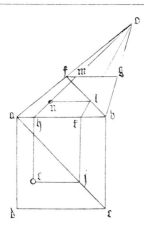

Abb. 12: Diagonalverfahren nach Albrecht Dürer

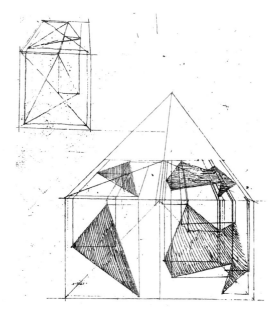

Abb. 13: Transformation eines Dreiecks und eines Achtecks
nach dem Diagonalverfahren von Grundriß in Zentralriß

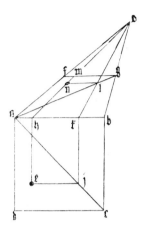

Abb. 14: Diagonalverfahren nach Piero della Francesco

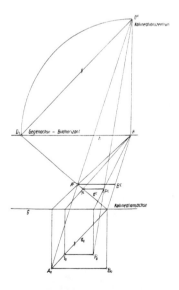

Abb. 15: Überlagerung der Konstruktion von Piero della Francesco mit der
perspektiv-kollinearen Punktverwandtschaft

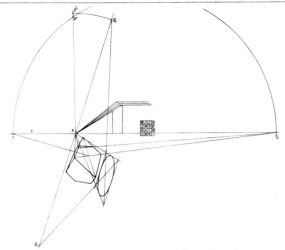

Abb. 16: Rekonstruktionsanalyse - Augdistanzbestimmung an
Dürers "Melancholie" aus zwei Bildobjekten

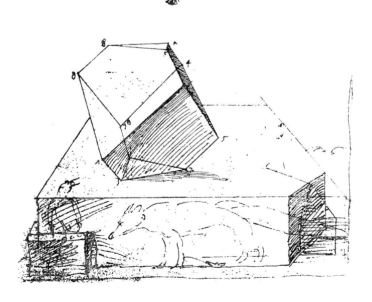

Abb. 17: Vorstudie zur "Melancholie" - Dresdner Skizzenblatt

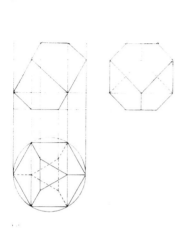

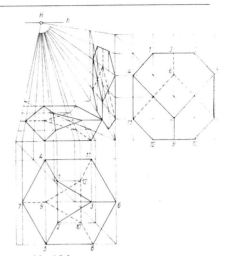

Abb. 18 a:
Dürers Polyeder in Grund-,
Auf- und Kreuzriß

Abb. 18 b:
Konstruktion der Zentralrisse von
Grund- und Kreuzriß nach dem
Diagonalverfahren

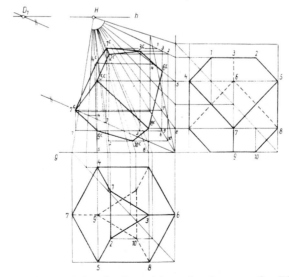

Abb. 18 c: Konstruktion des Zentralrisses des abgestumpften Rhomboeders
aus den Zentralrissen von Grund- und Kreuzriß

Ein Streifzug durch das Rechenbuch des Peter Apian
(1495–1552)

Stefan Deschauer

Das Jahr 1995 gibt uns Anlaß, eines vor 500 Jahren geborenen Mannes zu gedenken, der zweifellos dem Kreis bedeutender deutscher Gelehrter der Renaissancezeit zuzurechnen ist. *Peter Bienewitz* (oder *Bennewitz*), der seinen Namen nach guter Humanistenart zu *Apianus* (von *apis* = Biene) latinisierte, wurde im sächsischen Leisnig geboren. Die ersten Stationen seiner Ausbildung waren Rochlitz und Meißen, anschließend studierte er Mathematik und Astronomie an den Universitäten Leipzig und Wien und folgte schließlich 1527 – nach kürzeren Aufenthalten in Landshut und Regensburg – einem Ruf als Professor für Mathematik und Astronomie an die Universität Ingolstadt. Seine wissenschaftlichen Hauptleistungen betreffen die Gebiete der Astronomie und der Geographie: In der *Cosmographia* von 1524 gelang ihm als erstem, die geographische Länge mit Hilfe der Monddistanzen zu gewissen Fixsternen zu bestimmen. Sein zweites Hauptwerk, das *Astronomicum Caesareum* (1540), beschäftigt sich u. a. ebenfalls mit dem Längenproblem, wofür er die Beobachtung von Sonnenfinsternissen vorschlägt. Hier finden sich auch die Ergebnisse seiner Kometenbeobachtungen, insbesondere des Halleyschen Kometen, und Beschreibungen zahlreicher, teilweise neu entworfener astronomischer und mathematischer Instrumente, die er in der sphärischen Trigonometrie einsetzte, um nicht auf umfangreiche Rechnungen und Tabellen angewiesen zu sein (vgl. [4, S. 22]). Gleichwohl finden sich in Apians Werken auch Sinustabellen; sie zählen zu den frühesten, die jemals gedruckt worden sind.

Aufgrund seiner Leistungen wurde Apian bereits zu Lebzeiten hochgeachtet; Kaiser Karl V. erhob ihn im Jahre 1541 in den Reichsritterstand. Apian starb 1552 in Ingolstadt. In Anerkennung seiner bleibenden Verdienste für die Astronomie trägt ein Ringgebirge auf dem Mond (im 4. Quadranten der erdzugewandten Seite) seinen Namen.

Diese kurzen Hinweise zu Leben und Werk des Ingolstädter Gelehrten müssen hier genügen. Eine ausführliche Darstellung findet man bei ROMSTÖCK [8, S. 11-23], der sich u. a. auf den Apian-Biographen GÜNTHER [6] bezieht. ROMSTÖCK gibt das Schriftenverzeichnis Apians mit 29 Titeln an und nennt 20 weitere Werke, die als ungedruckte Manuskripte vorgelegen haben sollen oder von Apian zwar angekündigt, aber bibliographisch nicht nachweisbar sind.

In der vorliegenden Abhandlung soll das Rechenbuch des Peter Apian [1] auszugsweise vorgestellt werden, das 1527 erstmals in Ingolstadt erschien – vgl. das Titelblatt in Abb. 1. Dieser heute selten gewordenen Erstausgabe folgten weitere Auflagen: Frankfurt a. M. 1537, 1544, 1564 und 1580. Die Existenz einer Leipziger Ausgabe von 1543 ist unsicher.

Abb. 1

Apian gehört neben WIDMAN [13] und GRAMMATEUS [5] zu den wenigen Universitätsmathematikern seiner Zeit, die ein Rechenbuch für kaufmännische Zwecke verfaßten. Es liegt daher nahe, ausführlicher auf solche Besonderheiten einzugehen, die in den damaligen von Rechenmeistern verfaßten Werken nur selten anzutreffen sind. In diesem Zusammenhang möchte ich auch zum Plagiatsvorwurf Stellung nehmen, den D. E. SMITH [10, S. 155] erhebt: "Apian follows RUDOLFF so closely as to give ground of comment. His arithmetic differs from the latter's chiefly in the arrangement of the matter." Leider war mir die Wiener Erstausgabe des RUDOLFFSCHEN

Rechenbuchs von 1526 [9] nicht zugänglich[1]; die Augsburger Auflage von 1574, die ich in der Sächsischen Landesbibliothek in Dresden einsehen konnte, liefert jedenfalls keinerlei Belege für die These von SMITH. Während RUDOLFF ausschließlich auf die praktischen Bedürfnisse von Kaufleuten und Handwerken abzielt, verfolgt Apian weitergehende Absichten: Er gibt eine Gesamtdarstellung der Arithmetik, behandelt die vorsymbolische Algebra (Regula falsi), führt in die cossistische Terminologie ein – wobei er allerdings die Methode der Coß ausdrücklich ausspart – und greift die Tradition der Unterhaltungsmathematik ausgiebig auf.

Schon die Titelseite seines Buches, auf der er sich als *Astronomei zu Ingolstat Ordinariū* vorstellt, ist bemerkenswert: Neben der Abbildung eines Linienschemas mit Rechenpfennigen findet sich hier das erste gedruckte Zahlendreieck, das später nach PASCAL (1623–1662) benannt wurde. Dieses Schema und seine Verwendung bei der Berechnung höherer Wurzeln, die ja die Kenntnis der Binomialkoeffizienten erfordert, waren den Mathematikern des 15. und 16. Jahrhunderts wohl weitgehend vertraut.

Im Vorwort widmet Apian sein Werk dem *Erbarn, Fürsichtigen, Weisen hern Hansen Senfftel Burger zu Münchn*, zitiert in geläufiger Humanistentradition Augustinus, Pythagoras und Platon und bezeichnet die Rechenkunst als notwendige Voraussetzung für die übrigen Fächer des Quadriviums (Musik, Geometrie, Astronomie). Viele schlechte, entweder erschreckend weitläufige oder zu kurz gefaßte Rechenbücher hätten ihn dazu veranlaßt, selbst ein solches Buch zu schreiben, wobei er insbesondere auf die Practica (vorteilhafte, zeitsparende Rechnungsarten in Handwerk und Kaufhandel) und die Tolletrechnung hinweist. Das Vorwort schließt mit der Ankündigung, auch eine Coß (Algebra) herauszugeben – von einem solchen Werk Apians ist aber nichts bekannt.

„Das Erste Buch der rechnung" soll all das behandeln, was zu „gemainer Kauffmanschafft gehöret". Es werden die sechs Species *(Numeratio, Additio, Subtractio, Multiplicatio, Divisio* und *Progressio)* gelehrt, außerdem die *Regula detri* und der Algorithmus in gemeinen Brüchen.

---

[1] Das in der Rare book Library der Columbia University New York verwahrte Exemplar ist in einem so schlechten Zustand, daß es weder von Benutzern eingesehen noch mikroverfilmt werden kann.

Die *Numeratio* betrifft die Schreibweise und die Lesart der Zahlen im
dezimalen Positionssystem mit den noch heute üblichen Ziffernformen. „das
die ordnung der zal sich anhebt bey der rechten handt vnd ... sich zu der
lincken khert" (gemeint ist natürlich die Ordnung der Zehnerpotenzen), erklärt sich Apian mit der (angeblichen) Erfindung dieser Zahlen durch die
Hebräer und Chaldäer, deren Schrift ja auch von rechts nach links verläuft.
Die „Nulla" bezeichnet er als „unbedeutlich figur", die übrigen 9 Ziffern
sind die „bedeutlichen figurn", gerade Zahlen heißen „gleich", ungerade
Zahlen dementsprechend „ungleich". In Anlehnung an GERBERT (945–1003)
unterscheidet Apian zwischen den *digiti* (Fingerzahlen von 1 bis 9), den *ar-
ticuli* (Gliedzahlen von 10 bis 90) und den *compositi* (aus Finger- und
Gliedzahlen additiv zusammengesetzte Zahlen). Auch das Fingerrechnen,
auf das diese Klassifikation wohl zurückgeht, spielt bei Apian noch eine
gewisse Rolle: die etwaigen Überträge bei der schriftlichen Addition können
mit der Fingerdarstellung besser behalten werden – vgl. den folgenden Holz-
schnitt von Blatt A 7^{r} des Rechenbuchs.

Abb. 2

„Dieweil die Summierung der Register durch die rechenpfening auf der
lini brauchsamer ist dañ durch die federn oder Kreide", erläutert Apian auch
das Linienschema sowie im Kapitel *Additio* eine Linienaddition mit Geldwerten. Die überholte Methode, die die Mehrzahl der Rechenmeister auch
noch bei den anderen Rechenoperationen berücksichtigt, greift Apian nur
noch einmal bei seiner Tolletrechnung auf.

Für schriftliche Subtraktionen mit Zehnerunterschreitung verwendet er
wie Ries (vgl. [7, S. 132 f.]) u. a. die Methode der Zehnerergänzung der
Subtrahenden. Die nächste Ziffer im Subtrahenden versieht er mit einem

Punkt, um anzumerken, daß sich ihr Wert um 1 erhöht hat. Als Proben für die Subtraktion gelten die Addition der Differenz ("das resto" oder "das rest") und des Subtrahenden sowie die Sechser-, Siebener- oder Neunerprobe dieser Addition. Als Hilfe für die Multiplikation – mit dem Wort "mehren" verdeutscht – dient eine Einmaleinstafel in Dreiecksform (vgl. [3, S.14/16]). Die schriftliche Multiplikation erfolgt nach unserer Methode „Trennung der Plätze" [12, S. 213], wobei die Faktoren allerdings untereinandergeschrieben werden. Darüber hinaus gibt Apian auch ein Verfahren an, wie man einstellige Faktoren multiplizieren kann, wenn man nicht auf die vollständige Einmaleinstafel zurückgreifen will: Diese heute kurios anmutende, im ausgehenden Mittelalter verbreitete Methode beruht auf der Formel $a \cdot b = 10 (a + b - 10) + (10 - a) (10 - b)$.

Sehr übersichtlich wird das Verfahren des Überwärtsdividierens dargestellt, bei Divisionen mit Rest die Bruchschreibweise eingeführt. Es fällt auf, daß Apian – im Unterschied zu den meisten anderen Rechenbuchautoren dieser Zeit – das Verdoppeln (Duplieren) und das Halbieren (Medieren) nicht mehr als eigenständige Rechenarten behandelt.

Im Kapitel *Progressio* (zu deutsch „fürzelen") geht es um arithmetische und geometrische Reihen. Apian unterscheidet zwischen „natürlicher Progression" (arithmetische Reihen mit $d = 1$) und "unterschnittener Progression" (arithmetische Reihen mit $d > 1$ und geometrische Reihen) und lehrt die üblichen Verfahren zur Bestimmung der Reihenwerte. U. a. behandelt er die Frage, wie die Zahl an der 15. Stelle der Progression lautet, „die sich an 4 anhebet vnnd in proportione Tripla vber sich steigt", wie groß also $a_{14} = 4 \cdot 3^{14}$ ist. Zunächst listet er die Glieder a_0 bis a_5 auf und stellt sie ihren „Signaturen" (wir würden sagen: den Indizes, die den Exponenten der jeweiligen Dreierpotenzen entsprechen) gegenüber. Dann bestimmt er – modern gesprochen – a_9 mit Hilfe von $(a_4 \cdot a_5) : 4$ und schließlich a_{14} über $(a_9 \cdot a_5) : 4$, wobei er ausdrücklich auf die additiven Zusammenhänge der Indizes hinweist. Die Gegenüberstellung von geometrischer Folge und arithmetischer Folge ihrer Exponenten dient hier – wie in anderen Beispielen bei Apian – der vorteilhaften Anwendung des Potenzgesetzes $a^{m+n} = a^m \cdot a^n$ und darf als Beitrag zur Entwicklungsgeschichte des Logarithmusbegriffs gelten.

Es folgen umfangreiche metrologische Tabellen (Geldwerte, Gewichte, Tuch-, Korn- und Stückmaße) für wichtige Handelsplätze in Süddeutschland, Sachsen, Österreich und Ungarn und eine ausführliche Anwendung der

"Species" auf das Rechnen mit Größen. Dabei treten auch die ersten Aufgaben zur Unterhaltungsmathematik auf.

Ich habe ein Haus, das hat 12 Kammern, in jeder Kammer stehen 6 Truhen, in jeder Truhe sind 12 Schubläden, in jeder Schublade liegen 15 Pfennig. Wieviel Pfennig sind es insgesamt? (modernisierte Fassung)

Besonders erregt sich Apian über die „schimpfliche und sehr unnütze" Frage, wie viele Tropfen in einem Faß seien, die unverständige und ruhmsüchtige Rechenmeister neben anderen „faulen Possen" und „ungehobelten Exempeln" ihren Schülern vorlegen. Auch kritisiert er, daß die Tropfen nicht alle gleich groß seien, und dennoch löst er die Aufgabe unter der Annahme, daß ein Seidel 634 Tropfen habe. (Weitere Hinweise: 1 Faß = 6 Eimer 36 Maß, 1 Eimer = 64 Maß, 1 Maß = 2 Seidel)

Die Aufgaben zu arithmetischen und geometrischen Reihen mit Größen sind überwiegend realitätsfern. Da akzeptiert ein Weinschenk nicht den Preis für ein Faß, den der Fuhrmann erhebt, läßt sich aber auf den niederträchtigen Vorschlag ein, nach Anzahl der (34) Reifen progressiv zu bezahlen – für den ersten Reifen „nur" einen Kreuzer, für den zweiten 2 Kreuzer usw. Der Endpreis liegt nun höher als der vorher vorgeschlagene. Noch weniger verlockend ist der Roßkauf nach den (32) Nägeln, deren Preis von anfänglich 1 Heller in geometrischer Progression ansteigt. Wer an die Aufgabe von den Weizenkörnern auf dem Schachbrett denkt, wird sich nicht wundern, daß der stolze Preis für das Tier weit über 10 Millionen Gulden beträgt.

Vorsichtiger ist dagegen der Bauherr, der einen Turm von 100 Ellen Höhe zum Festpreis von 100 Gulden in Auftrag gibt: Der Maurer soll jeweils für die n-te Elle das n-fache wie für die erste erhalten, wird aber nach einer Bautätigkeit von 84 Ellen krank und verlangt den gerechten Lohn. Apian löst diese Aufgabe (nach der Berechnung der arithmetischen Reihenwerte $s_{100} = 1 + 2 + \ldots + 100 = 5050$ und $s_{84} = 1 + 2 + \ldots + 84 = 3570$) in folgender Weise mit dem Dreisatz: „5050 geben 100 / was geben 3570 macht 70 fl 4 ß $25\frac{55}{101}$ de So vil muß er im geben vor seine arbeit." (Hinweis: Nach dem bayerisch-schwäbischen Währungssystem waren 1 Gulden (fl) = 7 Schilling (ß), 1 Schilling = 30 Pfennig (de).)

Ausführlich wird die *regula detri* – von Apian auch als „gulden regel", „der kaufleut regel" und *regula proportionum* bezeichnet – im nächsten Kapitel behandelt. Unter Hinweis auf das 5. und 7. Buch der Elemente Euklids (Proportionenlehre) nimmt der Autor eine Klassifikation nach dem jeweils gesuchten Stück vor und gibt dazu zahlreiche Beispiele an, wobei er auch das Kürzen der Zahlenverhältnisse als besonderen Rechenvorteil herausstellt.

Die Darstellung des "Algorithmus in gemaynen Brüchen" enthält zwei Besonderheiten: einerseits auf Blatt E 8^v ein didaktisch wertvolles, optisches Hilfsmittel dafür, wie man bei den vier Grundrechenarten mit den Zählern und Nennern verfahren muß – vgl. Abb. 3 –, andererseits eine interessante Methode zum Größenvergleich von Brüchen mit Hilfe der Multiplikation der Zähler mit 10. So stellt man nach Apian fest, daß $\frac{2}{3}$ größer als $\frac{3}{5}$ ist, indem man die Quotienten von 20:3 (= $6\frac{2}{3}$) und 30:5 (= 6) miteinander vergleicht.

Das „Erste Buch" endet mit Aufgaben zur Dreisatzrechnung mit Brüchen.

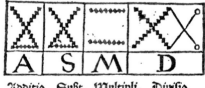

Abb. 3

Das „Ander Buch" (2. Buch) beginnt Apian mit dem Hinweis auf die leistungsfähigere Methode der Coß, die aber wegen ihrer Schwierigkeit nicht von jedem erlernt werden könne. Daher wolle er hier einige „Regeln" (Methoden) lehren, die in der Lage seien, einen gewissen Ersatz zu bieten, insbesondere die „regel Falsi", die *regula quadrata* und die *regula alligationis* (Mischungsrechnung).

Zunächst werden, teilweise mit aufwendigen Holzschnitten illustriert, die Begriffe Quadratwurzel und Kubikwurzel erklärt und die (heute durch den Einsatz des Taschenrechners weitgehend verdrängten) zugehörigen Algorithmen zum Wurzelziehen an Beispielen ausführlich erläutert – allerdings ohne nähere Begründung und ohne Bezug auf das Pascalsche Dreieck der Titelseite. Mit *medium proportionale quadratorum* bezeichnet Apian das geometrische Mittel ab der Quadrate a^2 und b^2, die Mittelzahlen a^2b und ab^2 ($a > b$) zwischen zwei Kubikzahlen b^3 und a^3 nennt er *medium proportionale maius* bzw. *medium proportionale minus cubicorum*, wobei er insbesondere auf die Proportion $a^3 : a^2b = ab^2 : b^3$ hinweist.

Es folgen Aufgaben zur Gesellschaftsrechnung (Verteilungsrechnung) in den üblichen Varianten (mit und ohne Zeitfaktor, auch mit der umgekehrten Fragestellung nach den Geschäftseinlagen, wenn die Gewinne gegeben sind), darunter auch das bekannte Problem der Zwillingserbschaft – vgl. [12, S. 655 - 658]: Ein Mann hinterläßt eine schwangere Frau und 2000 Gulden Erbteil. Testamentarisch hat er verfügt, daß die Mutter bei Geburt eines Sohnes ein Viertel, bei Geburt einer Tochter hingegen drei Viertel der Summe erhält. Nun gebiert die Frau aber ein Zwillingspärchen, einen Jungen und ein Mädchen. Apian löst die Aufgabe mit Hilfe des Verteilungsschlüssels 2 : 6 : 18 für die Anteile der Tochter, der Mutter und des Sohnes. Die anschließenden Aufgaben der sog. Zech- oder Jungfrauenrechnung – vgl. [12, S. 614 ff.] – führen mathematisch betrachtet auf Systeme von zwei linearen Gleichungen mit mehr als zwei Variablen, wobei nur ganzzahlige Lösungen in Betracht kommen. Apian führt dabei auch Beispiele an, die mehrere Lösungen zulassen und die er als sorgfältiger Mathematiker auch berücksichtigt.

Weitere kurze Kapitel behandeln die „zwifach regel Detri" (zusammengesetzter Dreisatz) und die „Detri conversa" (umgekehrter Dreisatz). Dabei fehlen Aufgaben, die sowohl ein gerades als auch ein ungerades Verhältnis beinhalten. Wie zählebig die mehr oder eher weniger praxisnahen Aufgaben dieser Gattung sind, zeigt das folgende Beispiel:

„10 holtzhacker hacken in 4 stundē 6 Fuder holtz / wie vil hacken 3 holtzhacker in 12 stunden."

Unter den Problemen zum umgekehrten Dreisatz findet sich die bekannte Frage nach dem Gewicht des Pfennigbrots bei veränderten Getreidepreisen – vgl. [12, S. 517 f.]. Daneben werden wir mit den Sorgen der Besatzung (120 Kriegsknechte) eines belagerten Schlosses konfrontiert, die nur noch für 4 Monate Verpflegung hat. Nun will man so viele Leute ziehen lassen, daß sich die übrigen noch 1 Jahr lang „mit der Speise behelfen" können, ohne Not zu leiden. Eine andere Aufgabe, bei der 16 Personen eine Arbeit, „eß sey was eß wöl", in 6 Tagen vollbringen und danach gefragt ist, wie viele Personen dieselbe Arbeit in $19\frac{1}{5}$ (!) Tagen verrichten, verrät überdeutlich die Unlust des Mathematikers, jedesmal eine praxisrelevante Situation und eine

alltagsgemäße Einkleidung zu konstruieren. Auch heutige Schulbuchautoren
haben da ihre Schwierigkeiten.

Die weiteren Kapitel sind Themen gewidmet, die ebenfalls zum Standard
der Rechenbücher dieser Zeit gehören und auf die hier nicht weiter eingegangen werden soll: Mischungsrechnung (Mischung von Waren mit verschiedenen Preisen, Legierungen), Münzschlag, Warentausch, Geldwechsel,
Gewinn- und Verlustrechung (u. a. bei Warentransporten von einem Han-
delsplatz zum anderen), Zinseszinsrechnung und Bewegungsaufgaben. Mu-
stergültig ist die Darstellung der *Regula falsi*, des doppelten falschen Ansat-
zes, mit dessen Hilfe ohne algebraische Kenntnisse Probleme gelöst werden
können, die auf lineare Gleichungen oder einfache lineare Gleichungssyste-
me führen würden. Apian beugt von vornherein der mißverständlichen Bezeichnung vor: „Vnnd nit darumb falsi / das sie falsch vnd vnrecht wehr /
sunder das sie auß zwayen falschen vnd vn warhafftigen zalen / vnnd zwaien
lügen / die warhafftige vnd begerte zall finden lernt." Dabei bietet er (auf
Blatt M 2^r) wie bei der Bruchrechnung eine geschickte optische Merkhilfe
an, wie mit den jeweils entstehenden Fehlerzahlen („Lügen") zu verfahren
ist:

Abb. 4

Der Nenner des Lösungsterms besteht bekanntlich aus der Differenz
oder der Summe der Fehlerzahlen, je nachdem, ob die beiden falschen Ansätze einheitlich zu große oder zu kleine Ergebnisse liefern oder sich in diesem Sinne uneinheitlich verhalten. Den Aufbau des Zählerterms (Differenz
oder Summe der kreuzweise gebildeten Produkte aus Ansatzzahlen und
Fehlern) erklärt Apian erst bei den vorgeführten Beispielen.

Weitere Themen sind die Bergwerksrechnung (eine Anwendung der
Verteilungsrechnung) und die Faktorrechnung – vgl. [12, S. 559]. Nach eini-
gen Aufgaben der Unterhaltungsmathematik, die, wie insbesondere das Erra-
ten von Zahlen – vgl. [12, S. 642 - 651] – , zum Traditionsgut der damaligen
Rechenbücher zählen, bemüht sich Apian abschließend in seiner *Regula
Quadrata* um Anwendungen des Quadratwurzelziehens: „Ein Hauptmā hat

vnder jm̄ 36000 knecht / der wil eine geuierdte ordnung machen. Ist die frag wie viel knecht müssen in einem glidt sein / das die Ordnung geuierdt wirdt ... F(aci)T. 189. vn̄ bleiben 279 knecht vberig."

Das „Dritte Buch" richtet sich an die in der Rechenkunst fortgeschrittenen Kaufleute. Apian kündigt eine Practica an – darunter verstand man zu seiner Zeit besondere, angeblich vorteilhafte und zeitsparende Methoden zur Bewältigung der rechnerischen Probleme in Handel und Handwerk und deren Einübung. Wenn wir diese Verfahren heute nachvollziehen, erkennen wir unschwer, welche Komplikationen ein nichtdezimal strukturiertes Größensystem mit sich bringt. Daneben geht es um Tolletrechnung und „Welsche Praktik", zwei heute ebenfalls überholte Formen der kaufmännischen Rechnung – vgl. [2, S. 73 - 79]. Apian will zu all diesen Rechnungsarten nur wenige Worte machen, da die „groben köpff" aus vielen Worten ebensowenig lernen, und die Beispiele in den Vordergrund stellen.

Zu Beginn aber glaubt er, die Proportionenlehre (in den lateinischen Bezeichnungen des Boëtius) darlegen zu müssen, ein Instrumentarium, das für Kaufleute völlig ungeeignet erscheint. Traditionsgemäß unterscheidet er zwischen der *proportio aequalitatis* (die Glieder *a* und *b* der Proportion sind gleich) und der *proportio inaequalitatis* (die Glieder sind ungleich), wobei sich die letztgenannte in die Unterfälle *maior inaequalitas (a > b)* und *minor inaequalitas (a < b)* gliedert. Jeder dieser Unterfälle tritt in 5 verschiedenen "Species" auf, deren lateinische Begriffe gelernt werden sollen. So erhält etwa die *maior inaequalitas* die Zusatzbezeichnungen *multiplex, supparticularis, suppartiens, multiplex supparticularis* und *multiplex suppartiens* je nachdem, welche der folgenden Bedingungen vorliegt: $b \mid a$, $a : b = 1$ Rest 1, $a : b = 1$ Rest > 1, $a : b > 1$ Rest 1, $a : b > 1$ Rest > 1. Apian lehrt anschließend das Kürzen, die Addition und die Subtraktion von Proportionen. Bei der Addition, die der Multiplikation der zugehörigen Brüche entspricht, verweist er auf die pythagoreische Musiktheorie: „alß ... die Musici brauchē / dan die Kunst des gesangs ist von Pythagore / durch die p(ro)portion der hemmer gefunden". Analog werden Proportionen subtrahiert, indem man die Brüche dividiert.

Mit den folgenden „Species der practick" beginnt der Hauptteil dieses 3. Buches, mit dem den Interessen der Kaufleute wieder stärker Rechnung getragen wird. Nach der Addition und der Subtraktion von gemischten Geldwerten stellt Apian weitere Methoden der Multiplikation und der Division vor (vgl. das 1. Buch), u. a. die sog. Galeeren- und die Gittermultiplikation

sowie die „lange Division" [12, S. 213 f., S. 236 f.]. Von besonderer mathematikhistorischer Bedeutung ist allerdings eine eigentümliche Form der
Division, auf die auch KAUNZNER in seiner Einführung [1] zum Nachdruck
des Apianschen Rechenbuchs aufmerksam macht:

Auf Blatt Q7^r beginnt diese Division „auff eyne andere art" – es geht um
die Aufgabe 11664 geteilt durch 48. Zunächst halbiert Apian den Teiler 48
fortgesetzt bis zur 3 und weist dem Teiler, seiner Hälfte, seinem Viertel, seinem Achtel und seinem Sechzehntel die Werte 1, 05, 025, 0125 bzw. 00625
zu. Man erkennt sofort, daß hier Dezimalbrüche ohne Kommaschreibweise
vorliegen – und zwar rund 60 Jahre, bevor der holländische Finanzverwalter
und Ingenieur Simon Stevin diese Form der Brüche in West- und Mitteleuropa allgemein bekannt gemacht hat [11, S. 114 - 118].

Abb. 5

Das eigentliche Divisionsschema – vgl. Abb. 5 – läßt sich leicht erklären: 11 - 0,125 " 48 - 0,0625 " 48 = 2 (Tausenderstelle), 26 - 0,5 " 48 = 2
(Hunderterstelle), 26 - 0,5 " 48 = 2 (Zehnerstelle), 24 - 0,5 " 48 = 0
(Einerstelle); die unterstrichenen Dezimalzahlen werden ihrem Stellenwert
entsprechend untereinandergeschrieben und addiert: 125 + 62,5 + 50 + 5 +
0,5 = 243. Ein senkrechter Strich im Diagramm spielt dabei die Rolle der
Trennungsmarkierung, des heutigen Dezimalkommas.

Im Abschnitt „Reductio" geht es um vorteilhafte Verfahren zum Umrechnen von Geldwerten, Gewichten und Längenmaßen. Die "Practica" beinhaltet nahezu alle Themenbereiche des 1. Buchs, wobei nun aber Wert auf
verfeinerte, verkürzte Rechenwege und deren gründliche Einübung gelegt
wird. Am Beispiel einer einfachen Aufgabe (Blatt T 1^r) soll hier wenigstens

einmal die „Welsche Praktik" vorgeführt werden. (Hinweis: 1 Gulden = 20 Schilling, 1 Schilling = 12 Heller (hllr), „ce" bedeutet Zentner):

¶ Item einer kaufft ein sack Manbel/wigt
6 ¾ ce/Kost 1 ce ℞ 13 ß 6. Facit.

```
ce     ·℞  ß        ·ce·
┃──────13─6────────6 ¾
        6          ¾ ist 50      ·0
      ─────────    ──────
      78──36        ¼ ist 25   ·1 ┃ 0
      6──13                     ──┼──
      ─────────                 6 ┃ 0
      3──6──6
```
Facit ℞ 89 ß 15 hll: 6.   ·0·

Abb. 6

Apian berechnet zunächst den Preis für 6 Zentner (78 Gulden 36 Schilling). Den verbleibenden Gewichtsbruchteil $\frac{3}{4}$ Zentner spaltet er in $\frac{2}{4}$ und $\frac{1}{4}$ Zentner, also in „proportionale Teile" auf: $\frac{2}{4}$ Zentner kosten 6 Gulden 13 Schilling, $\frac{1}{4}$ Zentner kostet 3 Gulden 6 Schilling 6 Heller (fortgesetzte Halbierung des Einheitspreises). Addition der drei Posten führt nach einfacher Umrechnung zum Ergebnis (89 Gulden 15 Schilling 6 Heller). Interessant ist hier wieder der Anklang an die Dezimalbruchrechnung ($\frac{2}{4}$ ist 50, $\frac{1}{4}$ ist 25), wobei allerdings unklar bleibt, wie dieser Hinweis Eingang in die Rechnung finden sollte.

Das letzte Kapitel der Practica ist dem „Abschlagen vnd auff Schlagen p(ro)cento in Müntz vn̄ gwicht", also der Prozent- und Zinsrechnung gewidmet. Auch die Tolletrechnung (von italienisch *tavoletta* = Täfelchen) gehört neben dem Warentausch und der Welschen Praktik zu den überholten Verfahren der kaufmännischen Rechnung aus dem Mittelalter – vgl. hierzu [2, S. 67 - 87]. Ausführlich geht Apian auf diese Rechnungsart ein, und zwar in zwei Versionen: Tolletrechnung auf dem Tisch mit Rechenpfennigen (eine charakteristische Darstellung findet sich auf Blatt Aa 7ʳ) und schriftliche Tolletrechung, deren Vorteil er zu Recht in dem geringeren Raumbedarf sieht.

Zum Abschluß geht Apian noch einmal auf das Radizieren ein. Zunächst stellt er die cossistischen Bezeichnungen für die Potenzen bis x^9 (*Radix, Quadratus, Cubus, Zenßdezens, Sursolidum, Zensicubus, Bissursolidum,*

Zenß zenßdezens, Cubus de cubo) mit ihren Abkürzungen vor[2] und führt dann Beispiele für das Radizieren bis zur 8. Wurzel aus.

Merkwürdigerweise gibt Apian zu den betreffenden Algorithmen keinerlei Erläuterungen. Wir wollen hier einmal seine Berechnung von $\sqrt[5]{701583371424} = 234$ auf Blatt Bb 5^v verfolgen – vgl. Abb. 7.

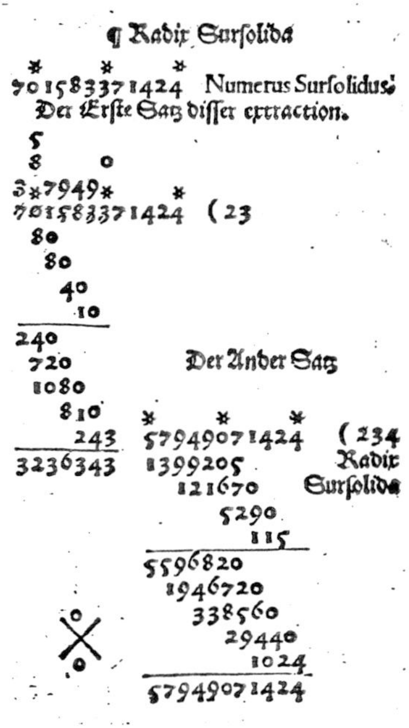

¶ Radix Surſolida

*   *   *
701583371424   Numerus Surſolidus.
Der Erſte Satz diſſer extraction.

5
8   0
3*7949*   *
701583371424 (23
80
80
 40
  10
240
720   Der Ander Satz
1080
 810
 243   *   *   *
3236343   57949071424 (234
        1399205   Radix
         121670   Surſolida
          5290
           115
       5596820
       1946720
        338560
         29440
          1024
      57949071424

Abb. 7

---

[2] Die Bezeichnungen für die vierte, sechste, achte und neunte Potenz sind zusammengesetzt aus den Dimensionen der geometrischen Flächen und Körper („Quadrat vom Quadrat", „Kubus des Quadrats", „Quadrat vom Quadrat vom Quadrat", „Kubus vom Kubus"). Bei der fünften und siebten Potenz ist eine solche multiplikative Zusammensetzung nicht möglich: Die deutschen Cossisten verwendeten daher die Begriffe *sursolidum* (von *surdus* = taub, also „tauber Körper") bzw. *bissursolidum* („zweifach tauber Körper"). So schreibt Ries in seiner Coß aus dem Jahre 1524 zu x^5: „Ist ein taube zal die kein gemeinschafft weder mit dem quadraten noch cubo hat."

Der *numerus sursolidus* wird von der Einerstelle aus in Fünferschritten markiert. *Radix sursolida*, die gesuchte 5. Wurzel, ist hier dreistellig, ihre Hunderterziffer ist 2 (2^5 ist die höchste Fünferpotenz unter 70). 32 von 70 abgezogen ergibt 38; der nächste Minuend, der nun zur Bestimmung der Zehnerstelle der 5. Wurzel betrachtet werden muß, ist 3815833 (vgl. die zweite Markierung). Der zugehörige Subtrahend lautet $(20 + b)^5 - 20^5 = 5 \cdot 20^4 \cdot b + 10 \cdot 20^3 \cdot b^2 + 10 \cdot 20^2 \cdot b^3 + 5 \cdot 20b^4 + b^5$, wobei b maximal zu wählen ist($b = 3$). In Apians erster Zahlentreppe finden sich in stellengerechter Schreibweise die Koeffizienten in der Summendarstellung der Potenzen von b (außer von b^5), in der zweiten Treppe sämtliche Summanden für $b = 3$. Der Subtrahend 3236343 wird oben von 3815833 abgezogen, so daß zur Bestimmung der Einerstelle der 5. Wurzel – jetzt unter Berücksichtigung aller Stellen – die Zahl 57949071424 übrigbleibt, die Apian im „Ander Satz" angeht. Natürlich ist diesmal $(230 + c)^5 - 230^5 = 5 \cdot 230^4 \cdot c + 10 \cdot 230^3 \cdot c^2 + 10 \cdot 230^2 \cdot c^3 + 5 \cdot 230c^4 + c^5$ mit maximalem c (= 4), also 57949071424, zu subtrahieren – es bleibt nichts übrig. Die beiden neuen Zahlentreppen erklären sich völlig analog wie oben.

Eine Druckfehlerliste beschließt das umfangreiche Werk Apians, das in der Druckerei seines Bruders Georg Apian entstanden ist.

Eine abschließende Bewertung des Apianschen Rechenbuchs muß der Tatsache Rechnung tragen, daß die Werke zur Arithmetik und Algebra im 15. und 16. Jahrhundert generell nicht darauf abzielen, dem Leser mit Hilfe von Begründungen Einsicht in die Rechenverfahren zu vermitteln, sondern der rein rezepthaften Darbietung und Einübung des Stoffs verhaftet bleiben. Apian besticht aber durch eine überzeugende systematische und durchweg klare Darstellung der arithmetischen Verfahren, die für den Kaufmann, Handwerker und Metalltechniker seiner Zeit relevant waren. Die Gliederung in drei Bücher verrät, daß er sich durchaus Gedanken darüber gemacht hat, was er für den unverzichtbaren Bestand des Grundwissens hält und welche Themen und Methoden er nur dem fortgeschrittenen, evtl. auch mathematisch interessierten Leser zumuten will. Offensichtlich ist seine Absicht, auch mit den arithmetischen Traditionen vertraut zu machen – vgl. die zahlreichen Aufgaben zur Unterhaltungsmathematik und die Proportionenlehre – und an die Schwelle der Coß heranzuführen. Damit dürfte er aber den überwiegenden Teil seiner Leser überfordert haben. Dennoch bezeugen die fünf Auflagen, daß Apians Buch eine gute Resonanz erfahren hat. Der Erfolg des 2. Riesschen Rechenbuchs wurde ihm aber bei weitem nicht zuteil.

Aus der Sicht des Mathematikhistorikers stellt Apians Rechenbuch ein wichtiges Dokument für die Frühgeschichte der Dezimalbruchrechnung und des sog. Pascalschen Dreiecks (samt dessen Anwendung beim Ausziehen höherer Wurzeln) und für die Vorgeschichte des Logarithmus dar.

Literatur

[1] APIAN, Petrus: Eyn Newe vnnd wolgegründte vnderweysung aller Kaufmanß Rechnung ... Ingolstadt 1527. Nachdruck Buxheim 1995 – mit einer Einführung von W. KAUNZNER

[2] Beiträge zur Geschichte der Arithmetik von Kurt Vogel (hrsg. v. Forschungsinstitut des Deutschen Museums für die Geschichte der Naturwissenschaften und der Technik). München 1978

[3] DESCHAUER, St.: "Lern̄ wol mit vleiß daß eyn mol eyn / Szo wirt dir alle Rechnung gemeyn" – Ein Beitrag zur Geschichte des Kopfrechnens. In: Mathematische Semesterberichte XXXVII / 1990, Heft 1, S. 1 - 39

[4] GOTTWALD, S. / ILGAUDS, H.-J. / SCHLOTE, K.-H.: Lexikon bedeutender Mathematiker. Leipzig 1990

[5] GRAMMATEUS, Henricus: Eyn new künstlich behend vnd gewiß Rechenbüchlin vff alle Kauffmanschafft ... Wien 1518

[6] GÜNTHER, S.: Peter und Philipp Apian, zwei deutsche Mathematiker und Kartographen. Prag 1882. Nachdruck Amsterdam 1967

[7] RIES, Adam: Rechenung auff der linihen vnd federn in zal, maß vnd gewicht auff allerley handierung ... Erfurt 1522

Das zweite Rechenbuch von Adam Ries. Eine moderne Textfassung mit Kommentar ... (hrsg. v. St. DESCHAUER). Braunschweig / Wiesbaden 1992

[8] ROMSTÖCK, F. S.: Die Astronomen, Mathematiker & Physiker der Diöcese Eichstätt (II. Serie). Eichstätt 1886

[9] RUDOLFF, Christoff: Kunstliche rechnung mit der ziffer vnnd mit den zal pfennigē ...Wien 1526

[10] SMITH, D. E.: Rara arithmetica. Nachdruck New York 1970

[11] STEVIN, Simon: De Thiende. Leiden 1585 (übersetzt und erläutert von H. GERICKE u. K. VOGEL. Frankfurt a. M. 1965)

[12] TROPFKE, J.: Geschichte der Elementarmathematik, Band 1: Arithmetik und Algebra (neu bearbeitet v. K. Vogel, K. Reich, H. Gericke). 4. Auflage Berlin / New York 1980

[13] WIDMAN, Johannes: Behende vnd hubsche Rechenung auff allen kauffmanschafft. Leipzig 1489

Anschrift des Verfassers:

Prof. Dr. Stefan Deschauer, TU Dresden, Fakultät Mathematik und Naturwissenschaften, Fachrichtung Mathematik – Professur für Didaktik der Mathematik, D-01062 Dresden

Über das (Pascalsche) arithmetische Dreieck aus Anlaß des 500. Geburtstags von Petrus Apianus

Harald Gropp

Abstract

The arithmetical triangle is often called the triangle of Pascal after Blaise Pascal (1623 - 1662). In this paper the history of this triangle before Pascal is described shortly. It turns out that the arithmetical triangle had been known in Europe already more than 100 years earlier than Pascal. The main scientists involved were Simon Stevin, Nicolo Tartaglia, Johann Scheybl, Michael Stifel, Peter Apian and a certain „Initius Algebras".

It is well known that the triangle was already known in China (13th century, Chu-Shih-Chieh, Yang Hui). It is usually not contained in lexika that the triangle was already investigated by the Islamic mathematicians al-Kashi, Samaw'al al-Maghribi, Umar-al-Hayyam, and al-Karaji. Nearly unknown is the fact that the triangle was already dealt with in India, in particular in text of lyrics of Halayudha (10th c.) which were created by Pingala in the second century before Christ.

It is quite remarkable that the motivation of the Indians was to solve combinatorial problems in metrics of their lyrics while later the search for approximative solutions of algebraic equations was the main reason for the investigation of the arithmetical triangle.

1. Einleitung

1.1 Das Pascalsche Dreieck

Das arithmetische Dreieck wird sehr oft, allerdings nicht immer mit dem Namen Pascal in Verbindung gebracht. Der französische Mathematiker Blaise Pascal beschäftigte sich in seinem *Traité du triangle arithmétique, avec quelques autres petits traités sur la même manière* [12] (geschrieben 1654, publiziert 1665) ausführlich mit diesem Dreieck. Die Tatsache, daß dieses Dreieck auch schon vorher Untersuchungsgegenstand von Mathematikern war, ist nicht sehr bekannt. Besonders unbekannt sind dabei die Fakten, die außereuropäische Kulturen betreffen.

1.2 Petrus Apianus und das arithmetische Dreieck

Der Anlaß für diesen Vortrag bei der Tagung der Fachsektion Geschichte der Deutschen Mathematiker-Vereinigung im Juni 1995 in Rummelsburg bei Nürnberg ist der 500. Geburtstag von Petrus Apianus, der lange Zeit an der Universität Ingolstadt wirkte und dort 1527 sein Buch *Eyn newe vnnd wolgegründte vnderweysung aller Kauffmans Rechnung ...* [2] herausgab mit dem arithmetischen Dreieck auf der Titelseite. Dies ist das erste bekannte gedruckte Pascalsche Dreieck in Europa.

Peter Bienewitz wurde in Leisnig in Sachsen geboren. Während der Geburtsort weitgehend sicher scheint, ist der wahrscheinlichste Geburtstag der 21.4.1495. Das auch in der Literatur genannte Geburtsjahr 1501 könnte auf einer Verwechslung mit seinem Bruder gleichen Vornamens beruhen. Er nannte sich später Peter Apian, auch Petrus Apianus. Eine ausführliche Schilderung seines Lebens und Werks findet sich in der Dissertation von R. Witzlau [18].

Petrus Apianus studierte in Leipzig und Wien und wurde 1527 zum Professor der Mathematik in Ingolstadt berufen. Er ist hauptsächlich bekannt als Astronom und Geograph. Er entwarf, zeichnete und verlegte Landkarten. Sein Sohn Philipp führte sein Werk in Ingolstadt fort. Petrus Apianus starb in Ingolstadt am 21.4.1552. Einen Bericht über Vater und Sohn Apian findet man in [9].

1.3 Einige Vorbemerkungen

Da mir die außereuropäischen Sprachen Sanskrit, Arabisch, Persisch und Chinesisch leider nicht bekannt sind, beziehen sich meine Ausführungen hier auf Sekundärliteratur. Trotz dieser Problematik erschien es mir wichtig und richtig, in dieser Arbeit die mir bekannten Tatsachen zusammenzufassen, um zu deren Verbreitung beizutragen und weitere Forschungen anzuregen. Vor kurzem erschien ein Buch von Edwards [7] über das arithmetische Dreieck, das ich zur weiteren Lektüre empfehle. Ansonsten findet man das in diesem Artikel Zusammengefaßte weit verstreut in vielen Einzelartikeln, die ich unten zitiert habe. Viele biographische Details sind dem *Dictionary of Scientific Bibliography* [8] entnommen, das ich auch für weitere Quellensuche nur empfehlen kann.

1.4 Zwei ungewöhnliche Arbeiten

Es gab für mich verschiedene Auslöser, mich mit diesem Problem in den letzten Jahren intensiver zu beschäftigen. Zum einen war dies die Übersetzung der Arbeit von L. Alsdorf [1] ins Englische (siehe unten), zum anderen die Entdeckung eines wohl nicht mehr sehr bekannten Büchleins von H. Dörrie [6], in dem er unter anderem das folgende Problem beschreibt.

> [6] Eine Stadt hat m von West nach Ost und n von Nord nach Süd laufende Straßen; auf wieviel Arten kann man (ohne Umwege zu machen) von der Nordwestecke der Stadt nach der Südostecke gehen?

Bemerkenswert ist, daß Dörrie dieses Problem als *Alchaijâmîs Binomialentwicklung* bezeichnet, aber den Namen Pascal überhaupt nicht erwähnt.

1.5 Das arithmetische Dreieck in der Schule?

Das Pascalsche Dreieck und seine Geschichte eignet sich ganz besonders zur Behandlung in der Schule. Als mathematisches Objekt besticht es dadurch, daß es sehr einfach zu begreifen ist und sich gleichzeitig in Relation zu vielen Teilgebieten der Mathematik befindet. Man kann es vom algebraischen, kombinatorischen, geometrischen oder wahrscheinlichkeitstheoretischen Standpunkt ansehen und die vielfältigen Beziehungen zwischen diesen erarbeiten.

Gleichzeitig kann man darstellen, wie die Beschäftigung mit diesem Dreieck nicht nur im Europa des 16. und 17. Jahrhunderts sondern auch in anderen Teilen unserer Welt viel früher schon die Menschen fasziniert hat. Dabei können hier schon fast vergessene Techniken zur approximativen Lösung von Gleichungen erarbeitet werden, die vermutlich in der Geschichte eine größere Rolle gespielt haben als die viel diskutierte Suche nach Formeln zur exakten Bestimmung von Nullstellen.

Ganz bewußt ist, so weit es der Platz erlaubt, auch auf weitere mathematische oder außermathematische Leistungen der beteiligten Mathematiker hingewiesen. So lassen sich auch Brücken zu anderen Fächern wie Geographie, Astronomie, ja sogar zu Literatur und Religion schlagen. In solch einem fachübergreifenden Unterricht läßt sich die Rolle von Mathematik als Teil der menschlichen Kultur sehr viel besser darstellen als im engen Umfeld des Rechnens mit Binomialkoeffizienten.

Schließlich wird hier am Beispiel gezeigt, daß Mathematik ein Teil der weltweiten Kultur der Menschheit ist und auch so verstanden werden sollte. Wenn hier und da die folgende Geschichte des arithmetischen Dreiecks zu kurz und episodenhaft geschildert sein sollte, bitte ich die Leserin und den Leser schon jetzt um Entschuldigung. Die sehr lückenhafte Quellenlage und die sehr begrenzte Seitenanzahl dieser Arbeit ließen mich keine andere Lösung finden. Ich hoffe jedoch, daß alle (mich eingeschlossen) dies nur als eine Einleitung zur Beschäftigung mit diesem interessanten Teilgebiet aus der Geschichte der Mathematik ansehen.

Lassen Sie mich zum Schluß dieser Einführung noch einen großen Mangel dieser Arbeit ansprechen. Es ist mir leider nicht möglich, hier verschiedene Abbildungen von historischen arithmetischen Dreiecken darzustellen. Ich verweise auf die Referenzen am Ende, insbesondere auf [16].

2. Das Pascalsche Dreieck ...

2.1 ... in Europa vor Pascal

Das nach Pascal benannte und in Apians Buch abgedruckte arithmetische Dreieck war zwischen 1527 und 1654 mehrfach von Mathematikern des 16. und 17. Jahrhunderts in deren Arbeiten untersucht worden. Da sich meine Arbeit auf die frühere Vorgeschichte des arithmetischen Dreiecks konzentrieren soll, seien im folgenden nur einige kurze Angaben zum europäischen Anteil dieser Geschichte gemacht.

Die wichtigsten Europäer, die hier zu nennen sind, heißen Blaise Pascal (1623 Clermont-Ferrand, 1662 Paris), Simon Stevin (1548 Brugge, 1620 Den Haag), Niccolò Tartaglia (1499 Brescia, 1557 Venezia), Johann Scheybl (1494 Kirchheim/Teck, 1570 Tübingen), Michael Stifel (1487 Esslingen, 1567 Jena), Peter Apian (1495 Leisnig, 1552 Ingolstadt) und „Initius Algebras", dessen Geburts- und Todesdaten unbekannt sind.

2.1.1 Johann Scheybl

Der erste Mathematiker, der hier näher besprochen werden soll, ist Johann Scheybl, auch Johannes Scheubel, lat. Joannes Scheubelius genannt. Er wurde am 13.8.1494 in Kirchheim unter Teck geboren. Scheybl immatrikulierte sich in Wien im Jahre 1513. Danach ist für ca. 16 Jahre nichts über seinen Aufenthaltsort bekannt. Nach Studien in Leipzig und Tübingen war er schließlich ab 1544 an der Universität in Tübingen. Er starb am 20.2.1570 in Tübingen.

Im Jahre 1545, allerdings nicht auf dem Titelblatt und eben 18 Jahre nach Apianus, erklärte er das arithmetische Dreieck in seinem Werk *De numeris et diversis rationibus*. Weitere Hinweise findet man bei Staigmüller [14].

2.1.2 „Initius Algebras"

Vielleicht war das arithmetische Dreieck bei Apian nicht das erste in Europa. Seit fast 100 Jahren (siehe [4]) ist eine Handschrift eines deutschen Mathematikers, vermutlich aus dem 16. Jahrhundert, bekannt. Der Name des Autors „Initius Algebras" könnte auf einer Verwechslung mit dem Titel des Werks beruhen. Es sind vier Fassungen dieser Handschrift bekannt, drei davon sind noch heute, wie schon zu Zeiten von Curtze um die Jahrhundertwende, in Dresden vorhanden.

Über die Identität dieses „Initius Algebras" ist seither nichts Näheres in Erfahrung gebracht worden. Nach Tropfke [16] könnte es sich um Andreas Alexander (geboren ca. 1475 in Regensburg) gehandelt haben, der diesen lateinischen Text ins Deutsche übersetzt und kommentiert hat.

Die Einleitung lautet wie folgt:

[4] Hie hebet sich an das Buch ALGEBRAE, des grossen Arismetristens, geschrieben zu den zeithen ALEXANDRI vnd NECTANEBI, des grossen Grecken vnnd Nigromantis, geschrieben zu YLEM, dem grossen Geometer jn Egypten, jn Arabischer Sprach genant Gebra vnnd Almuchabola, das dann bey vns wirdt genant das Buch von dem Dinge der vnwissenden zall.

Nach diesen etwas verwirrenden Worten der Einführung soll kurz geschildert werden, wie „Initius Algebras" das arithmetische Dreieck erzeugt. Er bildet die Potenzen der Zahl 10001 wie folgt:

10001, 100020001, 1000300030001, usw. bis

1000900360084012601260084003600090001.

Diese Zahlen untereinandergeschrieben ergeben das arithmetische Dreieck, wobei die Binomialkoeffizienten durch Nullen voneinander getrennt sind.

2.2 ... bei den Chinesen

2.2.1 Chu Shih-Chieh und Yang Hui

Die Tatsache, daß das arithmetische Dreieck schon den Chinesen bekannt war, kann man in den meisten Lexika finden. Deshalb möchte ich hier nur kurz erwähnen, daß Chu Shih-Chieh in seinem Buch *Sze yuen yuh kihn* (Kostbarer Spiegel der vier Elemente) im Jahre 1303 das Pascalsche Dreieck abbildete, das vor ihm schon Yang Hui (ca. 1270) diskutiert hatte. Hier soll vielmehr ein Bericht über die chinesische Mathematik kurz vorgestellt werden.

2.2.2 Biernatzkis Bericht

Daß man in den meisten Lexika einen Hinweis auf das Vorkommen des arithmetischen Dreiecks in China findet, liegt wohl einmal daran, daß man den Chinesen große mathematische Leistungen zutraut, zum anderen vielleicht daran, daß über ihre mathematische Kultur schon vor 140 Jahren in Crelles Journal berichtet wurde. Wir lesen in K. L. Biernatzkis Artikel [3] über die Arithmetik der Chinesen unter anderem:

> [3] Es ist unbestritten, daß der Compaß und die Buchdruckerkunst ... den Chinesen eher bekannt waren, als den Völkern in Europa. Aber nicht so leicht wird man einräumen wollen, daß die Söhne Han's auch in Bezug auf abstracte Wissenschaften in mancher Hinsicht vor den Culturvölkern der Gegenwart einen Vorgang hatten, und daß ihre Weisen, früher als unsere Gelehrten, Probleme löseten, die man allein unter uns zur Sprache gekommen und erledigt glaubt.

Biernatzki schließt den oben erwähnten Artikel mit den Worten:

> [3] Und daß die chinesischen Wissenschaften solcher Förderung werth sind und die chinesische Nation überhaupt auf der Stufe wissenschaftlicher Cultur eine nicht unbedeutende Stellung einnimmt, dürfte, wenigstens für *eine* Wissenschaft, und für eine der edelsten, viel Talent, Fleiß und Ausdauer erfordernde, aus den vorstehenden Zeilen erhellen.

Berlin, im April 1855

2.2.3 Kombinatorische Motivation in China?

Während sowohl bei Europäern als auch bei den Arabern eindeutig das arithmetische Dreieck gebraucht wurde, um die Nullstellen von Polynomen höheren Grades zu finden, gibt es einen Hinweis darauf, daß die Chinesen vielleicht auch ein kombinatorisches Interesse an den Binomialkoeffizienten hatten. Yushkevich [19] berichtet,

> [19] daß der buddhistische Priester und Astronom Yi Xing ..... (683-727) die Berechnung aller möglichen Stellungen für ein an das Schachspiel erinnerndes Spiel bei verschiedener Anzahl von Reihen und Figuren vorgenommen hat ... für 361 Reihen erreicht die Zahl eine Größenordnung von etwa 10^{208}.

2.3 ... bei den Arabern und Persern

Die wichtigsten arabischen und persischen Mathematiker, die sich mit dem arithmetischen Dreieck beschäftigten, waren al-Kashi (Kashan, 1429 Samarkand), Samaw'al al-Maghribi (Baghdad, 1175 Maragha), Umar-al-Hayyam (1048 Nishapur, 1131 Nishapur) und al-Karaji (?, 1016). Die nicht angegebenen Geburts- und Todesdaten sind unbekannt. Auch die im weiteren genannten Angaben sind teilweise umstritten.

2.3.1 al-Kashi

Der persische Mathematiker al-Kashi stammte aus Kashan (im heutigen Iran), er wirkte in Samarkand (im heutigen Uzbekistan), wo er am 22.6.1429 starb. Nach 1417 gründete Ulugh Beg in Samarkand eine „Universität" und baute diese Stadt zum Zentrum der islamischen Wissenschaft aus. Dort bestimmte al-Kashi 1424 in einer Untersuchung über den Kreisumfang die Zahl π auf 16 Stellen genau ($\pi = 3,1415926535897932$), eine Leistung, die in Europa erst 1615 erreicht wurde. Er verfaßte im Jahre 1427 ein fünfbändiges Werk *Miftah al-hisab,* den „Schlüssel zur Arithmetik". In dieser Enzyklopädie sammelte er das damals vorhandene Wissen und beschrieb das arithmetische Dreieck.

2.3.2 al-Hayyam

Al-Hayyam ist der schon in der Einleitung erwähnte Alchaijami. Man findet ihn in Lexika auch unter den Namen al-Khayyami, Omar Khayyam oder Umar Khayyam. Er soll vom 15.5.1048 bis zum 4.12.1131 gelebt haben. Er stammte aus einer Zeltmacherfamilie aus Nishapur (im heutigen Iran). Al-Hayyam ist vor allem durch große Leistungen in Astronomie und Dichtkunst bekannt.

Im Jahre 1079 schlug er eine Kalenderreform vor, die in 33 Jahren 8 Schaltjahre zu 366 Tagen vorsah. Dies führt zu einer mittleren Jahreslänge von 365,24242 Tagen und kommt damit dem genauen Wert von 365,24220 Tagen näher als der von Papst Gregor im 16. Jahrhundert in Europa eingeführte und noch heute gültige Kalender (365,24250 Tage). Ob der Kalender jemals in Kraft war, scheint unklar zu sein. Jedenfalls fiel der Herrscher, der ihn in Auftrag gegeben hatte, einem Attentat zum Opfer.

Am bekanntesten wurde Omar Khayyam durch seine Vierzeiler (Roba'iyat), die ebenso wie seine wissenschaftlichen Leistungen in Europa erst im 19. Jahrhundert bekannt wurden. In diesen mehr als tausend vierzeiligen Gedichten, die vor allem durch ihre Modernität auffallen, beschrieb er seine Zeit. Wer würde vermuten, daß der folgende Text schon ungefähr 900 Jahre alt ist?

> [10] Man sagte einst, daß Ansehen in der Welt hat,
> Wen großer Ahnen Name hochgestellt hat
> Oder wen eignes Können macht zum Mann.
> Heut fragt man nur danach, ob einer Geld hat.

Das arithmetische Dreieck behandelte Omar Khayyam in seinem Werk über Algebra, um wie viele andere Wurzeln näherungsweise berechnen zu können.

2.3.3 al-Karaji

Der früheste und vielleicht interessanteste islamische Mathematiker, der sich mit dem arithmetischen Dreieck beschäftigt hat, war al-Karaji oder al-Karkhi. Von ihm ist weder sein Name noch sein Geburtsort noch sein Geburtsjahr bekannt. Der Name Karaji deutet auf einen Ort Karaj in Persien hin, während Karkhi auf Karkh, einen Vorort von Baghdad, als Geburtsort verweist. Leider sind auch zwei seiner Werke nicht mehr vorhanden, die al-Samaw'al zitiert. Es sind dies das *Kitab nawadir al ashkal* (Über ungewöhnliche Probleme) und das *Kitab fi'l-hisab alhindi* (Über indisches Rechnen). Es spricht also einiges dafür, daß al-Karaji aus der indischen Kultur vom arithmetischen Dreieck erfahren hat. Nähere Hinweise zum arithmetischen Dreieck bei al-Karaji bzw. as-Samaw'al findet man in einer Arbeit von Rashed über die mathematische Induktion [13].

2.3.4 Abschließendes

In seinem Artikel über das Wurzelziehen und den binomischen Lehrsatz in der islamischen Mathematik [11] gibt Luckey einen Überblick, wozu das arithmetische Dreieck benutzt wurde. Die Hauptmotivation scheint das (approximative) Wurzelziehen gewesen zu sein. Am Ende seiner Arbeit weist er darauf hin, daß die meisten Handschriften der islamischen Mathematik überhaupt noch nicht bearbeitet worden sind. So kann ich mich seinen Worten nur anschließen und hoffen, daß wir bald nähere Einzelheiten auch über al-Karaji erfahren werden.

[11] Zum Schluß sei bemerkt, daß außer den erwähnten viele andere bisher nicht untersuchte arabische und persische Handschriften über Rechnen und Algebra weitere Aufschlüsse über die hier behandelten historischen Fragen erhoffen lassen. Diese zur Zeit größtenteils unzugänglichen Handschriften schlummern zum Teil in Bibliotheken des Abendlandes, zum anderen Teil sind sie in solchen des Morgenlandes entweder noch ganz verborgen oder erst durch die in den letzten Jahrzehnten erschienenen Kataloge ans Licht gekommen.

3. Die Kombinatorik der Inder

Leider ist der Platz hier nicht ausreichend, um die indischen Beiträge zum arithmetischen Dreieck entsprechend ausführlich zu beschreiben und zu würdigen. Ich hoffe daher insbesondere, daß diese kurze Schilderung hier weitere Untersuchungen auslösen wird.

Die indische Erforschung unterscheidet sich grundlegend von den späteren Bemühungen in anderen Kulturkreisen. Schon der Titel eines Buches aus dem letzten Jahrhundert (*Über die Metrik der Inder*) von A. Weber [17] deutet auf die Motivation der indischen Mathematiker hin. Ich denke, daß die spätere Arbeit des Indologen Alsdorf [1], die einen alten indischen Text, die Pratyayas, in Sanskrit zitiert, diesen ins Deutsche übersetzt und kommentiert, und die zu Recht an einigen Stellen die frühere Übersetzung von Weber kritisiert, sehr gut den Charakter dieses Textes vorstellt. Diese Arbeit von Alsdorf ist, wie schon oben erwähnt, vor einigen Jahren ins Englische übertragen worden. Bemerkenswert dabei ist die Übertragung des Titels von *Beitrag zur indischen Mathematik* in *contribution to Indian combinatorics*. Das arithmetische Dreieck in Indien wird übrigens nicht nur in Arbeiten von Indologen besprochen, sondern auch in Artikeln in Zeitschriften über Wissenschaftsgeschichte, z. B. von Datta und Singh [5].

Die alten indischen religiösen und mythischen Texte sind in Versform gefaßt, vielleicht entfernt vergleichbar mit den Pentametern und Hexametern der uns kulturell viel näherstehenden Griechen. Die dabei auftretenden Fragestellungen, z. B. wieviel Möglichkeiten es gibt, um 3 lange und 4 kurze Silben auf 7 Plätze zu verteilen, führten zur Entwicklung einer kombinatorischen Forschung in Indien, die dem durchaus nahekommt, was ca. 2000 Jahre später in Europa wieder aktuell wurde.

Der Text, der in Alsdorfs Artikel vorgestellt wird, stammt von einem gewissen Pingala, der um das Jahr 200 v. Chr. gelebt haben soll und ein Zwischenwesen zwischen Mensch und Gott gewesen sein soll. Für nähere Einzelheiten verweise ich auf einen Artikel von H. von Stietencron [15]. Uns erhalten sind schriftliche Bearbeitungen aus dem 10. Jahrhundert von Halayudha, Hemacandra und Kedara. Diese Differenz von 1200 Jahren entspricht übrigens in etwa dem Zeitabstand des Entstehens und der ersten schriftlichen Überlieferungen der Euklid-Bücher.

Um festzustellen, wie man lange und kurze Silben auf drei Silben verteilen kann, wird der folgende „Algorithmus" angegeben:

> [1] (Man verwandle immer) die erste Länge der vorhergehenden Form in der folgenden (Form) in eine Kürze; von den übrigen (Silben bleiben) die (auf die verwandelte Länge) folgenden unverändert, die (ihr) vorhergehenden (nehmen) ihre ursprüngliche Gestalt (wieder an) so entsteht unter Vermeidung von (Formen), die die Gesetze (des betr. Metrums) verletzen, der prastara.

Vielleicht versucht die Leserin oder der Leser, mit Hilfe eines Stücks Papier auf diese Weise diese Silbenschemata aufzuschreiben. Diese entsprechen im übrigen genau den ersten Zahlen im Dualsystem.

Bei der Frage nach der Anzahl der verschiedenen Anordnungen von *m* kurzen Silben in *n* Silben treten die Binomialkoeffizienten in natürlicher Weise auf. Zur Bildung des arithmetischen Dreiecks wird die folgende Regel angegeben:

[1] (Man schreibe) soviel Einsen wie Silben da sind und noch eine mehr (untereinander und) addiere immer die untere zur nächstoberen, unter Auslassung der letzten; (dies ergibt) die Darstellung der (Formgruppen) mit lauter, einer usw. L bzw. K.

Ich möchte diese Arbeit schließen mit den letzten Worten von Ludwig Alsdorf und hervorheben, daß diese kurzen Erläuterungen über die Kombinatorik der Inder nur auszugsweise deren Leistungen würdigen konnten. Wie schon am Anfang erwähnt, ist diese ganze Arbeit in erster Linie dazu gedacht, für das Interesse an der Geschichte des Pascalschen oder arithmetischen Dreiecks zu werben und zu weiteren Forschungen anzuregen.

[1] Wir sind am Ende angelangt. ... die Lehre von den pratyayas enthält zweifellos eine sehr beachtliche Summe mathematischer Erkenntnisse; als Ganzes aber ist sie jedenfalls ein ebenso merkwürdiges wie charakteristisches Erzeugnis des indischen Geistes.

Literatur

[1] L. ALSDORF: Die Pratyayas, ein Beitrag zur indischen Mathematik. Zeitschrift für Indologie und Iranistik 9 (1933), 97 - 157; (transl. by S. R. Sarma) The Pratyayas: Indian contribution to combinatorics. Indian J. Hist. Science 26 (1991), 17 - 61

[2] P. APIANUS: Eyn Newe Vnnd wolgegründte vnderweysung aller Kauffmanß Rechnung. Ingolstadt (1527). Nachdruck Buxheim-Eichstätt (1995)

[3] K. L. BIERNATZKI: Die Arithmetik der Chinesen. Journal reine ang. Math. 52 (1856), 59 - 94

[4] M. CURTZE: Die Algebra des Initius Algebras ad Ylem geometram magistrum suum. Abh. zur Gesch. der math. Wissenschaften 13 (1902), 435 - 609

[5] B. DATTA, A. N. SINGH: Use of series in India. Indian J. Hist. Science 28 (1993), 103 - 129

[6] H. DÖRRIE: Triumph der Mathematik. Hundert berühmte Probleme aus zwei Jahrtausenden mathematischer Kultur. Breslau (1933)

[7]   A. W. F. EDWARDS: Pascal's arithmetical triangle. London, New York
      (1987)

[8]   C. C. GILLISPIE (Hrsg.): Dictionary of Scientific Biography. New York
      (1987)

[9]   S. GÜNTHER: Peter und Philipp Apian, zwei deutsche Mathematiker
      und Kartographen. Prag (1882). Amsterdam (1967)

[10] W. JENS (Hrsg.): Kindlers neues Literaturlexikon, Band 12. München
      (1991)

[11] P. LUCKEY: Die Ausziehung der n-ten Wurzel und der binomische
      Lehrsatz in der islamischen Mathematik. Math. Annalen 120 (1948),
      217 - 274

[12] B. PASCAL: Traité du triangle arthmétique, avec quelques autres petits
      traités sur la même manière. Paris (1665)

[13] R. RASHED: L'induction mathématique: al-Karaji, as-Samaw'al. Ar-
      chive History Exact Sciences 9 (1972), 1 - 21

[14] H. STAIGMÜLLER: Johannes Scheubel, ein deutscher Algebraiker des
      XVI. Jahrhunderts. Abh. zur Gesch. d. Math. 9 (1899), 429 - 469

[15] H. VON STIETENCRON: Dandanayaka und Pingala. Indo-Iranian Journal
      13 (1971), 1 - 19

[16] J. TROPFKE: Geschichte der Elementarmathematik. 4. Aufl., Berlin -
      New York (1980)

[17] A. WEBER: Über die Metrik der Inder. Berlin (1863, 1973)

[18] R. WITZLAU: Peter Apian (1495 oder 1501 - 1552), Leben und Werk
      unter besonderer Berücksichtigung seines Anteils an der Entwicklung
      wissenschaftlicher Instrumente in der 1. Hälfte des 16. Jahrhunderts in
      Deutschland. Dissertation PH Potsdam (1990)

[19] A. YUSHKEVICH: Geschichte der Mathematik im Mittelalter. Basel
      (1964)

Dr. Harald Gropp, Mühlingstraße 19, D-69121 Heidelberg

Michael Stifels Quadratur des Kreises

Karin Reich[*]

Einleitung

Die Quadratur des Kreises beschäftigte eine große Anzahl von Mathematikern des Mittelalters und der frühen Neuzeit, so auch Michael Stifel. Er veröffentlichte seine Darstellung "De quadratura circuli" als Anhang (Appendix) zu seinem 2. Buch seiner "Arithmetica integra" (Nürnberg 1544, fol.224r - 226r). Über Stifels Beitrag kursieren die unterschiedlichsten Meinungen:

Cantor z.B. urteilte sehr negativ "Nicht viel vertrauenerweckender ist ein Anhang zum zweiten Buche über die Quadratur des Kreises, in welchem der mathematische Kreis von dem physischen unterschieden und diesem die Quadrirbarkeit zugeschrieben, jenem aber deshalb abgesprochen wird, weil der Kreis ein Unendlichvieleck sei, die unendliche Zahl aber nicht angegeben werden könne"[1].

---

[*] Übersetzung von Anhang 2 durch Eberhard Knobloch.
[1] Cantor, Moritz, Vorlesungen über Geschichte der Mathematik, Bd.2, Leipzig 1913 (Nachdruck der zweiten Auflage), S.440.

Wie schon früher Kästner[2], so referierte auch J.E.Hofmann im wesentlichen die ihm wichtig erscheinenden Passagen aus Stifels Text[3], er betonte allerdings Stifels Abhängigkeit von Nicolaus von Cusa und hielt Stifels Aussage "Physica argumenta in rebus mathematicis plerumque fallunt" für "sehr richtig".

Clagett beschäftigte sich im Rahmen seines "Archimedes in the Middle Ages" auch ausführlich mit Stifel[4], ja er veröffentlichte sogar abermals Stifels lateinischen Text zusammen mit einer englischen Übersetzung. Clagett kam dabei zu dem Ergebnis, daß "Stifel's approach to quadrature was not essentially Archimedean. It depended basically on his distinction between mathematical and physical circles. No doubt such a distinction reflected the Platonic tradition" und betonte, daß Stifel die Quadratur des mathematischen Kreises im Gegensatz zur Quadratur des physischen Kreises für unmöglich hielt[5]. Clagett erwähnte auch eine bereits 1584 erschienene französische Übersetzung von Stifels Abhandlung, die Simon Duchesne im Rahmen seines Werkes "Quadrature du cercle, ou manière de trouver un quarré, égal à un cercle donné" (Delf 1584) veröffentlichte.

Im Rahmen seines Werkes "Nicolaus Cusanus und die Entstehung der exakten Wissenschaften" ging auch Nagel ausführlich auf Stifels Kreisquadratur ein[6]. Nagel bemängelte, daß Stifel die "zukunftsweisende Perspektive" in Nicolaus von Kues' Denken nicht erkannt hätte und nicht zu einer gerechten Beurteilung der mathematischen Werte von Näherungslösungen gekommen wäre. Stifel wäre noch immer dem antik-mittelalterlichen Erkenntnisideal der praecisio verhaftet, demgemäß Ungenauigkeiten im Bereich des Mathematischen nichts zu suchen hätten. Den eigentlichen Durchbruch des cusanischen Neuansatzes, nämlich in Richtung zu einer Mathematik des Infinitesimalen, hätte Stifel nicht geleistet.

---

[2] Kästner, Abraham Gotthelf, Geschichte der Mathematik Bd.1, Göttingen 1796, Nachdruck Hildesheim New York 1970, S.126f.

[3] Hofmann, Joseph Ehrenfried, Michael Stifel 1487?-1567. Leben, Wirken und Bedeutung für die Mathematik seiner Zeit. Sudhoffs Archiv, Beihefte, Heft 9, Wiesbaden 1968, S.27-29; ferner: Michael Stifel. Zur Mathematikgeschichte des 16. Jahrhunderts. Jahrbuch für die Geschichte der oberdeutschen Reichsstädte, Esslinger Studien 14, 1968, S. 30-60, hier S.52.

[4] Clagett, Marshall, Archimedes in the Middle Ages, Bd.3, Teil 3: The Medieval Archimedes in the Renaissance 1450-1565, Philadelphia 1978, S.1202-1209.

[5] Clagett, siehe Anm.4, S.1208.

[6] Nagel, Fritz, Nicolaus Cusanus und die Entstehung der exakten Wissenschaften, Buchreihe der Cusanus-Gesellschaft Bd. 9, S.96-102.

Im folgenden sollen einige ergänzende Hinweise und Aspekte, die bislang nicht genügend berücksichtigt worden sind, helfen, Stifels Beitrag besser zu verstehen. Aus diesem Grunde wird hier erstmals eine deutsche Übersetzung, die gelegentlich von der englischen Übersetzung Clagetts abweicht, als Anhang 2 beigegeben.

1. Widmung

Stifel widmete seine Abhandlung Adolph von Glauburg[7], einem interessierten und hoffnungsvollen jungen Mann, der aus einer berühmten, in Frankfurt ansässigen Familie stammte; sein Vater, Johann von Glauburg (1503-1571), war dort mehrmals Bürgermeister gewesen[8]. Stifel erwähnte Adolph von Glauburg des öfteren in seiner "Arithmetica integra", nämlich auf fol.93r, 143v, 224r, 306r und 319r; Glauburg wurde als "Maecen" bezeichnet, er muß Stifel bei der Übersetzung griechischer Texte geholfen haben.

2. Stifels Quellen

Stifel erwähnte die Namen Euklid, Ptolemaios, Archimedes, Nicolaus von Kues und Regiomontan. Sowohl Hofmann als auch Nagel vermuten daher[9], daß Stifel seine Kenntnisse über die Kreisquadratur aus der von J.Schöner besorgten Ausgabe von Regiomontans "De triangulis omnimodis libri quinque", die 1533 in Nürnberg erschienen war, geschöpft hätte; diese Ausgabe nämlich enthält 5 der insgesamt 12 Arbeiten von Nicolaus von Kues über die Kreisquadratur als Anhang und auch Regiomontans kritische Erwiderung[10]. In der Tat aber muß sich Stifel schon früher mit anderen Ausgaben der mathematischen Werke von Nicolaus auseinandergesetzt haben, da er diese bereits 1522 zitiert hatte[11]. In erster Linie kämen wohl die Werke

---

[7] Jöcher, Christian Gottlieb, Allgemeines Gelehrten-Lexikon. Bd.2, Leipzig 1750, Sp.1020.

[8] Jung, R., Glauburg: Johann von. Allgemeine Deutsche Biographie 49, 1904, S.380.

[9] Siehe Anmerkungen 3 und 6.

[10] Nikolaus von Cues, Die mathematischen Schriften. Hrsg. von Josepha und Joseph E. Hofmann, Hamburg 1952, S.XLVI-LII.

[11] Stifel, Michael, Von der Christförmigen/ rechtgegründten leer Doctoris Martini Luthers/ ein überuß schön kunstlich Lyed, Straßburg 1522, fol.a 3v: "Die leer dises

des Nicolaus von Kues in der von Johannes Jacobus Faber Stapulensis besorgten, 1514 in Paris erschienenen Ausgabe in Frage, in der 4 weitere, nicht in der Nürnberger Ausgabe enthaltene Abhandlungen über die Kreisquadratur vorgestellt wurden. Für diese Annahme spricht auch ein anderer Hinweis auf Nicolaus von Kues in Stifels "Arithmetica integra", nämlich auf fol.69r und v, wo es um Kalenderprobleme, genauer gesagt um die "praecise" Länge des Sonnenjahres, geht.

2.1. Luther

Hoppe war der erste Stifelforscher, der bemerkte, daß in Stifels "Arithmetica integra" die ersten Buchstaben, gelegentlich die großen Initialen, mit denen neue Kapitel eingeleitet werden, hintereinander gelesen, durchaus bedeutungsvoll sein können und besondere Rückschlüsse ermöglichen. Im Falle der Kreisquadratur ergeben die Anfangsbuchstaben der ersten 28 Sätze "Doctor Martinus Lutherus jussit"[12].

2.1.1. Mathematischer und physischer Punkt - Gerechtigkeit und Vergebung der Sünden - Gesetz und Evangelium

Stifel unterscheidet in seiner Abhandlung zwischen dem mathematischen und physischen Kreis. Nagel[13] brachte dies mit dem Begriff der praecisio in Verbindung, der in Nicolaus von Kues' Werk eine große Rolle spielte und dessen Wurzeln bis in die Antike zurückreichen[14]. Doch ist es nicht nötig, derart weit zurückzugreifen, weil bereits Luthers Tischreden vom Dezember 1531 und Sommer und Herbst 1533, mit Stifel in engstem Zusammenhang stehen und die nötigen Einblicke gewähren[15].

---

engels <M.Luther> / ist von erkantnuß gottes / nit durch die natur uß den bücheren Aristotelis. Auch nit durch die mathematick / uß dn bücheren Nicolai de Cusa / sondern durch den glauben...".

[12] Hoppe, Edmund, Michael Stifels handschriftlicher Nachlaß. Mittheilungen der Mathematischen Gesellschaft in Hamburg 3, 1900, S.411-423, hier S.417.

[13] Siehe Anmerkung 6, S.102.

[14] Siehe hierzu ferner Praecisio, in: Historisches Wörterbuch der Philosophie, hrsg. von J.Ritter und K.Gründer, Bd.7, Basel 1989, Sp.1212-1216.

[15] Luther, Martin, Tischreden. Weimarer Ausgabe, Bd.1, 1912, S.56f und S.255. Siehe auch Reich, Karin, Die Beziehungen Martin Luthers zu Michael Stifel. Esslinger Studien, Zeitschrift, 29, 1990, S.17-36, hier S.29f.

Im Zentrum eines der Tischgespräche vom Dezember 1531 standen zwar keine mathematischen Probleme, sondern Fragen nach den Regeln der Grammatik und deren Ausnahmen, moralische und juristische Fragen und damit verbundene theologische Fragen. Diese Problemkreise wurden aber mit dem Wesen eines mathematischen und eines physischen Punktes in Beziehung gesetzt:

Der mathematische Punkt ist unteilbar und unerreichbar, dennoch ist er das Ziel und der Zweck aller Anstrengungen. Erreichbar ist lediglich der physische Punkt, der der Realität entspricht, denn es geht allenthalben nicht so wie es sein soll, stets gibt es Ausnahmen von der Regel, z.B. in der Grammatik; ebenso sorgen Gesetze nicht für Gerechtigkeit, diese kann man nicht finden. In diesem Sinne sorgen Abweichungen vom Idealfall, der unerreichbar ist, für Sünden und Sünden müssen Vergebung finden können. Ebenso fällen Richter ungerechte Urteile. Das Recht zu treffen, hieße einen mathematischen Punkt zu treffen und dies wiederum ließe dem Teufel keinen Spielraum. Nur wenn die Theologen von Christus predigen, liegt der Idealfall vor. In diesem Sinne erteilte Luther Stifel den Rat, seinem zuständigen Steueramtsmann auszurichten, er solle nicht nach dem mathematischen, sondern nach dem physischen Punkt trachten, denn "es werde doch aus dem mathematico nichts".

Ähnliche Argumente beherrschen eine Tischrede aus dem Sommer bzw. Herbst 1533. Hier wird dem physischen Punkt, den niemand feilen kann, sowohl eine Breite als auch ein Umfang zugestanden, während der mathematische Punkt, den niemand treffen kann und der für das bestimmte Gesetz steht, ohne Breite und Umfang ist, wörtlich: "Das Gesetz ist der mathematische Punkt, das Evangelium der physische Punkt. Bereits diese Tugend unserer Natur ist außerordentlich: uns gestehen wir nur den physischen Punkt zu, von anderen aber fordern wir den mathematischen Punkt".

Der genaue Wortlaut dieser Tischgespräche ist im Anhang 1 wiedergegeben.

Diese Tischgespräche belegen, daß es vielmehr theologische Argumente im Sinne Luthers waren, die Stifel den mathematischen Kreis vom physischen unterscheiden ließen. Für die Menschen gibt es nur physische Kreise, die mathematischen Kreise sind Gott allein vorbehalten. In diesem Sinne, aus theologischen Gründen, ist es für Stifel unmöglich, den mathematischen Kreis zu quadrieren (1. Teil, Nr.26).

3. Der Zahlbegriff bei Stifel

Das gesamte zweite Buch seiner "Arithmetica integra" (fol..103r - 226r) widmete Stifel den Irrationalzahlen[16]. Die entscheidende Frage ist, was verstand Stifel unter irrationalen Zahlen?

Stifels Grundlage für seine verschiedenen Zahldefinitionen war Euklid, demgemäß umfaßten die numeri rationales ganze Zahlen und Zahlverhältnisse (Brüche), deren Zähler und Nenner wiederum ganze Zahlen waren; diese Bezeichnungsweise ist also konform mit der gegenwärtigen.

Den rationalen Zahlen stehen die irrationalen Zahlen gegenüber, auf Grund der antiken Zahldefinition bezeichnete Stifel die numeri irrationales auch als non numeri, Nichtzahlen. Im Gegensatz zu den rationalen Zahlen, so meinte Stifel, wären die irrationalen unter einem gewissen Nebel der Unendlichkeit verborgen (fol.103r). Auf eine exakte Definition der Irrationalzahlen verzichtend betrachtete Stifel beispielhaft die unendlich vielen rationalen und irrationalen Zahlen im Intervall zwischen 2 und 3 (fol.104r):

rationale Zahlen[17], $2\frac{1}{2}, 2\frac{1}{3}, 2\frac{2}{3}, 2\frac{1}{4}, 2\frac{3}{4}, 2\frac{1}{5}, 2\frac{2}{5}, 2\frac{3}{5}, 2\frac{4}{5}, 2\frac{1}{6}, 2\frac{5}{6}, 2\frac{1}{7}, 2\frac{2}{7}, 2\frac{3}{7}, \ldots$

irrationale Zahlen, $\sqrt{5}, \sqrt{6}, \sqrt{7}, \sqrt{8}, \sqrt[3]{9}, \sqrt[3]{10}, \sqrt[3]{11}, \sqrt[3]{12}, \sqrt[3]{13}, \sqrt[3]{14}, \sqrt[3]{15}, \sqrt[3]{16}, \sqrt[3]{17},$

$\sqrt[3]{18}, \sqrt[3]{19}, \sqrt[3]{20}, \sqrt[3]{21}, \sqrt[3]{22}, \sqrt[3]{23}, \sqrt[3]{24}, \sqrt[3]{25}, \sqrt[3]{26}, \sqrt[4]{17}, \sqrt[4]{18}, \sqrt[4]{19}, \sqrt[4]{20}, \sqrt[4]{21}, \sqrt[4]{22}, \sqrt[4]{23},$

$\sqrt[4]{24}, \sqrt[4]{26}, \ldots$

Stifel bewies, daß irrationale Zahlen 1. keine ganze Zahlen und 2. keine Brüche sein können (fol.103v).

Treten allerdings irrationale Zahlen bei Proportionen auf, so können folgende Fälle eintreten (fol.104rf):

$$\frac{\sqrt{24}}{\sqrt{6}} = \frac{4}{2} = \frac{numerus}{numerus}, \quad \frac{\sqrt{24}}{\sqrt{8}} = \frac{\sqrt{12}}{2} = \frac{non\ numerus}{numerus}, \quad \frac{\sqrt{8}}{\sqrt{24}} = \frac{2}{\sqrt{12}} = \frac{numerus}{non\ numerus}.$$

Allgemein gilt (fol.55r): $\dfrac{numerus\ rationalis}{numerus\ irrationalis} = irrational,$

---

[16] Siehe hierzu auch Gericke, Helmuth, Geschichte des Zahlbegriffs. Mannheim, Wien, Zürich 1970, S.68-70.

[17] Jentsch bemerkte hierzu richtig, daß Stifel eine Anordnung, die der von G.Cantor gleichkommt, vorstellte und damit die Abzählbarkeit der rationalen Zahlen verdeutlicht hatte (Jentsch, Werner, Michael Stifel - Mathematiker und Mitstreiter Luthers. NTM-Schriftenreihe 23, 1986, S.11-34, hier S.23).

ARITHMETICAE LIBER II. 104

mediatos. Ex ordinibus tamen utrorumq; facile est videre, ut nullus eorum ex suo ordine in alterum possit transmigrare. Nihil igitur est, si cogites numerū aliquem irrationalem posse coincidere cum aliquo numero fracto propter infinitatem fractorum. Sed uideamus ordines quorum mentionem feci.

Ordo fractorum inter 2 & 3,

$2\frac{1}{2}, 2\frac{1}{3}, 2\frac{1}{4}, 2\frac{1}{5}, 2\frac{1}{6}, 2\frac{2}{3}, 2\frac{2}{5}, 2\frac{3}{4}, 2\frac{3}{5}, 2\frac{2}{7}, 2\frac{4}{5}, 2\frac{5}{6}$. Et sic deinceps in infinitum.

Ordo medialium cadentium inter 2 & 3.

$\sqrt{8}5, \sqrt{8}6, \sqrt{8}7, \sqrt{8}8, \sqrt{8}9, \sqrt{8}10, \sqrt{8}11, \sqrt{8}12, \sqrt{8}13,$
$\sqrt{8}14, \sqrt{8}15, \sqrt{8}16, \sqrt{8}17, \sqrt{8}18, \sqrt{8}19, \sqrt{8}20, \sqrt{8}21,$
$\sqrt{8}22, \sqrt{8}23, \sqrt{8}24, \sqrt{8}25, \sqrt{8}26, \sqrt{88}17, \sqrt{88}18, \sqrt{88}19,$
$\sqrt{88}20, \sqrt{88}21, \sqrt{88}22, \sqrt{88}23, \sqrt{88}24, \sqrt{88}26,$ Et sic deinceps in infinitum.

Non remouet in ordinibus illis, quod nulla seruaturuel proportionalitatum uel progressionum lex. Res ordines sic postulant.

Quid Euclides senserit de numeris irrationalibus. Cap. 11.

LANE negat Euclides, propositione quinta sui decimi, numeros irrationales esse numeros. Omnium, inquit, duarum quantitatum communicantium est proportio tanquā numeri ad numerum. Sequitur certe, proportione duarum quantitatum nō communicantium, non esse tanquam numeri ad numerum. Ut sicut proportio $\sqrt{8}24$ ad $\sqrt{8}6$, est proportio tanquam numeri ad numerum, uidelicet tanquam 4 ad 2 : sic proportio $\sqrt{8}24$ ad $\sqrt{8}8$, est proportio, tanquam non numeri ad numerum, uidelicet tanquam $\sqrt{8}12$ ad 2. Sic $\sqrt{8}8$ ad $\sqrt{8}24$ est proportio tanquam numeri ad non numerum, uidelicet tan-
quam

MICHAELIS STIFELII

minatore, ita ut inter duos aliquos numeros integros & immediatos cadant: ut $8\frac{4}{5}$ [seu $\frac{29}{5}$] cadit inter 8 & 9. Neq; enim $1\frac{1}{3}$ aut $1\frac{1}{4}$ inter fractos numeros recipio, sed inter integros & c.

Quod autem numeri irrationales non sint numeri integri, facile ostenditur. Quilibet enim numerus irrationalis, cadit inter duos aliquos numeros immediatos. Vt $\sqrt{8}6$ cadit inter 2 & 3, & $\sqrt{8}10, \sqrt{8}11, \sqrt{8}12, \sqrt{8}13, \sqrt{8}14, \sqrt{8}15$, cadunt inter 3 & 4. Et sic de aliis. Satis autem constat, ut inter duos numeros integros immediatos, nullus cadat numerus integer, id quod ratio uocabuli manifeste tradit. Ergo nullus numerus irrationalis potest esse numerus integer, cū singuli cadant inter immediatos.

Item nullus numerus irrationalis potest esse numerus fractus. Impossibile enim est, ut ex multiplicatione numeri fracti, in se, fiat numerus integer. Sed numeri irrationales multiplicatione sui in se, faciunt numeros integros : ut $\sqrt{8}6$ in se quadrate facit 6, & $\sqrt{8}6$ in se cubice facit 6, & c. Ergo numeri irrationales non sunt numeri fracti. Antecedens patet. Si enim denominator non numerat numeratorem, multo minus quadratum denominatoris numerabit quadratū numeratoris. Item multo minus cubus denominatoris numerabit cubum numeratoris, ut fiat numerus integer & c. Vnde sicut nullus numerus integer fractum, sic nullus numerus fractus multiplicatiōe sui in se potest producere numerum integrum.

Item quilibet numerus fractus, certam habet cognitamq; proportionem ad quemlibet numerū integrum : sed nullus numerus irrationalis habet certam cognitamq; proportionem ad ullum numerū uel integrum uel fractum, ut paulo superius dixi. Ergo numerus irrationalis, sicut nō potest esse numerus integer, sic etiam non potest esse numerus fractus.

Item licet infiniti numeri fracti cadant inter quoslibet duos numeros immediatos, quemadmodum etiam infiniti numeri irrationales cadunt inter quoslibet duos numeros integros immediatos.

aber es gilt nicht immer $\dfrac{numerus\ irrationalis}{numerus\ irrationalis} = irrational.$

Stifel bezeichnete alle Wurzelausdrücke, also Zahlen vom Typ a als Irrationalzahlen. Die umgekehrte Frage aber, ob alle Irrationalzahlen Wurzelausdrücke sind, wurde so nicht gestellt. Man muß davon ausgehen, daß Stifel unter irrationalen Zahlen nur Wurzelausdrücke verstand, die heutige Terminologie liegt da etwas anders. Dennoch gibt es zwei Stellen bei Stifel, die eine Erweiterung seines Begriffs der irrationalen Zahlen nahelegen:

3.1. Der "Algorismus proportionum"

Wie schon seine Vorgänger, so beschäftigte sich Stifel mit den Rechenoperationen für Proportionen (besser wäre Verhältnisse) und zwar mit der Addition und Subtraktion von Verhältnissen und der Multiplikation und Division mit/durch ganze Zahlen oder Brüche(n).

Neu war bei Stifel die Division von Verhältnissen durch Verhältnisse. Ohne auf die spezielle Symbolik und die Rechenverfahren einzugehen, soll hier das Problem mittels der zwei von Stifel vorgeführten Beispiele verdeutlicht werden (fol.54v):

$$\left(\frac{3}{2}\right)^x = \frac{729}{2}, \quad x = 6; \quad \left(\frac{27}{8}\right)^x = \frac{2187}{128}, \quad x = 2\frac{1}{3}.$$

Gesucht sind also die Exponenten[18], die eben nur in diesen simplen Beispielen raional sind. Ein Logarithmusbegriff stand aber damals noch nicht zur Verfügung.

Im folgenden versuchte Stifel eine "proportio irrationalis" zu definieren, er kam aber nur zu dem Ergebnis, daß diese eine "proportio fracta tanquam minutia alicuius proportionis integrae" sei (1.Buch, fol.55r). Im zweiten Buch versuchte sich Stifel abermals an dem Problem "de proportionibus irrationalibus". Aber auch hier stieß er, wie die Beispiele zeigen, nicht zum allgemeinen Problem vor (fol.121rf):

$$\left(\frac{\sqrt{18.}}{2}\right)^2 = \frac{18}{4} = \frac{9}{2}; \quad \sqrt{\frac{9}{2}} = \frac{\sqrt{18}}{2}$$

---

[18] Stifel hatte zwar die Bezeichnungsweise Exponent eingeführt, aber an anderer Stelle (Arithmetica integra, fol.236v), er benützte sie hier nicht.

3.2. Die Kreisquadratur

Stifels Satz I, Nr.7 "Deshalb hat der Umfang eines mathematischen Kreises keine Zahl weder eine rationale noch eine irrationale" bedeutet, daß weder durch einen Bruch noch durch einen Wurzelausdruck darstellbar ist. Hierin steckt implizit, daß es noch eine weitere Kategorie von "Zahlen" jenseits von rational und irrational (im Sinne Stifels) geben muß. Ähnliches kann man aus den Sätzen I, Nr.12 und III, Nr.5 herauslesen.

Es ist leichter, die Frage zu beantworten, was π nicht ist als die, was π ist, dennoch versuchte Stifel es. Er begann mit folgender Definition des irrationalen Verhältnisses (III, Nr.6):

$$\text{Beginnend mit (III, Nr.6)} = \frac{\textit{numeri}}{\textit{non numerus sub numero}}$$

kam er zu dem Ergebnis, daß

$$\pi = \frac{\textit{numeri}}{\textit{non numerus sub numero}} = \frac{\textit{non numeri sub numero}}{\textit{non numerus sub non numero}}$$

ist (III, Nr.7). Der Leser möge selbst versuchen, sich einen Reim auf diese Aussage zu machen. Dennoch kann man aus dieser Satz herauslesen, daß π etwas noch komplizierteres als ein irrationales Verhältnis ist. So verwundert es nicht, daß Stifel nur Gott den exakten Wert von π zutraute (III, Nr.13).

3.2.1. Näherungslösungen

Stifel sprach den Archimedischen Wert von 22/7 an, der bei ihm als tripla sesquiseptima (II, Nr.3), wörtlich übersetzt das Dreifache von 8/7, bezeichnet wurde; gemäß der in Proportionentheorie üblichen Bezeichnungsweise bedeutet dies nichts anderes als 22/7, siehe "Arithmetica integra", fol.49v. Diesen Wert eingesetzt ergibt für d=28 eine Kreisfläche von 24°49'9".

Diesem Wert stellte Stifel den von Nicolaus von Kues mit 24°47'33" angegebenen gegenüber, den dieser allerdings unter anderen Voraussetzungen abgeleitet hatte[19].

---

[19] Hofmann, siehe Anm.3a, S.27f.

3.2.2. Stifels Ziel

Nicolaus von Kues' Ziel bei allen seinen Bemühungen um die Quadratur der Kreises war sicher vielfältig; zweifelsfrei legte er aber sehr großen Wert auf Näherungslösungen, die er mit den verschiedensten Mitteln zu erreichen trachtete; neu in seinen Darstellungen war, daß er hierfür unter anderem auch von infinitesimalen Betrachtungsweisen Gebrauch machte[20].

Stifel dagegen ging es um eine begriffliche Auseinandersetzung, Näherungslösungen waren für ihn nur von sekundärer Bedeutung. Er stellte z.B. die Frage, wie weit man mit rationalen Zahlen in Bezug auf irrationale Zahlen kommen kann und fand, daß man aus der Tatsache, daß es zu einer irrationalen Zahl eine kleinere und eine größere rationale Zahl gibt, nicht schließen kann, daß es eine rationale Zahl gibt, die gleich der irrationalen ist (III, Nr.9). Diese Schlußweise steht in Zusammenhang mit dem Zwischenwertsatz[21]. Man könnte diesen Gedanken weiterführen: wenn es einen Wurzelausdruck gibt, der kleiner ist als π und einen Wurzelausdruck, der größer ist als π, so kann man daraus eben nicht folgern, daß es auch einen Wurzelausdruck geben muß, der gleich π ist. Und schließlich beendete Stifel seine Ausführungen mit der Feststellung, daß physische Argumente in mathematischen Dingen täuschen und erst recht gälte, daß physische und mathematische Argumente in göttlichen Dingen täuschen. Daß diese Überlegungen Stifels als Warnung auf dem Hintergrund seiner gescheiterten Endzeitberechnungen zu verstehen seien[22], ist sicher falsch, denn Stifel hat die Endzeit gar nicht berechnet.

4. Ausblick

Der Gedanke, daß die Kreisquadratur etwas mit Gott zu tun hat, war auch nach Stifel noch aktuell. Als Beispiel sei der Theologe Matthias Haffenreffer (1561-1619) genannt, der an der Universität Tübingen eine herausragende Stellung innehatte. In seinem 1613 in Tübingen erschienen Werk "Templum Ezechielis" geht es um die Architektur und Ausstattung dieses

---

[20] Nicolaus von Cues, siehe Anm.10, S.XXVIII-XXXII. Nagel, siehe Anm.6, S.63.
[21] Bereits Proklos hatte die Gültigkeit des Zwischenwertsatzes bestritten: "Der Übergang von Größerem zu Kleinerem vollzieht sich nicht immer durch das Gleiche" (Gericke, s.Anm.16, S.86).
[22] Nagel, siehe Anm.6, S.101.

Tempels in Anlehnung an die entsprechenden Bibelstellen[23]. Als letztes Kapitel wurde ein "Appendix geometrica" (S.340-344) angehängt, dessen Thema die Quadratur des Kreises war. Haffenreffer stellte die Frage: "Welche Proportion hat die Figur eines Quadrates mit dem Kreis und welche Proportion ein Kreis mit einem Quadrat" (S.340), denn sein Tempel des Ezechiel war quadratisch gedacht. Er sollte etwas besonderes sein, er sollte nämlich mit einem flächengleichen Kreis verglichen werden. Unter Berufung auf Kepler und Maestlin gelang es Haffenreffer, π zwischen

3,1415,9265,3589,7932,3846,2643,3832,80 und

3,1415,9265,3589,7932,3846,2643,3832,79 einzuschließen.

Mit dieser stellenreichen Näherung paßt Haffenreffer in das Bild der Zeit, Adriaen van Roomen z.B. hatte π 1593 auf 15 Dezimalen und Ludolph van Ceulen 1596 auf 20 Dezimalen und später sogar noch genauer angegeben[24].

Die Geschichte der irrationalen Zahlen ist noch nicht genau genug erforscht, bislang wurde mehr die Terminologie als der Inhalt des Begriffs "irrational" untersucht[25]. Es besteht jedoch kein Zweifel, daß Stifel einen wichtigen Beitrag geliefert hatte, als er noch eine andere Art von Zahlen jenseits der irrationalen (= Wurzelausdrücke) vermutete.

Anhang 1

Martin Luther, Tischreden

Bd.1, S.56f, Nr.134, 30.11.-14.12.1531

Lex nun iustificat in ulla arte aut vitae genere. Sic etiam regulis grammaticorum videmus exceptiones. Remissio igitur peccatorum diffusa est per

---

[23] Barnes, Robin Bruce, Prophecy and Gnosis. Apocalypticism in the wake of the Lutheran Reformation. Stanford 1988, S.198, 308, Anm.35.

[24] Hofmann, Joseph Ehrenfried, Geschichte der Mathematik I, 2.Auflage, Berlin 1963, S.162.

[25] Tropfke, Johannes, Geschichte der Elementarmathematik, 4.Auflage, Bd.1, Berlin und New York 1980, S.139-141: Algebraische und tranzendente Zahlen.

omnem vitam, actiones et artes omnes. Quod poema a regula excipitur, est remissio peccatorum. Vocarunt mathematicum punctum indivisibile, quod nusquam est reperire, sicut nusquam reperitur iustitia ex lege; hoc alias dicunt mathematicos sequi verum. Physicum autem punctum est remissio peccatorum, hoc dicunt proprie verum. Quanquam autem mathematicum punctum est in nulla re, tamen mus man nach dem zweck schissen und zielen, man kompt dennoch weyt gnug davon. Es wil glich wol heissen, quod multa sunt dissimulanda. Sic dixi nuper Michaeli Stifelio, das er seinem schosser sag, er sol das punctum physicum lernen; es werde doch aus dem mathematico nichts. ...

Vergebung der Sünde muß uber Alles durchaus gehen. "Das Gesetze mach in keinem Stande oder Kunst gerecht; ist unmöglich, daß Alles Schnur gleich nach dem Gesetz gehen und geschehen könnte. Wie wir auch in der Kinder=Kunst, so man in Schulen lehret, der Grammatica, sehen; da ist keine Regel so gemeine und Schnur gleich, die nicht ihre Auszüge hat. Darum ist Vergebung der Sünden durchs ganze Leben in allen Händeln, Werken und Künsten allenthalben ausgestreuet und gesetzt. Denn daß ein Poema und Gedicht oder Lied von gemeinen Regeln ausgenommen und nicht stracks wie sonst ein andere schlechte Rede gestellt wird, das ist Vergebung der Sünden.

Das man heißt punctum mathematicum, das unheilbar und Schnur gleich sei, also daß es auch am aller kleinsten und geringsten Pünctlin nicht feile, dasselbige ist unmöglich zu finden; wie man auch die Gerechtigkeit, so das Gesetz erfodert, nirgend nicht finden kann. Das physicum punctum aber, wie man nennet in Schulen, daß nicht so genau und Schnur gleich Alles zugehet und geschieht, ist Vergebung der Sünde, da man muß Geduld haben, da es nicht also allenthalben gehet, wie es wol sein sollte.

Wiewol aber dasselbige Pünctlin, das sie mathematicum heißen, nirgend nicht zu finden ist, doch muß man nach dem Zweck und Ziele schießen, so viel es möglich ist, man trifft's doch nicht und kömmet noch weit genug davon. Es will gleichwol heißen, man muß bisweilen durch die Finger sehen, hören und nicht hören, sehen und nicht sehen. Also sagt ich neulich M.S., daß er seinem Schösser sollte sagen, er sollt das punctum physicum lernen und Geduld haben, es werde doch aus dem mathematico puncto nichts, daß es Alles sollte Schnur gleich zugehen und wie man spricht: Man kanns nicht Alles zu Bolzen drehen".

Davon redet D.M.Luther auf eine Zeit mit M.Veit Dietrichen: "Die Juristen mit ihrer Kunst müssen auch oft die Vergebung der Sünden suchen, denn sie treffens nicht alle Zeit. Und wenn sie unrechte Urtheil fällen und der Teufel sie plaget im Gewissen, so könnten sie ihm nicht widerstehen...Sie müssen zun Oerten einschlagen und treffen, was sie können, und darnach zu unserm Herrn Gott sagen: Lieber Herr Gott, laß es so gehen, wir könnens nicht besser; ist es gefeilet, so vergib es. Quia das Recht treffen seu punctum mathematicum, est impossibile, ideo nullus Iurisconsultus subsistet in optima conclusione contra diabolum, wenn er die Theologiam nicht zu Hülfe nimmet, daß er dahin komme und sage: Lieber Herr Gott, iudicavi in hac causa, es ist unser Regiment so; ist es nicht recht, so vergibs. Und das muß ein Jurist auch civiliter thun, nicht allein theologice, quia non habere possunt punctum mathematicum.

Aber ein Theologus muß ihn haben und gewiß treffen, ut dicat: da stehts in verbo Dei, und sonst nirgends. Hoc non possunt facere Iurisconsulti; die thun wie die ungewissen Organisten. Wenn die schlagen auf einer Orgel, will da eine Pfeife nicht recht consentiren, so nehmen sie die andern; ist eine Stimme nicht recht, so ist die ander recht. Aber Theologia attingit punctum mathematicum, die saget: una est iustitia, quae est Christus Iesus; hunc qui attingit, est iustus. Von dem Christo predigen wir Theologi und sagen: haec nostra doctrina est vera; so sagen auch die Propheten Esaias und Jeremias. Da wollen wir nicht remissionem peccatorum haben; denn die Lehre ist nicht mein, sondern Gottes, wie der Herr Christus auch saget: ""Die Wort, so ich rede, sind nicht mein, sondern meines Vaters"".

Bd.1, S.255, Nr.558, Sommer und Herbst 1533

Quaestio pro Domino Michaele Stiefel:

Quomodo differunt

| punctus | physicus | des physici kan niemand feilen, |
| | mathematicus | den mathematicum kan niemand treffen, |

quia ille habet latitudinem et circumferentiam arbitrariam pro loco et persona, iste est sine latitudine et arbitrario, sed certa lex. Summa, remissio peccatorum et epiikia tota vis est.

Lex est punctus mathematicus, evangelium punctus physicus. Iam nostrae naturae est ista virtus egregia: Nobis punctum physicum tribuimus, ab aliis vero mathematicum exigimus.

Anhang 2

Michael Stifel: Über die Quadratur des Kreises.

Arithmetica integra, Nürnberg 1544, fol.224r-226r.

(Übersetzung von Eberhard Knobloch)

Adolph von Glauburgk aus Frankfurt, einem vielversprechenden jungen Mann zum Gruß.

Diese meine geometrische Erörterung (d.h. die sich nicht auf Arithmetik bezieht), nämlich über die Quadratur des Kreises, habe ich auf Geheiß des Mannes angefügt, dem ich Leib und Seele schuldete, wenn es überhaupt möglich sein könnte, daß ein Mensch dem Verdienst eines Menschen soviel schuldete. Diese Erörterung wollte ich Dir, mein Adolph, widmen, weil ich sehe, daß du nicht nur die Physik, sondern auch die Mathematik höchst begierig studierst, nachdem Du gegen jene bösen Ungetüme, die gegen die Frömmigkeit und die Wissenschaften feindlich sind, nämlich Habgier, Ehrgeiz, Neid usw. gehörig angekämpft hast. Obwohl es mir nämlich schön erscheint, schöne Spekulationen der Mathematik solchen Geistern weiterzugeben, so weiß ich, daß es noch schöner ist, so schöne Gedanken all denen, die mit Gewißheit die Artes studieren, als ein Beispiel darzulegen.

I.

1. Diejenigen, die die Quadratur des Kreises erörtern wollen, mögen beachten, daß ein Unterschied zwischen einem physischen Kreis und einem mathematischen Kreis besteht.

2. Sie mögen auch beachten, daß diese Frage, die von den alten Philosophen aufgeworfen wurde, um den mathematischen Kreis geht, nicht um den physischen.

3. Der physische Kreis ist eine Art Bild des mathematischen Kreises.

4. Das Dreieck ist das erste aller Vielecke.

5. Von allen Vielecken ist das letzte der Kreis.

6. Mit Recht wird also der mathematische Kreis als ein Vieleck mit unendlich vielen Seiten beschrieben.

7. Deshalb hat der Umfang eines mathematischen Kreises keine Zahl, weder eine rationale noch eine irrationale.

8. Vor dem mathematischen Kreis stehen alle Vielecke mit abzählbar vielen Seiten, in der Weise wie vor einer unendlichen Zahl alle angebbaren Zahlen stehen.

9. Es bleibt also festzustellen, daß ein Kreis, der mit einem Zirkel gemacht ist, kein mathematischer Kreis ist.

10. Dann aber wirst Du einen mathematischen Kreis angeben, wenn Du eine unendliche Zahl angegeben hast: Und das wollen jene, welche behaupten, daß der Kontingenzwinkel kleiner als die unendlich vielen geradlinigen Winkel ist.

11. So wie sich eine unendliche Zahl nicht auf Dinge einschränken läßt [contrahitur], selbst wenn Du Dir die Tropfen des Meeres vorstellst, das größer ist als der ganze Himmel: so läßt sich der mathematische Kreis nicht auf die Materie einschränken [contrahitur], auch wenn sie durch Einsatz und Fleiß aller Goldschmiede des gesamten Erdkreises bearbeitet, geglättet und geebnet wäre.

12. Der Umfang eines mathematischen Kreises hat zu seinem Durchmesser weder ein rationales noch ein irrationales Verhältnis.

13. Sodaß es äußerst sicher ist, daß die Quadratur des mathematischen Kreises die menschliche Berechnungsfähigkeit überschreitet.

14. Wenn es aber um die Frage nach der Quadratur des physischen Kreises geht, dann brüsten wir uns vergebens mit einer so großen Verkündigung des Triumphes, daß diese Quadratur einst erfunden worden sei, gleichsam als ob durch diese Erfindung irgendein gewaltiges ungewohntes Wunder bewirkt worden sei.

15. Auch wenn Euklid und Ptolemäus gezwungen waren, in vielfältiger Weise Kreise zu gebrauchen, haben sie dennoch überall auf klügste und gelehrteste Weise die Frage nach dem Verhältnis, das sich auf die Quadratur

des Kreises bezieht, d.h. nach dem Verhältnis des Kreisumfangs zu seinem Durchmesser, abgelehnt.

16. Wie z.B. Euklid, während er sich im 8.Satz seines 12. Buches über das Verhältnis von Prismen zu ihren Pyramiden ausließ, vorsichtig und gelehrt runde Prismen und Pyramiden ausschloß.

17. Dem Beispiel eines so bedeutenden Mannes ist Ptolemaeus gefolgt, als er die Teile des Kreisdurchmessers in 120 untereinander gleiche Teile und den Umfang in 360 zwar untereinander gleiche Teile einteilte, die aber ungleich den Teilen des Durchmessers waren.

18. Es würde nämlich der Kreis ein Verhältnis zu seiner quadrierten Fläche [quadratio] haben, wenn die Erkenntnis des Verhältnisses des Umfangs zu seinem Durchmesser möglich wäre.

19. Denn aus der Multiplikation des halben Durchmessers mit dem halben Umfang würde die Fläche eines Vierecks erzeugt werden, das jenem gegebenen Kreis gleich wäre.

20. Es wäre aber nichts weiter zu tun, als daß die mittlere Proportionale zwischen den beiden ungleichen Seiten jenes Vierecks zu finden wäre. Denn diese mittlere Proportionale wäre die Seite eines Quadrates, das dem Kreis gleich ist.

21. Daher steht fest, daß die Quadratur des Kreises nichts anderes als die Bestimmung des Quadrates ist, das gleich dem gegebenen Kreis ist.

22. Aber jene Gleichheit darf nicht auf die Umfänge bezogen werden, sondern sie ist auf die Flächen der Figuren zu beziehen.

23. Das Finden dieser Gleichheit aber setzt irgendeine Zahl voraus, die die Länge des Kreisumfangs genau [praecise] wiedergibt, sei es nun eine rationale oder eine irrationale Zahl, die auf keine dieser beiden Weisen <d.h. weder rational noch irrational> angebbar ist.

24. Hieraus folgt erstens, daß es unmöglich ist, dem Kreisumfang ein Verhältnis zu seinem Durchmesser oder dem halben Kreisumfang ein Verhältnis zu seinem halben Durchmesser zuzuschreiben.

25. Zweitens folgt, daß es unmöglich ist, die mittlere Proportionale zwischen dem halben Durchmesser des Kreises und seinem halben Umfang zu finden.

26. Drittens folgt, daß es unmöglich ist, den mathematischen Kreis zu quadrieren.

27. Ungebildete Menschen muß man hinnehmen, wenn sie jenes bekämpft haben sollten, da es so beschaffen ist, daß es zur Frömmigkeit nichts beiträgt oder wegnimmt.

28. Dennoch werden gebildete Menschen bemerken, daß eben dies sowohl Euklid als auch Ptolemäus gefühlt haben.

Über die Quadratur des physischen Kreises

II.

1. Es ist möglich und leicht zu tun, daß nach der Annahme eines nahen Verhältnisses zwischen dem halben Durchmesser und dem halben Umfang eines physischen Kreises jener Kreis so quadriert wird, daß jene quadrierte Fläche den Sinnen Genüge tut.

2. Es ist möglich (sage ich), zwei eherne Blätter von gleicher Dichtigkeit <d.h. von gleichem spezifischen Gewicht> und aus derselben Mischung gegossen zu geben, deren eines Blatt kreisförmig ist und deren anderes die Figur eines Quadrates hat, so daß beide ein und das gleiche Gewicht haben und beide angeschlagen den gleichen Ton ergeben.

3. Jenes rationale Verhältnis des Umfangs zum Durchmesser, dessen Urheber, wie man sagt, Archimedes ist, d.h. 22/7, hat eine wunderbare Nähe zur Fragestellung, so sehr freilich, daß eine Quadratur des Kreises, nach diesem Verhältnis ausgeführt, das Sinnesurteil täuscht.

4. So wird, wenn der Durchmesser des Kreises 28 Teile ergibt, die Seite des Quadrates, das jenem Kreis gleich ist, 616 ergeben. Das heißt

Ganze   Minuten   Sekunden

24   49   9

5. Jenes irrationale Verhältnis aber, das von Nicolaus von Kues gefunden wurde, über das Johannes Regiomontan spricht, ist dem rationalen Verhältnis des Archimedes sehr benachbart.

6. Wenn nämlich der Durchmesser des Kreises 28 ergibt, wird die Seite des Quadrates, welches gleich jenem Kreis ist, (gemäß jenem irrationalen Verhältnis) 129654 + 64827 ergeben. Das heißt

Ganze   Minuten   Sekunden

24   47   33.

7. Wenn (sagt man) aus dem Halbmesser eines gegebenen Kreises und der Sehne des entsprechenden Quadranten, direkt verbunden, der Durchmesser eines zweiten Kreises entsteht, so wird das gleichseitige Dreieck, das demselben größeren Kreis einbeschrieben ist, mit dem gegebenen Kreis den gleichen Umfang haben.

Daß die physischen Argumente nichts zur Quadratur eines mathematischen Kreises beitragen.

III.

1. Nichts erreichen diejenigen, die versuchen, die von Philosophen gestellte Frage nach der Quadratur des Kreises mit Faden oder Zirkel endgültig zu lösen.

2. Sie arbeiten vergeblich, mit wievielen Rechnungen auch immer sie sich für das Auffinden der Quadratur des Kreises abmühen, auf welche Weise oder mit welchem Mittel auch immer dies geschehen mag.

3. Die Sehnen der Bögen, die von Kreisen genommen werden, können genau durch rationale oder irrationale Zahlen gegeben werden.

4. Welche aber durch irrationale Zahlen genau gegeben werden, können nicht durch rationale Zahlen genau gegeben werden.

5. Aber die Verhältnisse der Sehnen zu ihren Bögen können weder durch rationale Zahlen noch durch irrationale Zahlen gegeben werden.

6. Da, gemäß Euklid, irrationale Zahlen keine Zahlen sind, ist offenbar, daß irrationale Verhältnisse Verhältnisse sind gleichsam wie Zahlen zu einer Nichtzahl durch [sub] eine Zahl.

7. Es ist offenbar, daß auch das Verhältnis des Kreisumfangs zum Durchmesser und der Bögen zu ihren Sehnen entweder gleichsam wie Zahlen zu einer Nichtzahl durch [sub] eine Nichtzahl sind oder gleichsam wie

Nichtzahlen durch [sub] eine Zahl zu einer Nichtzahl durch [sub] eine Nichtzahl.

8. Dieses Argument ist physisch, wenn du so überlegst: man kann ein Quadrat angeben, das größer ist als ein gegebener Kreis, und man kann ein Quadrat angeben, das kleiner ist als derselbe gegebene Kreis, folglich kann man auch ein Quadrat angeben, das eben jenem gleichen Kreis gleich ist. Das folgt nicht daraus.

9. Ebenso folgt nicht daraus, man kann eine rationale Zahl angeben, die kleiner ist als diese irrationale Zahl $\sqrt{9000 - \sqrt{16200000}}$, wie es jene folgende ist,

Ganze	Minuten	Sekunden
70	32	3.

Und man kann eine rationale Zahl angeben, die größer ist als dieselbe irrationale Zahl, wie es jene rationale Zahl ist,

Ganze	Minuten	Sekunden
70	33	3.

Folglich kann man eine rationale Zahl angeben, die derselben irrationalen Zahl gleich ist.

10. Physische Argumente täuschen in mathematischen Dingen meistens.

11. Wenn physische Argumente in mathematischen Dingen täuschen, so täuschen sowohl physische als auch mathematische Argumente in göttlichen Dingen noch viel mehr.

12. Daß ein Körper vollkommen kugelförmig ist, scheint mir einen Widerspruch nach sich zu ziehen. Aber die heilige Schrift sagt: bei Gott wird nicht jedes Wort unmöglich sein.

13. Die Sphären der Himmel sind Werke der Hände Gottes: deswegen wage ich es nicht zu verneinen, daß diese Verhältnisse eines vollkommen mathematischen Kreises haben. Aber über all dies werde ich an geeigneter Stelle in meiner Geometrie ausführlicher berichten.

Prof. Dr. Karin Reich, Institut für Geschichte der Naturwissenschaften, Mathematik und Technik, Universität Hamburg, Bundesstraße 55, D-20146 Hamburg

Ist die Kosmographie eine vergessene Wissenschaft?

400 Jahre "Atlas sive cosmographicae meditationes"

von GERHARD MERCATOR

Rüdiger Thiele

A. M. D. G.

[ad majorem Dei gloriam][1]

1. Einleitung

Der etwas spektakuläre Titel soll darauf verweisen, daß die *Cosmographicae meditationes*, die MERCATOR dem *Atlas* beigibt, keine zurecht vergessenen Betrachtungen, sondern recht exemplarisch für das Denken der Renaissance sind und daß deshalb ihrer anläßlich des 400. Jahrestages ihres Erscheinens gedacht werden kann. Was die Frage nach der Kosmographie betrifft, so beantwortet sie sich, wenn Sie die Frage nach ihrem Inhalt stellen. Ihre Probleme sind noch heute aktuell, freilich unter anderen Namen.

Unter den menschlichen Erfindungen gibt es nicht viele die so langlebig sind, wie es in der Kartographie beispielsweise die nach GERHARD MERCATOR benannte Projektion ist. Mithin verwundert es heute nicht, wenn unsere Wertschätzung des MERCATORschen Werkes ausschließlich auf dessen kartographischen Leistungen beruht. Es mag Sie daher irritieren, wenn das Thema meines Vortrags zwar den *Atlas* MERCATORS von 1595 betrifft, aber die von MERCATOR benutzten Kartenentwürfe selbst keinerlei Rolle spielen werden.[2]

Meine Auslassungen gründen sich nicht darauf, daß gemäß dem "handwerklichen Verständnis" das Verfertigen von Landkarten eher ein Zunftgeheimnis als ein Gegenstand wissenschaftlicher Abhandlungen war, und auch nicht darauf, daß hierüber bereits publiziert wurde,[2] sondern auf die Tatsache, daß für MERCATOR ein *Atlas* keinesfalls *nur* eine Kartensammlung gewesen ist (obwohl er paradoxerweise der Namensgeber für ein Buch

---

[1] *Zur höheren Ehre Gottes*. Inschrift auf G. MERCATORS Epitaph in der Salvatorkirche in Duisburg, der Epitaph wird auch seit 1602 in den Atlasausgaben abgebildet.

[2] Siehe hierüber die im Literaturverzeichnis genannten Ausstellungskataloge und Averdunk.

Gerhard Mercator
1512 - 1594

mit einheitlich gestalteten Karten war). Seinen *Atlas* verstand MERCATOR als ein *kosmographisches* Werk, das im Gewande seiner Zeit die alte philosophische Frage stellt, was der Mensch sei.

MERCATOR wäre wohl recht erstaunt, wenn er heute feststellte, daß der seinen Ruhm ausmachende Sachverhalt sein eigentliches Lebenswerk, die *Kosmographie*, völlig verdeckt. Mit einer solchen eklatanten Fehleinschätzung der eigenen Leistung steht MERCATOR freilich nicht allein da: GOETHE zog seine Farbenlehre der NEWTONS vor und hielt sie für wichtiger als seine Dichtung, während NEWTON seine alchemistischen Studien höher als seine physikalischen Lehren einschätzte.

Ich möchte einem möglichen Mißverständnis vorbeugen: die Rede wird von GERHARD MERCATOR (1512 - 1594), dem Duisburger Kartographen, sein, der erstmals einen Kartenentwurf benutzte, auf dem die für die Seefahrt wichtige Kursgleiche (*Loxodrome*) einfach als gerade Linie eingezeichnet werden konnte, und nicht über seinen später in England lebenden Namensvetter NICOLAUS MERCATOR (1620 -1687), der eigentlich KAUFMANN hieß und der 1666 - möglicherweise von HARRIOT (1660 - 1621) abhängig - über die Differentialgleichung der Loxodrome den MERCATORschen Kartenentwurf mathematisch fundierte. Auch NICOLAUS MERCATOR hat eine Kosmographie unter dem Titel *Cosmographia, sive descriptio coeli et terrae* (Kosmographie oder Beschreibung des Himmels und der Erde, Danzig 1651) verfaßt.

Nun einige Worte zum Leben MERCATORS:

2. Vita

GERHARD MERCATOR, ist 1512 - also 5 Jahre vor der Reformation - im flandrischen Rupelmonde geboren. Als er 1530 die seinerzeit bedeutende Universität in Löwen (Leuven) bezog - VIVES (1492 - 1540) und GEMMA FRISIUS (1508 - 1555) lehrten damals dort - latinisierte er seinen Namen KREMER in MERCATOR. Er schrieb sich für Philosophie und Theologie ein, erhielt 1532 den Magistergrad und studierte anschließend bei GEMMA FRISIUS Mathematik und Astronomie. MERCATOR ließ sich in Löwen als Karten- und Globenhersteller sowie wissenschaftlicher Instrumentenbauer nieder, und seine Produkte wurden bald geschätzt, selbst Kaiser KARL V. war sein Kunde.

1536 begann MERCATOR die Globenherstellung; 1537 wurde die erste, noch religionsgeographische Wandkarte des Hl. Landes gestochen; 1554 folgte etwa die Wandkarte von Europa und 1569 schließlich die Wandkarte der Welt *ad usum navigantium* (zum Gebrauch der Schiffahrt), die erste winkeltreue Kartenprojektion. Danach verlegte sich MERCATOR mehr und mehr auf die Ausfertigung seiner Kosmographie. 1585 begann er mit den ersten Lieferungen seines *Atlasses*, die nach zehn Jahren mit 106 angefertigten Karten posthum abgeschlossen werden. Eingeschlossen in den *Atlas* sind die *Cosmographicae meditationes*, also die kosmographischen Arbeiten oder Gedanken.

Inzwischen war die Familie MERCATOR 1552 von Löwen in das religiös wohl liberalere, also der Reformation näher stehende Duisburg gezogen, nicht geflohen (wie vielfach behauptet). Ein Beweggrund könnte die acht Jahre zurückliegende halbjährige Verhaftung gewesen sein; die oft gehörte Behauptung, er habe mit dem Umzug in Duisburg eine akademische Karriere an der zu gründenden Landesuniversität angestrebt, ist falsch. 1563 wurde er *Kosmograph* des Herzogs von Kleve, ein Titel und ein Privileg, worauf er viel Wert legte. Als wohlhabender Duisburger Bürger starb MERCATOR 1594 vor der Vollendung seines Lebenswerkes, des *Atlasses*.

3. Was ist Kosmographie?

Der Gedanke MERCATORS an eine Kosmographie geht auf ein Schlüsselerlebnis des Theologie- und Philosophiestudenten MERCATOR zurück. In einer eigenen Weltschau will er den Konflikt zwischen ARISTOTELESscher Lehre und biblischer Offenbarung - etwas allgemeiner den Konflikt zwischen Naturphilosophie und christlischer Theologie - ausgleichen.

Die ersten Belege seines kosmographischen Denkens finden wir in einer Vorlesungsausarbeitung *Breves in sphaeram meditaliunculae* (1563, Kurze Überlegungen über die Himmelskugel) des Sohnes BARTHOLOMÄUS (1540 - 1568) über einen vom Vater konzipierten kosmographischen Kurs für das Duisburger Gymnasium; die endgültige Fassung der Kosmographie im *Atlas, sive cosmographicae meditationes* von 1595 bleibt wie gesagt unvollendet, aber immerhin erscheinen einzelne Teile wie die *Chronologia* (1569, 1577) oder die *Evangalicae historiae quadripartita monas* (Evangelienharmonie, 1592) herausgelöst aus dem Hauptwerk.

Ich bin Ihnen jetzt eine Erklärung schuldig: *Was ist Kosmographie?* Zunächst ist das ein altehrwürdiger, aber auch unscharfer Begriff. In der Vorlesungsausarbeitung des Sohnes BARTHOLOMÄUS heißt es:

Cosmographia est totius universi descriptio,[3]

also eine Beschreibung des gesamten Weltalls, als dessen Teile der irdische und himmlische Weltbau (*terrestris et coelistis machinae*) genannt werden. MERCATOR will dem Leser die "ganze Welt vor Augen stellen" und dabei den Bogen vom Himmlischen zum Irdischen spannen, mithin die Schöpfung von Anbeginn über den Sündenfall bis zur kartographischen Dokumentation ihres gegenwärtigen Zustandes zum Thema machen.

Die einschlägigen Wissenschaften sind damit Astronomie und Geographie. Ähnlich hatte PTOLOMAIOS (etwa 85 - 160 n. Chr.) gedacht, dessen Geographie heute etwa als mathematisch-astronomische Erdkunde bezeichnet werden könnte. In der christlichen Umformung der antiken Kosmographie dominiert das Himmlische allein, stellvertretend sei SACROBOSCOS *De sphaera* (Über die Himmelskugel, aus dem 13. Jh.) mit vielen Abschriften und Drucken genannt. Erst in einem Kommentar zu diesem astronomischen Standardwerk des Mittelalters, der 1475 von CAPUANOS gegeben wurde, erschienen wieder größere Abschnitte mit geographischen Daten, und P. APIAN (1495 - 1552) stellt in seiner Kosmographie, dem *Cosmographicus liber*, 1524 schließlich wieder eine enge Verbindung von Astronomie und Geographie her.

MERCATOR geht darüber hinaus und ergänzt die Astronomie durch eine biblische Kosmologie (Vorlesungsausarbeitung 1563) und liefert als das Bindeglied zum Irdischen die *Chronologia* (1569). In der *Chronologie* (1569) berichtet er über die Ausdehnung der Kosmographie:

Da aber in jedem philosophischen Studium die Geschichte den ersten Platz einnimmt, erkannte ich, daß zur Kosmographie die Geschichte und der Ursprung ihrer Teile gehöre.[4]

---

[3] fol. 8; im *Cosmographicus liber* (1524) von APIAN heißt es etwa *Cosmographia est mundi descriptio.*
[4] *Chronologia*, Einleitung. Köln 1569.

Der Blick auf die Geschichte ist freilich nicht der heutige: im Sinne des PETAVIUS (1583-1652) werden *Chronologie* und *Geographie* als je ein Auge der Geschichte begriffen.[5]

Auf die damals übliche Beschreibung der einschlägigen Instrumente (z.b. Astrolabium, Sonnenuhr) in Kosmographien verzichtete er, der selbst auch Instrumentenbauer war. Bemerkenswerterweise läßt der Karthograph MERCATOR seine Kosmographie mit der Schöpfung selbst beginnen, er ergründet somit den göttlichen Plan, während der Theologe SEBASTIAN MÜNSTER (1489 - 1552) seine berühmte *Cosmographia* (1544, 40 Auflagen) erst mit dem dritten Schöpfungstag, an dem Wasser und Land getrennt werden, einsetzen läßt. Genauer: MERCATOR widmet dem ersten Schöpfungstag so viel Raum wie den restlichen fünf Tagen.

4. Die Herausbildung der Kosmographie bei MERCATOR

4.1. Die Entstehung der Vorlesungsausarbeitung von 1563

Im Herbst 1552 war MERCATOR nach Duisburg gekommen. Erst nach seiner Ankunft, nämlich ab 1555, wird die Gründung einer Klevischen Landesuniversität erwogen. Allein es kommt 1559 vorerst nur zur Gründung eines städtischen Gymnasiums. MERCATOR wird bei der Einrichtung dieser Schule zu Rate gezogen, z.B. beim Aufstellen des Lehrplanes oder der Stellenbesetzung.

Das Niveau des Gymnasiums lag zwischen dem einer Lateinschule und dem einer unteren Stufe einer Universität. MERCATOR las von 1559 bis 1562 zweimal in der Woche einen Kurs, der als "Mathematik" bezeichnet wurde und der mit der Ordnung der Dinge in der Welt, also mit der Kosmographie begann. Wegen wichtiger Geschäfte des Vaters übernahm der Sohn im Alter von 22 Jahren die Vorlesung. Ein Blick in die im Duisburger Archiv erhaltenen Stadtrechnungen für 1559 bzw. 1561/62 läßt den Wechsel vielleicht besser verstehen:

---

[5] *Geschichte* ist zunächst Chronologie, wozu später die Genealogie und Staatengeschichte hinzukommen; *Geographie* besteht aus der alten Geographie des PTOLOMAIOS (in dessen Weise dargestellt), der alten Geographie in verbesserter Form und schließlich aus der neueren Geographie.

die weil hie den studenten in mathematicis gelesen voir eine Verehrung 3 Daler;

Drie vette verken [Ferkel] Mr. Gerrit Mercatori geschenkt, darumb dat hie den studenten twe Jahre in mathematicis sonder [ohne] belonunge gelesen, Kosten 19 gul. 12 alb.[6]

Das sind insgesamt genau 9 Taler. Der Rektor bezog jährlich 60 Taler, und seine "Portokasse" für diese 3 Jahre entsprach etwa MERCATORs Bezügen.

4.2. Der Inhalt der "Breves in sphaeram meditatiunculae"

Das 1563 in Köln im Sedezformat gedruckte handliche Büchlein umfaßt 152 Seiten, über ein Dutzend Abbildungen sowie einige Tabellen. Die Gliederung ist nicht ganz klar, die 57 Überschriften lassen sich übergeordnet etwa so zusammenfassen:

1. Widmung (an den klevischen Kanzler Heinrich Baer

   und Vorwort   fol. 1 - 2v[erso][7]

2. Index   fol. 3 - 7v

3. Begriffsbestimmungen (im Hinblick auf die

   Kosmographie)   fol. 8 - 14v

4. Bericht über die Kosmographie

   (ohne eigene Überschrift)   fol. 14v - 18v

5. Betrachtungen über das Weltall   fol. 18v - 31

6. Betrachtungen über die Teile des

   Weltalls   fol. 31v - 50

7. Betrachtungen über die Bewegung und die Bahn

   der Planeten   fol. 50v - 73v.

---

[6] Stadtrechnungen der Stadt Duisburg für die Jahre 1559, 1561/62. Stadtarchiv Duisburg. Herrn Dr. MILZ danke ich für die freundliche Unterstützung.

[7] Meine Folierung.

BARTHOLOMÄUS bekennt, daß er mit der Lehre nicht vertraut sei und mit Zustimmung des Vaters die Ausarbeitung veröffentlicht habe. Der programmatische Titel lautet etwa auf deutsch:

> *Kurze Überlegungen über die Himmelskugel einschließlich der wissenschaftlichen Verfahren und einer Einführung in die all gemeine Kosmographie, hierzu beigefügt die Anfangsgründe und Vorschulen sowohl der Geographie als auch der Astronomie.*

Der Abschnitt über Kosmographie ist kurz ausgefallen, da der begnadete "Vater mit der himmlischen Gabe"[8] die Absicht hege, dieses Thema in einem eigenen Werk aufzugreifen. Das geschah aber erst und unvollendet im Atlas von 1595.

MERCATOR bringt alles unter den Begriff der Mathematik (*matheseos*), der anders als im heutigen Sprachgebrauch verwendet wird (fol. 8v). Das Ziel dieser Wissenschaft ist *quantitativ*, nämlich das Messen von Größen (quantitas). Nur Größen wie Länge, Breite, Zeit oder Bewegung sind meßbar (fol. 10) - das klingt modern, ist jedoch ganz im Sinn der alten Weisheit SALOMOS gemeint (*Sapientia* 11, 20):

> *Sed omnia in mensura, et numero et pondere disposuisti.*[9]

Der Mathematik als der Wissenschaft von den Größen kommt also eine zentrale Stellung in der Kosmographie zu, und so ist es nötig, deren elementare (und das sind in diesem Zusammenhang geometrische) Begriffe zu entwickkeln.

Mercator beginnt naturgemäß mit dem Punkt, der nichts anderes als der Beginn des Entstehens einer Größe ist, was *nicht* mehr euklidisch gedacht ist. Dem Punkt fehlt jede Dimension (fol. 10v). Die Linie wird ganz in diesem Sinn, nämlich durch die Bewegung eines Punktes erzeugt (fol. 11):

> *linea est fluxus punctus.*[10]

Hier erscheint das Fließen einer Größe, das später bei der Erklärung der Logarithmen (NAPIER, 1550 - 1617) oder bei der Begründung der Infinitesimalmathematik (BARROW, 1630 - 1677; NEWTON, 1643 - 1727) grundle-

---

[8] fol. 3

[9] *Aber du hast alles geordnet nach Maß, Zahl und Gewicht.*

[10] *Eine Linie ist das Fließen eines Punktes.* Bei EUKLID heißt es in der lateinischen Fassung: *Punctum est, cuius pars nulla est,* auf deutsch: *Punkt ist, was keine Teile hat* oder *Punkt ist, dessen Teil Nichts ist.*

gend wurde. Neben der geraden Linie gibt es krumme Linien (also Kurven), die nach einer Regel (bzw. Vorschrift) oder nach keiner Regel erzeugt werden und entsprechend *regulär* oder *irregulär* genannt werden. Kreis und Spirale dienen als Beispiele für reguläre Kurven. Analog wird die Fläche durch die Bewegung einer Linie eingeführt, und als Beispiele regulärer Flächen werden die Kugel- und Zylinderfläche genannt (fol. 11v).

Vor den Abschnitt über Körper, in dem Würfel, Kugel und Zylinder sowie die Achsen der letzteren beschrieben werden, ist die Behandlung des Winkelbegriffs eingeschoben (rechter, spitzer und stumpfer Winkel zwischen geraden Linien, fol. 12v).

Mit einem Zitat des Plato, daß jeder der Erdmessung benötige,[11] schließt dieser elementare Überblick. Es folgen Betrachtungen über das All, die beiden Teile der Welt und über die Bahn der Planeten, alles ist sehr qualitativ dargestellt. Im *Atlas* entfallen diese astronomischen Teile gänzlich, wiewohl die astronomischen Abbildungen auf den Innenseiten der Deckel heutiger Atlanten noch ein schwacher Widerschein jener MERCATORschen kosmographischen Vorstellungen und Konzepte sind.

4.3 Das Umfeld von MERCATORS Skritpum

Der Duisburger Lehrplan[12] des Rektors GELDORP von 1561 nennt für das Gymnasium empfohlene Literatur. BETSCH hat auf dem Duisburger MERCATOR-Symposium 1994 darauf verwiesen, daß diese Literatur weitgehend mit der übereinstimmt, die MERCATOR in einem Brief vom 3. 3. 1581 zum Studium der Mathematik empfohlen hat und die er selbst studiert hatte.[13] Es geht um:

SACROBOSCO, *De Sphaera*

JOHANNES VÖGELIN, *Elementale geometricum ex Euclidis geometria*

  (Geometrische Anfangsgründe aus der Geometrie des Euklid)

ORONTIUS FINAEUS [FINÉ], *Protomathesis (math. Vorschule)*

---

[11] *Pantas dei gaiometrein*, fol. 14v.
[12] H. Geldorp, *De optimo genere*. Duisburg 1561. Im Duisburger Stadtarchiv vorhanden.
[13] Siehe die Beiträge von Betsch und Thiele in den Mercator-Studien, Band 3, Bochum: 1995.

REINER GEMMA [FRISIUS], *Arithmeticae practiae methodus facilis (Einfache Methode der prakt. Arithm.)*

De usu globi (Über den Gebrauch des Globus)

Alle Titel sind sehr gebräuchliche Lehrbücher gewesen, die viele Auflagen erlebt haben, auffällig ist, daß PEUERBACHS *Planetentheorie* (1472), die über SACROBOSCOS Werk hinausgeht und die immerhin über 65 gedruckte Auflagen hatte, fehlt.

Die Konkurrenz zu MERCATORS Skriptum war beträchtlich: sowohl in der typographisch-didaktischen Gestaltung und methodischen Gliederung als auch im Inhalt gab es bessere Ausgaben, etwa von PEUCER (1551) oder THEODORICUS (1564), aktueller sind die Darstellungen oder Kommentare von GIUNTINI (1582, mit Erwähnung des KOPERNIKUS) oder DI CARIOAN und PATRITIO (ein Plagiat).[14]

Blicken wir mit dem Abstand der Gegenwart auf die Schrift des BARTHOLOMÄUS respektive des Vaters, dann ist in ihr bereits deutlich die Haltung des mittelalterlichen Denkers GERHARD MERCATOR angelegt, die später im *Atlas* so markant hervortreten wird: *Die Welt kann gemäß der Maxime, daß der Geist den Stoff bewegt, nur theologisch begriffen werden.* Erfahrungen oder Empirie sind lediglich für den elementaren Bereich angebracht, und sie sind daher nur in der Kartographie ein Thema für MERCATOR, denn Erfahrung ist im mittelalterlichen Verständnis nur das *zufällige* Finden von Zusammenhängen in der Natur, die durch das Wissen um die Absicht Gottes viel zuverlässiger erfaßt werden können.

4.4. Der Atlas

Ich komme kurz zum *Atlas* von 1595, der thematisch aus einem Textteil und einem Kartenteil besteht. Sein vollständiger Titel lautet:

Atlas, sive cosmographicae meditationes de fabrica mundi et fabricati figura,

und er kann in deutsch etwa so gefaßt werden:

Atlas oder kosmographische Meditationen [was sowohl Gedanken, Überlegungen als auch Arbeit, Werk heißen kann] *über die Er-*

---

[14] Siehe hierzu etwa den Ausstellungskatalog von Müller.

schaffung der Welt und die Gestalt des Geschaffenen [freier: und ihre heutige Figur oder kartographische Gestalt].

Der 32seitige Textteil im Folioformat behandelt die Kosmographie. Die erste deutsche Übersetzung anläßlich des MERCATOR-Jahres 1994 füllt ein Buch von fast 200 Seiten. Der universale Anspruch einer vollständigen und umfassenden Weltbeschreibung wird nicht in Gänze eingelöst.

MERCATOR beginnt in den *Meditationes cosmographicae* mit der Schöpfung, läßt aber die Astronomie und damit den mathematischen Teil weg, und er endet mit dem Sündenfall, dessen Darstellung u.a. posthum 1607 zur römischen Indizierung und noch 1640 sowie 1667 zur spanischen Indizierung führte, dann folgt - da die Geschichte mit der *Chronologia* separat vorlag - die Beschreibung der irdischen Welt im Kartenteil, der neben den eigentlichen Landkarten ausführliche geographischen Informationen enthält.

MERCATORS *Atlas* ist theologisch gesehen, eine kosmographisch-geographisch ausgerichtete Schöpfungsexegese, die sich am ersten Schöpfungsbericht des MOSE orientiert, was unter Naturphilosophen üblich war. Aber der *Atlas* ist auch mehr, denn die aufwendige Antwort auf die Frage nach der Stellung des Menschen im Universum bringt den Entwicklungsgedanken in die Welt, die sich von der Schöpfung bis zum Jüngsten Tag gemäß dem göttlichen Plan ändert. Vornehmlich in einer biologisch-organischen Form[15] wird die Entwicklung gesehen, eine physikalisch-materielle Sicht (die wir heute mit WEINBERG oder EIGEN auf diese Dinge haben) tritt im allgemeinen in den Hintergrund, eine bemerkenswerte Ausnahme gibt es in der Geologie, wo die Herausbildung der Erdoberfläche als ein Geschehen (*Evolution*) begriffen wird. Gerade diese Erdoberfläche ist ja Thema seiner Karten, und ihrer Entstehung mußte daher besonderes Interesse zukommen. Wegen der "organisch" gedachten Entwicklung verharrt MERCATOR im statischen mathematisch-physikalischen Denken, dynamische Züge übernimmt er andeutungsweise aus der mittelalterlichen qualitativen Vorstellung vom Fließen der Größen. In vager Weise deutet sich ein *Gravi-*

---

[15] Exemplarisch ist der Vergleich im 12. Kapitel, daß auch die Welt die Sonne als ihr Herz hat, gleichsam als Urbeginn des Lebens. Diese scholastische Form der "Qualitätsphysik" hielt sich noch unter den drei großen Denkströmungen (Scholastik, Mechanismus, Naturalismus) des 17. Jhs., vornehmlich an Universitäten. Sie klingt übrigens noch bei Goethe nach: *Daß ich erkenne, was die Welt/ im Innersten zusammenhält,/schau alle Wirkungskraft und Samen ...* (*Faust*, 1. Teil, Nacht).

tationsgedanke an, wenn von der Sympathie der Masse füreinander gesprochen wird (Kapitel 1), was aber nicht für Erklärung von Ebbe und Flut herangezogen wird. Die Kugelform des Universums (Weltkugel) folgert MERCATOR aus einem grundsätzlichen Prinzip (Zweckursache), daß nämlich Schweres sich im Zentrum der Welt trifft (ARISTOTELES). Sein dabei a priori angenommenes *Symmetrieprinzip* (ANAXIMANDER) stellt er über die empirischen Nachweise des SACROBOSCO (Kapitel 3).[16]

Die Sprache im *Atlas* ist gehoben und feierlich, denn der Autor will nicht die heutige naturwissenschaftliche Frage "*Wie* die Erscheinungen zu erfassen sind?" stellen, sondern er will erforschen, "*Warum* die Welt so ist?" MERCATOR stellt mithin die Frage nach dem Sinn der Schöpfung. Dem gläubigen Christen MERCATOR geht es nicht um Erkenntnis, sondern um das Verstehen. Hier verharrt MERCATOR noch ganz im Mittelalter:

> *Wahrlich, wenn jemandem noch nicht ganz Gottes Güte und Weisheit einleuchtet, und dies noch nicht einmal nach einer Betrachtung der Herrlichkeit und des lobwürdigen, sehr genauen und weisen Planes des Weltgebäudes, dann möge er diesen mit uns erforschen, bis ihn die Betrachtung des Überschauten - soweit dies aus dem Worte Gottes und aus der klaren Erfahrung der Dinge möglich ist - davon überzeugt.*

> *Dies nämlich beabsichtigen wir, indem wir über die Kosmographie berichten, damit aus der wunderbaren Harmonie aller Dinge auf das eine Ziel Gottes hin und aus der unerforschlichen Vorausschau im Aufbau die unendliche Weisheit Gottes und seine unerschöpfliche Güte begriffen werden können, damit wir zu seiner verehrungswürdigen Majestät, seiner anbetungswürdigen, hochzuschätzenden und reichen Güte auf ewig erhoben zu werden.[17]*

5. Schluß

Ich komme zum Schluß. Treten wir einen Schritt zurück, um den ganzen MERCATOR zu erfassen. Mit der einmaligen Präzision, Information und Darstellung war sein Kartenwerk bahnbrechend. Die zahlreichen Auflagen

---

[16] Siehe hierzu die Arbeiten von Thiele in den Mercator-Studien.

[17] *Atlas*, Kapitel 1. Deutsch. Übersetzung aus Krücken, S. 1.

in allen europäischen Kultursprachen belegen dies: 31 Folioausgaben des *Atlas*, wenigstens 27 Auflagen der kleineren Ausgabe, des *Atlas minor*. Und die Tatsache, daß die kosmographischen Teile bald aus den Nachauflagen verschwanden und in den Atlas minor gar nicht aufgenommen wurden, weist auf die neuen praktischen Interessen der Zeit, denen der Kartograph MERCATOR auch nachkam. Hier ist er ein Renaissancemensch, wie ihn FRIEDELL in seiner Kulturgeschichte beschreibt, ein Mensch, der nicht mehr in die hl. Myterien des Himmels blickt, sondern der die Augen aufschlägt und sich umsehend erkennt, daß die Erde sein Eigentum ist. Hier denkt MERCATOR klar und praktisch und weiß bemerkenswert falsche von zutreffenden Nachrichten zu scheiden. Erinnern wir uns: auch GAUSS (1777 - 1855) fragte noch 1803 seinen Korrespondenten OLBERS (1758 - 1840) "Was halten Sie von der Nachricht ... ?" über einen gewissen Magnetstein.

MERCATOR schuf mit seinen Karten ein präzises Bild der irdischen Welt aufgrund sorgfältig geprüfter Daten, aber das Weltganze wollte er in den vorgegebenen Formen des mittelalterlichen Denkens begreifen, in denen der Geist den Stoff bewegt,

mens agitat molem.

Literatur

AVERDUNK, H.; MÜLLER-REINHARD, J.: Gerhard Mercator und die Geographen unter seinen Nachkommen. Gotha:1914. Petermann.

BETSCH, G.: Praktische Geometrie zur Zeit Mercators. In: I. Hantsche (Hrg.), Duisburger Mercator-Studien, Band 2. Bochum:1994. Brockmeyer, S. 121 - 139.

MERCATOR, B: Breves in sphaeram meditatiunculae, includentes methodum et isagogen in universam cosmographiam, hoc est, Geographiae pariter atque Astronomiae initia ac rudimenta suggerentes. Köln:1563. Birckmann.

MERCATOR, Gerhard: Atlas/ sive/ cosmographicae/ meditationes/ de/fabrica mundi et/ fabricati figura/ Duisburg: 1595.

---: Der Atlas von Gerard Mercator und Judocus Hondius. Atlas. Das ist/ Abbildung der gantzen Welt/ mit allen darin begriffenen Ländern und Provinzen. Amsterdam: 1633. Jansson

---: Atlas minor. Amsterdam: o. J. [1607]; dtsch. Übersetzung. Amsterdam: 1631. Jansson.

---: Chronologia hoc est temporum demonstratio exactissima, ab initio mundi, usque ad annum domini M.D.LXVIII ex eclipsibus et observationibus astronomicis omnium temporum, sacris quoque; Biblis, et optimis quibusque; Scriptoribus summa fide concinnata. Köln: 1569. Birckmann.

KRÜCKEN, W.: Atlas oder kosmographische Gedanken. Dtsch. Übersetzung der Meditationes cosmographicae von H. Gräf u. a. Duisburg: 1994. Mercator-Verlag.

LÖFFLER, R. (Red.): Gerhard Mercator - Europa und die Welt (Ausstellungsbegleitband). Duisburg: 1994. Stadt Duisburg.

MÜLLER, U. (Hrg.): 450 Jahre Copernicus "De revolutionibus". Schweinfurt: 1993.

THIELE, R.: Schöpfungsmythos und Naturwissenschaft in der Kosmographie Mercators. In: M. Büttner u. R. Dirven (Hrg.) Duisburger Mercator-Studien, Bd. 1. Bochum: 1992. Brockmeyer, S. 125 - 148.

---: Kosmographie als universale Wissenschaft. In: Gerhard Mercator, Europa und die Welt. Duisburg: 1994.

---: Von der Kosmographie zur Geographie. In: M. Büttner (Hrg.) Abhandlungen zur Geschichte der Geowissenschaften, Bd. 12. Bochum: 1995. Brockmeyer.

WOLFF, H. (Hrg.): Vierhundert Jahre Mercator - vierhundert Jahre Atlas (Ausstellungskatalog). Weissenborn: 1995. Konrad Verlag.

Doz. Dr. Rüdiger Thiele, Karl-Sudhoff-Institut für die Geschichte der Medizin und der Naturwissenschaften, Universität Leipzig, Augustusplatz 10/11, 04109 Leipzig

Abraham Ries (1533? - 1604) und die Deutsche Coß

Hans Wußing

Spätestens mit der Herausgabe [1] der "Coß" von ADAM RIES (1492-1559) im Jahr seines 550. Geburtstages wurde deutlich, daß ADAM RIES nicht nur als herausragender Rechenmeister, sondern zugleich als ein bedeutender Vertreter der sog. "Deutschen Coß" einzuschätzen ist.

WOLFGANG KAUNZNER hat mit dem sich anschließenden Studium des Codex C 349 der Sächsischen Landesbibliothek in Dresden die Vorgeschichte der "Coß" von ADAM RIES weiter zurückverfolgen können [2]; ich dagegen bin der Folgegeschichte nachgegangen [3], anfangs zusammen mit meinem damaligen Diplomanden, Herrn TIMO WITTIG.

Vier von den fünf Söhnen des ADAM RIES haben mathematische oder mathematisch orientierte Berufe ausgeübt. Allgemein gilt ABRAHAM RIES hinsichtlich der Mathematik als der bedeutendste der Söhne: Er trat die Nachfolge seines Vaters als Leiter der Annaberger Rechenschule an, er wurde, wie sein Vater, sächsischer Hofarithmetikus, er gab das große Rechenbuch seines Vaters in zweiter Auflage heraus und er hinterließ eine größere Anzahl von mathematischen Manuskripten weitgestreuten Inhaltes, die aber bis heute unerschlossen geblieben sind.

Die damals nicht gedruckte "Coß" des ADAM RIES gelangte zunächst in die Hände von ABRAHAM RIES. Es mag damit zusammenhängen, daß in der Literatur im allgemeinen mehr oder weniger unterstellt wird, ABRAHAM habe *als Cossist* lediglich seinen Vater kopiert, also wirklich nur dessen Texte abgeschrieben. Jedenfalls schien es eine lohnende Aufgabe, dieser Frage nachzugehen, also den Cossisten ABRAHAM RIES im Verhältnis zum Cossisten ADAM RIES zu befragen: Kopist oder mehr ? - Die vorweggenommene, zu beweisende Antwort lautet: Der Sohn war in einigen Punkten vom Vater unabhängig und hat ihn in einigen Aspekten sogar übertroffen.

Von den Schriften des ABRAHAM RIES scheint mir der in der Sächsischen Landesbibliothek Dresden liegende Codex C 411 am geeignetsten, diese Aussage zu beweisen. Der ausführliche Titel des 238 Seiten umfassenden Manuskriptes lautet:

*"Kurtze vnd Grundliche vnder
richtung Subtiler vnd Kunst
reicher Rechnung In Gemein
Coß genandt. So durch Examini,
rung monadis verrichtet wurdt
Treulich Beschrieben Vnd verferti,,
get Durch Abraham Riesen
von S.Annabergk. Anno 1578."*

Es handelt sich um ein weitgreifendes Manuskript, das in die Formulierung von Typen quadratischer Gleichungen, in entsprechende Lösungsverfahren und in die Behandlung konkreter Aufgaben einmündet. Der Inhalt von C 411 läßt sich kurz so beschreiben:

Der Beweis für die Eigenständigkeit des Cossisten ABRAHAM RIES im Verhältnis zum Vater ADAM RIES kann an Hand verschiedener Aspekte geführt werden. Hier reicht der Platz zunächst nur für die Bemerkung, daß ABRAHAM im Unterschied zu seinem Vater eine Art Definition oder Beschreibung des Wesens der Methode der Coß zu geben versucht (Transliteration in [3, S.88/89]). Auch verwendet ADAM die üblichen Bezeichnungen und Benennungen für die cossischen Symbole nur von *Dragma* für x^0 bis *cubus de cube* für x^9, während ABRAHAM weitergeht: Er bildet cossische Bezeichnungen und Symbole bis x^{20} und wählt eine Bezeichnungsweise, die sich auf eine durch die Folge der Primzahlen inaugurierte Anordnung stützt, die nach oben beliebig fortsetzbar ist.

Gravierender indes sind die Unterschiede bei der Klassifizierung der behandelten Gleichungstypen. ADAM lehnt sich an AL-HWARIZMI an und behandelt acht Gleichungstypen:

Typ 1 $a\,x = b$ stets $a\,, b > 0$

Typ 2 $a\,x^2 = b$

Typ 3 $a\,x^3 = b$

Typ 4 $a\,x^4 = b$

Typ 5 $x^2 + a\,x = b$

Typ 6 $x^2 - a\,x = -b$

Typ 7 $x^2 - a\,x = b$

Typ 8 $x^{2k} + a\,x^k = b\,, \quad k > 1, \text{ganz.}$

(Der vierte Typ gemischt-quadratischer Gleichungen wird ausgeschlossen, da er nie auf positive Lösungen führt, im schlimmsten Fall sogar auf komplexe Lösungen.)

ABRAHAM dagegen geht weitaus eleganter vor, indem er die reinen Gleichungen als einen einzigen Typ versteht und behandelt. So verbleiben der Typ der reinen Gleichung (mit nachfolgendem Wurzelziehen) und drei Typen gemischt-quadratischer Gleichungen. Liest man ABRAHAMs Text in etwas großzügiger, aber durchaus zulässiger Weise, so handelt es sich sogar um quadratische Gleichungen in beliebigen Potenzen der Variablen. So kann man die vier Gleichungstypen bei ABRAHAM RIES in der folgenden Form schreiben:

Typ 1 : *"Von den Vorgleichunge Algebre Die Erste"*

$$a \, x^n = b \, x^{n-1-k} \; ; \; k = 0, 1, ...,4 \; ; \; n = 1, 2, ... \; ; \; n - 1 - k \geq 0$$

Typ 2 : Zweite Regel

$$a \, (x^n)^2 \, x^k + b \, x^n \, x^k = c \, x^k \; ; \; n = 1, 2, ... \; ; \; k = 0, 1, 2 ,...$$

Typ 3 : Dritte Regel

$$a \, (x^n)^2 \, x^k + b \, x^k = c \, x^n \, x^k$$

Typ 4 : Vierte Regel

$$a \, x^k + b \, x^n \, x^k = c \, (x^n)^2 \, x^k$$

Der Unterschied zwischen Vater und Sohn und damit die Eigenständigkeit des Sohnes wird am klarsten ausgewiesen durch den Textvergleich beider cossischer Schriften.

Zwar behandelt der Vater ADAM RIES alle (oben angegebenen) gemischtquadratischen Gleichungen, aber in abstrakter Form: Er gibt die allgemeinen Formulierungen der Aufgabentypen und auch deren Lösungsverfahren durch quadratische Ergänzung. Aber alle von ihm behandelten konkreten Sachaufgaben führen nur auf lineare Aufgaben (bis auf eine Ausnahme: eine Aufgabe unter Verwendung des Satzes von Pythagoras). ABRAHAM dagegen behandelt wirklich, an Hand von Sachaufgaben, alle drei Typen gemischt-quadratischer Gleichungen und geht damit weit über seinen Vater hinaus.

So mögen zwei Beispiele aus der cossischen Schrift des ABRAHAM RIES zum Schluß angeführt werden.

Im folgenden Text werden die cossischen Symbole in heutiger Schrift wiedergegeben: d steht für *Dragma*, x für *Coss*, z für *Zensus*; fl. bedeutet *Gulden*.

Beispiel 1 : Zugehörig zur zweiten cossischen Regel.

> *"Exempla dar durch die Andere Regel der*
> *Vorgleichunge Algebrae erclert wurdth.*
> *Ein Deppichtmacher hatt Sechs Deppicht einer-*
> *ley gestalt und gröse. In welchen die Lenge*
> *vberrieft die breithe. vmb 8 elen, Vnd hatt*
> *vorkaufft ein elen Vmb 3 $\frac{1}{2}$ fl hatt gelost.*
>
> *1764 fl., wie lang vnd breith ist der*
> *Deppicht einer gewesen."* [4, S. 214]

Bei der Lösung macht ABRAHAM RIES zwei Fehler, kommt aber zum richtigen Ergebnis: *"Setz der Deppicht einer sey breith gewesen 1 x...."*. ABRAHAM setzt also als Unbekannte die Breite zu 1 x an. Dann ergibt sich die Länge zu 1 x + 8 d und die Fläche zu 1 z + 8 x (ABRAHAM schreibt irrtümlich 1 z + 8 d). Sechs Teppiche machen dann 6 z + 48 x. Beim Preis von dreieinhalb Gulden pro (Quadrat-)Elle ergeben sich 21 z + 168 x Gulden, die dem Erlös von 1764 Gulden entsprechen (ABRAHAM schreibt irrtümlich 1768 fl.). Für die Breite ergibt sich dann x = 6 Ellen; die zweite Lösung x = -14 wird nicht diskutiert.

Beispiel 2 : Zugehörig zur dritten Regel.

> *"Es seindt etliche gesellen, haben 10 fl in ge,*
> *mein zuuorn, Nuhn legt ein Ider*
> *souiel fl darzu als der gesellen sein theilen*
> *als dan den halben theill wieder Vnder sich*
> *be kombtt einer 5 $\frac{1}{2}$ fl wieuiel sein der ge*
> *sellen geweßenn."* [4, S. 223]

Die Lösung ergibt: Es waren 10 Gesellen.

Und noch eine Schlußbemerkung :

Es ist schon lange nichts Ungewöhnliches mehr, im Schulunterricht historische Aufgaben zu verwenden, um den Unterricht lebendiger zu gestalten und Querverbindungen zu anderen Fächern herzustellen. Dabei erfreuen sich Aufgaben einer besonderen Wertschätzung, die von ADAM RIES herrühren. Was nun aber die quadratischen Gleichungen betrifft, so empfehlen sich die von ABRAHAM RIES stammenden Aufgaben von selbst; ABRAHAM RIES erscheint mir so als eine historische Figur, die im Schulunterricht eine recht positive Rolle spielen könnte.

Literatur

[1] RIES, Adam: Coß. Faksimile und Kommentar. Herausgegeben und kommentiert von Wolfgang Kaunzner und Hans Wußing. Stuttgart/Leipzig 1992.

[2] KAUNZNER, Wolfgang: Über das wissenschaftliche Umfeld und die mathematischen Handschriften von Adam Ries. In: Adam Ries von Staffelstein. Rechenmeister und Cossist. Staffelsteiner Schriften. Bd. 1 Stadt Staffelstein 1992. S. 157 - 279. Mit Anhang S. 305 - 351.

[3] WUßING, Hans: Über den Codex C 411 von Abraham Ries zur Coß. In: NTM. Internationale Zeitschrift für Geschichte und Ethik der Naturwissenschaften, Technik und Medizin, N.S. Vol. 1, Nr. 2 (1993), S. 83-99.

[4] RIES, Abraham: Vnderrichtung Subtiler vnd Kunstreicher Rechnung ... Sächsische Landesbibliothek Dresden. C 411.

[5] ROCH, Willy: Die Kinder des Rechenmeisters Adam Ries (1960). Wiederabdruck in: Familie und Geschichte. Hefte für Familiengeschichtsforschung im sächsisch-thüringischen Raum. Bd. I, 1. Jahrgang (1992), Heft 1, S. 2 - 19.

Prof. Dr. Hans Wußing, Karl-Sudhoff-Institut für die Geschichte der Medizin und der Naturwissenschaften, Universität Leipzig, Augustusplatz 10/11, D-04109 Leipzig

Das Jinko-ki von Mitsuyoshi Yoshida (1627)

Das berühmteste japanische Rechenbuch der Edo-Zeit[1]

Walther L. Fischer

Das JINKO-KI

塵 劫 記

des Mitsuyoshi YOSHIDA (1627)

吉 田 光 由

Das berühmteste japanische Rechenbuch der Edo-Zeit

1. EINLEITUNG

1.1 Das *Jinko-ki* (oder Jingo-ki) des Mitsuyoshi YOSHIDA (1598 - 1672) ist das erste für das gemeine Volk bestimmte Rechenbuch in Japan. Es gewann rasch große Verbreitung und war in der Edo-Zeit (1603 - 1867) das berühmteste Lehrbuch der elementaren Mathematik.

Die Erstausgabe wurde im Jahre 1627 publiziert[2]. Das Buch ist bis ans Ende der Edo-Zeit in vielen weiteren Auflagen erschienen. Diese Ausgaben

---

[1] In einem Projekt wird vom Verfasser derzeit eine kommentierte deutsche Version des Jinko-ki unter Einbeziehung seiner chinesischen Vorläufer erarbeitet. In einer vergleichenden Studie werden die Parallelen und die Unterschiedlichkeiten zu den deutschen Rechenbüchern des 15. bis 17. Jahrhunderts aufgezeigt.

sind in „Alt-Japanisch" (*ko-bun*) geschrieben, einer Sprache, die auch Japanern von heute i. a. nicht zugänglich ist. Im Jahr 1977 wurde das Jinko-ki anläßlich der 350. Wiederkehr seines Ersterscheinens in einem modernisierten Nachdruck in Tokyo von Sh. OYA neu herausgegeben.

1.2 Das Jinko-ki und sein Verfasser wird von uns in Verbindung gebracht mit Adam RIES und den deutschen Rechenmeistern. Das geschieht nicht von ungefähr. Das Jinko-ki weist die verschiedensten Parallelen zu den Rechenbüchern unserer Rechenmeister des 15. und 16. Jahrhunderts auf. Das gilt zunächst für seinen *Inhalt*, für den mathematischen Stoff und die Aufgabenstellungen, es gilt weiter für die verwendeten *Rechenhilfsmittel*, für die *Rechen- und die Lehrmethoden* und schließlich für die *Darstellungsweisen*; es gilt aber auch in verstärktem Maße für die mathematikgeschichtliche und die *kulturgeschichtliche Bedeutung* des Jinko-ki, das auch in dieser Hinsicht den Rechenbüchern unserer Rechenmeister vergleichbar ist, ja diese - für die Mathematikgeschichte Japans - in gewisser Weise sogar übertrifft.

2. DAS „GELEITWORT" ZUM JINKO-KI

2.1 Das Geleitwort

Das „*Geleitwort*", das dem Werk voransteht, stammt von einem buddhistischen Mönch. Es lautet in ziemlich wörtlicher Übersetzung[3]:

> „*Eines Tages wurde mir von einem Freund ein Mathematiker namens Mitsuyoshi Yoshida vorgestellt. Auch wir sind seither Freunde. In jener Zeit, als ich Mitsuyoshi Yoshida begegnete, zeigte er mir einen 18-bändigen mathematischen Text und bat mich, ihm einen Titel zu geben.*
>
> *Als ich den Text las, bemerkte ich, daß es sich um ein außerordentliches mathematisches Buch handelte, und so fragte ich Yoshida, wer es geschrieben hätte. Er antwortete, daß er selbst den Text kompi-*

---

[2] In neuerer Zeit sind drei weitere Rechenbücher aus dem Beginn der Edo-Zeit bekannt geworden, die wenige Jahre früher entstanden sind (um 1620 - 1622), die aber in keiner Weise an die Bedeutung des Jinko-ki heranreichen.

[3] Nach SIMODAIRA 1981a, 48 - 49.

liert habe, und erklärte, daß er von anderen Mathematikern und aus den zahlreichen Büchern seiner Sammlung viel über Mathematik gelernt hätte. Außerdem, so fügte er hinzu, habe er bereits viele andere mathematische Texte herausgegeben.

Obgleich ich seinen Fleiß bewunderte, fühlte ich mich unfähig, dem Werk einen Titel (Namen) zu geben, da ich selbst nicht tief genug in Mathematik bewandert bin. Er aber fuhr nachdrücklich fort, mich um den Gefallen zu bitten, und so stimmte ich schließlich zu. "...

„Kaiser Huang befahl dem Li Shou einen mathematischen Text zusammenzustellen. Man glaubt allgemein, daß dieser Text am Anfang der Mathematik steht. Seither werden die Mathematiker von jedermann bewundert und sie haben ja auch ihre bedeutsamen Aufgaben sehr gut gelöst.

Ich bin sicher, daß sich das von Mitsuyoshi Yoshida geschriebene Buch als sehr nützlich erweisen und daß es lange Zeit Verwendung finden wird. Darüberhinaus meine ich, daß die Methoden, die in diesem Buch vorgetragen werden, ewige Wahrheiten beinhalten. Aus diesem Grunde sehe ich mich bewogen, das Werk „Jinko-ki" zu nennen, was so viel bedeutet wie 'ewige Wahrheit'.

August, im Vierten Jahr von Kwanei (=1627) - Kimo no Shungaku Ganno Genko"

2.2 Kommentar

Der Text verlangt einige *kommentierende Bemerkungen*:

Der Verfasser des Vorworts ist ein Mönch. Er spielt in seinem Vorwort auf die chinesische Überlieferung an, nach der der legendäre chinesische Gelbe Kaiser (Huang Di) dem Li Shou befahl einen mathematischen Text zu schreiben. In ihm hat - so die Sage - Li Shou den Umgang mit den Zahlen erfunden.

In den Erklärungen, in denen der Mönch begründet, warum er YOSHI-DAs Buch den Titel „Jinko-ki" gab, gibt er seine Bedeutung mit „ewige Wahrheit" an. Schon diese Interpretation des Titels Jinko-ki ist ein gutes Beispiel dafür, welche auch philologischen Schwierigkeiten bei der Übersetzung dieses Buches zu bewältigen sind.

Übersetzt man die drei chinesisch geschriebenen (Kanji-)Zeichen „Jinko-ki"

塵　劫　記

wörtlich, so bedeuten sie nämlich nicht direkt „ewige Wahrheit" oder eine ähnliche synonyme Wendung, sondern

„Staub, Schmutz, diese Welt" - *„eine Ära"* - *„sich erinnern".*

Wieso aber spricht der Mönch von „ewiger Wahrheit"? - Was verbirgt sich hinter dem Titel und der Schriftzeichenverbindung "Jinko-ki"?

Die Zeichen meinen einen Gegenstand, der die Zeiten überdauern wird - sie sagen das aber nicht so direkt, wie wir gewohnt sind, Dinge und Erscheinungen beim Namen zu nennen. Die „Ewigkeit" wird - wie so oft im Japanischen und im Chinesischen - nicht im Wort genannt, sondern im bildhaften Ausdruck beschworen, durch ein Bild charakterisiert, das seinerseits nur sparsam andeutend in drei Zeichen angesprochen wird.

„Ewigkeit", das ist der Zeitenlauf, in der der Staub zu Stein, der Stein wieder zu Staub, der Staub wiederum zu Stein, zu Staub ... wird und so fort in immer neuer Wiederholung. Das Schriftzeichen *„Staub"* bedeutet (umschreibt) deshalb in der Zusammenstellung mit dem anderen Charakter für *„Ära"*: „Ewigkeit". Und zusammen mit dem Schriftzeichen *„sich erinnern"* bedeuten die drei Schriftzeichen: „Sich für alle Ewigkeit erinnern" oder: „Wenn die Zeit zu Asche (Staub) zerfallen ist und die neue Zeit wieder zu Asche geworden ist und so fort, dann wird man sich immer noch (an das Buch) erinnern." - oder „Ein Buch für die Ewigkeit".

Doch nicht genug: Die Chiffre *„Staub"* ist zugleich ein Synonym für „das Kleine", *„Ära"* ein Synonym für „das Große" und *ki* bedeutet auch *„Buch"*. Der Titel *Jinko-ki* wird daher meist gelesen und verstanden als: ***„Das Buch der kleinen und großen Zahlen"***.

3. DAS LEBEN DES MITSUYOSHI YOSHIDA

Wer war Mitsuyoshi YOSHIDA?

YOSHIDA Mitsuyoshi wurde 1598 als Abkömmling der berühmten Kaufmannsfamilie *YOSHIDA* (oder der Suminokuras) in Saga in der Nähe Kyotos geboren.

Die Bedeutung und das Ansehen der Familie YOSHIDAs im Japan der Edo-Zeit (1603 - 1867) kann etwa mit dem der Medici im italienischen Florenz der Renaissance verglichen werden. Einige Familienmitglieder waren medizinische Doktoren, Apotheker oder Drogisten, andere waren buddhistische Priester, wieder andere waren Finanziers (Geldgeber). Die Familie hatte durch den Handel mit China beträchtlichen Reichtum erworben. Die Yoshidas waren aber nicht nur reich, sie waren auch wohltätig. Sie verbesserten die Wasserversorgung ihrer Heimat und bauten Kanäle.

Und sie waren gebildet. Obgleich die Yoshidas vor allem Handel trieben, sammelten sie Bücher aller Art, vor allem seltene und alte Ausgaben. Auch waren sie bekannt dafür, daß sie viele Gelehrte materiell unterstützten und so gingen denn im Hause Yoshida Gelehrte ein und aus. Im Gefolge ihres Reichtums edierten die Yoshidas selbst zahlreiche Bücher in Sonderausgaben. Diese Bücher hießen „Saga-bon" nach der Region Saga in der Nähe von Kyoto, in dem die Yoshida-Familie ihren Wohnsitz hatte. Eines der Saga-bon war das „Jinko-ki", das Mitsuyoshi YOSHIDA im Jahre 1627 veröffentlichte[4].

YOSHIDA starb am 1. Tag des 11. Monats 1672. Er hatte lange unter einer Augenkrankheit gelitten und war am Ende erblindet.

4. INHALT

4.1 Übersicht

4.1.1 Die *erste Ausgabe* des „Jinko-ki" erschien 1627; sie umfaßte vier Bände. Das Buch fand rasch großen Anklang. So sah sich YOSHIDA bald veranlaßt, das Werk zu überarbeiten und es auf fünf Bände zu erweitern. An späteren Ausgaben sind solche aus den Jahren 1631, 1634, 1641, 1667, 1674 bekannt.

4.1.2 Das Jinko-ki ist geschrieben in Alt-Japanisch (*ko-bun*). Dabei sind - wie auch heute noch in Japan üblich - besonders wichtige Worte bzw. Inhalte durch Kanji-Zeichen, d. h. durch die aus China übernommenen Charak-

---

[4] Im *Jo-Jakkoji*-Tempel in Sagano in der Nähe Kyotos, in dem Gräber von Mitgliedern der Familie YOSHIDA liegen, steht ein Gedenkstein für YOSHIDA und sein berühmtes Buch.

tere, wiedergegeben. Auch das Jinko-ki ist in Mischform geschrieben. Zahlen, Maßeinheiten, arithmetische Operationen, ... sind mit den chinesischen (Kanji-)Zeichen geschrieben. Der übrige Text bedient sich der Hiragana-Silbenschrift. Die Abb. 1 zeigt eine Seite aus der Erstausgabe des Jinko-ki von 1627 und die entsprechende Seite der Neuausgabe von 1977.

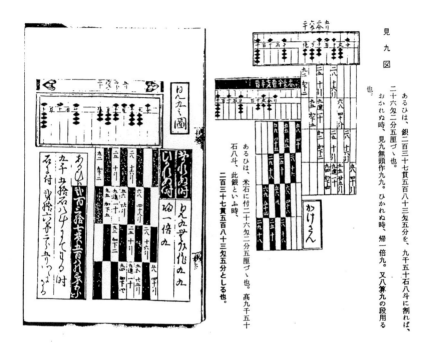

Abb. 1 a, b: Eine Seite aus der Erstausgabe des Jinko-ki von 1627 und die entsprechende Seite der Neuausgabe von 1977[5].

4.2 Inhalt

Vom **Inhalt** her gesehen beschäftigt sich das Werk mit drei Themenbereichen und ist dementsprechend in mehreren Bänden in drei inhaltliche Teile gegliedert:

---

[5] Vgl. auch 5.3.

Teil I: *Grundlagen der Arithmetik*

Die kleinen und großen Zahlen
Maßeinheiten
Der Gebrauch des Soroban

Teil II: *Praktische Mathematik*

Kaufmännisches Rechnen
Weitere Anwendungen
Geometrische Aufgabenstellungen

Teil III: *Unterhaltungsmathematik*

5. TEIL I: GRUNDLAGEN DER ARITHMETIK

5.1 Die großen und kleinen Zahlen

5.1.1 Der Titel *Jinko-ki* bedeutet auch: ***„Das Buch der kleinen und großen Zahlen“.*** Das Buch hebt zunächst an mit den systematisch geordneten Namen und den Schriftzeichen für die zunehmend größeren natürlichen Zahlen bzw. für die Stufenzahlen (Zehnerpotenzen). Bei den großen Zahlen werden nur die Zehnerpotenzen genannt.

Das ***Zahlsystem***, das der Arithmetik des Jinko-ki zugrunde liegt, ist also ein Dezimalsystem, d. h. die Zahlen sind nach Zehnern gebündelt. Das Zahlsystem im Jinko-ki ist freilich kein Positionssystem. Die Zahlen werden, ähnlich wie bei den Babyloniern, den Ägyptern, den Römern additiv geschrieben unter jeweiliger Verwendung von eigenen Namen für die Stufen der Zehnerpotenzen[6].

一	二	三	四	五	六	七	八	九	十	百	千
1	2	3	4	5	6	7	8	9	10	100	1000

Abb. 2: Die Schreibung der Kardinalzahlen (natürliche Zahlen) von 1 bis 9, 10,100,1000

[6] Vgl. auch FISCHER 1988.

Abb. 3:
Die Schreibung der Zehnerpoten-
zen von $1 = 10^0$ bis 10^{48} aus der
Ausgabe des Jinko-ki von 1627.

Die Schriftform der Zahldarstellung im Jinko-ki bedient sich der chinesischen Charaktere, deren Form spätestens seit dem 3. Jh. v. Chr. festliegt und
die sich im wesentlichen in dieser Form auch schon im ältesten uns bekannten chinesischen Mathematikbuch, im *Jiu-zhang Suan shu* (den „Neun Büchern arithmetischer Technik)[7] (etwa 100 n. Chr., wohl aber älter)[8] findet. Es
gibt Einzelzeichen für die Zahlen von 1 bis 9, und weitere für die Zehnerpotenzen. Ab 10^4 werden nach je 4 Zehnerpotenzen neue Zeichen eingeführt[9];
die jeweils nächsten 3 Zehnerpotenzen werden durch Vorsetzen jeweils der
Zeichen für 10, 100, bzw. 1000 gekennzeichnet und dementsprechend ausgesprochen. Die größte Stufenzahl ist 10^{88}. Ein Zeichen für die Null fehlt.

Ein Beispiel: Die Darstellung für $4683 = 4 \times 1000 + 6 \times 100 + 8 \times 10 + 3$:

四千六百八十三

Die *Ordnungszahlen* werden - wie im Chinesischen - durch ein be-
stimmtes Präfix gekennzeichnet.

---

[7] Deutsche Übersetzung von VOGEL, K. (1968): Neun Bücher arithmetischer Technik.
Braunschweig.

[8] - und natürlich auch im chinesischen Vorgänger des Jinko-ki, im *Suan-fa Tong-zong*
des CHENG Dawei (1593).

[9] Die Zahlen sind so wie bei den Griechen, aber auch bei den alten Chinesen - z. B. im
Jiu-zhang Suan-shu (VOGEL 1968, 105) - zu Myriaden zsammengefaßt. Vgl. FI-
SCHER 1988.

Die meisten Zahlen treten - dem Anwendungsaspekt des Rechenbuches gemäß - als **Maßzahlen** auf. Zur Zahl tritt daher noch die die Größe kennzeichnende Maßeinheit hinzu. Die Vorstellung der Namen und die Beziehungen zwischen Maßeinheiten bzw. ihre Umrechnungen nehmen im Jinko-ki naturgemäß einen breiten Raum ein. Ihnen sind ganze Kapitel gewidmet. Schon ein Blick auf das Inhaltsverzeichnis des ersten Buches genügt, um die Bedeutung dieser Themen für das Lehrbuch und darüber hinaus für das wirtschaftliche und handwerkliche Leben der damaligen Zeit in Japan zu erkennen - eine Tatsache, die ganz in Parallele zu den Verhältnissen in Europa steht.

5.3.1 Die **kleinen Zahlen** sind die rationalen Zahlen kleiner Eins. Sie werden in Dezimalbruchform dargestellt, wobei die negativen Zehnerpotenzen, die Zehntel, die Hundertstel, Tausendstel, ... je nach der Art der Aufgabenstellung (der Sachaufgabensituation) durch Einheiten von Größen (etwa von Längenmaßen) bezeichnet werden, die einander in einer Zehnerstufung folgen. Eine Darstellung von rationalen Zahlen kleiner Eins in Form von gewöhnlichen Brüchen (Anteil- oder Verhältnisaspekt) durch Anfügen eines eigenen Schriftzeichens für Bruch - wie bei den alten Chinesen - gibt es nicht.

5.2 Das Rechnen auf einem Abakus

Das Jinko-ki ist ein Buch, das noch ausschließlich das Abakusrechnen vermittelt, ja es ist das erste Buch, das diese Art des Rechnens in Japan in breiteren Kreisen bekannt macht[10], und das mit solchem Erfolg, daß der Gebrauch des Soroban in Japan rasch populär wird. Übernommen hat Mitsuyoshi YOSHIDA, der Verfasser der Jinko-ki, die Methode von einem chinesischen Buch, aus dem *suan-fa Tong-zong* des Mathematikers CHENG Dawei von 1593.

Der erste Hauptteil des Jinko-ki befaßt sich eingehend mit dem Rechnen auf dem japanischen Abakus, dem **Soroban.** Dabei sind - und wir dürfen sagen: naturgemäß - Aufbau und Themen gleichlaufend zu denen in den europäischen Büchern, die das Rechnen mit dem Abakus lehren. Das Rechnen auf bzw. mit dem (chinesischen bzw. dem) japanischen Abakus verläuft freilich ganz anders als auf den Rechenbrettern, den Rechentischen und den Rechentüchern unserer Rechenmeister[11].

---

[10] Vgl. 8.1 und MIKAMI 1913, 156.
[11] Vgl. FISCHER 1986.

Der *Soroban* ist (wie der chinesische *Suan pan*) bereits ein strukturiertes Rechengerät, also ganz anders aufgebaut und strukturiert als die Rechenbretter unserer Rechenmeister. Er besteht aus einem rechteckigen hölzernen Rahmen, der durch einen Querbalken in zwei Teile geteilt ist, einem oberen schmäleren, einem unteren breiteren Teil. Senkrecht zu den Längsseiten sind Stege angebracht, auf denen Perlen aufgereiht sind: im oberen Teil jeweils eine Perle, im unteren Teil jeweils fünf Perlen[12]. Die unteren Perlen haben den Wert 1 bzw. das 10-fache der vorausgehenden rechten Reihe. Die oberen Perlen bedeuten als Wert jeweils das 5-fache einer der auf der gleichen Achse befindlichen unteren Perlen.

Die Zahlen werden dezimal dargestellt. Die Stellenwerte sind durch die einzelnen Perlenreihen gegeben; sie sind wie bei uns mit den Einern beginnend von rechts nach links geordnet. Die Ziffern werden in den einzelnen Reihen jeweils durch eine Kombination der oberen und der unteren Perlen realisiert. Die Null wird durch eine leere Reihe dargestellt. Der Einheitsplatz muß vom Benutzer jeweils selbst festgelegt werden. Dadurch ergibt sich freilich die Schwierigkeit, daß 7, 70, 700, 0.7, 0.007 nicht eindeutig und d. h. also nur vom Benutzer her gekennzeichnet sind bzw. unterschieden werden können.

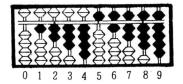

Abb. 4: Japanischer Soroban und die Darstellung der Zahlen von 1 bis 9 (bzw. der Zahl 123456789) und von 526

Abgesehen nun vom Unterschied im rein äußeren Aufbau des europäischen und des japanischen Abakus, gibt es einen anderen sehr wesentlichen Unterschied, der bedingt, daß das Rechnen auf beiden Geräten nach völlig verschiedenen Regeln erfolgt bzw. erfolgen muß.

Unser Abakus war bzw. ist im Grunde eine „Stellenwerttafel", auf deren nach den dezimalen Stellenwerten geordneten Linien bzw. in deren Felder man die Zahlen durch entsprechend viele den einzelnen Ziffern entsprechen-

---

[12] Auf den heutigen Soroban-Typen finden sich im unteren Bereich nur 4 Perlen. - Der chinesische *Suan pan* hat oben 2 Perlen und unten 5 Perlen auf jedem Steg sitzen.

de Rechensteinchen darstellt - und so gehen wir ja auch heute noch im Unterricht der Grundschule vor[13].

Auf dem japanischen Soroban dagegen entsprechen (1) die Reihen nicht eindeutig den Stellenwerten; sie sind nur relativ zu einem in Grenzen frei wählbaren Einheitsplatz festgelegt - und außerdem (2) stehen uns dort i. a. nicht immer hinreichend viele Perlen - z. B. zur Addition - zur Verfügung.

5.3 Die Grundrechenarten

Für die Lösung von *Additionsaufgaben* hat der Japaner einen ganzen Satz von Regeln parat. Die *Regelsätze für die Subtraktion* lauten ähnlich, die für die *Multiplikation* und die für die *Division* entsprechend komplexer. Das Jinko-ki liefert auch Anweisungen zum Berechnen von *Quadrat-* und *Kubikwurzeln* mit dem Soroban.

Die *Begründung* der Verfahrensweisen wird im Jinko-ki i.a. formal nicht einsichtig gemacht. In den chinesischen, wie in den japanischen Rechenbüchern jener Zeit werden wie bei Adam RIES und unseren Rechenmeistern die Regeln aufgeführt, an Beispielen exemplifiziert, aber nicht begründet. „Machs also, so kompt wie gezeigt", so heißt es bei RIES.

Um die Regeln besser memorieren zu können, werden sie im Jinko-ki als rhythmisierte und oft auch gereimte Verse gelehrt. So lautet die *„Regel für das Dividieren durch zwei- und mehrziffrige Divisoren, wenn die erste Ziffer des Divisors 9 ist"* (vgl. Abb. 1): *ken ku mutosaku ku ku / ki ichi bai ku.*

6. TEIL II: PRAKTISCHE MATHEMATIK

6.1 Die Praktische Mathematik im Jinko-ki

Die weiteren Abschnitte des I. Teils und der Teil II des Jinko-ki befassen sich mit Fragen der *praktischen Mathematik,* mit Multiplikations- und Divisionsaufgaben. Dabei wird eine entsprechende Fertigkeit im Umgang mit dem Soroban vorausgesetzt. Der *Dreisatz* ist - wie übrigens auch bei Adam RIES - die wichtigste Lösungsmethode.

---

[13] Vgl. FISCHER 1986.

6.2 Aufgabenstellungen

6.2.1 Die **Aufgabenstellungen** betreffen die verschiedensten Bereiche des kaufmännischen und des handwerklichen Lebens. Ohne der Reihenfolge der Aufgaben in YOSHIDAs Buch streng zu folgen, nennen wir im folgenden die wichtigsten Themenkreise des Jinko-ki.

6.2.2 Zunächst werden tabellarische Zusammenstellungen von **Maßen** und ihren **Umrechnungsbeziehungen** aufgeführt: von **Geld, Längen, Hohlmaßen,** von **Gewichten.** Eine besondere Rolle spielen im Jinko-ki - wie übrigens auch schon in den alten chinesischen Mathematikbüchern[14] - die Gewichtseinheiten für Reis. Das entspricht der hohen Bedeutung von Reis als Grundnahrungsmittel in Asien seit alters[15]. Dabei wird sehr fein unterschieden zwischen Reissorten verschiedener Art und Güte.

6.2.3 Anschließend folgen besondere Aufgabengruppen, die den Themenkreis des kaufmännischen Rechnens betreffen. Sie behandeln **Kaufen und Verkaufen, Silber- und Goldwährung, Geldwechsel, Warentransport** und ähnliche Themen.

6.2.4 Neben den rein rechnerisch-arithmetischen Fragen im kaufmännischen Bereich oder im Bauwesen treten auch mathematisch interessantere Themenstellungen auf, freilich auch sie immer nur im Gewande von Anwendungssituationen bzw. im Teil III von Aufgaben aus dem Bereich der Unterhaltungsmathematik.

6.3 Geometrische Aufgabenstellungen

6.3.1 Zum Anteil der **Geometrie** im Jinko-ki ist zu bemerken, daß es sich in den entsprechenden Abschnitten keineswegs um systematisch vorgetragene „Elemente" im Sinne der EUKLIDischen Geometrie handelt. Auch die im Jinko-ki aufgeführten Aufgabenstellungen geometrischen Inhalts sind der angewandten Geometrie zuzurechnen, gehören also in den Bereich der praktischen Mathematik.

6.3.2 Die verschiedenen Abschnitte handeln von der **Feldmessung** und von **Volumenberechnungen.** Genauer finden wir Aufgaben zur *Flächen-*

---

[14] schon im *Jiu-zhang Suan-shu* (VOGEL 1968).
[15] Der Buddha der Zukunft, Maitreya, in China als „lachender Buddha" (*Milo-Fo*) in Japan als *Ho-tei* bekannt, ist meist dargestellt mit einem vollen Reissack.

messung verschiedenster ebener Figuren und von *Volumenberechnungen* der verschiedensten Gefäße für Sake, Öl und Reis und von Maßbehältern zur Bestimmung von Hohlmaßen.

6.3.3 Die Tatami-Matte spielt in der japanischen Architektur nicht nur die Rolle einer Flächenmaßeinheit, sondern mehr noch die eines die Proportionen der Räume bestimmenden Elements. So gibt es Aufgaben zur *Parkettierung mit Tatamimatten,* z. B. zum Auslegen eines Raumes mit Tatamimatten um eine Feuerstelle.

6.3.4 Eine andere Aufgabengruppe betrifft Fragen des *Bauwesens,* u. a. die *Herstellung eines Daches* oder eines *Dammes* oder eines *Wassergrabens.*

6.3.5 Im Zusammenhang mit *Längenmessungen* wird das *Abschätzen der Länge von Wegstrecken* behandelt.

Viele dieser Aufgaben finden sich bis in die Gestaltung der Abbildungen hinein auch in den Büchern der Nachfolger nahezu wörtlich wieder.

7. T. III: RÄTSELAUFGABEN/UNTERHALTUNGSMATHEMATIK

7.1 Auch der dritte Teil des Jinko-ki behandelt *Sachaufgaben,* wobei der letzte Band der späteren Ausgaben nunmehr auch viele Probleme der *Unterhaltungsmathematik* enthält. Es wäre also verfehlt zu sagen, das Jinko-ki sei ausschließlich ein Lehrbuch für kaufmännisches bzw. für Wirtschafts-Rechnen. Sein Verfasser hatte - ganz wie Adam RIES - auch *mathematische Ambitionen.* So enthält das Jinko-ki eine ganze Reihe von Problemstellungen, die nicht unmittelbar mit Handel und Wandel zu tun haben. Wie wir gesehen haben, werden Aufgaben zur angewandten Geometrie behandelt und es gibt vor allem ab der zweiten Ausgabe auch Aufgaben zur *„ Unterhaltungsmathematik "* - und d. h. zu nicht unmittelbar anwendungsbezogenen Themen, die Themen der reinen Mathematik, dem geistigen Spieltrieb des Menschen entsprechend, in ein schönes, unterhaltsames Gewand kleiden. U. a. finden sich Aufgaben, deren Lösung auf arithmetische und geometrische Progressionen führen, der Potenzbegriff wird eingeführt, der Strahlensatz angewendet, ...

7.2 Als **Beispiele** für den Bereich der Unterhaltungsmathematik nennen wir in Stichworten[16]:

- Drei Arten von *Zauber-Karten bzw. Zauberbildern* (Metsukeiji), bei denen es um das Erraten (Bestimmen) gedachter (chinesischer Schrift-) Zeichen mit Hilfe von magischen Karten, Tabellen bzw. Bildern geht. Ähnlich wie in europäischen Zahlenrätseln handelt es sich um das Auffinden des Schlüssels in einer Menge codierter Zeichen, um Decodierungsprobleme. Die Verschlüsselung bedient sich einer Dualzahldarstellung des Weges zu den Zeichen. (Abb. 6)

- Ein *Umfüllproblem* - als Maßproblem ähnlich dem Problem, das wir von TARTAGLIA (1499 - 1547) kennen. (Abb. 5)[17].

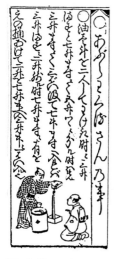

Abb. 5: Illustration zum „Umfüllproblem" aus dem Jinko-ki.

Abb. 6: Metsukeiji - magisches Bild zum Erraten von chinesischen Schriftzeichen aus dem Jinko-ki. Das Ratespiel diente auch als Hilfe beim Erlernen und Memorieren von Schriftzeichen (Vgl. auch SHIMODAIRA 1977, 98).

---

[16] Vgl. SHIMODAIRA 1977.

[17] *„Gegeben sind drei Behälter mit den Kapazitäten 3 sho, 7 sho und 10 sho (1 sho = 1,8 Liter). Der größte Behälter ist mit 10 sho Öl vollgefüllt. Unter Verwendung der drei Behälter soll man durch Umfüllen 5 sho Öl abtrennen."* - Vgl. auch SCHUBERT-FITTING 1953, § 6: 50.

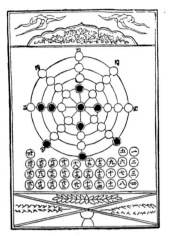 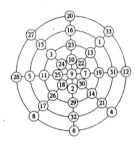

Abb. 7: Magische Kreise aus dem Jinko-ki, übernommen aus CHENG Dawei (1593), erstmals bei YANG Hui *Xugu Zhaiqi Suanfa* (1275) (NEEDHAM 1959, 60)

- *„Mamakodate"* - ein Abzählproblem, das Problem der „eigenen Kinder und der Stiefkinder", eine Spielart der Aufgabenstellung, die bei uns unter dem Namen „Josephus-Problem" bzw. „Problem der 15 Christen und der 15 Türken" bekannt ist[18].

- *Diverses:* z. B. *Magische Quadrate* bzw. *magische Kreise* (Abb. 6 und 7); Shissahs *Schachbrett-Problem.*

8. DIE BEDEUTUNG DES JINKO-KI IN JAPAN

8.1 Die Stellung des Jinko-ki in der Mathematik-Geschichte Japans

Welchen *Stellenwert* hat nun das Jinko-ki im Rahmen der *Mathematikgeschichte Japans* ?

Zunächst: Über das mathematische Wissen in Altjapan ist uns wenig bekannt. Mit dem Buddhismus sind im 6. Jahrhundert über Korea auch mathematische Kenntnisse von China nach Japan gekommen. Die japanischen Gelehrten studierten zwar die neuen Wissenselemente mit Eifer, ihre mathema-

---

[18] Vgl. SCHUBERT-FITTING 1953, § 18: 117.

tischen Fähigkeiten schienen aber anfänglich doch sehr beschränkt geblieben zu sein; sie führten die übernommenen Begrifflichkeiten und Methoden zunächst nicht eigenständig fort. Erst im 17. Jahrhundert erscheinen in Japan Gelehrte, unter deren Händen die japanische Mathematik erblühen sollte.

Der erste Mathematiker, der in Japan ins Rampenlicht der Mathematikgeschichte tritt, ist MORI Kambei (um 1600). Er versammelte in Kyoto eine große Schar von Schülern um sich und lehrte mit großem Geschick die Arithmetik und den Umgang mit dem japanischen Abakus. Seine Werke sind sämtlich verloren gegangen. Sieht man von einigen erst in unserem Jahrhundert bekannt gewordenen kleineren Arbeiten am Anfang der Edo-Zeit ab, so ist *das erste bedeutende Rechenbuch in Japan das „Jinko-ki* des **Mitsuyoshi YOSHIDA**.

8.2 Der chinesische Vorläufer des Jinko-ki: Das Suan-Fa Tong-zong von CHENG Dawei

Wo nun hatte YOSHIDA seine Kenntnisse erworben?

Aus dem Geleitwort des Jinko-ki geht hervor, daß YOSHIDA sein Wissen von anderen Mathematikern und aus seiner Büchersammlung hatte.

YOSHIDA war angeblich auch Schüler von MORI. Diese Behauptung ließ sich bislang nicht verifizieren. Was sich belegen läßt, ist, daß YOSHIDA sein Wissen weitgehend aus dem *Suan-fa Tong-zong* des Chinesen **CHENG Dawei** (1533 - 1606) von 1593 hat.[19, 20]

Es wäre freilich verfehlt, zu behaupten, YOSHIDA habe das *Suan-fa Tong-zong des* CHENG Dawei im Jinko-ki in verkürzter Form nur wiederholt. Dagegen stehen und sprechen verschiedene Tatsachen.

YOSHIDA hat den Inhalt und die Methoden von CHENs Buch in sich aufgenommen, hat aber in seinem Buch die schwierigsten Teile des chinesischen Werks weggelassen, die übrigen Themen neu geordnet und die Aufgabenstellungen den Verhältnissen in Japan angepaßt. Er richtete sein Interesse insbesondere auf solche kaufmännischen und technischen Fragen, wie

---

[19] Vgl. LI/DU 1987, 100, 173, 179, 185, 259.

[20] *Suan-fa Tong-zong* heißt wörtlich übersetzt: „Systematische Abhandlung über Arithmetik". - Genauer bedeuten die chinesischen Charaktere: *Rechnen - Gesetze - alles, allgemein, sammeln, kontrollieren - eine Art.* Also: „Eine Art von (systematischer) Sammlung von Rechengesetzen".

sie im täglichen Leben Japans damals oft auftraten. YOSHIDA schneidet die Aufgabenstellungen des CHENG Dawei und ihre Lösungen durchaus eigenständig auf seine gegenwärtige japanische Situation und auf die aktuellen Bedürfnisse in Japan zu.

Für die Eigenständigkeit von YOSHIDAs Werk spricht auch die Tatsache, daß sich im Jinko-ki Aufgaben finden, die es - soweit wir derzeit wissen - nicht bei CHENG und nirgends vorher in der chinesischen Literatur gibt. Ein Beispiel ist ein weltweit bekanntes Abzählproblem, das oben (in 7.2) bereits erwähnte *"Mamako-date-Problem"*.

8.3 Das Jinko-ki als Stimulanz für die eigenständige Entwicklung der japanischen Mathematik

Das Jinko-ki überragt die Bedeutung der erwähnten kleinen Rechenbücher mathematikgeschichtlich auch darin, daß es **am Anfang der eigenständigen Entwicklung der Mathematik in Japan** steht. Entscheidenden Anteil an dieser Tatsache hatte wohl auch ein unterrichts- und forschungsmethodisches Element in den späteren Ausgaben des Jinko-ki. YOSHIDA schloß nämlich die späteren Ausgaben seines Buches jeweils mit einigen mathematischen Fragen ab, die er seinen Nachfolgern zur Lösung anheimstellte. Diese Übung, ans Ende der Bücher bislang ungelöste Probleme zu stellen, deren Lösungen dann in nachfolgenden Publikationen veröffentlicht wurden, sollte eineinhalb Jahrhunderte fortdauern[21]. Diese Gepflogenheit erhielt sogar einen eigenen Namen, sie wurde *idai shoto* genannt, „fortgesetzte Problemstellung und ihre Lösung". Sie hat den Fortschritt der mathematischen Studien in Japan außerordentlich stimuliert[22].

---

[21] Die zur Tradition gewordene Übung der Stellung ungelöster Probleme am Ende von Büchern, auch *idai shoukei* genannt, wird vom Beginn der Kambun-Periode (um 1660) bis ins 19. Jahrhundert auch fortgesetzt auf Tafeln, die man in Tempeln als Votivgaben anbrachte. Auf hölzernen Tafeln wurde ein Problem gestellt, mit Figuren illustriert und meist auch die Lösung angegeben. Solche Tafeln wurden - ähnlich dem Brauch in unseren Wallfahrtskirchen - in Tempeln als Weihegaben ausgehängt zum Dank an die Götter für die Inspiration bei der Lösung der Probleme, weiter als Gebetswunsch für ein weiteres Gedeihen der Schule und zugleich als eine Art Werbung, die die Bedeutung der Schule herausstellen sollte. Der Brauch ist unter dem Namen *sangaku houkei* bekannt. Vgl. MIKAMI 1913, 185 und MICHIWAKI 1977, 1979.

[22] Vgl. SHIMODAIRA 1981; MIKAMI 1913, 159, 180.

Die Tatsache, daß das Jinko-ki zum Ausgangspunkt für eine eigenständige Entwicklung der Mathematik in Japan geworden ist, ist ein weiterer Grund dafür, daß dieses Buch nicht nur in der Nachfolge und als bloßer Abklatsch seines Vorbilds, des *Suan-fa Tong-zong* des CHENG Dawei zu sehen ist.

8.4 Der ästhetische Stellenwert des Jinko-ki

Das „Jinko-ki" war zunächst beliebt und berühmt wegen seiner *einfachen und eingängigen Erklärungen* mathematischer Sachverhalte. Das Jinko-ki hat aber auch einen *hohen ästhetischen Stellenwert* in der Geschichte des japanischen Buches, ja mehr noch in der Geschichte der japanischen Holzschnittkunst.

Wie die *Margarita Philosophica* des Gregor REISCH (1517) und die späteren Ausgaben der Bücher des Adam RIES war auch das Jinko-ki ausgestattet mit zahlreichen einprägsamen und gut ausgeführten *Holzschnitt-Illustrationen*. In der ersten Ausgabe waren diese noch schwarz-weiß ausgeführt, ab der zweiten Ausgabe von 1631 waren einige der Abbildungen sogar farbig ausgelegt, waren in den Farben rot, grün und gelb koloriert. Hier mag in Parenthese angeführt werden, daß die im 17. Jahrhundert in Japan aufblühende Kunstform des Farbholzschnitts - bevor sie sich zum Einzelholzschnitt befreite - entscheidende Anstöße vom Druck illustrierter Bücher (Ehon) bekam. Illustrierte Bücher aus Saga, der Heimat YOSHIDAs, die sog. saga-bon sollen dabei eine besondere Rolle gespielt haben.

Japanische Gelehrte behaupten, daß die farbigen Abbildungen im Jinko-ki zu den ersten farbigen Holzschnittdrucken in Japan zu zählen sind, ja daß sie gar *die ersten heute bekannten japanischen Farbholzschnitte* sind[23, 24].

---

[23] Vgl. CHIBETT, David: The History of Japanese Printing and Book Illustration, Kodansha Intern Ltd., Tokyo - New York - San Francisco, 1977; 36. „The earliest authenticated Japanese book to carry color-printed illustrations was the Jinko-ki, a mathematical treatise produced in several editions, some with black-and-white illustrations, others with color. The color editions were made in 1631, 1634 and 1641, although few copies are now extant. The next work to carry color illustrations was the Semmyoreki, a calendrical volume published in 1644. D. B. WATERHOUSE also cites a mathematical work, the Kakuchi sansho (1657) as having color printing." (WATERHOUSE, D. B.: Haronobu and His Age: The Development of Colour Printing in Japan. London: The Trustees of the British Museum, 1964.)

[24] Dies ist wohl auch der Grund, warum auf der Sonderausstellung auf der Frankfurter Buchmesse von 1990, die der Bücherwelt Japans gewidmet war, eine Erstausgabe des

Das Jinko-ki fand also auch deshalb großen Anklang und großen Absatz, weil es so ansprechend aufgemacht war. Man wollte das Buch auch wegen seiner Schönheit besitzen.

Abb. 8: Ganzseitige Holzschnittillustration aus dem Jinko-ki zu einem Problem der Abschätzung der Länge einer Wegstrecke

8.5 „Jinko-ki" ein Synonym für Mathematik und Arithmetik

Das Jinko-ki fand schließlich so weite Anerkennung und Verbreitung, daß der Elementarunterricht in Arithmetik in der Edo-Zeit (1603 - 1867)

Jinko-ki nicht nur als eines der bedeutendsten wissenschaftlichen Werke der Geschichte des japanischen Buches ausgestellt war, sondern daß es auch unmittelbar neben einem der schönsten Saga-bon plaziert war.

vollständig auf dem Jinko-ki basierte. Das ging so weit, daß seit der Veröffentlichung des Jinko-ki *das Wort „Jinko-ki" zum Synonym für die Worte „Mathematik" oder „Arithmetik" wurde* - eine Tatsache, die durchaus eine Parallele zu der uns vertrauten Redewendung „macht nach Adam RIES" darstellt.

9. PARALLELEN ZU DEN BÜCHERN DES ADAM RIES

9.0 *Parallelen* des Jinko-ki zu den Büchern des Adam RIES und zu den Büchern unserer Rechenmeister im 15. und 16. Jahrhundert sind in unseren Ausführungen schon mehrfach angeklungen. Fassen wir - an dieser Stelle ohne weitere Begründung und Belege - im Überblick zusammen:

9.1 Parallelen finden wir in der *Struktur der soziokulturellen und der wirtschaftlichen Situation* in Deutschland am Beginn der Neuzeit, in Japan am Beginn der Edo-Zeit.

- Parallelen finden wir in der *Thematik* und dementsprechend in den *mathematischen Inhalten* (Begriffen, Aussagen und Methoden) der beiden Bücher.
- Parallelen finden wir damit zusammenhängend in den *Beweggründen* und den *Absichten* beider Autoren, auch im *Leserkreis*, an den sie sich wenden.
- Parallelen finden wir in der *Wirkungsgeschichte* der beiden Bücher und in den *weiterführenden Entwicklungstendenzen,* die von den Büchern unserer Autoren ausgehen.
- Parallelen finden wir sogar in der *menschlichen Eigenart* unserer Autoren.

9.2 Adam RIES und YOSHIDA waren sehr *selbstbewußte,* von ihrer Aufgabe, ihren Leistungen und Fähigkeiten überzeugte *Autoren*[25]. Wie unsere Rechenmeister, so hatte auch Mitsuyoshi YOSHIDA vor seinem Haus eine Hinweistafel auf sich und seine Tätigkeit hängen. Sie trug bezeichnenderweise die Aufschrift: „Ich bin der Nippon-Ichi", und d. h.: „Ich bin der Erste in Japan" und gemeint war: der Beste im Dividieren. Und ganz ähnlich Adam RIES. In einem Bittschreiben an den Kaiser sagt er, daß er vorhabe „einn Rechenbuch, desgleichen hiervuer nicht wirdet an tagh khemmen sein, in druck ausgehen zu laßen".

---

[25] DESCHAUER 1992, 7.

10. SCHLUSSBEMERKUNG - DIE WEITERE ENTWICKLUNG

DER MATHEMATIK IN JAPAN

10.1 Die erste Hälfte des 17. Jahrhunderts: Yoshida und die Soroban Arithmetik - Cheng Dawei (1593)

Nach dem Erscheinen des Jinko-ki **erfuhr die Soroban-Arithmetik in Japan einen raschen Aufstieg.** Ganz generell kann man sagen, daß die erste Hälfte des 17. Jahrhunderts als diejenige Periode der japanischen Mathematik zu kennzeichnen ist, in der vornehmlich die Arithmetik und der Gebrauch des *Sorobans* geübt und landesweit verbreitet wurde. Die zentrale Figur ist YOSHIDA, das beherrschende Buch das Jinko-ki. Der chinesische Vorgänger war das Werk des CHENG Dawei.

10.2 Die zweite Hälfte des 17. Jahrhunderts: Die Anfänge der Algebra: Zhu Shijie (1299) und Takakazu Seki

Eine weitere Parallele zur mathematikgeschichtlichen Situation des Rechnens und der Entwicklung der Mathematik zur Zeit unserer Rechenmeister besteht nun darin, daß das Jinko-ki in Japan, wie die Rechenbücher des Adam RIES bei uns, der Entwicklung der Algebra zeitlich unmittelbar vorausging.

So wie bei uns in Deutschland die Entwicklung vom „Rechnen auf den Linien" zum „Rechnen mit der Feder" und schließlich zur „Coß" führte - also vom Rechnen auf dem Rechenbrett, zur Ziffern-Arithmetik und zur Algebra - so verlief auch in Japan die Entwicklung vom Rechnen auf dem Soroban zur Algebra. Freilich war es in Japan nicht der gleiche Autor, wie bei uns Adam RIES mit seiner „Coß", der diese Entwicklung fortführte. In Japan erfolgte die Ausgestaltung der algebraischen Methoden (Gleichungslehre) über die Rezeption chinesischer Werke, insbesondere des *Suan-xue Qi-meng* („Mathematik für Anfänger") des ZHU Shijie (1299). Es vermittelte Rudimente der Algebra unter Verwendung der Rechensteine *(sangi)*. TAKAKAZU (Kowa) SEKI (1642 - 1708), der „Vater der japanischen Mathematik", entwickelte die Gleichungslehre weiter. Die indisch-arabische Stellenwertschreibweise wurde in Japan davon unabhängig freilich erst nach der Meiji-Reform von 1868 eingeführt.

Literatur

CHENG Dawei (1593): Suan-fa Tong-zong. Nachdruck Shanghai 1990. (Chinesisch).

DESCHAUER, S. (1992): Das zweite Rechenbuch von Adam Ries. Braunschweig.

FISCHER, W. L. (1986): Vom Abacus zum Ziffernrechnen. In: KRISS-RETTENBECK, L. / LIEDKE, M. (Hrsg.): Erziehungs- und Unterrichtsmethoden im historischen Wandel. (Schriftenreihe zum Bayerischen Schulmuseum Ichenhausen, Bd. 4). J. Klinkhardt Verlag, Bad Heilbrunn 1986, 126 - 151. Nachdruck in FISCHER (1996), S. 267 - 294.

FISCHER, W. L. (1988): Zur Entwicklung der Sprache in der Mathematik. In: HOHENZOLLERN, J. G. Prinz v. / LIEDKE, M. (Hrsg.): Naturwissenschaftlicher Unterricht und Wissenskumulation. (Schriftenreihe z. Bayer. Schulmuseum Ichenhausen, Bd. 7). J. Klinkhardt Verlag, Bad Heilbrunn 1988, 142 - 170. Nachdruck in FISCHER (1996), S. 295 - 327.

FISCHER, W. L. (1996): Mathematikdidaktik zwischen Forschung und Lehre. Bad Heilbrunn.

LI, Yan - DU Shiran (1987): Chinese Mathematics - A Concise History. Oxford.

MICHIWAKI, Yoshimasa (1977): On Some Jutsu in Traditional Japanese Mathematics and Some Recent Works about Them. Jap. Studies in History of Science, 1977, No. 16, 61 - 68.

MICHIWAKI, Yoshimasa (1979): On the Resemblance between the Presentation and the Formation Processes of Modern Mathematical Papers and those of Old Mathematical Tablets in Japan. Jap. Studies in History of Science, 1979, No. 18, 117 - 125.

MIKAMI, Yoshio (1913): The Development of Mathematics in China and Japan. New York.

NEEDHAM, J. (1959): Science and Civilisation in China, Vol. III. Cambridge.

SCHUBERT, H. / FITTING, F. (1953): Mathematische Mußestunden. Berlin.

SHIMODAIRA, Kazuo (1977): Recreative Problems on Jingoki. Jap. Studies in the History of Science, No. 16, 95 - 103.

SHIMODAIRA, Kazuo (1981 - 1983): The Translation of „Jingoki" - Jingoki-Volume One, Parts (1) - (6). The Historical Society for the Study of Shuzan. (1): (1981a) No. 2, 45 - 62. - (2): (1982) No. 3, 53 - 64. - (3): (1982a) No. 4, 35 - 45. - (4): (1982b) No. 5, 69 - 72. - (5): (1983) No. 6, 45 - 54. - (6): (1983) No. 7. 29 - 34.

SHIMODAIRA, Kazuo (1981b): On Idai of Jingoki. Historia Scientiarum. Intern. Journ. History of Science Society Japan. No. 21, 87 - 101.

SHIMODAIRA, Kazuo (1982c): Approximate Formulae in the Early Edo Period. Bull. Maebashi City College of Technology, Vol. 17, 1 - 12.

SHIMODAIRA, Kazuo (1988): The Survey of Studying the History of Japanese Mathematics. Journ. of History of Science, Japan, Ser. II, Vol. 27 (No. 166), 65 - 74.

TASAKI, Toru (1983): Mathematik in der Edo-Zeit. Sougou Kagaku syuppan. Tokyo. (Japanisch)

YOSHIDA, Mitsuyoshi (1634): Jingoki. - OYA, Shinichi (Hrsg.) (1977). Iwanami-shoten Co., Tokyo. (Japanisch)

The Commitee for Commemoration of Jingoki. Jingoki, Osaka-Kyoiku-tosho Co., Osaka. 1977. (Japanisch)

VOGEL, K. (1968): Neun Bücher arithmetischer Technik. Braunschweig.

Prof. Dr. Walther L. Fischer, Universität Erlangen-Nürnberg,
Erziehungswissenschaftliche Fakultät, Lehrstuhl Didaktik der Mathematik,
Regensburger Str. 160, D-40478 Nürnberg 30

Zum Verhältnis von Mathematik und Kultur im fachübergreifenden Mathematikunterricht

Herwig Säckl

In seiner Theorie der Dichtkunst „The Anxiety of Influence" schreibt der Verfasser „... the meaning of a poem can only be another poem". Die Übertragung „The meaning of mathematics can only be mathematics again" liegt nahe und die im intellektuellen Zaubergarten der reinen Mathematik Wandernden werden sich bei diesem Satz lächelnd zunicken. In der Schule wollen und sollen wir einen intensiven und forschenden Blick in diesen Garten werfen und die möglichen kleinen Schritte auf dem einen oder anderen Weg mit Aufmerksamkeit gehen, aber damit ist die Arbeit des Mathematikunterrichts nicht getan.

Ganz im Sinn des überhaupt nicht unmodernen Bildungsprogramms von Wilhelm von Humboldt, der Mensch habe „soviel Welt, als möglich zu ergreifen, und so eng, als er nur kann, mit sich zu verbinden, ... um in sich frei und unabhängig zu werden", hat auch der Mathematikunterricht seinen entsprechenden Beitrag zu leisten. Jetzt nicken die Anhänger der Anwendungsorientierung und wir an der Schule natürlich mit ihnen. Aber da fehlt noch etwas: Die Mathematik als gewachsener und konstitutiver Teil der menschlichen Kulturgeschichte. Das ist ein Aspekt von Welt, der mehr Aufmerksamkeit verdient, an der Schule und auch in der Hochschulausbildung der Lehrer (und in der Ausbildung der Fachmathematiker)!

Mathematik und Kultur zu verbinden scheint vielen Menschen gar nicht selbstverständlich. Kultur: das steht für Leben, Buntheit, freies menschliches Schaffen, Beitrag zur Sinnstiftung; Mathematik dagegen: eine exakte Gegenwelt voller unerbittlicher Strenge. Diese leider sehr verbreitete, natürlich ganz falsche Dichotomie, dieses ganz schiefe und schwarz-weiße Bild von Mathematik für die Schüler etwas zurechtzurücken und lokal einzufärben, dies mindestens zu versuchen, ist eine wichtige Aufgabe des schulischen Mathematikunterrichts und dazu sollen die folgenden Beispiele dienen, von denen die meisten auf Unterrichtserfahrungen zurückgehen und die von diesen Erfahrungen gestützt werden. In allen Jahrgangsstufen lassen sich solche Beispiele im ganz „normalen" Mathematikunterricht an verschiedenen Stellen zwanglos einfügen.

Auch an die Zusammenarbeit mit Kollegen anderer Fächer sollte man denken! Das ist natürlich aufwendiger und im Unterrichtsalltag schon aus Stundenplangründen oft schwierig. Vorbeugend sei schließlich gesagt, daß durch dieses stärkere Einbeziehen kulturhistorischer Aspekte eine „Aufweichung" des „harten" Fachs Mathematik weder beabsichtigt ist noch eintritt.

Übersicht

Literaturauswahl

ABBOT, E. A. (1884): Flächenland - Ein mehrdimensionaler Roman, verfaßt von einem alten Quadrat, Stuttgart 1982

BOLZANO, B. (1849): Paradoxien des Unendlichen, Darmstadt 1964

DÜRER, A. (1525): Unterweisung der Messung mit dem Zirkel und Richtscheit, Zürich 1966

EUKLID (um 300 a. C.): Elemente, Darmstadt 1969

FICHTNER, R.: Die verborgene Geometrie in Raffaels „Schule von Athen", München 1984

FOLKERTS, M. (Hrsg.): Maß, Zahl und Gewicht - Mathematik als Schlüssel zu Weltverständnis und Weltbeherrschung. Ausstellungskatalog der Herzog-August-Bibliothek, Wolfenbüttel 1989

FRISCH, M. (1957): Homo faber, Frankfurt 1977

GERICKE, H.: Mathematik im Abendland, Berlin 1980

GÖSSEL/LEUTHÄUSER: Architektur des 20. Jahrhunderts, Köln 1990

KANDINSKY, W. (1925): Punkt und Linie zu Fläche, Bern 1959

KUNSTFORUM Bd. 105 (1990): Das gequälte Quadrat

MATHEMATIK LEHREN 1987, Heft 23: Mathematik und Kunst

MEHRTENS, H.: Das soziale System der Mathematik und seine politische Umwelt. ZDM 1988, 28 - 37

MEHRTENS, H.: Moderne, Sprache, Mathematik, Frankfurt 1990

MUSIL, R. (1913): Der mathematische Mensch. In Musil: Gesammelte Werke, Hamburg 1978, Bd. 8, 1004 - 1008

NAREDI-RAINER, P.: Architektur und Harmonie - Zahl, Maß und Proportion in der abendländischen Baukunst, Köln 1982

RADBRUCH, K.: Mathematik in den Geisteswissenschaften, Göttingen 1989

SÄCKL, H.: Zwei scheinbar ungleiche Partner: Mathematik und Kunst. Schulreport 1991, Heft 1

SCHRÖDER, E.: Dürer - Kunst und Geometrie, Basel 1980

SCRIBA, C. J.: Die mathematischen Wissenschaften im mittelalterlichen Bildungskanon der Sieben Freien Künste. Acta historica Leopoldina 16 (1985), 25 - 54

SNOW, C. P.: Die zwei Kulturen, Stuttgart 1967

OStD Dr. Herwig Säckl, Gymn., Aschenbrennerstr. 10, D-92331 Parsberg

Das Wesen des Lichtes - zur Leibnizschen Deutung

Doris Kiekeben

*Und die Verbindung der Erscheinungen, die die Tatsachenwahrheiten in Bezug auf die Sinnendinge außer uns verbürgt, wird vermittels der Vernunftwahrheiten erwiesen, so wie **die Erscheinungen der Optik durch die Geometrie aufgehellt** werden."(Leibniz: Von der Erkenntnis)*

1. Zum Erkenntnisstand zur Natur des Lichtes um 1700

EUKLID, der Vater der Geometrie aus Alexandria, war um 300 v.Chr. einer der ersten, der sich mit optischen Problemen wissenschaftlich beschäftigte und dabei das Reflexionsgesetz fand (Optik, 280 v.Chr.) In der geometrischen Tradition der Griechen bestimmte Heron (1. Jhdt. v.Chr.) die Gerade als die kürzeste Verbindung, die das Licht nimmt. PTOLEMÄUS faßte die optischen Kenntnisse seiner Zeit zusammen und bildete sie wesentlich weiter in seiner Optik in 5 Büchern (2. Jhdt. n.Chr.). Er gab eine Tabelle der Brechungswinkel des Lichtes im Wasser für eine ganze Reihe von Einfallswinkeln aus der Luft an.

Im Jahre 1621 entdeckte W. SNELLIUS das Sinus-Gesetz für die Brechung, das in Frankreich allerdings "Decartessches Gesetz " (1637, La Dioptrique) heißt. Für DESCARTES war die Welt geometrisch zu beschreiben. Das Licht wird mit mechanischen Teilchen verglichen. Im Jahre 1664 formulierte FERMAT in einem Brief die Idee, daß in der Natur eine Wirkung immer von allen möglichen Strecken die kürzeste zurücklegt. Obwohl das Wort "Zeit" nicht in Fermats Korrespondenz auftritt, wird seine Theorie häufig als das Minimalprinzip der Zeit beteichnet. Dieses elegante Konzept ist bis heute ein Kernstück der geometrischen Optik. Im Jahre 1676 gelang es dem dänischen Astronomen Olaf RÖMER, der an der Pariser Sternwarte assistierte, eine in endlichen Zahlen angebbare Geschwindigkeit für das Licht aus der Verfinsterung der Jupitermonde zu ermitteln. Zwei Jahre nach der Entdeckung von Olaf Römer erkannte Christian HUYGENS (1679 Vorlesung an der Pariser Akademie, 1690 Traité de la Lumière im Druck), daß das Licht nicht nur Strahleigenschaften besaß sondern ein Wellenvorgang sein mußte, denn es zeigte beim Vorbeigang an Hindernissen Beugungserscheinungen.

NEWTON hat sich geweigert, das Wellenbild zu akzeptieren, da es dem Prinzip der geradlinigen Lichtausbreitung widersprach (Opticks 1704).

2. Das Licht, die Geometrie und ein höherer Sinn

Als der Leipziger Professor für Moral und Rechtsphilosophie OTTO MENCKE im Frühjahr 1681 Hannover besuchte, besprach er mit LEIBNIZ seinen Plan, eine neue Zeitschrift für die gelehrte Welt herauszugeben: die **Acta Eruditorum**. Sie sollte die deutschen Gelehrten mit neuen Veröffentlichungen bekannt machen. Anfang 1682 erschien die Zeitschrift zum ersten Mal, und LEIBNIZ wurde regelmäßiger Mitarbeiter, wobei er mit den Initialen G.G.I. zeichnete statt mit seinem ausgeschriebene Namen. Im Juni 1682 reichte er einen Aufsatz über Optik ein, "Unicum opticae catoptricae et dioptricae principium (Ein gemeinsames Prinzip für die Optik, die Katoptrik und die Dioptrik), Acta Eruditorum, Juni 1682, S. 185 -90) Unter dem vereinheitlichenden Prinzip, auf das LEIBNIZ in seinem Aufsatz hinweist, versteht er das Prinzip, daß das Licht sich entlang dem Weg des geringsten Widerstandes bewegt. Aus diesem Prinzip leitete er die Gesetze der Spiegelung und Brechung ab. Wie er das Minimum bestimmt hat, führt er in dem Artikel nicht aus. Er behauptet, seine Rechnung bilde im Vergleich mit anderen bekannten Methoden die Wirklichkeit auf eine wunderbare Weise ab, denn, so bemerkt LEIBNIZ, man sehe gleichsam ohne eine Rechnung durchführen zu müssen, daß das Brechungsgesetz folgt. Es entsprach einer allgemeinen Gepflogenheit: Während ein Forscher seine Ergebnisse mitteilte, um zu zeigen, daß er im Besitz einer allgemeinen Methode war, auf die er in undurchsichtigen, dunklen Worten Bezug nahm, war er zugleich sorgfältig darauf bedacht, jeden Hinweis zu vermeiden, aus dem der Briefempfänger die Methode hätte erschließen und dann dazu verwenden können, selbst weitere Entdeckungen zu machen. Das verdeutlichst die Problematik auch hinsichtlich des Streits um die Begründung der Infinitesimalrechnung

LEIBNIZ behauptete nicht, das Prinzip des ausgezeichneten selbst entdeckt zu haben, er wendete es an und interpretierte es aufgrund seiner philosophischen Vorstellungen. Dennoch erweckt es manchmal den Anschein, daß er geneigt war, sich einen erheblichen Anteil bei der Ausdeutung und Formulierung zuzurechnen. Seien wir also nachsichtig.

LEIBNIZ ist überzeugt, daß alles an den Dingen zweifach erklärt werden kann: durch das Reich der wirkenden Ursachen (Wirkursache) und durch ein Reich der Weisheit oder die finalen Ursachen (Zweckursache). Gott lenkt die Körper wie auch Maschinen nach den Gesetzen der Mathematik, aber er tut das zum Nutzen der Seelen, die er wiederum nach den Gesetzen der Güte oder den moralischen Gesetzen lenkt. Die Gesetze durchdringen einander. Nach LEIBNIZ' Überzeugung gehören Frömmigkeit und Wissenschaftlichkeit zusammen: alle Phänomene sind aus mechanisch wirkenden Ursachen zu erklären, aber diese mechanischen Gesetze werden selbst allgemein aus höheren Gründen abgeleitet werden. Als Beispiel für die Verwendung finaler Ursachen in der Physik zitiert er seine Ableitung des Gesetzes der Optik aus dem Prinzip des geringsten Widerstandes und bringt sie mit einer Zweckursache in Verbindung.

"Ich finde sogar, daß sich manche Wirkungen der Natur auf doppelte Weise erklären lassen, nämlich auf Grund der Erwägung der Wirkursache und davon gesondert auch auf Grund der Erwägung der Zweckursache, indem man sich zum Beispiel der Entscheidung Gottes bedient, seine Wirkung immer auf dem leichtesten und bestimmtesten Wege hervorzubringen, wie ich andernorts gezeigt habe, als ich die Regeln der Katoptrik und der Dioptrik begründete,... Der Weg über die Zweckursachen ist leichter und bleibt oft dienlich, wichtige und nützliche Wahrheiten zu enthüllen, die man auf jenem anderen, mehr physikalischen Wege sehr lange hätte suchen müssen, wofür die Anatomie beachtenswerte Beispiele liefern kann. Auch halte ich dafür, daß SNELLIUS, der der erste Entdecker der Lichtbrechungsregeln war, lange hätte warten müssen, um sie zu finden, wenn er zuerst hätte suchen wollen, wie das Licht gebildet wird. Er folgte aber offenbar der Methode, deren sich die Alten in der Katoptrik bedienten und die in der Tat von den Zweckursachen ausgeht. Indem sie nämlich den kürzesten Weg suchten, um einen Strahl von einem gegebenen Punkte zu einem anderen gegebenen Punkte durch Reflexion von einer gegebenen Ebene zu führen (voraussetzend, daß dies das Ziel der Natur ist), fanden sie die Gleichheit von Einfalls- und Ausfallswinkel, wie man aus einer kleinen Abhandlung des HELIODOR VON LARISSA und aus anderen Quellen ersehen kann. Das haben SNELLIUS, wie ich glaube, und nach ihm (obgleich ohne von ihm gewußt zu haben) FERMAT sehr erfinderisch auf die Brechung angewandt. Denn wenn die Lichtstrahlen in den gleichen Medien das gleiche Verhältnis der Sinuswinkel bewahren, welches auch das Verhältnis der Widerstände in den Medien ist, so findet man, daß das der einfachste oder wenigstens bestimmteste

Weg ist, um von einem in einem Medium gegebenen Punkt zu einem in einem anderen Medium gegebenen Punkt zu gelangen. Und es mangelt dem Beweis desselben Lehrsatzes, den DESCARTES vermittels der Wirkursachen geben wollte, viel, um ebensogut zu sein. Zum mindesten hat man Grund zu vermuten, daß er ihn auf diesem Wege niemals gefunden hätte, wenn er in Holland nichts von der Entdeckung des Snellius erfahren hätte."

In den vorstehenden Äußerungen geht LEIBNIZ nicht auf die Erkenntnisse seines Zeitgenossen, CHRISTIAN HUYGENS, ein, der aufgrund der Annahme des Lichts als Wellenerscheinung zum gleichen Ergebnis hinsichtlich der Ablenkung, insbesondere auch der Brechung und Reflexion des Lichtes kam. Mit der Wellentheorie lassen sich weitere Erscheinungen, wie z. B. die Beugung, erklären.

Daß das Licht eine elektromagnetische Welle im Sinne der modernen MAXWELLschen Theorie ist, interessiert bei der Betrachtungsweise der geometrischen Optik und dem FERMATschen Prinzip (siehe das folgende Kapitel) kaum. Die Wellenlänge geht allenfalls als Parameter in die Ausbreitungsgeschwindigkeit des Lichtes ein.

3. Das Prinzip der kleinsten Wirkung

Dieses Prinzip stellt sich auch heute noch als ein ganz allgemeines Prinzip der Naturwissenschaft dar und wird auch als Extremalprinzip, Prinzip der kleinsten Wirkung, des kürzesten Weges, der kürzesten Zeit oder FERMATsches Prinzip genannt. Bestimmte Größen inehmen unter den vorgegebenen Beobachtungsbedingungen stets den größtmöglichen oder kleinstmöglichen Wert einnehmen, also ein Extremum.

Hier fanden die durch LEIBNIZ und NEWTON gleichzeitig entwickelten Prinzipien der modernen Differentialrechnung ihre Anwendung am praktischen Beispiel. Im folgenden werden einige Beispiele, die auch LEIBNIZ in diesem Zusammenhang beschäftigten, näher ausgeführt.

a) Reflexion

Versuchen wir folgende Aufgabe zu lösen (Bild 1):

Wie kann man auf kürzestem Wege von A nach B gelangen?

Antwort: Auf der Geraden von A nach B.

Wenn wir aber die zusätzlich Bedingung stellen, daß das Licht auf den Spiegel fallen soll, von ihm reflektiert wird und dann zum Punkt B gelangt?

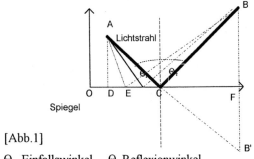

[Abb.1]

Θ_t Einfallswinkel, Θ_r Reflexionwinkel

Eine Möglichkeit wäre der Weg ADB. Der Weg DB ist natürlich lang. Wenn wir ein Stück nach rechts rücken, dann vergrößert sich das erste Wegstück, aber das zweite vermindert sich stark. Wie kann man den Punkt C finden, für den die Zeit minimal wird?

Der Punkt B hat ein Spiegelbild, den Punkt B'. Da der Winkel BF0 ein rechter Winkel ist und BF = FB', d.h. EB = EB'. Die Summe der beiden Wegabschnitte AE + EB, die proportional der Zeit ist, ist gleich der Summe der Länge AE + EB'. Jetzt kann man erklären, wann die Summe ein Minimum wird: Wenn der Punkt C auf der Verbindungsgeraden von A nach B' liegt und so finden wir Punkt C. Weiterhin: wenn ACB eine Gerade, dann ist der Winkel BCF gleich dem Winkel B'CF und, folglich, dem Winkel ACO Der Beweis über die Gleichheit von Einfallswinkel und Reflexionswinkel untermauert gleichzeitig die Behauptung, daß sich das Licht bei Reflexion von einem Spiegel im Punkte B den Weg wählt, der die geringste Zeit erfordert.Stellt man die Lichtquelle in den Punkt B und richtet den Strahl auf den Spiegel, so wird das Licht, das vom Spiegel reflektiert wird, geht von B nach A so, als ob die Quelle sich in B' befinden würde

b) Brechung

Stellen wir uns folgende Situation vor: Ein Nichtschwimmer fällt aus einem Boot ins Wasser (Punkt B). Die Linie X ist das Ufer. Jemand befindet sich im Punkte A und sieht, was geschah, er könnte schwimmen, er könnte aber auch laufen. Aber laufen ist schneller als schwimmen. Was tun? Laufen geradewegs zum Ufer? Es ist bequemer, etwas länger am Ufer zu laufen, um den Weg im Wasser abzukürzen, denn im Wasser bewegt man sich bedeutend langsamer.Analoges geschieht bei der Lichtbrechung (Abb. 2).

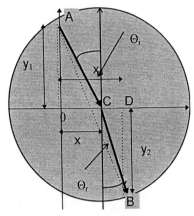

[Abb. 2]

Licht geht vom Punkt A nach B und wird an der Grenzfläche zweier Medien gebrochen. Wir ziehen durch A und B die Normalenfläche zur Grenze (Einfalls-Ebene, ein Weg, der außerhalb der Einfallsebene liegt erfordert mehr Zeit als der Weg ACB, der in der Einfallsebene liegt).Es gilt nun den Schnittpunkt O zu finden, der auf der Schnittgeraden der Einfallsebene mit der Grenzfläche liegt.

$$t = \frac{AC}{v_1} + \frac{CB}{v_2}$$

v_1 und v_2 Geschwindigkeiten im Medium 1 und 2

$$OA = y_1, DB = y_2, OD = x_0$$

$$t = \frac{\sqrt{y_1^2 + x^2}}{v_1} + \frac{\sqrt{y_2^2 + (x_0 - x)^2}}{v_2}$$

Die Bedingung für den Ort, bei dem die Zeit ein Minimum wird, ist $\frac{dt}{dx} = 0$.

Daraus folgt

$$\frac{1}{v_1} \frac{x}{\sqrt{y_1^2 + x^2}} - \frac{1}{v_2} \frac{x_0 - x}{\sqrt{y_2^2 + (x_0 - x)^2}} = 0, \quad \Theta_i = \frac{x}{\sqrt{y_1^2 + x^2}} \; und \; \Theta_r = \frac{x_0 - x}{\sqrt{y_2^2 + (x_0 - x)^2}}$$

d.h. $\dfrac{\sin\Theta_i}{v_1} - \dfrac{\sin\Theta_r}{v_2} = 0$; $\boxed{\dfrac{\sin\Theta_i}{\sin\Theta_r} = \dfrac{v_1}{v_2} = n_{21}}$

Das ist also das **Brechungsgesetz**:

Der Sinus des Einfallswinkels steht zum Sinus des Brechungswinkels in einem konstanten Verhältnis, das nur von der Natur der beiden Medien abhängt.

(Absolute Brechzahl bezieht sich auf den Eintritt ins Vakuum in den betreffenden Stoff. z. B. $c_0 / c_1 = (n_{10}) = n_1$, daneben gibt es die relativen Brechzahlen. Absolute Brechzahlen werden mit nur einem Index geschrieben, relative mit zwei Indices.)

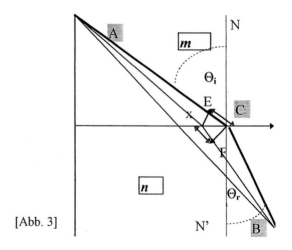

[Abb. 3]

Auch LEIBNIZ zeigte, daß aus Prinzip der kürzesten Zeit oder des ausgezeichneten Lichtweges das von Snellius im Jahre 1626 gefundene Brechungsgesetz folgt. Seine Überlegungen führen anschaulich zum Verständnis als die bisher erfolgte Ableitung nach den formalen Regeln der Differentialrechnung

LEIBNIZ nahm verschiedene Widerstände n und m in Wasser und Luft an. Dies entspricht der modernen Annahme, daß die Geschwindigkeiten bzw. die Brechungsindizes in den beiden Medien verschieden sind, also $n \sim 1/v_1$ und $m \sim 1/v_2$.

Er legte in den *Acta Eruditorum* dar, daß das Problem darin besteht, den Wert x zu bestimmen, für den mAC + nCB ein Minimum wird, d. h., die Zeit verändert sich nicht (unendlich kleine Veränderungen in der Zeit treten in zweiter Ordnung auf, aber sie müssen positiv sein bei Verschiebung in beiden Richtungen von C).

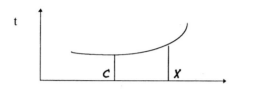

Nehmen wir den nahen Punkt X und berechnen wir die Zeit auf dem Wege AXB und vergleichen diesen Weg mit dem alten Weg ACB.

Der Zeitunterschied muß für kleine Entfernungen XC gegen Null gehen. Wenden wir uns zuerst dem Weg am Ufer zu. Wenn wir das Lot EX fällen, dann ist ersichtlich, daß unser Weg um die Länge EC kürzer wird. Wir gewinnen diese Strecke. Auf der anderen Seite: Fällen wir das Lot CF, sehen wir, daß im Wasser die zusätzliche Entfernung XF hinzukommt. Vom Standpunkt der Ökonomie der Zeit gewinnen wir Zeit auf der Strecke EC, aber verlieren auf der Strecke XF. Die für die Zurücklegung der Strecken benötigten Zeiten müssen gleich sein, weil sich in erster Näherung die Zeit nicht verändert.

$$t_1 = t_2 \leftrightarrow EC \frac{1}{v_1} = XF \frac{1}{v_2}$$

$$EC = \frac{v_1}{v_2} XF = n_{21} XF$$

Ersetzen wir EC und XF (siehe Bild 3), so folgt

$$XC \sin \angle EXC = n_{21} \, XC \sin \angle XCF$$

Nach Kürzen der Hypotenuse und Berücksichtigung, daß

$$\angle EXC = \angle ECN = \Theta_i$$

$$\angle XCF = \angle BCN' = \Theta_r \text{ folgt}$$

$$\sin \Theta_i = n_{21} \sin \Theta_r \text{ mit } n_{21} = v_1 / v_2$$

Daraus ist ersichtlich, daß beim Verhältnis der Geschwindigkeiten gleich n_{21}, das Licht sich von einem Punkt zum anderen auf solchem Wege bewegt, daß das Verhältnis der Sinus gleich dem Verhältnis der Geschwindigkeiten in beiden Medien.

4. Zur philosophischen Deutung

a) Klassische Wellenoptik

Der Strahl, der einen bestimmten Weg nimmt, besitzt jene Eigenschaft, daß eine beliebig kleine Veränderung des Weges, etwa die Verschiebung des Auftreffpunktes auf den Spiegel, nicht in erster Ordnung eine Veränderung der Zeit zur Folge hat; eine Veränderung der Zeit erfolgt nur in zweiter Ordnung. Mit anderen Worten: Entsprechend diesem Prinzip wählt das Licht einen Weg aus einer Vielzahl benachbarter, die ein und dieselbe Zeit erfordern.

Dieses Prinzip ist mit einer Schwierigkeit verbunden, die viele, die solche Art von Theorien nicht mögen, nicht ertragen können. Die SNELLIUSsche Theorie ist plausibel. Das Licht trifft ein, "sieht" vor sich eine Oberfläche und wird abgelenkt, weil auf der Oberfläche mit ihm irgendetwas geschieht.

Das Prinzip der kleinsten Zeit ist ein philosophisches Prinzip, das den Grund der Erscheinungen in der Natur völlig anders erklärt. Anstelle der ursächlichen Bedingtheit, das aus einer Wirkung die andere folgt usw., sagt dieses Prinzip folgendes: In der vorgegebenen Situation wählt das Licht den Weg mit der kleinsten oder extremalen Zeit. Aber wie gelingt es dem Licht, seinen Weg auszuwählen? Wittert oder erahnt es die benachbarten Wege und vergleicht sie miteinander? In einem gewissen Sinne kann man diesem "Entscheidungs"-Prinzip folgen. Diese Fähigkeit des Lichtes kann man nicht im Rahmen der geometrischen Optik verstehen. HUYGENS ging von der Wellennatur des Lichtes aus. Die geometrische (oder Strahlen-) Optik erscheint dann nur noch als Grenzfall für eine Wellenlänge, die gegen Null geht.

Die Abbildung 4 veranschaulicht die HUYGENSsche Vorstellung:

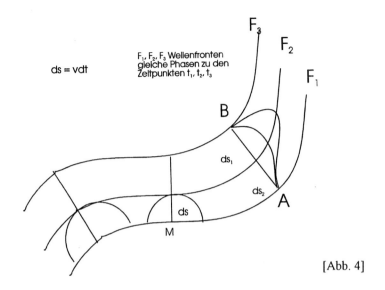

[Abb. 4]

F drückt die Oberflächen gleicher Phase zu einem Moment t aus. Jeder Punkt M dieser Oberfläche kann als Ausgangspunkt von Elementarwellen genommen werden. Wir denken uns Kugeln mit dem Radius ds = v dt.

Die einhüllende Fläche F_1, die diese kleinen Kugeln umgibt, ist ebenfalls eine Fläche gleicher Phase, d. h. alle Punkte haben im Moment t + dt dieselbe Phase, wie auch die Punkte der Fläche F im Moment t. Die Pfeile dn, die Punkte M mit den Punkten der entsprechenden Kugel und Einhüllenden, stellen Elemente des Strahls dar, senkrecht zur Oberfläche der Wellenfront (wir beschränken uns der Einfachheit halber auf isotrope Medien, bei denen Strahl und Normale zur Wellenfront zusammenfallen)

Setzen wir diese Konstruktion fort, können wir Schritt für Schritt die Oberflächen gleicher Phase bestimmen und gleichzeitig die Strahlrichtung finden, die die Kurven darstellen Mit Hilfe dieser Konstruktion kann man folgendes beweisen: Der wirkliche Weg der Ausbreitung des Lichtes (Strahl) ist der Weg, für den die Zeit im Vergleich mit anderen Wegen ein Minimum wird.

Wir sehen, daß vom Punkte A zum Punkte B innerhalb des Lichtstrahl die Zeit

$$t = \sum_{i=1}^{\alpha} \delta t_1 + \delta t_2 + ... + \delta t_n, \text{wobei } \delta t_i = \delta s_i / v_i$$

$$d.h. \quad t = \sum_{i=1}^{\alpha} \frac{ds_i}{v_i} = \int_A^B \frac{ds}{v}$$

Die Zeit t bzw. die einzelnen Zeitintervalle werden größer, wenn der Richtungs-Pfeil nicht mit der Normalen der Front zusammenfällt. Mit Hilfe des HUYGENSschen Prinzips gibt es also eine sehr anschauliche Erklärung für das Verhalten des Lichts an Grenzflächen. Während das FERMATsche Prinzip in der geometrischen Optik ein Axiom, also eine Grundannahme, darstellt, die nicht beweisbar ist, gibt es mit Hilfe der Wellentheorie eine geometrisch-physikalische Erklärung.

b) Quantenmechanische Deutung

Der Lichtstrahl ist keine Welle, sondern besteht aus Teilchen, Photonen, deren Menge oder Intensität mit einem " Photonenzähler" registriert werden. Die Helligkeit ist der Anzahl der Photonen proportional. Es gibt eine Wahrscheinlichkeit, daß ein Photon von A nach B durch Reflexion am Spiegel gelangt. Für jeden beliebigen Weg wird die Zeit ermittelt und eine komplexe Zahl, die Wahrscheinlichkeitsamplitude ρ gebildet (Vektor $\rho \cdot e^{i\omega t}$). Nimmt man alle möglichen Wege und setzt die Vektoren für jeden von ihnen zusammen, dann bestimmt das Quadrat der Länge des Summenvektors die Wahrscheinlichkeit des Weges eines Photons vom Anfangspunkt zum Endpunkt.

5. Ausblick

Das Phänomen Licht wird in der modernen Physik mit zwei grundlegenden Modellen, dem Teilchen- und dem Wellenmodell, erklärt. Beide Modelle offenbaren wesentliche Seiten der Natur des Lichtes, erklären aber sicherlich nur unvollkommen das Wesen. Die Frage nach dem "höheren Sinn" als metaphysischer Aspekt, stellt sich auch heute in vielen Naturerscheinungen, steht jedoch nicht im Vordergrund und wird zumeist verdrängt.

Das Prinzip der kleinsten Wirkung erklärt als Axiom das Sosein vieler Phänomene. Es liegt heute der gesamten geometrischen Optik und ihren praktischen Anwendungen zugrunde, ist jedoch nur ein Teilaspekt. Darüberhinausgehend wurde schon zu Zeiten LEIBNIZ das Licht als auch eine Wellenerscheinung erkannt (HUYGENS).

Aufgrund der quantentheoretischen Unschärferelation und des heute erwiesenen Dualismus des Lichtes ergibt sich ein Ansatz für eine genauere Interpretation und Ausdeutung des Prinzips der kleinsten Wirkung.

Die Frage nach den Zweckursachen und einem Sinn im Weltzusammenhang verliert deswegen nicht an Bedeutung und wird an Bedeutung gewinnen, je mehr die High-Tech-Welt an ihre Grenzen stößt, die die zunehmende "Entkleidung und Entseelung" der Natur und die Entfremdung des Menschen von sich selbst bedeuten. Mathematische Verifizierbarkeit, Logik und Rationalität, es sind Qualitäten die LEIBNIZ den Vernunftwahrheiten zuschrieb, sind heute nicht nur Instrumentarium der funktionierenden sogenannten High-Tech-Gesellschaften, sondern zum Selbstzweck avanciert. Die Zukunft des Menschen wird von der Fähigkeit der Staatengemeinschaften der Erde abhängen, Fortschritt und High-Tech-Mechanismus zum Instumentarium zukünftiger Welten werden zu lassen - auf der Suche nach den "Zweckursachen", als Ausdruck jener Harmonie, die schon in der LEIBNIZschen Welt- und Weitsicht eine große Rolle spielte. Der LEIBNIZsche Gedankengang ist daher von seinem universellen Ansatz, dem eine eigene Dialektik zukommt, sehr hoch zu bewerten.

Literatur

G. I. LANDSBERG: Optik, Moskau 1976, S. 272 - 275, § 69

BERGMANN-SCHÄFER: Lehrbuch der Experimentalphysik, Bd. III, Optik, Berlin, New York,1974, S. 1, 168, ff.

B.M. JAWORSKI, A.A.DETLAF: Handbuch der Physik, Moskau 1974, S.624ff

P. FEYNMAN, R. LEIGHTON, M. SANDS: The Feynman lectures on physics (russ. Übers.), Moskau 1967, Bd.3, Strahlung, Wellen, Quanten, S.5 ff.

E. J. AITON: Gottfried Wilhelm Leibniz, Eine Biographie, Frankfurt/M., Leipzig, 1991 (Insel Verlag)

G. W. LEIBNIZ: Phil. Schriften, Frankfurt/M.,1986 (Insel Verlag)

Dr. Doris Kiekeben, Physikerin, Leibniz-Arbeitskreis Berlin e. V., Rudower Chaussee 6, D-12489 Berlin

Nürnberger Mathematiker des 15. bis 18. Jahrhunderts

Michael Toepell

1. Einleitung

Eine Reihe von Jubiläen in den letzten Jahren machten auf Besonderheiten des 15. und 16. Jahrhunderts im fränkischen Sprachraum aufmerksam:

1992 stand die Geschichte der Elementarmathematik im Zeichen von ADAM RIES und seines fünfhundertsten Geburtstages. Staffelstein im bayerisch-fränkischen Raum und Annaberg in Sachsen waren Zentren dieses Jubiläums.

Etwas später 1992/93 wurde in Nürnberg ebenfalls ein fünfhundertjähriges Jubiläum gefeiert. Im gleichen Jahr, in dem die "neue Welt" Amerika entdeckt wurde, war in Nürnberg der heute älteste noch erhaltene Erdglobus entstanden. Der Erbauer, der damals 33jährige MARTIN BEHAIM (1459-1507), veranschaulichte mit diesem Globus den Vorstellungshorizont der damaligen Zeit - die Grundlage, die KOLUMBUS und andere veranlaßt hat, 1492 nach Westen zu segeln, um auf diese Weise nach Indien und Ostasien zu gelangen.

Dort, wo KOLUMBUS Amerika entdeckte, glaubte er auf Ostasien zu treffen. Gerade dort ist auf dem Behaim-Globus das Land *Zipangu*, das heutige Japan abgebildet [Behaim, 13]. MARTIN BEHAIM wurde 500 Jahre nach der Erbauung seines Globus eine eigene Ausstellung im Germanischen Nationalmuseum gewidmet [Behaim].

Ein weiteres Jubiläum stand 1993 an. Es war einerseits das 450. Todesjahr von NICOLAUS COPERNICUS, andererseits war 1543 in seinem letzten Lebensjahr auch sein Hauptwerk *De revolutionibus orbium coelestium* erschienen. An seinem Todestag, am 24. Mai 1543 hat ihn in Frauenburg ein erstes Exemplar von seinem fertigen Buch erreicht - aus Nürnberg. Es war auf Vermittlung und Veranlassung von GEORG JOACHIM RHETICUS (1514-1574) von JOHANNES PETREIUS in Nürnberg gedruckt worden ([Pilz, 33]; s.a. [Müller, 228]).

Nach einigen kleineren Vorarbeiten wie etwa dem *Commentariolus* hat dieses Hauptwerk das heute nach ihm benannte copernicanische Weltbild begründet und wurde damit zum Sinnbild einer Zeitenwende. Dieses zweifache Jubiläum war der Anlaß, eine nahezu einzigartige mathematisch-astronomische Privatbibliothek auszustellen: die der beiden Nürnberger Mathematiker PRAETORIUS und SAXONIUS, die beide nacheinander Professoren in Altdorf bei Nürnberg waren (Näheres s.S.245). Da die Bibliothek heute im wesentlichen in Schweinfurt aufbewahrt wird, war der Ausstellungsort auch Schweinfurt [Müller].

Im Jahr 1995 beging der fränkisch-bayerische Raum ein weiteres besonderes Jubiläum [Röttel]: Vor 500 Jahren wurde PETER APIAN in Leisnig i. Sachsen geboren. Mit 32 Jahren folgte er 1527 einem Ruf an die bayerische Landesuniversität, die 1472 in Ingolstadt begründet worden war und 1826 nach einem kürzeren Aufenthalt in Landshut (ab 1800) nach München verlegt wurde.

APIAN war in Ingolstadt der erste voll dotierte Professor für Mathematik und Astronomie und blieb trotz zahlreicher Angebote, bis zu seinem Tod 1552 auf diesem Lehrstuhl. In den 25 Jahren seines Wirkens erlebte die Mathematik, deren Anwendung in Astronomie und Kartographie ihm ein besonderes Anliegen war, eine glanzvolle Periode. Von seinen 14 Kindern hat sein Sohn PHILIPP, der später zum Altmeister der Kartographie wurde, mit 21 Jahren 1552 den Lehrstuhl seines Vaters übernommen [Toepell (1996), 46-53].

Ein 500jähriges, noch ein 500jähriges, ein 450jähriges und wieder ein 500jähriges Gedenkjahr - all diese Jubiläen, die zudem dem fränkischen Raum zuzuordnen sind, wecken das Interesse nach Besonderheiten dieses

Zeitraums in diesem Kulturkreis. Man möchte fragen: Inwiefern spielte der Raum Nürnberg im 15., 16. und 17. Jh. auf dem Gebiet der Mathematik und ihrer Anwendungen eine führende Rolle? Welche Persönlichkeiten waren hier maßgebend beteiligt?

Während ALBRECHT DÜRERs *Geometrie*[1], PETER APIANs *Rechenbuch*[2] und ADAM RIES bereits an anderer Stelle eingehender diskutiert wurden, soll im vorliegenden Beitrag der Blick näher auf das *Umfeld* gerichtet werden. Dazu gehören auch einige ausgewählte weitere Mathematiker, die damals mit dem fränkischen Raum in Verbindung standen.

2. Artistenfakultät

Spricht man von Mathematikern der damaligen Zeit, so stellt sich die Frage: Welche Bereiche waren es, die in der Renaissance zur Mathematik gehörten?

Noch Anfang des 20. Jhs. war die Mathematik an den Universitäten durchwegs Teil der philosophischen Fakultät, die im 18. Jh. aus der seit den alten Universitätsgründungen sogenannten *Artistenfakultät* hervorgegangen war. Diese Artistenfakultät wurde in den ersten rund vier Semestern von allen Studenten besucht, ehe sie sich dann für mindestens eine der drei möglichen höheren Fakultäten (Theologie, Jura, Medizin) entschieden.

Die Artistenfakultät umfaßte die sogenannten sieben *freien Künste*. Dazu gehörten das Trivium Dialektik, Grammatik und Rhetorik und das Quadrivium Arithmetik, Geometrie, Astronomie und Musik. Diese vier Teilbereiche des Quadriviums waren dabei vom *Mathematiker* zu lehren, waren Bestandteil der Mathematik - also neben der Arithmetik und Geometrie auch die Astronomie und die Musik. Damit war die Mathematik eine "freie Kunst" und zugleich Studiengegenstand für alle Studenten. Mathematik wurde seit dem Mittelalter als Grundlage allen Wissens angesehen, auch als Grundlage für die Kunst.[3]

---

[1] siehe den Beitrag von Eberhard Schröder
[2] siehe den Beitrag von Stefan Deschauer
[3] Zur näheren Klassifikation der Teilgebiete der Philosophie sei auf den Beitrag von Eberhard Knobloch [MZG, 13-20] verwiesen.

Das galt auch für die Hochschule in Altdorf, eine 1575 aus dem *Aegidianum* (s.u.) hervorgegangene Akademie, die 1622 zur Universität erhoben wurde. Das Aegidianum kam 1653 als Gymnasium zurück nach Nürnberg [Pilz, 235]. Aus der Sicht der Gründungen des 13., 14. und 15. Jhs. handelt es sich also bei der Nürnbergischen Universität Altdorf um eine spätere Universitätsgründung. Sie wurde 1809 mit der Landesuniversität in Erlangen vereinigt.

Nach der Mitte des 16. Jhs., man könnte fast sagen, nachdem das Hauptwerk von COPERNICUS (1543) erschienen war, begann sich die Artistenfakultät nach und nach aufzulösen. Nach und nach haben sich dann auch - vor allem im 17. Jh. - Mathematik und Kunst getrennt. Gleichzeitig mit dieser Trennung sollte auch die mathematisch-astronomische Bedeutung von Nürnberg zurückgehen. Eine Epoche ging zu Ende.

3. Ein Gelehrtenleben des 18. Jahrhunderts - Joh. Gabriel Doppelmayr

Diese Entwicklungsepoche umfaßt etwa drei Jahrhunderte, wobei das 16. Jh. deren Höhepunkt bildete. Das über 200 Jahre lang grundlegende Werk zu dieser Epoche stammt von JOHANN GABRIEL DOPPELMAYR. Mit der engen Verbindung von Mathematik und Kunst hängt auch zusammen, daß DOPPELMAYR 1730 seine grundlegende Schrift [Doppelmayr] über die Nürnberger Mathematiker noch genannt hat *Historische Nachricht von den Nürnbergischen Mathematicis und Künstlern, ...*(Titel siehe Abb. 1).

DOPPELMAYR beschreibt hierin in Form von kürzeren Biographien die Leistungen von Nürnberger Wissenschaftlern, Künstlern und Handwerkern vom 15. bis zum Beginn des 18. Jhs. Das Werk enthält 75 Mathematikerbiographien und ist als eine seiner wesentlichen Leistungen anzusehen.

Beispielhaft sei seine Biographie als ein Nürnberger Mathematikerleben des 18. Jhs. näher betrachtet: JOHANN GABRIEL DOPPELMAYR (1677-1750) war ein Sohn des Nürnberger Kaufmanns JOHANN SIEGMUND DOPPELMAYR, der als Erfinder der senkrecht stehenden Luftpumpe mit einem Hebel angesehen wird [Doppelmayr, S. V*]. Von 1689 bis 1696 besuchte Johann das erwähnte Gymnasium *Aegidianum*, das 1526 von MELANCHTHON (1497-1560; dessen Geburtsstadt Bretten feierte 1997 seinen 500. Geburtstag) gegründet worden war und inzwischen nach ihm benannt wurde - noch heute ein humanistisches Gymnasium.

Historische

Nachricht
Von den Nürnbergischen

Mathematicis
und
Künstlern,

welche fast von dreyen Seculis her
Durch ihre Schrifften und Kunst-Bemühungen
die Mathematic und mehreste Künste in Nürnberg
vor andern
trefflich befördert / und sich um solche sehr wohl verdient gemacht/
zu einem guten Exempel, und zur weitern rühmlichen Nachahmung,

In Zweyen Theilen
an das Liecht gestellet,
Auch mit vielen nützlichen Anmerkungen und verschiedenen
Kupffern versehen
von
Johann Gabriel Doppelmayr,
Der Kayserl.Leopoldino-Carolinischen Academiæ Naturæ Curioforum,
auch der Königl. Preußischen Societät der Wissenschafften Mitglied
und Professore Publ. Mathematum.

Nürnberg,
In Verlegung Peter Conrad Monaths. 1730.
Gedruckt bey Joh. Ernst Adelbulnern.

Abb. 1

Dort hörte DOPPELMAYR im letzten Jahr öffentliche Vorlesungen am *Auditorium Aegidianum*, einer hochschulartigen Einrichtung zur Weiterbildung für Erwachsene und zur Vorbereitung der Schüler auf das Universitätsstudium. 1696 begann er mit dem Jurastudium an der Universität Altdorf.

Die Mathematik im Grundstudium hat er bei JOHANN CHRISTOPH STURM (1635 - 1703/04) gehört, der als Begründer der Experimentalphysik in Deutschland angesehen wird. Seit 1657 hatte Altdorf auch eine Sternwarte ([Günther, 8f. u. 28f.]; [Pilz, 343]).

1699 wechselt DOPPELMAYR an die Universität Halle, studiert schwerpunktmäßig Mathematik und Physik und reist zum Abschluß seines Studiums auf der sogenannten *Kavalierstour* durch Norddeutschland,

die Niederlande, England und Belgien. 1702 kehrte er nach Nürnberg zurück. 1704 übernahm er mit 27 Jahren die Professur für Mathematik am Gymnasium Aegidianum. 46 Jahre lang hatte er diese Professur inne bis zu seinem Tod im Jahre 1750. Die Todesursache soll eine rechtsseitige Lähmung gewesen sein, hervorgerufen durch den elektrischen Stromstoß einer Leidener Flasche. DOPPELMAYRs Bedeutung liegt weniger in neuen Entdeckungen als vielmehr in seinen mathematischen, astronomischen und geographischen Schriften und Lehrbüchern [Doppelmayr, S. V*ff.]. Bemerkenswerte Atlanten, Erd- und Himmelsgloben gehen auf ihn zurück[4]. Noch nach seinem Tod sind größere Stückzahlen seiner Erdgloben produziert worden.

---

[4] Beispiele dazu finden sich im Mathematisch-Physikalischen Salon in Dresden (s.S. 365).

Auch hat DOPPELMAYR das Astronomiebuch von JOHN WILKINS über die Beweise der copernicanischen Grundsätze vom Englischen ins Deutsche übersetzt[5]. Wohl vor allem aus diesem Grund hat ihn die *Royal Society of London* zu ihrem Mitglied gewählt [Doppelmayr, S. VI*f.].

4. Nikolaus von Cues

Die von DOPPELMAYR in seinem Hauptwerk verfolgte weitgehend chronologische Ordnung setzt im 15. Jh. mit REGIOMONTAN ein. Beginnt man jedoch in einer Übersicht mit dem 15. Jh. als Ausgangspunkt, so ist als erstes ein kongenialer Mathematiker, Astronom und Philosoph zu nennen, der - wie damals weit verbreitet - von Beruf Theologe war: NIKOLAUS VON CUES (1401-1464; s. a. den Beitrag von Wolfgang Breidert, S.80ff.). 1444 hat er sich als Gesandter des Papstes EUGEN IV. (1431-1447) auf dem Reichstag in Nürnberg aufgehalten. Während seiner großen Legationsreise 1451 war er nochmals zwei Wochen in Nürnberg (11.-29.4.1451; [Meffert, 64]).

Vier Jahre später wurde er Kardinal und 1450 Fürstbischof von Brixen. In Nürnberg erwarb er, entsprechend einer erhaltenen von ihm stammenden Kaufnotiz, mehrere mathematisch-astronomische Schriften und Instrumente. Er schreibt: "Ich kaufte dort eine ganze große Sphäre, ein Astrolabium und ein Torquetum, das Buch über den Almagest und 15 andere Bücher für 38 rheinische Gulden." ([Pilz, 53]; Originaltext in [Meffert, 114]).

Die Bücher sind natürlich damals noch Handschriften. Bei der genannten Sphäre handelt es sich um einen Himmelsglobus aus Birkenholz von 27 cm Durchmesser. Er gilt als der älteste im Abendland erhaltene Himmelsglobus, wird auf die Mitte des 14. Jhs. datiert ([Behaim, 508]; älterer arabischer Globus: [Behaim, 507]) und mag in Nürnberg hergestellt worden sein [Pilz, 53]. Das Torquetum zur Winkelmessung von Sternpositionen wurde mit großer Wahrscheinlichkeit 1434 in Nürnberg hergestellt und gilt als das älteste erhaltene Exemplar dieser Gattung [Pilz, 54].

---

[5] Wilkins, Iohannis: Iohannis Wilkins, des fürtrefflichen Englischen Bischoffs zu Chester Vertheidigter Coperniscus Oder / Curioser und gründlicher Beweiß der Copernicanischen Grundsätze / In Zweyen Theilen verfasset und dargethan / I. Daß der Mond eine Welt oder Erde / II. Die Erde ein Planet seye. / Zum Nutzen und zur Belustigung der Liebhaber der wahren Astronomie. Aus dem Englischen ins Teutsche übersetzet ... / Nürnberg / Zu Finden bey dem Übersetzer [d.i. Johann Gabriel Doppelmayr] 1713.

NIKOLAUS stand auf der Höhe des Wissens seiner Zeit. Er schuf neben einer hervorragenden Karte Mitteleuropas (1439, die zum Vorbild der ersten gedruckten Deutschlandkarte - in HARTMANN SCHEDELs Weltchronik - wurde [Schedel, 610]) Grundlagen für die Integralrechnung, beachtliche Näherungskonstruktionen für die Quadratur des Kreises und verbesserte den Wert für π. Man kann ihn als Vorläufer von COPERNICUS bezeichnen, denn er vertrat den Standpunkt, daß die Erde ein bewegter Himmelskörper ist wie die anderen und eine Eigendrehung besitzt. Dadurch hat NIKOLAUS mit Anschauungen gebrochen, auf die sich noch hundert Jahre später TYCHO BRAHE gestützt hatte [Meffert, 253]. Erinnert sei an seine Schrift *De ludo globi*, das Globusspiel, bei dem sich der von Hand geworfene Globus dreht. Sein "Globus" ist eine Holzkugel mit doppelt fehlender Kugelhaube. Dadurch ist die Bahn äußerst unregelmäßig und nur näherungsweise spiralförmig.

In seinem Hauptwerk *De docta ignorantia* von 1440 benutzte er mathematische Begriffe zur Verdeutlichung philosophischer Inhalte[6]. In dem Zeitraum zwischen der *De docta ignorantia* und *De revolutionibus* (1543) kommt es zur Geburt der abendländischen Naturwissenschaft.

5. Regiomontan

35 Jahre nach NIKOLAUS VON CUES wurde REGIOMONTAN (1436-1476), der ursprünglich JOHANNES MÜLLER hieß, in Königsberg i.Franken (7 km nördlich von Haßfurt am Westhang der Haßberge) geboren. Die Nachwelt hat ihn nach seinem latinisierten Geburtsort REGIOMONTANUS genannt. Er wurde nur 40 Jahre alt. In seinem 12. Lebensjahr, hat er sich 1447 an der Universität Leipzig immatrikuliert. Für das Jahr 1448 berechnete und verfaßte er bereits ein astronomisches Jahrbuch mit wesentlich genaueren Angaben zur Planetenbewegung als damals üblich. Ab 1450 war er an der Universität Wien immatrikuliert, ging 1461 nach Italien und 1467 nach Ungarn, ehe er ab 1471 vier Jahre in Nürnberg tätig war. Dabei begründete er seinen Umzug ausdrücklich mit der hohen Qualität Nürnberger wissenschaftlicher Instrumente ([Behaim, 188]; [Pilz, 60]).

---

[6] Siehe Wolfgang Breidert: Mathematik und symbolische Erkenntnis bei Nikolaus von Kues. Mitteilungen und Forschungsbeiträge der Cusanus-Gesellschaft 12 (1977), S. 116-126.

Durch REGIOMONTAN wurde Nürnberg für längere Zeit so etwas wie ein Mittelpunkt der mathematisch-astronomischen Forschung in Deutschland. Neben Handschriften entstanden in seiner eigenen Hausdruckerei zahlreiche Inkunabeldrucke, u.a. der Planetentheorie und anderer Werke von PEUR-BACH [Pilz, 55ff.]. Nürnberg wurde zur Stadt der besten Buchdrucker und Verleger Deutschlands [Müller, 15]. So erschienen nicht nur Werke APIANs und das Hauptwerk von COPERNICUS in Nürnberg, sondern auch etwa MICHAEL STIFELs *Arithmetica integra* und seine *Deutsche Arithmetica* 1544 und 1545 [Folkerts u.a., 87f.], im gleichen Jahr auch die *Ars magna*, das Hauptwerk von Girolamo CARDANO (1501-1576) und 1557 die *Künstliche Rechnung* von CHRISTOFF RUDOLFF [Folkerts u.a., 211].

Auch noch im 17. Jh. ließ man bevorzugt Schriften in Nürnberg drucken und konnte ihnen damit zugleich eine gewisse Verbreitung sichern [Pilz, 342]. JOHANNES KEPLER ließ Graphiken zu seinen Rudolphinischen Tafeln in Nürnberg anfertigen [Pilz, 35].

Durch REGIOMONTAN wurde die *Trigonometrie* zu einem eigenständigen Teilgebiet der Mathematik. Seine Sinustafeln blieben lange Zeit maßgebend. Die Anfertigung von Meßinstrumenten für Astronomie und Seefahrt begründeten damals eine anhaltende handwerkliche Tradition in Nürnberg.

Mit der Herausgabe von Kalendern und Almanachen wurden neben den astronomischen zunehmend auch astrologische Voraussagen beachtet und geachtet. Die *Iatromathematik* (griech. ιατρος = der Arzt, Retter) beschäftigte sich durchaus ernsthaft wissenschaftlich mit dem Einfluß der Sternkonstellationen auf die Gesundheit, das Baden und auf medizinische Eingriffe, wie z.B. den Aderlaß. Dazu gab es spezielle Kalender-Einblattdrucke mit astrologischen Voraussagen. "Der Arzt, der die Astrologie ignoriert, verdient nicht, Arzt genannt zu werden, sondern Feind der Natur," schrieb der Mediziner und Astronom HARTMANN SCHEDEL (1440-1513), der durch die sogenannte *Schedel-Chronik* berühmt wurde, in einem seiner Bücher [Behaim, 514]. Diese Schedelsche Weltchronik war mit rund 600 Seiten und über 1800 Holzschnitten gewissermaßen das erste große Unternehmen der Druckgeschichte [Behaim, 184].

6. Bernhard Walther, Johann Wagenseil und Martin Behaim

Nach dem Tod von REGIOMONTAN ging sein Nachlaß auf BERNHARD
WALTHER (1430-1504) über. WALTHER war ein gelehrter Kaufmann und als
Liebhaberastronom nach 1471 Mitarbeiter REGIOMONTANs. Er führte 1475
REGIOMONTANs Beobachtungsreihen fort. Nach der Jahrhundertwende auf
einer der ersten Sternwarten Europas, die auf dem Dach des Dürerhauses
eingerichtet wurde. Zudem hat WALTHER Positionen von Gestirnen berechnet und eine Abhandlung über die Herstellung von Sonnenuhren [Pilz, 94ff.]
verfaßt. Die Konstruktion von Sonnenuhren fand ab dieser Zeit große Verbreitung. ERNST ZINNER weist 73 Sonnenuhren nach, die an Gebäuden in
Nürnberg zwischen 1499 und 1786 entstanden sind [Pilz, 124].

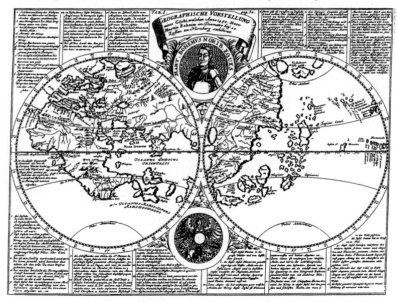

Abb. 2: [Doppelmayr, Tafel I]

Neben Sonnenuhren schenkt man damals aber auch *Globen* besondere
Aufmerksamkeit. Der erwähnte Globus MARTIN BEHAIMs findet ähnliches
Interesse wie etwa die erste mechanische Taschenuhr, die der Nürnberger
PETER HENLEIN (ca. 1485 - 1542) um 1510 entwickelt hat. Das hängt auch
damit zusammen, daß der Altdorfer Professor JOHANN CHRISTOPH WAGEN-
SEIL 1682 die völlig haltlose, aber bis in die neuere Zeit immer wieder ange-

führte Behauptung aufstellt, MARTIN BEHAIM habe vor CHRISTOPH KOLUMBUS Amerika entdeckt [Behaim, 173]. Die erste Abbildung der beiden Behaimschen Globushalbkugeln in Form von zwei Planisphären findet man als Tafel I in dem Buch von Doppelmayr (Abb.2).

Zu Leben und Werk des Kosmographen MARTIN BEHAIM gibt es in der Geschichte eine Reihe von Untersuchungen, die zum Teil jedoch widersprüchlich sind. So gut wie sicher ist jedoch: Er wurde 1459 als eines von 12 Kindern einer Nürnberger Patrizierfamilie geboren, die am Hauptmarkt, gegenüber dem sog. Schönen Brunnen wohnte. Mit 17 Jahren ging er zu einem Tuchkaufmann in die Niederlande, 1478 bis 1484 lebte er als Kaufmann in Antwerpen.

Es wird angenommen, daß er anschließend eine größere Seereise entlang der Westküste Afrikas unternommen hat. Ab 1485 hat er sich in Lissabon und später auf einer Azoreninsel niedergelassen. Dabei scheint er eine gewisse Rolle bei der Entwicklung von Navigationsmethoden am portugiesischen Königshof gespielt zu haben. Wie wichtig diese Rolle war, ließ sich bisher noch nicht recht rekonstruieren [Behaim, 185].

Zwischendurch hielt er sich jedoch immer wieder in seiner Heimatstadt auf. Ein Bericht über diese Seereise in der 1493 erschienenen *Schedel*schen Weltchronik spricht von einer "anderen" bzw. "fremden" Welt, das hat vermutlich WAGENSEIL zu seiner gewagten Behauptung veranlaßt [Behaim, 183]. Zudem ist ein Schreiben erhalten von dem Nürnberger Humanisten und Stadtarzt HIERONYMUS MÜNZER (ca.1437-1508) [Pilz, 111] an den portugiesischen König, in dem der König ermuntert wird, mit BEHAIMs Hilfe eine westwärts gerichtete Seereise zu veranlassen, um die Ostküste Chinas zu finden [Behaim, 182]. Der Globus ist nicht nur das einzige bis heute erhaltene Werk Behaims, sondern sein "Erdapfel" ist zugleich die älteste erhaltene Darstellung der Erde dieser Art. Allerdings noch ohne die "Neue Welt". Eine sehr frühe Darstellung von Amerika auf einem Globus - wenn es nicht die erste Darstellung überhaupt ist - findet man auf einem von einer Armillarsphäre umgebenen Globus, der heute im Museum der Jagiellonischen Universität Krakau aufbewahrt wird.

Er dürfte kurz nach 1507 entstanden sein, nach dem Jahr, in dem WALDSEEMÜLLER auf seiner berühmten Weltkarte den Kontinent, den wir heute Südamerika nennen, mit der neuen Bezeichnung "Amerika" beschriftet hat. "Amerika", weil Waldseemüller AMERIGO VESPUCCI die Entdeckung des Kontinents zuschrieb [Behaim, 666f.].

7. Joh. Werner, Joh. Stabius und Konrad Celtis - Zeitgenossen Dürers

Ebenso wie Bernhard WALTHER hat sich auch der Nürnberger JOHANNES WERNER (1468 - 1528) mit der Herstellung von Sonnenuhren beschäftigt. Er bestimmte die Polhöhe nach einer neuen Methode, verbesserte den Jakobstab und entwickelte neue astronomische Tafeln [Pilz, 133]. Zudem verfaßte er ein Geometriebuch über Kegelschnitte, Kugelschnitte und die Würfelverdoppelung, das in seinem Todesjahr 1522 erschien. Posthum erschienen Schriften zur sphärischen Trigonometrie und eine methodisch und in ihrer praktischen Anwendbarkeit sogar gegenüber REGIOMONTAN weiterentwikkelte Dreieckslehre [Müller, 338f.]. Bemerkenswert ist seine *Prosthaphairesis* (προσθαφαιρεσις = Zu-Wegnahme; zusammengesetzt aus προσθεσις = Zunahme, Addition und αφαιρεσις = Wegnahme, Subtraktion) genannte Methode zur vereinfachten Multiplikation und Division großer Zahlen, die gelegentlich heute noch in der Schule erwähnt wird (Näheres in [Barth;Federle;Haller, S. 195]; s.a. den Beitrag von H. Boehme).

Auch die Anregung zum Bau der großen Sonnenuhr von 1502 an der Südfassade des Ostchors von St.Lorenz wird auf WERNER zurückgeführt. Die Zeichnung der Sonnenuhr ist allerdings einem anderen Mathematiker zu verdanken: JOHANN STABIUS [Toepell (1996), 32ff.] aus Ingolstadt. Er war dort von 1498 bis 1503 Ordinarius für Mathematik und wird als "eine der bedeutendsten Lehrkräfte jener Zeit" angesehen.

STABIUS wurde vor allem durch die nach ihm und JOHANNES WERNER benannte polständige Kegelprojektion zum Wegbereiter der mathematischen Geographie. Diese Kegelprojektion führt auf eine herzförmige Weltkarte. STABIUS und WERNER hatten beide [Pilz, 132] in Ingolstadt studiert. 1515 hatte STABIUS

Abb. 3

zusammen mit ALBRECHT DÜRER (1471 - 1528) unter Mitarbeit von CONRAD HEINFOGEL (+1517) [Pilz, 148ff.] eine Erdkarte [Schröder, 15] und zwei Himmelskarten herausgegeben [Behaim II, 521f.]. Abbildung 3 gibt davon den Nordhimmel wieder.

Außerdem hat STABIUS einige astronomisch-mathematische Arbeiten veröffentlicht. STABIUS war mit dem weitgereisten Humanisten KONRAD CELTIS (1459-1508) befreundet. CELTIS war der erste zum *poeta laureatus* kaiserlich gekrönte deutsche Humanist. Die Dichterkrönung wurde 1487 in Nürnberg gefeiert [Pilz, 111], wobei CELTIS die dafür verfaßten Oden HIERONYMUS MÜNZER gewidmet hat.

CELTIS war in Ingolstadt vorübergehend Professor für Poetik und Rhetorik und hatte sich am 31.8.1492 in seiner berühmten Antrittsrede gegen den scholastischen Lehrbetrieb und den Mangel an wahrer Bildung bei vielen Professoren gewandt. Um den Tiefstand der deutschen Universitäten zu überwinden, müsse die Jugend verstärkt die *Realien* wie Mathematik, Astronomie und Geographie, aber auch Griechisch studieren [Toepell (1996), 33].

Er war damit offenbar nicht erfolglos, wenn wir an die Blüte dieser Gebiete in der ersten Hälfte des 16.Jhs. denken. Die Einrichtung einer ordentlichen Professur 1527 für PETER APIAN in Ingolstadt war ein Symptom dafür.

Auch in der Kartographiegeschichte ist CELTIS nicht unbekannt: Er hatte die später so genannte *Peutingersche Tafel*, die sieben Meter lange Kopie einer altrömischen Straßenkarte, in einer nicht benannten Bibliothek gefunden und 1507 dem Augsburger Stadtschreiber CONRAD PEUTINGER testamentarisch vermacht.

Im Hinblick auf die mathematischen Untersuchungen DÜRERs ist bemerkenswert, daß er sich seine geometrischen Kenntnisse, wie sie in der *Underweysung der Messung ...* (Näheres siehe [Schröder]; auch [Folkerts u.a., 131]) zu Tage treten, durch ein eingehendes Studium der Elemente EUKLIDs angeeignet hat. 1507 hatte er in Venedig die erste neue Euklidausgabe des 16. Jhs. erworben. Auf dem Titelblatt hat er vermerkt: "Daz puch hab ich zw Venedich vm ein Dugatn kawft im 1507 jor. Albrecht Dürer."

Die Ausgabe war 1505 erschienen. Zugleich war es die erste gedruckte Euklidausgabe, die nicht aus dem Arabischen, sondern direkt aus dem Griechischen ins Lateinische übersetzt worden war. Übersetzer war der Venezianer Jurist ZAMBERTI (1473 - nach 1539). DÜRER war an einer deutschen Übersetzung der Elemente Euklids sehr interessiert. So hat er erreicht, daß sein Freund JOHANNES WERNER eine Übersetzung angefertigt hat, die aber leider verlorengegangen ist [Steck, 46]. Eine deutsche Übersetzung und Bearbeitung der Konstruktionsvorschriften der Elemente Euklids hat schließlich ein Jahrhundert später in Nürnberg LUCAS BRUNN (+1628) - im Jahre 1625 - herausgegeben. BRUNN stammt aus Annaberg. Sein Lehrer war dort der Rechenmeister ABRAHAM RIES, ein Sohn von ADAM RIES. Von 1598 bis 1601 studierte BRUNN in Leipzig und war ab 1607 Schüler von PRAETORIUS in Altdorf. Ab 1619 war er an der Kunstkammer in Dresden tätig [Doppelmayr, 97f.].

8. Bedeutende Mathematiker am Aegidianum und der Universität Altdorf

Die Mathematiker am Nürnberger humanistischen Gymnasium *Aegidianum* haben insbesondere die Astronomiegeschichte Deutschlands mitgestaltet. Der erste Mathematiker war dort ab 1526 JOHANNES SCHÖNER (1477-1547). Er wurde vom Rat der Reichsstadt als Kalenderschreiber bestellt und hat sich um die Herausgabe der Werke von REGIOMONTAN und COPERNICUS gekümmert. Neben einem umfangreichen astronomischen Sammelband (1544, [Müller, 254ff.]) gab er REGIOMONTANS *Algorithmus demonstratus* 1534 heraus. Von WILLIBALD PIRCKHEIMER (1670-1530) waren nach dessen Tod 1530 Manuskripte und Bücher REGIOMONTANs in SCHÖNERs Besitz übergegangen. Der *Algorithmus demonstratus* wurde im Universitäts-Arithmetikunterricht an der Artistenfakultät eingesetzt und geht vermutlich auf JORDANUS NEMORARIUS zurück [Müller, 163f.]. Neben anderen Nürnbergern war zudem SCHÖNER einer der bekannten Hersteller von Himmelsgloben in jener Zeit [Pilz, 342.]. Feinmechaniker, Goldschmiede und Kunsthandwerker haben gerade in Nürnberg im 16. Jh. qualitativ hervorragende Instrumente hergestellt, die heute in den Museen zu gesuchten Sammlungsstücken gehören [Pilz, 342].

Eine geschätzte Aufgabe der Mathematiker waren neben Problemen aus Astronomie und Geographie die Bestimmung von konkreten Flächen- und Rauminhalten mit Hilfe der Integralrechnung. Bereits zwei bis drei Jahrhunderte vor KEPLERs Arbeiten zur Stereometrie und Faßrechnung (1615/16) gab es schon sogenannte *Visierbüchlein*. Das waren Untersuchungen, die dazu dienten, mit Hilfe einer Stange - der Visierrute - die Tiefe und Länge eines Weinfasses zu bestimmen, um daraus das Volumen ermitteln zu können. Die Schwierigkeit war die nichtlineare Skalierung der Visierruten. Ein derartiges Visierbüchlein hat 1543 etwa auch der Nürnberger JOHANN FREY herausgegeben [Folkerts u.a., 132f.]. Zu nennen wäre aus dieser Zeit auch noch WENZEL JAMNITZER (1508-1585), der sich mit der Darstellung der regulären und auch zahlreicher weniger regelmäßiger Körper beschäftigt hat [Toepell (1991), 60].

Wie erwähnt, kam es 1575 zur Gründung der Universität im nahegelgenen Altdorf. Der erste Mathematiker an dieser Hochschule war JOHANNES PRAETORIUS (1537-1616), der mit bürgerlichem Namen JOHANNES RICHTER hieß [Fauser, 76ff.]. Nach dem Studium in Wittenberg ließ er sich mit 25 Jahren in Nürnberg nieder. Nach längeren Reisen nach Prag, Wien und Krakau war er von 1571 bis 1575 Professor der Mathematik in Wittenberg und ab 1576 vierzig Jahre lang bis zu seinem Tod Mathematiker in Altdorf. Die von ihm noch erhaltenen Instrumente - wie z.B. Sonnenuhren, Globen, Astrolabien - stammen aus den 60er Jahren des 16. Jahrhunderts.[7]

PRAETORIUS hat nicht viel veröffentlicht. Abgesehen von einer Reihe von Kalendern hat er 1578 eine Arbeit über Kometen publiziert und 1598 eine Schrift über Sehnenvierecke. Das könnte zu dem Schluß führen, daß PRAETORIUS vielleicht nicht so produktiv gewesen sein könnte. Da seine Bibliothek und sein Nachlaß jedoch weitgehend erhalten ist, können wir sehen, was für eine Fülle an *un*gedruckten Schriften er verfaßt hat und wie intensiv er die damalige Literatur durchgearbeitet hat.

Der Nachlaß ging nach seinem Tod (1616) zunächst an seinen unmittelbaren Nachfolger PETRUS SAXONIUS (1591-1625) über, ehe ihn DANIEL SCHWENTER (1585-1636) übernahm. Dessen Sohn JOHANN DANIEL SCHWENTER (1612-1690) hat 1641 einen großen Teil der 63 Handschriften der Altdorfer Bibliothek gestiftet. Sie sind heute in der Universitätsbibliothek Erlangen nachweisbar. Weitere Handschriften liegen in Schweinfurt und München (Beschreibung siehe [Müller, 29-51]). Ein großes Gebiet umfaßt die Astronomie und Geodäsie und ein zweites die eigentliche Mathematik: Arithmetik, Algebra, Geometrie und Trigonometrie. So beschäftigte er sich z.B. mit der Quadratwurzelbildung, mit Multiplikations- und Divisionstafeln, mit den verschiedenen Mittelbildungen, mit der Herstellung magischer Quadrate, aber auch mit der Proportionenlehre und ihrer Anwen-

---

[7] Ein Globus befindet sich z.B. im Mathematisch-Physikal. Salon in Dresden (s. S. 375).

dung, wie sie Euklid im Buch 10 seiner Elemente beschreibt und im 13. Buch für die Untersuchung der platonischen Körper benutzt [Müller, 29ff.]. Er studierte Diophantische Zahlen, die Polygonalzahlen und in mehreren Traktaten die Algebra der Cossisten. In der Geometrie untersucht er neben den regulären Körpern und Dreiecksberechnungen auch Fragen der Kreismessung, der Kegelschnitte und der Volumenbestimmungen. Einen weiteren Schwerpunkt bildet die sphärische Trigonometrie [Müller, 32f.]. Bekannt ist DANIEL SCHWENTER noch heute durch sein Buch *Deliciae physicomathematicae oder Mathemat. und Philosophische Erquickstunden, darinnen Sechshundertdrey und Sechzig Schöne, Liebliche vnd Annehmliche Kunststücklein. Nürnberg 1636* [Günther, 26; Folkerts u.a., 362].

Die Entwicklung zeigt, was für eine beeindruckende Blütezeit die Mathematik mit ihren Anwendungen im fränkischen Raum vom 15. bis zum 18. Jahrhundert erlebt hat. Gegenüber der Spezialisierung im Wissenschaftsleben am Beginn des dritten Jahrtausends war die Vielseitigkeit und Universalität der Mathematiker - sie waren oft auch Theologen, Ärzte, Juristen und natürlich auch Astronomen - ein bemerkenswertes Kennzeichen jener Epoche. Diese Vielseitigkeit kann gleichzeitig Anregungen vermitteln für ein fachübergreifendes Arbeiten im heutigen Mathematikunterricht.

Literatur

BARTH, FRIEDRICH; FEDERLE, REINHOLD; HALLER, RUDOLF: Algebra 4. Ehrenwirth München 2.Aufl. 1992.

BEHAIM (Red. W. Püllhorn): Focus Behaim-Globus. Ausstellungskatalog. 2 Bände. Verlag des Germanischen Nationalmuseums, Nürnberg 1992.

DOPPELMAYR, JOHANN GABRIEL: Historische Nachricht von den Nürnbergischen Mathematicis und Künstlern. Nürnberg 1730. Nachdr. Olms Hildesheim/New York 1972. (Documenta Technica)

FAUSER, ALOIS: Kulturgeschichte des Globus. Vollmer Verlag ca. 1968.

FOLKERTS, MENSO; KNOBLOCH, EBERHARD; REICH, KARIN (HRSG.): Maß, Zahl und Gewicht - Mathematik als Schlüssel zu Weltverständnis und Weltbeherrschung. Ausstellungskatalog Wolfenbüttel. VCH Weinheim 1989.

GÜNTHER, SIEGMUND: Mathematik und Naturwissenschaften an der Nürnbergischen Universität Altdorf. Mitteilungen des Vereins zur Geschichte der Stadt Nürnberg MVGN (1881)H.3, 1-36.

MEFFERT, EKKEHARD: Nikolaus von Kues. Sein Lebensgang. Seine Lehre vom Geist. Stuttgart 1982.

MÜLLER, UWE: 450 Jahre Copernicus *De revolutionibus*. Astronomische und mathematische Bücher aus Schweinfurter Bibliotheken. Ausstellungskatalog. Stadtarchiv Schweinfurt 1993.

PILZ, KURT: 600 Jahre Astronomie in Nürnberg. Verlag Hans Carl Nürnberg 1977.

RÖTTEL, KARL (Hrsg.): Peter Apian. Astronomie, Kosmographie und Mathematik am Beginn der Neuzeit. Polygon-Verlag Buxheim/Eichstätt 1995.

SCHEDEL, HARTMANN: Die Schedelsche Weltchronik. Nachdruck der Ausg. Nürnberg 1493. Komm. v. R. Pförtner. Harenberg Edition Dortmund 1978.

SCHRÖDER, EBERHARD: Dürer. Kunst und Geometrie. Birkhäuser Stuttgart 1980. (Wissenschaft und Kultur. Bd.37)

STECK, MAX: Bibliographia Euclideana. Gerstenberg Hildesheim 1981.

TOEPELL, MICHAEL (1991): Platonische Körper in Antike und Neuzeit. In: Platonische Körper in Geschichte und Unterricht. Der Mathematikunterricht Jg.37(1991) H.4. S. 45-79.

TOEPELL, MICHAEL (1996): Mathematiker und Mathematik an der Universität München - 500 Jahre Lehre und Forschung. Zgl. Habilitationsschrift München 1992. München: Institut für Geschichte der Naturwiss. 1996. (Algorismus - Studien zur Geschichte der Mathematik und der Naturwissenschaften. Bd.19)

Prof. Dr. Michael Toepell, Erziehungswissenschaftliche Fakultät der Universität Leipzig, Karl-Heine-Straße 22 b, D-04229 Leipzig

Zur Gründungsgeschichte des Tübinger mathematisch-physikalischen Seminars[1]

Gerhard Betsch

1. Einleitung und Vorbemerkungen

Im Juni 1995 feierte das Tübinger Mathematische Institut das Jubiläum seiner Gründung vor 125 Jahren: Am 31. Dezember 1869 wurde das „provisorische mathematisch-physikalische Seminar" an der Universität Tübingen eröffnet, aus dem das heutige Mathematische Institut hervorging. Seit der Gründung dieses Seminars, seit der Amtszeit der Professoren NEUMANN und HANKEL, welche die Gründung betrieben, gibt es in Tübingen ein Studium der Mathematik im modernen Sinn.

A. BRILL drückt diesen Sachverhalt in einem Bericht von 1889 so aus: „Dem Wirken dieses Instituts (eben des math.-phys. Seminars) verbunden mit einer von du BOIS-REYMOND veranlassten und unter seiner Mitwirkung 1878 durchgeführten Abänderung der Prüfungsbestimmungen für die

---

[1] Redigierter Text eines Vortrags, den der Verfasser am 8. Juni 1995 in Tübingen hielt. Auf der Tagung in Rummelsberg wurde eine stark verkürzte Fassung vorgetragen.

Kandidaten des Lehramts, verdanken es heute die Mathematiker an hiesiger Universität, daß ihren Vorlesungen Interesse und Verständnis seitens der Zuhörer entgegengebracht wird." [BRILL, S. 14]

Am 31. Dezember (also am Altjahrsabend!) 1869 fand in Tübingen die Eröffnungssitzung des Seminars statt, an der teilnahmen

- der ordentliche Professor der Mathematik und Astronomie Hermann HANKEL,
- der ordentliche Professor der Physik Friedrich Eduard REUSCH,
- der Vorstand der Tübinger Realanstalt (heute Kepler-Gymnasium) und Lehrbeauftragte an der Universität Prof. Dr. Ferdinand KOMMERELL.

Durch einen Ministerialerlaß vom 20. Dezember 1869 war Prof. HANKEL zum Vorstand des neuen Seminars bestellt worden. Schriftführer wurde Prof. KOMMERELL [Protokollb.][2]. Die Sitzung vom 31. Dezember 1869 setzte den Schlußpunkt unter eine längere Entwicklung, und sie eröffnete die Geschichte einer Institution, die bis heute andauert. Einige Phasen der Vorgeschichte und Geschichte des Tübinger Instituts sollen hier skizziert werden.

Zunächst einige *Vorbemerkungen.*

Tübingen war die Landesuniversität des Königreichs Württemberg. Dieser Staat entstand zu Beginn des 19. Jahrhunderts durch Vereinigung des alten Herzogtums Württemberg mit einer stattlichen Zahl kleiner Länder und Ländchen unterschiedlicher Konfession, die mediatisiert oder säkularisiert worden waren. Das Königreich Württemberg hatte erhebliche „Vereinigungs-Probleme": Die Gleichstellung der Konfessionen und die Vereinheitlichung der Rechtssysteme war zu leisten, u.ä. Dazu kam: Württemberg war im 19. Jahrhundert ein armes Land, und es war zum Beispiel doppelt so dicht bevölkert wie Preussen. Daher gab es für die Regierung in Stuttgart klare Prioritäten: Förderung der Landwirtschaft, Förderung von Handel, Gewerbe, Industrie. Und die Landesuniversität und die Bildungseinrichtungen des Landes wurden - relativ langsam - so ausgebaut, daß sie zur Lösung der dringenden Probleme beitragen konnten.

Wenn es im 19. Jahrhundert an der Universität Tübingen finanziell „eng" zuging, so lag dies nicht (nur) an der berüchtigten schwäbischen Sparsamkeit, sondern hatte bedauerliche objektive Gründe. Mit der Besserung der

---

[2] Die Abkürzungen und Siglen werden am Ende der Arbeit aufgelöst.

wirtschaftlichen Lage nahmen auch die Aufwendungen für die Universität zu, und was insgesamt erreicht wurde, ist durchaus beachtlich.

2. Das Studium der mathematischen Wissenschaften an der Universität Tübingen zwischen 1800 und 1865.

Die mathematischen Wissenschaften - also Mathematik im engeren Sinn, Astronomie und Physik - wurden vom späten Mittelalter bis tief ins 19. Jahrhundert hinein als Einheit gesehen, und es war durchaus üblich, daß *ein* ordentlicher Professor alle drei Fächer vertrat.[3] In Tübingen gab es von 1507 (Immatrikulation von Johannes STÖFFLER) bis 1851 (Berufung von Friedrich Eduard REUSCH) nur *einen* Ordinarius für die mathematischen Wissenschaften. Eine Ausnahme bildet die Zeit von 1803 bis 1821 (Tod des Professors PFLEIDERER. Damals gab es in Tübingen *zwei* Ordinarien: Christoph Friedrich (von) PFLEIDERER (1736 - 1821) und Johann Gottlieb Friedrich (von) BOHNENBERGER (1765 - 1831). Man wollte Bohnenberger, der ehrenvolle Angebote erhielt, in Tübingen halten und machte ihn - modern gesprochen - zum persönlichen Ordinarius. Es gibt Hinweise, daß sich BOHNENBERGER um die Errichtung eines ständigen zweiten Ordinariats bemühte - offenkundig vergeblich.

Nach Bohnenbergers Tod vertrat der Physiker NÖRRENBERG als Ordinarius und der außerordentliche Professor Alois HOHL die mathematischen Fächer. Nach Nörrenbergs Ausscheiden 1851 wurde ein Ordinariat für Physik geschaffen und mit Friedrich Eduard (von) REUSCH (1812 - 1891) besetzt. Der bisherige Privatdozent Dr. Ludwig Felix OFTERDINGER (1810 - 1896) wurde außerordentlicher Professor, so daß die Fächer Mathematik und Astronomie nunmehr lediglich durch zwei außerordentliche Professoren (HOHL und OFTERDINGER) vertreten waren. Ofterdingers Nachfolger war Julius ZECH (1822 - 1864), ein bedeutender Vertreter der theoretischen Astronomie. Er wurde 1856 zum Ordinarius für Mathematik und Astronomie befördert. Die Stelle blieb von da an ein Ordinariat.

Das 19. Jahrhundert war auch in der Mathematik eine Zeit großer, bahnbrechender Entdeckungen. Trotzdem war das Niveau der mathematischen

---

[3] Man sprach in alter Zeit in der Regel auch nicht von Mathematik, sondern von Mathesis, oder Mathematice, und dementsprechend von einem Professor Matheseos oder Mathematices. Ich benütze hier und im folgenden den Ausdruck „mathematische Wissenschaften".

Vorlesungen an der Universität Tübingen - wie an vielen deutschen Universitäten - bis etwa 1870 überraschend niedrig. Fortgeschrittene Vorlesungen, sofern sie überhaupt angeboten wurden, kamen oft nicht zustande, weil sich nicht genügend Hörer mit ausreichenden Vorkenntnissen einstellten. Dies läßt sich zum Beispiel aus Berichten Bohnenbergers (UAT 51/48 (L I 48)) oder aus der gleich zu besprechenden „Exposition" von Neumann und vielen anderen Dokumenten belegen. Dieser leidige Zustand hatte verschiedene Ursachen.

Es gab objektive, von der Universität nicht zu beeinflussende Ursachen: Wirtschaftliche Zwänge, schlechte Berufsaussichten für Studenten der mathematischen Fächer, usf.

Und dann gab es eine Reihe von Ursachen, die von der Universität sehr wohl zu beeinflussen waren, und auf diese konzentrierten sich in der Folgezeit die Reformbemühungen .

1. Die einzige berufliche Perspektive für Studenten der mathematischen Fächer war die Hochschullaufbahn und das „realistische" Lehramt, also das Lehramt in den „realistischen" Fächern an Gymnasien, Oberrealschulen (Realgymnasien), und Realschulen.(Eine Diplom- oder Magisterprüfung in Mathematik gab es nicht. Solche Prüfungen wurden erst ca. 1940 eingeführt). Noch die Prüfungsordnung für die Kandidaten des realistischen Lehramts vom 20. Juli 1864 ging aber von einem im Grunde veralteten Leitbild des universell einsetzbaren „Lehrers für (fast) alles" aus. Sie forderte eine Breite, die jede Vertiefung in irgend ein noch so kleines Teilgebiet ausschloß.

2. Es fehlten weitgehend Übungen und Seminare im heutigen Sinn; es gab praktisch keine Anleitung der Studenten zu eigener selbständiger Arbeit.

3. Die mathematischen Wissenschaften waren in Tübingen personell besonders schwach vertreten. Ein Vergleich: Noch im Wintersemester 1867/68 gab es in Tübingen zwei Ordinarien für die mathematischen Fächer mit Einschluß der Experimentalphysik. In Königsberg gab es zur gleichen Zeit vier Ordinarien für Mathematik, Mathematische Physik und Astronomie [Exposition, S. 8]

Folglich mußten Reformbestrebungen folgende Ziele haben:

1. Eine durchgreifende Revision der Prüfungsordnungen.

2. Die Einrichtung eines Seminars. Dieses sollte den institutionellen Rahmen abgeben für eine intensive Anleitung der Studenten zu eigener, möglichst selbständiger Arbeit.

3. Eine erhebliche Vergrößerung des Lehrkörpers in den mathematischen Fächern. Nach dem Gesagten war dies ein durchaus existentielles Anliegen.

3. Die Ära NEUMANN. Die „Exposition" von 1868.

1863 wurde an der Universität Tübingen die naturwissenschaftliche Fakultät gegründet. Es war die erste naturwissenschaftliche Fakultät in Deutschland. Mit dieser Gründung verbanden alle Beteiligten die Hoffnung auf einen Aufschwung, auf eine wirksame Förderung der Naturwissenschaften und der Mathematik an der Tübinger Universität.

Als 1864 der Ordinarius für Mathematik und Astronomie Julius ZECH starb, berief die Fakultät als Nachfolger einen noch jungen, aber schon hoch angesehenen Vertreter der Funktionentheorie und der mathematischen Physik, nämlich Carl Gottfried NEUMANN (1832 - 1925). Er war der Sohn von Franz NEUMANN; seine Mutter war eine Schwägerin des Astronomen F. W. BESSEL. C. NEUMANN studierte in Königsberg bei seinem Vater, bei F. RICHELOT und dem Geometer O. HESSE. In Königsberg lernte er das dortige mathematisch - physikalische Seminar kennen. NEUMANN habilitierte sich 1858 in Halle, war von 1863 - 1865 ordentlicher Professor der Mathematik in Basel und kam von dort nach Tübingen. 1868 folgte er einem Ruf nach Leipzig, wo er bis zu seiner Emeritierung 1911 wirkte. (Er war bei seiner Emeritierung immerhin schon 78 Jahre alt). Die Spezialgebiete von Carl NEUMANN waren

- Potentialtheorie und damit zusammenhängende Reihenentwicklungen,
- Kugel- und Zylinderfunktionen,
- Riemanns Theorie der abelschen Integrale,
- Theoretische Physik und Mathematische Physik, insbesondere Grundlagen der Mechanik und der Elektrodynamik.

NEUMANN bemühte sich sehr, durch anspruchsvolle Vorlesungen das Niveau zu heben, hatte aber keinen rechten Erfolg. Um etwas gegen die schon oben genannten Mißstände zu unternehmen, verfaßte er im WS 1867/68 (wahrscheinlich im Januar/Februar 1868) eine „Exposition über den gegenwärtigen Zustand des mathematischen Studiums an der Universität

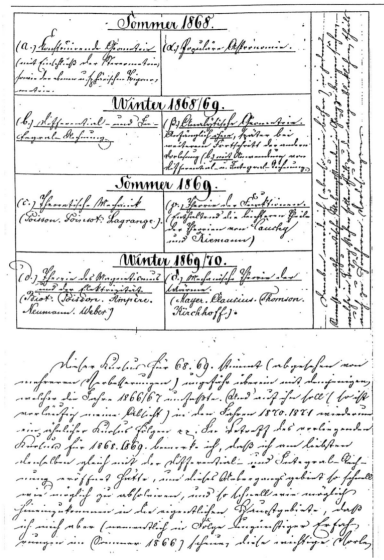

Abb 1. Seite 11 aus C. Neumanns Exposition vom Frühjahr 1868. Die Tabelle gibt an, was Neumann in den folgenden vier Semestern zu lesen gedenkt. Er bemerkt dazu: „Dieser Kursus für 68.69. stimmt (abgesehen von mehreren Verbesserungen) ungefähr überein mit demjenigen, welcher die Jahre 1866/67 umfaßte. Und auf ihn soll (so ist vorläufig meine Absicht) in den Jahren 1870/1871 wiederum ein ähnlicher Kursus folgen etc."

Tübingen" [Exposition, S. 1]. Die Exposition hat einem Umfang von 31 Seiten und zerfällt in vier Teile:

1. Umfang und Eintheilung der mathematischen Wissenschaft.
2. Die mathematischen Universitätsvorträge (= Vorlesungen).
3. Die mathematischen Seminare.
4. Die mathematischen Examina.

Der erste Teil enthält eine sehr geistreiche, wohl durchdachte Systematik der mathematischen Wissenschaften.. NEUMANN unterscheidet Vorgebiete, das Übergangsgebiet (Differential- und Integralrechnung), und drei Hauptgebiete: Die Theorie des Raumes (= Geometrie), Theorie des Raumes und der Zeit (= Theoretische Physik und Mathematische Physik), und Theorie der Funktionen (die damals moderne Analysis). Außerdem „würden schließlich noch zwei weitere Hauptgebiete aufzuführen sein", die aber in der Exposition außer Betracht bleiben, nämlich Zahlentheorie und Wahrscheinlichkeitsrechnung einschließlich der Methode der kleinsten Quadrate. Der moderne Leser vermißt das Hauptgebiet Algebra. Die damals bekannte Algebra mußte man hauptsächlich unter „Zahlentheorie" und „Geometrie" suchen. Im zweiten Teil der Exposition führt NEUMANN aus, daß unmöglich alle drei Hauptgebiete der Mathematik an einer Universität gleichmäßig vertreten sein können, sondern höchstens zwei. Für die Tübinger Verhältnisse empfiehlt er, sich im wesentlichen auf das zweite Hauptgebiet (Theoretische und Mathematische Physik) zu beschränken. Wären seine Vorschläge ausgeführt worden, so hätte Tübingen schon um 1870 - 1875 ein Zentrum der Mathematischen Physik werden können. Für SS 1868 bis WS 1869/70 kündigt er einen wohl durchdachten, 4-semestrigen Kursus an, den er schematisch skizziert (Abb. 1). Das hier abgebildete Schema stellt den frühesten mir bekannten *Studienplan* des noch gar nicht gegründeten mathematisch-physikalischen Seminars dar. NEUMANN bekundet die Absicht, auch 1870/71 wiederum einen ähnlichen Kursus folgen zu lassen.

Im dritten Abschnitt geht er von folgender Überlegung aus: „ Wer [in der Mathematik] nicht selbst arbeitet, nicht selbst mathematische Aufgaben zu lösen unternimmt, nicht selbst den Drang in sich fühlt, die einmal unternommenen Aufgaben mit unermüdlichem Eifer zu verfolgen, der wird ... niemals ein Mathematiker werden, sondern nur mit Ballast sich beladen...Dies war wohl der Grundgedanke, von welchem BESSEL und JACOBI ausgingen, als sie an der Königsberger Universität ein mathematisches Seminar einrichteten, durch welches den Studenten der Mathematik die Gelegenheit zu eigenen Arbeiten, zu systematisch gesteigerten eigenen Anstrengungen dargeboten wurde, durch welches (mit einem Wort), dem Studenten der Mathematik dieselben Vorteile gewährt wurden, welche der angehende Chemiker im chemischen Laboratorium findet „[Exposition, S. 13/14]. Damit ist das entscheidende Stichwort „*Seminar*" gefallen.

Im allgemeinen gilt das - 1834 von JACOBI und anderen begründete - Königsberger Seminar als das älteste seiner Art in Deutschland. Das stimmt nicht ganz. Daß neben den Vorlesungen auch Übungen erforderlich sind, haben die Mathematiker schon vor JACOBI erkannt. BOHNENBERGER zum Beispiel hielt Übungen ab. Aber das Königsberger Seminar hatte zweifellos eine wichtige Vorbildfunktion. Im Grunde gehen alle (mathematischen) Universitätsseminare auf Einrichtungen zurück, welche die Altphilologen schon im 18. Jahrhundert zur Ergänzung der Vorlesungen geschaffen haben, und diese altphilologischen Seminare des 18. Jahrhunderts hatten ihrerseits ein Vorbild in den Seminaren, die seit dem 16. Jahrhundert zur Ausbildung des geistlichen Nachwuchses bestanden. Was das Königsberger Seminar betrifft, so hatte der Gründer Carl Gustav Jacob JACOBI (1804 - 1851) in Berlin auch Altphilologie studiert und war Mitglied des (1812 von August Boeckh begründeten) Berliner philologischen Seminars gewesen. Die Organisation, die JACOBI in Boeckhs Seminar kennen lernte, hat ihm ganz sicher bei der Gründung des Königsberger Seminars vorgeschwebt. Diese Gründung erfolgte übrigens zunächst in provisorischer Weise, auf Grund von vorläufigen Satzungen, die JACOBI, Franz NEUMANN und L. A. SOHNCKE entworfen und die das Ministerium am 9. Juni 1834 genehmigt hatte. [Lorey, S. 111 - 114].

Was also ist ein Seminar im ursprünglichen Sinne? Seminarium heißt Pflanzstätte. Ein Seminar ist eine Institution, die eine möglichst früh einsetzende, möglichst gründliche Anleitung der Studenten zu eigener selbständiger Arbeit in ihrem Fach gewährleistet. Man nimmt nicht teil an einem Seminar; man wird Mitglied. Unser Begriff von Seminar (= Lehrveranstaltung) kommt von den Seminarsitzungen her.

Was nun die Exposition von NEUMANN betrifft, so unterstreicht er mit großer Beredsamkeit die Bedeutung der selbständigen Arbeit für ein wissenschaftliches Studium, aber er macht keinerlei Vorschläge für Statuten oder dergleichen, obwohl ihm ja ein institutioneller Rahmen vorschweben muß, weil er sich ausdrücklich auf das Königsberger Beispiel beruft. Er schildert lediglich - durchaus selbstkritisch - welche Übungs- und Extrastunden er während seiner bisherigen Tätigkeit in Tübingen abhielt, wie er den Erfolg dieser Stunden einschätzt, und was er in Zukunft in dieser Hinsicht vorhat.

Der 4. Abschnitt der Exposition enthält eine eingehende Kritik der geltenden Prüfungsordnung (vom 20. Juli 1864) für die Kandidaten des realistischen Lehramts - natürlich mit dem Ziel einer durchgreifenden Revision. Er stellt fest, „daß das realistische Professoratsexamen in seiner gegenwärtigen Fassung auf das Studium der Mathematik an hiesiger Universität keinen fördernden, sondern einen stark retardierenden Einfluß ausübt." [Exposition, S. 27].

Nach Auffassung von NEUMANN gehören die Vorgebiete (Elementarmathematik einschließlich Darstellender Geometrie, ebener und sphärischer Trigonometrie sowie die Elemente der analytischen Geometrie und der Mechanik) überhaupt nicht auf die Universität. Vorlesungen über das Übergangsgebiet (Differential- und Integralrechnung) haben nur dann einen Sinn, wenn sie zu Kursen in einem der Hauptgebiete hinführen, so wie man die griechische Grammatik nicht als Selbstzweck betreibt, sondern um Thukydides und Herodot lesen zu können. NEUMANN geht es um ein Studium der mathematischen Wissenschaften, das zu eigener wissenschaftlicher Arbeit befähigt und wenigstens in einem Teilgebiet zur aktuellen Forschung hinführt. Auf dieses Ziel verweist er - eindringlich wie ein Prophet. Die Frage, wie dieses Ziel sich zum Beruf des Reallehrers verhält, kommt bei ihm nicht vor. Ebenso zieht er Kurse über „Elementarmathematik von höherem Standpunkt" nicht in Betracht.

Die Exposition blieb zunächst ohne Wirkung. Auch ein Schreiben des Dekans der naturwissenschaftlichen Fakultät Hoppe-Seyler an den verantwortlichen Minister Carl Ludwig von GOLTHER (1823 - 1876) vom 12. August 1868 scheint nichts bewirkt zu haben. Vielleicht war NEUMANN nicht sehr durchsetzungsfähig. Im Frühsommer 1868 erhielt NEUMANN einen Ruf nach Giessen. Aus einem sehr eindrücklichen Schreiben des Ministers von GOLTHER vom 26. Juli 1868 wissen wir, daß NEUMANN hauptsächlich „die Hebung des Mathematischen Studiums an der Universität, wodurch ihm und der ganzen naturwissenschaftlichen Fakultät eine erhöhte Wirksamkeit verliehen würde", zur Bedingung in den „Bleibeverhandlungen" gemacht hat. NEUMANN wünscht, in Übereinstimmung mit der Fakultät, „daß die Dienstprüfungen der Reallehrer ... von *der naturwissenschaftlichen Fakultät der Universität*, ... vorgenommen werden [dies war offenbar bisher nicht der Fall], und daß in der Reallehrerprüfung eine Unterteilung in die mathematisch-naturwissenschaftliche und die historisch-sprachliche Richtung vorgenommen wird, damit die Studenten sich auf weniger Fächer konzentrieren können" (Vgl. Abschnitt 5). Der Minister war sehr aufgeschlossen [UAT 119/253]. Aber ehe in dieser Sache etwas unternommen werden konnte, erhielt NEUMANN einen (sehr verlockenden) Ruf nach Leipzig, den er sofort annahm, und damit ruhte die Sache zunächst.

Das Verdienst, die Einrichtung eines mathematisch-physikalischen Seminars mit den zugehörigen organisatorischen Regelungen (Statuten) wirklich durchgesetzt zu haben, kommt Neumanns Nachfolger Hermann HANKEL zu.

Aus der Amtszeit NEUMANNs bleibt noch nachzutragen: Seit ca. 1865 hielt der Prof. der Physik Friedrich Eduard REUSCH physikalische Übungen ab. Da ein Laboratorium nicht zur Verfügung stand, dürfte es sich dabei (modern gesprochen) um „Rechenübungen" gehandelt haben.

Seit 1857 gab der Vorstand der Realanstalt [Kepler-Gymnasium] in Tübingen, Prof. Dr. Ferdinand KOMMERELL (1818 - 1872) den „realistischen Lehramtskandidaten" im evang. Stift Unterricht im geometrischen Zeichnen (d.h. in elementarer darstellender Geometrie). KOMMERELLs Lehrauftrag wurde 1867 auf andere Gebiete der Elementarmathematik ausgedehnt. Der Anregung von REUSCH, den Unterricht von KOMMERELL erneut zu erweitern - und ihn als eine Art von elementarem Grundstudium zu etablieren (?) - widersetzte sich NEUMANN entschieden, entsprechend seiner Überzeugung, daß der Unterricht in den „Vorgebieten" nicht Sache der Universität sei. Dagegen ist er (NEUMANN) „ganz damit einverstanden, wenn Prof. KOMMERELL ein Seminar in Gang zu bringen suchen wollte für die ... neuere Geometrie". Gemeint ist die damals hoch aktuelle neuere Geometrie projektiver Richtung.[Exposition, S. 16, 18]. NEUMANN konnte sich mit seiner Ansicht nur zum Teil durchsetzen: Am 3. Juli 1868 erhält KOMMERELL einen Lehrauftrag an der Universität „für darstellende Geometrie in Verbindung mit geometrischem Zeichnen und für neuere Geometrie" [UAT 136/56, Nr. 2329].

So standen die Dinge beim Amtsantritt von Hermann HANKEL.

4. Hermann HANKEL und die Gründung des mathematisch-physikalischen Seminars.

Hermann HANKEL wurde am 14. Februar 1839 in Halle/Saale geboren und starb am 29. August 1873 in Schramberg/Schwarzwald (während einer Urlaubsreise). Nach dem Studium in Leipzig und Göttingen (bei B. RIEMANN) promovierte Hankel 1861 in Leipzig zum Dr. phil. Anschließend setzte er seine Studien in Berlin bei WEIERSTRASS und KRONECKER fort. Am 14. Februar 1863 (seinem 24. Geburtstag) habilitierte sich Hankel in Leipzig. Bis 1867 lehrte Hankel an der Universität Leipzig, zunächst als Privatdozent, ab 1867 als außerordentlicher Professor. Von 1867 bis zur Berufung nach Tübingen war er ordentlicher Professor der Mathematik in Erlangen, als Nachfolger von K. G. Chr. von Staudt.

HANKEL kam zum SS 1868 nach Tübingen. Die Vorlesungen begannen Mitte April. Mit einer glänzenden Antrittsvorlesung über „Die Entwicklung der Mathematik in den letzten Jahrhunderten" vom 29. April 1869 führte er sich ein. Man sieht deutlich an den Akten, daß nun ein anderer Wind weht, wie sich Erlasse, Gutachten, Stellungnahmen häufen. Mit Energie und Verhandlungsgeschick überwand HANKEL Widerstände in den Ministerien und in der Universität. Schon am 13. Mai 1869 - HANKEL hatte wohl noch nicht die unerläßlichen Antrittsbesuche gemacht - stellt die naturwissenschaftliche Fakultät den formellen Antrag auf Errichtung eines mathematischen Seminars an der Universität [UAT 136/58 - Dekanat Hoppe-Seyler]. Der Antrag enthält Korrekturen und einen präzisen Statutenentwurf von Hankels Hand. Die Frage einer Reform der Prüfungsordnung wird zunächst zurückgestellt. Im Juni macht HANKEL seinen Antrittsbesuch bei Minister von GOLTHER, dem er die Probleme des Fachs Astronomie nahe bringt. Dies führt zu einer Rückfrage des Ministers im Oktober [UAT 136/56 - Nr. 3771] und einem ausführlichen Gutachten HANKELs vom 1. November, in dem er vorschlägt zu beantragen:

- Neubau einer Universitätssternwarte „nebst anstoßender Amtswohnung des Direktors an einem neuen Platze",
- Errichtung einer ordentlichen Professur der Astronomie, die von der Mathematik getrennt wird. [UAT 136/58 - Dekanat Hoppe-Seyler].

Offenbar versucht HANKEL, das Personalproblem (Reformziel Nr. 3) auf diese Weise anzugreifen. Im übrigen lag ihm sicher die Förderung der Astronomie am Herzen.

Im Juni 1869 ergeht in der Frage des Seminars eine völlig negative Stellungnahme der Ministerial-Abteilung für Gelehrten- und Realschulen im Ministerium für das Kirchen- und Schulwesen. Die Auseinandersetzungen werden zum Teil in sehr scharfer Form geführt. So wirft die Ministerial-Abteilung zum Beispiel der Fakultät vor, daß sie von den Verhältnissen des „Realschulwesens weder faktische noch offizielle Kunde besitze" [UAT 136/58 - Dekanat Hoppe-Seyler (Referat vom 18. Juli 1869 über den Bericht der Min.-Abt. vom 2. Juni 1869)]. HANKEL kontert diesen Vorwurf mit dem Antrag, ihn doch mit „Visitationen einiger Realschulen vorzüglich höherer Realanstalten geneigtest zu betrauen". Er bemerkt sarkastisch, damit glaube er im Sinne eines Königlichen Studienrathes zu handeln. [aaO.]. Damit war dieser Vorwurf vom Tisch.

Am 23. November 1869 kann das Ministerium dem akademischen Senat mitteilen:

„...Vermöge Höchster Entschließung vom heutigen Tage haben ... Seine Königliche Majestät gnädigst genehmigt, daß an der Universität Tübingen, zunächst in provisorischer Weise, ein mathematisch-physikalisches Seminar nach dem vom akad. Senat ... beantragten Statutenentwurfe eingerichtet werde, und den Professoren DDr. REUSCH und HANKEL sowie dem Vorstand der Realanstalt in Tübingen, Professor Dr. KOMMERELL - letzterem für die Dauer seines Lehrauftrags an der Universität - den Auftrag zu entsprechender Thätigkeit an dem Seminar ertheilt...."[UAT 136/56].

Die *Statuten* des neuen Seminars hatten die „Statuten des Philologischen Seminars zu Tübingen vom Jahre 1854" zum Vorbild. Wir haben hier also wieder einen Rückgriff auf das Vorbild der Altphilologie.

Wesentlich war:
- Das Seminar bot einen festen Kanon von Übungen und Seminaren im heutigen Sinn in den Fächern Mathematik und Physik.
- Die Mitgliedschaft im Seminar war für Lehramtskandidaten praktisch obligatorisch, aber gebührenfrei. Sonderregelungen galten für Studierende aus dem Evang. Stift und dem Wilhelmsstift.
- Das Seminar verfügte über einen (bescheidenen) Etat für die Remuneration der Lehrer. Aus den Überschüssen konnte nach und nach eine Seminarbibliotherk angeschafft werden.
- Es gab eine gewisse Leistungskontrolle in Form von Semester - Zeugnissen für die Mitglieder. Auf Grund dieser Zeugnisse konnte das Lehrerkollegium am Schluß jeden Studienjahrs „die Ertheilung von Stipendien an wür-

dige und bedurftige Studirende (sic!) beantragen". Natürlich enthalten die Statuten auch eine Bestimmung, wie gegen „beharrlich unfleißige Mitglieder" zu verfahren sei.

Abb.2 zeigt einen Auszug aus den Statuten; auf die §§ 1 und 2 kommt es dabei besonders an:

Auszug aus den „Bestimmungen bezüglich des provisorischen mathematisch-physikalischen Seminars an der Universität Tübingen. Genehmigt vom königlichen Ministerium des Kirchen- und Schulwesens durch Erlaß vom 23. November 1869". Tübingen 1869

§ 1.

Das mathematisch-physikalische Seminar ist eine akademische Anstalt zum Zwecke der Heranbildung von Lehrern der realistischen Fächer an Gelehrten- und Realschulen und daher vorzugweise für Reallehramtskandidaten bestimmt.

§ 2.

Diesen Zweck sucht das Saminar zu erreichen durch Anleitung seiner Mitglieder zu selbsthätigem Studium der Mathematik und Physik.

§ 3.

Demgemäß besteht die Thätigkeit des Seminars in
1) Repetitionen und Uebungen in der Elementarmathematik,
2) Uebungen in der höheren Mathematik,
3) Uebungen in der Experimental- und in der mathematischen Physik.

....

§ 6.

Die Mitglieder des Seminars betheiligen sich durch die Lösung der vom Lehrer gestellten Aufgaben, die sie schriftlich auszuarbeiten, dem Lehrer vorzulegen und eventuell in den Uebungsstunden frei vorzutragen haben. Auch werden sie in den Uebungsstunden zur Anwendung der von ihnen erworbenen Kenntnisse angehalten werden.

....

§ 9.

Die Theilnahme an sämmtlichen Uebungen des Seminars ist kostenfrei.

§ 10.

Gegen beharrlich unfleißige Mitglieder kann nach Erschöpfung anderer Mittel Ausschließung verhängt werden, die auf Antrag der Lehrerschaft der akademische Senat verfügt.

§ 11.

Am Schlusse jedes Semesters werden von den Lehrern Zeugnisse über die einzelnen Theilnehmer gefertigt und dem akademischen Senate ... mitgetheilt.

§ 12

Auf Grund dieser Zeugnisse beantragt das Lehrerkollegium am Schlusse jedes Studienjahrs die Ertheilung von Stipendien an würdige und bedürftige Studirende (sic!).....

....

§ 14.

Am Schlusse des Studienjahrs hat die Lehrerschaft dem akademischen Senate einen Hauptbericht über den Stand der Anstalt zu erstatten, welcher dem königlichen Ministerium vorzulegen ist.

....

Abb.2

Am 31. Dezember 1869 trafen sich - wie eingangs erwähnt - die Lehrkräfte zur Eröffnungssitzung. Im Protokoll heißt es u.a.: „4) Herr Prof. Hankel wird unmittelbar nach dem Neujahr zur Anmeldung auffordern und die Angemeldeten auf Samstag 8. Jan. in die Aula 11 - 1 nr. 11 bestellen, um mit Ihnen die Curse und ihre Zeiten näher zu verabreden" [Protokollbuch, S. 3].

Das neu gegründete Seminar wird im Vorlesungsverzeichnis aufgeführt unter folgenden Namen:

Ab SS 1870	Provisorisches mathematisch-physikalisches Seminar
Ab WS 1872/73	Mathematisch- physikalisches Seminar
Ab WS 1927/28	Mathematisches Seminar
Ab SS 1943	Mathematisches Institut.

Die ersten Vorstände des mathematisch-physikalischen Seminars waren

1869 - 1873	Hermann HANKEL (1839 - 1873) (s. Abb. 4)
1874 - 1884	Paul du BOIS-REYMOND (1831 - 1889) (s. Abb. 4)
1884 - 1918	Alexander (von) BRILL (1842 - 1935) (s. Abb. 4)

Der frühe Tod von KOMMERELL (1872) und HANKEL (1873) machte
den viel versprechenden Anfängen ein jähes Ende.

5. Paul du BOIS-REYMOND. Der Streit um die Prüfungsordnungen.

Mit der Gründung des mathematisch-physikalischen Seminars war ja erst
ein Reformziel erreicht (Vgl. das Ende von Abschnitt 2). Es ist das große
Verdienst von du BOIS-REYMOND, in Sachen Prüfungsordnung 1878 einen ersten Fortschritt erzielt zu haben. Auch er verfasste umfangreiche
Denkschriften, Gutachten, Schriftsätze; die erste Denkschrift stammt aus
dem Jahr seines Amtsantritts (1874). In dieser Denkschrift behandelt er unter anderem das Thema „Wissenschaftliche oder encyklopädisch gebildete
Lehrer ?" Du BOIS-REYMOND befürwortet ganz entschieden den wissenschaftlich gebildeten Lehrer. Er schreibt u.a.:" Es ist eine in mathematischen
und verwandten Fächern durchaus falsche Vorstellung daß man nicht viel
mehr zu wissen brauche, als man zu lehren hat. Das trifft höchstens für den
Universitätslehrer zu, der eben in manchen Vorlesungen bis an die Grenze
seines Wissens geht, weil dieß dann überhaupt die Grenzen des Wissens
sind.

Aber ich behaupte: um die Elemente der Mathematik in bildender Weise
zu lehren, muß der Lehrer durchtränkt sein von der Quintessenz des ganzen
mathematischen Wissens. Dann erst wird sein Unterricht Klarheit gewinnen;
zwar nicht jene niedere Klarheit, die man auch Trivialität nennt, sondern das
tiefe und deutliche Erfassen des mathematischen Gedankens wird der Vorzug seiner Lehre werden, und dadurch wird er reinigend auf den Denkpro-
zeß der mittleren Schüler, begeisternd auf den Berufenen wirken."
[Denkschrift, 3. Abschnitt]. Ich denke, diese Auffassung ist heute noch aktuell, und bemerke nur, daß du BOIS-REYMOND Erfahrungen als Gymnasiallehrer gesammelt hatte.

Den völligen Durchbruch zu einer damals sehr modernen Prüfungsordnung erreichten erst Alexander BRILL zusammen mit dem Mathematiker
Hermann STAHL und dem Physiker Ferdinand BRAUN. Die Tabelle (Abb.
3) stellt die Prüfungsordnungen von 1864 und von 1898 gegenüber, soweit
sie die mathematischen Fächer betrifft. In einer Rede bei der Feier seines 90.
Geburtstags sagt von BRILL im Rückblick auf die Kämpfe um die Prüfungsordnung: „... Kurz nach mir traten in die Fakultät zwei Kollegen ein,
der Mathematiker Hermann Stahl und der Physiker Ferdinand Braun, mit

Die **Prüfungsordnung für die Kandidaten des realistischen Lehramts vom 20. Juli 1864** sieht **zwei theoretische Prüfungen** vor, nämlich
1) eine theoretische Prüfung auf Hauptlehrstellen an niederen Realschulen (Reallehrerprüfung),
2) eine solche auf Hauptlehrstellen (Professorate) an Oberrealschulen (realistische Professoratsprüfung).

„Die erstere ist von sämmtlichen Kandidaten zu erstehen; innerhalb der letzteren findet eine Theilung der Kandidaten nach den beiden Hauptzweigen des realistischen Lehramts statt".

Prüfungsfächer der Reallehrerprüfung (die auf zwei Prüfungstermine verteilt werden durften):
a) Religion   b) Deutsche Sprache   c) Französische Sprache
d) Geschichte   e) Geographie   f) Mathematik
g) Naturgeschichte (Biologie)   h) Naturlehre (Physik)
i) Chemie   k) Zeichnen (geometrisches und Freihandzeichnen)
l) Freiwillige Fächer (z.B. Latein, Englisch, Italienisch)

Wer „mindestens ein Jahr zuvor die theoretische Reallehrerprüfung erstanden und hiebei in den Fächern seiner Richtung sich die Durchschnittnote „gut" erworben" hat, kann die realistische Professoratsprüfung ablegen.

Prüfungsfächer der realistischen Professoratsprüfung - mathematisch-naturwissenschaftliche Richtung

a) Mathematik   b) Naturlehre (Physik)   c) Chemie   d) Naturgeschichte

---

Die **Prüfungsordnung für die Kandidaten des realistischen Lehramts vom 12. September 1898** sieht für die erste Dienstprüfung mathematisch-naturwissenschaftlicher Richtung in der 1. Abteilung folgende Fächer vor:

Hauptfächer: 1. Mathematik;   2. Mechanik;   3. Physik
Nebenfach: Chemie
Wichtige Neuerung: Die wissenschaftliche Abhandlung

Abb. 3

denen mich gleiche Gesinnungen und Ziele verbanden. Was wir als Grundlage für unsere Lehrtätigkeit vorfanden, war eine Prüfungsordnung, die auf
vorwiegend gedächtnismäßige Vorbildung eingestellt, den Lehramtskandidaten der Mathematik und der Naturwissenschaften ohne Unterschiede *dieselben* Prüfungsfächer auferlegte. Diese höhere Volksschullehrer-Prüfung
durch eine solche zu ersetzen, die auf fachwissenschaftlichem Denken aufgebaut war, war das Ziel unserer gemeinsamen Bestrebungen, dem auch
bald die ganze naturwissenschaftliche Fakultät zustimmte. Aber es brauchte
zwölf Jahre unausgesetzten Wirkens, zuletzt sogar des persönlichen Eingrei-
fens von Staatsminister von Sarwey, bis sich unsere Anschauungen durch-
setzten." [v.BRILL]. Ein wichtiger Punkt war die Einführung einer
„Prüfungsabhandlung" (heute Zulassungsarbeit). In einem Merkblatt des
Mathem. Seminars vom Juli 1914 heißt es über diese Arbeit u.a.: "... Wenn
man hiernach vom Verfasser keine Erweiterung des behandelten Wissens-
gebietes oder gar den Nachweis von Erfindertalent erwartet, so werden doch
selbständig gefundene Ergebnisse, die sich dem Verfasser bei der Beschäftigung mit dem gewählten Stoff dargeboten haben, dem Bericht zur Zierde
gereichen ..."

   Den ersten Schritte zur Revision der Prüfungsordnung tat also - wie gesagt - Paul du BOIS-REYMOND. In seine Amtszeit fällt auch der Antrag
auf Errichtung einer zweiten ordentlichen Professur für Mathematik, die
1884 mit der Berufung Alexander BRILLs erfolgreich abgeschlossen wurde.
Du BOIS-R. war übrigens mit der Berufung Brills gar nicht einverstanden
und verließ Tübingen, noch ehe BRILL hier eintraf. Insgesamt entwickelte
sich das Seminar unter der Leitung von du BOIS-REYMOND nicht so, wie
man es erwarten und wünschen konnte. Du BOIS-REYMOND war wohl
recht ungeschickt im persönlichen Umgang und verwickelte sich in zahlreiche Streitigkeiten.

6. Ein Blick auf die weitere Entwicklung.

   Mit BRILL beginnt dann eine kontinuierliche Entwicklung. 1888 wurde
das Physikalische Institut fertiggestellt, die Verbindung von Mathematik und
Physik im Seminar blieb aber bis nach dem ersten Weltkrieg bestehen. Erst
vom WS 1921/22 an erfolgen keine Eintragungen der Physiker mehr im
Protokollbuch. Ob ein formeller Trennungsbeschluß erfolgte, konnte ich
nicht feststellen.

Alexander von BRILL hat in seiner langen Amtszeit das Seminar in besonderer Weise geprägt. Er war ein international hoch angesehener Vertreter der algebraischen Geometrie und einer der ersten Verfechter der Relativitätstheorie. Auch an didaktischen Fragen (Lehrerfortbildung) und an der Geschichte seines Fachs war er sehr interessiert. Eine ähnlich prägende Wirkung hatte Konrad KNOPP (1882 - 1957), von 1926 bis 1950 Inhaber des ältesten Lehrstuhls für Mathematik in Tübingen[4] . KNOPP war Analytiker; zu seiner Zeit war er der führende Vertreter der „Limitierungstheorie", einer modernen Richtung in der Theorie unendlicher Reihen. In der Blütezeit der Universität nach 1945 wirkten am Mathematischen Institut die drei großen K: KAMKE, KNESER und KNOPP. Sie verschafften dem Tübinger Institut internationales Ansehen. KAMKE konnte schon im September 1946 in Tübingen eine Mathematiker-Tagung mit internationaler Beteiligung veranstalten; es war die erste derartige Tagung in Deutschland nach dem zweiten Weltkrieg.

In den Jahren 1960 - 1972 wurde das Mathematische Institut zum modernen „Groß-Institut" ausgebaut; die Zahl der Lehrstühle stieg von drei auf zehn.

Eine *Tübinger Besonderheit*: Es gab und gibt keine Trennung in ein Institut für Reine Mathematik und ein solches für Angewandte Mathematik. oder vergleichbare organisatorische Gliederungen. Die Tübinger Mathematiker schätzen gerade die Zusammenarbeit in *einem* Institut.

Leider konnte ich im vorgegebenen Rahmen die wissenschaftlichen Leistungen der erwähnten Mathematiker (NEUMANN, HANKEL, du BOIS-REYMOND, BRILL ...) nicht darstellen. Auch fehlt in meinem Bericht eine genaue Schilderung der Nachkriegsentwicklung, besonders der Entwicklung seit 1960. Eine solche Schilderung hätte den Rahmen dieses Aufsatzes gesprengt. Vielleicht kann über dieses Thema im Rahmen des 150-jährigen Jubiläums berichtet werden.

---

[4] Dieser Lehrstuhl geht zurück auf die Professur für Mathesis, die 1507 erstmals besetzt wurde, und zwar mit dem bedeutenden Astronomen Johannes STÖFFLER (1452 - 1531).

Abb. 4: H. HANKEL - P. du BOIS-REYMOND - A.v. BRILL

Wichtige Daten der Institutsgeschichte

1863 Gründung der naturwissenschaftlichen Fakultät an der Universität Tübingen. Es war die erste naturwissenschaftliche Fakultät in Deutschland.

1865 - 1868 Carl Gottfried NEUMANN Professor der Mathematik und Astronomie an der Universität Tübingen.

Jan./Febr. 1868 Exposition über den gegenwärtigen Zustand des mathematischen Studiums an der Univ. Tübingen.

1869 - 1873 Hermann HANKEL Professor der Mathematik und Astronomie an der Universität Tübingen.

23. November 1869 Ministerialerlaß über die Gründung des (provisorischen) mathematisch-physikalischen Seminars.

31. Dezember 1869 Eröffnungssitzung.

Die ersten Vorstände des Seminars (Abb. 4):

1869 - 1873 Hermann HANKEL (1839 - 1873)
1874 - 1884 Paul du BOIS-REYMOND (1831 - 1889)
1884 - 1918 Alexander (von) BRILL (1842 - 1935)

Ab WS 1921/22 tragen die Professoren der Physik keine Noten mehr im Protokollbuch ein. (Formeller Trennungsbeschluß ?).

Im Vorlesungsverzeichnis erscheinen folgende *Bezeichnungen:*

Ab SS 1870	Provisorisches mathematisch-physikalisches Seminar
Ab WS 1872/73	Mathematisch-physikalisches Seminar
Ab WS 1927/28	Mathematisches Seminar
Ab SS 1943	Mathematisches Institut.

Verzeichnis der Quellen/Auflösung der Siglen

BRILL   Brill, Alexander: Das mathematisch-physikalische Seminar. *In:* Festgabe zum fünfundzwanzigjährigen Regierungs-Jubiläum seiner Majestät des Königs Karl von Württemberg in Ehrfurcht dargebracht von der Universität Tübingen. Tübingen 1889.

v. BRILL   Brill, Alexander von: Zum 28. Juli 1932 - Der Hochschulunterricht in der Mathematik in den letzten 50 Jahren (Brills Rede vom 28. Juli 1932 bei der Feier seines 90. Geburtstags). Tübinger Chronik vom 2.8.1932.

Denkschrift Denkschrift von Paul du Bois-Reymond vom Jahr 1874. Staatsarchiv Ludwigsburg, ad 4495/74, L 176 fasc. 2 1/2/II

Exposition Exposition über den gegenwärtigen Zustand des mathematischen Studiums an der Universität Tübingen von Dr. Neumann, Professor an der Universität Tübingen (Denkschrift vom WS 1867/68). Staatsarchiv Ludwigsburg, Beilage zu Nro 416/1868, fasc. 2 1/2/II)

LOREY   Lorey, Wilhelm: Das Studium der Mathematik an den deutschen Universitäten seit Anfang des 19. Jahrhunderts. Leipzig und Berlin 1916.

Protokollb. Protokollbuch des mathematisch-physikalischen Seminars, begonnen 1869.

UAT   Universitätsarchiv Tübingen

Für württembergische Geschichte:
Karl Weller - Arnold Weller: Württembergische Geschichte im südwestdeutschen Raum. 9. Aufl. Stuttgart 1981.

Akad.ORat Dr. Gerhard Betsch, Mathematisches Institut,
Universität Tübingen, Auf der Morgenstelle 10, D-72076 Tübingen

Über Rektoratsantrittsreden von Mathematikern an der Berliner Universität

HANNELORE BERNHARDT
Humboldt-Universität Berlin, Forschungsstelle Universitätsgeschichte
PSF 1297, D-10099 Berlin

„Es ist stets das stolze Bestreben unserer Universitäten gewesen, die Wissenschaft an sich und nur um ihretwillen zu lehren. Mit Recht fordern wohl der Staat und die Gesellschaft, daß die Universität ihre Beamten und Ärzte ausbilde. Wir lösen jedoch auch diese Aufgabe am besten dadurch, daß wir als höchstes Ziel unserer akademischen Erziehung die Pflege der Wissenschaft als solcher, die Erweckung der Liebe zu derselben ... ansehen.

Wir meinen, daß in diese Bahnen geleitete junge Männer auch die besten in ihrem Beruf werden müssen. Systematische Abrichtung zu einem bestimmten Berufe wird nur handwerksmäßig arbeitende Kräfte erzielen, welchen bei den Aufgaben des wirklichen Lebens diejenige geistige Elasitizität abgeht, die allgemein wissenschaftlich geschulten Männern eigen ist.“

Mit diesen Worten beendete *Lazarus Fuchs* am 15. Oktober 1899 seine Rektoratsantrittsrede. In ähnlichem Sinne hatte *Karl Weierstraß* aus gleichem Anlaß an gleicher Stelle 26 Jahre zuvor ausgeführt:

„... überdies werden Sie nur dadurch, daß Sie einem Hauptfache ein tiefer eindringendes Studium widmen, das Wesen wissenschaftlicher Forschung überhaupt verstehen lernen. ... Gleichwohl ist es einem ... fleißigen jungen Manne auch gegenwärtig möglich und, wenn er später den Sinn für ideale Zwecke nicht ganz verlieren, den Bestrebungen anderer nicht fremd gegenüberstehen und auch in den Bewegungen und Kämpfen des Lebens nicht haltlos hin und her schwanken will, unumgänglich notwendig, neben dem gründlichen Studium eines Hauptfaches auch mit denjenigen Disziplinen, die nicht gerade Hilfsdisziplinen der seinigen sind, sich wenigstens so weit zu beschäftigen, daß er von der Aufgabe und der wissenschaftlichen Bedeutung jener einzelnen eine richtige Vorstellung erhält. Kein Student sollte die Universität verlassen ohne Vorlesungen über politische Geschichte, allgemeine Kulturgeschichte und Geschichte der Philosophie insbesondere gehört zu haben.“

Mit diesen Ausführungen schließen *Weierstraß* und *Fuchs* an die *Humboldt*sche Universitätsidee des Jahres 1809/10 an, mit der ein allseitiger Bildungsanspruch für die Studenten der damals zu gründenden Berliner Universität apostrophiert wird; nicht Einseitigkeit, fachliche Enge, sondern breites Wissen als Ausdruck und Anspruch des deutschen Bildungsbürgertums der 19. Jahrhunderts waren gefragt. Diese vieldiskutierte Forderung zog tiefgreifende Fragen nach Nutzen, Zielen und Aufgaben der Universitäten und ihrer Stellung im Staate, Fragen ihrer Autonomie und der Freiheit der Wissenschaft nach sich. Dies ist ein Themenkomplex, der an der Berliner Universität Zeit ihres Bestehens nicht an Brisanz verloren hat, zu dem sich auch Universitätsgelehrte vom Range eines *Fichte* und *Helmholtz* (z. B. in ihren Rektoratsantrittsreden) ausführlich äußerten, so daß hierher gehörende Auffassungen Berliner Mathematiker im Rektoramt jedenfalls Aufmerksamkeit verdienen.

Insgesamt zählte die Berliner Universität in ihrer Geschichte von 1810-1992 unter den 182 gewählten Rektoren fünf Mathematiker,[1] und zwar:

1868/69	*Ernst Eduard Kummer*
1873/74	*Karl Weierstraß*
1899/1900	*Lazarus Fuchs*
1929/30	*Erhard Schmidt*
1959–1963	*Kurt Schröder*

Soweit bekannt ist dies im Vergleich zu anderen Universitäten ein recht hoher Anteil an Mathematikern im Rektoramt und kann vielleicht damit erklärt werden, daß mit dem Wirken *Alexander v. Humboldt*s Naturwissenschaften und Mathematik an dieser Universität besondere Wertschätzung und Förderung erfuhren. Diese Vermutung wird erhärtet, wenn man berücksichtigt, daß neben den Mathematikern noch insgesamt 22 Naturwissenschaftler in 28 Jahren als Rektoren in Berlin wirkten.[2] Die Rektoratsakten der Berliner Universität sind bis zum Jahre 1930 im Universitätsarchiv bedauerlicherweise nicht mehr vorhanden, sodaß über die Tätigkeit und Wirksamkeit auch der Mathematiker im Rektoramt wenig bekannt ist.

Entsprechend den Statuten der Universität konnte sich der neue Rektor entweder mit einer „kurzen Anrede" oder mit einer „längeren auf den Anfang des Lehrkurses bezüglichen Rede" in sein hohes Amt einführen.

Von der ersten Möglichkeit hat offensichtlich *Kummer* bei seinem Rektoratsantritt Gebrauch gemacht, während die anderen vier Mathematiker mit einer Rede antraten, einer Rede freilich, die nicht eigentlich den Anfang ihres Lehrkurses bezeichnete, sondern die sehr viel allgemeinere Überlegungen zu den Aufgaben der Universitäten und ihrer Lehrer, vor allem aber auch zur Geschichte der Mathematik, zu Empfehlungen an die Studenten oder auch zu philosophischen und disziplinspezifischen Problemen enthielten. Im folgenden werden einige Überlegungen aus den und zu den Rektoratsantrittsreden vorgetragen.

---

[1] Vgl. Anlage 1.
[2] Vgl. Anlage 2 und 3.

Da *Kummer*, der erste Mathematiker also im Amt des Rektors der Berliner Universität, soweit bisher bekannt, keine Antrittsrede gehalten hat, wurde an ihrer Stelle seine Festrede zum 3. August 1869 herangezogen.[1]

Einleitend bezeichnet *Kummer* die Berliner Universität als eines der „würdigsten Denkmäler und zugleich Pflanzschule für die geistige Erhebung Preußens", die durch Lehre und Pflege der Wissenschaft die „gesamte geistige Bildung in unserem Vaterlande zu fördern strebt".[2] Es verdiene einer „sehr ernsthaften Erwägung", ob dies seit ihrer Gründung stets gelungen sei. Wegen des „außerordentlichen Umfangs der Frage" beschränke er sich auf die Betrachtung der mathematischen Wissenschaften. So verwies er im Rahmen eines historischen Überblicks allerdings nicht an der Berliner Universität auf die großen Leistungen eines *Leibniz* und der französischen Mathematiker des 18. Jahrhunderts, die allerdings vor allem an der Berliner Akademie wirkten, um dann festzustellen, daß sich der mathematische Unterricht in Universitäten und Schulen Deutschlands in der ersten Hälfte des 19. Jahrhunderts noch immer in einem „traurigen Zustand" befunden habe. Abhilfe sei durch Männer geschehen, die „durch eigene Genialität getrieben" die Wissenschaft wieder in ihrer Tiefe erfaßten und in ihr neue Quellen auftaten. *Kummer* nannte zunächst *Gauß*, dessen Werk und Wirken er würdigte. Der Redner rühmte sodann *Jacobi*, in dessen Studienjahren 1821-1824 *Gauß'* Fortschritte der Mathematik an der Berliner Universität noch keinerlei Eingang gefunden hatten. Daher habe *Jacobi* zunächst auch philologische Vorlesungen bei dem berühmten Altphilologen *Boeckh* gehört, allerdings bereits „von der Lotosfrucht mathematischer Erkenntnis gekostet", der Mathematik nicht mehr entsagen können. *Jacobi* und neben ihm *Dirichlet* komme das Hauptverdienst an der Hebung des mathematischen Niveaus an deutschen Universitäten zu. „Wenn dabei notwendig diejenigen zurückbleiben ..., welche an zu großer Trägheit des Geistes litten, so liegt auch darin ein Verdienst der *Jacobi*/schen Lehrmethode, denn für solche schwache Individuen ist das mathematische Studium überhaupt nicht geeignet." *Dirichlet* habe vor einem kleineren Kreis desto begabterer Hörer gelesen. *Kummer* beleuchtete sodann die mathematischen Leistungen von *Jacobi* und *Dirichlet*: „Welcher von beiden der größere sei, wird eine genügende Antwort nicht erhalten können." Im letzten Teil seiner Rede hob *Kummer* das förderliche Wechselverhältnis in der Entwicklung von Mathematik und Naturwissenschaften, besonders der theoretischen Physik, und den Nutzen der mathematischen Wissenschaft hervor, die dem Staate durch Förderung der Industrie und Technik „als den Hauptquellen des Nationalreichtums" große Dienste leiste. „Aber ich habe nicht nötig, auf diesen äußeren Nutzen der Wissenschaft hier einzugehen, denn das, was die Universitäten innerhalb der ihnen eigenen Sphäre der Pflege und Lehre der Wissenschaft in der Mathematik geleistet haben, ist so bedeutend, daß es einer Verstärkung durch Hervorheben seines praktischen Einflusses nicht bedarf." Diese Wertung bereits 1869 ist bemerkenswert, spätere Redner werden diese Beziehungen zwischen der Mathematik und ihren Anwendungen zu Recht noch viel stärker hervorheben. Die

---

[1] [5]. Geburtstag *Wilhelms* III.; an diesem Tag des Jahres 1811 trat die Universität zum ersten Mal zusammen, er wurde daher jährlich feierlich begangen.

[2] Die geistige Nähe zu *Wilhelm v. Humboldt* ist wohl erkennbar.

Universität habe also - so *Kummer* - im Hinblick auf das Aufblühen der mathematischen Wissenschaften und die Reform des mathematischen Unterrichtes den Erwartungen ihres „erhabenen Stifters" entsprochen.

Der nächste Rektor aus dem Kreis der Mathematiker war *Weierstraß*, der sein Amt am 15. Oktober 1873 antrat.[1] Er leitete seine Antrittsrede[2] mit der Feststellung ein, daß die in den letzten drei Jahren an gleicher Stelle gehaltenen Reden „die Signatur der großen Zeit" tragen, „Reden an die Nation" waren, die „künftige Geschichtsschreiber ... den wertvollsten Dokumenten aus unserer Zeit anreihen". Worte, gewiß gesprochen in der Euphorie des eben gegründeten deutschen Kaiserreiches: „Der feindliche Boden ist geräumt, das Fundament des neuen Reichs gelegt", fuhr er fort. Es bleibt die Frage: War dies bloß eine rhetorische Floskel, Ausdruck der Opportunität oder einer in dieser Zeit im Bürgertum durchaus verbreiteten national-konservativen Gesinnung?

Weierstraß begrüßte die Studenten mit einem herzlichen Willkommen und richtete an sie die Aufforderung, nicht nur den „Ertrag der geistigen Tätigkeit vieler Geschlechter aufzunehmen", sondern das „Lernen zu erlernen". Aufgabe der Hochschule sei, junge Männer zu Trägern und Förderern der Wissenschaft zu machen und für den Dienst am Vaterland vorzubereiten. Er erinnerte in diesem Zusammenhang an Ausführungen seiner Vorgänger im Amt, an Fichte, den ersten gewählten Rektor der Berliner Universität und seine Universitätsidee, nach der die Hohen Schulen „den Fortgang der Bildung des Menschengeschlechts stetig und sicher zu gewähren haben", an den Juristen *Adolf Rudorff*, 1857 Rektor, und seine an *W. v. Humboldt* anknüpfende Vorstellung, daß an der Universität die Wissenschaft durch „unmittelbare persönliche Berührung des forschenden Lehrers und der unverbrauchten Jugend vorangebracht werde", an den oben erwähnten *Boeckh*[3] und seine Forderung nach Stetigkeit des Geistes und der Grundsätze, die zugleich Bewegung und Fortschritt bewirke, an den Philosophen *Trendelenburg*, 1845 und 1863 Rektor, und seine Auffassung von Begriff und Notwendigkeit akademischer Lehr- und Lernfreiheit.

Einige „eigene Bemerkungen" - selbst auf die Gefahr hin, daß sie „trivial klingen" - beleuchten sodann unvermutet Weierstraß' philosophische Anschauungen, die den einzelnen Wissenschaftszweigen ihren Platz im Kanon der Wissenschaften zuweist, wenn es heißt:

> „Der Forschungstrieb entspringt dem im innersten Wesen des menschlichen Geistes begründeten Bedürfnis, in dem Mit- und Nacheinandersein der Dinge Ordnung und gesetzmäßigen Zusammenhang zu entdecken. Die einzelnen wissenschaftlichen Disziplinen erhalten ihre Be-

---

[1] *Kiepert* schreibt in seinen persönlichen Erinnerungen an *Karl Weierstraß*, daß es ihm als Rektor gelungen sei, „zahlreiche Übelstände zu beseitigen, die man schon viele Jahre früher hätte beseitigen müssen, und viel neues zu schaffen, was von vielen Generationen zum Segen gereiche." ([4], S. 62-63.) *Emil Lampe* erinnerte sich in [6], daß *Weierstraß* „sich auch hier bewährte (als ‚Rector magnificus') als ein Mann von Welt" und sein Leben lang den „freien Ton eines frischen Burschen" schätzte.

[2] Vgl. [8].

[3] *Boeckh* war zwischen 1835 und 1859 fünfmal Rektor.

deutung dadurch, dass sie alle zu diesem Zwecke mitwirken, aber nicht zusammenhanglos, sondern gleichsam eine Kette bildend, welche von der Mathematik als dem einen äußeren Gliede ausgehend durch die verschiedenen Zweige der Naturkunde und der historischen Wissenschaften ... bis zu der Philosophie als dem Schlußgliede sich hinzieht. Mathematik und Naturwissenschaften beschäftigen sich beide mit den Erscheinungsformen des Seins in Raum und Zeit, jene mit den in der Idee existierenden, überhaupt möglichen, diese mit den in der Körperwelt verwirklichten. So ist die Mathematik für die Naturwissenschaft eine nothwendige Voraussetzung, nicht eine Hülfsdisziplin im gewöhnlichen Sinne; umgekehrt liefert der beobachtende und experimentirende Naturforscher in seinen Resultaten dem Mathematiker mehr als eine bloße Aufgaben-Sammlung. Die historischen Disziplinen ferner, Geschichtswissenschaft im engeren Sinne, Sprachforschung u. s. w., die im Entwicklungsgang des Menschengeschlechts die waltenden Gesetze und treibenden Kräfte zu erforschen und darzulegen haben, finden ihre Verbindung mit den Naturwissenschaften darin, daß die Entwicklung des Menschenlebens, ..., durch die Wechselwirkung zwischen seinem eigenen Sein und dem gesamten Sein ausser ihm bedingt ist. Die Philosophie endlich, indem sie Ergebnisse aller Wissenschaften zusammenfasst, reinigt, vergeistigt, arbeitet an der Verwirklichung des wissenschaftlichen Ideals, in der unendlichen Mannigfaltigkeit der Erscheinungen der Natur und des geistigen Lebens die Einheit, das Absolute zu erkennen. In diesem Sinne kann man sagen, daß Erkenntnis des Wesens der Dinge das letzte Ziel aller wissenschaftlichen Forschung sei, und daß nach der Stufe, welche auf dem Wege zu diesem Ziele in jedem Zeitalter die Menschheit erreicht hat, der Grad der allgemeinen Bildung dieses Zeitalters bemessen werden müsse."

Hier schließt die eingangs zitierte Aufforderung an, umfassende Bildung zu erwerben. „Begeistern Sie sich durch den Gedanken, daß Männer, die unsterbliche Entdeckungen in der Wissenschaft gemacht haben, dadurch auch Wohltäter von Millionen geworden sind". Nur aus „dem harmonischen Zusammenwirken aller" könne der Menschheit „wahres Heil" erwachsen. Dieser Glaube an die Kraft und Stärke der reinen Wissenschaft eignet wohl nur einem Gelehrten des 19. Jahrhunderts, dem z. B. Mißbrauch der Wissenschaft unvorstellbar ist. Die Überzeugung, daß es nicht nur in der Natur, sondern auch in der Geschichte objektive Gesetze gibt, die erkannt werden können, daß die Geschichte des Menschen durch die Wechselwirkung innerhalb der Gesellschaft und der Gesellschaft mit der Natur bedingt ist und von erforschbaren Gesetzen und Triebkräften bestimmt wird, steht in geistiger Nähe zu materialistisch-deterministischen Vorstellungen des 19. Jahrhunderts.

Der Rektor des Studienjahres 1899/1900, Lazarus Fuchs, führte sich in den Jahren stürmischer Entwicklung von Wissenschaft, Technik und Industrie mit einer Rede zu einer damals höchst aktuellen Thematik ein: „Das Verhältnis der exakten

Naturwissenschaft zur Praxis".[1] Letzterer rechnete er auch die Mathematik mit dem Argument zu, daß die Objekte der Naturbetrachtung, erfaßt durch Maß und Gewicht in Raum und Zeit, ihren adäquaten Ausdruck in den „geometrischen und analytischen Formen" und umgekehrt, die mathematischen Gebilde in den Naturerscheinungen ihre Entsprechung finden. Auch die Forschungsmethoden von Mathematik und exakter Naturwissenschaft seien „nicht wesentlich verschieden".

Bindeglied zwischen den einzelnen Errungenschaften der Menschheit sei die Wissenschaft, verstanden hier als „Betätigung des menschlichen Geistes", der in das Wesen der Dinge eindringend sich zu „freiem Flug nach allen Richtungen" entfalten muß, allein um der Erkenntnis willen ohne Ziel auf die Lösung eines praktischen Problems und ohne (enge) zeitliche Begrenzung, was oft in unerwarteter Weise zur Entdeckung „weltbewegender Naturgesetze" geführt habe.

Im Zeitalter der Anwendung von Dampfkraft und Elektrizität mit den „bewundernswerten Veränderungen in der Lebensführung" der Menschen, der Erleichterung des Verkehrs, der Einführung von Maschinen, die die Produktion „in allen gewerblichen Unternehmungen ins Unermeßliche steigert", müsse man stets die dafür vorangegangenen geistigen Leistungen bedenken. Wissenschaft und Praxis hätten sich jederzeit „in die Hände gearbeitet". Fuchs warnt nachdrücklich davor, „hingerissen von der gerechtfertigten Bewunderung der Erfolge der Technik den Anteil der reinen Wissenschaft an diesen Erfolgen" zu vernachlässigen. Für die Zukunft wären dann die Wurzeln weiterer Fortschritte abgeschnitten.

Es sei hier ein Vergleich zwischen *Weierstraß'* und *Fuchs'* Ansichten erlaubt, die u. E. wesentliche Unterschiede wie Gemeinsamkeiten ausweisen. Beide sind der Auffassung, daß sich sowohl Mathematik als auch Naturwissenschaften mit den Erscheinungsformen des Seins in Raum und Zeit befassen. Der Unterschied besteht aber darin, daß *Weierstraß* zwischen dem in der Realität verwirklichten Sein in Raum und Zeit als Gegenstand der naturwissenschaftlichen Forschung und den denkmöglichen Erscheinungsformen des Seins als Gegenstand der Mathematik unterscheidet. *Fuchs* dagegen sieht diesen Unterschied nicht, insofern als er von vornherein postuliert, daß die Objekte der Naturbetrachtung - erfaßt in Raum und Zeit - adäquat in der Mathematik abgebildet sind. Damit scheint *Weierstraß'* Ansatz allgemeiner. Beide teilen aber die Überzeugung, daß Erkenntnis das letzte Ziel der forschenden Tätigkeit des menschlichen Geistes ist, und plädieren so für eine freie Grundlagenforschung. Zugleich aber zeigt die Bemerkung von *Fuchs*, daß es nur zum Schaden des Fortschritts der Menschheit gereiche, „wenn künstlich ein feindlicher Gegensatz zwischen der reinen Wissenschaft und der Technik construirt wird,, Wissen um die dem 19. Jahrhundert eigene, zunächst unschließbar scheinende Kluft zwischen der Mathematik und ihren ingenieurwissenschaftlichen Anwendungen und Bereitschaft zu ihrer weiteren Überwindung.

30 Jahre nach *Fuchs* hielt *Erhard Schmidt* eine Rektoratsantrittsrede zum Thema „Über Gewißheit in der Mathematik".[2] Er versuchte als einziger, seinen Hörern eine Grundfrage der Mathematik, die nach ihrer Begründung, nahe zu bringen. Auch hier zunächst einige Hauptgedanken. Unter den Errungenschaf-

---

[1] Vgl. [3].
[2] Vgl. [7].

ten des menschlichen Geistes sei die Mathematik „im Gesichtsfeld der gebildeten Allgemeinheit verhältnismäßig nicht günstig gestellt". Das habe ihre Ursache in der tausendfachen Verkettung der mathematischen Erkenntnisse, aber auch darin, daß „die Mathematik gerade deswegen so schwer verstanden wird, weil sie so einfach und so klar ist". Wenn *Schmidt* fortfährt, daß uns das Einfache und Klare nicht leicht zugänglich ist, sondern das Geläufige, an Gewohntes Anknüpfende, so scheint das ein merkwürdiger Gegensatz zwischen einfach und geläufig. *Schmidt* erklärte dazu: Vom gewohnten Komplizierten zum ungewohnten Einfachen vorzudringen, erfordere eine starke Abstraktion, und da zudem die „Präzision der gewöhnlichen Sprache mit der unvergleichlichen in der Mathematik erreichbaren Klarheit nicht Schritt halten kann und daher der Ergänzung durch eine eigene Sprache in Worten und Zeichen bedarf", verschließe sich dem Außenstehenden erst recht mathematische Erkenntnis. Ein Trost für alle sei jedoch ihre Dauerhaftigkeit und Sicherheit, ihr wohne eine „qualitativ höhere Art der Gewißheit" inne. Die Kernfrage seiner Ausführungen: Besteht dieser Anspruch auf „absolute Gewißheit" zu Recht? Die Antwort ist spannend, in ihrer Klarheit beeindruckend. Es kann nur eine Skizze versucht werden. Seit den zwanziger Jahren seien von einigen Mathematikern fundamentale Schlußprinzipien mathematischer Beweise in Frage gestellt und zwar infolge der „Verschiedenheit der Stellungnahme zum Begriff des Unendlichen". *Schmidt* charakterisierte die Unterschiede der klassischen und intuitionistischen Auffassung des Unendlich am Beispiel der Folge aller ganzen positiven Zahlen. Erstere betrachte diese als im Geist objektiv existierend, während die zweite ein unbegrenztes Verfahren zur Schaffung immer neuer ganzer Zahlen anerkennt. Er verifizierte das unterschiedliche Herangehen am Beispiel der Zerlegbarkeit jeder geraden Zahl in eine Summe von zwei Primzahlen. Für die naive, klassische Auffassung ist die Behauptung evident: „Entweder lassen sich alle geraden Zahlen als Summe zweier Primzahlen darstellen oder es gibt gerade Zahlen, für die dies nicht zutrifft". Das entspricht bekanntlich dem berühmten aristotelischen Tertium non datur.

Für die Intuitionisten lauten die entsprechenden Alternativen: Aus der Eigenschaft einer Zahl, gerade zu sein, kann gefolgert, d. h. bewiesen werden, daß sie als Summe zweier Primzahlen zerlegbar ist oder es gibt Zahlen, die nicht als Summe von zwei Primzahlen darstellbar sind, d. h. es gibt ein Verfahren, eine solche gerade Zahl zu bestimmen. Diese Alternative sei nicht zwingend, weil keine „kontradiktorischen Gegenteile" vorliegen, da „das Nichtvorhandensein eines Beweises für die Zerlegbarkeit ... noch kein Konstruktionsverfahren für ein Gegenbeispiel" liefere. Das Resultat, wenn das Tertium non datur aus den Grundlagen der Mathematik verbannt wird, sei – so *Schmidt* – „tief deprimierend", was er seinen Hörern am Beispiel einer Aussage *Brouwers* verständlich zu machen suchte, wonach von zwei gegebenen reellen Zahlen nicht mehr gesagt werden könne, ob sie gleich oder voneinander verschieden seien.

Als Ausweg, „um das gewaltige Loch ... wieder zu stopfen" verwies *Schmidt* auf die „erfolgversprechenden Bestrebungen und die großartigen Theorien von *Russell*, *Hilbert*" und anderen. Aus Zeitgründen umriß *Schmidt* nur *Hilberts* „Gedankenrichtung" und anerkannte zugleich „die großartige produktive Gestaltung, welche

Brouwer dem intuitionistischen Veto durch die systematische Durchführung der Konsequenzen im Aufbau der Mathematik gibt." *Schmidt* antizipierte das formalistische Programm seines Lehrers *Hilbert*, meinte aber interessanterweise, *Hilbert* habe „den Ariadnefaden gefunden, der den Beweis der von ihm behaupteten Widerspruchslosigkeit durch das ... Labyrinth logischer Zirkel glücklich hindurchzuführen *scheint*".[1] Zwei Jahre später, im Jahe 1931, wurden die *Gödel*schen Sätze veröffentlicht!

Schmidt endete: So gesehen stecke die mathematische Gewißheit in einer Krise, aber in einer produktiven, „deren Erschütterungen die Symptome einer Vertiefung der Fundamente sind".[2]

Hans Freudenthal, einer der Redner auf der Feier anläßlich des 75. Geburtstages von *Schmidt*, überbrachte die Glückwünsche vieler Schüler, die „nicht nur dem Mathematiker", sondern auch „dem ehrlichen Manne" gelten sollten. *Schmidt* entgegnete, dies bewege ihn „tief und freudig". Zugleich sein Verhältnis zur Berliner Universität charkterisierend, fuhr er fort: „Denn diese Quelle der Ehrlichkeit war nicht nur das ethische Gebot, das gegen das Unrecht aufruft, sondern auch die spontane Beteiligung des Herzens. Ich liebte eben meine Schüler. Genau dasselbe gilt auch für die Universität als Ganzes. Ich liebe die Berliner Universität, ob sie sich nun in glücklicherer Lage befindet oder nicht - das ändert daran nichts. Ich liebe sie seit ich in Berlin bin und werde ihr Treue halten."[3]

Noch einmal, im Jahre 1959, erhielt, nunmehr für sechs Jahre, ein Mathematiker das hohe Amt des Rektors der Berliner Universität, freilich in gänzlich anderer Situation als seine Vorgänger, übertragen, der Vertreter der angewandten Mathematik Kurt Schröder.[4] Auch er führte sich mit einer Antrittsrede ein, die zunächst mit Rückerinnerungen an die eigene, 1928 beginnende Studienzeit sehr persönlich gehalten ist; voller Hochachtung nannte er als seine wissenschaftlichen Lehrer, vor allem den krankheitshalber abwesenden *Erhard Schmidt*, dann *v. Mises*, *v. Neumann*, *Schur*, *Planck* und *Schrödinger*. *Schröder* berichtete von der „Hilfsbereitschaft und Menschlichkeit" *Schmidts* in „unmenschlicher Zeit", erzählte, wie sie als Studenten und Angehörige der Mapha, dessen letzter Vorsitzender *Schröder* war, *Schmidts* Vorlesungen vor Randalierern geschützt,[5] Studienförderung betrieben, persönliche Kontakte und Erfahrungsaustausch mit ehemaligen Studenten gepflegt haben und regte die FDJ an, vergleichbare Wege zu gehen. Er begrüßte es, daß die Universitäten anders als früher zu wesentlichen Trägern des gesellschaftlichen Lebens geworden sind, an denen das Studium „ureigenste Angelegenheit des Volkes selbst" sei. Die zunehmende Technisierung und Automatisie-

---

[1] Hervorhebung Bdt.

[2] *Alexander Dinghas* hat 1970 Schmidts Rektoratsrede als Meisterstück deutscher Prosa und prägnanteste Darstellung der Grundgedanken des Intuitionismus bezeichnet. Als Rektor habe er „manche Schwierigkeit mit Geschick gemeistert und studentische Unruhen beigelegt."([2], S. 6)

[3] [1], S. 20.

[4] Das handschriftliche Manuskript der Rektoratsantrittsrede wurde im Nachlaß *K. Schröder* im Archiv der ehemaligen ADW der DDR aufgefunden und von der Autorin dieses Beitrages maschinenschriftlich übertragen.

[5] Diese Ereignisse schilderte *Schmidt* in beinahe amüsanter Weise selbst auf der Feier zu seinem 75. Geburtstag. Siehe [1].

rung erfordere Menschen, die die Grundlagen der mathematischen Wissenschaften beherrschen und anzuwenden verstehen, was für viele schwierig sei. Daher appellierte *Schröder* sowohl an die Lehrer der allgemeinbildenden Schulen als auch an die Hochschullehrer, mit hohem Engagement qualifiziert und begeisternd mathematische Kenntnisse zu vermitteln. Dabei gebe es keinen Unterschied zwischen „reinen und angewandten Mathematikern", eine Unterscheidung, die, im 19. Jahrhundert entstanden, ohnehin relativ und heute mehr und mehr im Schwinden sei. Dafür nannte er mehrere Beispiele. Im übrigen sei für die Vielfalt anspruchsvoller Forschungsarbeiten auch außerhalb der Universität Raum, der mit hochqualifiziertem Nachwuchs zu versorgen sei. Auch sollte aus der Existenz der Akademien Nutzen für die Universitäten gezogen werden. Abschließend legte er den Studenten, die frei von materiellen Sorgen studieren könnten, aus Herz, Hervorragendes in der Wissenschaft zu leisten, eingedenk der Tatsache, daß niemandem „irgendwelche Früchte umsonst in den Schoß fallen", daß Widerstände, „die sich durch Bequemlichkeit, Rückständigkeit und Bürokratie ergeben könnten", nur durch Überzeugungskraft und Beharrlichkeit zu überwinden sind. Zugleich sei die Wissenschaft fest in der Hand zu behalten, daß sie nicht zu jenen gelange, die davon einen „verhängnisvollen Gebrauch machen könnten".

Der Versuch liegt nun nahe, abschließend Gemeinsamkeiten und Unterschiedliches in den zitierten Reden der so unterschiedlichen Mathematikerpersönlichkeiten zu so verschiedenen Zeiten herauszufinden.

Zu allgemeinen, nicht eigentlich fachspezifischen Problemen sind in der Tat sehr ähnliche, wenn nicht übereinstimmende Auffassungen zu erkennen. Da fällt zunächst das erstaunlich detaillierte Wissen zur Geschichte der Mathematik auf, der Entstehung und Entwicklung mathematischer Theorien, Methoden, ganzer Disziplinen aus ferner oder naher Vergangenheit. Die Geschichte liefert den Autoren zahlreiche Beispiele für das jeweilige wissenschaftliche Umfeld mathematischer Forschungsarbeiten und in der Mathematik Tätiger, läßt sie auf Grenzen des bereits Geleisteten und auf interessante Entwicklungsparallelen z. B. in der Frage nach den Impulsen für neue theoretische Fragestellungen verweisen.

Es versteht sich fast von selbst, daß sich die neu ins Amt berufenen Rektoren auch dank ihrer historischen Ambitionen, die viele Mathematiker des späten 20. Jahrhunderts nicht mehr erkennen lassen, bewußt in der Tradition der Begründer der Berliner Universität sahen. So schimmern allenthalben in ihren Rektoratsantrittsreden die Vorstellungen über universitäres Arbeiten und Wirken, die Ideen vor allem *Wilhelm v. Humboldts* durch. Das betrifft u. a. das energische Credo aller Vortragenden für die „reine", theoretische Forschung. Zugleich betonen die Redner den Nutzen der Mathematik für die Praxis, allgemeiner die Bedeutung der Wissenschaft für den Staat, die Technik, die Industrie, die Medizin u. s. w. Dieser Gedanke, daß die Universitäten für Volk und Staat von höchster Wichtigkeit sind, ist vor allem bei *K. Schröder* ausgeprägt, der auch die Bemühungen um die Volksbildung und damit die Lehrerbildung in diesen Kontext einschloß. Sein Standpunkt ist Ausdruck des Bildungsanspruchs in jenen Jahren, da in der DDR einem großen Kreis befähigter junger Leute ein Hochschulstudium ermöglicht wurde.

Die gesellschaftliche Verpflichtung der Universitäten hatte auch *W. v. Humboldt* ausdrücklich betont und die Erziehung der Jugend als ein „praktisches Geschäft" bezeichnet. Wenn an die Studenten die Forderung gestellt wird, sich die „höchste intellektuelle und sittliche Bildung" anzueignen, die die Universität zu bieten vermag, dann zielt dies ganz im Sinne *Humboldts* auf eine umfassende Allgemeinbildung, auf die „harmonische Ausbildung *aller* Fähigkeiten" des freiwillig nach Wissen strebenden Studenten.

Auch zu dem Prinzip, daß der Student unter Anleitung des Professors frühzeitig in die Forschungsarbeit einbezogen werden sollte, bekannten sich die neu berufenen Rektoren fast ohne Ausnahme.

Es bleibe nicht unerwähnt, daß die einzelnen Reden, die insgesamt einen Zeitraum von etwa 90 Jahren umspannen, den Geist der Zeit, die gesellschaftlichen Verhältnisse und die Stellung des Gelehrten bis zu einem gewissen Grade zumindest widerspiegeln. Und dabei werden schon Unterschiede sichtbar. Sicher war es der Anlaß des Tages, des Geburtstages des Stifters der Universität, daß *Kummer* seine Ausführungen gewissermaßen mit einer tiefen Verbeugung vor Preußens Herrscherhaus begann, aber es war zugleich charakteristisch für die Denkhaltung vieler Professoren jener Zeit. So atmet auch *Weierstraß'* Rede den Geist der Zeit, insbesondere wenn für die kommenden Jahre die Heranbildung „unserer jugendlichen Genossen" zu „wissenschaftlicher Tätigkeit, geistiger Freiheit und männlicher Willensfestigkeit in den Wirren der Gegenwart" als höchste Pflicht den Universitäten aufgetragen wird. *Fuchs'* Ausführungen sind schon vom Thema her ein Bekenntnis zur sich stürmisch entwickelnden Industriegesellschaft. Das Rektorat *Schmidts* liegt am Ende der Weimarer Republik. Vielleicht sollte man die anläßlich seines Amtantritts gehaltene Ansprache zu Grundlagenfragen der Mathematik einerseits als Beitrag zu einer damals von vielen Mathematikern geführten Diskussion höchst aktueller mathematischer Probleme, andererseits aber auch in ihrer ausschließlichen Behandlung theoretischer Fragen als Ausdruck des Zurückziehens in die Welt des Geistes in krisenhafter Zeit, auch angesichts der von *Schröder* erwähnten Querelen, verstehen. Dafür spräche auch der an innere Werte gemahnende Rat an die Studenten, sich die Grundlagen für selbständige Urteils- und Überzeugungsbildung an der Universität zu erarbeiten, gepaart mit „zähem Wahrheitsdrang", „Mut in der Weite der Zielsetzung und kühne Selbständigkeit in der Abstreifung der Fesseln des Geläufigen", für Handlungen und Überzeugungen sich nur vor dem eigenen Gewissen und Verstand verantwortlich fühlend. In diesem Sinne waren die wertvollen Hinweise an die Studenten auch gemeinsames Anliegen aller hier vorgestellten Redner.

Die Antrittsrede *Schröders* unterscheidet sich sicher nicht in erster Linie inhaltlich von jenen seiner Vorgänger, doch sie entstammt einer anderen, einer neuen Epoche. Wer in den 40 Jahren des Bestehens der DDR an einer ihrer Universitäten tätig war, der erkennt in dieser Ansprache Denkstil und Sprachgewohnheiten, die Art der Argumentation, den Optimismus, Frieden in der Welt zu verwirklichen und der (universitären) Jugend die sozialistische Zukunft in die Hand zu legen.

Anlage 1:

Mathematiker als Rektoren an der Berliner Universität

59. Rektor 1868/69
Ernst Eduard Kummer
29. 01. 1810-14. 05. 1893
Bei Amtsantritt 58 Jahre
Professor an Universität Berlin seit 1855
Festrede zum Andenken Friedrich Wilhelm III. am 3. August 1869

64. Rektor 1873/74
Karl Weierstraß
31. 10. 1815-19. 2. 1897
Bei Amtsantritt 58 Jahre
Professor an Universität Berlin seit 1856
Ansprache bei der Übernahme der Rektorates der Friedrich-Wilhelms-
Universität am 15. 10. 1873

90. Rektor 1899/00
Imanuel Lazarus Fuchs
05. 05. 1833-26. 04. 1902
Bei Amtsantritt 66 Jahre
Professor an Universität Berlin seit 1866 bzw. ab 1884
Über das Verhältnis der exakten Naturwissenschaft zur Praxis, gehalten
am 15. 10. 1899

120. Rektor 1929/30
Erhard Schmidt
31. 01. 1876-06. 12. 1959
Bei Amtsantritt 53 Jahre
Professor an Universität Berlin seit 1917
Über Gewißheit in der Mathematik, gehalten am 15. 10. 1929

134. Rektor 1959-65
Kurt Schröder
31. 07. 1909-07. 07. 1978
Bei Amtsantritt 50 Jahre
Professor an Universität Berlin seit 1946
Rektoratsrede 1959

Anlage 2:

Rektorate an der Universität Berlin 1810-1992

	Zahl der Jahre	Zahl der Personen
Geisteswissenschaften		
Jura	30	22
Philologien	30	16
Theologie	20	17
Geschichte/Archäologie	13	8
Philosophie/Psychologie	8	7
Nationalökonomie	3	3
Pädagogik	12	1
Mathematik/Naturwissenschaften		
Mathematik	10	5
Physik/Meteorologie	6	5
Geowissenschaften	5	4
Zoologie	4	2
Chemie	4	3
Botanik	3	3
Mineralogie	3	2
Astronomie	2	2
Pharmazie	1	1
Medizin		
Medizinische Wissenschaften	26	17
Veterinärmedizin	2	1

Anlage 3:

Zwei Jahre Rektor   Jahr/Rektor-Nr.

Rudolfi	Mediziner	1813/ 4.	1824/ 15.
Marheineke	Theologe	1817/ 6.	1831/ 22.
Weiß	Mineraloge	1818/ 9.	1832/ 23.
v. Raumer	Historiker	1822/ 13.	1842/ 33.
Müller	Mediziner	1838/ 30.	1847/ 38.
Busch	Mediziner	1835/ 27.	1849/ 40.
Dieterici	Historiker	1841/ 33.	1851/ 42.
Trendelenburg	Philosoph	1845/ 36.	1856/ 47.
Dove	Meteorologe	1858/ 49.	1871/ 62.
Du Bois-Reymond	Physiker	1869/ 60.	1882/ 73.
Fischer	Mediziner	1933/124.	1934/125.
Krüger	Veterinärmediziner	1935/126.	1936/127.
Stroux	Philologe	1945/137.	1946/138.
Dersch	Jurist	1947/139.	1948/140.
Hartke	Philologe	1957/148.	1958/150.
Sanke	Geograph	1965/157.	1966/158.
Haß		1988/180.	1989/181.

Drei Jahre Rektor

Lichtenstein	Zoologe	1820/ 11.	1826/ 17.	1840/ 31.
Twesten	Theologie	1839/ 30.	1850/ 41.	1860/ 51.
Beseler	Jurist	1862/ 53.	1867/ 58.	1879/ 70.
Kreuz	Mediziner	1942/133.	1943/134.	1944/135.
Friedrich	Mediziner	1949/141.	1950/142.	1951/143.

Fünf Jahre Rektor

Boeckh	Philologe	1825/ 16.	1830/ 21.	1837/ 28.	1846/ 37.
					1859/ 50.
Hoppe	Historiker	1937/128.	1938/129.	1939/130.	1940/131.
					1941/132.
Neye	Jurist	1952/144.	1953/145.	1954/146.	1955/147.
					1956/148.

Sechs Jahre Rektor

Schröder	Mathematiker	1959-1964/151.-156.

Neun Jahre Rektor

Wirzberger Philologe 1967-1975/159.-167.

Zwölf Jahre Rektor

Klein Pädagoge 1976-1987/168.-179.

Literaturverzeichnis

[1] **Ansprachen** anläßl. der Feier des 75. Geburtstages von **Erhard Schmidt** durch seine Fachgenossen (13. 1. 1951), vom Mathem. Inst. der TU Berlin vervielfältigter maschinenschriftl. Druck.

[2] **Dinghas, A.**: Erhard Schmidt. Erinnerungen und Werk, in: Jahresber. DMV **72**(1970), S. 3-17.

[3] **Fuchs, L.**: Über das Verhältnis der exacten Naturwissenschaft zur Praxis. Rede bei Antritt des Rectorates gehalten in der Aula der Königlichen Friedrich-Wilhelms-Universität am 15. October 1899. Berlin 1899

[4] **Kiepert, L.**: Persönliche Erinnerungen an Karl Weierstraß, in: Jahresber. DMV **35**(1926), S. 56-65.

[5] **Kummer, E. E.**: Festrede zum Andenken Friedrich Wilhelms des Dritten am 3. August 1869 in der Aula der Friedrich-Wilhelms-Universität. Berlin, 1869.

[6] **Lampe, E.**: Karl Weierstraß. Gedächtnisrede, gehalten in der Sitzung der phys. Gesellsch. zu Berlin am 5. März 1897, in: Jahresber. DMV **6**(1899), S. 27-46.

[7] **Schmidt, E.**: Über Gewißheit in der Mathematik. Rede zum Antritt des Rektorats der Friedrich-Wilhelms-Universität zu Berlin am 15. Oktober 1929. Berlin 1930

[8] **Weierstraß, K.**: Ansprache bei der Übernahme des Rectorats der Friedrich-Wilhelms-Universität zu Berlin am 15. October 1873, in: Math. Werke Bd. 3, Berlin 1903, S. 321-339

Der zentrale Grenzwertsatz als Bindeglied zwischen klassischer und moderner Wahrscheinlichkeitsrechnung

Hans Fischer

Für die Entstehung der modernen Wahrscheinlichkeitsrechnung als mathematischer Teildisziplin scheinen hauptsächlich zwei Entwicklungsstränge verantwortlich zu sein. Der eine Strang geht von der klassischen Wahrscheinlichkeitslehre Laplacescher Prägung aus und betrifft besonders den Problemkreis der Grenzwertsätze für Verteilungen, vor allem in der Anwendung auf die Fehlertheorie. Der andere Strang, durch ein Buch von Jan von Plato [1994] näher beleuchtet, beginnt mit der Entstehung von Fragestellungen, die am Anfang des 20. Jahrhunderts zu grundsätzlich neuartigen mathematischen Problemen führten, wie Axiomatik, stochastische Prozesse, starke Gesetze der großen Zahlen. Der vorliegende Aufsatz beschäftigt sich mit der Umgestaltung des zentralen Grenzwertsatzes, dem analytischen Hauptproblem der klassischen Wahrscheinlichkeitsrechnung, hin zu einem ganzen Problemkreis der modernen Wahrscheinlichkeitsrechnung, also mit dem ersten Entwicklungsstrang.

Nach jahrzehntelangen Bemühungen ist es Pierre Simon Laplace gegen 1809 gelungen, zu zeigen, daß eine große Summe von unabhängigen, dem Zufall gehorchenden Größen annähernd normalverteilt sein müsse. Laplace [1810] (s. [Sheynin 1977, 10–15]) begründete, jeweils zugeschnitten auf konkrete Anwendungsfälle, wie Inklinationswinkel von Himmelskörpern oder Beobachtungsfehler, und ohne mögliche Einschränkungen für die von ihm gefundene Gesetzmäßigkeit zu diskutieren, folgenden Sachverhalt, der in allgemeiner, moderner Terminologie entsprechender Form so lautet:

Seien $X_1, \ldots, X_n$ identisch verteilte unabhängige Zufallsgrößen (n eine große Zahl), $\mu := E\,X_1$, $\sigma^2 := E\,(X_1 - \mu)^2$, dann ist

$$P(n\,\mu - r\sqrt{n} \leq X_1 + \ldots + X_n \leq n\,\mu + r\sqrt{n}) \approx \sqrt{\tfrac{2}{\pi}} \int_0^r \tfrac{1}{\sigma} \cdot e^{-\frac{t^2}{2\sigma^2}}\,dt.$$

Dieser Erfolg von Laplace prägte ganz wesentlich sein wahrscheinlichkeitstheoretisches Hauptwerk, die *Theorie analytique des probabilités (TAP)*, die in erster Auflage 1812 erschien.

Wie aus der *TAP* hervorgeht, war für Laplace der allgemeine zentrale Grenzwertsatz (auseinanderzuhalten vom Spezialfall des sogenannten "Satzes von DeMoivre - Laplace" für Binomialverteilungen) innerhalb zweier Bereiche besonders wichtig: Für die wahrscheinlichkeitstheoretische Begründung der Methode der kleinsten Quadrate und für die Untersuchung scheinbarer und versteckter Regelmäßigkeiten in der Natur.

In letzterem Zusammenhang erhielt der zentrale Grenzwertsatz eigentlich bereits bei Laplace, spätestens aber bei Simon Denise Poisson die Bedeutung eines stochastischen Grundmechanismus, der alle in der physischen und moralischen Welt vorkommenden zufälligen Größen betraf. Poisson (z.b. [1829], s. a. [Sheynin 1978, chap. 3.3]) verwendete die analytischen Methoden von Laplace in modifizierter Form und behandelte auch nicht identisch verteilte Zufallsgrößen.

Die klassische Wahrscheinlichkeitsrechnung, deren wesentliche Zielrichtung durch den berühmten Ausspruch von Laplace charakterisiert werden kann, daß sie nichts anderes als der in mathematischen Kalkül gefaßte gesunde Menschenverstand sei [Laplace 1820, CLIII], geriet nach dem Tod von Laplace unter starke Kritik. Diese betraf hauptsächlich die Anwendungen auf menschliche Entscheidungen, etwa bei Gerichtsprozessen [Schneider 1987, 195–203]. In der Folge wurde auch in Bereichen, deren wahrscheinlichkeitstheoretische Behandlung nicht grundsätzlich abgelehnt wurde, wie der Fehlerrechnung, diskutiert, ob die Gedankenführungen auf willkürlichen und damit angreifbaren Hypothesen beruhten. Die Übergangsphase nach Laplace dauerte bis in die ersten Jahrzehnte des zwanzigsten Jahrhunderts. Es ist festzuhalten, daß während dieser Periode meistens die Wahrscheinlichkeitsrechnung nicht als Teilgebiet der Mathematik im engeren Sinne angesehen wurde.

Die der weitestreichendsten Mathematisierung unterliegende Teildisziplin der Wahrscheinlichkeitsrechnung war die Fehlerrechnung. Gerade dieser Bereich gab immer wieder während des 19. und des beginnenden 20. Jahrhunderts Anlaß zu kritischen Untersuchungen, die, jedenfalls zum Teil, mit anspruchsvollen analytischen Überlegungen verbunden waren. Die Begründungen von Laplace (z.B. [1820, 309–354], s. a. [Sheynin 1977]) für die Überlegenheit der Methode der kleinsten Quadrate unter allen Verfahren zur Schätzung unbekannter Größen aus Beobachtungswerten waren beschränkt auf eine große Zahl von Beobachtungen. Die beiden Begründungen von Carl Friedrich Gauß [1809; 1823] (s. z.B. [Schneider 1981]) für die

Methode der kleinsten Quadrate galten jedoch bereits für eine geringe Be-
obachtungszahl. Die erste dieser beiden Begründungen beruhte auf der Annahme eines "Gaußschen" Fehlergesetzes für Beobachtungsfehler und er-
freute sich wohl deswegen während des gesamten 19. Jahrhunderts besonderer Beliebtheit, weil sie eine spezielle Wahrscheinlichkeitsverteilung lieferte,
ohne die manche tiefergehende fehlertheoretische Untersuchung gar nicht
möglich gewesen wäre. Ursprünglich hatte Gauß selbst "sein" Fehlergesetz
aus der Annahme des arithmetischen Mittels als Maximum-Likelyhood-
Schätzer bei direkten Beobachtungen gefolgert. Später wurde die erste
Gauß-Begründung meistens in Nachfolge von Hagen [1837] und Bessel
[1838] so modifiziert, daß die Normalverteilung der Fehler mit Hilfe des
zentralen Grenzwertsatzes aus der "Elementarfehlerhypothese" gefolgert
wurde. Unter der Elementarfehlerhypothese versteht man die Annahme, daß
sich jeder Beobachtungsfehler aus einer großen Summe sehr vieler kleiner
unabhängiger "Elementarfehler" zusammensetzt. Während Hagen nur Elementarfehler betrachtete, die die Werte -a und +a jeweils mit Wahrscheinlichkeit ½ annehmen, baute Bessel seine Ausführung auf symmetrischen,
ansonsten jedoch willkürlich verteilten Elementarfehlern auf.

Das ganze 19. Jahrhundert dauerte der Streit um die wahrscheinlichkeitstheoretische Grundlegung der Methode der kleinsten Quadrate an (s.
[Knobloch 1992]).In manchen Beiträgen dazu wurden beachtliche Schritte
hin zu einer recht abstrakten — man könnte auch sagen spitzfindigen —
Sicht der Fehlerrechnung unternommen. Dies trifft in besonderem Maße auf
die Arbeiten zu, die Augustin Louis Cauchy in seiner Kontroverse mit Irenee
Jules Bienayme 1853 um die Grundlagen der Methode der kleinsten Quadrate publizierte (s. [Heyde & Seneta 1977, 81–96]).Der zentrale Grenzwertsatz spielte im Rahmen dieser Kontroverse bei der Diskussion um die
asymptotische Begründung der Methode der kleinsten Quadrate gemäß
Laplace eine besonders wichtige Rolle. [Cauchy 1853b] enthält den ersten
strengen Beweis des zentralen Grenzwertsatzes für Linearkombinationen
von Beobachtungsfehlern, allerdings bei recht restriktiven Voraussetzungen.

Fehlerrechnung lieferte somit, zumindest im Falle einer großen Anzahl
von Fehlern, Anlaß zu interessanten analytischen Betrachtungen. Welchen
Stellenwert bereits Laplace der "Approximation von Formelfunktionen großer Zahlen" beimaß, wird in gedrängter Form aus seinem Vorwort zur ersten
Auflage der *TAP* ersichtlich. Laplace bezeichnete derartige Untersuchungen
als den "delikatesten, schwierigsten und nützlichsten" Teil der Wahrschein-

lichkeitstheorie und drückte die Hoffnung aus, daß sie die "Aufmerksamkeit der Geometer" erregen würden, aufgrund ihrer speziellen analytischen Aspekte. Das wichtigste Handwerkszeug von Laplace zur Herleitung von asymptotischen Wahrscheinlichkeiten war seine Methode der Approximation von Integralen, welche von einer sehr großen Zahl abhängen, zum ersten Male vorgestellt in [Laplace 1774]. Aus dem analytischen Blickwinkel betrachtet wurden somit dieGrenzwertsätze der Wahrscheinlichkeitsrechnung, insbesondere der zentrale Grenzwertsatz, Anhängsel der Theorie bestimmter Integrale, zu deren Illustrierung sie dienen konnten. In diesem Sinne haben Peter Gustav Lejeune Dirichlet (s. [Fischer 1994]) in den dreißiger und vierziger Jahren und Pafnutii Lvovich Chebyshev (s. [Sheynin 1994]) in den sechziger und siebziger Jahren des 19. Jahrhunderts ihre Vorlesungen über Wahrscheinlichkeitsrechnung gehalten. Dirichlet stellte, wie aus bislang unveröffentlichten Vorlesungsmitschriften hervorgeht, in seiner intensiven Lehrtätigkeit in Wahrscheinlichkeitsrechnung den Bezug zu Laplaces Methoden direkt her, allerdings bei erheblichen Modifikationen hin zu größerer analytischer Strenge. Bei Chebyshev sind die Bezüge zu Laplaces TAP nur noch auf einer vergleichsweise allgemeineren methodischen Stufe zu finden. In seinem, freilich sehr lückenhaftem Beweis des zentralen Grenzwertsatzes [1887] ergab sich dieser als Folgerung aus einer allgemeinen Theorie über Momente von Funktionen (s. z.B. [Maistrov 1974, 188–208]).Die mathematischen Unzulänglichkeiten in Chebyshevs Behandlung des zentralen Grenzwertsatzes legen bei Berücksichtigung der mathematischen Potenz des Autors nahe, daß sein Anliegen weniger ein strenger Beweis dieses Satzes, sondern eher die Demonstration der Anwendbarkeit seiner Momententheorie war.

Momententheorie gehörte auch zu den wichtigsten Forschungsgegenständen der Schüler von Chebyshev. In seiner ersten Arbeit zum zentralen Grenzwertsatz gelang es Andrei Andreevich Markov [1898] in den neunziger Jahren, diesen streng durch Anwendung von Momentenmethoden zu beweisen, freilich noch unter recht restriktiven Voraussetzungen (s. [Sheynin 1989, 360–362]). Auch für Markov hatte der zentrale Grenzwertsatz zunächst eine ähnliche Bedeutung wie für Chebyshev.Der zentrale Grenzwertsatz entnahm seine wesentliche Bedeutung innerhalb der Mathematik bei Chebyshev wie auch anfänglich bei Markov hauptsächlich der Tatsache, als Illustration für besonders verallgemeinerungsfähige analytische Methoden dienen zu können.

Die Absicht von Aleksandr Mikhailovich Lyapunov, die seinen Beiträgen [1900; 1901] zum zentralen Grenzwertsatz zugrunde lag, nämlich die Voraussetzungen an die Verteilungen der einzelnen Summanden über die Ansprüche der außermathematischen, wie innermathematischen Anwendungen hinaus weit möglichst abzuschwächen, war dagegen ein entscheidender Schritt zur Abstraktion und zur beginnenden Autonomie dieses Satzes. Lyapunovs Beiträge zeichnet die gegenüber den Vorgängerarbeiten neue mathematische Zielsetzung aus. Lyapunov [1900, 359–361] nennt als seine beiden Hauptabsichten, einen direkten Beweis für den zentralen Grenzwertsatz, der von Chebyshev und Markov als Anwendungsfall spezieller Theorien über Integrale hergeleitet worden ist, zu liefern und die Voraussetzungen weitmöglich abzuschwächen. Er betont also das rein mathematische Interesse an diesem Satz, der für sich und nicht als Anwendungsfall wichtig ist. Lyapunov will mit "direkten Methoden" an diesem Satz arbeiten, um die internen Zusammenhänge besser klären zu können. Seine "elementaren", das heißt auf die Grundzusammenhänge abzielenden Methoden, die er bevorzugt, sollen dies in besonderer Weise leisten.

Zum Teil stimmen Lyapunovs Absichten schon überein mit der Charakterisierung, die Mehrtens [1990] von "moderner Mathematik" gegeben hat. Gemäß Mehrtens ist moderne Mathematik Arbeit an einer Sprache, die Beziehungen zwischen abstrakten Begriffen herstellt, ohne Bezug zu nehmen auf physisch existierende Gegenstände. Die Richtigkeit und Wahrheit mathematischer Texte bestimmt sich allein aus den Regeln dieser Sprache. Im Gegensatz zu den Naturwissenschaften zeigt die Mathematik auf nichts, sie wird stets immer auf sich zurückgeführt. Bei aller Verwandtschaft zu Mehrtens Charakterisierung, ganz aufgeben wollte Lyapunov den Bezug, das Zeigen auf etwas nicht. Lyapunov beabsichtigte mit seinen "elementaren Methoden", den wahren Gehalt des zentralen Grenzwertsatzes zum Vorschein zu bringen. Er vertrat die Ansicht, daß ein bestimmter "Dialekt" (nämlich der elementaren Methoden) innerhalb der Sprache Mathematik dafür besonders geeignet sei, ohne jedoch genaue Gründe für diese Überlegenheit angeben zu können. In diesem Sinne war Lyapunov noch entfernt von einer strikt modernen Sichtweise.

Viele der Propagatoren der modernen Wahrscheinlichkeitsrechnung, wie Richard von Mises, Paul Lévy, Harald Cramer, Aleksandr Khinchin, und sogar Andrei Nikolaevich Kolmogorov lehnten eine ausschließlich formalistische Richtung in der Grundlagendiskussion der Mathematik ab. Trotz ihrer unterschiedlichen Haltung gegenüber Grundlagenfragen arbeiteten sie in sehr ähnlicher Weise an einer modernen Wahrscheinlichkeitsrechnung, in dem Sinne, daß sie Beziehungen zwischen weitgehend abstrakten Begriffen, die keine außermathematische Bedeutung haben mußten, herstellten. Auch wenn man sich in der Rede über das eigene mathematische Tun nicht gänzlich von externen Sinn- oder Wahrheitskriterien verabschieden wollte, so wurde doch die eigentliche mathematische Arbeit zum Selbstläufer, der sich weitgehend frei von solchen Einschränkungen entwickeln konnte.

Vor allem an den Beiträgen von Paul Lévy zum zentralen Grenzwertsatz will ich diesen Aspekt der Modernisierung eines Teilgebiets der Wahrscheinlichkeitsrechnung darstellen, obwohl auch andere Mathematiker einen erheblichen Anteil an dieser Entwicklung hatten. So erweiterten etwa Markov [1908; 1911] und sein Schüler Sergei Natanevich Bernshtein [1926] die Aussage des zentralen Grenzwertsatzes auf abhängige Zufallsvariable. Ihre diesbezüglichen Untersuchungen hatten zunächst das alleinige Ziel einer Abschwächung der Voraussetzungen des klassischen zentralen Grenzwertsatzes. Aber im Falle von Summen unabhängiger Zufallsgrößen nahm Lévy an der gesamten Entwicklung der zwanziger und dreißiger Jahre in einer solchen Kontinuität und Dichte teil, wie sie von keinem seiner Kollegen (v. Mises, Jarl Waldemar Lindeberg, Khinchin, Kolmogorov und Willy Feller) erreicht wurde. Lévys Buch von 1925 (Calcul des probabilites) berührt bereits die meisten Fragestellungen, welche später den Komplex des zentralen Grenzwertproblems bilden sollten.

Lévy begann sich ab 1919 mit Wahrscheinlichkeitsrechnung zu beschäftigen (s. [Lévy 1976, 1–6]). Sein Schwerpunkt war dabei zunächst das Problem des Fehlergesetzes aufgrund der Elementarfehlerhypothese [Lévy 1922a; b; 1924]. Seine diesbezüglichen Arbeiten, die in summa in sein Buch über Wahrscheinlichkeitsrechnung von 1925 eingingen, waren beeinflußt von den Spannungen zwischen Formalismus und Anschauung, zwischen reiner Mathematik und Praxisrelevanz. Lévy [1924, 42–44] lehnte das Hilbertsche Axiomatisierungsprogramm ab, erklärte es vielmehr als erstrebenswert, eine Theorie auf einfache Prinzipien zu gründen, die mit dem gesunden Menschenverstand im Einklang stehen. Der Fehlerrechnung als einer praktischen Disziplin gestand Lévy [1925, Vf.] zu, ohne großen mathematischen Aufwand und ohne vollständige analytische Strenge durchführbar zu sein. Für den Mathematiker jedoch, so Lévy, sei diese Einstellung nicht zu akzeptieren. In dieser Betonung mathematischer Strenge im Bereich der wahrscheinlichkeitstheoretischen Grundlegung der Fehlerrechnung sah sich Lévy im Widerspruch zu Emile Borel, der nach Henri Poincarés Tod zur führenden Figur der französischen Mathematik geworden war und die Meinung vertrat, daß sich großer mathematischer Aufwand zur Etablierung des Gaußschen Fehlergesetzes und zur Untersuchung von Ausnahmegesetzen nicht lohne. Lévy war aufgrund seines Selbstbewußtseins als Analytiker von der mathematischen Relevanz seines wahrscheinlichkeitstheoretischen Werks überzeugt. Er nahm sich daher die Freiheit, die Überzeugung einer wichtigen Autorität zu ignorieren. Tatsächlich wurde Lévy nicht dazu eingeladen, einen Beitrag zum *Traité du calcul des probabilités et des ses applications* zu leisten, einer Sammlung von mehreren Bänden, welche ab 1925 erschien und von Borel herausgegeben wurde.

Nur aufgrund der Kenntnis der zweiten Auflage von Poincarés *Calcul des probabilités* (1912) (vgl. [Lévy 1970, 71–75]) und ohne Beachtung ähnlicher Beiträge des beginnenden 20. Jahrhunderts, wie [v. Mises 1919, 26–35] oder von Vorläufern im 19. Jahrhundert, wie [Cauchy 1853a] entwickelte Lévy eine vollständige Theorie der charakteristischen Funktionen. Während Poincare für eine Zufallsgröße X und reelles t den Erwartungswert Ee^{tX} als "charakteristische Funktion" bezeichnet hatte, gab Lévy diesen Namen dem analytisch vorteilhafteren Term $Ee^{\alpha\sqrt{-1}}$ $Ee^{tX\sqrt{-1}}$. Statt von Zufallsgrößen und ihrer Verteilungen zu sprechen, bediente sich Lévy in dieser Schaffensphase konsequent der Sprache der charakteristischen Funktionen. Diese Sprache ist insofern modern, als in ihr keine Bezüge zu irgendwelchen konkreten Sachverhalten mehr herstellbar sind, wie noch in der Sprache der Verteilungen. Mit Hilfe seiner charakteristischen Funktionen arbeitete Lévy an 3 Problemkreisen, welche auch die wichtigsten Teile seines Buchs von 1925 prägten:1.) Welche — möglichst schwachen — Bedingungen sind hinreichend dafür, daß Verteilungen von Summen unabhängiger Zufallsgrößen mit Varianzen, die im wesentlichen dieselbe Größenordnung haben, gegen die Normalverteilung konvergieren? Lévy [1922a] und Lindeberg [1922] fanden unabhängig voneinander äquivalente Bedingungen. Lévy [1924, 17] behauptete, daß diese Bedingungen in besonderer Weise gemäß "la nature des choses" seien; aber erst gegen 1935 gelang es ihm, praktisch gleichzeitig mit Feller, zu zeigen, daß diese Bedingungen auch in einem naheliegenden Sinne notwendig für die Konvergenz gegen die Normalverteilung sind (s. [Le Cam 1986]).

2.) Welche weiteren Verteilungen außer der Gaußschen kommen überhaupt als Grenzverteilungen in Frage? Diese Verteilungen wurden von Lévy "stabile Verteilungen" genannt, da sie der Beziehung $V * V(x) = V(ax)$ mit geeignetem reellem a genügen.

3.) Wenn eine dieser Grenzverteilungen F vorgegeben ist; für welche Verteilungen V ist dann $\underbrace{V * ... * V(a_n x)}_{n} \to F(x)$, wobei die α_k geeignete Normierungsfaktoren sind? Lévy nannte die Menge solcher Verteilungen V "Anziehungsbereich von F".

Die Erweiterung dieser Fragestellungen, von denen die letzte von Lévy 1925 noch nicht befriedigend geklärt werden konnte, auf nicht identisch verteilte unabhängige Zufallsgrößen führte schließlich nach 1935, angeregt durch die Arbeiten von Feller und Lévy, vorangetrieben insbesondere durch Khinchin, zum allgemeinen zentralen Grenzwertproblem, welches hier in der Version von Feller [1945, 819] formuliert wird: Man finde alle Verteilungen F und alle Folgen von Verteilungen (V_k), sowie alle reellen Folgen (a_k) und (b_k), sodaß $V_1 * ... * V_n (a_n x + b_n) \to F(x)$.

Zur klaren Formulierung dieser Fragestellung ist nicht das Konzept der Zufallsgröße wichtig, sondern nur der Begriff der Verteilung, welcher in Anlehnung an von Mises [1919, 20f.] als rechtsstetige monoton steigende Funktion mit Werten zwischen 0 und 1 definiert ist.

Aus der Elementarfehlerhypothese als ursprünglichem Motiv entwickelte sich die Ordnungsstruktur einer allgemeinen mathematischen Theorie, in der der klassische, auf die Gaußverteilung bezogene Grenzwertsatz nur noch ein Spezialfall war. Diese Theorie hatte Berührungspunkte zu einer zweiten Ordnungsstruktur innerhalb der Wahrscheinlichkeitsrechnung, der Theorie der stochastischen Prozesse. Der zentrale Grenzwertsatz gibt beispielsweise unter bestimmten Voraussetzungen die Grenzverteilung bei einer eindimensionalen Irrfahrt.

Die Geschichte des zentralen Grenzwertsatzes gibt exemplarisch die Entwicklung der gesamten modernen Wahrscheinlichkeitstheorie als ein autonomes Gebiet der modernen Mathematik wieder. Am Anfang stand ein konkretes, eher naturwissenschaftliches Problem, die Frage nach den Konsequenzen der Elementarfehlerhypothese. Weil dieses Problem eine Herausforderung für ambitionierte Analytiker bildete, wurde es in die Sprache der Mathematik übertragen, welche ihrerseits geeignete analytische Konzepte, beispielsweise das der "Verteilung" oder des "Stieltjes-Integrals" bereitstell-te. Aufgrund der Zielsetzungen der modernen Mathematik wurde an diesem Problem in rein mathematischem Sinne gearbeitet, insbesondere die Voraussetzungen ungeachtet etwaiger praktischer Bezüge weitestgehend abgeschwächt. Auf diese Weise entstandeine Theorie, die immerhin gegen Jahrhundertmitte ein etwa 300-seitiges Buch (Gnedenko-Kolmogorov [1949]: *Grenzverteilungen von Summen unabhängiger Zufallsgrößen*) füllen konnte. Diese Theorie entwickelte eigene Methoden, von denen die der charakteristischen Funktionen nur die bekannteste ist und eine eigene Terminologie, wie "stabile Verteilungen, unendlich teilbare Verteilungen". Unsere Theorie hatte enge Verbindungen zu anderen Teilen der Wahrscheinlichkeitsrechnung, wie zu der Theorie der stochastischen Prozesse, der wiederum die Fragestellungen der Grenzwertsätze im starken Sinne subsumiert werden konnten. Somit entstand aus mehreren zunächst getrennten Kondensationskeimen eine gemeinsame Ordnungsstruktur, die man als moderne Wahrscheinlichkeitsrechnung bezeichnen kann.

Literatur

Bessel, F. W. 1838. Untersuchungen über die Wahrscheinlichkeit der Beobachtungsfehler, *Astronomische Nachrichten*, **15**, S. 369-404.

Bernshtein, S.N. 1926. Sur l'extension du theorème limite du calcul des probabilités aux ommes de quantités dépendantes, *Mathematische Annalen*, **97**, S. 1-59.

Cauchy, A.L. 1853a. Sur les résultats moyens d'observation de même nature, et sur les résultats les plus probables, *Comptes rendus hebdomaires des séances de l'Académie des Sciences* **37**, S. 198-206, wiederabgedruckt in *Oeuvres complètes* (1) **12**, Paris: Gauthier-Villars, 1900, S. 94-104.

Cauchy, A.L. 1853b. Mémoire sur les résultats moyens d'un très-grand nombre des observations, *Comptes rendus hebdomaires des séances de l'Académie des Sciences* **37**, S. 381-385, wiederabgedruckt in *Oeuvres complètes* (1) **12**, Paris, Gauthier-Villars, 1900, S. 125-130.

Chebyshev, P.L. 1887. Sur deux theorèmes relatifs aux probabilités, publiziert in Russisch 1887; die französische Übersetzung erschien in *Acta mathematica*, **14**, 1890, S. 305-315.

Feller, W. 1935. Über den zentralen Grenzwertsatz der Wahrscheinlichkeitsrechnung, *Mathematische Zeitschrift*, **40**, S. 521-559.

Feller, W. 1945. The Fundamental Limit Theorems in Probability, *Bulletin of the American Mathematical Society*, **51**, S. 800-832.

Fischer, H. 1994. Dirichlet's Contributions to Mathematical Probability Theory, *Historia Mathematica*, **21**, 1994, S. 39-63.

Gauß, C.F. 1809. *Theoria motus corporum coelestium in sectionibus conicis solem ambientium*, Hamburg, wiederabgedruckt in *Werke*, Bd. VII, Göttingen, Königliche Gesellschaft der Wissenschaften, 1906, S. 3-280.

Gauß, C.F. 1823. Theoria combinationis observationum erroribus minimis obnoxiae (pars prior), *Commentationes societatis regiae scientiarum Goettingensis recentioris*, **5**, wiederabgedruckt in *Werke*, Bd. IV, Göttingen, Königliche Gesellschaft der Wissenschaften, 1880, S. 3-26.

Gnedenko, B.V., & Kolmogorov, A.N. 1949. *Predelnye raspredelniya dlya summ nezavisimykh sluchainykh velichin*, Moskva-Leningrad. Die englische Übersetzung erschien 1954, die deutsche 1959.

G.Hagen 1837. Grundzüge der Wahrscheinlichkeitsrechng., Bln. Dümmler.

C.C. Heyde, & E. Seneta 1977. *I.J. Bienaymé: Statistical Theory Anticipated*, New York, Springer.

Knobloch, E. 1992. Historical Aspects of the Foundations of Error Theory, in *The Space of Mathematics*, ed. by J. Echeverria *et al.*, Berlin-New York, de Gruyter, S. 253-279.

Laplace, P.S. 1774. Mémoire sur la probabilité des causes par les evénéments, *Mémoires de l'Académie royale des Sciences de Paris (savants étrangers)*, **6**, S. 621-656, wiederabgedruckt in *Oeuvres complètes de Laplace* VIII, Paris, Gauthier-Villars, 1891, S. 27-68.

Laplace, P.S. 1810. Mémoire sur les approximations des formules qui sont fonctions des très grand nombres, *Mémoires de l'Académie royale des Sciences de Paris*, année 1809, S. 353-415, wiederabgedruckt in *Oeuvres complètes de Laplace* XII, Paris, Gauthier-Villars, 1898, S. 301-348.

Laplace, P.S. 1820. *Théorie analytique des probabilités*, 1. Aufl. 1812, 2. Aufl. 1814, 3. Aufl. mit Supplementen Paris 1820: Courcier. Alle Seitenangaben beziehen sich auf den Wiederabdruck der dritten Aufl. in *Oeuvres complètes de Laplace* VII, Paris, Gauthier-Villars, 1886.

Le Cam, L. 1986. The Central Limit Theorem around 1935, *Statistical Science*, **1**, S. 78-96.

Lévy, P. 1922a. Sur la rôle de la loi de Gauss dans la théorie des erreurs. *Comptes rendus hebdomaires de l'Académie des Sciences de Paris*, **174**, S. 855-857, wiederabgedruckt in [Lévy 1976, S. 9-11].

Lévy, P. 1922b. Sur la loi de Gauss, *Comptes rendus hebdomaires de l'Académie des Sciences de Paris*, **174**, S. 1682-1684, wiederabgedruckt in [Lévy 1976, S. 12f.].

Lévy, P. 1924. Théorie des erreurs. La loi de Gauss et les lois exceptionelles, *Bulletin de la Societé Mathématique de France*, **52**, S. 49-85. Alle Seitenangaben beziehen sich auf den Wiederabdruck in [Lévy 1976, S. 14-49].

Lévy, P. 1925. *Calcul des probabilités*, Paris, Gauthier-Villars.

Lévy, P. 1935. Propriétés asymptotiques des sommes de variables aléatoires indépendantes ou enchainées, *Journal de mathématiques pures et appliquées*, **14**, S. 347-402.

Lévy, P. 1970. *Quelques aspects de la pensée d'un mathématicien*, Paris, Blanchard.

Lévy, P. 1976. *Oeuvres*, T. **3**, Hrsg. D. Dugué, Paris, Gauthier-Villars.

Lindeberg, J.W. 1922. Eine neue Herleitung des Exponentialgesetzes in der Wahrscheinlichkeitsrechnung, *Mathematische Zeitschrift*, **15**, S. 211-225.

Lyapunov, A.M. 1900. Sur une proposition de la théorie des probabilités, *Bulletin de l'Académie Impériale des Sciences de St.-Pétersbourg*, **(5) 13**, S. 359-386.

Lyapunov, A.M. 1901. Nouvelle forme du théorème sur la limite de probabilité, *Mémoires de l'Académie Impériale des Sciences de St.-Pétersbourg, Classe physico-mathématique*, **(8) 12**, S. 1-24.

Maistrov, L.E. 1974. *Probability Theory - A Historical Sketch*, New York, Academic Press.

Markov, A.A. 1898. Sur les racines de l'équation $e^{x^2} \dfrac{d^m e^{-x^2}}{dx^m} = 0$, *Bulletin de l'Académie Impériale des Sciences de St.-Pétersbourg*, **(5) 9**, S. 435-446.

Markov, A.A. 1908. Ausdehnung der Sätze über die Grenzwerte in der Wahrscheinlichkeitsrechnung auf eine Summe verketteter Größen (russ.),

Mémoires de l'Académie Impériale des Sciences de St.-Pétersbourg, Classe physico-mathématique, **(8) 22**, S. 1-29. Deutsche Übersetzung in [Markov 1912, S. 272-298].

Markov, A.A. 1911. Über verbundene Größen, die keine eigentlichen Ketten bilden (russ.), *Bulletin de l'Académie Impériale des Sciences de St.-Pétersbourg,* **(6) 5**, S. 113-126. Deutsche Übersetzung in [Markov 1912, S. 299-311.].

Markov, A.A. 1912. *Wahrscheinlichkeitsrechnung,* Leipzig-Bln., Teubner.

Mehrtens, H. 1990. *Moderne - Sprache - Mathematik,* Frankfurt, Suhrkamp.

v. Mises, R. 1919. Fundamentalsätze der Wahrscheinlichkeitsrechnung, *Mathematische Zeitschrift,* **4**, S. 1-97.

v. Plato, J. 1994. *Creating Modern Probability,* Cambridge, Cambridge University Press.

Poisson, S.D. 1829. Suite du mémoire sur la probabilité des résultats moyens des observations, inséré dans la connaissance des tems de l'année 1827, *Connaissance des tems* pour l'an 1832, S. 3-22.

I. Schneider 1981. Die Arbeiten von Carl Friedrich Gauss im Rahmen der Wahrscheinlichkeitsrechnung, in *Carl Friedrich Gauss (1777-1855), Sammelband von Beiträgen zum 200. Geburtstag von C.F. Gauss,* I. Schneider, Hrsg., München, Minerva, S. 143-172.

I. Schneider 1987. *Laplace and Thereafter,* in *The Probabilistic Revolution,* Vol. **1**, ed. by L. Krüger *et al.*}, Cambridge (Mass.) - London, MIT-Press, S. 191-214.

Sheynin, O.B. 1977. Laplace's theory of errors, *Archive for History of Exact Sciences,* **17**, S. 1-61.

Sheynin, O.B. 1978. S.D. Poisson's Work in Probability, *Archive for History of Exact Sciences,* **17**, S. 245-300.

Sheynin, O.B. 1989. A.A. Markov's Work on Probability, *Archive for History of Exact Sciences,* **39**, S. 337-377.

Sheynin, O.B. 1994. Chebyshev's Lectures on the Theory of Probability, *Archive for History of Exact Sciences,* **46**, S. 321-340.

OStR Hans Fischer, Didaktik der Mathematik, Mathematisch-Geographische Fakultät, Katholische Universität Eichstätt, D-85071 Eichstätt

Zur frühen Geschichte der Solitonentheorie

Markus Heyerhoff

Es wird ein Überblick gegeben über die Wurzeln der Solitonentheorie. Die Älteste liegt in der experimentellen und theoretischen Hydrodynamik und beginnt 1834. In der Differentialgeometrie beginnt etwa dreißig Jahre später, völlig unabhängig von der Hydrodynamik, die Entwicklung der mathematischen Methoden zur Behandlung der Solitonengleichungen. Die ersten physikalischen Anwendungen von Solitonengleichungen werden, neben der Hydrodynamik, in der Festkörperphysik und Feldtheorie in diesem Jahrhundert entdeckt. Es wird angedeutet, wie die verschiedenen Wurzeln der Solitonentheorie sich in den Siebzigern dieses Jahrhunderts verbinden und eine neue naturwissenschaftliche Disziplin entsteht: die Solitonentheorie.

Solitonen gehorchen nichtlinearen partiellen Differentialgleichungen. In der Physik betrachtete man die einzelnen Lösungen dieser Gleichungen bis in die 60er Jahre dieses Jahrhunderts als weit weniger wesentlich als die Lösungen linearer Gleichungen. Man war der Meinung, daß sie sich bei einer Wechselwirkung untereinander auf Grund ihrer nichtlinearen Bewegungsgleichung sofort zerstören müßten und deshalb für allgemeine Probleme in der Physik weniger geeignet waren. Für nichtlineare Wellen gab es kein Superpositionsprinzip wie für lineare Wellen, es gab keine zerstörungsfreie Überlagerung. Das wurde mit der Entdeckung der Solitonen anders. Solitonen sind einzelne Wellen, die - im Gegensatz zu Lösungen in der Quantenmechanik - dispersionslos durch Raum und Zeit laufen. Die Dispersionsfreiheit stammt von der Nichtlinearität der Solitonengleichungen; man kann sie als "schwach nichtlinear" bezeichnen. Die zur Dispersion neigende Linearität und die zum Chaotischen führende Nichtlinearität halten sich bei Solitonengleichungen die Waage, so daß dispersionslose, einzelne (solitäre) Gebilde entstehen, die sogar stabil gegen Störungen von außen sind, wie etwa die gegenseitige Kollision. Sie eignen sich somit hervorragend zur Beschreibung von Teilchen in der Physik.

Der Begriff "Soliton" wurde 1965 von den amerikanischen Mathematikern Norman Zabusky und Martin Kruskal geprägt [Zab., Kru. 1965]. Sie gaben den Lösungen der *Korteweg-de Vries-Gleichung* (KdV) den Namen "Solitonen". Im damaligen Sinne stand der Begriff "Soliton" für einzelne (solitäre) Wellen mit

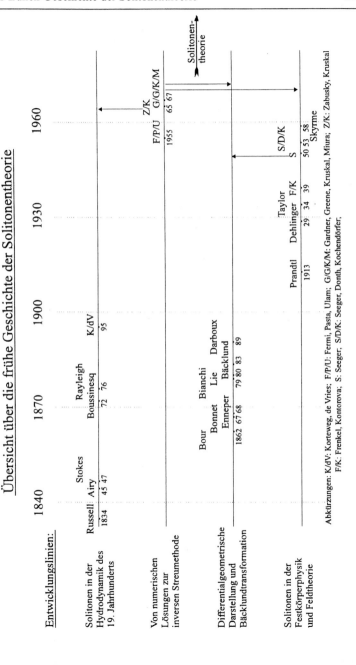

Übersicht über die frühe Geschichte der Solitonentheorie

Teilchencharakter, d.h. mit den besonderen nichtlinearen Kollisionseigenschaften, der Stabilität gegen Störungen von außen.

Kollisionseigenschaften

solitäre (einzelne) Welle -------------------------------→ Soliton

Eigentlich hatte der Name "Solitron", und nicht "Soliton" heißen sollen, in Anlehnung an andere Elementarteilchen. Doch dieser Name war rechtlich geschützt und somit ungeeignet. Später, als sich der Formalismus der inversen Streumethode als Integrationsmethode für Solitonengleichungen durchsetzte, wurde sie auch als Definition für diese Gleichungen gebraucht. Danach sind nur diejenigen Gleichungen Solitonengleichungen, die mit Hilfe der inversen Streumethode integrierbar sind. Das ist die Definition, die in der Mathematik am häufigsten gebraucht wurde. Aber nur am häufigsten und nicht ausschließlich, denn es gibt weitere Integrationsverfahren zur Lösung dieser Gleichungen, die auch, wenn auch seltener, zur Eingrenzung des Solitonenbegriffes herangezogen werden. In der Physik gilt noch überwiegend die ürsprüngliche, anschauliche Definition über die Eigenschaften der Solitonen wie bei Zabusky und Kruskal.

Die frühe Geschichte der Solitonentheorie bis 1967 ist in Abbildung 1 in einer groben Übersicht dargestellt[1]. In ihr finden sich die für die frühe Geschichte wichtigsten Arbeiten, keineswegs jedoch alle. Die Solitonentheorie ist innerhalb der Mathematik und Physik zu einer bedeutenden Disziplin geworden. Nicht nur deshalb weil sie rein quantitativ groß ist, sondern auch wegen einer ihrer besonderen Qualitäten: Die Solitonentheorie ist fächerübergreifend, und das auch schon in ihrer frühen Geschichte. Denn der Solitonenbegriff hatte verschiedene, unabhängige Anfänge in der Mathematik, Mathematischen Physik, Theoretischen Physik und der Experimentalphysik. Im Laufe der frühen Geschichte der Solitonentheorie wurden diese zunächst unabhängigen Aspekte zu einem Grundbegriff hin entwickelt, die unterschiedlichsten Entwicklungslinien, "Handlungsstränge", vereinigten sich. So liefert die Solitonentheorie einen Querschnitt durch weite Gebiete der Physik und Mathematik des 19. und 20.

---

[1] *Abbildung 1:*
Übersicht über die frühe Geschichte der Solitonentheorie bis 1967. Die Abfolge der aufeinander aufbauenden Arbeiten bietet eine Gliederung in "Entwicklungslinien" an. Die waagrechte Achse stellt den zeitlichen Verlauf dar, die Senkrechte die verschiedenen Gebiete, in denen die Entdeckungen gemacht werden. Es ist interessant zu sehen, wie viele unabhängige Ansätze es in den verschiedensten Gebiete bedarf, ehe es in den 70ern zum Durchbruch kommt und sie sich in einer übergeordneten Disziplin, eben der Solitonentheorie, zusammenschließen.

Jahrhunderts, sie ist multidisziplinär und vereinheitlichend. Diesen fächerübergreifenden und verbindenden Charakter hat sich die Solitonentheorie bis heute
erhalten.

Es wird hier nur die "frühe Geschichte" der Solitonentheorie betrachtet, also
der Bereich, in dem abseits vom Hauptstrom der Entwicklung Einzelarbeiten
entstehen. Das Begriffssystem ist noch nicht entwickelt und die Disziplin existiert noch nicht eigentlich. Mit der Entdeckung der inversen Streumethode
1967, also mit der Arbeit von Gardner, Greene, Kruskal, Miura 1967 [GGKM
1967] (siehe Abb. 1) konstituierte sich die Disziplin. In diesen Zeitraum fiel
auch die Schaffung des Begriffs "Soliton". Der damit beginnende geschichtliche
Abschnitt der Solitonentheorie kann als "klassische Geschichte" bezeichnet
werden. Die Solitonentheorie konstituiert sich und wird nun im Detail ausgearbeitet. Ob die Solitonentheorie bis heute schon ausgearbeitet ist, darüber streiten
sich die Geister. Während manche glauben, es sei kaum noch etwas zu entdek-
ken, beschreiben andere die heutige Zeit als "die Zeit der Jäger und Sammler" in
der Solitonentheorie. Das deutet darauf hin, daß wir den Bereich der klassischen Geschichte noch nicht verlassen haben, das Begriffssystem sich noch
nicht ganz entwickelt hat. Das ist auch daran zu erkennen, daß der zentrale Begriff "Soliton" noch nicht verbindlich definiert ist und daß manche Solitonengleichungen und Verfahren noch mehrere, nebeneinander konkurrierende
Namen haben. Auch Begriffe wie Solitonenwelle, solitäre Welle und Soliton
gehen manchmal kunterbunt durcheinander. Diesen Bereich der klassischen Geschichte im Gesamt-überblick zu beschreiben ist nicht im Entferntesten möglich,
da im Anschluß an die Arbeit von Gardner et al. in den 70ern ein Solitonen-
boom einsetzte in dessen Verlauf eine 5-stellige Zahl von Arbeiten zur Solitonentheorie bis heute entstand.

Die ersten Namen, die fallen, wenn ein mit der Solitonentheorie vertrauter
Physiker oder Mathematiker über die Geschichte der Solitonentheorie befragt
wird sind in der Regel Russell und Korteweg / de Vries. Der in diesem Zweig
der Geschichte entdeckte Teil des solitonischen Phänomens sind Flachwasserwellen. In einem Kanal kann sich eine solitäre oder einzelne Welle ausbilden.
Lagrange beschreibt in seinem Werk "Méchanique analytique" von 1788
[Lagrange 1788] nichtlineare Wellen, deren Differentialgleichung er aber nicht
lösen kann. Er kommt aber zu einer linearen Näherung und damit zur Geschwindigkeit der Welle $v = \sqrt{gh}$ (g: Gravitationskonstante, h: Wassertiefe).
Der erste, der diese Art von Welle gründlich untersuchte war John Scott
Russell, ein schottischer Ingenieur, der den Union Canal, ein Kanal zwischen

Edinburgh und Glasgow, auf Befahrbarkeit durch schnelle Dampfschiffe hin untersuchte. Im Jahre 1834 entdeckte er diese Welle, die, hervorgerufen durch ein schnell gezogenes Boot, durch den Kanal lief [Russell 1837]. Russell war von ihr fasziniert, denn er entdeckte ihre ungewöhnliche Eigenschaft, die sie von bekannten, linearen Wellen abhob: Die Welle lief alleine ohne jegliche Veränderung durch den Kanal und zwar mit einer Geschwindigkeit, die er mit $v = \sqrt{g(h+H)}$ angab (H: Wellenhöhe). Diese Geschwindigkeit ist wichtig, denn sie besagt ganz klar, daß es sich hier um ein nichtlineares Phänomen handeln muß, denn die Geschwindigkeit linearer Wellen ist unabhängig von deren Amplitude. Diese Besonderheit erkannte auch Russell. Nachdem Russell seine Ergebnisse veröffentlicht hatte, wurde er sofort von Physikern angegriffen. Zuvorderst von G. B. Airy, der ihn heftig und nicht eben qualifiziert angriff [Airy 1845]. Er mißverstand das ganze Phänomen und bestand darauf, daß die solitäre Welle der linearen Wellengleichung für Flachwasserwellen gehorcht. Daß diese Gleichung nur linear ist und eben nicht den Geschwindigkeitsanforderungen genügt, ignorierte Airy in sehr überheblicher Weise. Stokes war schon vorsichtiger und versuchte Russells Ergebnisse analytisch zu fassen [Stokes 1847]. Aber er kam auch nur immer wieder auf die bekannte lineare Lösung zurück und meinte, daß das die einzig mögliche sei.

1872 veröffentlichte der Pariser Mathematiker Boussinesq seine analytischen Behandlungen der Wellen in Kanälen und mit ihnen die später nach ihm benannte Boussinesqgleichung [Boussinesq 1872]. Er gab auch eine Lösung an, die eine Solitonenlösung ist. Die Geschwindigkeit, die Boussinesq angab entsprach der Russellschen. Boussinesq wurde allerdings in Britannien ignoriert. Der rein mathematische, eher französiche Ansatz lag den technisch orientierten, selbsbewußten Engländern wohl nicht. Von daher hätte Lord Rayleigh die ganze Sache, zumindest für England klären können, als er 1876 mit recht langatmigen Rechnungen zu ähnlichen Lösungen wie Boussinesq kam, die Russell schön bestätigten [Rayleigh 1876]. Aber statt dessen schwelte ein langwieriger Streit über die Stabilität der Rayleighschen solitären Lösungen und über die von den Experimenten leicht abweichende Geschwindigkeit, was von verschiedenen Ansätzen herstammte. 1895 stetzten der amsterdamer Mathematikprofessor Dieterik Korteweg und sein Assistent Gustav de Vries einen Schlußpunkt unter diese Diskussion, indem sie die verschiedenen Meinungen von Russell, Stokes, Airy und Rayleigh durchdiskutierten und die nach ihnen benannte KdV aufschrieben [KdV 1895]. Sie gaben auch Lösungen an, die genau die experimentellen Eigenschaften aufwiesen. Stokes hatte derweil seinen Fehler zugegeben. Airy aber nie und noch lange hielt sich im Umfeld des außerordentlich einflußreichen Airy die Negierung des Nichtlinearen. Nun hatten Russells Experimente ihre Theorie gefunden und man könnte meinen, daß nach dieser Akzeptanz nun weiteres Beschäftigen mit diesem außerordentlichen Phänomen erfolgen würde. Weit gefehlt. Dem Phänomen der solitären Welle wurde nicht weiter nachgegangen, oder es wurden keine verwandten Phänomene gefunden.

Weitere große Wurzeln der Solitonentheorie liegen in der Differentialgeometrie, also in der Mathematik. Die Bedeutendste von ihnen soll hier herausgegriffen werden. In den 60er Jahren des vorigen Jahrhunderts versuchte man in der Geometrie pseudosphärische Flächen zu bestimmen. Das sind Flächen konstanter negativer Krümmung, sie sind also überall sattelförmig gekrümmt, wenn man so will. Man stieß dabei auf die *Sinus-Gordon-Gleichung* (SG), die die Bestimmungsgleichung dieser Flächen ist:

$$\frac{\partial^2 \phi}{\partial u^2} - \frac{\partial^2 \phi}{\partial v^2} = \sin \phi$$

(ϕ ist eine eine pseudosphärische Fläche beschreibende Solitonenlösung.) Diese Gleichung ist auch bekannt unter dem Namen *Ennepergleichung*. Man hatte bis vor kurzem vermutet, daß Alfred Enneper 1868 der erste war, der diese Gleichung niedergeschrieben hatte. Doch im Laufe dieser Arbeit zeigte sich, daß drei Mathematiker unabhängig voneinander kurz hintereinander auf diese Gleichung kamen: E. Bour [Bour 1862], O. Bonnet [Bonnet 1867] und A. Enneper [Enneper 1868]. Der Name SG stammt von einem nicht ernst gemeintem Scherz in Anlehnung an die Klein-Gordon-Gleichung [Coleman 1977]. Dort steht anstelle des "sin u" nur ein "u" und sine-Gordon und Klein-Gordon reimt sich im Englischen. Daß diese Gleichung etwas besonderes war, etwas solitonisches hatte, war nicht zu wissen. Denn ihren typischen solitonischen Charakter, die einzelne, dispersionslose Welle, offenbaren die Solitonengleichungen in der Differentialgeometrie nicht. Da nichtlineare partielle Differentialgleichungen meist schwer zu integrieren sind, gelang es auch den damaligen Mathematikern nicht, die SG zu lösen. Man versuchte daher Transformationen zu finden, die eine bekannte pseudosphärische Fläche, also eine bekannte Lösung der SG, in unendlich viele Neue transformierte, man also aus einer Lösung unendlich viele bekam. Das gelang 1879 dem italienischen Mathematiker Luigi Bianchi [Bianchi 1879] und 1880 dem norwegischen Mathematiker Sophus Lie [Lie 1880]. Der Schwede Victor Bäcklund verallgemeinerte diese Bianchi-Transformation so, daß aus einer Fläche alle weiteren abgeleitet werden konnten [Bäcklund 1883]. Mit dieser heute nach ihm benannte Bäcklundtransformation war also zum ersten Mal eine Solitonengleichung genereller lösbar.

Bianchi fand als ein Zwischenprodukt eines Beweises zu einem Vertausch-
barkeitssatz der Bäcklundtransformationen das nichtlineare Superpositionsprinzip:

$$\tan \frac{\phi_{12} - \phi}{2} = \frac{\cos \frac{\sigma_1 + \sigma_2}{2}}{\sin \frac{\sigma_1 - \sigma_2}{2}} \tan \frac{\phi_1 - \phi_2}{2}$$

Die Differentialgeometer des letzten Jahrhunderts fanden wenig Besonderes
an dieser Gleichung. Physikalisch ist sie sehr interessant, denn sie besagt, daß
aus zwei Lösungen ϕ_1 und ϕ_2 der SG eine dritte ϕ_{12} durch rein algebraische
"Überlagerung" oder Superposition entstehen kann. (Die σ_i sind frei wählbare
Konstanten und ϕ eine Anfangslösung der SG, aus der durch die Bäcklundtransformationen $B\sigma_1$ und $B\sigma_2$ die Lösungen ϕ_1 und ϕ_2 hervorgehen. ϕ kann
auch die Nullösung sein.) Mit der Bäcklundtransformation war der größte Teil
des Beitrages der Differentialgeometrie zur Solitonentheorie entdeckt. Die Lö-
sungs-methode mittels Transformation wurde in der folgenden Zeit noch weiter
voran getrieben, z.B. durch Darboux, der die nach ihm benannte Darbouxtrans-
formation entwickelte [Darboux 1889].

Die Solitonentheorie zeigt sehr verschiedene Gesichter in ihren zwei ältesten Wurzeln: in der Hydrodynamik und der Differentialgeometrie. In der Hydrodynamik beschrieb Russell die physikalischen Eigenschaften der solitären
Welle: ihre solitäre Gestalt, die Dispersionsfreiheit und andeutungsweise auch
ihre Kollisionseigenschaften. Mathematisch stieß man in der Differentialgeometrie hingegen viel weiter ins Solitonische vor, ohne jedoch einen Zusammenhang
zu solitären Wellen zu ahnen. Denn Solitonen offenbaren in der Geometrie
nichts von ihrem physikalischen Charakter.

Ein völlig neuer Ansatz, der in der Metallphysik liegt, stieß wiederum zur
Solitonentheorie vor. Anfang dieses Jahrhunderts beschäftigte man sich in der
Physik mit der plastischen Verformung von Metallen. Es gab hierzu einige
vieldiskutierte Modellvorstellungen. Die aufeinander aufbauenden Modelle von
U. Dehlinger [Dehlinger 1929] und G. I. Taylor [Taylor 1934] führten zu dem
Frenkel-Kontorova-Modell [Fre., Kon. 1938]. In ihm werden gleichförmig bewegte Versetzungen in einem Kristall als Ausgangspunkt der atomaren Bewegung bei Verformung eines Kristalls gesehen. D.h. eine Fehlstelle läuft durch
den Kristall. J. I. Frenkel ahnte schon den solitonischen Charakter dieser wandernden Versetzung und kam fast dazu, die SG als Bewegungsgleichung für
diese wandernden Fehlstellen zu nehmen. U. Dehlinger und A. Kochendörfer

übertrugen 1948 dem jungen Diplomanden Alfred Seeger die Aufgabe, das Modell von J. I. Frenkel und T. A. Kontorova zu verallgemeinern. Er kam so dazu, die SG zum ersten Mal in einem physikalischen Kontext aufzuschreiben [See., Koch. 1950]. Aber eine Integration der Gleichung war ihm zuerst nicht möglich. Während seiner Doktorarbeit, als er sich um die allgemeine Lösung der SG bemühte, stieß Seeger per Zufall auf die Arbeiten der Differentialgeometrie und hatte nun mit der Bäcklundtransformation die Möglichkeit zur Integration der Gleichung [See., Don., Koch. 1953]. Deren Lösungen studierte er und entdeckte deren verblüffende Eigenschaften. Der "Gipfel" jedoch war Bianchis Superpositionsprinzip nichtlinearer Wellen. Diese Ergebnisse waren revolutionär, denn sie zeigten, daß es nichtlineare Phänomene mit Teilchencharakter gab. Es gab bis dato das Dogma, daß ein Teilchencharakter gegeben ist bei Nichtwechselwirkung, und das gibt es nur bei linearen Phänomenen. Das aber war nun widerlegt und das war etwas besonderes.

Im Nachhinein stellen sich die Entdeckungen der Solitonentheorie um die SG und die KdV wie ein Rennen der beiden Gleichungen dar, und 1953 schien die SG einen uneinholbaren Vorsprung vor der KdV zu haben. Die SG war vollständig integriert, die KdV war es nicht und war vergessen. Seegers Entdeckungen mit der SG hätte die Initialzündung für den Beginn der Solitonentheorie sein können. Doch es kam anders: Seeger fand mit seinen Ergebnissen wenig Gehör. Die Anwendung der SG in der Metallphysik schien singulär zu sein, ohne allgemeine Bedeutung. Und die Integrierbarkeit einer nichtlinearen partiellen Differential-gleichung allein war in der Physik keine große Beachtung wert. Es kam auf die Anwendungsmöglichkeiten an. Um weitere Anwendungen zu finden, suchte Seeger in den darauffolgenden Jahren weitere Gleichungen, die einerseits Lorentz-invariant waren, wie es die Physik verlangt für Teilchenlösungen, und andererseits auch dem Bianchischen nichtlinearen Superpositionsprinzip gehorchten. Da er keine weiteren Gleichungen fand, gerieten seine Entdeckungen in Vergessenheit.

Keine große Beachtung fanden auch in den 60ern die Entdeckungen des Elementarteilchenphysikers T.H.R. Skyrme [Skyrme 1958] - [Per., Sky 1962]. Er nahm die SG 1961 sogar als Feldgleichung und interpretierte 1962 die Lösungen als bewegte Baryonen. Er war völlig unabhängig von der Differentialgeometrie und der Festkörperphysik zur SG gestoßen. Aber auch er setzte diese nichtlineare Gleichung nicht durch. Und so verschwanden auch diese Ansätze, diesmal in der Festkörperphysik und der Elementarteilchenphysik, wieder einmal im Dornröschenschlaf.

Aber nicht für lange, denn auf dem amerikanischen Kontinent wurde auch an der Nichtlinearität gearbeitet. Enrico Fermi, John Pasta und Stanislaw Ulam betrieben 1955 am Großrechner MANIAC I in Los Alamos Numerik [FPU 1955]. Sie simulierten eine Kette von 64 Teilchen, die durch eine quadratische Kraft gekoppelt wurden. Sie erwarteten, daß die Energie der anfangs allein angeregten Grundschwingung sich gleichmäßig auf alle möglichen Oberwellen verteilen würde. Die Energie sammelte sich jedoch immer wieder in der Grundschwingung, die Wellen liefen nicht auseinander. Fermi, Pasta und Ulam verstanden den Vorgang nicht recht. Aber er regte weitere Studien an. Zabusky und Kruskal, die diese Rechnungen fortsetzten, erkannten, daß ein Übergang von der Kette zum Kontinuum zur KdV führen konnte. Die aus den Computerexperimenten abgelesene Entdeckung, daß sich zwei solitäre Wellen ungestört durchdringen, veranlaßte sie, den Begriff "Soliton" für eine so stabile, lokalisierte Lösung zu wählen [Zab., Kru. 1965]. Nun wurde die Integration der KdV interessant, und die Frage wurde gestellt, ob die KdV Erhaltungssätze habe, die die Form von Dichte und Fluß besaßen. Sie fanden zehn davon. Man nahm nun an, daß es unendlich viele Erhaltungssätze geben könnte, das hieße aber, daß die Gleichung integrabel sein könnte! Daran schloß sich die Frage, ob die KdV einzigartig sei, oder ob es noch andere nichtlineare partielle Differential-gleichungen mit diesen Erhaltungs-Eigenschaften gäbe. Man fand die modifizierte KdV (mKdV) mit den gleichen Eigenschaften. Und man fand, daß die vermittelnde Gleichung zwischen KdV und mKdV die Schrödinger-Gleichung ist [Jackson 1990].

Nun allerdings fing es an spannend zu werden! Denn ein Zusammenhang dieser Solitonengleichungen mit der Schrödingergleichung ließ einiges vermuten. Es begann unter den Mathematikern eine große Forschungsaktivität in diese Richtung zu entstehen. Das führte zur Entdeckung der inversen Streumethode 1967 durch Gardner, Greene, Kruskal und Miura. Mit dieser Methode gelang erstmalig die Integration einer ganzen Reihe nichtlinearer partieller Differentialgleichungen, u.a. auch der SG. Man ahnte, daß die auf diesem Wege lösbaren Gleichungen zu einer besonderen Klasse von Gleichungen zusammengefaßt werden konnten und sie alle eine Eigenschaft aufwiesen: Sie besaßen Solitonenlösungen. Nun erst wurde damit begonnen, alles zu diesen Gleichungen schon Erforschte zusammenzutragen, von der Entdeckung Russells über die Differentialgeometrie bis zu Seegers und Skyrmes Entdeckungen. Man schuf ein gemeinsames Begriffssystem und etablierte damit eine neue Disziplin: die Solitonentheorie. Man fand die Gemeinsamkeiten aller Gleichungen: die Solitonen, entdeckte immer häufiger ihr Auftreten in den verschiedensten Gebieten der

Naturwissenschaft. Bis heute existieren mehr als 10.000 Arbeiten zur Solitonentheorie. Man kann nun, etwa 1967, im Konkurrenzprozess zwischen der SG und der KdV einen Überholvorgang der KdV sehen. Die Beziehung zu der vertrauten Schrödingergleichung lieferte der KdV dafür den nötigen Schub. Nun kamen die Entdeckungen Schlag auf Schlag.

Amerikanische Solitonentheoretiker wird es verwundern, daß die Geschichte der Solitonentheorie in Europa begann. Denn in der Tat liegt die bekannte klassische Geschichte, die 1967 begann, weitgehend in Amerika. Die frühe Geschichte allerdings liegt in Europa und ist äußerst spannend. Immer wieder gerieten anfängliche große Entdeckungen in Vergessenheit und das ganz unabhängig vom Grad ihrer Entwicklung. Lange kam es nicht zum Durchbruch. Bis die Solitonentheorie sich ab 1967 explosionsartig aufbreitet. Danach wird die Geschichte der Solitonentheorie rasant und sie ist es bis heute geblieben.

Literatur

[Zab., Kru. 1965] Norman J. Zabusky, Martin D. Kruskal: Interaction of "Solitons" in a Collisionless Plasma and the Recurrence of Initial States. Physical Review Letters 15,6 (1965) 240-243.

[GGKM 1967] Clifford S. Gardner, John M. Greene, Martin D. Kruskal, Robert. M. Miura: Method for Solving the Korteweg-de Vries Equation. Physical Review Letters 19 (1967) 1095-1097.

[Lagrange 1788] J. L. Lagrange: Méchanique analytique. Cez la Veuve Désaint, Paris 1788; Nouvelle Edition, Paris 1811-1815, XII, 512.

[Russell 1837] John Scott Russell: On Waves. Report of the Committee on Waves, ... British Ass. for the Adv. of Science, 7th Report 1837, 417-496.

[Airy 1845] George Biddell Airy: Tides and waves. Encyclopaedia Metropolitana (1845).

[Stokes 1847] George Gabriel Stokes: On the Theory of Oscillatory Waves. Cambridge Philosophical Society, Transactions 8 (1847) 441.

[Boussinesq 1872] M. J. Boussinesq: Théorie des ondes et des remus qui se propagent le long d'un canal rectangulaire horizontal, ... Journal de Mathematique Pures et Appliquées (2) 17 (1872) 55-108.

[Rayleigh 1876] Lord Rayleigh: On Waves. The London, Edinburgh and Dublin Philosophical Magazine (5) 1 (1876) 257-279.

[KdV 1895] Dieterik. J. Korteweg, Gustav de Vries: On the Change of Form of Long Waves advancing in a Rectangular Canal, and on a New Type of Stationary Waves. The London, Edinburgh and Dublin Philosophical Magazine 39 (1895) 422-443.

[Bour 1862] Edmond Bour: Théorie de la déformation des surfaces. Journal de l'École Imperiale Polytechnique, 39 (1862) 1-148.

[Bonnet 1867] Ossian Bonnet: Mémoire sur la théorie des surfaces applicables sur une surface donnée II. Journal de l'École Polytechnique 42, (1867) 1-151.

[Enneper 1868] Alfred Enneper: Analytisch-geometrische Untersuchungen V. Nachr. könig. Ges. d. Wiss. u. d. Georg August Universität Göttingen. (1868) 252.

[Coleman 1977] Sidney Coleman: Classical Lumps and their Quantum Descendants. Zichichi: New phenomena in subnuclear physics. Plenum Press, New York 1977, 297-407, p.403.

[Bianchi 1879] Luigi Bianchi: Ricerche sulle superficie a curvatura constante e sulle elicoidi. Tesi di Abilitazione. Annali di Scuola Normale Superiore Pisa 1,2 (1879) 285-340.

[Lie 1880] Sophus Lie: Über Flächen, deren Krümmungsradien durch eine Relation verknüpft sind. Archiv for Math. og Naturv. 4 (1880) 507-512.

[Bäcklund 1883] Albert Victor Bäcklund: Om ytor med konstant negativ krökning. Lund Universitets Arsskrift 19, 6 (1883) 1-48.

[Darboux 1889] Gaston Darboux: Leçons sur la théorie générale des surfaces et les applications géometriques du calcul infinitésimal. Gautier-Villars, Paris 1889-94.

[Dehlinger 1929] Ulrich Dehlinger: Zur Theorie der Rekristallisation reiner Metalle. Habilitationsarbeit. Annalen der Physik (5) 2 (1929) 749-793.

[Taylor 1934] G. I. Taylor: The mechanism of plastic deformation of crystals. Royal Society of London, Proceedings A, 145 (1934) 362-415.

[Fre., Kon. 1938] Jakov Ilitsch Frenkel, Tatjana Abramovna Kontorova: On the theory of plastic deformation and twinning I, II, III. (In Russisch) JETP 8 (1938) 89-95 (I), 1340-1349 (II), 1349-1359 (III). Gekürzte Übersetzung von I und II: On the theory of plastic deformation and twinning. J. of Physics (Moscow) 1 (1939) 137-149. Übers. von I: - Physikalische Zeitschrift der Sowjetunion 13 (1938) 1-10.

[See., Koch. 1950] Alfred Seeger, Albert Kochendörfer: Theorie der Versetzungen in eindimensionalen Atomreihen I. Zeitschrift für Physik 127 (1950) 533-550.

[See., Don., Koch. 1953] Alfred Seeger, H. Donth, Albert Kochendörfer: Theorie der Versetzungen in eindimensionalen Atomreihen III: Versetzungen, Eigenbewegungen und ihre Wechselwirkungen. Zeitschrift für Physik 134 (1953) 173-193.

[Skyrme 1958] Tony Hilton Royle Skyrme: A non-linear theory of strong interactions. Royal Society of London, Proceedings A 247 (1958) 260-278.

[Skyrme 1961] Tony Hilton Royle Skyrme: Particle states of a quantized meson field. Royal Society of London, Proceedings A 262 (1961) 237-245.

[Skyrme 1962] Tony Hilton Royle Skyrme: A unified field theory of mesons and baryons. Nuclear Physics 31 (1962) 556-569.

[Per., Sky. 1962] J. K. Perring, Tony Hilton Royle Skyrme: A model unified field equation. Nuclear Physics 31 (1962) 550-555.

[FPU 1955] Enrico Fermi, J. Pasta, Stanislaw Martin Ulam: Studies of nonlinear Problems. Los Alamos Scientific Report LA-1940, May 1955. Reprinted:
1) Coll. Papers of E. Fermi: Vol II, 978-988, Univ. of Chicage Press 1965.
2) S. Ulam: Sets, Numbers and Universes. MIT-Press 1974 490-501.
3) S. Ulam: Analogies between Analogies. University of California Press.

[Jackson 1990] E. Atlee Jackson: Perspectives of nonlinear dynamics. Cambridge University Press 1990.

Markus Heyerhoff, Marienstraße 18, D-58455 Witten
Universität Greifswald, Fachbereich Mathematik / Informatik

Über die Beziehungen zwischen Kurd Laßwitz und Georg Cantor

WOLFGANG ECCARIUS

*Pädagogische Hochschule Erfurt, Mathematisches Institut,
Nordhäuser Straße 63, D-99089 Erfurt*

Vergegenwärtigt man sich die Hauptumstände der Biographie des Begründers der Mengenlehre *Georg Cantor* (1845-1918) wie wir sie heute kennen, dann drängt sich der Eindruck auf, daß seine wissenschaftlichen Leistungen unter widrigen äußeren Umständen zustande kamen: nicht nur ließ das Verständnis der Zeitgenossen für seine bahnbrechenden Erkenntnisse viel zu wünschen übrig, was unererquickliche persönliche Verhältnisse zu manchem Fachkollegen nach sich zog, es gab auch Probleme bei der Publikation seiner Arbeiten in den Fachzeitschriften der Zeit, unbefriedigende Arbeitsverhältnisse an der Universität Halle, fehlende Förderung durch das preußische Kultusministerium und Mangel an solchen Schülern, die seine Ideen weiterentwickeln und in die Welt tragen konnten und ihn zum Mittelpunkt einer lebendigen und kreativen Schule machten. Und so nimmt es denn auch nicht wunder, daß sich die Anerkennung *Cantors* in der mathematischen Welt erst spät, zu spät einstellte, als nämlich seine wissenschaftliche Produktivität bereits erloschen war.

Es soll nun hier nicht etwa bestritten werden, daß alle diese Feststellungen grundsätzlich Richtiges aussprechen, vielmehr soll lediglich daran erinnert werden, daß eine differenzierte Betrachtungsweise gewöhnlich stimmigere Bilder ohne holzschnittartige Vergröberungen entstehen läßt. Dies scheint gerade im Falle *Georg Cantors* besonders angezeigt, denn das verbreitete und bis zu gewissen Grenzen auch gerechtfertigte und vor allem verständliche Bestreben des Biographen von Profession, seinem Protagonisten den Stempel des Außerordentlichen und Außergewöhnlichen aufzuprägen, findet in seinem Falle so reichlich Nahrung, daß es einer gewissen Anstrengung bedarf, um in seiner Biographie auch das Zeittypische und damit das Gewöhnliche oder Allgemeine zu sehen.

In diesem Zusammenhang soll auch gleich noch eine Bemerkung über eine Besonderheit der Quellenlage eingeflochten werden, wie sie vor allem für die Wissenschaftsgeschichte von Bedeutung ist. Während nämlich Historiker anderer Disziplinen über einen Mangel an Quellen des Alltags im allgemeinen nicht zu klagen haben, finden wir in aller Regel in der Historiographie der Wissenschaften eine andere Situation vor, indem hier schon die reine Existenz von Quellen (wobei es sich in ihrer Masse bekanntliche um schriftliche handelt) ein Moment des Außergewöhnlichen in sich trägt, denn das Alltägliche bedarf hier aus der Sicht der agierenden Personen gewöhnlich keiner Dokumentation. Ausnahmen, die es natürlich auch gibt und dann meist die Form einer ausgeprägten Sammelleidenschaft annehmen, werden von der öffentlichen Meinung jetzt und früher eher unter die Symptome einer psychischen Anormalität eingeordnet, als daß darin ein Verdienst für die Zukunft erkannt würde. Um durch ein Beispiel zu illustrieren, was gemeint ist, sei auf den Umstand verwiesen, daß uns Lehrbücher und Zeitschriftenbeiträge die Menge, aber viel zu wenig Vorlesungsmitschriften, Vorstadien, Konzepte, Entwürfe wissenschaftlicher Abhandlungen etc. zur Verfügung stehen, die doch - vor allem wenn sie wissenschaftliche Gegenstnde im „status nascendi" betreffen - einen besonderen Einblick in deren Entwicklung gewähren würden. Das Interesse, welches gewöhnlich der Briefwechsel von Wissenschaftlern auf sich zieht, ist daher auch zu einem bedeutenden Teil dem Umstand geschuldet, daß sich gerade in dieser Quellengattung das Alltägliche noch am deutlichsten spiegelt: das Schwanken der Meinungen und Ansichten, das Unfertige, Unsichere, ja Widersprüchliche ist es vor allem, welches uns bei der Lektüre anzieht und seinen besonderen Reiz ausübt.

Aber zurück zu den Arbeits- und Lebensumständen, denen sich *Georg Cantor* gegenübersah. Hier scheint es nun vor allem darauf anzukommen, sie mit denen seiner Zeitgenossen zu vergleichen, wobei sich herausstellen dürfte, daß sie in vielem so ungewöhnlich nicht waren, wie man auf den ersten Blick hin vermuten möchte. Am leichtesten ist dies noch bei der gelegentlich beklagten mangelhaften Förderung *Cantors* durch das preußische Kultusministerium einzusehen, gehört es doch auch heute noch zu den durchgängigen Erfahrungen, daß nirgendwo die Ministerialbürokratie gewissermaßen „auf der Lauer liegt", um mathematische Talente zu entdecken. Und so gibt es denn wohl überhaupt nur wenige Mathematikerbiographien, in denen man diesen oder einen ähnlichen Mangel *nicht* zu beklagen hätte.

Auch bei dem für Hochschullehrer wichtigen Besuch von Lehrveranstaltungen, der bekanntlich im 19. Jahrhundert noch einen ganz anderen Stellenwert besaß als heute, lassen sich bei *Cantor* keine Auffälligkeiten gegenüber seinen Kollegen feststellen, die mit ihm zusammen in Halle tätig waren (Abb. 1).[1]

Zur Frage der Bildung einer „Schule" hat sich *Cantor* in einem Brief an *Grace Chisholm-Young* (1868-1944) aus dem Jahre 1908 so geäußert:

> „Übrigens ist der Ausdruck ‚*Cantorismus*' von *Poincaré* noch aus dem Grunde völlig unzutreffend, weil ich stets aengstlich bemüht war, *keine Schule zu gründen*, weil das, was ich vertrete, zu hoch ist, um eine derartige Ambition zu dulden - Was ich gethan habe, gehört dem Menschengeschlecht an, nicht mir, dem Einzelnen, dem Vergänglichen."
> ([7], S. 454)

Es ist trotzdem kein Widerspruch, wenn es in der Mitschrift zu einer Vorlesung von *Felix Klein* (1849-1925) aus dem Wintersemester 1904/05 mit dem Titel „Über den mathematischen Unterricht an den höheren Schulen" im Zusammenhang mit

---

[1] Die hier wiedergegebenen Zahlen hat Herr *Hartwig Göpfert* (Stadtroda) bei seinen Studien über *Johannes Thomae* (1840-1921) ermittelt. Zahlen zum Besuch der Vorlesungen von *Otto August Rosenberg* (1800-1890), der in der hier untersuchten Zeit den ersten Lehrstuhl für Mathematik an der Universität Halle innehatte, ließen sich nicht ermitteln.

Abb. 1:
Hörerzahlen mathematischer Vorlesungen an der Universität Halle

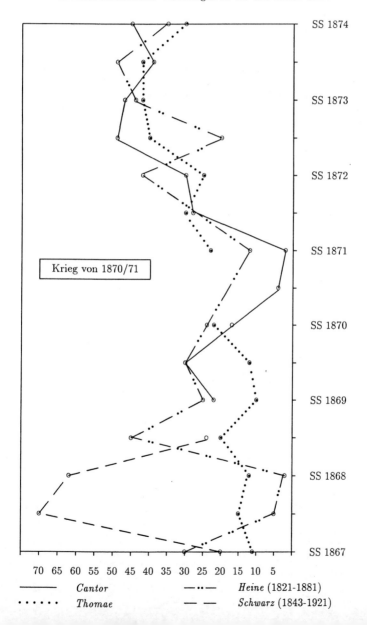

dem Einfluß von Mathematikern auf die Prinzipien des Mathematikunterrichtes heißt:

> „Einen der *Peano*schen Schule ähnlichen Standpunkt vertritt *Cantor* in Halle (*Cantor*sche Schule).
> Ein Schüler von *Cantor* namens *Friedrich Meyer*[1] hat es in seinen ‚Elemente[n] der Arithmetik und Algebra' (2. Auflage 1885) versucht, die Mengenlehre in den Schulunterricht einzuführen und zwar streng axiomatisch."[2]

Hierzu sei zunächst angemerkt, daß *Klein* den Begriff der Schule offensichtlich in einem spezielleren Sinne verwendet als *Cantor* in dem oben gebrachten Zitat. Das Lehrbuch von *Meyer*, übrigens eine in jeder Beziehung bemerkenswerte Publikation, hat *Klein* indes wohl nie selbst gelesen (vorausgesetzt, die Mitschrift gibt hier eine authentische Äußerung wieder), denn von einer durchweg axiomatischen Behandlung der Arithmetik kann darin keine Rede sein. Die Kritik an *Meyer* (und indirekt auch an *Cantor*) geht indes noch weiter, denn die folgenden Passagen der Vorlesungsmitschrift lauten:

> „Wir halten es nicht für zweckmäßig, daß das Neueste und das Schwierigste in der Mathematik (Mengenlehre) gleich in der Schule gebracht wird. Dazu muß man nicht theoretische Gebiete behandeln, die wenig allgemein wichtig sind, sondern nur das bringen, was allgemein Bedeutung hat. Wir können deshalb *Meyer* nicht anders als einen mathematischen Enthusiasten bezeichnen."

Die von *Klein* behauptete Existenz einer *Cantor*schen Schule hat nun in der bisherigen *Cantor*-Literatur nur selten Berücksichtigung gefunden, obwohl es auffallen muß, daß unter denjenigen Personen, die mit *Cantor* direkte oder auch indirekt in wissenschaftliche Berührung gekommen waren, zahlreiche Lehrer vertreten sind. Es seien in diesem Zusammenhang neben *Friedrich Meyer* noch *Ludwig Ballauff* (1817-1904), *Wilhelm Biermann* (1841-1888), *Franz Goldscheider* (1852-1926), *Emil Lampe* (1841-1888), *Kurd Laßwitz* (1848-1910), *Friedrich Niemöller* (1853-1932), *Ludwig Scheeffer* (1859-1886), *Victor Schlegel* (1843-1905) und *Maximilian Simon* (1844-1918) genannt. Diese Liste ist mit Sicherheit unvollständig und eigentlich nicht ungewöhnlichin, weil im vorigen Jahrhundert das mathematische Publikum in seiner überwiegenden Mehrheit aus Lehrern bestand, zu deren Selbstverständnis die aktive Teilnahme am „mathematischen Leben" gehörte. Es gibt aber auch noch andere Gründe, welche die *Klein*sche Behauptung von der Existenz einer gewissen Anhängerschaft *Cantor*s unter den Mathematiklehrern

---

[1] *Karl Friedrich Meyer* (1842-1898) war nach dem Studium in Breslau, Berlin und Halle als Mathematiklehrer am Gymnasium in Halberstadt und am Stadtgymnasium in Halle tätig.

[2] Die Mitschrift der *Klein*schen Vorlesung ist von *Arno Wilhelm Bergmann* (1882-1960) angefertigt worden. *Bergmann* war nach dem Studium in Leipzig, Göttingen und Jena von 1908 bis 1950 am Gymnasium in Arnstadt als Lehrer für Mathematik und Naturwissenschaften tätig. Das Original der Mitschrift befindet sich im Besitz von *Dr. Eckart Bergmann* (Arnstadt), eines Enkels von *A. Bergmann*.

durchaus glaubwürdig erscheinen lassen, ohne daß sie hier im Detail diskutiert werden sollen.

Unter den eben Genannten war der Gothaer Gymnasiallehrer *Kurd Laßwitz* eine besonders bemerkenswerte Persönlichkeit und es wäre mehr als berechtigt, wenn ihm die Geschichtsschreibung der Wissenschaften auch ganz unabhängig von den hier zu besprechenden Beziehungen zum Begründer der Mengenlehre mehr Aufmerksamkeit schenken würde. Zur Zeit ist dieses Feld allein der Literaturgeschichte überlassen, die sich, wenn auch nicht häufig, mit dem Schriftsteller *Laßwitz* befaßt.

Durch die nachfolgende Übersicht soll nun zunächst ein kurzer Überblick über die Hauptdaten aus seinem Leben geliefert werden.

Kurd Carl Theodor Laßwitz

geboren: 20. 04. 1848 in Breslau
verstorben: 17. 10. 1910 in Gotha
Vater: *Karl Laßwitz*, Kaufmann und Fabrikbesitzer
Mutter: *Emma Laßwitz* geb. *Brier*
Schulbesuch, Abitur: Elisabethgymnasium Breslau, 1866
Studium: 1866 - 1972 in Breslau und Berlin
Staatsexamen: 1874 in Breslau
    (Mathematik, Physik, Geographie, Philosophie)
Promotion: 1874 in Breslau
Dissertation: „Über Tropfen, welche an festen Körpern
    hängen und der Schwerkraft unterworfen sind"
Beruflicher Werdegang:
    1874 - 1876 Lehrer an Gymnasien in Breslau und Ratibor
    1876 - 1907 Lehrer am Gymnasium Ernestinum in Gotha
Ernennungen: 1884 Professor, 1909 Hofrat
Publikationen:
    „Geschichte der Atomistik vom Mittelalter bis Newton"
    (2 Bde.) Hamburg/Leipzig 1890
    [das ist sein wissenschaftliches Hauptwerk],

    zahlreiche Fachveröffentlichungen (Philosophie, Physik,
    Mathematik) in Schulprogrammen u. Fachzeitschriften,
    Rezensionen (vgl. [10]),

    Poetische Werke.

Im Nachlaß von *Laßwitz* befinden sich nun eine Reihe von Dokumenten aus der Hand *Cantors*, die einen recht intensiven Gedankenaustausch mit *Laßwitz* in den für *Cantor* wichtigen Jahren 1883 und 1884 belegen,[1] während es anscheinend nicht zu einem persönlichen Zusammentreffen der beiden Mathematiker gekommen ist. Es ist übrigens bezeichnend, daß *Laßwitz* eine wichtige Veröffentlichung *Cantors*

---

[1] Der Wortlaut dieser Dokumente ist in [3] publiziert, in Teilen auch in [7].

bereits vor der Aufnahme des Gedankenaustausches gekannt hat,[1] so daß, um mit
den Worten *Cantors* zu reden, „eine wesentliche Bedingung der Verständigung"[2]
gegeben war.

Unter den von *Laßwitz* aufbewahrten Dokumenten ist vor allem der Brief *Cantors* vom 15. 2. 1884 von Bedeutung, weil er uns einen genaueren Einblick in
die Entstehung des Begriffes „transfinite Ordinalzahl" gestattet. Diesen Brief hat
Cantor in abgewandelter Form zusammen mit anderen im Jahre 1887 veröffentlicht
und bemerkte dazu im Vorwort:

> „Da ich das Glück hatte, darüber [das heißt über seine Untersuchungen zur Theorie der transfiniten Zahlen - W. E.] mit mehreren Gelehrten, welche meinen Arbeiten ein freundliches Interesse widmeten,
> zu korrespondieren und mir hierbei Gelegenheit geworden ist, das bisher Veröffentlichte in gemeinverständlicher Weise zu erläutern und aufzuklären, so meine ich in diesen, aus lebendigem Gedankenaustausch
> hervorgegangenem Material geeignete Anknüpfungspunkte für weitere, ein größeres Publikum interessierende Ausführungen zu besitzen."
> ([2], S. 12)

Bekanntlich hatte *Cantor* seinen Begriff der transfiniten Ordinalzahl zunächst
auf gewisse „konstruktive" Prinzipien gestützt, und zwar zwei „Erzeugungs-" und
ein „Hemmungs- oder Beschränkungsprinzip". Nach den beiden Erzeugungsprinzipien kann man in jeder (geordneten) Menge von bereits vorliegenden transfiniten
Ordinalzahlen zur nächtsgrößeren Ordinalzahl übergehen, und zwar zu $\alpha + 1$, falls
es in der Menge der bereits vorliegenden Ordinalzahlen eine größte α gibt, andernfalls zur Limeszahl der Menge. Das Hemmungsprinzip beschränkt diesen Übergang
derart, daß die Menge der schon vorliegenden transfiniten Zahlen die Mächtigkeit
einer bereits vorher definierten Zahlklasse besitzen muß.[3] Erst später ist *Cantor*
dann zu der heute noch üblichen Definition einer Ordinalzahl als Ordnungstyp
wohlgeordneter Mengen übergegangen. *Ernst Zermelo* (1871-1953), Herausgeber
der „Gesammelten Abhandlungen" *Cantors*, war übrigens noch der Ansicht, daß
dies erstmals in den „Beiträgen zur Begründung der transfiniten Mengenlehre"
aus dem Jahre 1895 bzw. 1897 geschehen sei,[4] ein Irrtum, der von hier aus in die
biographische Literatur eingegangen zu sein scheint und seither häufig wiederholt
worden ist. Dies ist umso merkwürdiger, als *Zermelo* die Druckfassung des Briefes
an *Laßwitz* in die Werkausgabe aufgenommen hat und seinen Inhalt also kennen
mußte. Aus diesem Brief erhellt nun aber, daß *Cantor* in Wirklichkeit seine neue
Definition bereits auf der 56. Versammlung Deutscher Naturforscher und Ärzte in
Freiburg i. Breisgau im Jahre 1883 (und zwar genau am 20. September vormittags)

---

[1] Es handelt sich hierbei um die unter dem Titel „Grundlagen einer allgemeinen Mannichfaltigkeitslehre. Ein mathematisch-philosophischer Versuch in der Lehre des Unendlichen." erschienene und mit einem Vorwort versehene Separatausgabe der Abhandlung „Über unendliche
lineare Punktmannigfaltigkeiten. Teil 5" aus den Mathematischen Annalen **21** (1883) S. 545-586.

[2] Vgl. [3], S. 14

[3] Siehe [1], S. 195-196, 199.

[4] Vgl. [1], S. 209.

vorgestellt hat.[1] Zu den 16 Hörern seines Vortrages gehörten *Alfred Enneper* (1830-1885), *Reinhold Hoppe* (1816-1900), *Ludwig Kiepert* (1846-1936), *Rudolf Lipschitz* (1832-1903), *Alfred Pringsheim* (1850-1941), *Friedrich Schur* (1856-1932), *Ludwig Stickelberger* (1850-1936), *Otto Stolz* (1842-1905), *Peter Josef Treutlein* (1845-1912) und *Christian Wiener* (1816-1896). Am Nachmittag des gleichen Tages fand noch eine Aussprache zum *Cantor*schen Vortrag statt, von der das Tageblatt Nr. 4 der Versammlung indes nur berichtet, daß sie an Bemerkungen von *Stolz* zum Axiom des *Archimedes* anknüpfte und daß sich an ihr neben *Cantor* noch *Stickelberger* und *Stolz* beteiligten. Da in den Diskussionen zwischen *Cantor* und seinen Gesprächspartner sehr häufig das Problem der Existenz „unendlich kleiner Größen" (meist im Zusammenhang mit Differentialen)[2] auftaucht, ist es sehr wahrscheinlich, daß auch bei der eben erwähnten Aussprache dieser Gegenstand berührt wurde. *Cantor* hat sich bekanntlich stets mit größter Vehemenz gegen die Existenz derartiger (notwendig nichtarchimedischer) Größenbereiche ausgesprochen und lediglich einmal, und zwar gegenüber *Laßwitz*, eingeräumt:

> „Wenn eigentlichunendlichkleine Grösen existiren, so können sie nur durch eine *ganz neue Definitionsart* gefunden werden, ähnlich wie ich die transfiniten Zahlen definire oder vielmehr mit Hülfe der Letzteren; diese eigentlichunendlichkleinen Größen stehen aber sicherlich in gar keinem Zusammenhange mit den sogen[annten] Differentialen der Differentialrechnung, welche nur veränderliche Denkmodi sind und auf kein Seiendes hinweisen."[3]

Der Brief an *Laßwitz* vom 15. Februar 1884 stellt nun nach *Cantors* eigenen Worten einen ersten Versuch dar, seinen Freiburger Vortrag auszuarbeiten, denn es heißt hier:

> „Vor mehreren Tagen fing ich ein Schreiben an Sie an, in welchem ich eine compendiöse, schulgerechte Auseinandersetzung der Principien der transfiniten Zahlenlehre Ihnen geben wollte [...] Nun sehe ich aber, daß diese Darstellung [...] mich noch lange aufhalten wird und ich ziehe daher fürs Erste vor, Ihnen in freierer Form zu schreiben. Ihrem Wunsche nach einer rein mathematischen, von metaphysischen Seitenblicken möglichst freien Behandlung des in meinem Schriftchen ‚Grundlagen etc.' enthaltenen Stoffes bin ich gewissermaßen schon nachgekommen, vordem Sie ihn geäußert, indem ich in einer mathematischen Sectionssitzung der letzten, Freiburger Naturforscherversammlung die Definition dieser Zahlen auf die verschiedenen *Typen wohlgeordneter Mengen* gegründet habe." ([3], S. 15)

Die Veröffentlichung seines Freiburger Vortrages muß *Cantor* bereits sehr früh ins Auge gefaßt haben, denn schon im Oktober 1883 bat er *Wilhelm Wundt* (1832-

---

[1] Siehe [11].

[2] So übrigens auch in der Diskussion zwischen *Cantor* und *Laßwitz* in einem Brief vom 9. 3. 1884, vgl. [3], S. 20.

[3] Ebenda.

1920) um die Vermittlung einer Publikationsmöglichkeit.[1] Obwohl nun *Wundt* ihm die Aufnahme einer entsprechenden Arbeit in die „Vierteljahresschrift für wissenschaftliche Philosophie" zusagte, ist *Cantor* auf dieses Anerbieten nicht eingegangen. Wie wir aus seinen Briefen an *Laßwitz* wissen, hatte er zum einen im Oktober 1883 überhaupt noch nicht mit der Ausarbeitung eines druckreifen Manuskriptes begonnen und zum anderen sicher auch auf eine Zeitschrift gehofft, deren Hauptleserkreis aus Mathematikern bestand. Es war wohl dieser Wunsch, der ihn im Februar 1884, angeregt durch den Briefwechsel mit *Laßwitz*, den Entschluß fassen ließ, eine systematische Theorie der transfiniten Kardinal- und Ordinalzahlen für die „Acta Mathematica" seines Freundes *Gösta Mittag-Leffler* (1846-1927) auszuarbeiten. Bei dieser großangelegten Arbeit, die im Februar 1884 noch unter dem Arbeitstitel „Über die transfiniten ganzen Zahlen" stand, handelte es sich um das sptere Manuskript „Principien einer Theorie der Ordnungstypen. Erste Mittheilung.", welches *Cantor* in zwei Teilen im November 1884 und im Februar 1885 an *Mittag-Leffler* sandte. Diese Arbeit ist allerdings für *Cantor* zu einer Quelle besonderen Verdrusses geworden. Nachdem sie zu Beginn des Jahres 1885 bereits teilweise gesetzt und die Korrekturabzüge an *Cantor* versandt waren, legte ihm der Herausgeber im März 1885 nahe, sie wieder zurückzuziehen, weil sie ihrer Zeit um 100 Jahre voraus sei! Sie ist denn auch erst im Jahre 1970 von *Ivor Grattan-Guinness* aus dem *Mittag-Leffler*schen Nachlaß herausgegeben worden.[2] Durch diesen Umstand stellt die oben erwähnte Druckfassung des Briefes an *Laßwitz* die Erstveröffentlichung der neuen Ordinalzahldefinition dar und gibt gleichzeitig, wie *Cantor* selbst betonte, im wesentlichen den Inhalt seines Freiburger Vortrages wieder. Eine stark überarbeitet Fassung seiner für die „Acta Mathematica" verfaßten „Theorie der Ordnungstypen" hat *Cantor* dann noch im Jahre 1888 in stark überarbeiteter Form in der „Zeitschrift für Philosophie und philosophische Kritik" selbst publiziert.[3]

Obwohl nun die Antwortbriefe von *Laßwitz* an *Cantor* verschollen sind und sich deshalb ihr Inhalt nur zu einem geringen Teil aus den *Cantor*schen Reaktionen erschließen läßt, kann man doch das Resumé ziehen, daß die Diskussionen mit *Laßwitz* auf *Cantor* in besonderem Maße anregend gewirkt haben. Daß sie auch auf ein anderes Gebiet hinüberreichten, auf dem sich *Laßwitz* besondere Verdienste erworben hat, sei hier wenigstens am Rande erwähnt: es ist das Grenzgebiet zwischen Mathematik und Literatur. Schon als Student, wo Laßwitz von 1871-1873 Vorsitzender des „Breslauer Mathematischen Vereins" gewesen war, hatte er sich durch das Verfassen mathematischer Scherzgedichte mit „tieferem" Hintergrund hervorgetan und ist deshalb von *Cantor* mit seinen Studienfreunden *Theodor Berner* (1843-1866) und *Max Simon* verglichen worden, die nach den Worten *Cantors* beide als Studenten „in dem Genre der mathematischen Bierzeitung auftrat[en] und manches Hübsche darin leisteten."[4]

---

[1] Vgl. [5].
[2] Näheres hierzu in [4].
[3] Vgl. hierzu [1], insbesondere die Fußnote 1 auf S. 411.
[4] [3], S. 20.

Laßwitz, der bei seinem Promotionskolloquium in Breslau u. a. die bemerkenswerten Thesen

> „Die durch die Naturwissenschaft gegebene Weltanschauung enthält in reichem Maße poetische Elemente.
> Die Naturwissenschaft kann und soll popularisiert werden."[1]

verteidigte, hat sich schon bald nach seiner Studienzeit ernsthaften literarischen Themen zugewandt, denen er allerdings meist eine heitere Seite abzugewinnen vermochte. Eine ganze Anzahl seiner „mathematisch-physikalischen Kurzgeschichten" haben die Zeiten in dem Sinne überdauert, daß sie auch heute noch äußerst lesenswert sind und praktisch keinen Staub angesetzt haben.[2] Die bekannteste dieser feuilletonistischen Betrachtungen dürfte wahrscheinlich seine „Universalbibiothek" sein. Am nachdenklichsten stimmt jedoch in Zeiten wie den heutigen gewiß seine Kurzgeschichte „Die Weltprojekte". Wenn hier auch mit feiner Ironie Rituale und Gehabe des klassischen deutschen Universitätsbetriebes (Gott als allmächtiger Ordinarius!) verspottet werden, so beeindruckt doch vor allem eine sehr merkwürdig anrührende Aktualität, wird doch gegenwärtig wie dort aus zwei Welten eine neue gebaut. Ob der von Laßwitz vertretene Optimismus auch dabei noch am Platze ist, möge jeder Leser nach den bis jetzt gesammelten Erfahrungen für sich entscheiden.

---

[1] Nach [10], S. 14.
[2] Die besten unter ihnen sind in der Sammlung [6] zusammengefaßt.

Anhang:

Die Weltprojekte

von Kurd Laßwitz (1908)

Als die Welt geschaffen wurde, mußte selbstverständlich zuvor das Projekt sein. Natürlich nicht bloß eins. Es gab unendlich viele mögliche Welten in unendlich vielen möglichen Räumen. Und da es sich um eine wichtige Sache handelte, so hatten die Oberengel den Auftrag, sie sämtlich bis ins einzelne auszuarbeiten. Die Zeit drängte nicht, denn das Maß der Erddrehung war noch nicht erfunden, und so gedachte der Herr, die beste aller Welten auszusuchen, um sie als die einzig wirkliche Welt zu schaffen.

Die beste erkannte er freilich auf den ersten Blick. Darin gab's nämlich keinen Widerspruch, keine Reibung, keine Störungen, keine Schmerzen, keine Dummheiten; nichts als eine blitzblaue Seligkeit und Zufriedenheit; und dabei wußte niemand, womit er eigentlich zufrieden war. Denn alle waren immer einig, und es war ganz unmöglich, sich über etwas zu ärgern. Schon wollte er diese Welt des höchsten Glücks aller ausführen, als er sich erst den Kostenvoranschlag ansah. O weh! Die vollkommenste war leider die teuerste von allen. Sie war wirklich zu teuer. Sie brauchte nämlich einen fortwährenden baren Zuschuß, weil ja kein Wunsch unbefriedigt bleiben durfte. Das konnte sich nur eine Aktiengesellschaft leisten, und die ließ sich nicht schaffen; [denn] sonst wäre die Welt nicht mehr vollkommen gewesen.

Es wurden also die zu teuren Welten von vornherein ausgeschieden, ebenso die zu billigen, denn die waren Schundware. Dann noch ein paarmal engere Wahl, und schließlich behielt der Herr zwei übrig. Er nannte sie Projekt A und Projekt B. Die wurden in Lebensgröße ausgeführt.

Zunächst sollten sie nun einmal Probe laufen.

Es wurde also die Gesamtenergieverteilung für den Anfangszustand zur Zeit Null eingestellt, und dann wurde die Zeit angelassen. Zuerst bei der Welt A. Da ging's los, und die Welt schnurrte ab, daß es eine Freude war.

Als das so einige Dezillionen Jahre gedauert hatte, was ja doch bei einem Weltversuch noch nicht viel sagen will, da machte der Herr eine kleine Stichprobe. Er griff mal so gerade in eins der unendlich vielen Milchstraßensysteme hinein, holte sich eine Sonne heraus, nahm einen von ihren Planeten und betrachtete sich das Zeug näher, das darauf wuchs und herumkrabbelte. Es sah beinahe aus wie auf unserer Erde.

„Wie gefällt's euch da?" fragte der Herr. „Ist's nicht 'ne schöne Welt?"

„Danke der gütigen Nachfrage," antwortete eine Stimme. „Will mal nachsehen."

„Was? Nachsehen? Ihr werdet doch wissen, wie's euch gefällt?"

„Ich will im Gefühlskalender nachschlagen, was ich zu antworten habe. Hier steht's schon: Eine schauderhafte Welt ist es."

„Was soll das heißen?"

„Ich will mal im Verstandeskalender nachschlagen. Also: Wegen der absoluten Gesetzmäßigkeit der mathematischen Logik, die dem Weltprojekte zugrunde gelegt ist, sind alle Ereignisse und alle Gefühle von vornherein bestimmt, und man kann sie sowohl für die künftige wie für die vergangene Zeit in den automatischen Reduktionsregistern aufsuchen. Wenn ich also wissen will, warum ich meine Ansicht habe, so brauche ich bloß -"

„Aber was willst du damit gewinnen? Du mußt doch selbst entscheiden -"

„Was ich will? Ich werde im Willenskalender nachschlagen -"

„Ich meine, warum ihr die Welt schauderhaft findet."

„Eben darum, weil sie so absolut korrekt ist, daß man alles aus dem Wirklichkeitskalender erfahren kann. Auch was man wollen muß - man weiß es ja nicht gerade vorher, aber man kann's doch wissen, wenn man's nachschlägt."

„Dafür seid ihr vor allen Torheiten geschützt."

„Aber man lebt ja gar nicht, man sucht nur immer in den Kalendern; und wenn man gesehen hat, wie's kommen wird, so möchte man's gar nicht erst erleben. Da sehe ich z. B. aus dem Willenskalender, daß ich morgen beim Festessen zu Ehren unseres Direktors eine Rede halten will, aber aus dem Gefühlskalender erfahre ich, daß ich mich blamieren und dabei den Mann bedenklich vor den Kopf stoßen werde."

„Da mußt du es lassen oder die Rede abändern."

„Das ist eben das Schauderhafte. Ehe ich nun im Verstandskalender finde, ob und wie das sein kann! Nichts läßt sich ändern in dieser Welt! Das kleinste Fleckchen oder Stäubchen wirkt nach in alle Ewigkeit, irgendwo bleibt's hängen."

„Aber das vergißt man doch."

„Vergessen! Ja, wenn wir eine Bewußtseinsschwelle hätten! Aber selbst wenn man's vergessen könnte, es steht doch immer in den Weltplänen, und irgend jemand kann's auffinden. Nein, nein! Alles erfahren, aber nichts ändern können, das ist schlimm. Und wenngleich alles noch so vorzüglich gut ist, eine Welt, in der man nichts besser machen kann, ist doch schauderhaft!"

Da setzte der Herr den Planeten wieder an seinen Platz, die Sonne in ihr System und die Milchstraße in ihren Raum und stellte die Zeit ab, daß die Welt außer Betrieb gesetzt war.

„Nein," sagte er zu dem Oberengel, der das Projekt A gemacht hatte, „die beste Welt ist das nicht. Wir wollen einmal das Projekt B probieren."

Diese Welt sah von außen ganz ähnlich aus wie die Welt A, denn sie war auch nach dem Prinzip der ineinandergeschachtelten und bewohnten Sternsysteme gebaut. Der Engel ließ also die Zeit laufen, und als ein Dutzend Zentillionen Jahre vorbei waren, langte der Herr wieder einen Planeten heraus und betrachtete sich die Lebewesen darauf.

„Na, wie geht's" fragte er. „Wie gefällt euch die Welt?"

„Schauderhaft, ganz schauderhaft!" schrien eine große Anzahl Stimmen durcheinander.

„Nun, nun!" sprach der Herr beruhigend. „Immer einer nach dem andern!"

Aber das half nichts. Sie klagten alle gleichzeitig, bis er sich so ein Persönchen herausnahm. Das war nun auf einmal ganz vergnügt, und als es der Herr fragte, wie ihm die Welt gefiele, da rief es:

„Ach, so ist es ganz wunderschön! Jetzt bin ich für mich, da ist alles gleich vorhanden, was ich wünsche. Will ich mal tüchtig arbeiten, so ruckt und zuckt mir's in allen Muskeln, und das Gehirn müdet sich ab. Will ich ruhen und sage, hier soll ein hübsches Häuschen stehen in einem großen, stillen Park und ein bequemer Schlafstuhl auf der Verandas, so lieg' ich gleich dort und rauche meine Havanna. So ist's ganz ausgezeichnet hier."

„Warum rieft ihr denn alle: Schauderhaft! Schauderhaft!"

„Ja, Herr, sobald einer von uns für sich allein etwas wünscht, da haben wir ja alles; es steigt willig hervor, und nichts kann sich stören. Wenn wir aber da im Raum auf der Wohnkugel zusammenstecken, da stoßen die schönen Gedanken und Phantasien, all die köstlichen Träume meiner Seele zusammen mit den ebenso mächtigen meiner Mitbewohner und geraten in Wettbewerb. Wo ich meinen Garten habe, da läßt der Nachbar seine sechs Jungen Ball schlagen und nach Herzenslust schreien. Denn es gibt ja kein Mittel zu verhindern, daß das geschieht, was jeder sich ausdenkt. Die Vorstellung genügt, um das Mögliche zum Dasein zu bringen. So besteht allhier nichts Sicheres, nichts Gewisses! Also tu mir die einzige Gnade an und nimm all die anderen Bewohner aus der Welt, damit ich in meiner schönen Eigenwelt nicht beeinträchtigt werde!"

„Ha, hm!" sagte der Herr bedenklich und brachte das Persönchen wieder in das Weltsystem an seine Stelle, wo es sofort aufs neue zu lamentieren anfing.

„Das ist auch nichts Rechtes mit dem Projekt B," sprach der Herr und stellte die Zeit ab.

Die beiden Oberengel machten einigermaßen unzufriedene Gesichter, soweit das anging, und erboten sich sogleich, neue Projekte einzureichen. Aber der Herr meinte:

„Ach was, das hat ja keine Eile mit der Weltschöpfung. Diese eure Welten taugen beide nichts. Vielleicht fällt euch später was Besseres ein. Vorläufig geht's auch so."

Damit nahm er die beiden Weltmodelle und setzte sie der Bequemlichkeit wegen ineinander in die Himmelsrumpelkammer.

Nach ein paar Dezillionen Jahren blickte der Herr zufällig wieder in diese Ecke und merkte, daß die beiden zurückgesetzten Welten im Gange waren.

Er rief sich die beiden Engel und fragte, wer sich denn erlaubt habe, die Zeit anzulassen, so daß die Welten weiter Probe liefen.

„Ich habe nur meine übrige Zeit genommen," sagte der vom Projekt A etwas ängstlich.

„Ich auch nur meine" - sagte der vom Projekt B desgleichen.

„Ja," riefen sie beide, „wir wollten bloß einmal versuchen, welche es besser aushält, wenn sie gleichzeitig liefen."

„So?" sprach der Herr gütig. „Da wollen wir doch einmal nachsehen, was daraus geworden ist."

Und er griff wieder in das kombinierte Weltsystem und holte sich einen Bewohner heraus. Daß er immer den richtigen traf, verstand sich ja von selbst.

„Nun?" fragte er. „Wie geht's bei euch jetzt?"

„Ausgezeichnet," antwortete der Mensch; denn ein solcher war es.

„Wie kommt das? In der Welt A jammerten sie doch, es sei alles so notwendig bestimmt, daß nichts geändert werden könnte, und in der Welt B klagten sie, weil alles, man mag sich ausdenken, was man wolle, gleich da sei und deshalb nichts Festes zusammenstimme."

„Ja, Herr, das haben wir eben ausgeglichen. Wir haben aus den beiden Welten eine neue gemacht, unsere eigene. Wir bilden nämlich eine besondere Gesellschaft für Weltverbesserung."

„Das wäre! Wie denn?"

„Sehr einfach. Die Welten laufen nun mal, darauf sind wir angewiesen. Aber nun nehmen wir aus B die Phantasie, und aus A nehmen wir das Gesetz. So bewirken wir die Ergänzung. Was wir als wünschenswert vorstellen, machen wir auch wirklich und das Unabänderliche nutzen wir zum Vernünftigen."

„Nicht übel! So steuert ihr ja gerade auf die vernünftige Welt los, die ich erwarte. Na, so mögt ihr sie euch denn selber schaffen, ich will sie bestätigen. Und wer bist du denn eigentlich?"

„Ich bin der Ingenieur."

Literaturverzeichnis

[1] **Cantor, G.**: Gesammelte Abhandlungen mathematischen und philosophischen Inhalts, hrsg. von **E. Zermelo**. Springer, 1932.

[2] **Cantor, G.**: Mitteilungen zur Lehre vom Transfiniten, in: Ztschr. f. Philos. u. philos. Kritik **91**(1987), S. 81-125 und **92**(1988), S. 240-265; wiederabgedruckt in: Zur Lehre vom Transfiniten. Halle 1890, S. 11-92 und in [1], S. 378-439.

[3] **Eccarius, W.**: Georg Cantor und Kurd Laßwitz: Briefe zur Philosophie des Unendlichen, in: NTM - Schriftenreihe Gesch. Naturw., Technik, Med., **22**(1985)1, S. 7-28.

[4] **Grattan-Guinness, I.**: An Unpublished Paper by Georg Cantor: „Principien einer Theorie der Ordnungstypen. Erste Mittheilung", in: Acta Mathem. **124**(1970), S. 65-107.

[5] **Kreiser, L.**: W. Wundts Auffassung der Mathematik - Briefe von G. Cantor an W. Wundt, in: Wiss. Ztschr. Karl-Marx-Univ. Leipzig, GWR **28** 1979) H. 2, S. 197-206.

[6] **Laßwitz, K.**: Die Welt und der Mathematikus, hrsg. von **W. Lietzmann**. Leipzig 1924.

[7] **Meschkowski, H.** und **W. Nilson** [Hrsg.]: Georg Cantor. Briefe. Springer, 1991.

[8] **Meyer, F.**: Elemente der Arithmetik und Algebra (2. Aufl.), Halle 1885.

[9] **Purkert, W.** und **H. J. Ilgauds**: Georg Cantor. Leipzig 1985.

[10] **Roob, H.**: Kurd Laßwitz. Handschriftlicher Nachlaß und Bibliographie seiner Werke, mit einer Einleitung von **H. Schlösser**. Gotha 1981 (= Veröffentlichungen der Forschungsbibliothek Gotha, Heft 19).

[11] **Tageblatt** der 56. Versammlung Dtsch. Naturforscher u. Ärzte in Freiburg i. Br. 1883, Nr. 4 vom 21. 9.1883.

Der Henselsche Beweisversuch
für die Transzendenz von e

PETER ULLRICH

Westfälische Wilhelms-Universität, Mathematisches Institut,
Einsteinstraße 62, D-48149 Münster

In der Entwicklung der Mathematik ist es keinesfalls ungewöhnlich, daß Ergebnisse zunächst in einer Art bewiesen werden, die späteren Generationen Anlaß zur Kritik gibt hinsichtlich der Stichhaltigkeit der Schlußweise. Bisweilen, wie etwa bei der Verwendung des „Dirichletschen Prinzips" durch Riemann, stritten bereits die Zeitgenossen über die Zulässigkeit gewisser Argumentationen. Selten jedoch tritt das Phänomen auf, daß für ein bereits korrekt nachgewiesenes Resultat ein erneuter Beweis versucht wird, der sich umgehend als lückenhaft erweist.

Einer dieser Ausnahmefälle ist der Ansatz Kurt Hensels (1861–1941), die Transzendenz der Basis $e = \sum_{\nu=0}^{\infty} \frac{1}{\nu!}$ des natürlichen Logarithmus über dem Körper $\mathbb{Q}$ der rationalen Zahlen nachzuweisen, über den er am 26. September 1905 vor der Jahresversammlung deutscher Naturforscher und Ärzte in Meran berichtete in einem Vortrag, zu dem ihn der Vorstand der Deutschen Mathematiker-Vereinigung eingeladen hatte.

Die Transzendenz von e hatte bereits 1873 Charles Hermite (1822–1901) gezeigt [12]; im Anschluß daran hatte Ferdinand (von) Lindemann (1852–1939) neun Jahre später das Jahrtausende alte Problem der Transzendenz der Kreiszahl π gelöst [16]. Karl Weierstraß (1815–1897) hatte dann dessen Beweismethode überarbeitet und 1885 den heute so genannten „Satz von Lindemann-Weierstraß" veröffentlicht, daß die Werte, die die Exponentialfunktion an verschiedenen über $\mathbb{Q}$ algebraischen Stellen annimmt, linear unabhängig über dem Körper der über $\mathbb{Q}$ algebraischen Zahlen sind, woraus speziell sowohl die Transzendenz von e als auch die von π folgt.

Während diese Beweise korrekt und vollständig sind, weisen Hensels Ausführungen, die er in einem Artikel im „Jahresbericht der Deutschen Mathematiker-Vereinigung" [8] schriftlich wiedergab, eine gravierende, bis heute nicht geschlossene Lücke auf. Die in der vorliegenden Note durchgeführte Analyse erweist dabei, daß sich dieser Fehlschluß interpretieren läßt als das Duale zur Kontroverse zwischen Johann Bernoulli (1667–1748) und Gottfried Wilhelm Leibniz (1646–1716) über die Natur der Logarithmen negativer und imaginärer Zahlen: Hatten jene sich bei der Fortsetzung des Logarithmus von den reellen zu den komplexen Zahlen in unauflösbare Widersprüche verwickelt (man vergleiche etwa die Analyse des

Problems durch Leonhard Euler (1707–1783) [4]), so traten nun die Probleme bei der Fortsetzung der Exponentialfunktion zu den p-adischen Zahlen auf.

1. Die Einführung der p-adischen Zahlen durch Hensel

Aufgrund der oben erwähnten Ergebnisse von Hermite, Lindemann und Weierstraß waren Transzendenzuntersuchungen für Zahlen Ende des 19. Jahrhunderts ein hochaktuelles Forschungsgebiet. So hatte sich Hensel in den neunziger Jahren jenes Jahrhunderts bei seiner Einführung der p-adischen Zahlen auch von der Vorstellung leiten lassen, die in der Funktionentheorie einer komplexen Veränderlichen geltenden Sätze über Transzendenz oder auch Rationalität von *Funktionen* auf *Zahlen* zu übertragen. In seinen eigenen Worten lautet dies wie folgt [8, S. 546]:

> „In der Funktionentheorie ... gibt es für die Umgebung einer jeden Stelle ein neues Funktionenelement [d.h., eine Reihenentwicklung], und die einfachsten Eigenschaften aller jener Elemente zusammengenommen gewähren uns einen vollen Einblick in die analytische Natur der Funktion. ... [W]ollen wir ... die... transzendenten Zahlen ähnlich einfach behandeln, wie die transzendenten Funktionen, so müssen wir versuchen, statt der einzigen Darstellung durch einen Dezimalbruch unendlich viele andere zu finden, von denen jede einzelne uns einen neuen Aufschluß über das Verhältnis jener Zahl zu *einer* bestimmten ganzen Zahl gewährt.“

Hensel dachte dabei an Sätze folgender Art: Besitzt eine auf der Riemannschen Zahlenkugel $\widehat{\mathbb{C}} := \mathbb{C} \cup \{\infty\}$ definierte analytische Funktion in jedem Punkt von $\widehat{\mathbb{C}}$ als Singularität höchstens einen Pol, hat sie also stets eine Laurent-Entwicklung mit endlichem Hauptteil, dann ist sie eine rationale Funktion, bzw. das Analogon dieser Aussage für die Charakterisierung algebraischer Funktionen, wobei Puiseux-anstelle von Laurent-Entwicklungen betrachtet werden (vgl. [6, S. 51], [8, S. 545–546]).

So entstanden zunächst die p-adischen Entwicklungen algebraischer Zahlen und später die p-adischen Zahlen als mathematische Objekte eigenen Rechts durch Übertragung der Idee der Reihenentwicklung aus der Funktionentheorie in die Arithmetik, d.h., statt Laurent-Reihen $\sum_{\nu=n}^{\infty} a_\nu (z-c)^\nu$ mit $c \in \mathbb{C}$, $n \in \mathbb{Z}$ und $a_\nu \in \mathbb{C}$ für $\nu \geq n$ werden Reihen $\sum_{\nu=n}^{\infty} a_\nu p^\nu$ betrachtet mit p eine Primzahl, $n \in \mathbb{Z}$ und $a_\nu \in \{0, \dots, p-1\}$ für $\nu \geq n$, bzw., allgemeiner, im Verzweigungsfalle mit einer geeigneten „Wurzel" von p als Parameter – in Analogie zu den Puiseux-Reihen, die ja Potenzreihen in einer Wurzel aus $z-c$ sind –, ebenso mit den a_ν nicht mehr notwendig nur aus $\{0, \dots, p-1\}$.

An dieser Stelle sollen nur diejenigen Ergebnisse der Henselschen Theorie referiert werden, die er bis zu seinem Beweisversuch von 1905 hergeleitet hatte – und zwar völlig korrekt – und die darin Verwendung fanden (der an einer genaueren Darstellung der Entstehung der p-adischen Zahlen interessierte Leser sei auf [20] verwiesen):

In seinen Arbeiten bis Anfang 1905 hatte Hensel für endliche Reihen $\sum\limits_{\nu=n}^{N} a_\nu p^\nu$ vom obigen Typ einen Konvergenzbegriff entwickelt, indem er zum Messen der Größe einer solchen Reihe deren p-adische „Ordnungszahl" heranzog – im Falle $a_n \neq 0$ gerade die Zahl n – bzw. eine daraus abgeleitete „Maßzahl", nämlich die reelle Zahl $\sum\limits_{\nu=n}^{N} a_\nu g^{-\nu}$, wobei g eine fixierte reelle Zahl ist mit $g > p$. – Rein mathematisch gesehen, leistet diese „Maßzahl" genau dasselbe wie die heutzutage übliche p-adische Bewertung p^{-n}; vom Gesichtspunkt der Entwicklung mathematischer Begriffe her ist aber durchaus beachtenswert, daß Hensel diese Größe so relativ kompliziert definierte: In dieser nicht-optimalen äußeren Form spiegelt sich nämlich wider, daß er sich mit seinen Betrachtungen auf Neuland begeben hatte; der allgemeine Begriff „Bewertung" wurde erst 1912 von József Kürschák (1864–1933) eingeführt [14], welcher gerade von Hensels Theorie der p-adischen Zahlen zu seiner abstrakten Definition angeregt worden war [14, S. 289]. –

Alle oben betrachteten unendlichen Reihen sind offenbar konvergent bezüglich dieses Maß- bzw. Bewertungsbegriffs. Wie Hensel in [6] nachwies, bildet ihre Gesamtheit einen Körper, den er mit $K(p)$ bezeichnete, heutzutage übliches Symbol $\mathbb{Q}_p$, und den er als vollständig bezüglich des betrachteten Konvergenzbegriffs nachwies, d.h., jede Cauchy-Folge aus $\mathbb{Q}_p$ bezüglich der p-adischen Bewertung besitzt einen Limes in $\mathbb{Q}_p$. In [7] zeigte Hensel weiterhin, daß sich jede über $\mathbb{Q}$ algebraische Zahl als analoge Potenzreihe darstellen läßt, nicht mehr notwendig in p, sondern in einer geeigneten „Wurzel" aus p und den Koeffizienten a_ν im allgemeinen nicht mehr aus $\mathbb{F}_p$, sondern aus irgendeinem endlichen Körper der Charakteristik p.

2. Der Vortrag 1905 in Meran

Mit diesen, zweifelsfrei bewiesenen, Ergebnissen versehen, ging Hensel im Jahre 1905 in seinem Vortrag in Meran daran, den Anspruch seiner Theorie einzulösen, Aussagen über die Transzendenz von Zahlen zu liefern. Seine Ausführungen bzw. deren schriftlicher Niederschlag [8] befassen sich hauptsächlich mit der Transzendenz von e; er erwähnt aber auch die Möglichkeit, allgemeinere Transzendenzresultate, wie etwa die Transzendenz von π mit p-adischen Methoden zu beweisen [8, S. 557–558].

Zum Nachweis der Transzendenz von e untersucht Hensel zunächst die Exponentialreihe $\sum\limits_{\nu=0}^{\infty} \frac{x^\nu}{\nu!}$ [8, S. 554–555]. Er stellt fest, daß diese – im Gegensatz zur Situation über den reellen oder komplexen Zahlen – nicht für alle $x \in \mathbb{Q}_p$ konvergiert, und bestimmt ihren Konvergenzradius korrekt zu $p^{-1/(p-1)}$ (mit der üblichen Normierung, daß der p-adische Absolutbetrag von p^n gleich p^{-n} sei). Insbesondere konvergiert die Reihe wohl für $x = p$, nicht aber für $x = 1$. Um sie dennoch für Aussagen über e verwenden zu können, geht er wie folgt vor [8, S. 555–556]:

> „Ich definiere die Exponentialfunktion $E(x)$ wie gewöhnlich durch die Funktionalgleichung $E(x+y) = E(x)E(y)$ mit der Maßgabe, daß $E'(0) = 1$ sein soll. Dann gelangt man auf dem gewöhnlichen Wege dazu, daß $E(x)$

einmal durch die Potenzreihe:

$$E(x) = 1 + \frac{x}{1} + \frac{x^2}{2!} + \cdots$$

definiert ist, sobald x innerhalb des Konvergenzbereiches dieser Reihe gewählt wird, das andere Mal durch die Exponentialgleichung:

$$E(x) = \big(E(1)\big)^x = e^x,$$

wobei eben unter e der Wert von $E(1)$ verstanden ist."

Der Deutlichkeit halber sei hervorgehoben, daß dieses E eine Funktion ist, die sowohl reelle als auch p-adische Argumente haben kann, und zwar für jede Primzahl p.

Ist man bereit, Hensel dies zuzugestehen, so ist man – je nach Sichtweise – verloren oder bei einem erfreulich einfachen Transzendenzbeweis für e angelangt:

Aufgrund der Funktionalgleichung von E – die etwas heikle Exponentialgleichung $E(x) = e^x$ braucht man hier gar nicht heranzuziehen – und der Potenzreihenentwicklung um 0 erhält man für p eine beliebige ungerade Primzahl [8, S. 556]:

$$
\begin{aligned}
\text{„}E(p) \;=\; \big(E(1)\big)^p \;=\; e^p \;&=\; 1 + \frac{p}{1} + \frac{p^2}{1 \cdot 2} + \frac{p^3}{1 \cdot 2 \cdot 3} + \cdots \\
&=\; 1 + p(1 + a_1 p + \cdots) \\
&=\; 1 + p\varepsilon,
\end{aligned}
$$

wo ε eine bestimmte Einheit des p-adischen Zahlensystems ist[,]"

d.h., eine Zahl aus $\mathbb{Q}_p$ mit p-adischem Absolutbetrag 1.

Das Polynom $y^p - (1 + p\varepsilon)$ ist aber irreduzibel über $\mathbb{Q}_p$, denn nach der Substitution $z := y - 1$ erhält es die Gestalt

$$z^p + pz^{p-1} + \frac{p(p-1)}{1 \cdot 2} z^{p-2} + \cdots + pz - p\varepsilon,$$

und nach „dem bekannten E i s e n s t e i n schen Theoreme" [8, S. 556] ist dieses Polynom irreduzibel über $\mathbb{Q}_p$, da p in allen Koeffizienten außer dem Leitkoeffizienten auftritt, im absoluten Term aber nur einmal. – Das Eisensteinsche Irreduzibilitätskriterium gilt dabei eben über $\mathbb{Q}_p$, da die Elemente von $\mathbb{Q}_p$, deren p-adischer Absolutbetrag kleinergleich 1 ist, einen Unterring von $\mathbb{Q}_p$ bilden, welcher ein Unterring mit diskreter Bewertungsring mit p als uniformisierendem Element, also faktoriell mit p als einzigem Primelement ist; Hensel merkt hierzu nur an, daß dieses Kriterium „auch für die p-adischen Zahlen gilt, und für diese wörtlich ebenso bewiesen wird, wie für die rationalen Zahlen" [8, S. 556]. –

Der Nachweis, daß e transzendent über $\mathbb{Q}$ ist, wird nun vermittels der Annahme des Gegenteils geführt [8, S. 556–557]: Wäre e algebraisch über $\mathbb{Q}$, so hätte es einen endlichen Grad n über $\mathbb{Q}$. Für p eine ungerade Primzahl echt größer als n hätte e dann über $\mathbb{Q}_p$ höchstens den Grad n, da $\mathbb{Q}$ Unterkörper von $\mathbb{Q}_p$ ist. Andererseits ist e Nullstelle des nach den obigen Überlegungen über $\mathbb{Q}_p$ irreduziblen Polynoms $y^p - (1 + p\varepsilon)$, hat also den Grad p über $\mathbb{Q}_p$, woraus wegen $p > n$ der gewünschte Widerspruch folgt.

3. Die zeitgenössische Kritik

Die negativen Reaktionen auf Hensels Beweisansatz setzten unmittelbar nach dessen Vortrag im September 1905 ein. So wies bereits Oskar Perron (1880–1975) in seiner am 30. Juni 1906 an der Universität München gehaltenen Habilitationsrede auf „eine wesentliche Lücke" [17, S. 153] in Hensels Argumentation hin. Das (erst 1908 veröffentlichte) Referat von Emil Lampe (1840–1918) im „Jahrbuch über die Fortschritte der Mathematik" über die publizierte Fassung des Henselschen Vortrags [8] spricht eher vorsichtig davon, daß die „die transzendenten Zahlen betreffenden Resultate ... nicht unangefochten geblieben sind" [15]. Und Hensel selbst konzediert in einem 1907 publizierten Artikel, daß [9, S. 495–496]

> „der in meinem Meraner Vortrage gegebene Beweis der Transzendenz von e noch einer wesentlichen Ergänzung [bedarf]".

Das Problem bei Hensels Argumentation ist offenbar (vgl. auch [17, S. 153–154]), daß, wenn man eine (ungerade) Primzahl p vorgibt, die p-te Potenz e^p der zu untersuchenden Zahl e zwar im Reellen durch die im archimedischen Sinne konvergente Reihe $\sum_{\nu=0}^{\infty} \frac{p^\nu}{\nu!}$ gegeben ist. Diese Reihe konvergiert auch bezüglich der p-adischen Bewertung; aber es ist keineswegs klar, ob sie auch gegen e^p konvergiert, selbst wenn man, wie offenbar für den Widerspruchsbeweis zulässig, e als algebraisch annimmt und damit nach [7] weiß, daß e^p eine p-adische Entwicklung besitzt. (Beispiele von Reihen rationaler Zahlen, die archimedisch und p-adisch gegen verschiedene, sogar rationale Zahlen konvergieren, findet man etwa in dem Buch von Koblitz [13, S. 81–82], ebenso einen „too-good-to-be-true" Beweis der Irrationalität von π und eine Modifikation des Henselschen Arguments [13, S. 86–87, Ex. 8–9].)

Die nächstliegende Idee, hier Abhilfe zu schaffen, ist, für eine gegebene Zahl eine Reihenentwicklung der Gestalt $\sum_{\nu=n}^{\infty} a_\nu p^\nu$ zu finden, die sowohl bezüglich der archimedischen als auch der p-adischen Bewertung gegen diese Zahl konvergiert, wobei für die a_ν jetzt beliebige rationale Zahlen zugelassen sind, deren Nenner nicht durch p geteilt wird. Hensel wandte sich diesem Ansatz bereits 1907 in der Arbeit [9] zu, die er zur Korrektur seines Meraner Vortrags nachschob, und auch in seinem 1908 erschienenen Buch zur „Theorie der algebraischen Zahlen" [10] treten Reihen dieses Typs auf (wobei für Bourbaki der Grund für Hensels Beschäftigung mit diesen offenbar mysteriös ist [3, S. 140 bzw. S. 132, Fußnote]).

Weder in diesen Texten noch in nachfolgenden Artikeln gelang es Hensel jedoch, diese Theorie so weit zu entwickeln, daß sich sein Beweis reparieren ließ: Bei dem Unterfangen, die Transzendenz von e zu zeigen, hatte ihn offenbar, mit den Worten seines Schülers Helmut Hasse (1898–1979), „sein Instinkt betrogen" [5, S. 7].

4. Das proton pseudos

Auch wenn Hensels Beweisversuch letztlich daran scheitert, daß ein Grenzprozeß, der sowohl archimedisch als auch p-adisch konvergiert, durchaus verschiedene Ergebnisse liefern kann, bedeutet dies nicht notwendig, daß Hensel dieses Problem einfach übersehen hatte. In der Tat, in der veröffentlichten Version seines Vortrags [8] schnitt er vor dem Beweisversuch für die Transzendenz von e die Frage an, ob die Ableitung einer Funktion, also der Grenzwert eines Differenzenquotienten, im p-adischen Sinne mit der üblichen Ableitung übereinstimmt:

Hensel formuliert den Funktionsbegriff etwas vage [8, S. 553]

„Eine Größe y nenne ich eine Funktion der unabhängigen Variablen x, wenn ein Verfahren existiert, mit dessen Hilfe ich y mit jeder vorgegebenen Genauigkeit ... berechnen kann, sobald $x = \gamma$ als p-adische Zahl beliebig angenommen ist.",

definiert Stetigkeit und Differenzierbarkeit jedoch präzise durch die Existenz des Grenzwerts von Funktion bzw. Differenzenquotient bezüglich des p-adischen Konvergenzbegriffs. Danach konstatiert er [8, S. 553]

„Man zeigt leicht, ... daß die Ableitungen, welche wir hier [d.h., im p-adischen Sinne] erhalten, dieselben Werte haben, wie bei der gewöhnlichen Anordnung der Zahlen ....."

Zur Begründung dieser Aussage führt er nichts weiter an; allerdings hat er bis dahin als Beispiele für seinen Funktionsbegriff nur rationale Funktionen in einer Unbestimmten mit Koeffizienten aus $\mathbb{Q}$ erwähnt, und für diese stimmen an jenen Stellen aus $\mathbb{Q}$, wo sie definiert sind, wirklich die formale Potenzreihenentwicklung und die Taylor-Entwicklung, ob nun im archimedischen oder im p-adischen Sinne, überein, so daß auch die Koeffizienten beider Taylor-Entwicklungen und damit die Ableitungen gleich sind.

Festzuhalten bleibt auf jeden Fall, daß bei Hensel durchaus ein Problembewußtsein bezüglich der verschiedenen Konvergenzbegriffe vorhanden war, als er sich an den Versuch begab, die Transzendenz von e nachzuweisen.

Es fällt auch auf, daß er dabei nicht direkt die Gleichheit $e^p = \sum\limits_{\nu=0}^{\infty} \frac{p^\nu}{\nu!}$ ansetzt, sondern diese erst mittels der von ihm betrachteten Exponentialfunktion E herleitet: Gäbe es so eine (lokal in Potenzreihen entwickelbare) Exponentialfunktion E, die sowohl alle reellen als auch alle p-adischen Zahlen als Argument zuläßt, wären die Schlüsse von Hensel durchaus korrekt; daß deren Potenzreihenentwicklung um 0, also die Exponentialreihe $\sum\limits_{\nu=0}^{\infty} \frac{x^\nu}{\nu!}$, nicht für alle diese Argumente konvergiert, bräuchte nicht zu überraschen, derartiges Verhalten ist aus dem Reellen wohlbekannt.

Um nachzuvollziehen, warum Hensel, obwohl er sich der Verschiedenheit der auftretenden Konvergenzbegriffe durchaus bewußt war, dennoch meinte, auch im Bereich der p-adischen Zahlen „die Exponentialfunktion ... wie gewöhnlich" [8, S. 555] definieren zu können, sei darauf hingewiesen, daß er zwar in Berlin bei

Leopold Kronecker (1823–1891) promoviert hatte und sich selbst später als dessen „Hauptschüler" bezeichnete [11, S. 754]; was seine Vorstellungen von analytischen Funktionen betraf, war Hensel jedoch von Weierstraß geprägt [5, S. 3, S. 7]. Und für Weierstraß wurden analytische Funktionen geradezu dadurch charakterisiert, daß sie eine Erweiterung des Argumentbereichs von den reellen auf die komplexen Zahlen zulassen. So liest man in einer Mitschrift einer Vorlesung von Weierstraß zur „Einleitung in die Theorie der analytischen Funktionen" [22, S. 49]:

> „Solche [Funktionen], deren Definition auf das ganze Zahlengebiet zu erweitern möglich ist, heißen analytische."

Diese Identifikation von „Analytizität" und „Fortsetzbarkeit" legte nun aber nahe, eine analytische Funktion, wie etwa die Exponentialfunktion, würde sich bei der Zulassung neuer Argumente stets „gutmütig" verhalten.

Das Verhalten der Exponentialfunktion beim Übergang zu p-adischen Argumenten widerspricht dieser Vorstellung jedoch total: Wie 1928 der Hensel-Schüler Reinhold Straßmann bewies [18, § 5], kann man sie zwar bei fixierter Primzahl p als globale Funktion auf $\mathbb{Q}_p$ definieren (welche sich sogar lokal in Potenzreihen entwickeln läßt), indem man erst den Logarithmus mittels seiner Funktionalgleichung global erklärt und dann die Exponentialfunktion als dessen Umkehrabbildung definiert: Der Logarithmus erweist sich dann jedoch als gewöhnliche, eindeutige Funktion, die Exponentialfunktion hingegen als mehrdeutig!

Hensels Irrtum aus dem Jahre 1905 beruhte also auf einer nach zwei Jahrhunderten erfolgten Neuauflage des Denkfehlers, der der Kontroverse zwischen Johann Bernoulli und Leibniz zugrunde lag, allerdings unter umgekehrten Vorzeichen: Wie bereits Euler feststellte [4, insb. S. 209–210 bzw. S. 72-73], rühren die Schwierigkeiten, auf die Bernoulli und Leibniz trafen, daher, daß sie unterstellten, der *Logarithmus* bliebe beim Übergang vom Reellen ins Komplexe eindeutig; Hensel hingegen unterlag dem Irrtum, die *Exponentialfunktion* bliebe eindeutig, wenn man p-adische Argumente zuläßt.

5. Ein p-adischer Beweis der Transzendenz von e

Es erwies sich mithin als notwendig, das Verhalten von Funktionen p-adischer Veränderlichen genauer zu verstehen. Für Potenzreihen nahm Hensel selbst dies schon in Angriff [9, S. 479–495]; ebenfalls beschäftigten sich Schüler von ihm und Hasse, wie etwa Straßmann, in den zwanziger und dreißiger Jahren mit dieser lokalen Problematik. Sinnvolle Definitionen für globale Funktionen wurden jedoch erst einerseits 1957 durch Marc Krasner (1912–1985) und andererseits 1959–61 durch John T. Tate und Alexandre Grothendieck gegeben. (Wegen Details vergleiche etwa [19].)

Die p-adische oder, allgemeiner, nicht-archimedische Analysis hat sich mittlerweile zu einer etablierten Teildisziplin der Mathematik entwickelt, die transzendente Methoden zur Behandlung von Fragen aus der arithmetisch-algebraischen Geometrie zur Verfügung stellt. Und sie hat auch zu der Fragestellung beigetragen, die Hensel ursprünglich motivierte, die p-adischen Zahlen einzuführen, nämlich Zahlen auf Transzendenz zu untersuchen: 1987 wurde von Jean-Paul Bézivin und Philippe Robba (1941–1988) ein Beweis mittels p-adischer Methoden gegeben, nicht nur für die Transzendenz von e, sondern sogar für den allgemeinen

Satz von Lindemann-Weierstraß. *Seien $a_1, \ldots, a_t, b_1, \ldots, b_t$ mit $t \geq 1$ über $\mathbb{Q}$ algebraische Zahlen, wobei die a_τ paarweise verschieden und die b_τ alle ungleich Null seien. Dann gilt $\sum\limits_{\tau=1}^{t} b_\tau e^{a_\tau} \neq 0$.*

Die Autoren waren sich dabei durchaus der historischen Perspektive ihres Vorgehens bewußt und schrieben in der Einleitung ihrer Arbeit [2, S. 151]:

> „We are glad to vindicate Hensel in his idea that p-adic numbers could be used to prove transcendental results[.]"

Ohne in mathematische Details zu gehen, soll zum Schluß dieser Note die Philosophie des Beweises von Bézivin und Robba soweit erläutert werden, daß man die Beziehung zur Ur-Idee Hensels erkennen kann:

Zunächst entledigen sich die Autoren der Exponentialfunktion, die Hensel 1905 in die oben diskutierten Schwierigkeiten brachte, indem sie feststellen [2, S. 152, Theorem], daß der Satz von Lindemann-Weierstraß äquivalent ist zur folgenden Aussage über formale Differentialgleichungen:

Proposition. *Sei $u(x)$ eine formale Potenzreihe in der Unbestimmten x über $\mathbb{Q}$, die als Potenzreihe über $\mathbb{C}$ einen echt positiven Konvergenzradius hat, und L der Differentialoperator $1 - x - x^2 \frac{d}{dx}$. Ist dann Lu eine rationale Funktion in x, so auch u selbst.*

Der Nachweis dieser Äquivalenz ist relativ elementar und basiert auf der Anwendung einer „modifizierten Laplace-Transformation" $\sum\limits_{\nu=0}^{\infty} (f_\nu/\nu!)\, x^\nu \mapsto \sum\limits_{\nu=0}^{\infty} f_\nu x^\nu$ zwischen formalen Potenzreihen in x über $\mathbb{Q}$ [2, S. 154–156]. Diese Transformation überführt gerade die Exponentialreihe, die im Reellen global konvergiert, dafür aber über $\mathbb{Q}_p$ für jede Primzahl p nur einen Konvergenzradius echt kleiner als 1 hat, in die geometrische Reihe, die sowohl im Archimedischen als auch im p-Adischen jeweils den Konvergenzradius 1 hat.

Der Beweis der Proposition ist dann in den Einzelheiten recht technisch [2, S. 156–159]; ohnehin ist diese nur ein Spezialfall analoger Aussagen über allgemeinere Differentialoperatoren als das oben angegebene L (vgl. dazu auch [1]). Die Grundidee ist jedoch so recht im Henselschen Geiste:

Man betrachtet die formale Potenzreihe $u(x)$ für jede einzelne Primzahl p als Potenzreihe mit Argumenten aus $\mathbb{Q}_p$ (bzw. der Komplettierung eines algebraischen Abschlusses davon). Unter Zugrundelegung einer der beiden obenerwähnten Theorien der analytischen Fortsetzung im p-Adischen kann man diese Potenzreihe zu einer analytischen Funktion mit einem „möglichst großen" Definitionsbereich fortsetzen. Und diese „lokalen" Informationen über die Größe des Definitionsbereichs, die man sich für jede Primzahl p verschaffen muß – wobei entscheidend eingeht, daß Lu eine rationale Funktion ist –, ergeben dann zusammengenommen, daß u eine rationale Funktion ist, also die Proposition, mithin den Satz von Lindemann-Weierstraß und somit speziell die Transzendenz von e.

Literaturverzeichnis

[1] **Bézivin, Jean-Paul** und **Philippe Robba**: Rational solutions of linear differential equations. *J. Aust. Math. Soc., Ser. A* **46** (1989), 184–196.

[2] **Bézivin, Jean-Paul** und **Philippe Robba**: A new p-adic method for proving irrationality and transcendence results. *Ann. Math., II. Ser.* **129** (1989), 151–160.

[3] **Bourbaki, Nicolas**: *Éléments d'histoire des mathématiques*. Paris: Hermann, hier: Ausgabe von 1974; deutsche Übersetzung: *Elemente der Mathematikgeschichte*, Studia Mathematica/Mathematische Lehrbücher **XXIII**. Göttingen: Vandenhoeck & Ruprecht 1971.

[4] **Euler, Leonhard** : De la controverse entre Mrs. Leibniz et Bernoulli sur les logarithmes des nombres négatifs et imaginaires. In *Leonhardi Euleri Opera Omnia*, 1. Ser., Band 17, S. 195–232; deutsche Übersetzung: Über die Kontroverse zwischen den Herren Leibniz und Bernoulli über die Logarithmen negativer und imaginärer Zahlen. In *Leonhard Euler: Zur Theorie komplexer Funktionen*, Ostwalds Klassiker der exakten Wissenschaften **261**. Leipzig: Akademische Verlagsgesellschaft Geest & Portig K.-G. 1983, S. 54–100.

[5] **Hasse, Helmut**: Kurt Hensel zum Gedächtnis. *J. reine angew. Math.* **187** (1950), 1–13.

[6] **Hensel, Kurt**: Neue Grundlagen der Arithmetik. *J. reine angew. Math.* **127** (1904), 51–84.

[7] **Hensel, Kurt**: Über eine neue Begründung der Theorie der algebraischen Zahlen. *J. reine angew. Math.* **128** (1905), 1–32.

[8] **Hensel, Kurt**: Über die arithmetischen Eigenschaften der algebraischen und transzendenten Zahlen. *Jahresber. Dtsch. Math.-Ver.* **14** (1905), 545–558.

[9] **Hensel, Kurt**: Über die arithmetischen Eigenschaften der Zahlen. *Jahresber. Dtsch. Math.-Ver.* **16** (1907), I: 299–319, II: 388–393, III: 473–496.

[10] **Hensel, Kurt**: *Theorie der algebraischen Zahlen, 1*. Leipzig: B. G. Teubner 1908.

[11] **Hensel, Kurt** und **Adolf Fraenkel**: Das Mathematische Institut der Universität 1866–1927. In *Die Philipps-Universität zu Marburg 1527–1927*. Marburg: 1. Auflage 1927, 2. Auflage (= unveränderter Nachdruck der 1. Auflage) 1977, S. 753–756.

[12] **Hermite, Charles**: Sur la fonction exponentielle. *C. R. Acad. Sci., Paris* **78** (1873), 18–24, 74–79, 226–233, 285–293; auch in *Œuvres de Charles Hermite*, hrsg. v. Émile Picard, 4 Bände. Paris: Gauthier-Villars 1905–1917, Band 3, S. 150–181.

[13] **Koblitz, Neal**: *p-adic Numbers, p-adic Analysis, and Zeta-Functions*, Graduate Texts in Mathematics **58**. New York, Heidelberg, Berlin: Springer 1977.

[14] **Kürschák, József**: Über Limesbildung und allgemeine Körpertheorie. In *Proceedings of the fifth international congress of mathematicians (Cambridge 1912)*, hrsg. v. E. W. Hobson und A. E. H. Love, 2 Bände. Cambridge: At the University Press 1913, Band 1, S. 285–289.

[15] **Lampe, Emil**: Referat über [8] im *Jahrb. Fortschr. Math.* **36** (1905), 287.

[16] **Lindemann, Ferdinand**: Ueber die Ludolph'sche Zahl. *Sitzber. Königl. Akad. Wiss. Berlin, 1882*, 679–682.

[17] **Perron, Oskar**: Was sind und sollen die irrationalen Zahlen? *Jahresber. Dtsch. Math.-Ver.* **16** (1907), 142–155.

[18] **Straßmann, Reinhold**: Über den Wertevorrat von Potenzreihen im Gebiet der ꝑ-adischen Zahlen. *J. reine angew. Math.* **159** (1928), 13–28, Nachtrag 65–66.

[19] **Ullrich, Peter**: On the origins of *p*-adic analysis. In *Symposia Gaussiana, Proceedings of the 2nd Gauss Symposium, München 1993, Conference A: Mathematics and Theoretical Physics*, hrsg. v. M. Behara, R. Fritsch und R. G. Lintz. Berlin, New York: Walter de Gruyter 1995, S. 459–473.

[20] **Ullrich, Peter**: The genesis of Hensel's *p*-adic numbers. Contributed paper für das *Colloquium Carolus Magnus (Aachen 1995)*, gelesen am 20. März 1995.

[21] **Weierstraß, Karl**: Zu Lindemann's Abhandlung: »Über die Ludolph'sche Zahl«. *Sitzber. Königl. Akad. Wiss. Berlin, 1885*, 1067–1085; auch in *Karl Weierstraß, Mathematische Werke*, 7 Bände. Berlin: Mayer & Müller 1894–1927, Band 2, S. 341–362.

[22] **Weierstraß, Karl**: *Einleitung in die Theorie der analytischen Funktionen, Vorlesung Berlin 1878, in einer Mitschrift von Adolf Hurwitz, bearbeitet von Peter Ullrich*, Dokumente zur Geschichte der Mathematik **4**; Deutsche Mathematiker-Vereinigung. Braunschweig, Wiesbaden: Friedr. Vieweg & Sohn 1988.

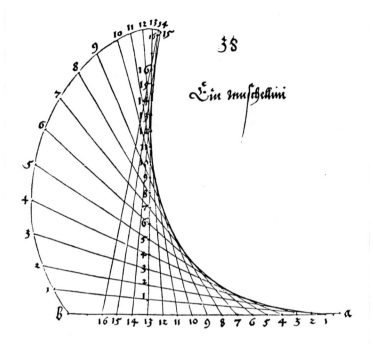

Muschellinie und Parabel (Einhüllende)

Dürer, Albrecht: Underweysung der Messung mit dem Zirckel und
Richtscheyt in Linien, Ebnen unnd ganzen Corporen.
Nürnberg 1525.

Abbildung 4 zu: Beitrag von

Eberhard Schröder, Dürer - Kunst und Geometrie, Seite 107

Die Berliner Familie Remak - eine deutsch-jüdische Geschichte im 19. und 20. Jahrhundert

Annette Vogt

Die Familie Remak[1] ist ein Beispiel der tragisch endenden Geschichte deutsch-jüdischer Symbiose, die mit dem Nationalsozialismus vernichtet wurde und die vom mühsamen Aufstieg bis zur Ermordung führte.

1. Großvater Robert

- Physiologe, Arzt und mit königlicher Order erster jüdischer Privatdozent an der Medizinischen Fakultät der Berliner Universität.

In jedem medizinhistorischen Standardwerk werden die Leistungen Robert Remaks erwähnt, er gehörte zu *den* herausragenden Ärzten und Forschern in der zweiten Hälfte des 19. Jahrhunderts.[2] Seine Ausgrenzung aus dem deutschen Wissenschaftsbetrieb als Jude, seine mühsame Anerkennung wurde bereits zu seinen Lebzeiten von M. Kalisch in einem Buch 1860 über die Lage der Juden in Deutschland beschrieben, jedoch unter dem Pseudonym "Dr. R.". In seiner Studie über die "vergessenen Mediziner" hat 1954 Bruno Kisch sehr ausführlich Leben und Werk Roberts beschrieben. Dabei hatte er das Glück, noch lebende - besser: überlebende - Enkeltöchter fragen zu können.[3]

Wie viele deutsch-jüdische Familien, die in Berlin zu Ansehen gelangten, reichten ihre Wurzeln nach Polen bzw. Russland. Die Remaks aus Posen (Poznan) führten ihren Familiennamen auf den Rabbi Mose ben Jakob Cor-

---

[1] Bezogen auf den Mathematiker Robert werden die Familienbezeichnungen genannt, also: Großvater Robert, Vater Ernst und Enkel Robert.

[2] Vgl. DSB, Vol.11, p.367-370.

[3] Vgl. Kisch, Bruno. Forgotten Leaders in Modern Medicine. Valentin, Gruby, Remak, Auerbach. In: Transactions of the American Philosophical Society, n.s. (new series) 44 (1954), 227-296 (im folgenden Kisch (1954)). Den Hinweis auf die Arbeit von Kisch verdanke ich meinem Kollegen am MPI WG, Ohad Parnes.
Vgl. auch die neueste Biographie: Schmiedebach, Heinz-Peter. Robert Remak (1815-1865): ein jüdischer Arzt im Spannungsfeld von Wissenschaft und Politik. Stuttgart 1995 (374 S.). Der Autor nutzte den Nachlaß der Familie, der sich neuerdings in Berlin befindet.

dovero (1522-1570) zurück, einen Kabbalisten, aus dessen Initialen "ReMaK" ihr Familienname entstand. Der Urgroßvater Salomon Meier Remak war ein Tabakhändler, über dessen Vermögen sehr unterschiedliche Angaben (von "sehr reich" (Motty) bis "sehr arm" (A.v. Humboldt)) existierten, die nach Kisch[4] beide zutreffend sein konnten, weil sich für die Juden in Posen die Lage im frühen 19. Jahrhundert dauernd änderte.

Großvater Robert kam 1833 nach Berlin, und hier begann er seinen Weg als Arzt und Forscher. Er publizierte erste Arbeiten und widmete sich dann der "Entwicklung der Wirbeltiere". Er dürfte sich nicht in guten wirtschaftlichen Verhältnissen befunden haben, sonst hätte er sich nicht am 16.Juli 1846 mit einem Brief (2 Seiten) an die Berliner Akademie und der Bitte um finanzielle Unterstützung gewandt. Dieser Vorgang wurde mehrfach in der Sitzung der physikalisch-mathematischen Klasse - Sekretar war der Astronom Johann Franz Encke (1791-1865) - und der Gesamt-Akademie behandelt.[5] Die Akademie-Mitglieder Christian Gottfried Ehrenberg (1795-1876) und Johannes Müller (1801-1858) wurden gebeten, ihr "Vota" abzugeben. Beide kannten Remak schon sehr gut, er hatte teilweise bei ihnen seine Ausbildung vervollkommnet, und gaben ein positives Gutachten.[6] So empfahl die Klasse am 4.8.1846, Herrn Remak "jetzt 200 Thaler zu zahlen und bei Uebergabe des gedruckten Werkes ihm noch 100 Thaler" zu geben[7]. Dieser Vorschlag (einen "Druckkostenzuschuß" würde man das wohl heute nennen) wurde von der Gesamt-Akademie bestätigt, und auch das Kultusministerium stimmte dem zu und wies an, Remak am 1.1.1847 die 200 Taler zu zahlen.[8] Nun folgen in der Akte mehrere Briefe und Auszüge aus Sitzungs-Protokollen, weil Remak die Arbeit nicht wie vorgesehen beendete und weil statt einem Band schließlich drei Hefte erschienen, so daß er erst am 16.1.1855 schreiben konnte, daß er:

> "in der Anlage ein Exemplar des so eben erschienenen Schlußheftes meiner "Untersuchungen über die Entwicklung der Wirbeltiere" (überreicht - A.V.) mit dem Ausdruck des ehrerbietigsten Dankes für die

---

[4] Vgl. ebenda, p.229.

[5] Vgl. Archiv BBAW, II-VII, 73. Die insgesamt 24 Blatt dieses Vorgangs werden hier erstmalig vorgestellt.

[6] Siehe Ehrenberg (1 1/2 Seiten am 4.8.1846) und Joh. Müller (1 S. am 3.8.1846) in: Ebenda.

[7] "Auszug Protokoll Klassen-Sitzung" in: Ebenda.

[8] Siehe das Schreiben von Encke und Böckh (Sekretar der phil. Klasse) am 15.8.1848 an das Ministerium und das Schreiben des Kultusministers vom 16.9.1846, in: ebenda.

Unterstützung, welche mir weiland durch die Akademie im Jahre 1846 zur Herausgabe dieser Untersuchungen bewilligt worden ist, ..."[9].

Daraufhin beschloß die Gesamt-Akademie, die restlichen 100 Taler nunmehr Herrn Remak auszuzahlen.[10]

In der Zwischenzeit waren gravierende Veränderungen eingetreten. Remak hatte am 24.2.1847 eine zweite Eingabe an den preußischen König eingereicht (die erste hatte er bereits am 14.3.1843 gesandt), in der er darum bat, ungeachtet seiner jüdischen Herkunft und dem Festhalten an der jüdischen Religion, endlich eine Universitätslaufbahn aufnehmen zu können.[11] Im Unterschied zur ersten Eingabe[12], die er gegen den Rat seines Freundes Alexander von Humboldt (1769-1859) und sehr demutsvoll geschrieben hatte, vertrat Remak hier sehr selbstbewußt seine Auffassung und widersprach der "möglichen Umgehung" der Diskriminierung durch die Taufe aus prinzipiellen Erwägungen. Nicht zuletzt dank der geschickten Unterstützung durch Humboldt geschah das Unerwartete, und der preußische König Friedrich Wilhelm IV. erließ eine Order, mit der es möglich wurde, daß sich Remak - als erster Jude an der Medizinischen Fakultät - 1847 habilitieren konnte. Dieser Vorgang erregte höchstes Aufsehen, und alle Tageszeitungen berichteten von seiner ersten Vorlesung[13]; noch 1889 schilderte Pagel diesen bemerkenswerten Vorgang ausführlich[14]. 1847 heiratete er die Berliner Bankierstochter Feodore Meyer (1828-1863), mit der er zwei Söhne bekam.

Als am 22.8.1853 der Geheime Oberbergrat im Ministerium des Innern Karl Johann Bernhard Karsten (1782-1853), der seit 1822 als Ordentliches Mitglied (OM) das Fach Mineralogie vertrat, starb, diskutierte die physikalisch-mathematische Klasse am 21.11.1853 über eine Nachfolge. Vom Chemiker Heinrich Rose (1795-1864) wurde Karl Friedrich Rammelsberg (1813-1899) vorgeschlagen, der übrigens der Schwiegersohn von Ehrenberg

---

[9] Remak, 16.1.1855 an die Akademie, in: ebenda. Darunter hat Ehrenberg schriftlich den Empfang bestätigt.

[10] Vgl. Auszug Sitzungs-Protokoll der "Gesammt-Akademie" vom 18.1.1855, in: ebenda.

[11] Die Petition, erstmals 1860 von Kalisch publiziert, ist in der englischen Übersetzung bei Kisch wiedergegeben, vgl. Kisch (1954), p.270-271.

[12] Vgl. ebenda, p.264-265.

[13] Vgl. Erich Hintzsche, in: DSB, 11, p.369.

[14] Vgl. Pagel, Biographie Remaks, in: ADB, 1889, Bd.28, S.191 (S.191-192).

war, und Johannes Müller schlug Remak zur Wahl als OM vor.[15] Er verfaßte auch das Votum:

> "Der Unterzeichnete schlägt Herrn Remak zum Mitglied der Akademie vor. Derselbe nimmt eine bedeutende Stelle unter den Histologen ein. ...
> Hr. Remak hat sich seit langer Zeit von der ärztlichen Praxis ganz tief zurückgezogen und sich ausschließlich der Pflege der Wissenschaft ergeben.
> Müller"[16]

Am 9.1.1854 fand in der Klasse die Wahl statt, und für Rammelsberg wurden 14 weiße und 6 schwarze Kugeln abgegeben, für Remak dagegen 9 weiße und 11 schwarze Kugeln.[17] Aus den Akten geht nicht hervor, warum Remak nicht genügend Stimmen bekam, und ob sein Festhalten an der jüdischen Herkunft, sein polnischer Patriotismus, der stadtbekannt war, oder andere Gründe ausschlaggebend dafür gewesen waren. Noch einmal, in der Sitzung am 31.1.1859, gab Ehrenberg einen Vorschlag A. von Humboldts bekannt, Remak möge in die Akademie gewählt werden. Da aber keiner der Herren, auch Ehrenberg nicht, einen Wahlvorschlag formulierte, blieb es bei dieser "Information an die Klasse"[18].

Als er seinen Wunsch, als Wissenschaftler zu leben, nicht realisieren konnte, seine Freunde und Förderer Johannes Müller und Humboldt verstarben, zog sich Remak zurück und arbeitete als Elektrotherapeuth, womit er aber eine neue Forschungsrichtung einschlug. Zeitzeugen berichteten, daß er zunehmend verbittert und frustiert war, und nach dem frühen Tod seiner Lebensgefährtin verstarb er schon mit 50 Jahren anläßlich eines Kuraufenthaltes in Bad Kissingen. Er hinterließ den 16jährigen Sohn Ernst und den erst 8jährigen Sohn Friedrich.

2. Vater Ernst

- bekannter Berliner Nervenarzt, Physiologe, außerordentlicher Professor und vom Kaiser und König 1910 zum Geheimen Medizinalrat erhoben.

---

[15] Vgl. BBAW, Personalia OM, 1853-1861, II-III, 24, Bl. 38. Müller schlug Remak bereits in der Sitzung am 23.5.1853 vor, in der es um die Nachfolge des Geologen Leopold von Buch (1774-1853) ging. Vgl. ebenda, II-Vc, 114, Bl.85.

[16] Ebenda, Bl.51-51R.

[17] Vgl. BBAW, II-III, 24, Bl.48.

[18] Ehrenberg, in: Ebenda, II-Vc, 116, Bl.6-7.

Über den Vater kann man nur sehr spärlich in der medizin-historischen Literatur etwas erfahren. Er arbeitete als Neurologe, und von ihm stammten die Begriffe "Bleilähmung" und das "Remak-Zeichen" für den beobachteten Reflex beim zeitlich differierenden Wahrnehmen taktiler und thermischer Reize[19]. Er war jedoch um die Jahrhundertwende ein so bekannter Nervenarzt und Fachjournalist, daß er in zwei Werken porträtiert wurde: in Wredes "geistigem Berlin" von 1898 und in Pagels "Lexikon hervorragender Ärzte" von 1901.[20]

Aber auch ihn traf der "Bann", weil er das "Eintrittsbillett in die bürgerliche Gesellschaft" (Heinrich Heine) - den Taufschein - nicht besaß. So vergingen immerhin 25 Jahre seit seiner Habilitation, ehe er zum außerordentlichen Professor (am 8.12.1902) in der medizinischen Fakultät der Berliner Universität ernannt wurde; diese Professur war außerdem unbesoldet.[21]

Seine gut gehende und angesehene Arztpraxis ermöglichte es ihm offensichtlich, eine große Familie zu haben, und mit Martha Hahn (1857-1932) hatte er zwei Töchter und zwei Söhne:

Feodora (*1881) und Fanny (*1883) sowie Robert (*1888) und Georg (*1890). Dabei folgte er der jüdischen Tradition, die erste Tochter nach der (verstorbenen) Großmutter und den ersten Sohn nach dem (verstorbenen) Großvater zu nennen.

Ihm wurde am Jahresende 1910 die besondere Ehre erwiesen, daß "Seine Majestät der Kaiser und König" ihm "durch Patent vom 28. Dezember 1910 den Charakter als Geheimer Medizinalrat in Gnaden zu verleihen geruht."[22]

Nur wenige Monate danach, am 24.5.1911, starb Ernst Remak, zwei Tage vor seinem 62.Geburtstag. Er wurde am 28.5. (einem Sonntag) auf dem (zweiten) jüdischen Friedhof in der Schönhauser Allee beigesetzt. In einer Todesanzeige der Universität wurde der "schmerzliche Verlust" angezeigt.[23]

---

[19] Vgl. Real-Lexikon der Medizin und ihrer Grenzgebiete. München, Wien, Baltimore, 1977, Bd. M-R, S. R 78. Es werden insgesamt 10 "Remak-"Begriffe genannt, davon sind 2 mit Ernst und 8 mit seinem Vater Robert verbunden.

[20] Vgl. Wrede, Richard. (Hrsg.) Das geistige Berlin. (Bd.1 und Bd.3 nur erschienen) Bd.3, 1898, S.1021. Vgl. Pagel, J. Biographisches Lexikon hervorragender Ärzte des 19. Jahrhunderts. 1901, S.362-364.

[21] Vgl. Archiv HUB, UK KR Nr. 90, Bl.1.

[22] Kultusminister von Trott zu Solz an die Fakultät, in: Ebenda, Bl.3.

[23] Vgl. ebenda, Bl.4. (Die ganze Persoanlakte besteht nur aus diesen 4 Blättern.)

3. Enkel Robert

- Mathematiker, Privatdozent an der Berliner Universität, vertrieben, verfolgt, vernichtet.

Im Unterschied zum Großvater und zum Vater studierte Robert Mathematik und wollte Mathematiker werden. Die familiär-wirtschaftlichen Verhältnisse ließen es offensichtlich zu, daß er - relativ - lange studierte, insgesamt 17 Semester.

Am 25.2.1911 promovierte er in Berlin mit der Arbeit "Über die Zerlegung der endlichen Gruppen in direkte unzerlegbare Faktoren", die im selben Jahr im 139. Band des "Journals für die reine und angewandte Mathematik" erschien.[24] Er widmete sich weiter dem Mathematikstudium, publizierte kleinere Arbeiten und diente von 1916 bis 1917 beim Militär.

3.1. Roberts Versuche, sich zu habilitieren

Im Frühjahr 1919 hielt er in Göttingen eine Vorlesung über Zahlentheorie und richtete von dort am 9.2.1919 einen Antrag auf Habilitation an die Philosophische Fakultät der Berliner Universität.[25] Bemerkenswerterweise mußte er insgesamt **drei Versuche** in Berlin unternehmen, ehe er schließlich Privatdozent werden konnte. Als (erste) Habilitationsschrift reichte er seine Arbeit "Neuer Beweis Markoff'scher Sätze über indefinite binäre quadratische Formen" ein, die von Erhard Schmidt (1876-1959) und Constantin Carathéodory (1873-1950) begutachtet wurde. Beide äußerten sich sehr kritisch, sprachen sich aber für die Zulassung aus.[26] In der Fakultät votierte dagegen die Mehrzahl der befragten Herren gegen die Zulassung, ohne das aus den Akten die Gründe ersichtlich werden konnten.[27]

Am 8.2.1923, fast genau vier Jahre später, stellte Robert, nun in Berlin in der Potsdamer Str. 133[I] wohnend, erneut den Antrag auf Habilitation, jetzt mit der Schrift "Über potentialkonvexe Funktionen".[28] In seinem Lebenslauf betonte er:

---

[24] Vgl. Poggendorff, 1926, S.1037. Zum Promotionsvorgang vgl. Archiv HUB, Phil. Fak. Nr. 492.

[25] Vgl. Archiv HUB, Phil. Fak. Nr. 1243, Bl.200.

[26] Vgl. ebenda, Bl.214R - 215R, Caratheodory, 18.4.1919 und Bl. 215R, Schmidt, 14.11.1919.

[27] Ebenda, Bl.216.

[28] Vgl. ebenda, Bl.217.

"Da die fortschreitende Geldentwertung mir eine wissenschaftliche Tätigkeit ohne Arbeitseinkommen nicht mehr gestattet, habe ich Anfang Februar 1923 eine Stellung als Hilfsarbeiter bei der Deutschen Bank angenommen."[29]

Dieses Mal waren die Gutachter der nur zwei Jahre ältere Ludwig Bieberbach (1886-1982) und Issai Schur (1875-1941), den Remak auch einen seiner Lehrer nannte. Bieberbach schrieb (5.5.23) insgesamt 2 Seiten, verwies auf den ersten Versuch von 1919 und die Gutachten von Carathéodory und Schmidt und widmete sich sodann der Besprechung der vorliegenden Schrift, die sich "mit der ersten Randwertaufgabe in der Theorie des logarithmischen Potentials" befaßte und "einen neuen Beweis für die Lösbarkeit dieser Aufgabe für schlichte Bereiche, welche von Jordankurven begrenzt sind", lieferte.[30] Nachdem Bieberbach ausführlich das Beweisverfahren schilderte, kam er zum entscheidenden Kritikpunkt:

"... Auch diese Arbeit bestätigt den Eindruck, den schon das erwähnte ältere Gutachten hervorhob, dass Remak ausnahmslos seinen Scharfsinn nicht in der Erfindung neuer Ergebnisse sondern in der neuen Begründung älterer Ergebnisse oder Vermutungen anderer betätigt. Ueber eine eigentliche mathematische Erfindungsgabe, über die Gabe neuer Fragestellung scheint Remak nicht zu verfügen. Fehlt so auch die Phantasie und der Sinn für das Wichtige, so ist doch der Sinn für das Richtige und der Scharfsinn bei der Lösung gestellter Aufgaben voll anzuerkennen. ... Auf Grund der Arbeiten kann ich jedenfalls keinen anderen Antrag als den auf Zulassung zu den weiteren Habilitationsleistungen stellen."[31]

Schur (9.5.23) nannte zwar die Arbeit seines Schülers eine "anerkennenswerte Leistung", bemerkte dann aber:

"Ich kenne die Gedanken, die gegen Remaks wissenschaftliche Eignung zum Dozenten geäußert worden sind. ... Seine Begabung äußert sich mehr im Analytischen ... Die Vorträge, die Herr Remak öfters in mathematischen Zirkeln hält, sind zwar in mancher Hinsicht recht geschickt angelegt, er zeigt aber stellenweise die Neigung, vom eigentlichen Thema abzuschweifen und nebensächlichen Einzelheiten zu fol-

---

[29] Ebenda, Bl.220.
[30] Ebenda, Bl.224R.
[31] Ebenda, Bl.225-225R.

gen. Trotz der großen Vielseitigkeit der Interessen verfügt Herr Remak nur über relativ geringe Literaturkenntnisse.

Diese Gedanken treten aber nach meiner Überzeugung hinter der Tatsache zurück, daß Herr Remak auf Grund seiner Arbeiten als ein scharfsinniger Mathematiker bezeichnet werden kann, der im Auffinden neuer Beweisgänge eine recht beachtenswerte Begabung zeigt.

Ich schließe mich daher dem Antrag auf Zulassung ... an."[32]

Zusätzlich zu den beiden Gutachtern mit ihrem positiven Votum erneuerte Erhard Schmidt seine Zustimmung im Anschluß an Schurs Text.[33] Aber in der Fakultät gab es immer noch keine einheitlich positive Auffassung zu Remak, und die Äußerungen lassen erkennen, wie umstritten Remaks Anliegen wegen seines Auftretens war.[34] Auch die Physiker Max von Laue und Max Planck sprachen sich gegen Remak aus, vor allem wegen seines Auftretens.[35] So kam es erneut zu einer Ablehnung, denn in der Fakultätskommission sprachen sich zwar Schmidt und Schottky für die Zulassung aus, aber von Mises, Planck, von Laue, Kohlschütter (1883-1969) und Guthnick (1879-1947) votierten gegen die Zulassung.[36]

Man weiß nicht, wie Robert die erneute Zurückweisung aufnahm, aber er scheint ein weiteres Gesuch an die Universität Köln gerichtet zu haben, denn am 9.7.1924 schrieb der Dekan der dortigen Philosophischen Fakultät nach Berlin und bat, "uns vertraulich Auskunft zu geben über die Gründe", die zur Ablehnung Remaks geführt hatten.[37] Der Dekan der Berliner Fakultät beantwortete am 21.7.24 das Schreiben.[38]

In den nächsten Jahren arbeitete Remak, publizierte seine als Habilitationsschriften gedachten Arbeiten, heiratete am 20.5.1926 Hertha Meyer (geb. 1.12.1888)[39], wohnte weiterhin in der Potsdamer Straße und erhielt am 3.8.1926 (erstmals) ein vom Wissenschaftsministerium bewilligtes zweijähriges Stipendium von 160 RM.[40]

---

[32] Ebenda, Bl.225R-226 (handschriftlich).

[33] Ebenda, Bl.226.

[34] Vgl. R. von Mises, ohne Datum, ebenda, Bl.226R.

[35] Vgl. Max von Laue, 20.6.1923, ebenda, Bl.227R (handschriftlich).

[36] Vgl. ebenda, Bl.227.

[37] Vgl. ebenda, Bl.228.

[38] Vgl. ebenda, Bl.229.

[39] Vgl. Archiv HUB, UK PA Nr. 91, Bl.1-2.

[40] Vgl. ebenda, Bl.5 und Bl.6.

1928 unternahm er den - dritten und nun erfolgreichen - Versuch, sich in Berlin zu habilitieren, immerhin 17 Jahre nach seiner Promotion. Als Schrift reichte er die Arbeit "Über minimale invariante Untergruppen in der Theorie der endlichen Gruppen" sowie das Manuskript "Über die Darstellung der endlichen Gruppen als Untergruppen direkter Produkte" ein.[41] Als Gutachter fungierten I. Schur (er verfaßte 3 Seiten) und E. Schmidt (er schloß 10 Zeilen an), und am 10.10.1928 beschloß die Fakultät die Zulassung[42], wobei von Mises nochmals seine Bedenken zur Persönlichkeit Remaks formulierte und ausdrücklich nur für "reine Mathematik" votierte.[43] Mit dem Probevortrag "Bemerkungen zum Koebeschen Verzerrungssatz" am 17.12.1928 und der Antrittsvorlesung "Einiges aus der Geometrie der Zahlen" am 11.1.1929 fand das langjährige Ringen um Zulassung nun doch ein positives Ende.

3.2. Leben in Berlin

Obwohl er nun Privatdozent geworden war, konnte er davon nicht leben. Wie lange er seine Hilfstätigkeit bei der Deutschen Bank ausübte, ist nicht bekannt, aber er erhielt vom August 1926 bis zum September 1932 eine monatliche Beihilfe, zunächst Stipendium, dann Beihilfe genannt. Er mußte sie regelmäßig beantragen, und aus diesen Anträgen[44] erfahren wir interessante Details über seine Vorlesungstätigkeit und die Gebühren, die er erhielt.

Der Antrag auf Beihilfe mußte mehrmals von Bieberbach beurteilt werden. So betonte Bieberbach 1929, daß durch die Habilitation keine Veränderungen der Einkommensverhältnisse erfolgten und daher die Weiterbewilligung beantragt werde.[45] Im Februar 1931 mußte Robert erneut den Antrag stellen und verwies auf seine erhaltenen und zu erwartenden Kolleggelder; danach erhielt er für die Vorlesung Gruppentheorie 98,10 RM und erwartete für die Vorlesung zu Elliptischen Funktionen 150,- RM. [46] Im Herbst 1931 wurden die Beihilfen gekürzt, wie übrigens alle Gehälter an den Universitäten, da im Gefolge der Notstandsverordnungen die Mittel immer mehr reduziert wurden. Man gab unumwunden zu, daß die Kürzungen der

---

[41] Vgl. Archiv HUB, Phil. Fak. Nr. 1243, Bl.230-234.
[42] Ebenda, Bl.235.
[43] Ebenda, Bl.237R., 2.10.28.
[44] Vgl. Archiv HUB, UK PA Nr. 91, Bl.6ff.
[45] Ebenda, Bl.11, ohne Datum.
[46] Vgl. ebenda, Remak, 5.2.1931, an den Verwaltungsdirektor der Universität, Bl.18.

"unverändert ernsten Finanzlage des Staates" geschuldet waren.[47] Im Wintersemester 1931/32 hielt Remak eine Vorlesung über Versicherungsmathematik, die nicht nur Bieberbach zu einem Lob veranlaßte[48], sondern die auch die Einnahmen Roberts schlagartig verbesserte, denn während er für seine Vorlesung Potentialtheorie im Sommersemester 1931 ganze 162,43 RM einnahm, erwartete er für die neue Vorlesung "Elementare Einführung in die Versicherungsmathematik" über 1.000,- RM !![49] Prompt wurden ihm die Beihilfegelder gekürzt (statt wie im Februar 1932 110,- RM erhielt er im März nur noch 56,- RM), und im September 1932 wurde er davon unterrichtet, daß die Gelder mit dem 1. Oktober 1932 gänzlich gestrichen wurden. Bieberbach, der erneut vom Verwaltungsdirektor um eine Stellungnahme gebeten wurde, antwortete im November 1932 deutlich kühler als sonst und ließ die Bemerkung fallen, daß es einer Person, die Aktien veräußern könne, nicht so schlecht gehen dürfte. [50]

Interessanterweise fand also in der Vorlesungstätigkeit Remaks eine deutliche Verschiebung der Themen und Inhalte statt, von der Algebra und Gruppentheorie zur Versicherungsmathematik, zu Themen, die die Mathematik mit der Ökonomie bzw. der Volkswirtschaftslehre verbanden. Dies dürfte weniger den zu erwartenden - höheren - Einnahmen geschuldet sein, als einer Verschiebung seiner Interessen. Ob hierfür seine Tätigkeit bei der Deutschen Bank Impulse gab oder welche anderen Gründe dafür maßgebend waren, muß noch untersucht werden. Es ist jedoch bemerkenswert, daß er 1929 einen Aufsatz "Kann die Volkswirtschaftslehre eine exakte Wissenschaft werden?"[51] verfaßt hatte, zu dem ihm Emil Julius Gumbel (1891-1966) aus Heidelberg offenbar Ermunterndes schrieb, und der dazu führte, daß es in einer Kurzbiographie über Remak 1982 hieß:

"Er hat ein Programm zur Entwicklung einer mathematischen Wirtschaftslehre formuliert."[52]

---

[47] Vgl. ebenda, Verwaltungsdirektor an Remak, 8.2.32, Bl.25.

[48] Vgl. Bieberbach, 20.1.32, in: ebenda, Bl.22.

[49] Vgl. Remak am 8.2.32 an den Verwaltungsdirektor, in: ebenda, Bl.23.

[50] Vgl. Bieberbach, 26.11.32 an den Verwaltungsdirektor, in: ebenda, Bl.29.

[51] Vgl. Remak, Robert. Kann die Volkswirtschaftslehre eine exakte Wissenschaft werden?. In: Jahrbücher für Nationalökonomie und Statistik. Bd.131, 1929, S.703-735.

[52] Tetzlaff, Walter. 2000 Kurzbiographien bedeutender deutscher Juden des 20. Jahrhunderts. Lindhorst, Askania, 1982, S.276. Die Aussage von Tetzlaff muß noch anhand des Artikels von 1929 und der relevanten Literatur geprüft werden.

Im Archiv der Universität Heidelberg, in dem sich ein Teilnachlaß Gumbels befindet, konnte die Autorin den Brief von Remak finden, der offensichtlich die Antwort auf Gumbels Schreiben zu Remaks Aufsatz darstellt.[53]

3.3. Vertreibung und Vernichtung

In der Personalakte Roberts befindet sich nur das lakonische, immer gleichlautende, Schreiben des zuständigen Ministers über die Entziehung der venia legendi vom 2.9.1933.[54]

Seine Mutter war am 8.1.1932 gestorben[55], seine Geschwister lebten als assimilierte Juden in Deutschland, und er selbst war seit 1926 mit Hertha, einer Nichtjüdin, verheiratet, was für die Zeit ab Januar 1933 von existentieller Bedeutung sein konnte.

Wir wissen nicht, warum er sich nicht entschloß, Deutschland zu verlassen, warum er bis 1938 in diesem Land blieb. In der 1936 in London erschienenen "List of displaced German scholars" war bei ihm "unpl." vermerkt, was die Herausgeber mit "Unplaced = without position" angaben.[56]

Nach dem Pogrom im November 1938, in dessen Verlauf er zu den verhafteten Juden gehörte, die ins KZ Sachsenhausen verschleppt wurden, kam er nochmals frei und verließ nun das Land. Er floh - wie wir heute wissen - nicht weit genug, nur bis in die Niederlande. Zwischenzeitlich weilte er in Großbritannien, kehrte aber wieder in die Niederlande zurück[57]. Hier konnte

---

[53] Dieser Brief Remaks an Gumbel v. 20.4.1931 wurde im Vortrag erstmals vorgestellt.
[54] Archiv HUB, UK PA Nr. 91, Bl.33:
"Der Preuß. Minister für Erziehung, Unterricht und Wissenschaft
2.9.1933
Auf Grund von § 3 des Gesetzes zur Wiederherstellung des Berufsbeamtentums vom 7. April 1933 entziehe ich Ihnen hiermit die Lehrbefugnis an der Universität Berlin.
Der vorgelegte Militärpaß und die übrigen Unterlagen sind wieder beigefügt.
Berlin den 2. September 1933
(Siegel)
i.V. gez. Stuckart
an Privatdozent Herrn Dr. Robert Remak, Lichterfelde West, Manteuffelstr. 23.I"
[55] Vgl. ebenda, Bl.23, Remak an den Verwaltungsdirektor, 8.2.32, wegen der Bitte um Verlängerung der Beihilfe.
[56] Vgl. List of displaced German scholars. London 1936. Wiederabgedruckt in: Emigration. Hrsg. Herbert A. Strauss u.a., TU Berlin 1987, S.53 und Abk.verz. (ohne S.).
[57] Vgl. Merzbach, Uta C. Robert Remak. In: Amphora. Zum 65. Geburtstag Hans Wußings. Basel, Birkhäuser, 1993, S.481-522.

er ein zweites Mal seinen Mördern nicht entkommen, er wurde verhaftet, kam in das Durchgangslager Westerbork und schließlich "auf Transport in den Osten", wie es verschleiernd hieß.

Danach waren seine Spuren lange Zeit nicht aufzufinden gewesen. Aber obwohl das niederländische Justiz-Ministerium in seinen Veröffentlichungen über die Ermordung niederländischer Juden bzw. über die Ermordung der nach den Niederlanden geflohenen Emigranten bereits im Juli 1951 das Todesdatum von Robert Remak publiziert hatte, haben alle Biographen bis in die jüngste Zeit[58] keine richtigen Angaben gemacht. Es wurde sogar die Vermutung widergegeben, er wäre nach Sobibor geschickt worden[59]. Deshalbn gab es immer verschiedene Jahreszahlen, die seinen Tod angaben.

Die Autorin hatte sich deshalb im Frühjahr 1995 an das Museum Westerbork[60], das Museum Auschwitz und an das Niederländische Rote Kreuz gewandt. Mit dem 29.2.1996 ist nun das Ende des Leidensweges von Robert Remak rekonstruierbar:

Robert Remak wurde zwischen dem 3. und 5. Oktober 1942 in Amsterdam, in der Wohnung im Admiraal de Ruyterweg 8, verhaftet. Es war eine der seit Sommer 1942 in Amsterdam von den Nazis durchgeführten Razzien. Er wurde in das Durchgangslager Westerbork verschleppt, wo er bis zum 10. November 1942 blieb. An diesem 10. Novembeer brachte man ihn in die Waggons, die in das Vernichtungslager Auschwitz fuhren. Drei Tage später, am 13. November 1942, noch auf dem Weg in dieses Lager, starb Robert Remak, "in der Umgebung von Auschwitz", wie es bereits in der Publikation von 1951 hieß.[61]

Mit der Ermordung Robert Remaks wurde die deutsch-jüdische Symbiose der Familie beendet, seine Schwestern Feodora und Fanny konnten sich nach den USA retten und gaben Bruno Kisch Auskünfte für dessen Arbeit über ihren Großvater Robert.

Dr. Annette Vogt, Max-Planck-Institut für Wissenschaftsgeschichte Berlin, Wilhelmstraße 44, D-10117 Berlin

---

[58] Vgl. Gedenkbuch ermordeter Berliner Juden. Edition Hentrich, Berlin 1995.

[59] Vgl. Tetzlaff (1982) und das Handbuch der deutschsprachigen Emigration, Vol.2, München u.a., 1983, p.961.

[60] Das Museum Westerbork hatte am 17.7.1995 die Auskuft gegeben: "gestorben 13.11.1942 Auschwitz" und an das Niederländische Rote Kreuz verwiesen.

[61] Auskunft vom: Het Nederlandse Rode Kruis, Den Haag, 29.2.1996, an die Autorin.

Über Beziehungen zwischen Heinrich Scholz und polnischen Logikern

PETER SCHREIBER

*Ernst-Moritz-Arndt-Universität, Fachrichtungen Mathematik/Informatik,
Friedrich-Ludwig-Jahn-Straße 15a, D-17487 Greifswald*

Es gibt viele Analogien im Leben und Werk der beiden Logiker *Jan Łukasiewicz* und *Heinrich Scholz* - und beide waren durch eine Freundschaft verbunden, die vermutlich zu Beginn der dreißiger Jahre entstand und sich während des zweiten Weltkrieges in einer solchen Weise bewährte, daß wir dank der zutiefst humanistischen Gesinnung beider Wissenschaftler der meist schlimmen Geschichte der deutsch-polnischen Beziehungen einen kleinen Baustein hinzufügen können, der vielleicht den Beginn einer besseren Zukunft dieser Beziehungen markiert hat.

Jan Łukasiewicz wurde am 21. 12. 1878 in Lwow geboren. Dort studierte er Philosophie und erhielt seinen Doktorgrad 1902 bei *Kazimierz Twardowski* (1866 bis 1939), einem Schüler von *Friedrich Brentano* (1838 - 1917) in Wien. *Twardowski* hatte gerade um 1900 begonnen, seine Aufmerksamkeit auf die erstarkende mathematische Logik zu richten und darüber Vorlesungen zu halten. Daher ist es nicht verwunderlich, daß *Łukasiewicz* sich ebenfalls dieser Richtung widmete, wenn sich sein Lebenswerk auch auf Themen konzentriert hat, die aus heutiger Sicht eher als Randgebiete der mathematischen Logik erscheinen, nämlich Aussagenkalküle, darunter auch drei- und mehrwertige, modale Logik einschließlich möglicher Anwendungen und Geschichte der Logik. Nach einiger Zeit postgradualer Studien (u. a. in Berlin und Löwen) habilitierte er in Lwow und arbeitete dort als Privatdozent, bis er 1915 eine Professur an der neugegründeten Universität Warschau erhielt.

Hier blieb er bis 1944, war während dieser Zeit zweimal Rektor (1922/23 und 1931/32), kurzzeitig 1918/19 Minister für Kultur und Bildung, von 1920 bis 1928 Redaktionsmitglied der Fundamenta Mathematicae und hielt noch während der Zeit der deutschen Besetzung Vorlesungen an der von der Widerstandsorganisation initiierten geheimen Universität. Es ist wohlbekannt, daß er zusammen mit *Tadeusz Kotarbiński* (1896 - 1981) und *Stanisław Leśniewski* (1896 - 1939), beide ebenfalls Schüler *Twardowskis*, die weltberühmte Warschauer Schule der mathematischen Logik begründet hat, aus der so bedeutende Wissenschaftler wie *A. Lindenbaum* (1904 - 41), *A. Tarski* (1901 - 83), *M. Wajsberg* (1902 - 44?), *A. Mostowski* (1913 - 75), *St. Jaśkowski* (1906 - 65) und *A. Grzegorczyk* (geb. 1922) hervorgegangen sind.

Heinrich Scholz wurde am 17. 12. 1884 in Berlin geboren. Dort studierte er Theologie und Philosophie, habilitierte 1910 und arbeitete als Privatdozent, bis er 1917 eine Professur für Theologie und Religionsphilosophie an der Universität Breslau/Wrocław bekam. 1919 wurde er nach Kiel berufen, und dort begann sein Interesse für Mathematik und Physik, hauptsächlich unter dem Einfluß des jungen Privatdozenten *Helmut Hasse* (1898 - 1979), die er regelrecht nochmals studierte.[1] 1919 bekam er eine Professur für Philosophie in Münster, die er seinen neuen Interessen entsprechend schrittweise in eine Professur für mathematische Logik und Grundlagen der Mathematik umwandelte.[2] Er kam demnach wie *Lukasiewicz* von der Philosophie her zur Logik, und auch er gründete eine berühmte Schule, aus der so bekannte Logiker wie *Karl Schröter* (1905 - 77), *Hans Hermes* (geb. 1912) und *Gisbert Hasenjaeger* (geb. 1919) hervorgingen. Unterschiede zwischen *Scholz* und *Lukasiewicz* sehe ich darin, daß *Scholz*, wie seine Bibliographie in [9] ausweist, bis an sein Lebensende Philosoph blieb und auf dem Gebiet der Logik wohl mehr durch seine Vorlesungen und durch direkte Einwirkung auf seine Schüler bewirkt hat als durch Publikationen und daß die Mehrzahl der aus der Münsteraner Schule hervorgegangenen Logiker sich früher und konsequenter der aufkeimenden theoretischen Computerscience zugewandt hat als die Warschauer Logiker.

Der Beginn der persönlichen Beziehungen zwischen *Scholz* und *Lukasiewicz* ist mir nicht bekannt. 1932 besuchte *Scholz Lukasiewicz* in Warschau, im April 1938 weilte *Leśniewski* 11 Tage in Münster,[3] und im Dezember 1938 reiste *Scholz* zusammen mit seinem Dekan *A. Kratzer* erneut nach Warschau, um *Lukasiewicz* anläßlich seines 60. Geburtstages den Ehrendoktor der Universität Münster zu überbringen. Der Bericht, den *Scholz* über diese Reise verfaßt hat, ein Lobgedicht auf *Lukasiewicz*, das „die dankbare Gruppe von Münster" zu diesem Anlaß verfaßt hat, und die laudatio von *Scholz* für *Lukasiewicz* sind hier im Anhang publiziert. Abgesehen von allen anderen historisch interessanten Details zeigen sie deutlich, daß *Scholz* und seine Kollegen und Schüler zu dieser Zeit *Lukasiewicz* als ihren Meister und Lehrer ansahen. Dabei ist ein gewisser stilistischer Überschwang aller von *Scholz* verfaßten Texte zu berücksichtigen.

Bei der Beschießung Warschaus durch deutsche Truppen 1939 wurde die Wohnung von *Lukasiewicz* zerstört, er verlor all seine Habe und bekam ein Notquartier im sogenannten Professorenhaus Brzozowa 12, unterhalb der Stadtmauer der Warschauer Altstadt, das noch heute existiert und pensionierten Professoren als Wohnung dient. Aus den Briefen von *Lukasiewicz* an *Scholz*, die ebenfalls im Anhang publiziert sind, erfährt man viele Details aus seinem schwierigen Leben in dieser Zeit. Wie es scheint, konnte er, vermutlich mit Hilfe seiner deutschen Freunde, rasch ein relativ gutes Verhältnis zu den deutschen Besatzungsbehörden herstellen und bekam nach der Schließung der offiziellen Warschauer Universität

---

[1] Diese Wendung in seinen Interessen ist auch durch eine deutliche, im wesentlichen sechsjährige Unterbrechung in der chronologischen Liste seiner Publikationen (in [9]) erkennbar.

[2] Nach [6], S. 101, erfolgte diese Umwandlung in folgenden Schritten: 1936 Lehrauftrag für Logistische Logik und Grundlagenforschung, 1938 Umwandlung seines Philosophie-Ordinariats in ein solches für Philosophie der Mathematik und Naturwissenschaften, Gründung eines Logistischen Seminars, 1943 Ordinariat für Mathematische Logik und Grundlagenforschung, Gründung des noch heute bestehenden gleichnamigen Institutes.

[3] ([7], S. 4, Fußnote)

Heimarbeit vom Stadtarchiv, um seinen Lebensunterhalt zu verdienen. Zwischen den Zeilen kann man erahnen, daß seine bekannte Deutschfreundlichkeit und das gute Verhältnis zu den Besatzungsbehörden ihm zu jener Zeit in seinem Umkreis viel Feindschaft gebracht haben. Zu beurteilen, inwieweit der Vorwurf der Kollaboration berechtigt gewesen ist, ist aus so großem zeitlichen und räumlichen Abstand kaum sinnvoll. Die hier publizierten Dokumente zeigen auch, daß *Scholz Łukasiewicz* mindestens seit 1941 durch regelmäßige Sendungen über das Deutsche Rote Kreuz (vermutlich Lebensmittel, wohl auch Geld) unterstützt hat. Vor allem aber wird in den erhalten gebliebenen Briefen immer wieder die Frage einer Ausreise des Ehepaares *Łukasiewicz* nach „Neutralien" (wie *Łukasiewicz* sich ausdrückte) oder nach Deutschland erörtert, und schließlich, am 20. Juli 1944, traf das Ehepaar *Łukasiewicz* in Münster ein, wo sie zunächst ein provisorisches Unterkommen in der Wohnung von *Scholz* fanden. Wenig später stellte der Mathematiker *Heinrich Behnke* (1889 - 1979) das Zimmer seines zum Kriegsdienst eingezogenen Sohnes zur Verfügung. Aus einem undatierten und unadressierten Brieffragment von *Łukasiewicz* aus Münster geht hervor, daß er irgendwann auch in Münster wieder durch Kriegseinwirkung seine Unterkunft verlor. Ab Januar 1945 lebte er unter dem Schutz von *J. v. Kempski* (dem späteren Herausgeber des Archiv für mathematische Logik und Grundlagenforschung) in dem kleinen Ort Hembsen in Westfalen. Der Vater von *G. Hasenjaeger*, Oberbürgermeister von Mülheim/Ruhr hat ihn dann formal beschäftigt, um seine Weiterexistenz in Deutschland zu ermöglichen. Die erhaltenen Dokumente lassen nur ahnen, wieviele Personen insgesamt an diesen Aktionen beteiligt waren, und wieviel Schriftwechsel und sonstige Mühe es *Scholz* und seinen Freunden gekostet hat, vom Risiko ganz zu schweigen, Aufenthaltsgenehmigung, Lebensmittelkarten, Geld usw. für Familie *Łukasiewicz* zu beschaffen. Diese ganze Episode im Leben von *Łukasiewicz* ist von *Scholz* selbst in seinem Nachruf [8] für *Łukasiewicz* nur ganz kurz erwähnt und in dem biographischen Abriß, den *Mostowski* seinem Nachruf [5] voranstellte, wohl aus politischen Rücksichten, völlig verschwiegen. Dort erfährt man nur, daß *Łukasiewicz* nach seiner Ausreise aus Polen 1946 eine Professur an der Royal Irish Academy in Dublin erhielt, wo er am 13. 2. 1956 starb. (*Scholz* starb im gleichen Jahr am 30. 12.)

Als nach Kriegsende die Entnazifizierung auf der Tagesordnung stand, hat *Scholz* sich selbst und einige seiner Freunde damit gerechtfertigt, daß er außer dem Ehepaar *Łukasiewicz* noch einer Reihe anderer polnischer Gelehrter teils mit, teils auch ohne Erfolg, zu helfen versucht hat. Im Anhang sind seine entsprechenden schriftlichen Erklärungen mit kurzen Inhaltsangaben aufgelistet.

Bisher wurden nur zwei Briefe zwischen *Scholz* und *Łukasiewicz* aus der Zeit nach 1945 gefunden. Der erste vom 6. 9. 1946 von *Scholz* an *Łukasiewicz* nimmt Bezug auf einen offenbar unbeantwortet gebliebenen Brief vom 19. 7. und wiederholt das Angebot an *Łukasiewicz*, als Gast- oder Honorarprofessor nach Münster zurückzukehren. Der zweite Brief (14. 11. 1950) von *Łukasiewicz* an *Scholz* beginnt mit den Worten:

„Mein lieber Heinrich, Du mußt mir nicht übel nehmen, daß ich solange nicht geschrieben habe. Ich war immer ein schlechter Briefschreiber, und jetzt fällt es mir doppelt schwer Briefe zu schreiben, denn die ganze Zeit, die mir noch übrig bleibt, verwende ich dazu, um meine Arbeiten zu Ende zu führen."

Nach einem kurzen Bericht über seine laufenden Vorhaben informiert er *Scholz* über seine Absicht, im Dezember 1950 an einem Kolloquium über symbolische Logik in Paris teilzunehmen, und fragt, ob *Scholz* nicht auch dorthin kommen könne.

„Es wäre wunderschön ... Nach vielen Jahren würden wir uns wiedersehen, vielleicht zum letzten Mal."

Es gibt noch eine andere interessante Korrespondenz in Münster (Nachlaß von Frau *Erna Scholz*, der Witwe von *H. Scholz*), nämlich zwischen *Scholz* und *Mostowski*, beginnend mit einer Postkarte von *Scholz* an *Mostowski* vom 2. 1. 1947:

„Lieber Herr Doktor, durch Herrn *Tarski* haben wir erfahren, dass Sie in Warschau tätig sind an der Universität. Wir wissen auch, dass Sie von allen unseren alten Freunden der einzige sind, der in W. übrig geblieben ist, u. wir wünschen uns um so mehr, dass wir die schöne Verbindung mit Ihnen so bald als möglich wieder aufnehmen können. - Ich bitte Sie, dass Sie uns so bald als möglich ein Zeichen geben. - Münster ist in seiner Art eben so zerstört wie Warschau. Wir existieren unter sehr primitiven Bedingungen zwischen Ruinen und Trümmerfeldern. Aber wir sind wieder in Gang gekommen, u. wir dürfen sogar damit rechnen, daß M. jetzt das Zentrum der Reste der deutschen Grundlagenforschung wird. Ich selbst leide sehr unter den permanenten Magenbeschwerden, die ich auf keine Art loswerden kann. Ich hoffe, dass Sie von sich selbst etwas Besseres berichten können.

Herzliche Grüsse
Ihr *Heinrich Scholz*"

Hier leicht gekürzt *Mostowski*'s prompte Antwort:

„Warszwawa, 5. II. 1947
Powsinska 24 a/6
(Czerniakow)

Hoch verehrter Herr Professor,
Es war eine besondere Freude für mich und für viele meiner Bekannten, als wir aus Ihrer Karte vom 2. I. 47 erfuhren, dass Sie den Krieg glücklich überstanden haben. Ich erinnere mir immer Ihrer Haltung im Jahre 1939 und die vielen Beweise Ihrer Sympathie, die für uns damals so besonders wertvoll waren.

Der Krieg hat sich ziemlich grausam in meinem Umkreis ausge-
wirkt. Ich verlor fast alle Freunde und Verwandte, die in Konzen-
trationslagern, Gefängnissen oder infolge der sehr schlechten Lebens-
bedingungen dahingegangen sind. Auch ist meine Wohnung mitsamt
Büchern und begonnenen Arbeiten während der Kämpfe im 1944 verlorengegangen und es gelang mir nur mit knapper Not, das Leben zu
retten.

Seit 2 Jahren sind nun die Schrecknisse des Krieges zu Ende und wir
versuchen, das neue Leben aufzubauen. Der Zustand der polnischen
Logik ist, wie Sie wahrscheinlich wissen, sehr beklagenswert. Es genügt
zu sagen, dass es viel leichter ist, die Namen der Logiker aufzuzählen,
die noch in Polen wirken, als die Verluste anzugeben. Herr *Ajdukiewicz*
ist in Poznan, Herr *Zawirski* in Kraków, Herr *Jaśkowski* in Toruń, Herr
Słupecki in Lublin und ich selbst in Warschau. Und das sind wir alle
...

Teilweise unter dem Druck der Einsamkeit und teilweise meinem inneren Trieb folgend, näherte ich mich zu den Mathematikern und rich-
te meine Vorlesungen grundsätzlich nach dem mathematischen Standpunkt ...

Ich erlaube mir, Ihnen zwei Exemplare meiner Nachkriegsarbeiten
zu senden. Eine ist polnisch, ich weiss aber, dass Sie dieser Sprache
mächtig sind. Ich hoffe, dass die Post in Deutschland schon in der Lage
ist, solche Sendungen zu übermitteln.

Ich bin neugierig, welche wissenschaftlichen Pläne Sie jetzt haben.
Was machen Ihre Mitarbeiter, die Herren *Schröter* und *Hermes*? Werden Sie in der Lage sein, die „Forschungen zur Logistik" neu herauszugeben?

Mit nochmaligem Dank für Ihre Karte, verbleibe ich

Ihr ergebener
Andrzej Mostowski"

Aus diesem Anfang entwickelte sich ein Briefwechsel, der soweit vorhanden, im
Anhang 3 mit jeweils kurzen Inhaltsangaben und gelegentlichen Zitaten aufgelistet
ist. Nebenbei haben wir aus obigem Brief erfahren, daß *Mostowski* fast fehlerfrei
deutsch schreiben und *Scholz* polnisch zumindest lesen konnte. Die im Anhang
veröffentlichten Briefe von *Łukasiewicz* weisen dessen geradezu virtuose Beherrschung der deutschen Sprache aus (wobei zu bedenken ist, daß seine Heimatstadt
während seiner Jugend noch zu Österreich gehörte).

Insgesamt erlauben die hier erstmals der wissenschaftlichen Öffentlichkeit vor-
gelegten Dokumente einen Blick in ein bisher vernachlässigtes Kapitel der Wissenschaftsgeschichte und auf eine Tradition deutsch-polnischer Beziehungen, deren Wiederbelebung mehr als wünschenswert ist. Sie enthalten übrigens auch eine
Fülle von Informationen über damals aktuelle logische bzw. mathematische Fragen.
Diesen Aspekt habe ich hier bewußt unterdrückt, um mich auf dem beschränkten
Raum zunächst auf die menschliche und soziale Seite zu konzentrieren.

Danksagungen

Ich danke Herrn Stanisław Fudali (Szczecin) für die Einladung zur IX. Ogól-nopolska Szkola Historii Matematyki, Międzyzdroje 1995, die mich anregte, nach einem Thema zu deutsch-polnischen Beziehungen auf dem Gebiet der Mathematik zu suchen, den Herren *Peter Ullrich* und *Enno Folkerts* (Münster), die prompt und in kollegialster Weise relevante Dokumente in Münster für mich heraussuchten und mir Kopien davon schickten, Herrn *Gisbert Hasenjaeger* (Bonn) für Kopien von weiteren Dokumenten aus seinem Privatbesitz sowie für persönliche Erinnerungen, Herrn *Christian Thiel* (Erlangen) für eine Kopie eines Sonderdruckes von [7] und Herrn *Justus Diller*, Direktor des Instituts für Mathematische Logik und Grundlagenforschung in Münster, für die freundliche Zustimmung zur Publikation der Dokumente aus dem Archiv seines Institutes.

Anhang:

1. Verwendete Dokumente aus dem Archiv in Münster (in chronologischer Reihenfolge)

- *Scholz*: Bericht über einen Aufenthalt in Warschau ... (vgl. Anhang Nr. 4).

- *J. Lukasiewicz* gewidmetes Gedicht zum 21. 12. 1938 (vgl. Anhang Nr. 5).

- Laudatio von *Scholz* für *Lukasiewicz* zum 21. 12. 1938 (vgl. Anhang Nr. 6).

- Handgeschriebene Briefe von *Lukasiewicz* an *Scholz* vom 13. 12. 1943, 5. 1. 1944, 15. 1. 1944, 3. 2. 1944 (vgl. Anhang Nr. 7).

- Fragebogen der Militärregierung in Deutschland betr. *Scholz* („Entnazifizierung"), ausgefüllt am 8. 7. 1945.

- Schriftliche Aussage von *Scholz* über Prof. *H. Taeschner* (Münster) 3. 1. 1946 (betr. Rettung von Prof. Kowalski, Kraków).

- Schriftliche Aussage von *Scholz* über Prof. *K. Hugelmann* (seinerzeit Rektor der Univ. Münster) 14. 5. 1946 (betr. Hugelmanns Hilfe bei der Rettung von *Lukasiewicz* und Prof. *Salamucha*, Kraków).

- Brief von *Scholz* an *Lukasiewicz* in Dublin, 6. 9. 1946.

- Schriftliche Aussage von *Scholz* über *E. v. Weizsäcker*, 2. 4. 1948.[1]

---

[1] *E. v. Weizsäcker* (1882 - 1951) Vater des Philosophen und Physikers *Carl Friedrich v. W.* und des früheren Bundespräsidenten *Richard v. W.*, war ab 1936 Chef der Politischen Abteilung des Auswärtigen Amtes, 1943-45 Botschafter Nazi-Deutschlands beim Vatikan. In seinem Zeugnis für *W.* schreibt *Scholz*:

> „In meinen ununterbrochenen Bemühungen um die Rettung von polnischen Hochschullehrern, mit denen ich vor dem Kriege durch enge persönliche oder wissenschaftliche Beziehungen verbunden gewesen bin, bin ich wenigstens zweimal durch den damaligen Staatssekretär des Auswärtigen Amtes, Herrn Baron v. *Weizsäcker*, auf eine entscheidende Art unterstützt worden. Es handelte sich im ersten Fall um den o. Professor der Theologie an der Krakauer Universität *Jan Salamucha* OP, den besten Kenner der spätmittelalterlichen Logik, im zweiten Fall um den Dozenten an der Krakauer Universität, Herrn Dr. *Metallmann*, einen ausgezeichneten Wissenschaftstheoretiker.
> Herr *S.* ist nach dem polnischen Feldzug in Oranienburg interniert worden, Herr *M.* in Buchenwald. Auf einem Wege, den Herr v. *Weizsäcker* mir gezeigt und geebnet hat, ist es mir gelungen, Herrn *S.* aus dem Konzentrationslager zu retten. Ich habe dafür von dem damaligen Unterrichtsminister, Herrn *Rust*, eine scharfe Rüge erhalten, mit der Androhung der Amtsentsetzung im Wiederholungsfalle. Herr *M.* ist als Nichtarier trotz aller Anstrengungen, die ich mit Hilfe von Herrn v. *Weizsäcker* gemacht habe, nicht zu retten gewesen. Ich werde sagen dürfen, daß auch in diesem Falle nichts unversucht geblieben ist, was mit Hilfe von Herrn v. *W.* überhaupt versucht werden konnte."

Trotz dieses positiven Gutachtens ist *E. v. Weizsäcker* 1949 vom Nürnberger Militärgerichtshof wegen seiner aktiven Beteiligung an der faschistischen Außenpolitik zu 5 Jahren Gefängnis verurteilt worden.

– Gutachten von *Scholz* über die Echtheit zweier Entlastungsbriefe von *Lukasiewicz* für Prof. *H. Wolfram* in Holzminden, 23. 2. 1949. (*Wolfram* war *Scholz'* „verlängerter Arm" in Warschau und der wesentlichste Helfer bei der Ausreise des Ehepaares *Lukasiewicz* nach Deutschland.)

– Schriftliche Aussage von *Scholz* über *J. v. Kempski* (undatiert).

– Schriftliche Aussage von *Scholz* über Prof. *Hans Günther* (Erlangen), 18. 6. 1949, betr. dessen Hilfe für *Lukasiewicz*.

– Brief von *Lukasiewicz* an *Scholz*, 14. 11. 1950.

2. Dokumente aus dem Besitz von *G. Hasenjaeger*

– Auszüge aus den Briefbüchern von *Scholz* (1941-43), in denen er sämtliche eintreffende und abgesandte Post mit Datum und stichwortartiger Inhaltsangabe notierte. Es zeigt, in welch erstaunlichem Umfang *Scholz* in dieser Zeit mit Behörden und Privatpersonen im Zusammenhang mit seinen Hilfsversuchen für *Lukasiewicz* und andere polnische Gelehrte korrespondierte.

– Antrag von *Scholz* an den Polizei-Präsidenten von Münster betr. Zulassung von *Lukasiewicz* und seiner Frau zum Aufenthalt in Münster (11. 7. 1944).

– Schreiben vom Auslandsamt der Dozentenschaft der deutschen Universitäten und Hochschulen an *Scholz* (28. 11. 1944) betr. Weiterzahlung des Gehaltes von *Lukasiewicz* durch die Regierung des Generalgouvernements oder anderweitige finanzielle Unterstützung.

– Schreiben vom Gouverneur des Distriktes Warschau, Abt. Wissenschaft und Unterricht an die Regierung des Generalgouvernements in Krakau (9. 1. 1944) in gleicher Angelegenheit samt zugehörigen Aktennotizen. Letzten Endes wurde von der Behörde in Krakau am 10. 12. 1944 verfügt:

„Professor Dr. *Jan Lukasiewicz* ist wiederbeschäftigter ehemaliger polnischer Beamter. Ich bin bereit, ihn für eine Verwendung ins Reich abzuordnen und ihm vorläufig bis zum Ende dieses Haushaltsjahres, d. i. bis 31. März 1945, seine bisherigen Bezüge zu zahlen. Falls mir nach dem 1. April 1945 keine Planstelle mehr zur Verfügung stehen sollte, würde ich *Lukasiewicz*, der bereits das 60. Lebensjahr erreicht hat, pensionieren.

gez. Eichholz".

– Auszugsweise undatierte und unadressierte Abschrift eines Briefes von *Lukasiewicz*, worin er mitteilt, daß am 18. 11. 1944 alle Fenster, Türen und teilweise auch Wände seiner Wohnung in Münster durch Luftdruck zertrümmert wurden und er seitdem in fensterlosem Keller, Coerdestr. 1, haust. Vermutlich wurde er danach nach Hembsen umquartiert.

3. Weiterer Briefwechsel *Scholz - Mostowski* aus dem Archiv in Münster

- Brief von *Scholz* an *Mostowski* (2. 5. 1947):

  Wunsch nach den neuen Bänden der Fundamenta Mathematicae, Bericht über wiederangeknüpften Briefkontakt mit *Tarski*,

  „Herr *Lukasiewicz* ist mit seiner Frau in Dublin. Er fühlt sich sehr einsam und uninspiriert, aber sie existieren dort unter Bedingungen, die wir ihnen hier in gar keinem Falle anbieten können, so dass wir zu meinem grössten Bedauern darauf verzichten müssen, ihn in dem von mir beabsichtigten Sinne nach Münster zu ziehen."

- Brief von *Mostowski* an *Scholz* (26. 8. 1947):

  Fundamenta werden in zerlegter Form geschickt, da die Post nur Sendungen bis 500 g befördert. Frage nach mathematischen Zeitschriften in Deutschland, Bericht über z. Zt. in Warschau tätige Mathematiker und ihre Arbeitsgebiete.

- Brief von *Scholz* an *Mostowski* (19. 9. 1947):

  Empfangsbestätigung Fundamenta, Angebot weiterer Literaturaustauschs, Besuch von *Bernays* in Münster.

- Postkarte von *Scholz* an *Mostowski* (29. 9. 1947):

  Betr. Literaturaustausch.

- Brief von *Mostowski* an *Scholz* (7. 10. 1947): dito.

- Brief von *Scholz* an *Mostowski* (22. 11. 1947):

  Besuch von *Ackermann* in Münster, fachliche Fragen, speziell Arbeit von *Hasenjaeger*.

- Brief von *Mostowski* an *Scholz* (9. 1. 1948):

  Zu den Arbeiten von *Hasenjaeger*, Angebot, diese in Fund. Math. zu publizieren.

- Brief von *Mostowski* an *Scholz* (19. 1. 1948):

  „... Ich muß Ihnen sagen, dass ich sehr daran zweifle ob diese Herren [*Kaczmarz*, *Gołab* u. a.] geneigt sein werden ihre Funktionen [Referate für das Zentralblatt] wieder zu übernehmen. Es herrscht im allgemeinen bei uns die Ueberzeugung, dass es noch zu früh ist, irgendwelche offiziellen Beziehungen mit den deutschen Institutionen anzuknüpfen. Dies ist gewiss bedauerlich vom allgemeinmenschlichen Standpunkt, doch man muss auch den Umstand berücksichtigen, dass der Schock, den wir alle empfunden haben, ein ungewöhnlicher war. Bestimmt kann ich Ihnen nur sagen, dass

Herr *Sierpiński* den Vorschlag abgelehnt hat und mich bat, Ihnen
dies mitzuteilen. ... Was mich anbetrifft, so schliesse ich mich
völlig der Einstellung von Herrn *Sierpiński* an.

Es wäre mir sehr peinlich, wenn diese meine Nachricht Sie un-
angenehm berührte. Sie können sicher sein, dass wir keine derartigen Hindernisse empfinden würden, wäre die Einstellung aller
deutschen Wissenschaftler während dieser schweren Jahre der Ih-
rigen ähnlich ..."

– Brief von *Scholz* an *Mostowski* in Princeton (17 .3. 1949): Über *Mostowskis*
Buch zur math. Logik und über *Hasenjaegers* Arbeit.

– Brief von *Mostowski* aus Princeton an *Scholz* (26. 3. 1948):

Ausführlicher Bericht über Personen und wissenschaftliche Ereignisse in den
USA, Bedauern für Ablehnung der Arbeit *Hasenjaegers* aus unausgesproche-
nen politischen Gründen.

„Ich schreibe es Ihnen so ausführlich damit Sie sehen daß es
mit der Wiederaufnahme der gegenseitigen Beziehungen noch jetzt
sehr schlecht bestellt ist. Es scheint mir ganz ausgeschlossen, daß
irgendein [polnischer] Wissenschaftler Erlaubnis bekommen könnte, nach West-Deutschland zu reisen und es scheint mir auch daß
alle Versuche in dieser Hinsicht eher Schaden als Nutzen anrichten
könnten."

– Brief von *Scholz* an *Mostowski* (wieder in Warschau, 24. 9. 1949):

Gegenwärtige Unmöglichkeit, Bücher direkt aus USA und speziell von *Ste-
chert & Hafner* zu beziehen, Bedauern und Verständnis für Rücksendung der
Arbeit *Hasenjaegers*.

4. *Heinrich Scholz*: Bericht über einer Aufenthalt in Warschau in der Zeit vom 16. - 23. Dezember 1938

Mit Zustimmung des Herrn Reichs- und Preussischen Ministers für Wissenschaft, Erziehung und Volksbildung und mit einem Reise- und Aufenthaltskosten-
zuschuss des Auswärtigen Amtes, der in Folge der Gastfreundschaft, die uns zuteil
geworden ist, für eine volle Deckung der notwendigen Aufwendungen ausgereicht
hat, habe ich mich in Gemeinschaft mit dem Dekan der Philosophischen und Naturwissenschaftlichen Fakultät unserer Hochschule Herrn Prof. Dr. A. *Kratzer* in
der Woche vom 16.- 23. Dezember in Warschau aufgehalten. Ueber diesen Aufenthalt ist Folgendes zu berichten:

1.

Am Montag, den 19. Dez. 1938, habe ich unter dem Protektorat der Warschauer
Universität und der Warschauer Wissenschaftlichen Gesellschaft in Gegenwart des

deutschen Botschafters Herrn *von Moltke*, des Rektors und des Prorektors der Warschauaer Universität, des Dekans der mathematisch-naturwissenschaftlichen Fakultät, zahlreicher Mitglieder des Lehrkörpers der Warschauer Universität und anderer Persönlichkeiten von Ansehen und Rang einen Vortrag gehalten über

Sprechen und Denken

Ein Bericht über neue gemeinsame Ziele der polnischen
und der deutschen Grundlagenforschung.

Dieser Vortrag wird in der im Verlage des Mianowski Institute for the Promotion of Science and Letters erscheinenden Internationalen Zeitschrift „Organon" veröffentlicht werden. Einen Abzug dieses Vortrags werde ich einreichen, sobald er in meinen Händen ist[1]

2.

Am Dienstag, den 20. Dez. 1938 habe ich mit unserm Herrn Dekan teilnehmen können an der durch den deutschen Botschafter in den Räumen der deutschen Botschaft vollzogenen feierlichen Ueberreichung der Urkunde, durch die dem o. Professor der mathematischen Logik und Grundlagenforschung an der Warschauer Universität Herrn Dr. *J. Łukasiewicz* zu seinem 60. Geburtstag am 21. Dez.1938 der Grad und die Würde eines Doktors der Philosophie ehrenhalber von unserer Hochschule verliehen worden ist. Diese Ehrung trifft, wie es in der Urkunde heisst, „einen bahnbrechenden Forscher aus dem Bereich der mathematischen Logik und Grundlagenforschung, einen Historiker, der an entscheidenden Stellen eine grundlegend neue Auffassung der Geschichte der abendländischen Logik in strenger Begründung erarbeitet hat, und einen Logiker, der sich mit einer vorbildlich universalen, völkerverbindenden Geisteshaltung für das Werk des grossen deutschen Meisters *Gottlob Frege* führend eingesetzt hat". - Auf dem sich anschließendem Frühstück habe ich nach den Begrüssungsworten des Herrn Botschafters eine Ansprache halten dürfen, in der ich Herrn Prof. L. in meiner Eigenschaft als Vertreter der mathematischen Logik und Grundlagenforschung in Münster begrüsst habe.

Ueber die ungewöhnlich schöne kleine Feier in den Räumen der deutschen Botschaft ist von der Pressestelle der deutschen Botschaft ein Bericht an das DNB ausgegeben worden. Von diesem Bericht liegt ein Durchschlag bei.

---

[1] Das entsprechende Heft der Zeitschrift „Organon" wurde so kurze Zeit vor Beginn des zweiten Weltkrieges gedruckt, daß eine umfangreiche Suche danach in deutschen und polnischen Bibliotheken erfolglos blieb. Durch die Freundlichkeit von Herrn *Thiel* (Erlangen) habe ich eine Kopie eines Sonderdruckes dieses *Scholz*schen Festvortrages erhalten. Sein Inhalt erfüllt allerdings nicht die durch den Titel erweckten Erwartungen. Es handelt sich um eine sehr weitschweifige Kritik der Unzulänglichkeiten der natürlichen Sprachen und ein Lob der formalisierten Sprachen, über die aber keine technischen Details mitgeteilt werden. Dabei ist aber zu bedenken, daß dieser Vortrag vor einem repräsentativen aber sehr heterogenen Hörerkreis gehalten wurde, in dem sich nur wenige Personen fanden, die einer spezielleren Darstellung hätten folgen können.

3.

Ich habe die Warschauer Tage dazu benutzt, um die ungewöhnlich schöne wissenschaftliche und menschliche Verbindung, die zwischen uns und unseren Warschauer Freunden seit meinem ersten achttägigen Aufenthalt in Warschau im Oktober des Jahres 1932 besteht, in beiden Richtungen zu befestigen. Ich werde sagen dürfen, dass dies so gut gelungen ist, wie es überhaupt gelingen konnte. Man hat uns nicht nur überall höchst gastlich aufgenommen, sondern man hat uns auch überall auf eine überzeugende Art fühlen lassen, dass man sich aufrichtig über unser Kommen gefreut hat und dass man es gedeutet hat als ein wohlverstandenes Zeichen für die Existenz einer Forschung, die auf eine unwidersprechliche Art der ganzen Welt angehört und in dieser Ebene immer wieder, auch unter den schwierigsten Bedingungen und stärker als irgend eine andere Macht die Völker miteinander verbindet. Auch auf dem Essen, das für uns am 22. Dezember von der Kultur-Abteilung des Auswärtigen Amtes in Warschau veranstaltet worden ist, ist diese Auffassung sehr deutlich zum Ausdruck gekommen. In diesem Zusammenhang möchte ich auch noch mitteilen, dass das Polnische Generalkonsulat in Düsseldorf uns das erbetene Visum umgehend unter Befreiung von den sonst üblichen Gebühren erteilt hat. Wir konnten auch in diesem Falle nicht freundlicher behandet werden als wir behandelt worden sind.

Endlich habe ich die Warschauer Tage dazu benutzt, um mich von meinem Freunde Herrn Prof. *Lukasiewicz* über die Warschauer Prüfungsordnung für das Magisterium in der mathematisch-naturwissenschaftlichen Fakultät der Warschauer Hochschule genau unterrichten zu lassen. Diese Prüfungsordnung ist in 20 Jahren erprobt worden und eine wesentliche Voraussetzung für die überragenden Leistungen unserer Warschauer Freunde. Ergebnis dieser Besprechungen ist eine Denkschrift über die Ausgestaltung des Hochschulunterrichtes in der Philosophie überhaupt und der mathematischen Logik und Grundlagenforschung im besonderen an den Herrn Reichs- und Preußischen Minister für Wissenschaft, Erziehung und Volksbildung, die ich diesem Reisebericht mit den zugehörigen Anlagen beilege, mit der Bitte, dass Se. Magnifizenz diese Denkschrift so bald als möglich an den Herrn Minister weiterleiten möge.

Se. Exzellenz der deutsche Botschafter Herr *von Moltke* hat sich um diese Reise von dem Augenblicke an, in dem sie geplant war, so entscheidend bemüht, dass wir ihm zu grösstem Dank verpflichtet sind. Er hat auch während unseres Warschauer Aufenthaltes alles getan, was er überhaupt tun konnte, um auf eine eindringliche, überzeugende Art die Werturteile und die Gesinnungsgemeinschaft hervorzuheben, die uns von Münster nach Warschau geführt haben. Es ist undenkbar, dass wir ohne diese Hilfe die Spur hätten hinterlassen können, auf die es uns ankam: eine Spur, die nach menschlichem Ermessen den Augenblick überdauern und in dem uns am Herzen liegenden Sinn als eine Verbindungsgerade fortwirken wird, deren Glaubwürdigkeit niemand antasten kann. Münster i[n] W[estfalen], 29. Dezember 1938.

gez. *Heinrich Scholz*
o. Prof. d. Philosophie der Mathematik und Naturwissenschaften
a[n] d[er] Universität Münster i. Westf.

5. Herrn Professor Dr. *Jan Lukasiewicz* dem Meister der alten[1] und der neuen Logik zum 60. Geburtstag am 21. Dezember 1938

In Münster soll es finster sein;
Doch heute ist es helle:
Woher der Glanz, woher der Schein?
Im Osten liegt die Quelle.

Hoch über uns im blauen Rund
erglänzt mit einem Male
das große L der Logik und
des Meisters Initiale.[2]

Für immer fest verbunden ist
das erste mit der zweiten,
wo Münster zu erkunden ist
und Münsteraner schreiten.

Die Klammern drücken uns nicht mehr,
das große C ist Retter:[3]
Doch diese Klammer trotzt ihm sehr,
Sie trotzt in Sturm und Wetter.

Und was als Schöpfung längst erkannt,
Heut darf es uns entflammen.
Ein Hoch dem Meister zugewandt:
So halten wir zusammen.

Die dankbare Gruppe von Münster

6. Auszüge aus der laudatio von *Scholz* für *Lukasiewicz*

Meinem lieben guten Freunde *Jan Lukasiewicz* zum 21. Dezember 1938

Das erste, wozu wir uns bekennen, ist die unverdrossene Treue im Kleinen ... Das zweite, was uns am Herzen liegt, ist die Klarheit, die Reinheit, die Schönheit der Form ... Das dritte, was wir für wesentlich halten, ist unsere eigene Art zu sein. Wir sind nicht nur Forscher, sondern auch Lehrer. Es genügt also nicht, dass wir gute Werkmeister sind, sondern wir müssen auch daran denken, dass man von uns die Haltung erwarten darf, die für den Grundlagenforscher darin besteht, dass er nicht schlechter ist als die Fundamente, auf die er hinzeigen kann.

In Münster zweifelt niemand daran, dass es niemanden gibt, dem diese drei Grundhaltungen in einem schöneren Sinne angehören, als es von Ihnen gesagt

---

[1] Bezieht sich auf die Arbeiten von *Lukasiewicz* zur Geschichte der Logik.

[2] Das ist in Wirklichkeit nicht korrekt, denn der polnische Laut L ist vom deutschen L grundverschieden.

[3] Eine Anspielung auf die von *Lukasiewicz* eingeführte „klammerfreie Schreibweise" aussagenlogischer Formeln, heute auch als „polnische Notation" bekannt und in der Informatik weitgehend (auch als „umgekehrte polnische Notation") genutzt. Mit C bezeichnet *Lukasiewicz* die Implikation.

werden darf; denn in Ihnen sind sie so miteinander verbunden, dass es nicht mehr
gelingt, sie zu trennen ... Und noch etwas mehr verdanken wir Ihnen. Wir verdanken Ihnen im eigentlichsten Sinne die Stufe, auf der wir jetzt existieren. In
den unvergessenen Februartagen von 1936 haben Sie uns das Urteil zugewendet,
auf das ich mich in meinen Bemühungen um die Eroberung dieser Stufe immer
wieder berufen konnte.[1]... Von ganzem Herzen wünschen wir heute, dass Sie uns
auch in dem 7. Jahrzehnt Ihres Lebens auf der Stufe des Meisters erhalten bleiben,
folglich auf der Stufe des Menschen, von dem man *immer* lernen kann ...

7. Auszüge aus Briefen von *Lukasiewicz* an *Scholz*

Warschau, 13. 12. 1943

Mein lieber guter Heinrich!
    Für Deinen Brief vom 8. d. M. danke ich Dir herzlichst. Es sind darin Nachrich-
ten enthalten, die uns ins Herz getroffen haben. Wie sehr muß die liebe kleine Her-
rin gelitten haben.[2] Wie sehr beunruhigt uns die Rückkehr Deiner Gelbsucht! Die
Schwierigkeiten, die mit Deinem Arbeitsraum zusammenhängen, bewegen mich
tief. Ich selber leide ja auch darunter. Unser einziges Zimmer ist unbeheizt, wir
können nur darin übernachten, solange es keine scharfen Fröste gibt. Tagsüber
sitze ich in der kleinen Küche, wo die Mahlzeiten zubereitet werden und der ganze Haushalt instandgehalten wird, und habe kaum ein Stündchen Ruhe, um über
etwas nachzudenken. Die Bedingungen, nicht nur die materiellen, unter denen
wir leben, werden von Tag zu Tag schwieriger. Dazu sind wir beide fortwährend
erkältet, ich gehe nur aus, wenn es unbedingt nötig ist. Das Pensum aus dem
Stadtarchiv wird mir zugeschickt und ich erledige es zuhause.
    Für die Nachrichten aus Z[ürich] bin ich Dir sehr verpflichtet. Es wäre für uns
ein harter Entschluß, die Heimat verlassen zu müssen. Aber es könnten Umstände
eintreten, daß wir dazu gezwungen wären. Neun Angehörige meiner Frau sind
von den Bolschewisten nach Asien verschleppt worden, und wir wissen bestimmt,
daß manche von ihnen nicht mehr am Leben sind. Meine Frau und ich möchten
nicht ihr Los teilen. Jetzt sind wir einigermaßen beruhigt, hoffentlich wird sich
noch alles zum Guten wenden. Für den Notfall möchten wir aber vorbereitet sein.
Unter meinen Papieren befindet sich noch eine deutsche Ausreiseerlaubnis aus dem
Jahre 1940. Sie wird wohl nicht mehr gültig sein, aber sie könnte mir als Unterlage
für eine neue Erlaubnis dienen. Von den deutschen Herren in Warschau kenne ich
jetzt niemanden. Den neuen Leiter des Archivamts, Herrn Dr. *H. Branig*, habe ich
noch kein einziges Mal gesprochen. Äußerst liebenswürdig zu mir ist die Sekretärin
des Archivamts, Frl. *Herz.* Bevor ich aber etwas unternehme, möchte ich wissen,
was Du persönlich darüber denkst und was Du mir raten würdest. Es geht ja um
unsere ganze Zukunft. Hat übrigens Herr *G.* über die Art unseres Unterkommens
in Z[ürich] keine Andeutung gemacht? Deine Sendungen treffen pünktlich ein, für

---

[1] Offenbar hat ein Gutachten von *Lukasiewicz* eine wichtige Rolle bei der Erteilung des Lehr-
auftrages für Logistische Logik und Grundlagenforschung an *Scholz* gespielt (vgl. Anmerkung
2).

[2] So bezeichnet *Lukasiewicz* stets *Scholz*' Frau *Erna.*

November und Dezember. Wann werde ich Dir für Deine Güte so danken können, wie ich es möchte? Das liegt mir immerfort schwer am Herzen. Kein Freund von Dir hat uns im November besucht, es ist nur ein Warschauer Fräulein erschienen und hat uns einen Brief aus Sachsen vorgezeigt, es stand darin, ein nicht genannter deutscher Mathematiker erkundigt sich, ob ich noch am Leben bin ...

Warschau, 5. 1. 1944

Mein lieber, guter Heinrich!
Laß mich wissen, ob Du meinen langen Brief vom 11. 12. bekommen hast. In diesem Brief habe ich u. a. zwei wichtige Fragen angeschnitten: 1. Warum wir aus Warschau fortwollen (der östliche Nachbar) ... 2. Ich habe Dir einige von meinen Ergebnissen mitgeteilt ... Zum ersten Punkt möchte ich nun noch Folgendes hinzufügen: Was auch geschehen mag. Eines steht fest, daß wir in unserer gegenwärtigen Wohnung nicht lange mehr bleiben können. Das einzige Zimmer bleibt unbeheizt, der Baderaum ist seit Anfang nicht benutzbar, die Hausverwaltung kann oder will nichts tun. Es gibt noch andere Ursachen, die ich hier aber übergehen muß ...

Warschau, 15. 1. 1944

Mein lieber Heinrich!
Gestern, den 14. 1., ist Dein langerwarteter Brief hier eingetroffen. Besten Dank dafür! Ich war schon so sehr wegen der Gelbsucht um Dich besorgt, daß ich am 13. 1. einen Brief an den Freund *L.* in der Narkusstr. abgesandt habe. Ich weiß nicht, ob ihn mein Brief erreicht hat und ob sein Inhalt zu Deiner Kenntnis gelangen wird. Es stand darin u. a.: „Wir möchten nicht unnötigerweise ins Ungewisse ziehen. Aber hier wird uns so allgemein die antijüdische[1] und antibolschewistische Einstellung nachgesagt und angerechnet, daß uns vor einer näheren Bekanntschaft mit den Bolschewisten graut. Es geht um unser Leben. Der Freund (damit bist Du gemeint) soll uns sagen: Müssen wir schon jetzt fort - vielleicht kann er uns beruhigen - und wenn wir es müssen, möchte er uns lieber im Reich wissen, als irgendwo in Neutralien?"
Herr Prof. Wolfram ist für 8-10 Tage verreist und Oberltn. *v. Kamlah* ist, wie mir gesagt wurde, nicht mehr in Warschau. Ich muß somit warten. Zu den Spitzen der Warschauer Behörden gehören der Gouverneur des Distrikts Warschau Herr *Fischer* (Palais Brühl) und der Stadthauptmann von Warschau Herr *Leist* (Palais Blank). Ich kenne keinen von diesen Herren. Könntest Du vielleicht einen Weg zu ihnen finden?
Einen Reisepaß erhielt ich 1940 nicht, nur eine Bescheinigung, seitens des „Landesbeauftragten für die Sicherung der Kunst- und Kulturgüter" in Krakau (Amt

---

[1] Diese Äußerung befremdet, zumal *Lukasiewicz* bis 1939 von jüdischen Kollegen und Schülern umgeben gewesen war und zumindest zu einigen von ihnen ein sehr gutes Verhältnis gehabt hat. Einige polnische Kollegen, die ihn noch gekannt haben, sagten, die Äußerung sei auf *Ls.* Frau *Regina* zu beziehen.

des Generalgouv.), daß gegen meine Ausreise hieramts keine Bedenken bestehen. Die Bescheinigung gilt übrigens nur für mich, nicht aber für meine Frau.

Sollten wir in Warschau bleiben, so müssen wir unbedingt die Wohnung ändern. Denn hier im „Professorenhaus" haben wir, ich und insbesondere meine Frau, so viele Unannehmlichkeiten zu erdulden, daß wir es nicht länger aushalten können. ...

Warschau, 3. Februar 1944

Mein lieber Heinrich!

Über zwei wichtige Punkte habe ich Dir zu berichten. Erstens, vorgestern, am 1. Februar, habe ich endlich Herrn Prof. *W.* sprechen können, der vorübergehend auf zwei Tage nach Warschau gekommen ist. Deinen Brief hat er schon am 12. 1. erhalten. Er meint, daß wir schwerlich eine Ausreisebewilligung nach Neutralien bekommen könnten, leichter wäre es, eine solche Bewilligung nach dem Reich zu bekommen, nur soll dort große Wohnungsnot herrschen. Er selbst würde sich dafür beim hiesigen Gouverneur Dr. *Fischer* und dem SS-Führer einsetzen, aber erst Mitte Februar, denn jetzt muß er wieder Warschau verlassen und kommt erst in etwa 14 Tagen für längere Zeit zurück.

Zweitens, heute ist ein überaus liebevolles Zeichen von unserem gemeinsamen Freund, Herrn Superintendenten *H. L.* eingetroffen. Herr *L.* ist seit Mitte März wieder eingezogen und befindet sich gegenwärtig im Norden der Ostfront ... In seinem Brief vom 29. 1. schreibt er wörtlich „das eine ist gewiß, daß er (damit bist Du gemeint) mit mir Ihnen dringend rät, aus Warschau zu gehen." Der Brief endet mit den Worten: „ich würde alles tun, was für ein geeignetes Unterkommen von Ihnen beiden und die ungestörte wissenschaftliche Arbeit nötig ist." Diese Worte haben uns tief gerührt ...

Literaturverzeichnis

[1] Bibliografi prac Jana Lukasiewicza, in: Studia Logica 5(1957), (mit Ergänzung in 8(1958), S. 63). 92 items.

[2] **Borkowski, L.** und **J. Słupecki**: The Logical Works of J. Lukasiewicz, in: Studia Logica 8(1958), S. 8-56.

[3] **Kotarbiński, T.**: Jan Lukasiewicz's Works on the History of Logic, in: Studia Logica 8(1958), S. 57-62.

[4] *Lukasiewicz, J.*: Selected Works (Ed. **L. Borkowski**). Amsterdam/New York/Warschau, 1970. (Ebenfalls mit Bibliographie.)

[5] **Mostowski, A.**: L' œuvre scientifique de Jan Lukasiewicz dans la domaine de la logique mathématique, in: Fundamenta Mathematicae 44(1957), S. 1-12. (Enthält ebenfalls Bibliographie.)

[6] **Peckhaus, V.**: Review von A. L. Molendijk: Aus dem Dunklen ins Helle, in: History and Philosophy of Logic 14(1993), S. 101-107.

[7] **Scholz, H.**: Sprechen und Denken. Ein Bericht über neue gemeinsame Ziele der polnischen und der deutschen Grundlagenforschung, in: Organon (Publication of the Mianowski Institute for the promotion of science and letters in Poland) 3(1939), S. 1-30.

[8] **Scholz, H.**: In memoriam Jan Lukasiewicz, in: Archiv für Mathematische Logik und Grundlagenforschung 3(1957), S. 3-18.

[9] **Scholz, H.**: Mathesis Universalis (Ed. **H. Hermes, F. Kambartel** und **J. Ritter**). Basel-Stuttgart 1961. (Enthält Bibliographie der Schriften von *Scholz*, 126 items.)

Mathematikgeschichtliche und andere Zeugnisse des Instrumentenbaus im Staatlichen Mathematisch-Physikalischen Salon im Dresdner Zwinger

Klaus Schillinger

Im Jahre 1560 war vom sächsischen Kurfürst August I. (Regierungszeit 1553-1586) die Dresdner Kunstkammer gegründet worden. Im Gegensatz zu anderen in dieser Zeit entstehenden Kunst- und Wunderkammern fanden vor allem Objekte aus dem handwerklichen, kunsthandwerklichen und wissenschaftlichen Bereich Aufnahme. So ist es nicht verwunderlich, daß sich unter den im ersten Kunstkammerinventar von 1587 ausgewiesenen 10000 Objekten annähernd 7500 Werkzeuge (Schlosser,- Tischler-, Garten- und andere Werkzeuge) und ca. 950 mathematisch-technische Instrumente befanden. Letztere umfaßten etwa 300 Vermessungsinstrumente einschließlich Markscheidegeräte, 85 Richtgeräte für das Militärwesen, annähernd 400 Zeicheninstrumente, knapp 100 astronomische und Zeitmeßinstrumente, 35 Räderuhren, eine Reihe mehrfunktionaler Instrumente sowie Instrumente aus weiteren Bereichen, darunter auch verschiedene Objekte, deren Zuordnung zur Mathematik und Geometrie im engeren Sinne unseren heutigen Vorstellungen entspricht. So sind verzeichnet

- "1 Grün sammet Rechentuch mit guldenen gestickten Linien vnd einer silbern Büchßen mit 41 Silbern Rechenpfennigen",
- "1 Grün sammet Rechentuch mit silbern gestickten Linien vnd einer schwarzen Buchßen mit 32 silbern Rechenpfennigen".

Aus dem Bereich *geometrischer Modelle* sind unter der Überschrift

"Ahn Regulirten Corporibus von Holtz vnd gepapten Pappir gemacht: Pyramis, Cubus, Octahedrus, Icosahedrus, Dodecahedrus; Conus Ambligonius, Oxigonius, Orthogonius" angegeben, darunter

- "1 Holtzern Birnbaumen Cubus in einem feinen Khestlein, hat Abraham Riese gemacht,
- 1 Holtzern geuirter Cubus mit einem andern achteckigten Cubo darinnen,

- 1 Rundt Corpus von mößenen dratt Inwendigk mit den regulirten Corporibus von guldenen fäden gezogen".

Für das Gebiet der *Perspektivkunst* sind aufgeführt:

- "1 Mößen vorguldt Perspettuischen Instrument stehet vf einem Reißtische
dadurch alles aus Geometrischen grunde in Perspectiuam kan gebracht,
auch eine Landtschafft dadurch abcontrafeit werden,
- 3 alte höltzern zerbrochene Instrument oder Rahmen zur Perspectiua,
- Perspectiuische Kunststücken so mein gnedigster Churfürst vnd Herr, Her-
zogk Christian zu Sachsen sellsten gerißen."

Von der zeitgenössischen wissenschaftlichen Literatur befanden sich neben
gedruckten Schriften allgemeinen mathematischen Inhalts eine Reihe von
Handschriften, u. a.

- "Ein gerechnete tafel zum Vortel des Multiplicirens vnd Diuidirens in einer
blechernn Büchßen,
- 2 Geschriebene vnd gerechnete Büchlein, in roten leder vnd vorguldt, zum
Quadranten des Abmeßens vnd feuerwerffens vnd Instrumenten zum
Kernschießen zu brauchen."

Leider ist nur das Zeichenbuch des Kurfürsten Christian in den Staatli-
chen Kunstsammlungen Dresden erhalten geblieben.

Neben Objekten aus den handwerklichen, kunsthandwerklichen und wissenschaftlichen Bereichen enthielt die Kunstkammer als in der Regel ange-
legte Universalsammlung Skulpturen, Gemälde, Stiche unterschiedlichster
Art (z. B. auch Landkarten), Bücher, Mineralien, präparierte Tiere, Vege-
tabilien, Raritäten, Kuriositäten etc.

Die Verwaltung bzw. Betreuung der Sammlungen oblag jeweils einem
Kunstkämmerer, der in der Regel eine akademische Ausbildung als Mathematiker besaß.

Anfang des 18. Jahrhunderts wurden unter der Regierung Kurfürst Friedrich August I. (1694-1733), gleichzeitig als August II. König von Polen,
genannt August der Starke, die Sammlungen nach systematischen Gesichts-
punkten aufgeteilt und es entstand 1728 als eigenständige Sammlung das
"Cönigl. Cabinet der mathematischen und physicalischen Instrumente". Für
die Unterbringung der Sammlung stellte der Kurfürst-König repräsentative
Räume im Dresdner Zwinger zur Verfügung. Die Räderuhren verblieben
zunächst als Uhrenzimmer in der Kunstkammer, sie gelangten erst ein Jahr-

hundert später in den Salon. Im Jahre 1746 erhielt die Sammlung der mathematischen und physikalischen Instrumente unter der Bezeichnung *Mathematisch-Physikalischer Salon* innerhalb des Zwingers ein neues Domizil; sie kam in das Obergeschoß des Pavillons, wo sich heute die Uhrendauerausstellung befindet.

Die Sammlungen wurden jetzt von Inspektoren, die in der Regel ebenfalls eine akademische Ausbildung besaßen, verwaltet. Anknüpfend an seit Ende des 16. Jahrhunderts bestehende Traditionen führten sie gleichzeitig zeitgenössische Forschungen, vor allem auf astronomischem Gebiet, durch. Die Vermehrung des Sammlungsbestandes erfolgte durch Ankäufe, Geschenke, Übernahme.

In den folgenden Jahrhunderten erlebte der Mathematisch-Physikalische Salon manche Höhen und Tiefen. Tiefe Wunden wurden dem Museum beim anglo-amerikanischen Bombenangriff auf Dresden am 13. Februar 1945 zugefügt, bei dem neben anderen Gebäuden des Zwingers und der sich anschließenden Sempergalerie auch der Ausstellungssaal des Mathematisch-Physikalischen Salons schwer zerstört wurde. Ein besonders tragisches Schicksal erlitten wertvolle Sammlungsbestände aus dem 16. und 17. Jahrhundert durch einen Umlagerungsbefehl, auf Grund dessen in ostelbischen Schlössern bzw. Rittergütern ausgelagerte Exponate nach Auslagerungsorten auf westelbischer Seite gebracht werden mußten. Ein mit 26 Kisten beladenes Fahrzeug mit Anhänger geriet bei der Durchfahrt durch Dresden in die erste Angriffswelle der Bomberkräfte und wurde zerstört. Nach Beendigung des Krieges begann die Rückführung der ausgelagerten Sammlungsbestände, von denen ein Teil verloren gegangen ist und als vermißt angesehen werden muß.

Nach dem Wiederaufbau des Obergeschosses konnte 1952 ein Teil der Sammlung wieder der Öffentlichkeit zugänglich gemacht werden; bis 1956 erfolgte die Übernahme zwei weiterer Ausstellungssäle, so daß gegenwärtig die Dauerausstellungen in drei Sälen präsentiert werden.

Die Dauerausstellungen zeigen wissenschaftliche Instrumente und Uhren vom 16. bis 19. Jahrhundert von teilweise hoher kunsthandwerklicher Qualität. Die *Uhrensammlung* umfaßt Sonnen-, Sand- und Öluhren, Kunst- und Automatenuhren, Seechronometer, Tisch-, Wand- und Taschenuhren. Den Bestand *wissenschaftlicher Instrumente* bilden Erd- und Himmelsgloben, Vermessungsinstrumente einschließlich markscheiderischer und artilleristischer Instrumente, Rechen- und Zeichenhilfsmittel, optische, vor allem astronomische Geräte, Instrumente zur Messung ausgewählter mathematischer und physikalischer Größen, wie Länge, Masse, Temperatur, Luftdruck usw. sowie bedeutende Einzelobjekte der physikalischen Experimentiertechnik, u. a. Vakuumpumpen, solare Brenngeräte. Außerdem besitzt das Museum Bestände an elektrischen Geräten, Werkzeugen, vor allem Uhrmacherwerkzeuge, an Modellen, Turmuhren sowie eine Bibliothek.

Neben den unmittelbar der Mathematik zuzuordnenden Sammlungsgruppen besitzen auch die meisten anderen vorgestellten Gruppen mehr oder weniger enge Beziehungen zur Mathematik. Im folgenden soll zunächst ein Einblick in die unmittelbar der Mathematik zugehörigen Bereiche gegeben werden.

An digitalen *Rechenhilfsmitteln* bzw. *Rechengeräten* sind vorhanden: Rechenbrett mit Rechenpfennigen (16./17. Jh.), Soroban, Suanpan, Scety (alle 19. Jh.), Napiersche Rechenstäbchen (England, um 1700), Rechenmaschine von Blaise Pascal (Frankreich, um 1650), Rechenmaschine von Jacob Auch (Vayhingen, 1790), Rechenmaschinen von Thomas (Paris, um 1865), Dietzschold (Glashütte i./Sa., 1876), Burkhardt (Glashütte, um 1880), Maschinen des Typs "Archimedes" (Glashütte) "Monopol", "Millionär" etc.

Die analogen Geräte umfassen Proportional(rechen)zirkel (Deutschland, Frankreich, England, 17./18. Jh.), Rechenstäbe verschiedener Hersteller (Ende 19./20 Jh.) sowie Rechenwalzen (Deutschland 1. H. 20. Jh.).

Zu den *geometrischen Instrumenten* gehören Lineale, Maßstäbe einschließlich Reduktionsmaßstäbe, Dreiecke, Stechzirkel unterschiedlichster Art, Doppelzirkel (Reduktionszirkel), Ellipsenzirkel, Schablonenzirkel, Winkelmesser, Schreib- und Reiß- bzw. Ziehfedern, Reißzeuge und Pantographen (alle Instrumente 16.-19. Jh.). Außerdem besitzt das Museum Planimeter (Deutschland, 2. H. 19. Jh.) unterschiedlichster Bauart für die Flächen- sowie Visierstäbe (Deutschland, 17. Jh.) zur Volumenbestimmung.

Weitere Objekte , vor allem Rechenmaschinen sowie geometrische Modelle aus Glas und Holz befinden sich im Depot.

Besonders enge Verbindungen zur Mathematik besitzt der Bereich der *Feldmeßkunst*. Vermessungsinstrumente bildeten im Zusammenhang mit den Bemühungen der sächsischen Kurfürsten zur Vermessung von Wäldern, Fluren, Jagdrevieren, Grubenfeldern, zur Aufnahme von Routenkarten bereits gegen Ende des 16. Jahrhunderts einen hohen Anteil in den Sammlungen. Der gegenwärtige Sammlungsbestand umfaßt Instrumente zur direkten

Streckenmessung wie Meßketten, Schrittzähler, Meßräder, Wagenwegmesser, sowie Indtrumente zur Winkelmessung bzw. indirekten Streckenbestimmung wie Meßquadrate, Quadranten, scheibenförmige Winkelmeßgeräte mit Dioptern, Kompaßinstrumente unterschiedlichster Art, Nivelliergeräte, Theodolite, Schinzeuge, Gradbögen und Geschützaufsätze.

Als Beispiele für frühe Geräte sollen ein Wagenwegmesser von Christoph Trechsler d. Ä., Dresden, 1584, ein Setzkompaß mit Sonnenuhr, deutsch, 1561, ein Zweibussolenschinzeug, deutsch, um 1590, eine Auftragsbussole von Erasmus Habermel, Prag, um 1600, ein Theodolit, um 1700, und ein Pendelrichtquadrant zum Richten von Gescützen von Paulus Puchner/Christoph Trechsler, Dresden, 1572 erwähnt werden.

Als zwei der ältesten Wissenschaften besitzen Mathematik und *Astronomie* enge Verbindungen. Die Sammlung astronomischer Geräte beinhaltet Beobachtungsinstrumente, wie Linsen- und Spiegelteleskope, sowie Instrumente zur astronomischen Winkelmessung. Letztere besitzen eine enge Verwandschaft zu den Vermessungsinstrumenten. Hierzu gehören Quadranten, Vollkreisinstrumente, Repetitionskreise und Spiegelkreise. Mit Passageinstrumenten wurden an der seit 1784 am Mathematisch-Physikalischen Salon bestehenden Zeitdienststelle mehr als 100 Jahre lang Durchgangsbeobachtungen an Fixsternen zur Zeitbestimmung durchgeführt.

Als Beispiele aus der Sammlung *astronomischer Instrumente* sollen nur ein Spiegelteleskop von Friedrich Wilhelm Herschel, vermutlich London, um 1790, ein Quadrant von I. I. Schoeberlein, Dresden, 1781/1782, ein Vollkreisinstrument von Edward Troughton, London, 1793, und ein Passageinstrument von William Cary, London, um 1800, erwähnt werden.

Aus astronomischen Beobachtungen und Messungen sowie aus Vermessungen auf der Erde gewonnene Erkenntnisse führten zur Fertigung von *Himmels- und Erdgloben* als Modell zur Darstellung der Erde und des sie umgebenden Raumes. Bereits 1562 wurde von Kurfürst August ein islamischer Himmelsglobus aus der Zeit um 1300 erworben, der heute eine besondere Rarität darstellt. Er ist ein anschauliches Beispiel für die Bewahrung wissenschaftlicher Erkenntnisse über die Astronomie der Antike durch den islamischen Kulturkreis, aus dem die Renaissancegelehrten in Europa ihr Wissen schöpften und die Wissenschaft weiterentwickelten. Globusuhren aus dem süddeutschen Raum, u. a. eine Globusuhr von Georg Reinhold und Johannes Roll, Augsburg, 1586, zeugen von hohem wissenschaftlichen Stand und großen kunsthandwerklichen Fertigkeiten. Süddeutschland war im

16. Jahrhundert das Zentrum früher Globenherstellung in Deutschland. So gehören Globen von Johann Schöner, Bamberg, erstes Viertel 16. Jahrhundert, zu den ersten Erdglobentoren, die Amerika als Kontinent zeigen. Den Schwerpunkt der Sammlung bilden Erd- und Himmelsgloben unterschiedlichster Abmessungen deutscher und niederländischer Meister bzw. Werkstätten, u. a. von Mercator, Blaeu, Janßonius, Doppelmayr und Klinger. Versuche zur Einführung anderer Formen von Globen (z.B. Kegelform) sowie spezielle Globen, u.a. Reliefgloben, ein Marsglobus und ein Mondglobus ergänzen die Schausammlung.

Messen war und ist ein unverzichtbarer Bestandteil in Wissenschaft, Technik und Wirtschaft. Als Maßeinheiten benutzte der Mensch ursprünglich Größen, die ihm sein Körper oder die Leistungsfähigkeit seines Körpers bot, später wurden auch auf der Grundlage anderer Größen weitere Maßeinheiten eingeführt. Auf Grund der Verschiedenheit der benutzten Maßeinheiten (in Deutschland war die Zersplitterung besonders groß, was durch die Aussage "Jedes deutsche Ländchen hat sein eigenes Quentchen, eigene Maße hat fast jede deutsche Stadt" charakterisiert wird) wurden im Laufe der Entwicklung normierte Einheiten festgelegt.

Instrumente zur Messung ausgewählter Größen vermitteln einen Überblick zur Entwicklung der *Längen- und Massebestimmung* bzw. ihrer Einheiten vom 16. Jahrhundert bis zur Einführung des metrischen Systems 1872 in Deutschland sowie zur Bestimmung von Dichte in Flüssigkeiten, von Temperatur, Luftdruck und Luftfeuchte. Besonders reichhaltig ist der Bestand an Längen- und Reduktionsmaßstäben in den Einheiten Elle, Fuß, Zoll, Lachter, darunter auch ein im sächsischen Auftrag von Lenoir in Paris 1810 gefertigtes *Normalmeter*, sowie an Gewichtssätzen und Waagen, speziell auch Münzwaagen.

Auch bei der *Temperaturmessung* existierte eine Vielfalt von Einheiten, z. B. nach NEWTON, DE L'ISLE, HOFFMANN, REAUMUR, FAHRENHEIT, CELSIUS u. a. Aus dem Sammlungsbestand soll hier nur auf sehr frühe Metallthermometer (Mitte 18. Jahrhundert) aus der Werkstatt des Reichsgrafen Hans von Löser, Schloß Reinharz nahe Bad Schmiedeberg, sowie auf Thermometer mit einer Vielzahl von Angaben hingewiesen werden. Barometer unterschiedlichster Konstruktion, auch hier teilweise mit vielfältigen Informationen, und Hygrometer vervollständigen diesen Sammlungsbereich.

Die *Uhrensammlung* vermittelt eine Übersicht zur Geschichte der Zeitmessung und der Uhrenfertigung vom 16. bis 19. Jahrhundert. Eine besonders enge Beziehung zur Mathematik und Astronomie besitzen Sonnenuhren. Sie wurden in früherer Zeit unter die mathematischen Instrumente eingeordnet. Von der Renaissance bis ins 18. Jahrhundert gehörten die Sonnenuhren zu den am häufigsten benutzten Zeitmeßinstrumenten. Den dominierenden Platz in der Uhrensammlung nehmen Federzuguhren ein, darunter Tischuhren, Kunst- und Automatenuhren sowie astronomische Türmchenuhren.

Sie geben mit ihren zahlreichen Zifferblättern und Indikationen Zeugnis von den Bemühungen der damaligen Gelehrten, vor allem auch die Geheimnisse des Himmels zu enträtseln und gewonnene Erkenntnisse und Vorstellungen anschaulich zu demonstrieren und zu verbreiten. Ende des 18. und Anfang des 19. Jahrhunderts entstanden in enger Verbindung mit der Zeitdienststelle eine Reihe hochwertiger Präzisions-Pendeluhren, die vor allem von Inspektoren des Mathematisch-Physikalischen Salons gefertigt wurden.

Kleinuhren blieben Jahrhunderte hindurch vorwiegend Schmuck- und Repräsentationsgegenstand, ab 18. Jahrhundert entwickelten aber englische Uhrmacher die Kleinuhr auch zu einem präzisen Zeitmesser. Nachdem in Sachsen ab Anfang des 19. Jahrhunderts der Grundstein für eine Präzisionsuhrmacherei gelegt worden war, erlangte diese mit der 1845 in Glashütte gegründeten Firma A. Lange & Söhne für ein Jahrhundert Weltruf.

Diese kurze Darstellung soll vor allem den an Mathematik interessierten Leser einen Einblick in den Sammlungsbestand des Mathematisch-Physikalischen Salons im Dresdner Zwinger gewähren.

Literatur

SCHARDIN, J.: Kunst- und Automatenuhren. Katalog der Großuhrensammlung. 2. Auflage. Staatlicher Mathematisch-Physikalischer Salon. Dresden 1989. 108 S. 142 Abb.

SCHRAMM, H.: Astronomische Instrumente. Katalog. Staatlicher Mathematisch-Physikalischer Salon. Dresden 1989. 60 S., 42 Abb.

SCHILLINGER, K.: Zeicheninstrumente. Katalog. Staatlicher Mathematisch-Physikalischer Salon. Dresden 1990. 72 S., 52 Abb.

SCHILLINGER, K. unter Mitarbeit von J. SCHARDIN: Vermißte Instrumente und Uhren des Mathematisch-Physikalischen Salons Dresden. Leipzig 1992. 44 S., 26 Abb.

SCHILLINGER, K.: Solare Brenngeräte. Katalog. Staatlicher Mathematisch-Physikalischer Salon. Dresden 1992. 28 S., 15 Abb.

DOLZ, W., SCHARDIN, J., SCHILLINGER, K., SCHRAMM, H.: Uhren - Globen, wissenschaftliche Instrumente. Mathematisch-Physikalischer Salon Dresden - Zwinger. Lipp-Verlag Dresden 1993. 115 S., 78 S/W- und 15 Farbabb.

SCHILLINGER, K. (Ed.): Kostbare Instrumente und Uhren aus dem Mathematisch-Physikalischen Salon Dresden. Texte: Dolz, W., Schardin, J. Schillinger, K., Schramm, H.; Fotografie: Karpinski S. und J. Seemann-Verlag Leipzig 1994. 156 S., 13 S/W- und 102 Farbabb.

DOLZ, W.: Erd- und Himmelsgloben. Katalog. Staatlicher Mathematisch-Physikal. Salon. Dresden 1994. 128 S., 42 S/W-Abb.und 26 Farbabb.

Dir. Dr. habil. Klaus Schillinger, Staatlicher Mathematisch-Physikalischer Salon, Zwinger, D-01067 Dresden

Abbildungen

1) Der Mathematisch-Physikalische Salon in der 2. Hälfte des 19. Jhs.

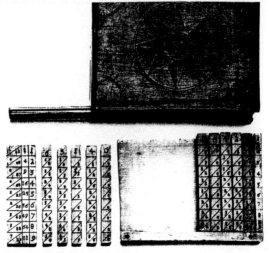

2) Rechenstäbchen: England, um 1700

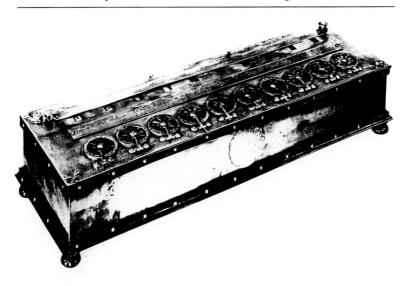

3) Rechenmaschine: Blaise Pascal, Frankreich, um 1650

4) Rechenmaschine: Dietzschold, Glashütte/Sachsen, 1878

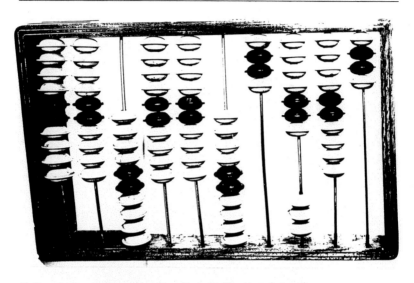

5) Russisches Rechenbrett (Scety): 2. Hälfte 19. Jahrhundert

6) Auftragsbussole: Erasmus Habermel, Prag, um 1600

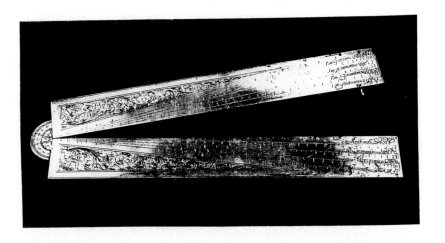

7) Proportional(rechen)zirkel aus dem kurfürstlichen Meßbesteck:
   Dresden, um 1630

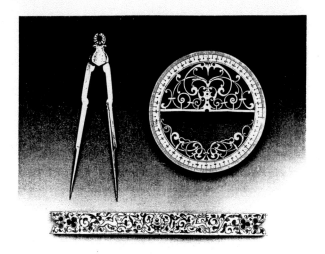

8) Lineal, Zirkel und Winkelmesser:
   Deutschland, Ende 16./Anfang 17. Jahrhundert

9) Planimeter: H. Ausfeld, Gotha, 2. Hälfte 19. Jahrhundert

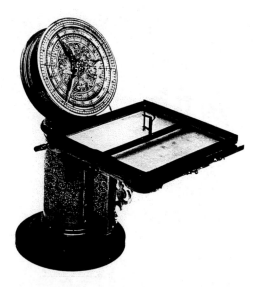

10) Wagenwegmesser: Christoph Trechsler d. Ä., Dresden, 1584

11) Pendelrichtquadrant: Paulus Puchner/Christoph Trechsler d.Ä., Drs.1572

12) Quadrant: I. I. Schoeberlein, Dresden 1781/1782

13) Spiegelfernrohr: William Herschel, vermutlich London, um 1790

14) Passageinstrument: William Cary, London, um 1800

15) "Arabischer"
Himmelsglobus:
Muhammad be Mu
aijad al-Ardhi,
Meragha, zwischen
1279 und 1305

16) Erdglobus:
    Johannes Praetorius,
    Nürnberg, 1568

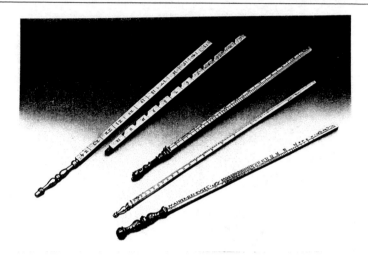

17) Hand- und Kalibermaßstäbe: deutsch, 2. H. 16. Jahrhundert

18) Einsatzwägesatz: Konrad Most, Nürnberg, 1588

19) Münzwaage: M. Bernd Odendall, Köln, 1651

20) Horizontal-Sonnenuhr: Christoph Schissler, Augsburg, 1562

21) Äquatoriale Tisch-Sonnenuhr:
    Johann Gottfried Zimmer, Werkstatt des Reichsgrafen Hans von
    Löser, Schloß Reinhartz (bei Wittenberg), um 1750

22) Planetenlaufuhr: Eberhard Baldewein, Hans Bucher und Hermann
    Diepel, Marburg/Kassel, 1563-1568, gefertigt als Auftragswerk für den
    sächsischen Kurfürsten August I.

23) Weltzeituhr: Andreas Gärtner, Dresden, um 1700

24) Astronomische Pendeluhr: Johann Heinrich Seyffert, Dresden, 1794

Vor 60 Jahren aus Greifswald vertrieben - der Mathematikhistoriker und Studienrat Clemens Thaer

Joachim Buhrow

50 Jahre nach dem Ende des Zweiten Weltkrieges finden an vielen Orten Deutschlands und Europas Gedenkstunden zu den Schrecken und Verwüstungen des Krieges statt. Dabei wird an tapfere Männer und Frauen erinnert, die oft unter Einsatz ihres Lebens Menschen und Sachen vor weiterer Vernichtung zu schützen suchten. Im Sinne des mahnenden Wortes „Wehret den Anfängen!" sei hier an Männer erinnert, die bereits 1933 und später ohne Furcht ihre mahnende Stimme erhoben und das kommende Unheil für Deutschland und Europa geahnt haben. Einer von ihnen ist der Greifswalder Studienrat für Mathematik, Physik, Astronomie und Chemie, CLEMENS THAER, der zugleich als a.o. Professor an der Universität in Greifswald Mathematik, aber vor allem Mathematikgeschichte lehrte, über Jahrzehnte - bis zu seiner Strafversetzung im Sommer 1935.

Wie kam es nun zu diesen Strafmaßnahmen des NS-Regimes, betrieben durch den Gauleiter von Pommern, SCHWEDE-COBURG?

Um dies besser zu verstehen, ist es notwendig, seinen beruflichen und politischen Werdegang in aller Kürze darzustellen: 1883 in Berlin geboren, entstammt er einer alten Gelehrtenfamilie, die stets auch begeisterte Lehrer waren. Sein Vater Studiendirektor in Berlin, Halle umd Hamburg, dort trägt eine höhere Schule noch heute seinen Namen. Gut bekannt ist der Urgroßvater ALBRECHT DANIEL, Begründer der rationellen Landwirtschaft und Professor an der damals neugegründeten Berliner Universität. Es führt zu weit, die zahlreichen Lehrer seiner Familie hier aufzuzählen. Nach dem Abitur in Hamburg studierte der Sohn CLEMENS Mathematik, Physik und Philosophie in Giessen, Leipzig und Göttingen, hörte dort auch chemische und astronomische Vorlesungen. Der bekannte Geometer MORITZ PASCH in Giessen wird auf den jungen Studenten aufmerksam und bezieht ihn in die Arbeit für sein Buch: „Lehrbuch der Analysis" ein, schon 1906 besteht CLEMENS THAER sein Doktorexamen. In Jena bekam er eine feste Anstellung als Assistent und konnte sich schon 1909 dort habilitieren mit Untersuchungen zur Galois-Theorie. 1911 wurde sein Doktorvater zugleich sein Schwiegervater, er heiratete die Tocher GERTRUD. In Jena sammelte er Lehrerfahrungen und baute dort eine neue Vorlesung Mathematik für Chemiker auf. Aber Hochschullehrer konnte er in Jena nicht werden; da er schon Familie mit zwei Kindern hatte, nahm er 1913 einen Ruf als Dozent nach Greifswald an, dieses Lehramt übte er bis zum Jahre 1935 aus. Er kam zusammen mit dem Mathematiker von Weltrang FELIX HAUSDORFF und dem Philosophen GÜNTHER JACOBY nach Greifswald, mit ihnen teilte er nicht nur mathematische Interessen. Im ersten Weltkrieg meldete er sich wie viele seiner Generation als Kriegsfreiwilliger 1916, wurde aber wegen eines Herzfehlers zurückgestellt. Gemeinsam mit FELIX HAUSDORFF bestritt er in den Kriegsjahren die gesamte Mathematikausbildung an der Universität. Nach dem Krieg richtete die Universität noch ein drittes Semester für die Kriegsteilnehmer ein. THAER hielt für sie eine fünfstündige Einführungsvorlesung, um den Studenten mit Notabitur den Übergang in die höhere Mathematik zu sichern, dabei kamen ihm seine pädagogischen Erfahrungen zugute, wie noch ältere Teilnehmer berichtet haben.

Der Zusammenbruch des Kaiserreiches traf ihn schwer. Aus dieser Zeit des Umbruches sind uns seine Aufzeichnungen über die Revolution in Greifswald erhalten geblieben, ein wertvolles Zeitdokument, das mir der Sohn Dr. RUDOLF aus Braunschweig in dankenswerter Weise zukommen ließ. Dort tritt uns ein ganz anderer CLEMENS THAER entgegen, er widmete sich mit ganzer Kraft dem Neubeginn des politischen Lebens in der Deutschen Volkspartei (DVP), das Parteibüro befand sich in seiner Wohnung, Gützkower Straße 1. Zwei- bis dreimal war er oft jede Woche in und um Greifswald zu Abendversammlungen unterwegs, er kandidierte für den Preussischen Landtag und wurde in die Verfassungsgebende Versammlung (Berlin) gewählt. Diese kräftezehrende Arbeit ließ sich mit dem Lehramt schwer vereinbaren. Die wirtschaftliche Lage in der schweren Nachkriegszeit, in Greifswald wurde noch eine Tochter geboren, seine Ehefrau kränkelte wiederholt, war dann wohl der Anlaß, sich um den Eintritt in den Schuldienst zu bewerben. An der Universität hatte er nur eine außerplanmäßige Professur. 1921 trat er in den Schuldienst ein und wurde bald Studienrat am Greifswalder Gymnasium, eine der herausragenden Schulen in Preussen. Seinen Lehrauftrag an der Universität setzte er vor allem mit Vorlesungen zur Geschichte der Mathematik fort, dazu gibt es noch begeisterte Stimmen seiner Hörer, die durch ihn bewogen wurden, Mathematik zu studieren.

In der Zeit der Weltwirtschaftskrise starb 1929 nach langer Krankheit seine Ehefrau GERTRUD. Er hat dann in Greifswald noch einmal geheiratet, seine Frau ELFRIEDE MEDENWALD kam aus Wangerin in Pommern, sie bekamen noch einen Sohn Wilhelm, geboren 1931. Kurz vor dem Ende der Weimarer Republik trat er noch einmal als Ortsvorsitzender der von STRESEMANN gegründeten DVP an, aber alle Anstrengungen der Demokraten waren vergeblich, wie wir heute wissen.

Über den Neuanfang an der Schule lesen wir in seinen Lebenserinnerungen:

„Seit Herbst 1921 war ich dann am hiesigen Gymnasium beschäftigt, zuerst als Assessor, dann als Studienrat ... Die bescheidene Stellung eines Lehrers für die freiere und angesehenere des Universitätsdozenten einzutauschen, hat mich innerlich wohl manche Kämpfe gekostet. Doch kam man mir im Kollegium des Gymnasiums im allgemeinen freundlich entgegen. Vor allem gewann ich nachdem ich zu der Überzeugung gekommen war, als Lehrer Wertvolles zu leisten, meinen Beruf lieb. Eine große Arbeit, die aber gut gelang, nahm ich im folgenden Jahr auf mich: den Umbau und die Neueinrichtung der Unterrichtsräume für Chemie. Und damals hatte ich auch eine wissenschaftliche Arbeit gefunden, die mir gemäß war, die EUKLID-Übersetzung, die mir auch später noch, in seelischer Not, eine heilende Ablenkung war, - die auch in fast neunjähriger Arbeit gelang - und mir die Anerkennung der Sachverständigen eintrug."

Nach der Machtübernahme durch die Nazis trat er schon im Frühjahr 1933 als unbeugsamer und unerschrockener Demokrat an die Greifswalder Öffentlichkeit. Im April organisierte er eine öffentliche Versammlung im Gasthof „Zur grünen Linde" und setzte sich in seiner Rede für die deutschen Juden ein, jeder weiß heute, was dies für ihn bedeuten mußte. Wir lesen in der Pommerschen Zeitung vom 8. April 1933:

„Nur für Juden! Heute Abend spricht in der grünen Linde der als Judenfreund rühmlichst bekannte hiesige Professor THAER über das Thema: 'Wieweit ist das Judentum als Fremdkörper zu behandeln?' Unsere Antwort: restlos!!!"

Der Text seiner Ansprache von damals ist noch vorhanden, die Argumente haben nach über 60 Jahren noch nichts an Aktualität verloren. Selbst Kriegsfreiwilliger, erinnerte er an vorbildliche Deutsche jüdischen Glaubens, die für Deutschland gekämpft haben und hohe Tapferkeitsauszeichnungen bekamen. Natürlich erhielt er keinen Beifall, die Zeitung spricht eine eindeutige Sprache. Sein sachlicher Bericht für die Zeitung erschien natürlich

nicht. Um sein öffentliches Auftreten zu verstehen, muß man wissen, daß
sein Doktorvater und damit seine Ehefrau jüdischer Herkunft waren. So
auch sein Kollege an der Universität, Professor FELIX HAUSDORFF, dessen
schreckliches Schicksal bekannt ist, er nahm sich 1942 das Leben.

Nach unerfreulichen Jahren kam schon 1935 die Stunde einer neuen Be-
währung. In den Augen der NS-Parteiführung war das Greifswalder Gymnasium vor 1933 ein „Hort der Reaktion". Die Aufforderung an alle Lehrer,
in den NS-Lehrerbund einzutreten, lehnte THAER entschieden ab, war damit
in der Minderheit. Der Schulobmann empfahl darauf hin, ihn „zur Abschrek-
kung" für alle anderen Lehrer der Schule in ein KZ einzuweisen zur
„Erziehung und Besserung", zum Glück fand er kein Gehör. Im Frühjahr
1935 war der verdienstvolle Schuldirektor, Prof. Dr. SCHMIDT, seines Amtes
enthoben worden, er hatte sich mit der HJ angelegt, die ihn denunzierte.

Damals war es durchaus üblich, daß selbst der Mathematiklehrer die regelmäßigen Schulandachten für Schüler und Lehrer in der Aula gestalten
konnte. In der denkwürdigen Andacht am 6. Mai 1935 nahm nun THAER in
offener und unerschrockener Weise ohne Rücksicht auf persönliche Konsequenzen seinen entlassenen Direktor in Schutz und ehrte ihn, wir lesen im
Text seiner Andacht:

„Als wir vor den Ferien das vorletzte Mal hier zusammenkamen, hat
Herr Oberstudiendirektor Dr. SCHMIDT einem in den Ruhestand tretenden
Kollegen die Anerkennung des Staates für treue Dienste übermittelt. Inzwischen ist er selbst von dieser Stelle abgetreten, ohne daß Dank seitens der
Behörde ausgesprochen wäre. Wir nehmen an, daß dies nicht geschehen
konnte, weil die Angelegenheit noch nicht eindeutig entschieden ist. Denn
daß dieser Mann, dessen Pflichttreue sich jeder zum Muster nehmen dürfte,
in seinem Amt sich keine Verfehlungen zu schulden hat kommen lassen, das
wissen wir alle. So nehmen wir an, daß eine politische Notwendigkeit vorlag. Das rein Menschliche bleibt von einer solchen unberührt.

In seiner Ansprache, die Herr Oberschulrat POPP an die letzten Abituri-
enten gerichtet hat - es ist schade, daß ihr die nicht alle gehört habt - hat er
als das wesentlich Treibende für den neuen Staat die Ehre genannt. Denn
Ehre, wem Ehre gebührt! Wer vor dem Feinde seine Schuldigkeit getan, wer
für das Vaterland geblutet hat, wer Tausenden von Schülern Denken und
Wollen gefestigt hat, wer uns Lehrern allzeit ein sachlicher und kluger, ja ich
darf sagen, ein weiser Vorgesetzter gewesen ist, der hat Anspruch darauf,
daß hier an der Stätte seines langjährigen Wirkens seiner dankbar gedacht

werde! Was SHAKESPEARE den Antonius über Caesar sagen läßt: „Er war mein Freund, war mir gerecht und treu." - ich glaube jeder Anwesende, Lehrer wie Schüler, wird hier, soweit er unseren Direktor gekannt hat, dies im Herzen mitsprechen."

Diese seine mutige Andacht stellte THAER unter das Bibelwort: „Gerechtigkeit erhöhet ein Volk." Schon am 20. Juli 1935 kam die Antwort des Reichsministers für Wissenschaft und Erziehung aus Berlin: 300 Reichsmark Geldstrafe und die Strafversetzung an eine andere Oberschule außerhalb Greifswalds. Damit sollte ihm auch die wissenschaftliche Tätigkeit an der hiesigen Universität abgeschnitten werden. Dem ungeachtet trat die Universität noch für ihn ein und beurlaubte ihn lediglich, allerdings ohne Erfolg. Der Dekan schrieb ihm:

„Sehr verehrter Herr Kollege! Auf Ihr Gesuch vom 23. Februar teile ich Ihnen mit, daß die Philosophische Fakultät Sie für das Sommersemester 1936 beurlaubt hat. Ich darf Ihr Einverständnis voraussetzen, wenn die Fakultät sich während dieser Zeit bemüht, Ihre Rückversetzung nach Greifswald zu erreichen. Die Fakultät legt großen Wert darauf, daß Sie künftig wieder in der Lage sind, Ihre Lehrtätigkeit auszuüben. Hochachtungsvoll! Dekan Prof. Dr. LEICK"

In seinen Lebenserinnerungen schrieb THAER am 12. April 1944:

„Die ganze Zeit, die wir noch in Greifswald blieben, war von politischem Kleinkrieg erfüllt an Universität und Schule, im Militärverein, im Philologenverband, im kirchlichen Leben, da ich den Standpunkt vertrat, vor bloßen Drohungen dürfe man nicht Rechte aufgeben und sich nicht Bindungen unterwerfen, wo man nicht wußte, wieweit die Freiheit eingeengt wurde da, wo man die Verantwortung nicht abgeben durfte. Wo ich Zugeständnisse glaubte machen zu dürfen, machte ich sie, trat also der NSV, die ich zunächst für eine karitative Einrichtung hielt, unmittelbar nach der Gründung bei, stellte mich auch sogleich in den Dienst des Luftschutzes.

Aber etwa eine beleidigende Zuschrift des NS-Lehrerbundes gab ich mit darauf geschriebenem Protest zurück. Der NS-Lehrerbund und die HJ regierten in die Schule hinein. Unser Direktor Dr. Schmidt wehrte sich im Interesse der Sache und aufgrund ministerieller Verfügungen nach Kräften - mit dem Erfolg, daß ihm der Rücktritt zunächst nur nahegelegt wurde, als er hierauf nicht einging, wurde er nach auswärts als Studienrat zurückversetzt. Daß ihm persönlich hiermit schweres Unrecht geschah, war einmütiges Gefühl der ganzen Schülerschaft. Wenn von den Lehrern niemand dies auszusprechen wagte, mußte bei vielen ein vielleicht für das ganze Leben bedeutsamer Bruch entstehen. So benutzte ich die Schulandacht vom 6. Mai 1935, um dem klanglos verschwundenen Direktor eine Dankrede zu halten. Diese enthielt, obwohl in bescheidener Form, eine Kritik an der Maßnahme des Oberpräsidenten und Gauleiters SCHWEDE-COBURG. Den Folgen, einer Geldstrafe und einer Versetzung nach Cammin (Pommern) unterwarf ich mich. Versuchte aber nur, die Zugehörigkeit zur Universität zu retten, leider ohne Erfolg.".

Der Brief des Gauleiters ist noch im Universitätsarchiv vorhanden. Wir lesen dort: „In der Morgenandacht am 6. Mai haben Sie vor Schülern und Lehrern an der Maßnahme des Herrn Ministers, betreffend den Oberstudiendirektor Dr. SCHMIDT Kritik geübt, indem Sie zum Ausdruck brachten, daß dem Direktor aus politischen Gründen absichtlich Unrecht geschehen sei und der verdiente Dank ihm vorenthalten würde ... Durch diese ganz unangebrachte und unangemessene Kritik haben Sie Ihre Pflichten als Studienrat auf das Schwerste verletzt ... Dieses Verhalten muß geahndet werden. Ich bestrafe Sie mit 300 Mark Geldstrafe, ferner werden Sie von mir an eine andere höhere Schule versetzt werden, Stettin, 20.8.35.

Am ersten November 1935 trat THAER seinen Dienst in Cammin an, fand mit seiner Familie aber dort keine neue Heimat. Er bekam erneut Schwierigkeiten mit der NSDAP wegen der WHW-Sammlung. Ohne vorhergehende Absprache wurde er als Sammler eingesetzt, lehnte wegen der Freiwilligkeit solcher Ämter ab. Die Antwort kam sofort: 100 Mark Geldstrafe und Einleitung eines Disziplinarverfahrens. Der Amtsenthebung kam er dann durch den Antrag auf vorzeitigen Ruhestand aus gesundheitlichen Gründen zuvor. Am 1. Dezember 1939 mußte er in den Ruhestand gehen, viel zu früh für einen begeisterten Lehrer, der er sein Leben lang genau wie seine Vorfahren war.

Wissenschaftlich waren diese unruhigen Jahre vor dem Zweiten Weltkrieg nicht ohne Früchte. Er konnte die Herausgabe der vollständigen Elemente von EUKLID vollenden, dafür ist er vor allem in der mathematischen Welt bekannt. Sie sind in 5 Bänden der berühmten Reihe „Ostwalds Klassiker der exakten Wissenschaften" erschienen. Seine ungebrochene Anhänglichkeit an unsere Universität bewies er durch die Schenkung dieser Bände mit persönlicher Widmung, er wußte sehr gut, wer ihm die Bande zur Universität abgeschnitten hatte.

Nach dem Umzug mit der Familie in die Stadt Detmold versuchte er vergeblich, wieder Mathematik unterrichten zu können, selbst für Nachhilfestunden bekam er keine Erlaubnis.

Erst nach dem Zusammenbruch des Dritten Reiches konnte er wieder, politisch unbescholten, wenigstens zeitweise unterrichten. Aus diesen Jahren des Neubeginns haben wir eine Ansprache vor den Schülerinnen der Hermann-Lietz-Oberschule in Hohenwerda vom 11. September 1948 vorliegen. Nach dem erneuten Zusammenbruch des Reiches richtet er wieder den Blick in die Zukunft und stellt seiner Rede ein eigenes Gedicht voran:

„Der Hagel hat mir mein Korn geschlagen,
ehe es reif war.
Da nahm ich den Pflug und riß durch das Erdreich,
begrub die Halme.
Heut schreit ich über gebrochene Schollen,
streu meine neue Saat."

Wiederholt versuchte er, in solchen Vorträgen der Jugend neuen Mut zu geben und sie für die Aufgaben der Zukunft und für den friedlichen Neuaufbau in Deutschland zu rüsten. Man spürt in seinen Texten, wie behutsam er dies als erfahrener Lehrer anpackt.

Über diese Zeit des friedlichen Neubeginns schrieb er in seinen Erinnerungen: „Mein Plan, etwa in Göttingen eine ähnliche Doppeltätigkeit wieder aufzunehmen, wie ich sie in Greifswald vor gut 10 Jahren hatte aufgeben müssen, erwies sich als undurchführbar. So gehe ich in wenigen Tagen nach Hohenwerda, um an der dortigen Mädchenoberschule wieder zu unterrichten. Mir selbst waren noch 5 Jahre des Wirkens dort beschert, freilich auch der Einsamkeit. Ich war gern dort im Kreise der Jugend und des ungewöhnlich hochstehenden Kollegiums. Der Abschluß vor 2 Jahren hätte freundlicher sein können, doch er kam wohl zur rechten Zeit".

Er konnte in seinen späten Jahren noch sein wissenschaftliches Werk mit manchem Beitrag abrunden. Trotz des Herzfehlers über Jahrzehnte hinweg war seine Gesundheit einigermaßen stabil. Am 8. Dezember 1973 beging er im Kreise seiner Familie seinen 90. Geburtstag. Sein Leben stand stets unter dem Leitmotiv, wie es am Hause seiner Greifswalder Schule in ehernen Lettern seit 125 Jahren steht:

„SALUS SCHOLAE - SALUS CIVITATIS"

Soweit gut, nur die Civitas hat es ihm und seinen Kindern, die zum Glück die Zeit der NS-Herrschaft mit unmenschlichen Nürnberger Gesetzen überlebten, nicht gerade leicht gemacht. Als Mathematiker, Mathematikhistoriker, Studienrat und Lehrer der akademischen Jugend konnte er an seinem 90. Geburtstag auf ein erfülltes Leben zurückblicken:

Seine akademischen Vorlesungen in Jena und Greifswald erstreckten sich über 40 Semester und umfassen zahlreiche Gebiete der Mathematik, dazu regelmäßig mathematikhistorische Kollegs. Sein erfolgreicher Schulunterricht erstreckte sich über 18 Jahre in Greifswald und Cammin vor 1945 und fast 10 Jahre in Spiekeroog und Hohenwerda nach dem Krieg. Über seinen Unterricht konnten uns ehemalige Greifswalder Schüler persönlich berichten, als sie 1994 mit Sohn und Tochter von THAER zur Ehrung an seine Schule in Greifswald kamen. In der alten Aula, dem Ort der Andachten von 1935, fand die Ehrung des verdienstvollen Lehrers durch den Vorsitzenden des Förderkreises statt. Im Mai 1995 wurden durch die Kinder der beiden verdienstvollen und unvergessenen Lehrer dieser Schule Ehrentafeln am Schulhaus eingeweiht, die der Kasseler Kreis ehemaliger Schüler gestiftet hat.

Der Jurist aus Hamburg, Dr. HEINRICH CURSCHMANN, ein Klassenkamerad von Sohn RUDOLF, schrieb schon zum 75. Geburtstag von CLEMENS THAER einen sehr persönlich gehaltenen Aufsatz. Wir lesen dort:

„Durch seine klare Darstellung der zu unterrichtenden Materie hat er den Schülern stofflich viel beigebracht. Schüler, die später auf der Universität mathematische oder naturwissenschaftliche Fächer studierten, haben es aufgrund der soliden Grundlage trotz der geringeren Stundenzahl gut mit den Oberrealschülern aufnehmen können."

Ein anderer Klassenkamerad jener Zeit, Professor Baron FREYTAG VON LÖRINGHOFF aus Tübingen, der bekannteste Schüler des Greifswalder Philosophen Professor JACOBY, betont, daß er durch den anregenden Unterricht bei THAER sich für ein Studium der Mathematik und Physik in Greifswald entschieden hat. In seinem Brief vom 31. Januar 1995 schrieb er uns für diesen Bericht:

„Unser Greifswalder Gymnasium hatte soviele hochkarätige Lehrerpersönlichkeiten, daß es mir nicht möglich ist, eine feste Rangordnung meiner Wertschätzung anzugeben. Jedenfalls war CLEMENS THAER mir der allerwichtigste und mir liebste Lehrer. In seinem klaren Mathematikunterricht

hatte ich niemals Schwierigkeiten. Das einzige halbe Jahr Chemie, das wir
am humanistischen Gymnasium hatten, lehrte er für uns. Besonders wichtig
war mir seine Astronomiearbeitsgemeinschaft in der Oberstufe, an der ich
ständig teilnahm. Zeitlebens ist mir das damals geweckte Interesse für
Astronomie geblieben. Gar nicht auf Autorität bedacht, hatte er sie ganz
selbstverständlich. Wie auch andere lehrte Thaer an der Universität. Während meines gesamten Studiums habe ich in allen Greifswalder Semestern
seine mathematikhistorischen Vorlesungen gehört, zeitweise neben seinem
Sohn RUDOLF, der damals noch Schüler war. Für mein weiteres wissenschaftliches Leben waren diese Vorlesungen unerhört wichtig. Dank und
Bewunderung erfüllt mich, denke ich an diesen Mann und seine Lebenslei-
stung."

Benutzte Quellen

Mein besonderer Dank gilt dem Sohn, Herrn Dr. RUDOLF THAER aus
Braunschweig, dessen umfangreiche Sendungen aus dem Familienarchiv
maßgeblich zum Gelingen dieses Beitrages geholfen haben. Den Universi-
tätsarchiven in Jena und Greifswald habe ich ebenfalls für schnelle Sendungen und Hinweise zu danken. Hilfreich ist die zum 75. Geburtstag geschriebene Würdigung von Dr. HEINRICH CURSCHMANN aus dem Jahre 1959.
Professor PETER SCHREIBER aus Greifswald hat zum 100. Geburtstag vor
den hiesigen Mathematikern Leben und Werk von CLEMENS THAER gewürdigt. 1965 geht die Dissertation von Professor GERHARD HAHN zum Thema:
„Schulpolitisch-pädagogisch progressive Traditionen der Friedrich-Ludwig-
Jahn-Schule (EOS), Greifswald" auf die Opposition der Lehrer gegen die
NS-Herrschaft an der Schule ein. Professor ECCARIUS hat in seiner Habilita-
tionsschrift über die Mathematiker an der Universität Jena ebenfalls
CLEMENS THAER in seiner Jenaer Zeit gewürdigt.

Einen seltenen Schatz besitzt die UB Greifswald, ich fand eine umfangreiche Mappe mit Flugblättern und Schriften aus dem politischen Kampf der
DVP von STRESEMANN in Greifswald aus der Zeit nach dem ersten Weltkrieg. Darunter sind Reden und Aufrufe von CLEMENS THAER und seiner
Familie.

Prof. Dr. Joachim Buhrow, Lange Reihe 88, D-17489 Greifswald

Die Förderung des mathematischen Verständnisses durch sprachliche Ausdrucksfähigkeit - Förderung der sprachlichen Ausdrucksfähigkeit durch Mathematik-, ein lebenslanger Aspekt in Martin Wagenscheins Didaktik.

HANNELORE EISENHAUER
École d'humanité
Postfach 134, CH-6085 Hasliberg-Goldern

Mein Thema lautet: „Sprache, ein lebenslanger Aspekt in *Martin Wagenscheins* Didaktik". Dazu ist heute schon so furchtbar viel gesagt worden, fast alle Redner haben für mich vorgearbeitet, so daß ich überall anknüpfen kann. Das ist natürlich auch gefährlich, ich kann *überall* anknüpfen. Und zu Ihrer Erleichterung: was ich hier so alles auspacke ist nicht etwa mein Manuskript, sondern das sind Dokumente oder Kopien aus dem *Wagenschein*-Archiv, das sind Dinge, die ich mitgebracht habe, um sie am Schluß zeigen zu können. Ich möchte nicht nur durch die Sprache einladen, auch wenn die Sprache mein Thema ist, sondern durch handfeste Dinge, etwa durch Beispiele aus Vortragsentwürfen. Mein Hintergedanke ist natürlich, daß vielleicht einige von Ihnen Lust verspüren werden, im *Martin-Wagenschein*-Archiv zu arbeiten.

Da ich nicht sagen kann, daß ich erwarte (ich habe es zwar gehofft, ich hoffe es natürlich immer!) daß viele wissen, wer *Martin Wagenschein* ist oder war, stelle ich ihn ganz kurz vor:

- Er ist bekannt als Didaktiker für Mathematik und Naturwissenschaften,

- er ist *der* Vertreter des exemplarischen Prinzips,

- er lebte von 1896 bis 1988 (Sie merken, daß sein 100. Geburtstag naht!),

- Er hat seine erste Arbeit zum Thema „Überlegungen im Anschluß an das Kontinuumproblem von *Weyl*" [11] geschrieben,

- er war mit den *Ehrenfest*s befreundet,

- er war Lehrer in der Odenwaldschule bei *Paul Geheeb* (Landerziehungsheim, Reformpädagogik),

- er war mit *Bollnow* befreundet (der erst Physiker war, dann Pädagoge).

Wenn man in 100 Jahren in einem Lexikon nachschaut, wird dort ganz sicher unter dem Stichwort *Wagenschein* stehen: „Martin - 1896-1988, Physiker, Pädagoge", vielleicht auch „Mathematiker", genau so wie es am Straßenschild in Trautheim bei Darmstadt steht. Dort ist eine Straße nach ihm benannt, dort wohnte er 50 Jahre; und es wird vielleicht, wenn es ein Pädagogisches Lexikon ist, noch mit den Stichworten „Exemplarisch - Genetisch - Sokratisch" seine Didaktik erwähnt sein. Die ist ein ganzes Kapitel für sich. Da haben sich schon ganze Generationen darum geschlagen, ob sie richtig oder falsch ist, brauchbar oder unbrauchbar.

Martin Wagenschein hat 1985 von der *Henning-Kaufmann*-Stiftung den Preis zur „Reinhaltung der deutschen Sprache" bekommen. Als er mir das erzählte, stellte ich mir etwas mit Sauberkeit vor, oder der Beseitigung von Fremdwörtern aus der Sprache; es war mir komisch. Bis ich mich dann informierte und erfuhr, wer hinter dem Namen dieses Preises steckt, der in Wolfenbüttel verliehen wird. Er ist nach dem Sprachwissenschaftler *Henning Kaufmann* benannt.

> „Auch er verlangte im Bereich der Wissenschaft, bei ihrer Darstellung und Vermittlung, von sich und anderen ein besonderes Verantwortungsgefühl im Umgang mit der Sprache, forderte das Bemühen um ‚Stilreinheit der deutschen Sprache und die Gemeinverständlichkeit des sprachlichen Ausdrucks.'"[1]

In der Begründung für die Preisverleihung an *Martin Wagenschein* heißt es, er habe in seinem gesamten Wirken als Wissenschaftler und Lehrer den altbewährten Redetugenden immer Rechnung getragen und ihnen in seiner Didaktik der Naturwissenschaften einen entscheidenden Platz eingeräumt. Dann werden diese Redetugenden aufgezählt, die sicher die meisten von Ihnen kennen:

Angemessenheit in Bezug auf Gegenstand und Publikum,
Sprachrichtigkeit und sprachlich stilistische Reinheit,
Verständlichkeit und Klarheit,
Gefälligkeit und Schönheit.[2]

Wer ein wenig mit *Wagenscheins* Werken bekannt ist, der weiß, daß er diese vier Tugenden beinahe immer erfüllt hat und vielleicht liegt gerade darin der eigenartige Reiz seiner Sprache. Speziell zum Punkt Gefälligkeit und Schönheit gibt es eine kleine Anekdote, die erzählt er (unserer Familie hatte er sie schon früher berichtet) in seinen „Erinnerungen für morgen" [9]. *Hermann Nohl*, Herausgeber der bedeutenden pädagogischen Zeitschrift „Die Sammlung", hatte nie etwas von einem Physiker angenommen. „Naturwissenschaftler schreiben unverständlich, das paßt da nicht rein". *Otto-Friedrich Bollnow* hat es dann dank seiner Doppelausbildung geschafft, *Nohl* davon zu überzeugen, zumindest einmal ein Manuskript von *Wagenschein* zu lesen. *Nohl* las daraufhin den Aufsatz „Das große Spüreisen" [6]. Er handelt von einem Riesen-Magneten, einer Stahlfeder, die *Wagenschein* einfach gebogen hat. Dann schildert er, wie dieser Magnet sich bewegt:

---

[1] [4], S. 11
[2] Ebenda.

„Es hängt unbeweglich, passiv und mit seinen ergeben niederge-
beugten Enden wie horchend da. Ob der ferne kanadische Pol es erreicht, und sein noch fernerer antarktischer Bruder? Ob es empfindlich
genug ist, das Gefälle zu spüren, das zwischen ihnen ausgespannt, uns
alle durchdringt, auch uns magnetisch Unbegabte ... ?"

Nohl war begeistert: „Sie sind ja ein Dichter!", übernahm das Manuskript und
von diesem Zeitpunkt an hat er alles angenommen, was *Wagenschein* produziert
hat und in der „Sammlung" veröffentlicht. Man braucht manchmal schon Beziehungen und gute Fürsprecher!

Zwischen 1968 und 1980 hat *Wagenschein* sehr viele Vorträge, speziell zur
Sprache gehalten:

Physikalismus und Sprache	30. 10. 1979	Kiel
Die Muttersprache als Sprache des Verstehens	7. 09. 1968	Augsburg
Naturwissenschaftliche Bildung und Sprachverlust	11. 02. 1971	Süddt. Rundfunk
Mehr Lehrerfolg durch besseres Verstehen	29. 04. 1971	Lüdenscheid
Über die Aufmerksamkeit	19. 05. 1958	Oldenburg
Die Sprache im Physikunterricht	7.-10. 04. 1968	Göttingen
Der Vorrang des Verstehens	14. 04. 1973	Karlsruhe

Ich habe zwar versucht, die Vorträge aus verschiedensten Zeiten zusammenzustellen, aber das ist mir nicht so ganz gelungen. Einen Überblick bekommt man
trotzdem.

Als Motto über *Wagenscheins* Lebenswerk, glaube ich, läßt sich das sagen:

Das Verstehen vollzieht sich in der Muttersprache.

Die Fachsprache, als letztes, besiegelt nur das Verstandene. Und wenn sie zu
früh kommt, versiegelt sie es, für viele.

Zur Preisverleihung in Wolfenbüttel hielt *Wagenschein* die Rede „Die Sprache
zwischen Natur und Naturwissenschaft" [10]. Ich habe hier die gedruckte Rede,
in einem schönen blauen Buch, man kann sie kaufen, und ich habe hier die ge-
sprochene Rede auf Band, die Rohfassung von Wolfenbüttel, die kann man nicht
kaufen,[1] aber das Band kann man bei mir ausleihen.

Als *Wagenschein* die Rede von Wolfenbüttel hinter sich hatte, haben wir - mein
Mann und ich - ihn mal wieder besucht.[2] In der Zwischenzeit besaßen wir auch
das Band mit der Rohfassung der Rede. Wir kamen nach Trautheim (1985 hat er
den Preis bekommen) und er war hart am Arbeiten und stöhnte: „Ich muß noch
meine Wolfenbüttelrede machen". 1985 war er ja nicht mehr gerade der Jüngste,
aber er hatte es sehr deutlich ausgesprochen. Also glaubte ich natürlich an einen

---

[1] Im Hessischen Rundfunk gab es in HR II am 1. 12. 1986 eine Zusammenfassung dieser Rede.
[2] Ich habe bei *Wagenschein* meine Examen gemacht, 1958 fing ich mit dem Studium bei ihm
an und habe damit im Grunde nie aufgehört.

Hörfehler bei mir und fragte: „Wolfenbüttel? Die Rede haben Sie doch hinter sich." - „Ja, aber die soll gedruckt werden!" - „Das ist auch kein Problem, die ist ja auf Band und das hört man dann ab und dann hat man es." - „Nein, nein, das geht keinesfalls, manches ist improvisiert, und dann trifft es auch nicht genau was ich meine, das ist noch viel Arbeit." - und als Beleg holte er eine etwa zwei Meter lange Rolle heraus, 17 cm breit, auf der hatte er verbessert, durchgestrichen, neu geschrieben. In hohem Alter hat er Geschriebenes nur noch sehr schlecht erkannt, deswegen machte ich ihm den Vorschlag: „Nehmen Sie doch Ihren üblichen Schreiber, daß der das macht!"[1] *Wagenschein* wild empört: „Die weiß doch nicht was ich denke." Später haben wir uns einmal eine private „Dichterlesung" geleistet, also die Kassette eingelegt und in dem blauen Buch gelesen. Oh je, was hatte er alles geändert und verbessert! Jetzt wußte ich, was das für eine Arbeit war. Als ich die Kassette vorher abhörte, war es mir nie aufgefallen, erst als ich lesend hörte. Er sagte: „Ich trete zurück in die Spuren der zwanziger Jahre." Ich wollte ihn fragen, was er denn damit meinte, habe es aber immer wieder vergessen und dann war es zu spät. Die Wolfenbütteler Rede ist sein letztes großes Werk über die Sprache.

Wagenschein starb 1988 und die École d'Humanité[2] in Goldern/Schweiz ist sein Haupterbe. *Wagenscheins* hatten keine Kinder, ihr Haus wurde verkauft, der finanzielle Gewinn kam an die École und wir haben dann als Schule ein großes Stück Haus davon bauen können. Und ich habe das Bewußtsein, einen Menschen gekannt zu haben, der wirklich Millionär war. Außer dem Geld gab es noch seinen pädagogischen Nachlaß; er hat zu jeder Vorlesung mitgeschrieben, Listen gemacht, Entwürfe zu seinen Artikeln aufgehoben ebenso wie Einladungen zu Vorträgen und manchmal auch die Manuskripte dazu. Für diesen pädagogischen Nachlaß ist *Christoph Berg* in Marburg zuständig. *Wagenschein* hielt es für eine sehr gute Idee, daß dieser Nachlaß nach Goldern in die Schweiz an unsere Schule käme und nicht ins Archiv der Landerziehungsheime. Er fühlte sich *Geheeb* noch immer persönlich verbunden. Das legte er mit Professor *Berg* so fest und mir erklärte er gleich, wie ich mit diesem Nachlaß umzugehen habe, was vertraulich sei, wer unter welchen Bedingungen wie damit arbeiten dürfe, lauter wichtige Kleinigkeiten. Aus Zollgründen konnten zunächst nur 20 Umzugskisten kommen. Wer von Ihnen schon einmal umgezogen ist, weiß, wieviel Papier in so eine Kiste hineinpaßt. Dann wurde peu à peu in Privatautos noch weiteres „Papier" angeschleppt, das dauerte mehr als ein Jahr. Als dann diese zwanzig Umzugskisten kamen, - ich bezeichne sie immer als unsere Schatzkisten -, fand ich seine Arbeit zum ersten Staatsexamen.[3] Sie hatte den Titel „Über die Förderung der sprachlichen Ausdrucksfähigkeit durch den mathematischen und naturwissenschaftlichen Unterricht". Das war es, was er mit den Spuren der zwanziger Jahre gemeint hatte. Sonst hören wir ja nur,

---

[1] Das war seine Frau.

[2] Die Schule, die *Paul Geheeb* 1934 im Ausland gegründet hat, Nachfolgerin der Odenwaldschule, an der ich auch bin, nachdem ich meinen hessischen Dauerstaatsbeamten zurückgegeben habe.

[3] Da fand ich auch die Hausarbeit in Mathematik „Über das Kontinuumproblem im Anschluß an das Buch von Weyl." [11]

daß durch die Mathematik die Sprache verarmt, daß die Sprache reduziert wird. *Wagenschein* dagegen zeigt in seiner Arbeit, daß man *durch* Mathematik Sprache und sprachliche Ausdrucksfähigkeit fördern kann, war also schon damals völlig anderer Meinung als ein großer Teil seiner Zeitgenossen. Was schreibt er in dieser Hausarbeit?

19 Seiten sind es, die Arbeit wurde mit „sehr gut" beurteilt. Im Anfang geht er darauf ein, was ein guter Stil ist, belegt dies mit Urteilen zeitgenössischer Dichter und kommt zur zentralen Aussage, daß Wahrhaftigkeit gefordert würde,

Wahrhaftigkeit gegen den Urheber, also dem Schreiber gemäß, und

Wahrhaftigkeit gegenüber dem zu beschreibenden Gegenstand, ihm dienen, also sachlich sein.

Dann beschreibt er den schwülstigen Stil und den dürftigen Stil

und in der Zusammenfassung müsse eigentlich ein Satz *Schopenhauers* schon ausreichen, der behauptet „daher die erste, ja schon für sich ausreichende Regel des guten Stils sei, daß man *etwas zu sagen* habe".

Nach dieser Vorüberlegung geht *Wagenschein* auf die Mathematik und die einzelnen Naturwissenschaften ein.

„Die Mathematik als die sachlichste Wissenschaft kann diese Forderungen erfüllen, sie offenbart, zusammen mit der Physik, am deutlichsten und reinsten Methode und Wesen des naturwissenschaftlichen Denkens. Die Worte sind klar und eindeutig, sie bezeichnen Wohldefiniertes in der Mathematik, reale Gegenstände in den Naturwissenschaften."

Die Mathematik stellt das Ausdrucksvermögen der Schüler vor zwei Aufgaben:

1. Er muß die mathematische Definition, Terminologie beherrschen *und* die Begriffe erklären können.

2. Er sollte einen neuen Zusammenhang zwischen bereits bekannten Begriffen erkennen und ausdrücken können, und den neuen da hineinpacken können, er muß sehen können.

Zu der zweiten Aufgabe gibt er handfeste Beispiele an, die den späteren Forderungen seiner Didaktik entsprechen, z. B.: Formeln in Worte umsetzen, binomische Formeln erzählen können. Bei einem Schweizer Mathematikbuch[1] findet sich genau die gleiche Aufgabe, sie ist bestimmt nicht *Wagenscheins* Erfindung. Er liefert aber als Begründung:

„Beim Umsetzen der Formel in Worte wird nicht nur das Gefüge der Formel erkannt, man erinnert sich deswegen leichter an sie, ..."

---

[1] [1], S. 140.

auch die Fachwörter werden dabei eingeübt, müssen bekannt oder geprägt sein wie doppeltes Produkt, Quadrat. Dies alles soll in flüssigem Deutsch, nicht in Fachsprache oder abgehackten Sätzen vorgebracht werden. Die späteren Forderungen seiner Didaktik treten schon in der ersten Arbeit zutage: Muttersprache als Sprache, in der man versteht, aber Fachsprache als Sprache des Verstandenen. Eine neue Erkenntnis, Einsicht wird ganz bewußt, diese neue Erkenntnis wird verarbeitet, und am Ende dieses Prozesses steht die Darstellung in Worten, sogar in Worten der Fachsprache.

Weitere Beispiele bringt er aus Geometrie und Physik; anschauliche, handfeste Beispiele. Und immer wieder fordert er sprachliche und sachliche Richtigkeit ebenso wie erträgliche Knappheit. *Wagenschein* beschließt seine Examensarbeit nicht nur mit Forderungen wie es sein soll, er bringt auch Beispiele aus Lehrbüchern der damaligen Zeit, schlechte Beispiele, die er nach seinen Forderungen umformt, verbessert. (Beispiel: Ein Bruch wird mit einem Bruch multipliziert, indem man Zähler mit Zähler und Nenner mit Nenner multipliziert. / Das Produkt zweier Brüche ist ein Bruch, dessen Zähler gleich dem Produkt ihrer Zähler, dessen Nenner gleich dem Produkt ihrer Nenner ist.) Das war recht mutig für eine Examensarbeit, kritisch, aber nicht zersetzend, sondern konstruktiv, wie er im Leben auch war.

Daß es zu Mißverständnissen kam und Anfeindungen, will ich jetzt gar nicht so ausführlich erwähnen, es reicht eine kleine Andeutung. Als er sein Buch „Ursprüngliches Verstehen und exaktes Denken" [5] geschrieben hatte, gab es 1967 in der Zeitschrift für den Mathematisch-Naturwissenschaftlichen Unterricht (MNU) eine sehr negative Besprechung von *W. Kroebel*, Ordinarius für angewandte Physik in Kiel.[1] *Kroebel* war der Ansicht, man würde in physikalischen Begriffen denken und nicht in der Muttersprache. *Wagenscheins* Ansicht war das genaue Gegenteil. Diese Besprechung riß tiefe Gräben auf, es gab Leserbriefe zur einen und es gab Leserbriefe zur anderen Seite. Die Auseinandersetzung hat ihn sehr mitgenommen, er hat oft davon gesprochen und es tat ihm weh, wie falsch man ihn verstanden hat. *Horst Rumpf* drückte das am besten, am deutlichsten in einem Aufsatz aus. Er hat in einer pädagogischen Zeitschrift Stellung genommen zu dem „Streit um *Wagenscheins* Didaktik", indem er einfach beschrieb, was *Wagenschein* vorgeworfen wurde:

> „Die von der Bildungsideologie entstellte Physik, die *Wagenschein* die Schüler gelehrt sehen will, wird in einer Sprache vorgetragen, die offensichtlich die hier zu Wort kommenden Physiker reizt und verstört; sie sehen die mit der Physik unlösbar verbundene Fachsprache sträflich zugunsten einer unpräzisen, poetisierenden und metaphorischen Redeweise vernachlässigt. ‚Physikalisches Denken ist daher ein Denken in den erworbenen physikalischen Vorstellungen, Begriffen, Prinzipien und Naturgesetzen (*Kroebel*)' ".[2]

---

[1] Siehe [2].
[2] [3], S. 601.

Wenn wir uns daran erinnern, daß *Nohl* sagte, „Sie sind ein Dichter", dann wird
es verständlich, daß die Leute, falls sie unvoreingenommen waren, sich verletzt
fühlten, weil sie verunsichert wurden. *Wagenschein* selbst ging nicht nur in der
MNU auf die Vorwürfe ein, sondern auch im Vorwort zur 3. Auflage des Buches
„Die Pädagogischen Dimensionen der Physik" [8]. Er schreibt hier:

> „[Man] kann sagen, daß ein wirkliches Gespräch nicht gleich ge-
> lang. ... Es ist aber schon viel gewonnen, wenn man spürt, in welcher
> Richtung die Partner nahe aneinander vorbeisprechen."

Er schreibt nichts davon, daß die Fronten sich geklärt, die Positionen deutlicher
geworden seien, nein: er stellt fest, daß das Gespräch nicht gleich gelang, daß man
nahe aneinander vorbeisprach. Sprache, das Medium der Verständigung, und wenn
das Gespräch gelingt, der Übereinstimmung. Ganz im Gegensatz dazu steht die
Diskussion, die zerpflückt, ja im Extremfall zerhackt.

Wagenschein hielt 1968 in Göttingen einen großen Vortrag „Die Sprache im
Physikunterricht" [7]. Ich habe mir überlegt, wenn er meint, es gibt verschiedene
Stufen des Verstehens, dann sollten diese Stufen auch in den Entwürfen zu seiner
Rede zu finden sein. Im Archiv habe ich nach den Vorarbeiten zu diesem Vor-
trag gesehen und bin bei den Entwürfen auch fündig geworden. Diese Teile der
Manuskripte habe ich mitgebracht. Hier sind einige Beispiele:

(1) „Aus der das Phänomen, das *Problem* erkennenden, seine Lösung umspie-
lenden Muttersprache soll sich die Fachsprache *kondensieren*, aus der noch
offenen Wortwelt sollen die physikalischen Begriffe sich *kristallisieren* wie
Reif aus dem Nebel.

(2) Sprach-Stufen

Ich unterscheide:

1. Die Beschreibung des zu Verstehenden.

2. Die Beschreibung des Verstandenen, ebenfalls in der Muttersprache.

3. Die Reifbildung: die Transformation in die Fachsprache und zwar als ein
sachlich notwendiger Prozeß, der aus dem vorigen Stadium hervorgeht."

Das sind Vorarbeiten zu dem Vortrag, er bringt es dort nicht mehr so nume-
riert, sondern in den Text eingebaut, aber er bringt auch ein Beispiel aus dem
Unterricht, von der muttersprachlichen Fassung bis hin zur letzten Fassung in der
Fachsprache.[1]

Das *Wagenschein*-Archiv ist in Goldern. Wer darin arbeiten möchte, etwas
wissen möchte, kann kommen. Aber bitte nicht im Juli und August, dann sind
wir nämlich nicht da. Nächstes Jahr wird der hundertste Geburtstag von *Wagenschein* begangen. Ich weiß bis jetzt mit Sicherheit, daß das Land Hessen im

---

[1] *Boylesches Gesetz*, [7] S. 167.

September/Oktober 1996 eine größere, bundesländerübergreifende Tagung veranstalten wird, wahrscheinlich auf dem Heiligenberg bei Jugenheim. Dann gibt es eine *Wagenschein*gesellschaft, die an den Weltbund für Erneuerung der Erziehung angeschlossen ist. Jedes Jahr gibt es eine *Wagenschein*-Tagung des Weltbundes, abwechselnd in Deutschland und der Schweiz. Nächstes Jahr ist diese Tagung in Goldern in der Schweiz an unserer Schule, und zwar in der Woche nach Ostern, von Donnerstag bis zum Weißen Sonntag.

Zusammen mit Professor *Köhnlein* aus Hildesheim habe ich eine Bibliographie aller *Wagenschein*schen Druckwerke erarbeitet. Dann habe ich die Vorträge zusammengestellt, die er gehalten hat, chronologisch geordnet, das liegt auch hier. Ich bin mit dem Archiv noch lange nicht fertig, und ich muß dazu sagen, ich habe immer noch ein bißchen „Bauchweh". Aber wenn man jemanden gut gekannt hat, glaube ich, ist das normal. Ich habe das Gefühl, ich gehe an die Schubladen meiner Eltern und eigentlich müßte ich mir selbst dauernd auf die Finger klopfen. Ich habe noch Hemmungen, und ich hoffe eigentlich, daß ich diese Hemmungen behalten werde, obwohl *Wagenschein* doch mit mir besprochen hatte, was ich wie zu ordnen hätte.

Literaturverzeichnis

[1] **Holzherr, E.** und **R. Ineichen**: Arithmetik und Algebra. Band 3. Zürich 1988.

[2] **Kroebel, W.**: Stellungnahme zu dem Buch Martin Wagenschein, Ursprüngliches Verstehen und exkates Denken, in: MNU 20(1967), S. 152-156.

[3] **Rumpf, H.**: Der Streit um Wagenscheins Didaktik, in: Zeitschrift für Pädagogik 15(1969) Nr. 5, S. 599-606.

[4] **Schmitz, H. G.**: Die Henning-Kaufmann-Stiftung, in: Jahrbuch der Henning-Kaufmann-Stiftung 2(1985), S. 9-15 (Marburg 1986).

[5] **Wagenschein, M.**: Ursprüngliches Denken und exaktes Verstehen, Bd. 1-2, Stuttgart 1965/1970.

[6] **Wagenschein, M.**: Das große Spüreisen, in: [5] Bd. 1, S. 175 ff.

[7] **Wagenschein, M.**: Die Sprache im Physikunterricht, in: [5] Bd. 2, S. 158 ff.

[8] **Wagenschein, M.**: Die Pädagogischen Dimensionen der Physik. 3. ergänzte Auflage. Braunschweig 1971.

[9] **Wagenschein, M.**: Erinnerungen für morgen. Eine pädagogische Autobiographie. Weinheim/Basel 1983.

[10] **Wagenschein, M.**: Die Sprache zwischen Natur und Naturwissenschaft, in: Jahrbuch der Henning-Kaufmann-Stiftung 2(1985), S. 53-90 (Marburg 1986).

[11] **Weyl, H.**: Das Kontinuum. Kritische Untersuchungen über die Grundlagen der Analysis. Leipzig 1918.

Dissertationen von Frauen in Mathematik - Merkmale, Tendenzen, Besonderheiten[1]

Universität Kaiserslautern,
PF 3049, D-67653 Kaiserslautern

Etwa einhundert Frauen erwarben mit einer mathematischen Dissertation den Doktortitel bis zum Jahre 1933 an 23 deutschen Universitäten und Hochschulen (siehe Abb. 1). Sie wurden von ca. 50 Doktorvätern betreut. Die Zahlen sind noch nicht endgültig, da die Arbeit am Projekt - welches vom Rheinland-pfälzischen Wissenschaftsministerium unterstützt wird - bei weitem noch nicht abgeschlossen ist. Die Universitätsarchive bringen manch unentdeckte, interessante Schätze an den Tag.

Nun sagt eine derartige Statistik nichts über die Qualität der Dissertationen, vermittelt nichts über die Hürden, die bis zum erfolgreichen Abschluß der Promotionsverfahren genommen werden mußten, erhellt nicht das von Professoren bestimmte Umfeld und ist auch nicht aussagefähig darüber, ob es denn einzelnen Frauen gelang, nach ihrer Dissertation eine berufliche Karriere fortzusetzen. Die Statistik drückt auch überhaupt nichts darüber aus, daß Süddeutschland von Beginn an viel fortschrittlicher als Norddeutschland gewesen ist.

Nun ist leicht einzusehen, daß einhundert Dissertationen oder gar einhundert Lebenswege nicht im Rahmen eines Vortrages ausgewertet werden können. Möglich wird es sein, einige Höhepunkte herauszugreifen, Probleme zu benennen und Tendenzen zu kennzeichnen. Lassen Sie uns den Zeitraum gleichsam von der ersten mathematischen Dissertation bis zum Beginn der 30er Jahre überschauen.

Der berühmte Mathematiker *Carl Friedrich Gauß* (1777-1855) habe anläßlich einer Feier an der Göttinger Universität sein großes Bedauern darüber ausgedrückt, daß *Sophie Germain* (1776-1831)[2] zu früh verstorben sei. Sie habe der Welt bewiesen, daß auch eine Frau in der strengsten und abstraktesten der Wissenschaften etwas Tüchtiges zu leisten imstande sei und darum ein Ehrendiplom wohl verdient.

---

[1] Bearbeitete Fassung eines Vortrags, der auf dem Symposium anläßlich der Einweihung einer Bronzebüste Sofia Kowalewskajas am Fachbereich Mathematik der Universität Kaiserslautern am 10. Mai 1995 sowie im Rahmen der Tagung der Fachsektion Geschichte der Mathematik der Deutschen Mathematiker-Vereinigung in Rummelsberg/Nürnberg am 18. Juni 1995 gehalten wurde.

[2] Vgl. insbesondere die neuere Arbeit ([21], S. 259-371), in welcher die breiten wissenschaftlichen Kenntnisse von *S. Germain* erörtert werden und u. a. klar erhellt wird, daß *S. Germain* früher als andere Zeitgenossen die überragende Bedeutung von *Gauß'* Disquisitiones Arithmeticae für die Grundlegung der Zahlentheorie erkannte und *Gauß* überdies zu weiteren zahlentheoretischen Forschungen anregte.

Abb. 1:

Anzahl der Dissertationen von Frauen in Mathematik bis zum Jahre 1933[1]

Hochschule	Studierende Mathematik u. Vers.math. insgesamt SS1932	weiblich	Promovendinnen Inländ.	Ausländ.
Aachen TH	47	21	-	-
Berlin Uni	606	155	5 (1)[2]	-
Berlin TH[3]	64	12	1	-
Bonn	184	56	14(1)	-
Breslau	208	50	7	-
Darmstadt TH	82	11	-	-
Dresden TH	205	18	7	-
Erlangen	66	17	1	-
Frankfurt a.M.	94	18	5	-
Freiburg	74	25	3	-
Gießen	91	10	5	-
Göttingen	432	64	6 (1)	8
Greifswald	56	13	(1)	-
Halle	124	21	7	-
Hamburg	183	29	1 (1)	-
Hannover TH	66	22	-	-
Heidelberg	94	19	4	-
Jena	127	16	-	-
Karlsruhe TH	36	8	-	-
Kiel	139	30	2	-
Köln	226	54	1	-
Königsberg	185	46	4	-
Leipzig	327	31	3	-
Marburg	151	36	2	1
München Uni	309	67	2	-
München TH	11	-	1	-
Münster	292	95	8 (1)	-
Rostock	81	8	-	-
Stuttgart TH	44	6	-	-
Tübingen	99	13	-	-
Würzburg	97	24	-	-
Straßburg (1909)		(35)[4]	1	-

[1] Nach dem Erkenntnisstand vom Juni 1995.
[2] Die in Klammern gesetzten Zahlen geben Dissertationen an, die sich mit philosophischen bzw. historischen Problemen der Mathematik befassen und von einem Philosophen bzw. Philologen betreut wurden.
[3] Die preußischen Technischen Hochschulen erhielten das Promotionsrecht im Jahre 1899. Im Gegensatz zu Sachsen (TH Dresden) und Bayern (TH München) wurde die Lehrerausbildung an den allgemeinen Abteilungen der preuischen Technischen Hochschulen auch erst seit dieser Zeit, zunächst beschränkt auf drei Semester, etabliert. Mathematische Dissertationen entstanden hier im Rahmen dieser allgemeinen Abteilungen. Siehe auch [10].
[4] weibliche Studierende im WS 1909/10 an der Universität Straßburg insgesamt. [7] S. 426.

Mit diesem Argument wandte sich der Berliner Mathematiker *Karl Weierstraß* (1815-1897) am 27. Juni 1874 an seinen Freund und Kollegen *Lazarus Fuchs* (1833-1902) in Göttingen, um seiner Schülerin *Sofia Kowalewskaja* (1850-1891)[1] den Weg zur Promotion zu ebnen.[2]

Während der französischen Autodidaktin, die lange Zeit mit *Gauß* unter einem Pseudonym korrespondiert hatte[3], der erwünschte Zugang zur École polytechnique noch verwehrt worden war, hatte die russische Mathematikerin im fortschrittlichen Süddeutschland 1869 ein Universitätsstudium aufnehmen können. An der Heidelberger Universität genoß sie die Unterstützung des Mathematikers *Leo Koenigsberger* (1837-1921). Dieser ist hier besonders hervorzuheben, weil bei ihm später auch die erste in Deutschland geborene Frau promovieren sollte und weil er dazu beitrug, daß Baden als erstes deutsches Land im Jahre 1900 Frauen zur Immatrikulation zuließ.[4]

Als *Sofia Kowalewskaja* ihre Studien in Berlin fortzusetzen wünschte, gelang es ihr jedoch nicht, wenigstens den Hörerinnen-Status zu erwerben. *Weierstraß* hätte die Zahl seiner Hörerschaft gern vermehrt, zumal diese während der Zeit des Deutsch-Französischen Krieges stark zurückgegangen war. Aufschlußreich ist ein Brief, den er am 25. Oktober 1870 an *Koenigsberger* richtete:

„An der Universität werden wir den Einfluß der kriegerischen Zeit wahrscheinlich sehr stark verspüren. Ich habe heute meine Vorlesung über elliptische Funktionen vor 20 Zuhörern begonnen, während vor zwei Jahren deren 50 vorhanden waren... Umso schwerer trifft es uns, daß der - bis jetzt - unbeugsame Wille des hohen Senats uns nicht einmal den Ersatz gönnen mag, der uns aus Ihren Händen in der Person Ihres bisherigen weiblichen Zuhörers geboten wird...“[5]

Weierstraß scheiterte an der konservativen Haltung anderer Fachgelehrter, die dem Frauenstudium mehrheitlich ablehnend gegenüber standen. In Verbindung damit sei an die Ansicht des Berliner Physikers *Max Planck* (1858-1947) erinnert, der noch 20 Jahre später niederschrieb:

„Amazonen sind auch auf geistigem Gebiet naturwidrig. Bei einzelnen praktischen Aufgaben, z. B. in der Frauenheilkunde, mögen vielleicht die Verhältnisse anders liegen, im allgemeinen aber kann man nicht stark genug betonen, daß die Natur selbst der Frau ihren Beruf

---

[1] Zur Biographie von *Sofia Kowalewskaja* siehe besonders [15] und [32] sowie die dort angegebene Literatur.

[2] Siehe ([34], S. 246ff.)

[3] *Sophie Germain*, die am 21. 11. 1804 unter dem Pseudonym *LeBlanc* eine Korrespondenz mit *Gauß* begann, gab sich in ihrem vierten Schreiben an *Gauß* vom 20.2.1807 als Frau zu erkennen. *Gauß* schätzte ihre Leistungen, erfüllte ihren Wunsch nach kritischer Stellungnahme zu ihren mathematischen Arbeiten jedoch nur oberflächlich und brach schließlich den Briefwechsel im Jahre 1808 ab.

[4] *Leo Koenigsberger* war der erste Schüler von *Karl Weierstraß*; er promovierte 1860 in Berlin.

[5] [34], S. 230.

als Mutter und als Hausfrau vorgeschrieben hat, und daß Naturgesetze unter keinen Umständen ohne schwere Schädigungen, welche sich im vorliegenden Falle besonders an dem nachwachsenden Geschlecht zeigen würden, ignoriert werden können."[1]

Im Vergleich dazu hält die Geschichte viele Beispiele bereit, daß Mathematiker Leistungen unabhängig vom Geschlecht anerkannten und Frauen in einer Weise förderten, so daß sie beruflichen und familiären Verpflichtungen gleichermaßen gerecht werden konnten. Dies reicht von *Weierstraß'* Bemühen um eine berufliche Existenz für *Sofia Kowalewskaja* bis hin zur Einrichtung der *Sofia-Kowaleswkaja*-Gastprofessur an der Universität Kaiserslautern. Stellvertretend für durchaus vielfältiges Eintreten in diesem Sinne sei der Mathematiker *David Hilbert* (1862-1943) zitiert. Als *er* im Jahre 1899 die erste Frau – eine Amerikanerin[2] – zu promovieren gedachte, schrieb er einen längeren Text mit dem Titel „Über Frauenstudium", vorbereitend auf die entscheidende Fakultätssitzung. So notierte er u. ä.:

> „...Es stehen ja manche unter Ihnen, meine Herren, dem Frauenstudium nicht günstig gegenüber. Ich bitte Sie aber für das Fach der Mathematik von einer Bethätigung dieser Abneigung abzusehen... Wenn Sie gestern in unserem Seminar gewesen [wären], würden Sie gewiss erstaunt gewesen sein, mit welchem Feuereifer und welchem Temperament eine Dame über Mathematik reden kann..."[3]

Hilberts Notizen verdeutlichen das Klima zu einer Zeit, als durchaus schon einige Frauen ihre Dissertation an deutschen Universitäten erfolgreich verteidigt hatten (vgl. Abb. 2). Mathematische Leistungen sind wohl ziemlich objektiv bewertbar. Es bedurfte jedoch eines nicht unerheblichen Bemühens, um Vertreter anderer Fachrichtungen, die in der Fakultät Sitz und Stimme hatten, zu überzeugen.

Sofia Kowalewskaja, die als erste Frau eine mathematische Dissertation einreichte, nahm eine Vorreiterrolle ein. *Weierstraß* legte ihr nicht ohne Grund nahe, gleich drei Abhandlungen der Fakultät vorzulegen. Sie sollten „...den Beweis liefern, daß sie auf verschiedenen Gebieten der Mathematik heimisch genug geworden ist, um im Anschluß an Vorhandenes selbständige und für die Wissenschaft ersprießliche Untersuchungen anzustellen", wie *Weierstraß* seinem Göttinger Kollegen *Lazarus Fuchs* erklärte.[4] Da die Gutachten über diese drei Dissertationsschriften von *Sofia Kowalewskaja* bisher nirgendwo publiziert worden sind, soll hier daraus zitiert werden.

---

[1][19], S. 256 f. Es ist zu erwähnen, daß *Planck* besonders begabte Frauen für theoretische Physik durchaus für möglich hielt und diese auch nicht von seinen Vorlesungen ausschloß. Später begutachtete er auch eine Reihe von Frauendissertationen. 1897 plädierte er für den Ausnahmefall und wandte sich gegen die Gründung besonderer Anstalten, die Frauen zum akademischen Studium heranziehen würden. Vgl. auch [20] und [13], S. 45 f.

[2]*Anne Lucy Bosworth*: Begründung einer vom Parallelenaxiom unabhängigen Streckenrechnung. Göttingen 1900 (57 S.).

[3][3] Cod. Ms. Hilbert. Mit diesem Hinweis auf den Seminarvortrag einer Frau bereitete Hilbert bereits die nächste Promotion einer Frau, der Russin *Ljubowa Sapolsky*, vor.

[4][34], S. 247.

Zwei der Abhandlungen wurden von *Ernst Schering* (1833-1897), Mathematiker und theoretischer Astronom, beurteilt. „Über die Schrift ‚Zur Theorie der partiellen Differentialgleichungen' schrieb er nach längeren Ausführungen zum Inhalt:

> „Die ganze Untersuchung erweitert die bis jetzt bekannte Theorie der Differential-Gleichungen nicht unerheblich. Die Darstellung ist klar und dieser Umstand gereicht der Verfasserin um so mehr zum Verdienst, da der Gegenstand sehr abstrakt und die Behandlung sehr allgemein ist."[1]

Über die Arbeit „Zusätze und Bemerkungen zu Laplace' Untersuchungen über die Gestalt der Saturnringe" schrieb Schering nach ausführlichen Erläuterungen:

> „Das Verdienst dieser Arbeit besteht in der Wahl der erfolgversprechenden Methode und in der glücklichen Verwendung der... Methoden zur Aufsuchung stark convergirender Reihen."[2]

Zusammenfassend urteilte er:

> „Die wissenschaftlichen Leistungen in diesen beiden Abhandlungen gehen weit über das Maaß der an eine Doctordissertation zu stellenden Anforderungen hinaus; die selbständige Schöpfung derselben durch Frau *Sophie von Kowalewsky* haben mir ihr Lehrer, mein Freund Professor *Weierstraß* und auch Professor *Kronecker* verbürgt und von den vielseitigen Kenntnissen in den übrigen Gebieten der Mathematik so wie insbesondere von den Leistungen in der Theorie der Abelschen Functionen dieser Dame mir Mittheilung gemacht, so daß wir eine zweite *Sophie Germain* in ihr zu sehen hoffen können..."[3]

Die erwähnte dritte, etwas später eingereichte Abhandlung befaßte sich nun mit der Theorie der Abelschen Funktionen und wurde von *Lazarus Fuchs* begutachtet. Hier sei nur der letzten Satz seines Gutachtens zitiert:

> „Sie hat hierbei so viel Fleiß, Sachkenntnis, mathematische Gewandtheit und Erfindungsgabe an den Tag gelegt, daß diese Arbeit allein meines Erachtens ihren Wunsch, die Doctorwürde zu erlangen, schon genügend befürworten würde."[4]

Der dritte Göttinger Mathematiker, *Moritz Abraham Stern* (1807-1894) fügte hinzu:

[1] [2], Promotionakten, 160, 1874/1875, Bl. 93v.
[2] Ebenda Bl. 94.
[3] Ebenda Bl. 94v.
[4] Ebenda Bl. 95v.

„Nach Ansicht der betreffenden Akten schließe ich mich dem Urtheile der Herren Collegen *Schering* und *Fuchs* vollständig an und befürworte auch meinerseits die Anerkennung eines so seltenen Talentes durch Ertheilung der Doctorwürde ersten Grades angelegentlich."[1]

Wer nun annimmt, daß der Weg für weitere Promovendinnen geebnet war, irrt durchaus. Ein normaler Zugang zur akademischen Karriere war nicht erwünscht. Nur der besondere Ausnahmefall konnte zur Geltung kommen. Zwar promovierte noch im gleichen Jahre wie *Sofia Kowalewskaja* auch deren Freundin *Julia Lermontowa* in Göttingen[2], aber weitere Promovendinnen gab es in Deutschland bis Mitte der 90er Jahre nicht. Obwohl *Julia Lermontowa* eine Dissertation auf chemischem Gebiet einreichte, ist ihr „Fall" für uns in dreierlei Hinsicht bemerkenswert.

Erstens setzte sich *Weierstraß* nachdrücklich auch für diese bei dem Berliner Chemiker *August Wilhelm Hoffmann* (1818-1892) entstandene Arbeit ein und kündigte sie seinem Göttinger Mathematikerkollegen schon mit der Arbeit von *Sofia Kowalewskaja* an.[3]

Zweitens absolvierte die *Lermontowa* das für eine Frau erste reguläre Promotionsverfahren, d. h. einschließlich Rigorosum.[4]

Drittens ist das Verfahren der *Lermontowa* hervorhebenswert, weil es offensichtlich so geheim gehalten wurde, daß zwanzig Jahre später, als *Felix Klein* (1849-1925) seine englische Schülerin *Grace Chisholm* (1868-1944)[5] zur Promotion führen wollte, niemand mehr sich auch nur daran erinnerte.

Auf Anfrage des Dekans der philosophischen Fakultät teilte der Universitätskurator mit,[6] daß bisher lediglich zwei Frauen den Doktorgrad in Göttingen erworben hätten, *Dorothea Schlözer* (1770-1825)[7] im Jahre 1787 mit einer Arbeit über russische Münzgeschichte und Frau *von Kowalewsky* 1874 in Mathematik.[8] Dies, obwohl der Vorgang der *Lermontowa* ganz normal in den Promotionsakten enthalten ist.

Daß die Promotion einer Frau schließlich eine normale Angelegenheit wurde, ging - in Göttingen - letzlich auf eine Initiative aus den USA zurück. *Felix Klein* sah sich durch ehemalige, in Chicago wirkende Schüler veranlaßt, um die offizi-

---

[1] Ebenda Bl. 96.

[2] Ebenda Bl. 132-140.

[3] *Weierstraß* schrieb im Brief vom 27. Juni 1874 an *L. Fuchs*: „Außer ihr [*S. Kowalewskaja*, R. T.] wird sich auch noch eine Chemikerin, Fräulein *v. Lermontoff*, die stets mit ihr zusammen gewesen ist, zur Promotion melden. Dieselbe hat nach *Hofmanns* Mitteilung (der ihretwegen an *Wöhler* schreiben wird) eine ganz vorzügliche chemische Arbeit geliefert." ([34], S. 249 f.)

[4] Darauf verweist erstmals [32].

[5] Zu *Grace Emily Chisholm Young* vgl. insbesondere die jüngeren Arbeiten von *Elisabeth Mühlhausen* [23] und [24].

[6] Diese Mitteilung erfolgte erstmals am 29. 01. 1887 aufgrund einer Anfrage aus den USA und wurde 1895 wiederholt. Vgl. [2] Kuratorialakte, 4 I/147, Bl. 1-3.

[7] *Dorothea von Schlözer* (1735-1809), der eine Zeit lang (1761/69) als Professor für alte russische Geschichte an der Petersburger Akademie und von 1769 bis 1804 als Professor für Politik an der Universität Göttingen wirkte. Sie heiratete den Bürgermeister *Rodde* zu Lübeck.

[8] Vgl. [2].

elle Genehmigung des Frauenstudiums beim Ministerium nachzusuchen.[1] Beim Lesen des Antwortschreibens aus dem Kultusministerium kann man ein leichtes Schmunzeln nicht unterdrücken. Heißt es doch darin:

> „Herr Geheimrat *Althoff* ist ... der Ansicht, daß sie Ihre zahlreichen Verehrerinnen in Amerika nur, ohne zu fragen, herüberkommen lassen möchten."[2]

Die Angelegenheit barg durchaus beträchtlichen Zündstoff. Der Göttinger Universitätskurator *von Meier* erklärte die Anträge der Frauen auf Zulassung für sehr bedenklich, warnte vor der Tragweite und trat von seinem Amt zurück, als das Ministerium gegen seinen Willen entschied. Die ministeriellen Genehmigungen zur Promotion beinhalteten bis 1900 immer das Wort „ausnahmsweise". Sechs Frauen erwarben von 1895 bis 1900 den Doktorgrad an der philosophischen Fakultät in Göttingen, davon vier in Mathematik, eine in Physik und eine in Germanistik. Es waren allerdings ausschließlich Ausländerinnen: eine Engländerin, vier Amerikanerinnen und zwei Russinnen. Die Promotion von ausländischen Frauen in Mathematik insgesamt konzentrierte sich auf die Göttinger Universität, die international als ein maßgebliches Zentrum der mathematischen Forschung galt. Zwei der Ausländerinnen promovierten bei *Klein*, vier bei *Hilbert*, alle vor dem entscheidenden Jahr 1908, als Preußen als vorletztes deutsches Land sich offiziell zur Immatrikulation von Frauen durchgerungen hatte. Später erwarben nur noch zwei Ausländerinnen mit einer mathematischen Dissertation ihren Doktorgrad in Deutschland: 1912 eine Engländerin[3] mit einer zahlentheoretischen Arbeit bei *Kurt Hensel* (1861-1941) in Marburg, eine weitere Engländerin[4] mit einer mathematisch-physikalischen Arbeit bei *Richard Courant* (1888-1972) im Jahre 1926. Im übrigen schlossen alle unter *Hilbert* und *Klein* promovierten Frauen das Verfahren mit „magna cum laude" ab. Außer *Grace Chisholm Young*, die ihrem Mann forschend zur Seite stand, erreichten sie später eine selbständige berufliche Position.

Deutschen Mädchen wurde es bis 1908 sehr erschwert, eine ausreichende Vorbildung zu erlangen, konnten sie doch das Abitur nur auf Sonderwegen erwerben. Wenn es auch Stimmen gab, die deutschen Frauen Interesse und Begabung für das akademische Studium gänzlich absprachen,[5] so finden wir doch keinen Mathematiker unter diesen abwegig Argumentierenden. Vielmehr wurde von der begabten Ausländerin auf die deutsche Frau geschlossen. So lesen wir etwa bei *Klein*:

---

[1]Vgl. hierzu [29], S. 153 f. - Versuche von Amerikanerinnen, insbesondere von *Christine Ladd-Franklin* (1847-1930) und *Ruth Gentry* (1862-1917), bereits vor 1893 die Erlaubnis zum Vorlesungsbesuch in Göttingen zu erhalten, waren noch gescheitert. Vgl. hierzu [11], [12], auch [28].

[2][3] Cod. Ms. Klein XI, Nr. 726.

[3] *Cameron, Jessie Forbes*: Über die Zerlegung einer Primzahl in einem komponierten Körper. Marburg 1912.

[4] *Taylor, Mary*: Die Ausbreitung elektromagnetischer Wellen eines horizontalen Dipols über die Erdkugel. Göttingen 1926.

[5]Vgl. [19].

„Ich will ...nur anführen, daß ...in diesem Semester nicht weniger als sechs Damen an unseren höheren mathematischen Kursen und Übungen teilnahmen und sich dabei fortgesetzt ihren männlichen Konkurrenten in jeder Hinsicht als gleichwertig erwiesen. Der Natur der Sache sind dies einstweilen noch ausschließlich Ausländerinnen..., daß aber die fremden Nationen von Hause aus eine spezifische Begabung haben sollen, die uns abgeht, daß also unsere deutschen Damen bei geeigneter Vorbereitung nicht sollten dasselbe leisten können, wird wohl kaum jemand behaupten wollen."[1]

Klein schrieb dies im Jahre 1896; und es verwundert etwas, daß er gar nicht die deutsche Frau erwähnt, die ein Jahr zuvor bereits in Heidelberg promoviert hatte.

Abb. 2:
Zeitliche Verteilung der mathematischen Dissertationen von Frauen an deutschen Universitäten und Hochschulen

	in Deutschland geborene Frauen	Ausländerinnen
vor 1908	1	7
1908 - 1914	15	1
1915 - 1920	18	-
1921 - 1925	32	-
1926 - 1930	23	1
1931 - 1933	6	-

Nahmen wir bisher an, daß *Emmy Noether* (1882-1935) die erste in Deutschland geborene Frau war, die an einer deutschen Universität den Doktorgrad mit einer mathematischen Dissertation erwarb, so steht seit kurzem fest, daß bereits 1895 *Marie Gernet* (1865-1924) unter *Leo Koenigsbergers* Anleitung zur Doktorwürde gelangte.[2] Gewiß sind ihre Leistungen nicht mit denen der *Kowalewskaja* oder gar mit denen von *Emmy Noether* zu vergleichen, aber die Tatsache dieser frühen Promotion allein ist schon bemerkenswert. Was in Preußen mit viel bürokratischem Aufwand und langanhaltendem Ringen mühevoll erstritten werden mußte, war in Süddeutschland ohne viel Aufhebens einfach genehmigt worden.

Marie Gernet war am 1. Oktober 1865 in Ettlingen geboren worden und hatte nach einem Besuch der höheren Mädchenschule ein Lehrerinnenseminar absolviert. Nach mehrjährigen mathematischen Privatstudien wurde sie im Oktober 1888 als erste weibliche Hörerin an der TH Karlsruhe zugelassen, offensichtlich mit Rücksicht auf den angesehen Vater, Oberstabs- und Regimentsarzt *Carl Gernet* (1837-1908). Sie besuchte mathematische und naturwissenschaftliche Vorlesun-

---

[1] [19], S. 241.
[2] [4] III, 7a, Nr. 6b, Bl. 568-576; 1895-1896, III 7a, Nr. 9a, Bl. 475-482.

gen, u. a. bei *Ernst Schröder* und *Heinrich Hertz*.[1] Im Jahre 1891 setzte sie ihre Studien in Heidelberg fort und reichte 1894 ihre Dissertation ein. *Koenigsberger* beurteilte die Arbeit durchaus positiv, wenn er ihr auch ein Thema gestellt hatte, das große neue Resultate kaum erwarten ließ. Die Promotionsunterlagen aus dem Universitätsarchiv Heidelberg dokumentieren, daß ihr der Erwerb des Doktortitels nicht eben leicht gemacht wurde. Im ersten Rigorosum (Nov. 1894) scheiterte sie im Fach Mechanik, während ihr in Mathematik und Physik durchaus befriedigende Leistungen bescheinigt wurden.[2] Es zeugt von ihrer Hartnäckigkeit, daß sie ein halbes Jahr später erneut zur mündlichen Prüfung antrat, den Titel erwarb[3] und schließlich lange Zeit erfolgreich als Lehrerin am ersten deutschen Mädchengymnasium in Karlsruhe wirkte.[4]

Übrigens verteidigte im gleichen Jahre, 1895, die erste Dänin, *Thyra Eibe*, eine mathematische Dissertation an der Universität Kopenhagen. Sie war ebenfalls als Lehrerin tätig und wurde besonders bekannt durch die Übersetzung der „Elemente" des *Euklid* ins Dänische, nach der neuen griechischen Standardedition des dänischen Linguisten *J. L. Heiberg*.[5]

Eine Tätigkeit als Lehrerin war auch für die meisten Frauen in Deutschland die häufigste berufliche Karriere nach einer Dissertation in Mathematik. Welch harten Kampf selbst diese Karriere zunächst gekostet hatte, deutet ein Brief an, den *Klein* an Wilhelm Lorey (1873-1955) schrieb, der gerade einen Aufsatz über das mathematische Frauenstudium vorbereitete.[6] Hier wird auch Marie Gernet erwähnt:

> „L.[ieber] Hr. Kollege! Mir kam der Gedanke, dass Sie in Ihrem Aufsatze doch auch der Damen gedenken möchten, die jetzt den Oberlehrer in Mathematik abgelegt haben. Es ist dies vor allem Frl. *Freytag* (Mädchengymnasium Bonn), die vor drei Jahren als erste die ganzen Schwierigkeiten (in Berlin) durchgekämpft hat. Dann Frl. Dr. *Turnau* (Mädchengymn. Cöln), Frl. *Meissner* (Mg. Hamburg), Frl. Dr. *Reck* (Mädchenschule Celle), Frl. Dr. *Gernet* (Mädchengymnasium Karlsruhe). Das Nähere müssten Sie freilich von den Damen selbst zu erfahren suchen. Ihr erg. Klein."[7]

Lehrerin wurde auch *Nelly Neumann* (1886-1942), die 1909 bei *Rudolf Sturm* (1841-1919) promovierte.[8] In Breslau bestand die schöne Tradition, daß die Kandidaten einen öffentlichen Vortrag zu halten hatten, wofür sie nicht selten ein

---

[1] Vgl. [18], S. 98 f.

[2] [4] III, 7a, Nr. 6b, Bl. 568 (nichtbestandene Prüfung).

[3] [4] III, 7a, Nr. 9a, Bl. 475ff.

[4] Über ihre Beteiligung an der Reorganisation des Mädchengymnasiums und ihre Tätigkeit als erfolgreiche Lehrerin, die sie bis zum Lebensende ausübte, berichtet *G. Kaller* in [17] und [18].

[5] *Thyra Eibe* arbeitete als Lehrerin an höheren Privatschulen in Dänemark und heiratete - wie *Marie Gernet* - niemals. Vgl. [16].

[6] [22].

[7] [5].

[8] *Neumann, Nelly*: Über das Flächennetz 2. Ordnung und seine korrelative Beziehung auf ein Strahlenbündel. Breslau 1909.

historisches Thema wählten.[1] Es sei an dieser Stelle erwähnt, daß Breslau eine wahre Flut bedeutender Mathematiker hervorbrachte, die ihre anfänglichen Studien hier absolvierten und dann zum Zentrum nach Göttingen gingen. Dazu gehörten *Ernst Hellinger*, *Otto Toeplitz* und *Richard Courant*, die schließlich alle bei *Hilbert* in Göttingen promovierten. *Courant* heiratete übrigens die etwas ältere *Nelly Neumann* in erster Ehe.[2] Allerdings konnte sie sich mit der Rolle als repräsentierende Ehefrau nicht abfinden. Nach der Scheidung arbeitete sie bis 1933 als Lehrerin. Als Jüdin starb sie in einem Vernichtungslager.[3]

Lehrerinnen wurden auch die ersten beiden nichtausländischen Frauen, die 1909 und 1910 bei *Hilbert* promovierten.[4] Noch zu diesem Zeitpunkt bedurfte es des ganzen Einsatzes der Mathematiker, um die fachlich als sehr gut beurteilten Dissertationen nicht aus formalen Gründen scheitern zu lassen, hatten doch beide Frauen im Wortlaut gleiche wissenschaftliche Lebenläufe eingereicht und von *Hilbert* auch ziemlich ähnliche Themen aus dem Gebiet der algebraischen Geometrie erhalten. Angehörige der historisch-philologischen Abteilung der Fakultät leiteten daraus eine Verhöhnung der Fakultät ab. *Hilberts* Argumentation ist so köstlich, daß ich sie Ihnen nicht vorenthalten möchte:

> „Ich kann mir nicht versagen, mich gegen das Votum des Herrn Kollegen *Schröder* speziell zu wenden. Dasselbe enthält zunächst einen Verstoss gegen die Logik. Es ist Herrn *Simon* nicht eingefallen, die ‚Tatsache zu entdecken', dass von den beiden Kandidatinnen die eine von der anderen buchstäblich abgeschrieben hat. Wenn sich sowohl in den Schriften von *Goethe* wie von *Schiller* eine gleichlautende Xenie findet, so ist der nächstliegende Schluss der auf die gemeinsame Autorschaft. Was endlich den Gedanken an eine Verhöhnung der Fakultät seitens der beiden Damen...[betrifft], so ist dies eine Ungeheuerlichkeit, wie ich sie in der an Wunderlichkeiten reichen Fakultätsmappe bisher noch nicht angetroffen habe."[5]

Die beiden Frauen erwarben den Doktorgrad, waren als Oberlehrerinnen tätig und standen mit *Hilbert* noch längere Zeit in Verbindung.

Nicht unerwähnt sollte bleiben, daß allerdings viele Frauen nach ihrer Promotion im Ehehafen untergingen. Darunter waren Frauen, die eine hervorragende

---

[1] *Nelly Neumann* wählte als Vortragsthema „Über die *Eukli*dische Proportionenlehre und neuere an sie anschliessende Untersuchungen" (Vortrag am 20. 11. 1909). Bereits vor ihr hatte *Frieda Goldmann* mit der Arbeit „*Poncelet*sche Polygone bei Kreisen" ebenfalls bei *Sturm* promoviert. Ihr Vortragsthema lautete „Geschichte des Problems von der Quadratur des Kreises"(29. 07. 1909).

[2] Vgl. auch [26].

[3] Vgl. [27], [35]. Für Hinweise auf Literatur über *Nelly Neumann* dankt die Autorin herzlich Frau *Traudel Weber-Reich*, vgl. [33].

[4] *Kahn, Margarete* (geb. 1880): Eine allgemeine Methode zur Untersuchung der Gestalten algebraischer Kurven. Göttingen 1909; *Löbenstein, Klara* (geb. 1883): Beweis des Satzes, dass eine algebraische Curve 6. Ordnung mit 11 getrennten Ovalen nicht existieren kann. Göttingen 1910.

[5] [2] Specialia Litt. K, Vol. III, 1909-1912, Nr. 8; Lit. L, Vol. II, 1908-1913, Nr. 4.

mathematische Dissertation geschrieben hatten. Das betrifft z. B. *Ingeborg Seyn-sche* (1905-1994), die spätere Ehefrau des bekannten Physikers *Friedrich Hund* (geb. 1896).[1] *Ingeborg Seynsche* promovierte mit der Arbeit „Zur Theorie der fastperiodischen Zahlfolgen" 1929 in Göttingen (publiziert in: Rendiconti del Cir-colo Matem. di Palermo, **55**(1931)). Sowohl die Dissertation als auch das Rigoro-sum, welches sie in den Fächern Mathematik, Physik und angewandte Mathematik absolvierte, wurden mit „sehr gut" beurteilt. *Courant* schrieb u. a. im Gutachten:

> „Die Arbeit ist ausser von dem Referenten und von Prof. *Walther*[2] noch von Prof. *Harald Bohr*[3], dem Schöpfer der fastperiodischen Funk-tionen, durchgesehen und in anerkennendem Sinne begutachtet worden ... Sie hat völlig selbständig und ohne wesentliche Hilfe gearbeitet."

Nach dem ersten Staatsexamen gab sie allerdings eine weitere berufliche Kar-riere mit dem Argument „Ich will doch gesunde Kinder haben!" auf, ein Argu-ment, welches an die von Planck vertretene Ansicht erinnert, daß eine berufliche Tätigkeit sich nachteilig auf das nachwachsende Geschlecht auswirken könne.[4]

Wenn eine berufliche Tätigkeit als Lehrerin vielfach möglich war, so blieb ei-ne akademische Karriere an einer Hochschuleinrichtung zu diesem Zeitpunkt eine Seltenheit. Das besondere Talent von *Emmy Noether*, die es doch nur zur nichtbe-amteten außerordentlichen Professorin brachte und 1933 emigrieren mußte, dürfte hinreichend bekannt sein. *Ruth Moufang* (1905-1977), die 1930 mit der Arbeit „Zur Struktur der projektiven Geometrie der Ebene" in Frankfurt bei *Max Dehn* (1878-1952) promovierte und sich auch dort habilitieren konnte, erhielt erst nach dem Kriege, 1957, eine ordentliche Professur (während des Krieges hatte sie in ei-nem Krupp-Forschungsinstitut in Essen eine Tätigkeit gefunden). *Erika Pannwitz* (geb. 1904), die 1933 mit einer topologischen Arbeit in Berlin den Doktorgrad erwarb, brachte es nicht weiter als zu einer Tätigkeit beim „Jahrbuch über die Fortschritte der Mathematik" und beim „Zentralblatt für Mathematik", obwohl ihre Dissertation euphorisch beurteilt wurde, die Note „eximium" erhielt[5] und

---

[1] Vgl. das Interview mit *Hund* in [14].

[2] Die Dissertation war von dem Götinger Privatdozenten *Alwin Walther* (1898-1967), ab 1928 ordentlicher Professor an der TH Darmstadt, angeregt worden.

[3] *Harald Bohr* (1887-1911), Bruder des Physikers *Niels Bohr* (1885-1962), war seit 1915 Pro-fessor für Mathematik an der TH in Kopenhagen, von 1930 bis 1951 ebenda an der Universität. Er weilte in den 20er Jahren sehr häufig am mathematischen Institut in Göttingen.

[4] Vgl. hierzu die Ansicht der Physik-Nobelpreisträgerin (1963) *Maria Göppert-Mayer*, die 1930, etwa zur gleichen Zeit wie *I. Seynsche-Hund* in Göttingen promoviert hatte, jedoch mit ihrem Ehemann, dem amerikanischen Physiker *Joseph Edward Mayer*, nach der Promotion in die USA gegangen war:

> „Natürlich ist die Kombination von Kindern und Berufsarbeit nicht ganz ein-fach. Es gibt einen emotionalen Druck entsprechend der widerstreitenden Loya-litäten zur Wissenschaft einerseits und den Kindern andererseits, die schließlich eine Mutter brauchen. Ich habe diese Erfahrung voll und ganz gemacht. Aber wenn die Kinder älter werden, dann verstehen sie die Zusammenhänge und sind stolz darauf, eine Wissenschaftlerin zur Mutter zu haben."

Zitiert nach [9], S. 74.

[5] Auch gegenwärtig ist eine hervorragende Promotionsleistung noch keine hinreichende Bedin-

sie auch das Rigorosum mit „magna cum laude" absolvierte, dies in Mathematik, Physik und Philosophie[1].

Die Dissertationsschriften der in Deutschland geborenen Frauen verteilten sich auf alle mathematischen Gebiete (vgl. Abb. 3). Die Zahlen für Geometrie und Analysis ragen heraus. Es sei noch einmal betont, daß es sich noch nicht um endgültige Zahlen handeln kann, jedoch nur noch mit unwesentlichen Verschiebungen gerechnet wird. Man könnte vermuten, daß es Frauen offensichtlich leichter fiel, auf einem anschaulich-geometrischen Gebiet zu arbeiten. Die Verteilung der Arbeiten auf die Fachgebiete korrespondiert mit den Ergebnissen, die für die mathematischen Frauendissertationen in den USA (229 bis zum Jahre 1940) gefunden wurden.[2] An erster Stelle stehen auch bei den amerikanischen Frauen Arbeiten auf dem Gebiet der Geometrie. Es scheint jedoch ratsam, mit Schlußfolgerungen sehr vorsichtig zu sein, denn auch Männer arbeiteten dominant auf geometrischem Gebiet. Die mathematischen Referatejournale weisen aus, daß die mathematische Produktion auf den Gebieten Geometrie und Analysis in diesen Jahren insgesamt höher war als die Produktion auf anderen mathematischen Gebieten.

Die Schlußfolgerung, daß Frauen bei geeigneter Vorbildung und gewissem Talent fähig sind, in allen mathematischen Disziplinen wissenschaftlich zu arbeiten, kann wohl ohne Bedenken gezogen werden.

Abb. 3:
Verteilung der mathematischen Dissertationen von Frauen auf die Fachgebiete bis 1933 (von in Deutschland geborenen Frauen; Arbeiten, die an deutschen Universitäten und Hochschulen verteidigt worden)[3]

Fachgebiet	Anzahl
Geschichte der Mathematik / Philologie	1 + (2)
Philosophie der Mathematik / Grundlagen	5
Mengenlehre	2
Topologie	2
Geometrie	37
Algebra	10
Zahlentheorie	8
Analysis	23
Wahrscheinlichkeitsrechnung /Statistik	3
Angewandte Mathematik	1

gung für eine wissenschaftliche Karriere. *Eva Decker*, die 1993 bei *M. von Renteln* an der TU Karlsruhe mit ausgezeichneten Ergebnissen promovierte, setzte aus familiären Gründen ihre wissenschaftliche Karriere nicht fort [8]. Für diesen Hinweis dankt die Autorin Herrn Prof. Dr. *M. von Renteln*, TU Karlsruhe.

[1] Es war übrigens eine Besonderheit der Berliner Universität bereits seit Ende des 19. Jahrhunderts, daß jeder in Philosophie geprüft werden mußte. Es gab hier immer vier Examinatoren, im Hauptfach jeweils zwei. [1] Promotionsakten 744/11, Bl. 14-28.

[2] Siehe [11].

[3] Nach dem Erkenntnisstand vom Juni 1995.

Literaturverzeichnis

[1] **UAB**: Universitätsarchiv Berlin, Philosophische Fakultät.

[2] **UAG**: Universitätsarchiv Göttingen, Philosophische Fakultät.

[3] **UBG**: Niedersächsische Staats- und Universitätsbibliothek Göttingen, Handschriftenabteilung.

[4] **UAH**: Universitätsarchiv Heidelberg, Mathematisch-Naturwissenschaftliche Fakultät.

[5] **Nachlaß Wilhelm Lorey**: Senckenberg-Bibliothek, Frankfurt a. M., B I 1 Nr. 55, Nachtrag.

[6] **Boedeker, E.**: 25 Jahre Frauenstudium in Deutschland. Verzeichnis der Doktorarbeiten von Frauen 1908-1933. Zusammengestellt von E. Boedeker unter Mitarbeit von I. Colshorn und E. Engelhardt. Vier Hefte. Hannover 1939.

[7] **Brocke, B. vom** und **P. Krüger** (Hrsg.): Hochschulpolitik im Föderalismus. Die Protokolle der Hochschulkonferenzen der deutschen Bundesstaaten und Österreichs 1898 bis 1918. (Veröffentlichung der Forschungsstelle für Universitäts- und Wissenschaftsgeschichte an der Philipps-Universität Marburg). Berlin 1994.

[8] **Decker, E.**: Randverhalten singulärer innerer Funktionen. Dissertation TU Karlsruhe 1993.

[9] **Fölsing, U.**: Nobel-Frauen. Naturwissenschaftlerinnen im Porträt. München 1991.

[10] **Fuchs, M.**: Wie die Väter so die Töchter. Frauenstudium an der Technischen Hochschule München 1899-1970. (=Faktum, Bd. 7). TU München 1994.

[11] **Green, J.** und **J. LaDuke**: Women in the American Mathematical Community: The Pre-1940 Ph. D.'s, in: The Mathematical Intelligencer, **9**(1987)1, S. 11-23.

[12] **Grinstein, L. S.** und **P. J. Campbell**: Women of Mathematics. A Bibliographic Sourcebook. New York/Westport (Connecticut)/London 1987.

[13] **Heilbron, J. L.**: Max Planck. Ein Leben für die Wissenschaft 1858-1947. Mit einer Auswahl der allgemeinverständlichen Schriften von Max Planck. Stuttgart 1988.

[14] **Hentschel, K.** und **R. Tobies**: Friedrich Hund zum 100. Geburtstag. Interview, in: NTM–Internationale Zeitschr. für Geschichte und Ethik der Naturwissensch., Technik und Medizin, N. S. 4(1996)1.

[15] **Hibner Koblitz, A.**: A Convergence of Lives. Sofia Kowalewskaja: Scientist, Writer, Revolutionary. Boston/Basel/Stuttgart 1983.

[16] **Høyrup, E.**: Thyra Eibe – the first female mathematician in Dänemark, in: Normat, **41**(1993) No. 2, S. 41-44.

[17] **Kaller, G.**: Mädchenbildung und Frauenstudium. Die Gründung des ersten Mädchengymnasiums in Karlsruhe und die Anfänge des Frauenstudiums an den badischen Universitäten (1890-1910), in: Zeitschr. für die Gesch. des Oberrheins, **140**(NF 101)(1992), S. 361-375.

[18] **Kaller, G.**: Dr. Marie Gernet (1865-1924) und Dr. Carola Proskauer (1884 bis 1927), zwei Lehrerinnen aus der Frühzeit des Lessing-Gymnasiums, in: karlsruher pädagogische beiträge, **35**(1995) S. 94-104.

[19] **Kirchhoff, A.** (Hrsg.): Die Akademische Frau. Gutachten hervorragender Universitätsprofessoren, Frauenlehrer und Schriftsteller über die Befähigung der Frau zum wissenschaftlichen Studium und Berufe. Berlin 1897.

[20] **Kleinert, A.**: Eine Stellungnahme Plancks zur Frage des Frauenstudiums, in: Physikalische Blätter, **34**(1978) S. 32.

[21] **Klens, U.**: Mathematikerinnen im 18. Jahrhundert: Maria Gaetana Agnesi, Gabrielle-Emilie DuChatelet, Sophie Germain. Fallstudien zur Wechselwirkung von Wissenschaft und Philosophie im Zeitalter der Aufklärung. (=Forum Frauengeschichte Bd. 12), Pfaffenweiler 1994.

[22] **Lorey, W.**: Die mathematischen Wissenschaften und die Frauen. Bemerkungen zur Reform der höheren Mädchenschule, in: Frauenbildung, **8**(1909) S. 161-178.

[23] **Mühlhausen, E.**: Grace Emily Chisholm Young (1868-1944), in: [33], S. 195-211.

[24] **Mühlhausen, E.**: Discovering the discovered integral: William Henry Young und das Lebesgue-Integral, in: NTM–Internationale Zeitschr. für Geschichte und Ethik der Naturwissensch., Technik und Medizin, N. S. **2**(1994)3, S. 149 bis 158.

[25] **Nagelschmidt, I.** (Hrsg.): Frauenforscherinnen stellen sich vor. SS 1994. Leipzig 1995.

[26] **Reid, C.**: Courant in Göttingen und in New York. New York/Heidelberg/ Berlin 1976.

[27] **Rohsa, E.**: Nelli Neumann fand die Mathematik einfacher als den Haushalt, in: Göttinger Monatsblätter, November 1983, S. 5-7.

[28] **Rowe, D. E.**: Felix Klein, David Hilbert, and the Goettingen Mathematical Tradition. Dissertation City University of New York. Ann Arbor (Michigan) 1992.

[29] **Tobies, R.**: Zum Beginn des mathematischen Frauenstudiums in Preußen, in: NTM–Schriftenreihe für Geschichte der Naturwissensch., Technik und Medizin, **28**(1991/92)2, S. 151-172.

[30] **Tobies, R.**: Elisabeth Staiger, geborene Klein, in: [33], S. 248-260.

[31] **Tobies, R.**: Einflußfaktoren auf die Karriere von Frauen in Mathematik und Naturwissenschaften. Literaturbericht und erste Ergebnisse, in: [25], S. 89 bis 139.

[32] **Tollmien, C.**: Fürstin der Wissenschaft. Die Lebensgeschichte der Sofja Kowalewskaja. Weinheim/Basel 1995.

[33] **Weber-Reich, T.** (Hrsg.): „Des Kennenlernens werth". Bedeutende Frauen Göttingens. Göttingen 1993.

[34] **Weierstraß, K.**: Briefe an L. Koenigsberger; Briefe an L. Fuchs, in: Acta Mathematica, **39**(1923) S. 226-239 und S. 246-256.

[35] **Wielandt, I.**: Ein Lebens- und Leidensweg. Das Schicksal der jüdischen Lehrerin Nelli Neumann, in: 125 Jahre Luisenschule 1866-1991. Festschrift. Essen 1991, 10. Kapitel.

Activity in the history of mathematics in the 20th century

Ivor Grattan-Guinness

Contents:

1. Downs and ups

The graph of activity in the history of mathematics during this century resembles a kind of curve often used in elementary lectures on the calculus. Around 1900 and until the Great War (1914-1918) the field was very active, building upon much work especially from the 1870s. Nowadays it is also in a pretty lively state, starting out from a revival in the 1970s. But in between there was a substantial drop in level, with a few isolated figures keeping alive a little flame of learning. This unusual story is the subject of this article.

The next two sections treat the opening two decades, noting the dominance of writing in German. Then the lull until into the 1970s is reviewed in two sections, with the USA appearing quite well. Finally, the revival is chronicled, with some comments upon national differences, changes in type of concern, and relationships with (supposedly) neighbouring disciplines. Some general reflections and a recent general publication conclude the piece.

For reasons of space but also to avoid misunderstandings, I have limited the references to items on specific points, and to the most important general sources. Similarly, I have been sparing in naming living historians and especially their publications; often the latter arise only as examples of more general points.

2. Germany, especially Felix Klein.

In his early fifties in 1900, FELIX KLEIN (1849-1925) was heavily involved in various large-scale projects concerning the development of mathematics and mathematical education, placing masswes of work with the Teubner (Leipzig). Of those releted to history, the most important was the *Encyklopädie der mathematischen Wissenschaften* (EMW), which had been launched in 1894 in connection with the *Deutsche Mathematiker-Vereinigung* (DMV; this German Mathematicians' Association was founded in 1890) to describe all areas of current mathematics at the time.

The initial President was KLEIN's former student the algebraist FRANZ MEYER (1856-1934). The EMW was divided into six Parts, each with its own editor(s) and publishing schedules: arithmetic and algebra (editor MEYER); analysis (co-editor HEINRICH BURKHARDT); geometry (co-editor MEYER); mechanics (co-editor KLEIN); physics (editor ARNOLD SOMMERFELD); and geodesy and geophysics, and astronomy.In total it filled around 19,000 pages. Many articles were the first of their kind on their topic, and several are still the last or best. Some have excellent information on the deeper historical background.

In addition, the *Deutsche Mathematiker-Vereinigung* was responsible for important survey-historical articles in its own *Jahresbericht*. The most outstanding piece was the 1804-page report on mathematical methods in analysis [Burkhardt 1901-1908] by the editor of the second Part of the EMW.

The original edition was to have had a seventh Part on history, philosophy and education; unfortunately not a line appeared. But at the International Congress of Mathematicians in Rome in 1908, KLEIN helped launch an *International Commission for Mathematics Education*. Up to 1920 nearly 200 books and pamphlets were produced, and over 300 reports; they treated not only developments in many countries but also topics which are of current interest, such as teaching mathematics to girls. The activities were regularly reported basis in the Swiss journal *L'enseignement mathématique* (founded in 1899), which also published historical articles on occasion, and from 1947 to 1980 ran a series of biographical booklets.

Another monumental German historical project was the *Vorlesungen über die Geschichte der Mathematik* of MORITZ CANTOR (1829-1920). Appearing from Teubner from 1880 onwards, its the first three volumes all received second editions in the early 1900s. The fourth and last volume (1908), covering 1759-1799, was a collective 1100-page book by nine colleagues, including a short survey of the history of mathematics itself by SIEGMUND GÜNTHER (1848-1923). The article on trigonometry was by ANTON VON BRAUNMÜHL (1853-1908), whose two-volume *Vorlesungen über die Geschichte der Trigonometrie* (1902-1903) remains uneclipsed. Cantor continued to edit until 1913 a valuable series of *Abhandlungen* on history which he had founded with Teubner in 1877.

Ancient mathematics was a very popular area; the preferred interpretation of Greek work of that time is discussed in section 9. The Dane J. L. HEIBERG (1854-1928) made perhaps the most sensational manuscript discovery; in connection with his new edition of Archimedes, he identified in 1906 an important manuscript which had been found some years earlier.

The most important journal was the journal *Bibliotheca mathematica*, which GUSTAV ENESTRÖM (1852-1923) had founded in 1884 in his native Sweden as an appendix to *Acta mathematica*. It reached a peak with its third series (1900-1915) of 14 volumes, published by Teubner (for example, HEIBERG's edition of the Archimedes text appeared there in 1907. However, he indulged in vast lists of criticisms of CANTOR's *Vorlesungen,* of greatly varying quality. Finally, the abstracting journal of the time, the *Jahrbuch über die Fortschritte der Mathematik* (1867-1942), maintained a reasonable level of commentary on historical work throughout its existence until the 1940s, though its role faltered in its last decade [Siegmund-Schulze 1993].

Various other editions of works were prepared or at least started during this period. In particular, that for EULER, which ENESTRÖM planned out, began to appear in 1911. The *Ostwalds Klassiker der exakten Wissenschaften* (1889-), where major scientific texts were reprinted (or, where necessary, translated into German) and furnished with notes: mathematics was prominent from the start.

3. Other countries

French mathematicians soon began to prepare their own translation and elaboration of the EMW, as the *Encyclopédie des sciences mathématiques* and Teubner working with Gauthier-Villars (Paris). All Parts were started, and some of the revisions were very remarkable: for example, some of the articles on set theory and functions were so good that their German colleagues re-translated them back as additional pieces for their own second Part. But the death in 1914 of the general editor JULES MOLK, and the general circumstances of the War, led to the collapse of the *Encyclopédie* around 1920; some articles stop in mid-sentence at the end of a signature of 32 pages.

Some other French work mixed history and philosophy. LOUIS COUTURAT (1868-1914) specialised in logic and set theory, though he thereby isolated himself in his own country; his LEIBNIZ studies were more respectable. Other figures include GASTON MILHAUD (1858-1918) and ABEL REY (1874-1940) on Greek science and philosophy, and mathematicians PIERRE DUHEM (1861-1916) especially on medieval mechanics and the philosophy of science, and PIERRE BOUTROUX (1880-1922) on progress in mathematical thought, and with an edition (1904-1914) of the works of PASCAL. The editions of the works of DESCARTES (ed. 1897-1913) and FERMAT (ed. 1897-1912, 1922) excited admiration for its level of detailed scholarship; PAUL TANNERY (1843-1910) was prominent in their preparation, in addition to his major studies of Greek mathematics.

In Italy, GINO LORIA (1862-1954) launched a *Bullettino di bibliografia e di storia delle scienze mathematiche,* recalling in its title a remarkable journal of 1868-1887 edited by BALDASSARE BONCOMPAGNI (1821-1894). But the new one did not reach the same level of importance. However, he published the first 'guide' to our subject [Loria 1916]; as well as providing bibliographies, he reflected on its practice and own history. ETTORE BORTOLOTTI (1866-1947) specialised in Italian mathematics during the Renaissance and afterwards, following a tradition from Boncompagni. FEDERIGO ENRIQUES (1871-1956), one of several Italian authors for the EMW, was a French-style *storico-filosofo,* who saw a mathematical theory as dynamically intertwined with its history. One of his applications of this approach was to the history of logic, where the school in Turin around GIUSEPPE PEANO (1858-1932) were continuing the formalisation of theories but with very extensive historical notes.

No English edition of the EMW was prepared, and efforts to start one met with typical apathy. The main historians of the time were Sir THOMAS HEATH (1861-1940), with his various editions and commentaries on Greek mathematics; Sir THOMAS MUIR (1844-1934), with his mammoth four-volume *The theory of determinants in the historical order of development* (1906-1923); and Sir EDMUND WHITTAKER (1873-1956), with several very fine obituaries and articles on applied mathematics (including one in the EMW), and also a well-known *History of the theories of aether and electricity* (1911, second edition in two volumes, 1951). The knighthoods were given to these men for other activities. PHILIP JOURDAIN (1879-1919) is worth noting for some fine pioneering work in the history of set theory and symbolic logics [Jourdain 1991].

In addition, many valuable long historical articles appeared in the 10th (1902-03) and especially the 11th (1910-11) editions of the *Encyclopaedia britannica*. Some contemporary encyclopaedias in other languages also included valuable but neglected articles. Historians should be more aware of such sources.

4. Two quiet decades

After 1920 (the year of CANTOR's death, incidentally) work fell off quite considerably. The main continuous line was perhaps that of the French *historien-philosoph*: new figures of this genre include the Russian-born ALEXANDRE KOYRÉ (1892-1964), who took a purist view of the development of Greek philosophy, and especially of astronomy and mechanics from COPERNICUS to GALILEO; GASTON BACHELARD (1868-1944), who unusually wrote on aspects of applied mathematics; and JEAN CAVAILLÈS (1903-1944), who specialised on the history of foundational questions in mathematics [Sinaceur 1987] and contributed to the 1930s editions of the works of RICHARD DEDEKIND (1831-1916) and GEORG CANTOR (1845-1918). His death during the War is no accident of chronology; for he sacrificed himself for the cause of the French Resistance, and is now buried in the chapel of the Sorbonne, near to DESCARTES.

Among other editions, the EULER continued in various hands, including OTTO SPIESS (1878-1966) and especially ANDREAS SPEISER (1885-1970), though several volumes contained no significant editorial material. The

EMW finished in 1935 in the part on mechanics, when the President was CONSTANTIN CARATHÉODORY (1873-1950), a major mathematicican with considerable historical interests. A second edition of the EMW had just started, with foundations of mathematics, algebra and number theory as the initial branches; but it became in effect a victim of the Second World War, for little was published after 1945.

A notable German figure was HEINRICH WIELEITNER (1874-1931), a follower of VON BRAUNMÜHL who even acquired a junior post in our subject at Munich University; he continued an effort to update CANTOR's *Vorlesungen*; and wrote on the history of various mathematical ideas, especially in the Middle Ages. Contemporary was JOHANNES TROPFKE (1866-1939), whose work was more closely linked to educational purposes. The second and third editions of his *Geschichte der Elementarmathematik in systematischer Darstellung,* appeared in several volumes in 1921-1924 and 1930-1937 respectively. A further posthumous volume was produced in 1940 by KURT VOGEL (1888-1985); 40 years later he co-edited a large new edition of the first three volumes as one big book, covering arithmetic and algebra. VOGEL's own research was distinguished first by his contributions to pre-Greek mathematics, and later with the transmission of Greek and also Arabic mathematics to the West.

In this interest VOGEL interacted with probably the most internationally significant German-born figure of this period: OTTO NEUGEBAUER (1899-1990), who specialised in ancient mathematics, in ways interestingly different from those of the French philologist FRANÇOIS THUREAU-DANGIN (1872-1944) [Høyrup 1991]. He also ran for most of the 1930s a series of *Quellen und Studien zur Geschichte der Mathematik,* a successor to CANTOR's series.

In the late 1930s NEUGEBAUER had had to emigrate to the USA, which was emerging as the most active country for the subject. FLORIAN CAJORI (1859-1930) produced a *History of mathematical notations* (1928-1929), his most important contribution. Already in the 1890s he had pioneered study of the bearing of history upon education; in the same spirit, *Scripta mathematica* was launched in 1932 by JEKUTHIEL GINSBURG (1889-1957), and to treat also educational and philosophical topics in mathematics. D.E. SMITH (1860-1944) produced a general history and source book during this period; he also bought masses of manuscripts, a collection of major importance now housed in his University (Columbia, New York). Thanks especially to him, the practice of teaching history courses spread to around 160 educational institutions in the USA, far more than in any other country. Finally, E.T. BELL (1883-1960) is still widely known for his *Men of mathematics* (1937) and *The development of mathematics* (1940) – unfortunately, for especially the first book is an irresponsibly hit-and-miss attempt to chronicle the lives or supposed lives of major mathematicians, with no references to help the reader to clear up the mess. Apparently the style of writing behoved the man himself [Reid 1993].

Perhaps the best American researcher was R.C. ARCHIBALD (1875-1955); he wrote on several topics in 19th-century mathematics, which then was still largely unstudied. It is a pity that he produced no substantial tome: he seemed to lack the prolificity of the Belgian-born GEORGE SARTON (1884-1956), who had moved to the USA in the 1915. Best known as the founder-editor of the history of science journals *Isis* in 1912 and *Osiris* in 1936, SARTON is one of very few historians of science who took our subject seriously. He produced in 1936 a valuable little handbook on *The study of the history of mathematics,* as a specialist companion to his *The study of the history of science.*

5. 1945 - 1970s

WIELEITNER's most important student was J. E. HOFMANN (1900-1973). Fascinated by genius in mathematics, he gave much attention to major figures, especially LEIBNIZ; he worked on the Berlin Academy Leibniz edition and wrote on the origins of the Leibnizian calculus. He also studied many other figures of that time and around it, usually up to 1800. In 1954 he founded an influential seminar for the history of mathematics at the *Mathematisches Forschungsinstitut Oberwolfach* in Germany. Among his contemporaries HELMUTH GERICKE (1909-) was the first mathematician to gain a full chair in the history of science in Germany (Munich, 1963); he has contributed especially to the history of algebra and of foundational questions. Among HOFMANN's students the most prominent is CHRISTOPH SCRIBA (1929-), who gained a similar post in Hamburg in 1975 and has specialised in the early history of the calculus and of number theory, and in historiographical questions.

The other main European country was France - as usual, mainly in Paris. In addition to more *historiens-philosophes* (such as FRANÇOIS ROSTAND's interesting meditations on inexactness in mathematics), two distinct *équipes* were formed: one led by RENÉ TATON (1915-) and PIERRE COSTABEL (1912-1989), with the *Revue d'histoire des sciences* (1947-) as a main outlet; and the other under GASTON BACHELARD's daughter SUZANNE (1919-).

Separate from both groups was the BOURBAKI *collectif* of mathematicians, who incorporated little historical essays into prefaces of their multi-volume mathematics-as-we-see-it *Eléments des mathématiques* (now itself the subject of historical study, by LILIANE BEAULIEU).These essays were gathered together into a volume of *Eléments d'histoire des mathématiques* (1969 and later editions), which is probably the historical source best known to mathematicians for relatively modern developments.

In Italy some work was driven by the powerful academic place of the history of philosophy to focus on foundational questions: LUDOVICO GEYMONAT (1908-199?) was an important figure here. ETTORE CARRUCCIO (1908-1980) wrote on questions of method and proof (and also Italian mathematics), while UGO CASSINA (1897-1964) analysed the achievements of his old master PEANO, and also prepared an edition of his works (ed. 1957-1961).

In Britain the principal efforts centered upon NEWTON. An edition of his correspondence was produced between 1959 and 1978. More significant for our subject was the edition of his numerous unpublished *Mathematical papers,* which came out in eight volumes between 1967 and 1981 under the editorship of D. T. WHITESIDE (1932-) with the assistance of ADOLF PRAG (1906-), a German immigrant from long before.

Special factors obtained in the Soviet Union. Before the Revolution of 1917 work was modest, though V. V. BOBYNIN (1849-1919) and A. V. VASILIEV (1853-1929) were known internationally for his work on Russian mathematics. After the political change the subject was encouraged among both historians and leading mathematicians, but to be presented in a Good Way, and on Good Topics. MARX had studied the calculus intensively; thus its history became the preferred topic. In the same vein, history courses were given in many universities.

The leading historian was ADOLF PAVLOVICH YUSHKEVICH (1906-1993), whose extensive studies of the development of the calculus were enriched by a massive study of the development of mathematics in Russia prior to the Revolution [Yushkevich 1968]. He also founded the journal *Istoriko-matematicheskogo issledovaniya* ('historico-mathematical writings'), the first in recent times. Among his colleagues, ISABELLA BASHMAKOVA (1921-) stands out for her studies of ancient and medieval mathematics. Collective productions included several good editions of the works of Russian mathematicians: for example, those of N. I. LOBACHEVSKY (ed. 1946-1957) and P. CHEBYSHEV (ed. 1944-1951) are far more complete and scholarly than the French-language ones.

Of the Soviet colonies the German Democratic Republic became the most active, thanks especially to HANS WUßING (1927-), who built up an important Institute for the History of Science at Leipzig University (*Karl-Sudhoff-Institut für Geschichte der Medizin und der Naturwissenschaften*). His own main speciality was the history of group theory, but he and his colleagues also prepared a wide range of more general works. Czechoslovakia produced a smaller but respectable body of work led by LUBOS NOVY (1929-) and JAROSLAV FOLTA (1932?-), some of it concerned with the Czech speciality of geometry.

In the USA (especially New York) the links with education or at least with popularisation were continued by new figures such as CARL BOYER (1906-1976), with a general history (1968) and books on various specific branches; and MORRIS KLINE (1908-1992), whose *Mathematics in Western culture* (1953) brought mathematics to a remarkably wide audience. His 1200-page *Mathematical thought from ancient to modern times* (1972) was then novel in the large proportion of space given to the 19th century. DIRK STRUIK (1894-) deserves a special mention for his pioneering efforts (already started in the 1930s) to bring social factors to bear upon history – in his case, hued red in Marxism. In addition, his *A concise history of mathematics* was soon recognised as the best of its compass upon its appearance in 1948, and to date has been translated or editions in (at least) 18 languages.

Quite separately, during the mid 1950s C. A. TRUESDELL III (1919-) began to make notable inroads into the neglected histories of elasticity theory and hydrodynamics, elevating EULER to a very high place (his studies were undertaken largely in connection with the Euler edition). He also launched in 1960 the *Archive for history of exact sciences*; it achieved a high status in its early volumes.

In addition, a department for our subject was established under Neugebauer at Brown University. But the greatest impact on our subject and its
practice came from KENNETH O. MAY (1916-1977), who came to history
mainly from information retrieval. He published with his University Press
(Toronto, Canada) an 800-page bibliography for our subject [May 1973]
which, while full of errors of detail, provides a remarkable classification of
historical literature. The year following, a society for our subject was formed
in Canada.

6. The Commission

MAY also set up the *History of Mathematics Commission* within the
framework of the International Union for the History and Philosophy of
Science. Under his Chairmanship, and that of his successors CHRISTOPH
SCRIBA (1929-) and JOSEPH DAUBEN (1944-) and EBERHARD KNOBLOCH
(1943-), it has been one of the most active Commissions, with national re-
presentatives right across the world. In 1985 it also came under the International Mathematical Union. Since 1989, and forthwith at each International
Congress for the History of Science, the Commission awards two MAY me-
dals, in memory of its founder, to historians who have enriched the subject
not only by their scholarship but also for developing the community of historians. The first awards went to STRUIK and YUSHKEVICH; in 1993 their
successors were SCRIBA and WUSSING.

Meta-historical concerns have been very prominent around the Commission. One of DAUBEN's main achievements as Chairman was to edit a substantial annotated bibliography of historical literature [Dauben 1985], smaller than MAY's but focused in organisation and information. At the two International Congresses just mentioned, the Commission has mounted symposia of historiography.

One of the main tasks of the Commission is to administrate *Historia
mathematica* (HM), a journal created by MAY in 1974. Intended as more
than a repository of articles and reviews, it included departments on projects
and on archival sources, abstracts of relevant publications, news of meetings
and appointments, and other news. MAY was succeeded by DAUBEN (1977-
1985), KNOBLOCH (1985-1993), briefly ROWE (1993-1995), and now

KAREN PARSHALL. An important factor in the growth in activity, its pages form the single most authoritative source, with about 500 abstracts a year.

7. Some current interests

In this small selection some preference given to collective rather than individual enterprises. Differences between countries are again quite marked. But work in each one does not necessarily focus upon its own developments; many historians have no national preference in their studies. Italy is particularly active again ([Barbieri and Pepe 1992] is a bibliography), with many meetings, and connections with education favoured. The Italian Mathematical Society has sponsored since 1980 the *Bollettino di storia delle scienze matematiche* edited by ENRICO GUISTI. A general magazine on mathematics and its history *Lettera Pristem* (the latter word is the acronym of a study group) started in 1991, partly modelled upon the *Mathematical Intelligencer*. A notable long-term project is a series of editions of medieval Italian manuscripts, under the direction of LAURA TOTI RIGATELLI and RAFFAELLA FRANCI (Siena). It began in 1983 with a bibliography of the extensive studies on Renaissance mathematics written by GINO ARRIGHI (Lucca). Various other groups are active.

Another major centre is Paris, where various *équipes* function (much on the 18th and 19th centuries, and on the various important French educational institutions and societies); four seminars meet regularly. Since 1981 the *Cahiers du séminaire d'histoire des mathématiques* has appeared there; A *Revue d'histoire des mathématiques* has recently started, edited by CHRISTIAN GILAIN. Provincial work is based mainly especially at Nantes, and also at Toulouse; conferences take place occasionally at the centre at Luminy (Marseille).

The *Deutsche Mathematiker Vereinigung* (DMV) launched in 1985 a book series of German documentary sources and editions. Now it also supports a History section (*Fachsektion Geschichte der Mathematik*), inspired largely by its absorption of the sister society of the former German Democratic Republic; however, many of the historians of that country have now have to work elsewhere or on other subjects. A book series with Vandenhoeck and Ruprecht *Studien zur Wissenschafts-, Sozial- und Bildungsgeschichte der Mathematik* has included some excellent doctoral theses.

Projects include one led by MENSO FOLKERTS (Munich) to track down medieval manuscripts, including those of the German *Rechenbuch* tradition of early algebra.

A *British Society for the History of Mathematics* was formed in 1971, in order to provide a forum for adherents to the subject. Since the mid 1980s it has increased both its membership and range of meetings substantially, and has developed a tri-annual Newsletter. The formation of the Society helped the foundation of an *International Study Group on the Relations between History and Pedagogy*, which organises meetings and distributes its own Newsletter. A Research Group works within the Faculty of Mathematics at the Open University (where distant learning is the special feature); interest there grew out of a 'unit' for our subject.

Soviet work continued in the same style and quantity as previously, especially in Moscow and Leningrad. Among large-scale projects, YUSH-KEVICH co-edited multiple-volume studies of mathematics in the 18th and 19th centuries with mathematician colleagues such as A.N. KOLMOGOROV (1903-1987). The change of the Soviet Union into Russia does not seem (yet) to have had major effects on the work done there. With the death of YUSHKEVICH in 1993, his mantle has fallen upon SERGEI DEMIDOV (1942-), who hopes to be able to maintain *Istoriko-matematicheskogo issledovaniya*.

In the USA special sessions take place regularly at meetings of the *American Mathematical Society* (AMS) and the *Mathematical Association of America*, and are well attended; some years ago the AMS launched a book series, which is now co-sponsored by the *London Mathematical Society*. There are many researchers there, more among the mathematicians than the historians (compare section 11).

In Mexico a group publishes the journal *Mathesis,* which has been especially concerned with the history of foundational subjects. Interest has grown recently but substantially in Latin America: an *Association for History, Philosophy and Pedagogy of M athematics* was established in 1992. Part of the stimulus has come from policies in the Iberian peninsula to encourage the history of science as an academic discipline. Up to now, Spain has been the more active country, especially with a group under MARIANO HORMIGON at Zaragoza (the location of the International Congress in 1993 mentioned in section 6).

Another region to develop its own interest is Africa. Under the inspiration of PAULUS GERDES (Mozambique), a *Commission for the History of Mathematics in Africa* was established in 1987. A good deal of revisionist history is emerging from its meetings and Newsletter, especially concerning the content of African mathematics and developments, normally ignored, after the ancient glory of Egypt [Gerdes 1994].

Further north on that continent, Arabic and Islamic sciences have reached a new level of interest and subsidised support. An Institute has been established at Aleppo, and meetings occur regularly. For mathematics, one main task is to locate unknown manuscripts; in addition to many indigenous sources, findings have included important versions of lost works by APOLLONIUS and by DIOPHANTUS. Some manuscripts are in India, whose own rich history has gained many researchers recently; a society was formed in 1978 under the inspiration of R.C. GUPTA (Ranchi), who launched their journal, *Ganita-Bharati,* in the following year.

Similarly, the history of Chinese mathematics is now receiving a boost from renewed study and contact with foreigners, after a long tradition of isolation. An important example is a project between DAUBEN and various Chinese and Taiwanese colleagues to produce an English edition of the ancient classic 'Nine Chapters of the Mathematical Art', in enhanced echo of the collaboration decades earlier between D.E. SMITH and Y. MIKAMI. One major general task is to convey to non-readers of Chinese the *sense* as well as the content of the mathematics involved; for six characters may have been rendered as fifteen words in English, and in another order of meaning. To cope with this problem [Hoe 1978] has introduced a semi-symbolic language corresponding as closely as possible to the order of the characters, thereby bringing the reader closer to Chinese thought.

8. Changes in balance

This rapid growth in activity has led to changes not only in quantity; different (im)balances between branches, and some new approaches, are also evident. The aspects about to be noted are all significant, but not exhaustively so.

The largest change in time period concerns the attention now given to the 19th and early 20th centuries. When I started working in those periods nearly 30 years ago, they were largely deserted: general histories rarely went beyond old stories about the discovery of non-Euclidean geometries and a few bits about group and set theory (and all somewhat mistaken, research was to reveal); and the Oberwolfach meetings (section 4) hardly had any lectures on them. Now they seem to gain more attention than any other period - not surprisingly, for once opened, an incomparably vast panorama is made visible. As an adjunct to *Historia mathematica,* an occasional series of books on 'the history of modern mathematics' deals exclusively with mathematics since 1800 [Rowe; McCleary 1989], [Knobloch; Rowe 1994].

Less happy is the change of balance between pure and applied mathematics. The preference for the former is itself an historical development, occurring largely from the mid 19th century onwards and tied fairly closely with the increase in professionalisation of mathematics. In a most disappointing because unhistorical fashion, historical writing has tended to follow the same division (which for many earlier mathematicians did not exist) and to prefer the pure side; thus, for example, the balance of writings on EULER is quite out of line with that in his own work. The history of engineering mathematics, and also of military mathematics, is especially neglected. There has been no satisfactory general history of mechanics since the early years of this century - and the criticism includes the famous one by ERNST MACH (1838-1916), which appeared in posthumous editions and translations until the 1930s (its philosophical credentials are a different matter). Similarly, mathematical physics is not granted the importance comparable to its status during the 19th century; most of the best work has been written by historians of physics.

In a similar vein we must consider probability and mathematical statistics (PS), which achieved professionalisation only in our century; so it constituted a third grouping, alongside the pure and applied mathematicians. Unusually, these subjects took notice of their own history, especially in regular and sometimes substantial pieces in *Biometrika* from the 1920s. However, in imitation of its past, historians of mathematics usually ignore most or all of PS (for example, the EMW never added a supplement on it before finishing in the mid 1930s). Most of the major work has appeared since 1980. Of especial note, though unfortunate in its misleading title, was the two-volume study *The probabilistic revolution* (1987) edited by LORENZ KRÜGER and others, as the principal result of a large research project run at the University of Bielefeld in Germany in the early 1980s. Various other substantial monographs have appeared from individual authors, and one fervently hopes that the tradition of ignoring the history of PS will cease.

The late arrival of PS as a profession is a point in the (non-)development of institutions, a particularly rich kind of history where the origins of national differences in mathematics can often be traced. After the exciting work of KLEIN's Commission early in the century (section 2), institutional history suffered an especially severe drop. However, revival at last now seems in place, with France and Germany as the most closely studied countries: for example, the admirable examinations [Gispert 1992] of the French Mathematical Society, and [Biermann 1988] of mathematics in the Berlin Academy. Elsewhere, the remarkable rise of the USA in mathematics, very late (from the late 1870s) but then very fast, has been chronicled in [Parshall and Rowe 1994].

Apart from recreational mathematics, much less attention has been paid to the history of amateur mathematics. Developments in school-level mathematics are also unpopular, perhaps more than at the time of KLEIN's Commission. Another overly neglected aspect is mathematical activity in society. The best studies to date are the bibliographical and prosopographical investigations by PETER WALLIS (1918-1992) and his wife RUTH of British 'philomaths' [Wallis and Wallis 1986], subscription lists and publications (such as Newtoniana) in the 18th century; other countries please imitate.

From the group to the individual: biographies still attract attention, but the form of treatment has changed from the factual reportage of a century ago (and which was largely maintained in the many Soviet biographies of mathematicians). A remarkable pioneer was KARL PEARSON (1857-1936), a major figure in the development of mathematical statistics; for his three-volume *Life and labours of Francis Galton* (1914-1930) even applied GALTON's own biometric methods! Nowadays, the personal and the technical are often mixed together in a particularly attractive kind of history, corresponding to the way that the historical figure lived his life. Research in the history of logic and set theory lies at the interface of mathematics with logics and with philosophy - perfect for a ghetto (for example, the uninterest of the EMW). I tried to relieve the situation by founding in 1980 the journal *History and Philosophy of Logic* . Since then historical work has greatly increased (including in the journal *Philosophia mathematica*). Work on CANTOR's time and afterwards has been encouraged by the multi-volume chronological edition of the *Writings* of C.S. PEIRCE (ed. 1982-, Indiana UP) in the tradition of algebraic logic, of BERTRAND RUSSELL (ed. 1983-, now Routledge) in the very different line of mathematical logic, and of KURT GÖDEL (ed. 1986-, Clarendon Press) for metamathematics and set theory. It is becoming better recognised that the old story about formalism versus logicism versus intuitionism is not even an approximation to the rich picture of foundational studies between 1870 and the 1950s. In addition, interest in the history of the allied area of computing rapidly grew during the 1980s, especially with the launch of the *Annals for the history of computing* in 1979 and reprints of various original books or unpublished reports.

The mathematician most to benefit from that activity was the computer pioneer CHARLES BABBAGE (1792-1871), whose collected works appeared in 1989 (Pickering), edited by MARTIN CAMPBELL-KELLY. Among other editions of works [Giusti and Pepe 1986], most of EULER's publications have now been reprinted in the 72 volumes of first three series. However, the fourth series, containing his correspondence and notebooks, began to appear only in the 1970s, and will be long in production. The publisher is now Birkhäuser (Basel), who are also putting out the companion edition of Euler's friends and mentors, the BERNOULLI family under the general editorship of DAVID SPEISER.

The LEIBNIZ edition continues, its mathematical side previously chiefly under HOFMANN and now with KNOBLOCH; but the scale of the work forces division into quarter-century periods, and many editions of individual manuscripts are appearing elsewhere. Since its founding in 1979 the journal *Studia Leibnitiana* has been keeping the reader abreast.

Another vast edition with a considerable mathematical component is the *Gesamtausgabe* (ed. 1969-, Frommann) for the Bohemian polymath BERNHARD BOLZANO (1781-1848). Launched with a beautiful biography by the Austrian EDUARD WINTER (1896-1982), it now runs largely in German-based hands based around JAN BERG. It covers not only BOLZANO's many publications but also transcriptions of mathematical notebooks and unpublished essays. It succeeds some partial editions produced earlier in the century in Bohemia and the Czechoslovak Republic. Various other major editions of manuscripts are in hand: to take two examples from Cambridge University Press, NEWTON's optics (ed. 1984-) under ALAN SHAPIRO, and CLERK MAXWELL's manuscripts (ed. 1990 -) with PETER HARMAN.

The photoreprint industry has been very busy, partly to reproduce the works of many recent or even living mathematicians; but in addition there has appeared several of the older editions, an extraordinary number of old books (some many even in paperback) and quite a few of the mathematical journals. Much of this reprinting happened since, and because of, the Second World War; historians have benefited enormously.

9. Differences of interpretation

Most of these changes discussed above involve innovations and novelties. One quite substantial *change* of interpretation concerns Greek mathematics.

About a century ago (section 2) TANNERY and ZEUTHEN read much of it as 'geometric(al) algebra': their phrase, denoting common algebra including constants and variables, roughly like DESCARTES. In this view the more simple Books of the *Elements* consist of identities, usually of quadratic or bilinear forms; many of the later constructions correspond to the extraction of roots from equations, normally quadratic. This interpretation soon became popular, for example with HEATH, and then with NEUGEBAUER who looked for the algebraic origins in Babylonian mathematics, and his follower B.L. VAN DER WAERDEN (1903-1997), whose articles and especially the book *Science awakening* (1954) have been influential sources.

But over the last twenty years, substantial reservations have been voiced by SABATEI UNGURU, IAN MUELLER and others: no direct historical evidence backs it up; that algebra with symbols is quite different from geometry with diagrams, and that it is the wrong algebra anyway (for example in EUCLID, that he never uses the theorem that the area of a rectangle is the product of its sides).

Other contemporaries also avoid the tradition of geometric algebra: for example, WILBUR KNORR sees *The ancient tradition of geometric problems* (1986) as much preoccupied by geometric problem-solving, relating its empire of curves to objects of nature such as ivy leaves; his account of *The evolution of Euclid's Elements* (1975), and DAVID FOWLER's view on the *The mathematics of Plato's Academy* (1987), have opened up questions about the Euclidean algorithm and its mathematical richness. Similarly, JENS HØYRUP has been rethinking the context and content of their Babylonian and Mesopotamian predecessors. From suggestions such as these, ancient mathematics (not only Greek) will have an interesting future.

This rejection of a standard historical interpretation in a particular area exemplifies *a general* methodological change; historians now see that they should adopt a more interventionist attitude. Prior to the 1960s (and long before 1900) most writing was empirical: that is, the facts were assembled and maybe classified, with the accounts largely confined to technical details. General questions of historical method were not normally raised (for example, not in the EMW). In addition, the notations and terms were often imported from current mathematics or at least from a later time than that supposedly under study. Such approaches are deeply *deterministic* in character, and thereby quite unhistorical: for example, it asserts that since EUCLID certainly influenced the development of algebra in the West (and earlier among the Arabs), then he *must* have been trying to create what *they* produced partly in inspiration from him.

By contrast, the admission now of indeterministic approaches has led historians to reject also the view that mathematical knowledge grows cumulatively; the possibility of major changes, even revolutions in mathematics, has been discussed [Gillies 1992], partly in connection with THOMAS KUHN's well-known ideas on *The structure of scientific revolutions* (1962).

This increased sense of historical period also encourages (some) historians to keep DESCARTES distinct from the Greeks, and also not shower EULER Truesdell-style with vectors and matrices, LAGRANGE with abstract group theory, or all sorts of people with set theory and axioms; then historical readings of a text can be more clearly distinguished from modern analysis of it (a legitimate form of mathematical research, of course).

The case of Russian writing since around 1960, especially by FEODOR MEDVEDEV (1923-1993) on the history of set theory and mathematical analysis, is especially interesting, for the reasons rehearsed in section 5. Maybe new orthodoxies will set in, to be modified by the next generation!

10. Educational motives, positive and negative

The largest single motivation to historical research in recent decades has come from *negative reaction to practices in mathematical education*. This usually occurs at one of two career stages: 1) (for example, in my case) as a reaction against being bottled-fed as an undergraduate loads of clever motive-free theories which lead from nowhere to nothing except more complicated versions of themselves; or 2) as a reaction to bottled-feeding undergraduates loads of clever theories which etc etc.

This reaction has accentuated the question of using history for educational purposes. It has attracted much interest. for example, it is the largest single concern of members of the *British Society for the History of Mathematics*. Some of the many journals in mathematical education have become more aware of the bearing of history, and feature historical material (such as the *Zentralblatt für Didaktik der Mathematik,* which also runs an abstracting department for the whole field).

The principal benefit from historical immersion is this obvious but profound truth: *that mathematics is there because somebody thought it up, and for a reason* (and moreover his, not ours). But *how* does one get from the old text to the modern classroom?

Many years ago I proposed the name 'history-satire' for the idea that the teacher reads up the history to some extent and then imitates the story (ponder upon this word) in the classroom without getting bogged down in complicated historical details. Many advocates of history in education follow a similar line. An important consequence is that one teaches a theory *several times* in different historico-satirical versions, not just once; for example, some basic theorems of the calculus in the pre-calculus form of (say) CAVALIERI, and in the very different manners of NEWTON, LEIBNIZ and LAGRANGE before the more rigorous but less intuitive versions of CAUCHY and WEIERSTRASS.

But the value of history for education is still not *widely* recognised (this is true for science in general). A good test occurred in 1983, when a workshop on the topic was held at the University of Toronto in memory of MAY. How about publishing the proceedings which I edited, especially since conference funds were available to pay for the typesetting? Three years later, they had been rejected by 13 potential publishers, one for our failure to satisfy the standards normally found in mathematical education but by the others for fear of poor sales. (However, one reader wanted to keep such an 'interesting' manuscript.) They eventually appeared, thanks to an initiative taken by the French Society for the History of Science [Grattan-Guinness 1987].

11. Cottage industry or ghetto?

This quandary is typical of the professional situation for historians of mathematics. On the positive side, from the mid 1970s the two abstracting journals, *Mathematical reviews* and *Zentralblatt für Mathematik,* took much more seriously their departments for history, and some of the more popular mathematical journals imposed or improved their referring procedures for historical articles.

But professional mathematicians were not and are not generally sympathetic to history; among their tens of thousands, those with a serious interest in history must only be in the very few hundreds. For most of the rest our subject is far too historical: it counts only as a side-show, where the accuracy of an historical text is of little importance as long as it is Bell-style 'fun'. Ignorance-driven contempt is still very easy to find; it follows, of course that a mathematician's own work will soon be rubbish.[1] Posts in the subject remain extremely rare; for example, WHITESIDE did not gain a tenured appointment at Cambridge University until 1975, when he was into volume 7 of his NEWTON edition (section 5). One may even have to be "revolutionary" in declaring one's interest in history: a friend confessed to me that he 'proved his silly little theorems' in his chosen branch of mathematical research in order to gain tenure, and then went open about his tendencies.

A converse predicament arises relative to the historians of science; to them our subject is too mathematical (see [Grattan-Guinness 1990] for a companion survey, and not only in the British context). While several of the journals in that field will take mathematical articles, it is well-high impossible for historians of mathematics to lecture before historians and expect his content to be discussed with the seriousness granted to chemistry, say, or geology. As for professional historians in general, any contact is possible will obtain only for ancient and some medieval and Renaissance mathematics, where the mathematics as such is elementary (although the history is respectably tricky). They will recognise from (ironically, mathematical) words like '1753' and '1876' that history is at hand; but that is the limit of their concern with mathematics.

Reasons for distaste here are simple to determine: mathsphobia is widespread among the population, and historians furnish no exception, even

---

[1] A small selection of examples, in connection with the predicament of the British Society for the History of Mathematics, is given in [Grattan-Guinness 1993].

when it seriously compromises their professional concerns. But in consequence history becomes third-rate, with the ignorance of historians taking precedence over proper scholarship about the past. Further, a vicious circle arises; for the mathsphobia usually arises from childhood experience of mathematics, which was governed by policies in mathematical education, which was probably quite uninformed about history, and so ....

12. The Companion encyclopedia

It is appropriate to end with a few reflections upon the *Companion encyclopedia of the history and philosophy of the mathematical sciences,* a two-volume work of 1806 pages which appeared under my editorship in 1994 from the London house of Routledge. The idea of the work was to join a list of single-volume encyclopaedias on academic subjects. Unfortunately the maniac editor produced a work of double that length, engaging 133 authors of 18 nationalities to produce 176 articles. He gladly shared the blame with an editorial board; they assisted crucially in the design of the book and the choice of topics and authors.

Between a general editorial introduction and a general reference section, it is divided into 12 Parts with the following titles:; Non-Western traditions up to Western superventions; Medieval and Renaissance, up to around 1600-1700; Calculus and analysis; Functions, series and methods in analysis; Logics, set theories, foundations of mathematics ; Algebras and number theory; Geometries and topology; Mechanics and mechanical engineering; Physics and mathematical physics, and electrical engineering; Probability and statistics, and the social sciences; Higher education and institutions; and Mathematics and culture.

The normal terminal point was in the 1930s. The range included in Part 12 a survey by country of the development of universities and related institutions connected with higher-level mathematics; and, *not* only in Part 5, questions with which professional philosophers are concerned (including, in this case, modern work) but also the much wider issues as understood at various times in geometries, algebras, mechanics, and probability theory.

I stress range, since the principal general aim of the book was to convey to the interested but uninformed reader the *ubiquity and variety* of the various branches and aspects which make up 'the mathematical sciences' –

pure, applied, PS, and cultural and educational. For me the main disappointment in the many general histories of mathematics, and indeed in the community of historians at large, is that their conceptions are simply *not* general; large areas or periods often disappear partly or even totally, as described in section 9. The Bourbakists (section 5) are a prominent example, including in their *Eléments d'histoire des mathématiques*, and also in the distorted 80%-missing portrait of the 18th and 19th centuries in the compendium [Dieudonné 1978] (several individual essays are excellent). The invitation from Routledge to produce the book came very timely in 1988; for I doubt if it would have been possible even five years previously to cover all the topics needed. The encyclopedia was intended above all to encourage a different understanding of the history of mathematics among its practitioners, and maybe even their readers, in which it would be seen as arising *naturally,* as parts of that amazing rainbow of ideas and theories [Grattan-Guinness 1996] known as 'the mathematical sciences'. The rainbow has positive but also negative aspects: it delights those who looks at its many colours, but it is also *distant* from us, and irrelevant to our cultural activities - including, even especially, the normal practice of mathematicians, philosophers and historians.

Acknowledgement

This article has been abbreviated from one to appear in a volume on the development of mathematics during this century, to be published by the Enciclopedia Italiana. I am very grateful that they have allowed this subset to appear here.

Bibliography

BARBIERI, F., PEPE, L., *Bibiliografia Italiana di storia delle mathematiche 1961-1990,* Bollettino di storia delle scienze mathematiche *12,* 1992, pp. 1-181.

BIERMANN, K.-R., *Die Mathematik und ihre Dozenten an der Berliner Universität 1810-1933,* Berlin (DDR) 1988.

BURKHARDT, H. F. K. L., *Entwicklungen nach oscillirenden Functionen und Integration der Differentialgleichungen der mathematischen Physik.* Jahresbericht der Deutschen Mathematiker-Vereinigung *10*, Tl.2, XII + 1804 pp.

DAUBEN, J.W. (edited by), *The history of mathematics from antiquity to the present. A selective bibliography,* 1984 New York.

DIEUDONNÉ, J. (edited by), *Abrégé d'histoire des mathématiques,* 2 vols., 1978 Paris.

GERDES, P., *On mathematics in the history of sub-Saharan Africa.* Historia mathematica *21,* 1994, pp. 345-376.

GILLIES, D. (edited by), *Revolutions in mathematics.* Oxford 1992.

GISPERT, H., *La France mathématique. La Société Mathématique de France (1870-1914).* Paris 1992.

GIUSTI, E., PEPE, L. (edited by), *Edizioni critiche e storia della matematica,* 1986 Pisa.

GRATTAN-GUINNESS, I. (edited by), *History in mathematics education,* 1987 Paris.

GRATTAN-GUINNESS, I., *Does History of Science treat of the history of science? The case of mathematics,* «History of science», 1990, XXVII, pp. 149-173.

GRATTAN-GUINNESS, I., *A residual category: some reflections on the history of mathematics and its status,* Mathematical intelligencer *15,* 1993, no. 4, 4-6.

GRATTAN-GUINNESS, I (ed.), *Companion encyclopedia of the history and philosophy of the mathematical sciences ,* 2 vols., 1994 London .

GRATTAN-GUINNESS, I. *The Fontana History of the Mathematical Sciences.The Rainbow Of Mathematics.* 1996 London.

HOE, J., *The Jade Mirror of the Four Unknowns – some reflections,* New Zealand Mathematical Chronicle *7,* 1978, pp. 125-156.

HØYRUP, J., *Changing trends in the historiography of Mesopotamian mathematics,* 1991, to appear.

JOURDAIN, P.E.B., *Selected essays on the history of set theory and logics (1906-1918),* edited by I. Grattan-Guinness,1991 Bologna.

KNOBLOCH, E. ROWE, D.E. (edited by), *History of modern mathematics*, vol.3, New York 1994.

LORIA, G., *Guida allo studio della storia delle mathematiche*, 1st ed., 1916 Milano.

MAY, K.O., *Bibliography and research manual in the history of mathematics*, Toronto 1973.

PARSHALL, K, ROWE, D.E., *The emergence of the American mathematical community*, Providence 1994.

REID, C., *The search for E. T. Bell, also known as John Taine*, Washington, D.C. 1993.

ROWE, D.E. AND MCCLEARY, J. (edited by), *History of modern mathematics*, vols.1-2, New York 1989.

SIEGMUND-SCHULZE, R., *Mathematische Berichterstattung in Hitlerdeutschland. Der Niedergang des „Jahrbuch über die Fortschritte der Mathematik"*, Göttingen 1993.

SINACEUR, H., *Structure et concept dans l'épistemologie mathématique de Jean Cavaillès*, Revue d'histoire des sciences *40*, 1987, pp. 5-30 [see also pp. 117-129].

WALLIS, P.J. AND WALLIS, R. *Biobibliography of British mathematics and its applications*, Newcastle-upon-Tyne 1986.

YUSHKEVICH, A.P., *Istoriya mathematiki v Rossii do 1917 goda*, 1968 Moskva.

Prof. Dr. Ivor Grattan-Guinness; 43, St. Leonard's Road;
Bengeo, Herts. SG14 3JW, U. K.
Telephon & Fax: 01992 / 581161; E-mail: IVOR2@UK.AC.MDX

Alphabetisches Autorenverzeichnis

Lothar Kienle

Größen, Größenkalkül, Dimensionsanalyse

17 x 24 cm, kart.gebunden,
DM 64,- öS 500,- sFr 62,-
ISBN 3-88120-240-4

Das Buch wendet sich an Hochschullehrer, Gymnasiallehrer, in Forschung und Industrie tätige Wissenschaftler und Studierende, die sich für die Grundlagen physikalischen Rechnens oder das dimensionsanalytische Erkennen von Gesetzlichkeiten interessieren. Es enthält - voneinander unabhängig lesbare - Aufsätze:

I Über Maßzahlen und Maßzahlengebilde - Begründung und Nutzung des Bridgman-Axioms.

II Der Größenkalkül - physikalische Vorstellungen und mathematische Begriffsbildung.

III Maßsystem, Größensystem, Größenkalkül

IV Anzahlen als Größen, diskrete Größen und Grundsätzliches zum Größenkalkül

V Über Skalengrößen

VI Das Bel als Größeneinheit und als Hinweissymbol

VII Über logarithmische Größen

VIII Erweiterte Dimensionsanalyse - eine Anwendung der Linearen Algebra

diverlag franzbecker

Postfach 100 420 · 31104 Hildesheim
Tel. 05121-877955 · Fax. 05121-877954
Internet: www.franzbecker.de

Walter Conrad

ELEKTROTECHNIK
kurz und einprägsam

223 S., br., 21x15 cm
ISBN 3-88120-066-5   **DM 34,80**

Ein Fachbuch, welches die Grundlagen der Elektrotechnik und Elektronik
in verständlicher Weise darstellt. **Anders als in vielen anderen Fachbü-
chern werden die wichtigsten Sachverhalte mit möglichst wenig Formalismus und ohne endlose Formeln in gut lesbarer Weise dem Leser
nahe gebracht.** Dennoch leidet die wissenschaftliche Genauigkeit keineswegs darunter.

Aus dem Inhalt:

Der Stromkreis

Arbeit, Leistung, Elektrowärme

Chemische Wirkung des elektrischen Stroms

Ruhende Elektrizität

Magnetische Wirkung des elektrischen Stroms

Induktionserscheinungen

Der elektrische Strom im Vakuum, in Gasen und Halbleitern

Wechselstrom und Drehstrom

Generatoren Transformatoren, Motoren

Die Energieversorgung

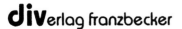verlag franzbecker

Postfach 100 420 · 31104 Hildesheim
Tel. 05121-877955 · Fax 05121-877954
Internet: www.franzbecker.de